KB217116

증보

교육과정 탐구

이홍우

박영사

한글판 서문

　이번에 이 책의 출판사인 박영사는 '한글판'으로 새 판본을 제작할 의사를 통보하면서 만약 가능하면 개정도 병행할 것을 제안해 왔다. 돌이켜보면, 이 책이 처음 출판된 이후 경과한 시간은 강산이 변하여도 세 번은 변하였을 정도이며, 활자화되기 이전에 머릿속에서 사색되고 반추된 기간까지 고려한다면 강산이 네 번은 족히 변하였을 시간이다. 이 책의 초판 이후에 이 책이 다루는 주제와 관련하여 저자가 써낸 다른 책들 ─지식의 구조와 교과(1978, 2006), 교육의 목적과 난점(1984, 1998), 교육과정이론(공저, 2003), 교육의 개념(1991, 2009)─ 을 접할 기회가 있었던 독자들, 또는 저자와 가까이서 이 분야를 공부하고 있는 동학들은 그 개정 제안에 대한 저자의 반응이 어떠했으리라는 것을 충분히 짐작할 수 있을 것이다. 현재 저자의 생각을 기준으로 판단할 때, 또는 심지어 현재 이 분야의 학문적 경향에 비추어 보더라도, 이 책은, 적어도 '증보자료'를 제외한 본문만을 고려한다면, 박물관에 진열되어 마땅한 학문적 유물에 비유될 만하다. 만약 저자가 본격적인 개정 작업을 하려고 든다면, 이 책 중에서 안전하게 살아남을 글자가 과연 몇 자나 될지 짐작하기 어렵다. 이 책이 개정을 위하여 원천적으로 난점을 가지고 있다는 것은 이하의 '증보판 서문'에 지적되어 있지만, 그것에 추가하여 이번에는 이 책이 내용상으로 거의 완전한 시대착오적인 특징을 나타낸다는 점에서 전면적인 '개작'이 아닌 '개정'은 생각조차 할 수 없다.

그러나 이렇게 말한다고 하여 이 책이 현재 저자의 생각과 완전히 다른 내용을 담고 있다든지 이 책이 박물관의 유물 이상으로 가치를 가질 수 없다는 결론을 내린다면 그것은 저자의 의도가 아니다. 여기에는 몇 가지 이유가 있다. 첫째로, 저자가 자신 있게 말할 수 있는 것은, 이 책의 초판 이후에 저자가 저작이나 강의를 통하여 발표한 내용은 이 책의 밑바탕에 깔려 있는 기본적인 생각 —기조基調— 을 다소간 심화·확장한 것에 지나지 않으며, 양자 사이에는 명백한 이론적 연속성이 존재한다는 것이다. 말하자면, 저자에 관한 한, 이 책은 현재까지 발전해온 저자의 모든 생각을 태아적인 형태로 드러내고 있는 것이다. 둘째로, 이 책의 전체적인 구상에 충분히 드러나 있는 바와 같이, 이 책에서 저자가 역점을 둔 것은 교육과정의 세부 사항들 —이러이러한 내용을, 이러이러한 목적을 위하여, 이러이러한 방법으로 가르쳐야 한다는 아이디어— 이 아니라 교육과정을 보는 전체적인 안목 또는 사고의 틀 —'기본 모형'— 이다. 이 안목이나 사고의 틀은 세부 사항들의 '시대착오적인' 특징과는 별도로 타당성을 지닐 수 있다.

저자에게는 위의 두 가지 이유보다 더 중요한 또 하나의 이유가 있다. 이 책의 초판 직후에 어느 유능한 동학이 쓴, 그 밖의 다른 점에서는 다분히 우호적인 서평 중에, 이 책은 '한국의' 독자에게 '미국의' 현대 교육과정의 역사를 읽고 있다는 착각에 빠지게 만든다는 지적이 들어 있었다. 특히 현재의 시점에서 생각해 보면, 그 지적은 정확하고 적절했다는 느낌이 든다. 사실상, 이번의 '한글판' 제작 과정에서 이 책을 읽어 보았을 때, 저자를 가장 곤혹스럽게 한 부분 —만약 개정을 했더라면 최우선으로 삭제하거나 최대한으로 요약했어야 할 부분— 은 생활적응 교육에 관한 '세부사항들'이었다. 독자가 보는 바와 같이,

현재 이 책에는 교육과정에 관한 아이디어로서의 생활적응 교육의 문제점 또는 결함이 그야말로 이 책의 '국적'이 의심스러울 정도로, 그리고 '시대착오적인' 느낌을 강하게 자아내면서 초판 그대로 남겨져 있다.

그렇다면 이것은 결국 저자의 태만에서 빚어진 과오인가? 저자는 그렇게 생각하지 않는다. 지금 바로 우리 눈앞에서 교육과정의 '최신' 아이디어로 논의되고 받아들여지고 있는 '역량기반 교육과정'은, 저자가 보기에는, 옛날의 생활적응 교육이 이름만 바꾸어 부활한 것 이외의 아무것도 아니다. 그만큼, 생활적응 교육은 적절한 맥락이 주어지면 언제나 그 겉모습을 달리하여 악령처럼 되살아날 수 있다. 이런 종류의 판단은 생활적응 교육의 발상을 가능한 한 그 세부사항과 관련하여 이해하기 전에는 내려질 수 없다. 그리고 그런 판단을 할 수 없을 때 '한국의' 교육과정은 교육과정을 주관하는 자리에 있는 사람들이 외국에서 유행하는 교육과정을, 단지 그것이 자신의 피상적인 견해와 부합한다는 이유에서, 또는 오로지 그것이 외국에서 유행한다는 이유에서, 맹목적으로 떠들썩하게 받아들이는 형편을 벗어날 수 없을 것이다. '해를 보고 짖는 촉나라 개와 눈을 보고 짖는 월나라 개'(촉견폐일蜀犬吠日 월견폐설越犬吠雪)는 이 형편을 비유적으로 나타낸다. 안개가 많은 촉나라의 개와 날씨가 따뜻한 월나라의 개에게는 해와 눈이 호기심 어린 주목의 대상으로 지각되는 것이다.

이상과 같은 고려에서 이 '한글판'은 원래의 증보판의 내용을 전연 개정하지 않은 채 단순히 판형만을 바꾼 형태를 취하게 되었다. 그렇기 때문에 독자가 이 책에서 '현재', '현행', '최근' 등의 용어를 접할 때에는 그것을 이 책의 초판(1977)이나 증보판(1992)이 출판된 시점을 기준으로 이해해 주기 바란다. '문교부'라는 용어가 상당히 오랜 기간 동안 우리나라에서 교육 부문을 담당하고 있던 중앙 관서의 명칭 —저자의 감각으로는 그 후 몇 차례 바뀐 어떤 명칭보다 월등하게 적절한 명칭— 이라는 것을 모르는 독자는 아마 없을 것이다. 그렇기는 해도 저자는 '국민학교'만은 '초등학교'로 바꾸는 것이 적절하다고 판단했다.

또한, 저자는 이 '한글판'의 제작을 기화奇貨로 삼아 원래의 증보자료에 '태양과 선분과 동굴 : 플라톤 「국가론」에서의 지식과 교육'이라는 제목의 글을 추가하였다. 독자의 눈에는 다르게 비칠지 모르지만, 적어도 저자에게 이 글은 '회심작'이라고 불러도 좋을 정도로 언제나 내심 은밀한 만족의 원천이 되고 있다. 본문에 명시되어 있는 바와 같이, 이 글이 다루고 있는 주제는, 그것에 관하여 새로운 논술을 보태기가 불가능할 정도로, 플라톤 연구가들 사이에 광범위하게 논의되어 왔다. 그럼에도 불구하고, 저자가 판단하기로는, 이때까지 그 주제를 다룬 논술 중에서 이 글이 나타내는 것과 동일한 관점을 동일한 방식으로 개진한 것은 찾아볼 수 없다. 사실상, 이 점은 플라톤의 이 부분을 다룬 연구가들과 저자 사이의 관심의 차이 —철학이나 정치학과 교육학의 차이— 에 비추어 오히려 당연한 것이다.

그뿐만 아니라, 지금 이 글을 증보자료에 추가하는 데에는 그 이상으로 중요한 의미가 있다. 저자가 보기에, 이 글은 지난 10여 년 동안 일부 교육학도들 사이에 집중적으로 논의되어 온 '교육이론의 메타프락시스적 성격'을 플라톤 특유의 비유를 빌어 표현하고 있다. 이 아이디어는 아직 형성되는 과정에 있으며, 그것이 비교적 완성된 형태로 정립되기까지에는 많은 시간과 노력이 필요할 것이다. 이 아이디어를 표현하는 '메타프락시스'라는 용어는 분명 새로운 것이지만,

그 아이디어 자체는 플라톤으로 거슬러 올라간다고 말해도 좋을 정도
로 교육에 관심을 가지고 있는 사람들 사이에 암묵적으로 받아들여져
왔다. '메타프락시스'라는 용어 자체는, 형이상학으로 번역되는 '메타
피직스'가 '이론의 이론'을 뜻하는 것과 동일한 어조로, '실천의 실천'
을 뜻한다. 그 아이디어는, 간단하게 말하여, 교육은 심성의 함양을
목적으로 하고 있으며 이 점에서 정치나 종교와 동일한 관심을 공유한
다는 것, 그리고 이들 심성함양의 '실천'이 목적으로 하고 있는 심성은
그 '실천' 자체에 의하여 정립되고 정당화된다는 것을 골자로 하고
있다. (관심 있는 독자는 저자 번역의 존 듀이, 「민주주의와 교육」
개정 증보판(2007)에 수록된 '교육이론의 메타프락시스적 성격'을 참
고하기 바란다. 또한 저자의 최근 저작인 「대승기신론통석」(2006)은
그 아이디어를 불교 수행론과 관련하여 설명하고 있다.)

마지막으로, 그동안 독자가 베풀어준 과분한 애호로 보아 절판이
되더라도 전혀 애석할 것이 없는 이 책을 새 단장으로 다시 빛을 보게
해준 데 대하여 박영사의 안종만 회장과 기획부의 조성호 부장께 저자
는 깊은 감사를 느끼고 있다. 또한, 다른 전공 분야의 '전문 서적'을
꼼꼼히 끈기 있게 읽고 책 모양을 가다듬어 준 편집부의 문선미 선생
에게도 저자는 감사의 빚을 지고 있다.

2010년 정월

李 烘 雨 謹識

증보판 서문

　만약 책에도 '천수'天壽라는 것이 있다면, 이 책은 천수를 다한 지 이미 오래 되었어야 한다. 이 책이 발간된 것은 정확하게 15년 전이며, 이 책에 표현되어 있는 생각이 저자의 머리 속에서 형성되고 반추된 기간까지를 고려한다면, 이 책은 거의 20년 전의 생각을 표현한 것이라고 볼 수 있다. 처음 발간된 이후 오늘에 이르기까지 이 책은 여기저기 오자誤字를 바로잡는 것을 제외하고는 아무런 수정을 가하지 않은 채 꾸준히 독자의 애호를 받아 왔다. 오늘날처럼 학문 이론의 발전 속도가 빠른 때에 이 책이 그토록 분에 넘치는 수명을 누려 왔다는 것을 생각하면, 저자는 그동안 독자의 애호에 감사를 느끼기에 앞서서 저자 자신의 태만을 탓할 수밖에 없다.

　사실상, 그동안 저자는 출판사로부터 줄곧 개정의 종용을 받아 왔고, 때로 그 종용은 '이 책을 읽어 준 독자에 대한 저자의 의무'라는 식의, 저자로서는 도저히 외면할 수 없는 '압력'의 형태를 띠기도 하였다. 그러나 개정을 염두에 두고 이 책을 검토할 때마다 번번이 저자는 차라리 이 책이 절판되기를 바랐다. 비록 바깥 학문 세계의 발전 속도에는 미치지 못한다 하더라도, 저자 자신의 생각인들 20년 전과 완전히 동일할 수는 없을 것이다. 그러나 개정의 작업을 위해서는 이 책은 거의 치명적이라고 할 만한 약점을 가지고 있다. 이 책은 그 당시 저자의 지력이 허용하는 한도내에서 가장 '치밀하게' 조직된 것이어서, 그 중의 어느 한 부분을 고쳐 쓴다든지 새로운 내용을 첨가한다든지 하면 필경 책의 체제 전체가 한꺼번에 무너져 버리고 말 것 같은 느낌이 드는 것이다. 그 정도로 이 책은 '폐쇄된' 체제를 갖추고 있다. 저자로서는 차라리 이전 종류의 책을 또 한 권 쓸지언정, 개정할 생각은 하지 못한 채 오늘에 이르렀다. 그러나 이 방면의 책을 또 한 권 쓰는 것은 저자의 형편상 용납되지 않고 그렇다고 하여 절판의 가능성도 별로 보이지 않기 때문에, 현재로서 '독자에 대한 저자의 의무'를 수행하는 유일한 방도는 이 증보판을 내는 것밖에 없다고 판단된다. 그리하여 저자는 이 책이 발간된 이후에 저자가 여러 기회에 쓴 글 중에서 이 책의 내용과 비교적 직접 관계된다고 생각되는 글을 몇 편 권말에 추가하면서, 아울러 여기저기 불분명하고 어색한 표현을 바로잡기로 하였다. 이하 이 서문에서 저자는 이 책에 대하여 현재 저자 자신이 가지고 있는 근본적인 불만, 다소간은 앞의 그 '약점'으로 말미암아 이 증보판에도 그대로 남겨둘 수밖에 없는 미비점 몇 가지를 지적하고자 한다.

이 책의 미비점으로서 첫째로 들 수 있는 것은 책의 구상 전체에 반영되어 있는 '교육과정 연구'의 성격과 관련되는 것이다. 이 책을 쓸 당시에 저자는 이 책에서 자신이 하고 있는 일이 어떤 종류의 일인가에 관하여 그다지 명확한 인식을 가지고 있지 않았다. 물론, 저자는 제1장의 첫머리에서 '교육과정은 "어떤 내용을, 어떤 목적을 위하여, 어떤 방법으로 가르쳐야 하는가"라는 문제를 다루는 분야'라고 말하면서, 이 책에서 저자가 하고자 하는 일이 바로 그 문제를 다루는 일임을 시사하기는 했지만, 그 일이 한 가지 근본적인 애매성을 내포하고 있다는 점에는 생각이 미치지 못하였다. 그 근본적 애매성이라는 것은

다음과 같은 것이다. 즉, 누구나 인정하고 있듯이, '교육과정'이 다루
는 문제는 실제적인 것 —다시 말하면, 현재의 교육과정 현실(교육의
내용과 목적과 방법)에 모종의 변경을 가하는 것, 또는 '개선방안'을
제의하는 것— 이다. 이 점에서 하나의 학문 분야로서의 교육과정은
흔히 '실제적 분야'라고 일컬어지고 있다. (아마 마찬가지 이유에서
'교육학' 역시 '실제적 학문'이라고 부를 수 있을 것이다.) 그러나 이
것을 인정한다 하더라도 교육과정에 관한 연구를 하고 교육과정에 관
한 책을 쓰는 사람은 두 가지 정반대되는 '방법론' 중의 어느 하나를
택할 수 있다. 여기서 '방법론'이라고 하는 것은 그 연구자나 저자가
논의의 주제를 선정하는 데에 사용하는 기준 —그는 어떤 종류의 문제
를 논의의 주제로 삼는가— 을 가리킨다.

　　교육과정 연구에 종사하는 사람들 중에는 위에 사용된 '실제적'
이라는 용어를 지나칠 만큼 곧이곧대로 또는 과장해서 받아들이는 사
람들이 있다. 그들은, 교육과정이라는 분야는 '실제적 분야'인 만큼
교육과정 연구는 반드시 '이러이렇게 해야 한다'는 처방을 제시해야
한다고 생각한다. 처방이 처방으로서 의미를 가지려고 하면 그것은
반드시 현실의 '문제점' —바람직하지 못한 점, 시정되어야 할 점—
과 관련을 맺지 않으면 안 된다. 처방은 바로 그 문제점이 있기 때문
에 필요한 것이다. 사실상 '현실의 문제점'이라는 것은, 특별히 찾으려
고 애쓸 필요조차 없을 정도로, 언제나 존재한다. 교육의 현실에 '문제
점'이 없는 경우는 동서고금을 막론하고 상상하기 어렵다. 그리하여
위와 같은 생각을 하는 사람들은 교육과정 현실에 나타나 있는 문제점
을 연구의 주제로 삼는다. 교육과정 연구에서의 그들의 관심은 '현실
에서 시정을 요하는 문제점은 무엇이며 그것은 어떤 방향으로 시정되
어야 하는가'에 있다. 이것이 그들의 '방법론'이다. 이 방법론은 그것

이 사용되는 목적에 따라 '개선지향의 방법론'이라고 부를 수 있을 것이다.

물론, '개선지향의 방법론'에서의 관심이 실제적 처방을 제의하는 데에 있다고 하여 이 방법론에 입각한 연구가, 위의 단순화된 규정이 시사하는 것처럼, 그야말로 순전히 문제점을 지적하고 개선방안을 제의하는 것에 국한되는 것은 아니다. 거기에는 '이론'이 거의 필수적으로 동원된다. 문제점을 부각시키고 개선방안의 정당성을 확립하는 데에는 이론의 안내가 필요한 것이다. '좋은 이론보다 더 실제적인 것은 없다'라는 말은 '개선지향의 방법론'에서의 이론의 위치를 단적으로 나타내고 있다. 이 방법론에서의 이론은 실제를 위한 기초 또는 배경으로서 의미를 가진다. 그러나 이와는 다른 방법론에서 이론은 다른 의미를 가질 수 있다.

다시 한 번 되풀이하지만, '개선지향의 방법론'에서 논의의 주제로 선정되는 '문제점'은 현재의 교육과정 현실에서 '잘못되고 있는' 측면, 그리하여 장차 바람직한 방향으로 시정되고 개선되어야 할 측면이다. 또한, 이런 의미에서의 문제점은 교육과정 현실 속에 이미 드러나 있다. 그것은 연구자에게 이미 주어져 있으며 연구자는 문제점이 이미 주어진 상태에서 연구를 시작한다. 그러나 교육과정 연구의 주제가 반드시 이런 의미에서의 '문제점'이어야 하는 것은 아니다. 연구자가 대면하고 있는 교육과정 현실은 비단 사전에 명확하게 규정되는 '시정되어야 할 문제점'으로 나타나는 것이 아니라 연구자의 사고에 잘 파악되지 않는 '혼란의 덩어리'로 나타나기도 한다. 말하자면 교육과정 현실은 '개선'의 대상일 뿐만 아니라 '이해'의 대상이기도 하다. 앞의 현실에서는 연구의 문제점이 사전에 이미 주어져 있는 반면에, 뒤의 현실에서는 연구의 '문제'를 찾는 것 그것이 곧 연구의 목적이 된다고 말할 수 있다. 이 나중의 의미에서의 '문제'(즉, '질문')는 연구자가 당면하고 있는 지적 혼란을 제거하는 과정에서 비로소 정립되고 해명되는 것이며, 그 문제를 정립하고 해명하는 것 그 자체가 곧 현실의 이해와 동일한 의미를 가진다. 연구자는 이 나중의 의미에서의 문제를 논의의 주제로 선정할 수도 있다. 이 연구자의 방법론을 앞의 것과 구분하여 '이해지향의 방법론'이라고 부를 수 있을 것이다.

위의 두 가지 방법론 중의 어느 것을 택하는가에 관계없이, 교육과정 연구자가 대면하고 있는 '교육과정 현실'은 한 가지 동일한 사태 —이러이러한 내용이, 이러이러한 목적을 위하여, 이러이러한 방법으로 가르쳐지고 있는 사태— 이다. 그러나 그 두 가지 방법론은 연구자로 하여금 그 동일한 사태를 참으로 정반대라고 해도 좋을 만큼 상이한 눈으로 바라보게 한다. '개선지향의 방법론'을 택하는 연구자에게 그 현실은 시정되어야 할 문제점을 나타내는 반면에, '이해지향의 방법론'을 택하는 연구자에게 그것은 자신에게 지적 번민을 가져다주는 혼란의 원천으로 보인다. 앞의 연구자에게 '문제점'은 이미 주어져 있는 반면에, 뒤의 연구자에게 '문제'는 그의 지적 노력을 통하여 정립되고 해명되어야 한다. 그리고 그와 마찬가지로, 앞의 연구자에게 이론은 실제적 처방을 위한 기초가 되는 반면에, 뒤의 연구자에게 그것은 현실 이해의 개념적 도구가 된다.

그러나 독자는 반문할지 모른다, '이해지향의 방법론'에서 추구하는 '이해'도 궁극적으로 교육과정 현실의 '개선에 도움이 되어야할 것이 아닌가? 또한, 그러므로 위의 두 가지 방법론의 구분은 진정한 구분이 아니라 저자의 관념에 의하여 날조된 허위의 구분이 아닌가? 저자는 그렇게 생각하지 않는다. 저자가 보기에, 이런 종류의 반문은 그 두 가지 방법론이 실지로 적용되는 사태 —즉, 교육과정 연구 또는 저작의 사태— 를 구체적으로 상상하지 못하는 데서 나온다. 위에서 사용된 의미로서의 '방법론'은 '연구자나 저자가 논의의 주제를 선정하는 데에 사용하는 기준'을 의미한다. 이제 한 연구자가 위의 반문에 나타난 '교육과정 현실의 이해는 궁극적으로 그 개선에 도움이 되어야 한다'는 믿음에 따라 연구의 주제를 선정한다고 하자. 이해와 개선의 사이에 있다는 그 '궁극적인' 연결점 —이해와 개선의 연속선상에서 정확하게 어디서 이해가 끝나며 어디서 개선이 시작되는가— 을 절대적으로 결정하기가 전혀 불가능한 상태에서, 그는 오로지 '나의 이해가 현실의 개선에 도움이 되려고 하면 나는 어떤 문제를 연구의 주제로 선정해야 하는가'라는 고려에 입각하여 그의 주제를 선정한다. 그가 찾는 것 —또는 차라리, 그의 눈에 띄는 것— 은 당연히 현실의 '문제점'이다.

이런 연구자가 예컨대 '책에 적힌 지식이 학습자에게 내면화되는 것은 어떻게 가능한가'라는 '문제' 또는 질문을 연구의 주제로 선정할 가능성은 대단히 희박하다. '덕은 가르칠 수 있는가'라는 소크라테스의 질문에 예고된 이후 오늘에 이르기까지, 이 질문은 '교육과정 현실'을 이해하는 데에 필수적인 것으로 되어 왔다. 이 질문을 둘러싼 이론적 논의가 '궁극적으로' 교수·학습 방법의 개선에 기여하는 것이 사실일지는 모르지만, 그보다 더 중요한 사실은, 그 논의에는 '궁극'이라고 할만한 것이 없다는 것이다. 하나의 이론적 논의는 그것이 끝나는 순간 반드시 약간 다른 각도의, 또는 약간 더 치밀한 또 하나의 이론적 논의를 불러 일으킨다. 물론, 생각하기에 따라서 우리는 이미 그 '궁극'에 도달해 있다고 볼 수도 있다. 실제적 개선을 도모하는 데에 필요한 정도의 이해를 얻는 것이 우리의 유일한 목적이라면, 우리는 내일이라도 당장 이론적 이해를 그만둘 수 있다.

결국, 저자의 첫째 반성은 이 책을 쓸 당시 저자에게 위의 두 가지 방법론의 구분에 관한 명확한 인식이 없었다는 것이다. 이 책이 전체적으로 그 중의 어느 방법론을 따르고 있는지 불분명한 것은 그 점에서 당연하다고 말할 수 있다. 현시점에서도 아마 두 가지 방법론은 교육과정 연구에서 각각 중요한 위치를 차지한다고 말해야 할지 모르지만, 이 책이 그 중의 어느 한 가지 방법론을 철저하게 따르지 못하고 그 두 가지가 뒤범벅된 상태를 나타내고 있다는 것은, 적어도 저자 자신이 보기에는, 미비점임에 틀림없다. 만약 저자가 이 방면의 책을 또 한 권 쓰게 된다면 저자는 될 수 있는 한 충실하게 '이해지향의 방법론'을 따르겠다는 것이 현재 저자가 가지고 있는 실현불가능한 소망이다. 말하자면 저자는 교육과정 현실 ―교육의 내용과 목적과 방법으로 이루어진 현실― 을 이해하는 데에 관련되는 이론적 질문들이 체계적으로 또 치밀하게 다루어진 책, 그것을 읽는 사람의 눈을 환하게 밝혀 줄 수 있는 그런 책이 나오는 것을 보고 싶은 것이다. 현실에 두드러지는 문제점에 대하여 개선방안을 제의하는 것도 결코 간단한 일은 아니겠지만, 현실의 이해를 위하여 보통 사람의 눈에 잘 띄지 않는 문제를 확인하고 정립하는 데에는 그보다 훨씬 큰 남모르는 고통이 따른다는 그 한 가지 이유만으로도 그렇게 말할 수 있다.

생각해 보면, 위의 두 가지 방법론 중의 어느 것을 선택하는가가 순전히 연구자의 취향에 달려 있는 문제라고만은 볼 수 없는 이유가 한 가지 있다. 그것은, 교육과정 연구는 어떤 면에서든지 교육과정 실제에 종사하는 사람들 ―특히 교사들― 의 사기士氣를 저하시키거나 심기心氣를 불편하게 해서는 안 된다는 것이다. 아마 교사 중에는 '잘못' 가르치는 교사, '그릇된' 방법으로 교육하는 교사가 틀림없이 있을 것이다. 그러나 교사를 어떤 눈으로 보아야 하는가는 원칙의 문제이다. 원칙상으로 말하여 교사는, 심지어 '그릇된' 방법(또는 우리에게 그릇된 것으로 생각되는 방법)으로 가르치는 교사조차도, 자신이 할 수 있는 한 최선의 능력과 노력을 기울이고 있다고 보아야 한다. 교사에게 참으로 필요한 것, 우리가 교사에게 해주어야 할 것은 흔히 동정과 연민의 감정이 깔린 막연하고 상투적인 찬양이 아니라, 구체적으로 현재 그가 하고 있는 일과 관련하여, 그 일에 더욱 힘을 내도록 하는 정신적 지원과 격려이다. 이런 종류의 지원과 격려는 오직 교사가 종사하고 있는 '교육과정 현실'을 정확하게 이해하는 사람에 의하여 주어질 수 있다.

위의 두 가지 방법론 중의 어디서나 이른바 '그릇된' 교육 실제는 논의의 대상이 될 수 있다. 그러나 그 두 방법론의 성격상, 그 그릇된 실제는 두 경우에 전혀 상이한 관점에서 취급된다. '개선지향의 방법론'에서 그것은 개선의 처방이 의미를 가지기 위한 전제 조건이 되는 반면에, '이해지향의 방법론'에서 그것은 현실 이해의 자료가 된다. 이 후자의 경우에 비하면, 전자의 경우에는 그 그릇된 실제가 그 자체로서 연구의 전면에 두드러지게 부각된다. 물론, 그릇된 실제를 지적하는 것 그 자체가 반드시 교사의 사기를 저하시키고 심기를 불편하게 하는 것은 아니다. 그러나 교육과정 현실의 개선을 도모한다는 명분 아래 거의 교사에 대한 비난과 야유에 해당하는 발언을 서슴지 않는 사람들을 볼 때 많은 교사는 환멸과 비애를 느끼고 의욕을 상실한다. 이것은 그 발언에 틀림없이 들어있다고 볼 수 있는 의도 그 자체를 무효화하는 불행한 결과이다.

독자가 보는 바와 같이, 이 책은 이 점에서도 반성의 여지가 있다. 이 책에는 보기에 따라서 능히 교사 집단 전체에 대한 모욕으로 받아들여질 수도 있는 '그릇된 실제'가 지적되어 있다. 이 책을 쓸 당시 저자에게 두 가지 연구 방법론의 구분에 관한 명확한 인식이 없었다는 사실에서 이미 시사되는 바와 같이, 이 책에 지적된 '그릇된 실제'가 과연 어떤 관점에서 취급되어 있는지에 대하여 저자는 자신있는 판단을 할 수 없다. 저자가 바라기로는, 그것이 교육과정 현실의 이해를 위한 자료로서 불가피하게 사용되었다고 믿고 싶지만, 이것은 차라리 독자에 대한 간절한 기원에 지나지 않는다. 그와는 달리, 만약 이 책의 여기저기에 지적된 교육과정의 '문제점들'이 교육과정의 이해와는 하등 관련 없이, 공연히 교사의 심기만 불편하게 한 것으로 받아들여진다면, 저자는 저자 자신이 그 구성원으로 속하고 있는 교사 집단 전체에 대하여 도저히 용서받을 수 없는 죄를 지은 셈이 된다.

위의 전체적 구상에 관한 미비점 이외에, 비교적 세부사항에 해당하는 미비점이 여러 가지 있겠지만, 그 중에서 특히 언급해야 할 것은 두 가지이다. 하나는 제 7 장에 취급된 '지식과 도덕의 관련' 문제이며, 다른 하나는 몇 개의 장에 나타나 있는 듀이 이론의 해석 문제이다.

먼저, 이 책에서 지식과 도덕의 관련 문제는 지나치게 '관념적인' 또는 '형식적인' 방식으로 취급되어 있다. 자신이 다루는 이론적 문제를 오로지 '개념' ─나쁜 의미에서의 '단어의 뜻'─ 에 의존하여 해결하려고 하는 것은 학문적 미숙의 어김없는 증거이다. 사실상, 지식과 도덕의 관련을 다룬 제 7 장은 이 책의 여기저기에서 드러나는 이 학문적 미숙의 증거를 집약적으로 보여 준다고 말해도 좋을 것이다. 물론, 그 장의 마지막 절에서 저자는, 지식을 정의하는 '합리성'이 도덕적 현실로 나타나는 과정에서 사회적 갈등이 개입한다는 니버의 견해를 마지못한 듯이 받아들이기는 했지만, 그렇다고 해서 이 면에서의 미비점이 조금이라도 경감되는 것은 아니다. 저자의 잘못은 지식과 도덕을 관련지으려고 했다는 것 그 자체에 있는 것이 아니라 그 관련을 그릇된 방식으로 설명하려고 했다는 데에 있다. 그리고 이 잘못은 저자가 지식과 도덕의 어느 것에 관해서도 만족할 만큼 구체적인 사고를 하지 못한 데서 저질러진 것이다.

만약 이 문제에 관하여 좀 더 구체적으로 사고할 수 있었더라면 저자는 적어도, '도덕'의 의미는 몇 가지 상이한 수준에서 파악되어야 한다는 점에 생각이 미쳤을 것이다. 현재 이 책에서 사용된 의미의 도덕은 어느 편인가 하면 일상생활의 사태에서 모든 사람들에게 명백히 지탄의 대상이 되는 '비도덕적인 행동'을 하지 않는 것, 또는 이른바 '도덕적 문제'를 나타내지 않는 것을 가리킨다. 물론, 이것이 '도덕'의 의미가 될 수 없는 것은 아니다. 그러나 도덕에는 또한 그보다 높은 수준의 의미, 일상의 사태에서 다른 사람에게 쉽게 관찰 또는 식별되지 않는 '삶의 자세'에 해당하는 것도 포함되어 있다. 돈과 권력으로 대표되는 세속적 성공을 누리는 사람이라고 하여 반드시 '비도덕적 인간'으로 사람들의 지탄을 받는 것은 아니다. 그도 일상적인 의미에서는 충분히 '도덕적 인간'으로 살아갈 수 있다. 그러나 만약 그가 오로지 일신상의 안일과 세인의 존경에 마음을 쓰면서 삶의 보다 높은 가치를 이해하고 추구하는 일에는 전혀 관심을 두지 않는다면, 그는 가장 높은 수준의 '도덕적 인간'에는 미치지 못한다. 학교에서 가르치는 교과는 이 가장 높은 수준의 도덕적 인간을 형성하는 데에 '목적'이 있다. 여기서 '목적이 있다'고 말하는 것은 '학교 교과를 배우면 그런 결과에 도달한다'고 말하는 것과는 구분되는 의미를 나타낸다. 학교 교과를 배운 결과로 과연 일상적 의미에서의 도덕적 인간 —도덕적으로 문제시되는 행동을 하지 않는 인간— 이 배출되는가 하는 데에는 의문의 여지가 있다. 그러나 학교 교육의 '목적'이 보다 완전한 의미에서의 도덕적 인간을 형성하는 데에 있다는 것은 사실의 문제가 아닌 신념의 문제이다. 그와 동시에, 학교 교육의 '목적'을 일상적 의미에서의 도덕과 관련하여 설명하려고 하는 것은 지식이 가질 수 있는 보다 명백하고 중요한 가치를 젖혀 두고 일부러 엉뚱한 곳에서 그 가치를 찾으려고 하는 어리석은 것이다.

이 책에 나타나 있는 듀이 이론의 해석은 바로 지식의 의미와 가치에 관한 저자의 불충분한(즉, 현재에 비하여 불충분한) 이해를 반영한다. 독자가 보는 바와 같이, 이 책에서 듀이는 '생활적응교육'에서 주장하는 것과 같은 좁은 의미의 '일상생활의 문제해결'이 아닌, 지식과 탐구의 중요성을 강조한 것으로 해석되어 있다. 그러나 그동안의 공부는 저자에게 이 책의 그것과는 정면으로 반대되는 관점으로 듀이의 이론을 해석해야 한다는 것을 가르쳐 주었다. 물론, 듀이가 지식과 탐구의 가치를 전적으로 도외시한 것은 아니며, 어떤 의미에서는 그것을 누구보다도 강조했다고 말할 수 있다. 그러나 현재 저자의 관점에 의하면, 듀이가 가치있다고 생각한 지식은 지식의 원래의 의미에 비하여 어이없이 사소한 것이며, 그와 마찬가지로 그러한 지식관에 입각한 교육이론은 교육의 올바른 의미를 제시할 수 없다. (관심있는 독자는 저자의 듀이,「민주주의와 교육」번역판에 수록된 '역자해설', 그리고 저자의 「교육의 개념」 5장 3절을 참고하기 바란다.) 그렇기는 해도, 현재 이 책에서 중요한 것은 듀이 이론의 해석 그 자체가 아니라, 듀이 이론과 관련되는 것으로 생각되는 생활적응교육의 주장이다. 만약 이 점을 염두에 둔다면 독자는 다른 미비점과 함께 이 면에서의 미비점이 이 증보판에 그대로 남아 있게 된 데 대하여 관용을 베풀 수 있을 것이다.

이때까지 이 책을 읽은 독자 중에는 이 책의 기본적 아이디어 —즉, '목표모형'과 '내용모형'이 양립불가능한 '대안적' 교육과정 모형을 나

타내고 있다는 아이디어— 에 대해서도 저자의 반성을 촉구할 사람이
있을 것이다. 사실상, 그동안 저자는 독자로부터 구두로 또는 서면으로
이 점에 관하여 의문이 제기되는 것을 들어왔다. (저자가 아는 한, 이
점에 관한 문서화된 논평으로서 유일한 것은 서미혜, '타일러 교육과정
이론의 비판에 관한 고찰 : 브루너 이론을 근거로 한 비판을 중심으로'
〈성균관대학교 대학원 석사학위논문, 1986〉라는, 드물게 보는 훌륭한
논문이다.) 그 의문의 골자는, 브루너는 '지식의 구조' 개념과는 달리,
타일러의 모형은 교육내용의 성격에 관한 견해를 나타내는 것이 아니
라 단순히 교육과정 운영의 일반적 절차를 제시할 뿐이며, 따라서 양자
사이에는 '통약성'이 존재하지 않는다는 것이다. '통약성'은 '비교를
성립시키는 동일한 기준'을 뜻하며, 그것이 존재하지 않는다는 것은
곧 양자를 '동일한 기준에 의하여' 비교할 수 없다는 뜻이요, 그것은
다시 양자를 양립불가능한 것으로 볼 필요가 없다는 뜻이다.

　　그러나 저자는 아직 이런 의문에서 저자 자신의 생각을 바꿀 확실
한 근거를 찾지 못하고 있다. 무엇보다도 저자는 타일러의 모형이 (일
반적 절차를 제시하는 모형이기 때문에) 교육내용의 성격과 무관하다
는 점을 납득할 수 없다. 타일러의 모형은, 그 표면상 의도가 무엇이든
지간에, 사실상 교육내용의 성격에 관한 명확한 견해를 표명하고 있
다. 이 책에서 타일러의 모형은 '절차'로서 해석되는 것이 아니라 그것
에 가정된 교육내용의 성격과 관련하여 해석되어 있다. 그리고 이
책에서 타일러의 모형과 브루너의 이론 —또는, 각각을 핵심으로 하
여 정립된 목표모형과 내용모형— 은 1차적으로 교육내용의 성격에
입각하여 비교되어 있다. 물론, 교육내용의 성격에 관한 견해는 반
드시 그것과 논리적으로 관련된 교육목적, 교육방법의 성격에 영향
을 미친다.

　　이 증보판이 세상에 빛을 보게 된 것은 무엇보다도 이 책이 처음 발간될 당시의 박영사 안원옥 사장으로부터 그 자리를 이어받은 안종만 사장의 배려와, 더 직접적으로는, 이명재 상무의 집요한 종용 덕택이다. 이 증보판의 작업이 착수, 진행되는 것을 보고 이 상무가 저자 자신보다 더 큰 기쁨과 만족의 빛을 감출 수 없었던 것은 어느 면에서는 당연하다고 말할 수 있다. 위의 두 분과 박영사 편집부 여러분에게 감사를 드린다. 서울대학교 사범대학 교육학과의 박종덕, 정혜진 두 선생은 각자 공부에 바쁜 중에도 틈을 내어 교정과 색인의 수고를 감당해 주었을 뿐만 아니라 불분명하고 어색한 표현을 가다듬는 일에 매우 유용한 조언을 해 주었다. 이 증보판의 간행에 격려를 보내 준 여러분들을 포함하여 위의 두 선생에게 저자는 충심으로 감사를 표한다.

　　이 증보판에 9편의 증보자료를 추가함으로써 저자는 이 책이 이때까지 누린 그 과분한 천수天壽를 다시 한 번 거듭할 수 있으리라고는 생각하지 않는다. 다만, 독자의 애호에 약간의 보답이라도 될까 하는 희망이 있고, 나아가서 저자로서는 언젠가 이 책이 틀림없이 당하게 될 운명을 좀 더 가다듬어진 모습으로 당할 수 있으리라는 위안이 있다.

1992년 정초

李　烘　雨　謹識

초판 서문

우리나라에서는 최초로 정범모 선생님에 의하여 「교육과정」이라는 제목의 책이 나온 이래 근 4반세기 동안, 교육과정에는 새로운 아이디어가 불필요하고 또 불가능한 만큼 많은 저작들이 간행되었다. 이런 상태에서 교육과정 책을 쓰는 사람이 해야 할 일은 새로운 아이디어를 또 하나 덧붙이는 일이라기보다는 이미 제시된 아이디어들을 정리하는 일이라고 생각된다. 이 책에서 저자는 바로 이 일을 하고자 하였다.

교육과정에 관한 아이디어들을 '정리'하는 데는 반드시 하나의 틀을 가지지 않으면 안 되었다. 이 책에서 채택된 틀은 저자가 '목표모형'과 '내용모형'이라고 부른 교육과정의 두 가지 기본모형이다. 1장의 '문제의식'은 이 틀이 결코 임의로 채택된 것이 아니라, 현재 우리나라의 교육 현실과 관련하여 중대한 의미를 가진다는 것을 보이기 위한 것이다. 2장에서 5장에 이르는 네 장은 두 개의 기본모형과 그 역사적 배경을 설명하는 데에 할애되었다. 그 이후의 각 장들은 대체로 두 모형을 교육과정의 몇 가지 주제에 비추어 부연한 것에 불과하다. 그 주제들은 교육목적(6장), 교육내용(8장), 교육방법(9장), 그리고 교수모형(10장)이다. 7장은 교육목표를 사회 현실과 보다 긴밀히 관련지으려는 시도를 나타낸다. 11장은 문교부의 「교육과정」에서 교사의 수업 현장에 이르기까지 교육과정 운영에 관계되는 문제를 다루고, 12장은 교육에 영향을 주는 사회문화적 '풍토' 문제를 다룬다. 본문의 말미에 붙여둔 '독자를 위한 탐구과제'는, 이 책이 강의용으로 쓰일 경우에, 강의실에서의 토론 주제나 학기 도중의 학습과제로 제의해 놓은 것이며, 그 중의 어떤 것은 학기 말의 학습과제가 될 수도 있을 것이다.

이 책을 펴냄에 있어서, 저자에게 학사과정과 대학원에서 교육과정을 가르쳐 주신 정범모 선생님과 이영덕 선생님께 삼가 감사를 드린다. 이 두 선생님께서는 저자에게 교육과정을 가르쳐 주셨을 뿐만 아니라, 그보다 더 중요한 것으로서, 비판적으로 읽고 다른 사람의 생각은 물론, 저자 자신의 생각에 대해서도 비판적으로 생각하도록 가르쳐 주셨다. 그러나 이 책이 가지고 있는 여러 가지 미비점은 오직 저자 자신의 것이다. 마음속 깊이 부끄러운 고백이지만 이 책은 저자의 아이디어가 성숙하여 도저히 쓰지 않고는 못배기겠다는 '내적 이유'에서보다는 여러 가지 '외적 요구'에 의하여 쓰인 것이다. 앞으로 선배와 동학의 질정을 받아 미비점을 보완할 기회가 있게 되기를 바란다.

이 책은, 가장 직접적으로는, 문교부 시책의 하나인 '대학교원 교류근무계획' 때문에 쓰이게 되었다. 저자에게 한 학기 동안 정상적인 강의 부담에서 벗어나서 연구할 수 있도록 해 준 문교부 당국에 감사를 드리고, 그 한 학기 동안 연구를 위하여 여러 가지 편의를 제공해 주신 공주 사범대학 민병조 학장님과 교수 제위께 감사를 드린다. 공주 사범대학 교육과의 3, 4학년 학생들은 저자의 '특강'에 참여하고 토론에 응하였다는 점에서 이 책 중의 일부분에 대하여 저자에게 공헌하였고, 그 점에 있어서는 그동안 서울대학교 사범대학에서 저자의 강의를 들은 학생들과 다름이 없다. 끝으로, 이 책자가 현재와 같은 모양으로 빛을 보게 해 주신 데 대하여 박영사 안원옥 사장님과 편집부 여러분에게 깊은 감사를 드린다.

1977년 1월

李 烘 雨 謹識

목   차

증보자료

1
문 제 의 식

교육의 운명이 오늘날처럼 기구했던 때는 일찍이 없었을 것이다. 오늘날 교육은 그것에 관심을 가지고 있는 모든 사람들에게 매도와 탄식의 대상이 되고 있다. 교육이 정확하게 어떤 점에 실패하고 있는가 하는 것은 각자 보는 각도에 따라 다르겠지만, 교육이 좌우간 실패하고 있다는 점에 대해서는 교육에 관심을 두고 있는 거의 모든 사람들의 의견이 일치되고 있는 듯하다. 물론, 교육이 성공하고 있다는 평가를 받은 적은, 적어도 오늘날처럼 많은 사람들이 교육에 관심을 가지게 된 이후에는, 한 번도 없었고 또 앞으로도 있을 것 같지 않다. 그럼에도 불구하고, 특히 오늘날 교육의 운명이 기구하다고 생각된다면 그것은 무엇 때문인가? 문제는 바로 교육이 실패하고 있다고 생각하는 사람들이 정확히 어떤 점에서 교육이 실패하고 있는지를 세밀히 따져 보려고 하지 않는다는 데에 있다. 그들은 각자 교육이 성격상 무슨 일을 하게 되어 있는가를 자기 나름으로 규정하고 그 일이 잘 이루어지지 않으면 바로 그 점에서 교육이 실패하고 있다고 판단하면서 바로 그 점에서 교육이 개선되어야 한다고 주장한다.

이 경우에 교육은 만인萬人이 제시하는 만 가지 이유에서 매도의 표적이 될 수밖에 없다. 더욱 기막힌 일은 교육에 종사하고 있는 사람들 중에도 때로 그 만인들보다 별로 나을 것이 없는 견해를 표명하는 사람들이 있다는 것이다.

이러한 형편을 자세히 들여다 보면, 교육에 종사하고 있는 사람들과 종사하지 않는 사람들 사이에, 언제부터인지는 몰라도, 교육은 모든 일을 할 수 있다는 사실에 관하여 근본적인 합의가 이루어져 온 것이 분명하다. 따지고 보면 이 합의는 극히 자연스러운 것이다. 교육에 종사하는 사람들 편에서 보면, 교육이 모든 일을 할 수 있다는 것은 분명히 교육에 대한 축복처럼 보였을 것이다. 또 교육에 종사하지 않는 사람들 편에서 보면, 그 사실은 또한 그들의 하는 일이 어떤 종류의 일이든지 간에 교육을 그 일의 수단으로 삼을 수 있다는 점에서 마찬가지로 바람직한 것이었다. 이러한 쌍방의 합의는 교육이 예부터 써내려 오던 영광의 관冠을 더욱 높게 만드는 데에 한 몫을 담당하였다.

영광이 높으면 치욕 또한 깊은 것이라 하여, 저자는 이제 '교육은 아무 일도 할 수 없다'고 말하면서 오늘날 교육에 대한 모든 비난을 모면하고자 하는 것인가? 아니다. 저자는 어느 누구에게도 못지않게 교육이 중요하다는 것을 믿는다. 그러나 교육의 하는 일이 중요하다는 것을 주장하는 것과 교육이 모든 일을 할 수 있다는 것을 주장하는 것은 완전히 별개의 일이다. 정치의 중요성은 정치가 모든 일을 하는가 한 가지 일을 하는가에 따라 가늠되는 것이 아니다. 마찬가지로, 교육의 하는 일이 중요하다는 것을 보이기 위하여 반드시 교육이 모든 일을 할 수 있다고 주장할 필요는 없다. 오히려 그 반대라고 말하는 것이 더 정확하다. 교육의 하는 일이 중요하다는 것은 교육이 모든 일을 할 수 있다고 주장함으로써가 아니라, 오히려 교육이라는 것이 성격상 어떤 종류의 일이며 그 일이 왜 중요한가를 명백히 보임으로써 인정될 수 있을 것이다.

저자가 말하고자 하는 것은 다만, 교육이 모든 일을 할 수 있고 또 모든 일에 실패하고 있다고 생각하기에 앞서서, 오늘날 교육이 정확하게 어떤 점에서 실패하고 있으며 그것이 교육의 하는 일과 어떤 관련을 가지고 있는가를 엄밀하게 분석할 필요가 있다는 것이다. 이것을 분석하는 것은 곧 교육과정의 문제의식을 확립하는 일이다. 교육과정은 '어떤 내용을, 어떤 목적을 위하여, 어떤 방법으로 가르쳐야 하는가'라는 문제를 다루는 분야이며, 이 문제는 근본적으로 교육이라는 일의 성격에 비추어서야 해답될 수 있는 문제이다. '교육은 모든 일을 할 수 있다'는 생각은 교육과정의 문제의식을 확립하는 데에 분명히 장애가 된다.

I 탈지식교육

오늘날 교육이 실패하고 있다고 생각하는 사람들의 대부분이 그 실패의 원인을 그동안 우리나라 교육이 '지식교육을 해 왔다'는 데서 찾고 있다는 것은 참으로 놀랄 만한 일이다. 그들의 생각에 의하면, 오늘날 교육의 문제점은 그동안 지식교육을 '하지 않았다'는 데에 있는 것이 아니라, 바로 지식교육을 '너무 해 왔다'는 데에 있다. 이런 경우에 입버릇처럼 쓰이는 것이 '지식 위주의 교육'이라는 용어이다. 말하자면 오늘날 교육의 가장 큰 병폐는 '지식 위주의 교육'이며, 따라서 그 병폐를 시정하는 방법은 반드시 '지식 위주의 교육'이 아닌 것에서 찾아야 한다. 가로대 '인간교육, 태도교육, 가치관교육, 정서교육,

생활교육, 인격교육, 성격교육, 순결교육, 직업교육…' 등이 그것이다. 이러한 사고에 의하면, 오늘날 교육의 문제점은 '지식교육'을 위주로 하고 있을 뿐, '인간교육, 태도교육…'등은 소홀히 하는 데에 있으며, 장차 교육은 지식 위주의 교육에서 벗어나서(또는 가장 완곡하게 말하여, 지식 위주의 교육과 함께) '인간교육, 태도교육…' 등의 방향으로 나아가야 한다는 것이다.

그들의 사고는 다음과 같은 소박한 논리에 기초를 두고 있다. 즉, 1) 이때까지 교육은 지식을 가르치는 일을 가장 중요한 일로 생각해 왔다. 2) 그러나 오늘날 교육의 결과로 배출되는 사람들은 인간으로서 바람직한 태도, 가치관, 정서… 등을 갖추고 있지 못하다. 3) 그러므로 지식을 가르치는 일이 교육의 가장 중요한 일이라는 생각은 그릇되다. 이런 논리를 바탕으로 하여 그들은 교육의 구체적인 내용으로서 어떤 것을 제의하는가? 일단 지식을 가르치는 일에서 벗어난 다음, 이제 교육은 어떤 양상을 띠어도 좋다. 훌륭한 교사로부터 인격적인 감화를 받은 경험이 있고 또 그 감화가 자신의 가치관에 중요한 변화를 일으켰다고 믿는 사람은 지식교육보다도 교사와의 인격적인 접촉이 더 중요하다고 주장한다. 예술적인 활동에 참여한 결과가 자신의 정서를 순화시키는 데에 크게 도움이 된 것을 경험한 사람은 예술적인 활동이 지식교육보다 더 큰 교육적 효과를 나타낸다고 생각한다. 직업적인 노동에 종사함으로써 노동의 가치, 땀의 중요성, 작업의 엄밀성과 정확성 등을 배울 수 있다고 생각하는 사람은 직업교육이 지식교육의 폐단을 시정하는 중요한 수단이 된다고 주장한다. 그리고 김장 채를 썰면서 우리 민족의 고유한 생활방식에 대한 흠모에 가득 차 본 경험이 있는 사람은 그러한 생활 경험이 조국애, 민족애를 고취하는 데에 '책에 쓰인 이론'보다 몇 배나 더 큰 힘이 있다고 생각한다. 한 마디로

말하여, 이러한 생각은 '투사'投射*라는 심리적 기제로 설명될 수 있
다. 그리고 이러한 심리적 기제에 의한 호소는 그와 비슷한 경험을
한 사람들에게 널리 공감을 불러일으키고 있다.

그러나 심리적 기제에 의한 호소가 결코 논리적 타당성을 대치할
수는 없다. 앞에서 말한 그들의 논리는 명백히 그릇된 것이기 때문이
다. 이때까지 교육은 지식을 가르치는 일을 가장 중요한 일로 삼아왔
고 또 그 결과로 바람직한 인격을 갖춘 사람이 배출되지 않은 것이
사실이라고 하더라도, 이 전제로부터 '그러므로 지식을 가르치는 일이
교육의 가장 중요한 일이라는 교육관이 그릇되다'라는 결론은 타당하
게 도출되지 않는다. 이 결론을 이끌어 낼 때, 사실상 그들은 '이때까
지의 교육은 지식을 가르치되 올바른 방법으로, 다시 말하면 바람직한
인격을 갖춘 사람이 배출되도록 가르치는 일에 실패하였다'고 하는
또 한 가지 가능한 결론을 부당하게 묵살해 버리는 것이다. 적어도
근래에 와서 많은 사람들의 상식적인 판단에 의하여 지식교육의 대안
이 이것저것 제시되기 전에는, 지식을 잘 가르치면 훌륭한 인격을 갖
춘 사람들이 배출된다는 것은 교육의 가장 근본적인 원리로 받아들여
지고 있었다. 이 원리에 의하면, 오늘날 교육과정의 문제는 지식교육
'대신에' 무슨 교육을 해야 하는가가 아니라, 지식교육을 어떻게 하면
올바른 관점과 태도를 갖춘 인간이 길러지는가 하는 것으로 규정되어
야 한다.

지식교육 대신에, 또는 그것과 동시에, 그 밖의 다른 교육들을
해야 한다는 주장이 교육의 성격에 관한 불명확한 인식을 나타내고
있다는 것은 말할 필요도 없다. 그런 주장을 하는 사람들에게는 '교육
은 성격상 무슨 일을 하게 되어 있는가'라는 질문은 거의 의미를 가지

---

* projection

지 않는다. 이런 경우에, 교육은 '원래' 지식을 가르치게 되어 있다고 하는 식의 주장은 하등 설득력을 가질 수 없다. 그러므로 이제 그런 사람들이 제의하는 지식교육의 대안을 좀 더 자세히 검토해 보자. 앞에 든 몇 가지 보기 중에서, 예컨대 김장 채를 쓰는 경우에 관하여 말하자면, 김장 채를 쓰는 것과 같은 민족 고유의 생활 양식에 참여하는 사람들 중에 그것에서 민족애를 느끼는 사람이 있다는 것은 아마 믿어도 좋을 것이다. 그러나 김장 채를 쓰는 '모든' 사람이 민족애를 느끼는 것은 아니며, 그렇게 되는 데는 반드시 모종의 '조건'이 필요하다. 이 조건이라는 것은 곧 김장 채 쓰는 것과 민족애를 결부시키는 능력, 또는 보다 정확하게 말하여, 김장 채 쓰는 것을 민족애라는 관점으로 해석하는 능력이다. 이 능력은 김장 채를 백 번 쓴다 하더라도 생기지 않는다. 이것은 김장 채 쓰는 경우만 아니라, 교사의 인격적 모범, 학예회, 운동회, 근로… 등등, 많은 사람들이 제각기 열거하는 지식교육의 대안에 똑같이 적용된다. 교육은 김장 채를 썰도록 하는 일이 아니라 그것에서 민족애를 경험하는 조건, 즉 그것의 의미를 해석하는 능력을 갖추도록 하는 일이다.

이 능력은 문학이나 역사 '책'에 담긴 '지식'을 배우지 않고는 생기지 않는다. 물론, 문학이나 역사의 지식을 '어떻게든지' 가르치기만 하면 그 해석능력이 생기는 것은 아니다. 그러므로 우리가 추구해야 할 문제는 그 지식을 어떻게 가르치면 그 해석능력이 가장 잘 길러지는가 하는 데에 있으며, 결코 그 지식 대신에 다른 무엇을 가르쳐야 하는가 하는 데에 있는 것이 아니다. 소위 '지식 위주의 교육'에 극도로 진절머리가 난 사람들 중에는 전혀 냉소적인 어조가 아닌 심각한 어조로, 요새 학생들은 '마음껏 뛰어 놀게 해야 한다'고 말하는 사람들이 있다. '마음껏 뛰어 놀게 하는 것'이 지식을 가르치는 것보다 더 중요한 교육이라는 제안이 심각하게 대두되는 것은 동서고금을 통틀어 그 유례를 찾아보기 어렵다. 우리가 교육에서 관심을 가져야 할 것은 마음껏 뛰놀건 노래하건 춤추건 간에 학생들이 무슨 생각을 하면서 뛰놀고 노래하고 춤추는가 하는 것이다.

오늘날 지식교육의 병폐를 지적하고 그 대안으로서 '다른 종류의' 교육들을 제의하는 사람들은 혹시 스스로 '경험을 통한 교육', '행함에 의한 학습' 등, 존 듀이*의 교육이론을 따르고 있다고 생각할지 모른다. (사실상 교육이 모든 일을 할 수 있다는 생각은 분명히 존 듀이의 교육이론을 실천에 옮긴 사람들에 의하여 촉진되었다.) 그러나 만약 그들이 참으로 그렇게 생각한다면, 그들은 시드니 후크가 그토록 통렬히 비난한 '존 듀이의 배신자들'[1]이다. 듀이가 교육은 '경험'을 통하여, '행함'에 의하여 이루어진다고 말했을 때, 그가 말한 것은 모든 종류의 경험이나 행함이 교육적 효과를 가져온다는 것이 아니다. 경험이나 행함이 교육적 효과를 가져오는 것은 그것이 지적知的 작용에 의하여 해석될 때에 한해서이다. 지적 작용에 의하여 해석되지 않은 경험이나 행함은 아무런 의미가 없는 맹목적인 경험이나 행함에 불과하다. 적어도 듀이의 교육 이론이 지식교육의 중요성을 부정한다고 생각하는 것은 잘못이다. 만약 '지식교육' 그 자체가 교육의 암처럼 생각되는 경우를 본다면, 듀이는 분명히 지하에서 통곡할 것이다.

오늘날 교육에 관한 결함으로서 누구나 지적하고 있는 바와 같이, '이때까지 교육은 지식은 가르쳐 왔으나 인간을 가르치는 데는 실패하였다'는 것이 사실이라고 하면, 이것은 당연히 교육의 결함이며, 교육은 어떤 방법으로든지 이 비난을 모면할 수 없다. 그러나 이 비난에

---

* John Dewey

1) Sidney Hook, 'John Dewey and His Betrayers,' *Change*, Nov. 1971.

대하여 교육이 참으로 반성해야 할 것은 인간으로서 올바른 관점과 태도, 정서와 가치관… 등등을 가르치는 데 실패하면서 그동안 지식은 도대체 무엇 때문에 가르쳐 왔는가 하는 점이다. 가르치는 사람이나 배우는 사람들이나를 가리지 않고 우리가 이때까지 교육을 게을리했다고는 아무도 말할 수 없을 것이다. 오히려 그 반대이다. 우리는 그야말로 '기를 쓰고' 가르치고 배웠다. 그럼에도 불구하고 위의 비난이 현실적 타당성을 가진다면, 우리는 일단 우리가 이때까지 교육이라는 이름으로 해오던 일이 어떤 종류의 일이며 그 일에 무엇이 잘못되었는가를 조사하고자 해야 할 것이다. 논리적으로 말하여, 이것은 이때까지 우리가 교육의 가장 중요한 일이라고 생각했던 '지식교육'에 무슨 결함이 있었던가를 조사하는 일이 되어야 한다. 만약 그렇게 하지 않고, '지식교육'과는 다른 온갖 종류의 교육들 —무엇을 하는 일인지 전혀 분명하지 않은 일들— 을 하려고 한다면, 우리는 이때까지 우리가 해 오던 것보다 하등 나을 것이 없는 동일한 일들을 다른 이름으로, 그리고 한 가지 일만 아니라 여러 가지 일들을 하면서 더욱 '기를 쓰고' 바빠야 할지 모른다.

Ⅱ 교과의 중요성

오늘날 '지식교육'은 또 한 가지 주장에 의하여 위협을 받고 있다. 이 주장은 표면상 민주주의의 중요한 원리의 하나인 '평등의 이념'을 배경으로 하고 있기 때문에 상당히 큰 호소력을 가지고 있는 듯하다. 이 주장에 의하면, 종래 교육에서 중요시되어 온 '지식' 또는 그것을 가르치는 교과로서의 '주지교과'는 선비, 지식층, 또는 엘리트 계층의 가치관을 기초로 하고 있다. 오늘날의 교육은 주지교과를 실과나 예능 등, 소위 '비주지교과'[2])보다 더 중요시하고 있으며, 이것은 교육이 봉건적 계급의식의 잔재를 그대로 가지고 있다는 증거이다. 주지교과는 선비나 지식층의 계급의식을 반영하는 것이므로, 교육은 주지교과를 중요시한다는 바로 그 이유에서 때로 선비나 지식층의 '전근대적' 또는 '비생산적'인 특성을 그대로 지니고 있는 것으로 비난되기도 한다. 선비들이란 원래 세속적인 가치로부터 초연하여 '공리공론'空理空論만을 일삼는 사람들이요, 지식층이란, 볼테르가 말한 바와 같이, '한 톨의 밀을 두 톨로 만들거나 한 치의 옥수수를 두 치로 만드는' 데는 하등 공헌을 할 수 없는 사람들이다. 어째서 주지교과가 비주지교과보다 더 중요시되어야 하고 그 반대는 될 수 없는가? 어째서 과학, 수학, 문학, 역사가 농업, 공업, 음악, 미술보다 더 중요하고 그 반대는 될 수 없는가? 이 문제에 대하여 누가 확실한 대답을 할 수 있단 말인가? 아무도 대답을 할 수 없는데도 불구하고 여전히 주지교과를 중요시하는 것을 보면, 이것은 필시 교육이 전통적인 계급의식에 얽매여 있는 소치라고 볼 수밖에 없다. 이상이 이 주장의 대체적인 요지이다.

　분명히 이러한 주장은, 앞 절에서 고찰한 바, 오늘날 지식교육을 받은 사람들의 '인간적' 결함과 결부되어 지식의 무능 또는 무용無用을 더욱 확실하게 하는 근거로 사용되고 있다. 지식은 쉽사리 '이론'과 동의어로 사용되어, '이론만 알아서 무슨 소용이 있는가'라는 식으로 지식의 중요성이 과소평가된다. 오늘날 교육받은 사람들은 흔히 '감정'이 메말라 있다고 평가되며, 그렇게 되면 지식은 또한 감정과 대립되는 것으로 보인다. 인간답게 산다는 것은 '머리로 따지면서' 사는

---

2) '비주지교과'라는 것이 과연 있을 수 있는가, 실과나 예능 등이 과연 '비주지교과'인가 하는 질문은 타당한 질문이다. 저자 자신이 그런 의문을 가지고 있다.

것이 아니요, '가슴으로 느끼면서' 사는 것이다. 오늘날 인간의 문제는 모든 것을 '머리로 따져서' 해결할 수 있다고 믿는 데서 생긴다. 이런 식으로 지식은 모든 가능성 중에서 가장 나쁜 것으로 취급되고, 무엇이든지 지식이 아닌 것은 고귀하고 유용한 것으로 간주된다. 이것만으로도 부족하여, 지식을 존중하는 것은 또한 민주주의의 원리인 '평등의 이념'에까지 역행하는 것이 된다. 이쯤되면 지식이 중요하다든가 교육의 가장 중요한 일이 지식을 가르치는 데에 있다고 하는 주장은 정상적인 정신상태를 가지고 있는 사람이라면 아무도 할 수 없는 주장인 것처럼 보인다.

그러나 정신을 잃어서는 안 된다. 우선 주지교과가 비주지교과보다 반드시 중요성 순위상 우위에 있을 필요가 없다는 주장이 평등의 이념을 근거로 하고 있다는 점을 생각해 보자. 약간만 생각을 해 보더라도, 이것은 평등의 이념을 교육에 잘못 적용한 데서 나온 주장임을 알 수 있다. 소위 주지교과가 이때까지 선비나 지식층들의 전유물이 되어 왔다는 것은 아마 사실이라고 해야 할 것이다. 그러나 만약 주지교과가 그런 전통사회의 특권층에 전유될 만큼 가치있는 것이라면, 평등의 이념이 받아들여지고 있는 오늘날, 그것은 그런 특권층에게만 전유專有될 것이 아니라 모든 사람들에게 공유되어야 한다. 이것이 평등의 이념을 교육에 적용하는 보다 올바른 방법일 것이다. 전통사회의 특권층들은 어째서 지식을 전유하게 되었는가? 극히 상식적으로 생각하더라도, 만약, 위의 주장을 하는 사람들이 생각하는 것처럼, 지식이 무기력하고 무용한 것이라면, 그 특권층들이 그것을 소중히 생각했을 리가 없다. 만약 지식의 가치가 어떤 방법으로든지 확인될 수 있다면, 평등의 이념을 지향하는 교육은 어떤 일이 있더라도 그 가치를 되도록 많은 사람에게 전파시키는 데에 노력을 경주하여야 할 것이다. 교육에

서의 평등의 이념은 보다 가치 있는 것과 가치 없는 것을 뒤섞어 놓음
으로써 실현될 수 있는 것이 아니다.

사실상 주지교과에 대한 상대적 과소평가는 흔히 교육에 있어서
의 민주적 가치실현과 불가분의 관계가 있는 것처럼 생각되어 왔다.
예컨대 1947~48년 트루만 대통령 당시, 미국의 '고등교육에 관한 대
통령자문위원회'는 「민주주의를 위한 고등교육」3)이라는 보고서에서
고등교육은 1) 모든 사람을 위한 교육, 2) 자유인을 위한 교육, 3) 필요
에 적응하는 교육이 되어야 한다고 주장하고 '모든 사람을 위한 교육'
에 관하여 다음과 같이 말하였다. '오늘날 고등교육이 지향하는 바,
언어적 기능과 지적 흥미에 대한 강조를 버리지 않는 한, 우리는 많은
젊은이들에게 교육의 기회를 거부하는 셈이 된다. 많은 젊은이들은
이것과는 다른 종류의 여러 가지 능력들을 가지고 있으며, 대학이 오
직 한 가지 종류의 능력만을 인정한다면 그들은 "천부天賦의 능력에
상응하는 교육"을 받을 수 없을 것이다. 전통적으로 대학은 언어적
적성과 추상적인 것을 파악하는 능력을 가진 사람들만 골라서 교육해
왔다. 그러나 그 밖의 여러 가지 적성들—예컨대 사회적 감수성과
재치, 예술적 능력, 운동기능과 손재주, 기계적 적성과 발명의 재간
등— 도 마찬가지로 개발되어야 한다. 특히 미국 사회와 같이 미세한
분업과 동시에 다양한 재능의 화협을 필요로 하는 사회에서는 더욱
그러하다.' 이러한 교육이념을 가리켜 로버트 허친스는 '잡동사니의
오류'*4)라고 불렀고, 리차드 호프스타터는 교육의 '가장 수치스러운

---

* Omnibus Fallacy
3) *Higher Education for Democracy : A Report of the President's Commission on Higher Education*(New York : Harper, 1948).
4) Robert M. Hutchins, 'Omnibus Fallacy,' Richard Hofstadter and Wilson Smith (eds.), *American Higher Education : A Documentary History*(1961), pp. 996ff.

반지성주의의 고백'5)이라고 평하였다.

분명히 말하여, 주지교과가 전통사회의 특권층에 의하여 전유되어 왔다는 사실은 그 자체로서 주지교과가 비주지교과보다 더 중요시되어야 할 충분한 근거는 될 수 없다. 그러나 그와 동시에 그 사실은 또한 주지교과의 중요성이 부정되고, 주지교과와 비주지교과가 동등하게 중요시되어야 할 근거도 될 수 없다. 만약 별도의 근거에 의하여 주지교과가 비주지교과보다 더 중요시되어야 한다는 것이 밝혀질 수 있다면, 주지교과는 엘리트주의의 유물이건 아니건 상관없이 중요시되어야 한다. 문제는 바로 과연 주지교과가 비주지교과보다 더 중요시되어야 할 이유가 있는가 하는 것이다. 이 문제는 얼른 해답이 나오지 않는 어려운 문제이다. 그러나 그렇다고 해서 해답하기가 전혀 불가능한 문제는 아니다. 그 해답을 얼른 알 수 없으면 누구든지 그것을 애써 찾아보고 다른 사람의 의견도 들어 보아야 할 것이다. 오직 주지교과가 엘리트주의의 유물이라는 이유에서 그 중요성이 부정되어야 한다고 주장하는 것은 이 노력을 할 능력과 성실성이 결핍된 데에 기인한다고 볼 수 있다.

이때쯤, 이런 주장을 하는 사람들은 우리나라 교육에서 주지교과가 강조되고 있는 이유에 관하여 다소간 생각해 보고 난 뒤에, 그것은 주지교과가 특히 대학의 입학시험 과목이기 때문이라고 말할지 모른다. 이렇게 말하는 것은 적어도 탐구를 위한 첫 발걸음을 내디딘 셈은 된다고 볼 수 있다. 주지교과가 입학시험의 과목이 되고 있다면, 그것은 어째서인가? 거기에는 반드시 무슨 이유가 있을 것이다. 주지교과

---

5) Richard Hofstadter, 'Democracy and Anti-Intellectualism in America,' *The Michigan Alumnus Quarterly Review*, 59(Aug. 1953), pp. 281~295, reprinted in S. Dropkin *et al.*(eds.), *Contemporary American Education*(New York : Macmillan, 1965), pp. 188~207.

와 비주지교과가 동일하게 중요시되어야 한다고 주장하는 사람들이라 할지라도, 국어나 수학 대신에 농업이나 음악(실기)이 대학 입학시험 과목으로 되는 경우는 상상할 수 없을 것이다. 교과의 중요성에 관한 자세한(이론적?) 논의는 이 책의 본론에 미룰 수밖에 없지만, 주지교과가 비주지교과보다 중요시되어야 할 한 가지 극히 상식적인 이유는 여기서 분명히 말할 수 있다. 즉, 소위 주지교과라고 하는 것은 모든 사람들이 알아야 하는 것임에 비하여 비주지교과는 그것을 필요로 하는 사람들에게나 필요한 것이다. 농사짓는 기술은 농사짓는 사람에게만 필요하지만, 국어나 수학, 역사와 과학은 어떤 종류의 직업을 택하는가에 관계없이 누구나 알아야 한다. 모든 사람이 알아야 하는 교과와 일부 사람에게 필요한 교과, 둘 중에서 어느 것이 더 중요한가 하는 문제는 그 대답이 명약관화하다.

오늘날 학교교육이 나타내고 있는 교과의 우선 순위, 즉 주지교과에 대한 강조가 그릇되다는 주장은 말할 것도 없이 교육의 성격이 분명하지 않은 상태에서 나올 수 있는 주장이다. 이런 상태에서 교육은 모든 일을 할 수 있고, 또 그 일들은 모두 동일하게 중요하다. 그중에는 더 중요한 것도 덜 중요한 것도 있을 수 없다. 도대체 더 중요하다든가 덜 중요하다는 것은 교육이 성격상 무슨 일을 하게 되어 있는가가 미리 명백하게 되어 있을 때 판단될 수 있는 것이다. 그러나 교육이 성격상 하게 되어 있는 그런 일이 어디에 있단 말인가? 교육은 모든 사람들이 바라는 모든 일을 하게 되어 있는 것이다. 이런 사고방식에 희생이 되는 것은 이때까지 교육이 하는 가장 중요한 일로 여겨졌던 지식교육, 그리고 그것을 위한 주지교과이다. 그러나 지식을 업신여기는 교육은 이미 교육의 모양을 잃어버렸다고 보아야 한다.

(자크 바준은 미국의 대학에 '아이스크림 만들기'와 같은 강의가

있다는 사실에 관하여 다음과 같이 말하였다 : 교육이라는 것은 세부
사항들을 모두 잊어버리고 난 뒤에 남는 그 무엇이다. 화학을 배운
뒤에 그 세부사항들을 모두 잊어버렸다 하더라도 거기에는 무엇인가
남는 것이 있다. 〔무엇이? 그것은 화학을 배운 사람만이 알 수 있다.〕
그러나 아이스크림 만드는 것의 세부사항을 모두 잊어버렸다고 하자.
무엇이 남을 것인가?6))

주지교과가 강조되어야 할 근거를 의심하는 사람들도 비주지교
과가 주지교과보다도 더 중요시되어야 한다고는 주장하지 않는다. 다
만 그들은 어느 것이 더 중요한 것인지 모르기 때문에 두 가지가 '동일
하게' 중요하다고 주장한다. 그러나 '모든' 주지교과와 '모든' 비주지
교과를 다 가르칠 수는 없으며, 결국에는 모종의 선택이 불가피하다.
이때 어떤 교과를 더 중요시해야 하는가? 교과의 중요성이 교과 자체
의 가치에 의하여 판단될 수 없다고 하면, 나머지 가능성은 곧 사회가
절실히 요구하는 교과를 더 중요시하는 것이다. 분명히 우리 사회에는
산업의 발전과 경제성장을 위하여 각종 산업기술이 절실히 요구되고
있다. 이 요구를 중요시한다면, 주지교과보다 '실업' 교과를 더 중요시
해야 한다고 생각할 수도 있다. 그럼에도 불구하고 주지교과를 더 중
요시해야 한다고 주장한다면, 그것은 교육이 우리 사회가 지니고 있는
절실한 요구를 도외시해도 좋다고 주장하는 것인가? 결코 그렇지 않
다. 사실상, 우리 사회가 산업기술을 필요로 하고 있다고 해서, 주지교
과보다 실업교과를 더 중요시해야 한다고 주장한다면 이것은 그야말
로 언어도단이다. 주지교과는 실업교과를 배우는 바탕이 된다. 실업교
과는 튼튼한 주지교과의 바탕을 갖추고 있는 사람으로서 그것을 꼭

---

6) Jacques Barzun, *The American University*(New York : Harperand Row, 1968),
   p. 217.

배울 필요가 있는 사람이라야 훌륭히 배울 수 있다. 만약 이때까지 실업교육이 소기의 성과를 거두지 못했다면, 그것은 모든 학생에게 실업교과를 배우도록 하지 않았기 때문이 아니라, 배우도록 강요할 필요가 없는 학생들에게 억지로 배우게 했기 때문일 것이다. 일류의 산업기술자들이 우리 사회에 필요하다고 해서, 모든 학생들을 산업기술자로 만들려고 한다는 것은 분명히 넌센스이다.

또한 우리 사회는 국제정세에 대처하기 위하여 '민족주체성'을 필요로 하고 있고, 공산주의와의 경쟁에서 이길 수 있는 '국민정신교육', 통일에 대비하기 위한 '통일교육'이 중요한 교육적 필요로 강조되고 있다. 이들 교육적 필요가 주지교과와 어떤 관련을 가지고 있는가 하는 것은 아직 충분히 검토되지 않은 듯하다. 그러나 그런 교육적 필요 때문에 주지교과가 덜 강조되어야 한다는 것은 분명히 잘못일 것이다. '인간교육'의 경우에서와 마찬가지로, 오늘날 주지교과를 가르친 결과가 민족주체의식이나 반공사상을 고취하는 데에 하등 영향을 미치지 못하고 있다면, 그것은 주지교과를 가르치는 방법에서 그 원인을 찾아야 할 것이며, 결코 주지교과와는 다른 종류의 교과(즉, 민족주체성교육, 국민정신교육, 그리고 통일교육을 위한 '비주지교과')를 설정할 것이 아니다. 오늘날 학생에게 이런 정신자세를 교육할 필요가 있다고 생각하는 사람들 자신이 스스로 그런 정신자세를 어디서 터득하였는가를 생각해보면, 이 점은 충분히 인정될 수 있을 것이다.[7]

---

7) 물론, 민족주체성이나 국민정신에 직접 관련되는 '주지교과'의 내용을 따로 모아 별개의 교과로 편성할 가능성은 있다. 교과를 어떻게 편성하는가 하는 것은 실제적으로 결정될 일이다(이 책 p. 176 참조). 그러나 그 별개의 교과가 주지교과와는 '다른 종류의' 교과라고 생각하는 것은 잘못이다.

Ⅲ 지성과 실제성

이상의 논의에서 저자는, 교육과정의 문제의식은 오늘날 교육이
정확하게 어떤 점에서 실패하고 있는가를 규명하는 데서 확립되어야
한다고 보고, 특히 오늘날 우리나라 교육 현실과 관련하여 그 문제
의식은 '지식을 어떻게 가르치면 학생들이 올바른 관점이나 태도
를 가지게 될 수 있는가'라는 방향으로 확립되어야 한다고 주장하
였다. 그와 동시에 저자는 종래의 지식교육이 올바른 관점이나 태
도를 기르는 데에 실패했다고 해서, 지식교육 자체를 부정하고 그
이외의 다른 곳에서 문제를 해결하고자 하는 생각이 그릇되다는
것을 주장하였다.

그렇다면 이때까지 우리는 지식을 어떻게 가르쳤기에 인간으로
서 올바른 관점과 태도, 정서와 가치관 등을 기르는 데에 실패하였는
가? 이때까지 우리나라 교실의 수업장면을 샅샅이 조사해 보지 않은
이상, 이 문제에 대해서는 누구나 각자 알고 있는 몇 가지 사례들을
종합하여 짐작할 수밖에 없을 것이다. 그 짐작을 가능하게 하는 하나
의 사례로서, 여기서는 현행 중학교 1학년 사회과 교과서 중에서 우리
나라 중부지방도시를 다룬 한 부분을 인용하겠다.

개성에서 서울을 거쳐 경부선을 따라 남하하면, 옛날 서울을
방위하던 4진의 하나였던 수원이 있다. 수원은 옛날 삼남지방에
서 서울로 통하는 교통의 요지였는데, 지금은 삼남지방에서 서울
로 올라가는 남쪽의 문호다〔原文〕. 수원은 옛고을이라 화홍문을
비롯하여 공심돈, 팔달문, 북문, 서호 등의 유서 깊은 명승고적들

이 많다. 부근은 농산물이 풍부한 곳이므로 그 매매가 활발하고, 농과대학을 비롯하여 농촌진흥청 등이 있어서 농업연구의 중심을 이루고 있다. 또 최근에는 방직, 양조 등의 공업도 일어나고 있으며, 부근의 오산에는 공군기지가 있다.

수원에서 동쪽으로 가면 이천, 여주 등 농업 중심의 지방도시가 있고 서쪽으로 수인선을 따라가면 군자, 남동 등의 염전지대를 거쳐 인천에 닿는다.

경부선을 따라 다시 남하하면 평택, 성환, 직산 등의 지방중심도시를 거쳐 장항선과 경기선이 갈라지는 교통의 요지 천안이 있다. 천안에서 제련소가 있는 장항까지 가는 장항선 연선에는 온천으로 이름 높은 온양, 지방의 중심도시 예산, 홍성, 광천, 해수욕장으로 이름 높은 대천 등이 있다.

천안의 동북쪽으로는 경기선의 종점 안성과, 경기도와 충청북도의 경계에 자리잡고 또 과거에 경기선의 종점이었던 장호원 등의 지방중심도시가 있다. 천안에서 경부선을 따라 다시 남쪽으로 가면 충북지방으로 들어가는 어귀에 조치원이 있다. 조치원에서 봉양에 이르는 충북선 연선에는 도청소재지이며 문화도시로 이름난 청주와, 북한강 상류의 충주분지에 자리잡아 담배와 비료공장으로 알려진 충주가 있다. …

이런 식으로 계속 남하하면서 '지방도시'의 소개가 끝없이 이어진다. 사실상 이 교과서의 설명은 우리나라 중부지방도시에 관한 설명으로서 특별한 것이 아니며, 우리가 늘 익숙해 온 전형적인 것이라고 볼 수 있다. 이 교과서로 가르칠 때, 교사는 어떻게 하는가? 교사는 그것을 '설명'한다. 교사의 설명이라는 것은 대부분의 경우, 교과서에 제시되어 있지 않은 세부사항들을 보충하여 그 도시들을 더욱 자세히 소개하는 것을 의미한다. 그리고 시험을 본다. 시험문제는 어떤 것인가? 예컨대 '다음 도시 중 과거에 경기선의 종점이었던 곳은 어디인가? ① 천안, ② 조치원, ③ 안성, ④ 장호원' 또는 '천안에서 장항선을 따라가면서 볼 수 있는 도시 세 개를 순서대로 쓰라' 라는 것 등이 그것이다. 학생들에게 사회과는 일반적으로 '암기과목'으로 통용된다. 그럴 수밖에 없다. 이런 종류의 시험에서 좋은 점수를 받기 위해서는 교과서와 교사의 설명을 '무조건' 암기할 수밖에 없을 것이다. 암기의 효과는 오래가는 것이 아니며, 그 직후가 가장 크다. 학생들이 이 상식적인 심리학 원리를 모를 리가 없다. 그리하여 학생들은 수업시간에는 무슨 일을 하든지 간에 시험 직전에 그 지방도시에 관한 세부사항들을 '무조건' 암기한다.

  독자들 중에는, 위에서 말한 것과 같은 것은 우리가 누구나 다 알고 있는 대수롭지 않은 일이라고 생각하는 사람이 있을지 모른다. 또 그 중에 위의 어조에 대하여 불만스럽게 생각하는 사람들은 그것에 무엇이 문제란 말인가, 우리가 알고 있는 '지식교육'이라는 것은 모두 그런 것이 아닌가 하고 말할지 모른다. 그러나 분명히 말하여, 그것은 결코 대수롭지 않은 일이 아니다. 그 사태가 문제가 아니라면, 교육과정의 문제는 달리 다른 곳에서 찾을 수가 없다. 그런 내용을 그런 방법으로 가르치는 일을 일컬어 '지식교육'이라고 해도 좋다. 지식교육이건 아니건 간에, 그런 일을 무엇 때문에 하는가 하는 것이 문제이다. 보다 구체적으로 말하면, 그런 것을 배우고 난 뒤에 어떤 종류의 인간다운 관점과 태도, 정서와 가치관… 등이 길러지는가 하는 것이 문제인 것이다.

  과연 '지식교육'이라는 것은 모두 그러한 것이며, 그것이 '지식교육'의 유일한 형태인가? 여기에 대하여 어떤 사람은 다시, 도대체 우리나라 중부지방도시에 관하여 우리가 말할 수 있는 것이라고는 이것뿐이 아닌가, 그 이외에 또 어떤 종류의 '지식'을 가르칠 수 있단 말인가 하고 반문할 것이다. 이 반문은 물론 중요한 반문이지만, 그것은 우리나라 중부지방도시에 관한 그런 내용을 가르쳐야 하는가 가르치지 말아야 하는가 하는 문제와는 하등 상관이 없다. 만약 중부지방도시에 관하여 가르칠 수 있는 지식이 그것밖에 없다면, 또 다른 종류의 지식이 있거나 없거나 간에, 적어도 그것은 가르치지 말아야 한다. 달리 가르칠 것이 없다고 해서, 가르칠 이유가 없는 것을 가르칠 수는 없는 것이다. 가르칠 이유가 없는 것은 가르쳐도 무방하고 가르치지 않아도 무방한 것이 아니다. 그것을 가르치는 것은 적어도 학생들에게 교육이라는 것의 의미를 그릇되게 전달한다는 뜻에서 적극적으로 해로운 것이다.

학교교육과 관련하여 우리는 예컨대 다음과 같은 눈물겨운 케이스를 들 수 있다. 초등학교 저학년 음악 시간에 교사가 학생들에게 '큰틀심'과 '작캐탬'을 가르쳐 주었다고 한다. '큰틀심'이라는 것은 '큰북, 트라이앵글, 심벌즈'를 가리키며, '작캐탬'은 '작은북, 캐스터네츠, 탬버린'을 가리킨다. 그리고 교사는 학생들에게 다음과 같이 말하였다. 시험에 '다음 중 잘 어울리는 것을 골라라'하는 문제가 나오면 (그와 동시에 답지에는 아래위 칸에 위의 악기들의 이름이 적혀 있다), 아래 칸에 적힌 '큰틀심'을 골라 모두 체크 표를 하고 위 칸에 적힌 '작캐탬'을 골라 모두 체크 표를 하라. 그러면 모두 체크 표가 된 답지가 바로 정답이다. 물론, 이 수업은 학생들에게 '큰틀심'은 강박자에, 그리고 '작캐탬'은 약박자에 쓰이면 잘 어울린다는 '음악적 지식'을 가르치기 위한 것이다. 그러나 학생들은 과연 그런 악기배열이 음악적인 조화를 가져온다는 것을 배웠는가? 다시 여기에 대하여, 이런 방식으로써가 아니라면 초등학교 저학년 학생에게 어떻게 악기 사이의 조화를 가르칠 수 있는가 하고 반문할지 모른다. 그러나 다시, 그 이외에 다른 방법이 없다고 하면, 악기의 조화는 가르치지 말아야 한다. 그것은 '음악적 지식'과는 하등 관계가 없는 것이며, 학생들에게 음악에 관하여 전혀 그릇된 인식을 심어 주는 것이므로 적극적으로 해로운 것이다.

이때쯤 독자들 중에는 앞에서 말한 중부지방도시나 '큰틀심' '작캐탬'의 사태는 우리나라 교육의 일반적인 현상이 아니라 예외적인 현상이며, 일반적으로 말하면 우리나라 교육은 올바른 지식을 올바른 방법으로 가르치고 있다고 말하는 사람들이 있을 것이다. 저자도 그렇기를 누구보다도 더 간절히 바란다. 그러나 만약 사실이 그렇다고 하면, 오늘날 우리나라 교육에 대한 한 가지 일반적인 비판, 즉 '우리나라 교육은 지식은 가르쳤으나 인간을 기르는 데는 실패했다'는 비판이 그 타당성을 잃게 되는 것이다. 그 비판의 포인트는 바로 이때까지 우리가 지식을 지식답지 않게 가르쳐 왔다는 데 있는 것이기 때문이다.

이제 그 비판이 적어도 상당한 정도로는 타당성을 가진다고 가정하자. 그리하여 이때까지 우리나라의 교육은 인간으로서의 올바른 관점과 태도를 가르치는 데에 그다지 성공하지 못했다고 가정하자. 그러나 그럼에도 불구하고, 이때까지 교육을 이끌어 온 주된 세력은 무엇인가? 보다 구체적으로 말하면, 우리나라 중부지방도시에 관한 설명이 별로 중요한 것을 가르쳐 주지 않는데도 불구하고, 그리고 '큰틀심' '작캐탬'이 음악에 관하여 별로 알려주는 것이 없는데도 불구하고, 교사나 학생은 무엇 때문에 그것을 열심히 가르치고 배웠는가? 이 문제에 대해서는 누구나 쉽게 대답할 수 있을 것이다. 대답은 간단하다. 즉, 그것이 시험에 나오기 때문이다. 이것은 간단하지만 절대적인 대답이다. 공부를 완전히 제쳐 놓은 소수의 부모나 학생들을 제외하면, 시험에 좋은 점수를 받는다는 것은 모든 사람의 절대적인 관심사이다. 사실상 오늘날 대부분의 사람들에게 있어서 시험에서 높은 점수를 받는 것은 곧 교육을 잘 받았다는 것과 동일한 의미를 가지고 있다. 그러면 다시, 왜 사람들은 시험 점수에 그토록 지대한 관심을 가지고 있는가? 그 대답 또한 그다지 어렵지 않다. 시험에서 좋은 점수를 얻는 것은 높은 사회적 지위를 얻는 거의 유일한 합법적 수단인 것이다.

여기서 우리는 교육의 한 가지 악명 높은 본말전도本末顚倒 현상에 직면한다. 교육을 잘 받은 사람들이 사회적으로 높은 지위에 올라간다는 것은 아주 당연하다. 교육을 잘 받은 사람들은 다른 사람들이 가지지 못한 훌륭한 관점과 태도를 가지고 있는 사람들이며, 따라서 사회적으로 중요한 일은 그런 사람들이 맡아야 하고 또 그런 사람들은 그 일의 중요성에 상응하는 높은 대우를 받아야 한다. 말하자면 사회적 지위는 교육, 또는 보다 정확하게, 교육다운 교육을 받은 '결과'인 것이다. 그러나 앞에서 말한 바와 같이, 오늘날 사람들이 주로 사회적 지위를 얻는 수단으로서 좋은 시험 점수를 받고자 하고, 또 그 수단으로서 교육을 받고자 한다면, 이것이야말로 본말전도가 아닐 수 없다. 사람들은 사회적 지위를 교육의 '결과'라고 생각하기보다는 교육을 사회적 지위의 '수단'이라고 생각한다.

그러므로 이때까지 교육이 올바른 관점과 태도를 가르치지 못했음에도 불구하고 그것을 이끌어 나온 힘이 있었다고 하면, 그것은 교육의 실제적 효과, 다시 말하면 사회적 지위와 그것에 따라오는 돈과 권력이었다고 볼 수 있다. 어찌하여 이런 사태가 초래되었는가? 우리나라 사람들이 교육을 주로 사회적 상승의 수단으로 생각하고 있는 것은 때로 과거제도와 식민지 교육정책의 영향이 뇌리에 깊이 뿌리박혀 있기 때문이라고 생각된다. 아마 그럴지 모른다. 그러나 이러한 교육관은 우리나라에만 있는 것은 아니며, 심지어 우리에게 식민지 교육정책을 쓴 일본에도 이 경향은 아주 농후한 것이 분명하다. 사실상 이 교육관의 원인은 그다지 멀리까지 거슬러 올라갈 필요가 없을지 모른다. 돈이나 권력과 같은 실제적 이득을 추구하는 것은 사람들의 일반적인 경향이며, 그것을 추구하는 수단이 교육임을 알 때 그들은 당연히 교육을 받고자 할 것이다. 다만 문제는 교육이 그 성격을 분명히 하지 않을 때, 이 경향은 시정될 가능성이 없음은 물론이요, 오히려 교육이 그것을 더욱 촉진할 가능성이 있다는 것이다. 마치 교과의 중요성이 교과의 내재적 가치에 의하여 판단될 수 없을 때, 그것은 오직 사회적 요구에 의하여 판단될 수밖에 없는 것처럼, 교육의 하는 일이 확실히 결정되어 있지 않을 때, 교육은 오직 그 실제적 효과에 의하여 중요시될 수밖에 없을 것이다.

예컨대 중부지방도시에 관한 설명처럼, 누가 보아도 배울 가치가 불분명한 많은 내용들을 오직 시험에 나온다는 이유에서 '무조건' 외워야 하는 학생들의 운명에 관심을 가지고 있는 사람들은 학생들이 '불쌍하다'고 생각한다. 그러나 만약 학생들이 참으로 불쌍하다면, 학생들이 불쌍하기만 할 뿐 아니라, 그 학생이 지금 살고 있고 또 장차 살아야 할 우리 '사회'도 마찬가지로 불행하다고 보아야 한다. 우리 사회가 불행하지 않게 되려면, 학생들은 배울 가치가 있는 것에 지적 능력과 정열을 쏟아야 한다. 그리고 거기서 우수성이 입증된 사람들이 사회의 높은 자리에 올라가야 한다. 그러나 어쩌다가 우리가 교육답지 않은 교육을 한다면, 그 결과로 우리는 사회의 높은 자리에 올라가서는 안 될 사람들을 높은 자리에 앉히게 될지도 모른다. 이렇게 되면 교육은 당연히 그 권한 안에 속하는 사회정의 실현의 가능성을 스스로 포기하는 것은 물론이요, 최악의 경우에는 그것에 거꾸로 공헌하는 셈이 된다. 높은 자리에 올라가지 말아야 할 사람들이 높은 자리에 올라가 있는 사회는 틀림없이 불행한 사회일 것이다.

　교육의 중요성은 그것이 실제적 효과를 가져다 준다는 점에서 찾을 것이 아니라 지성을 개발한다는 점에서 찾아야 한다. 지성의 중요성은 그것을 소유한다는 것 이외의 다른 곳에 있는 것이 아니다. 여기에 대하여 인생의 의미를 오직 실제적 가치에서 찾으려고 하는 사람들은, 아무런 실제적 이득을 가져다 주지 못하는 지성은 가져야 무슨 소용이 있는가 하고 반문할지 모른다. 그러나 아무린 실제적 가치를 가져다 주지 않더라도 지성을 소유하는 것이 가치가 있다는 '가치관'은 교육을 통하여 배워야 한다. 교육을 받았음에도 불구하고 실제적 가치 이외에 가치가 있는 것은 아무것도 없다고 끝내 생각하는 사람들은 분명히 교육이라는 일과는 인연이 없는 사람들이다. 그런 사람들은 정인보鄭寅普 선생의 말을 빌면 '얼빠진' 사람들이다. '오천년간 조선의 얼'이라 제題한 「조선사연구」 서문에서 그가 말한 바와 같이,

　　내 이제 삼가 고하노니, 제가 남이 아닌 것과 남이 제가 아닌 것을 아는가, 이것이 곧 '얼'이다. 무엇을 한다 하자 저로서 하고, 무엇을 아니한다 하자 저로서 아니하고, 무엇을 향하고 나간다 하자 저로서 나가고, 무엇을 바란다 하자 저로서 바라야 저를 제가 가지고 사는 것이 아닌가? '저는 저로서'가 이른바 '얼'이니 여기 무슨 심오함이 있으며 무슨 미묘함이 있으랴. 어떤 사람은 이 말을 박론하되, '제가 남이 아닌 것과 남이 제가 아닌 것은

누구나 다 아는 것이니, 이를 "얼"이라 할 것 같으면 "얼빠진" 사람은 하나도 없을 것이 아니냐'고 한다. 그렇다, 저와 남의 분별이야 누가 하지 못하랴. 그러나 제가 남이 아닌 것과 남이 제가 아닌 것을 아는 사람은 누구냐, 알거든 나서라, 알되 또려지게 알아야 안 것이다. 과연 명분明分하고 맹석猛析함이 있느냐, 있거든 말하라. 제가 남이 아닌 것과 남이 제가 아닌 것을 알았다면, 참으로 또려지게 알았다면, 우선 쉬운 예로 성색화리聲色貨利의 사영乍映함만 만나도 성색화리가 주가 될지언정 자신이 자주自主하지 못하는 이러한 일이 없을 것이 아니냐? 오호라, 기신己身으로서 타구他軀를 감작甘作하여 외영外映하는 유견誘牽의 치취馳驟함을 종생토록 면치 못하면서 그래도 제가 남이 아니요, 남이 제가 아님을 안다고 전안요설靦顔饒舌한단 말가.[8]

지성이 중요한 것은 '얼'을 가지고 사는 것이 중요한 것과 동일한 이치에서이다. 교육은 이 '얼'을 심어주는 일이다. 만약 이때까지 우리나라 교육이 실패했다면 그것은 지식교육에 실패하고 거기에다가 또 도덕교육, 인격교육, 정서교육, 민족주체성교육, 국민정신교육… 등등 모든 교육에 실패한 것이 아니라, 지식교육을 통하여 '얼'을 심어주는 한 가지 일에 실패한 것이다. 이 한 가지 일에 실패하면 모든 일에 실패하는 것이요, 이 한 가지 일에 성공하면 모든 일에 성공하는 것이다.

이하 이 책에서 저자는 이 한 가지 일이 어떤 종류의 일이며, 그 일을 잘한다는 것은 무엇을 의미하는가 하는 문제를 해답하고자 한다. 그 해답이 만족스럽지 못하면 그것은 오직 저자의 능력이 부족한 탓이며, 결코 저자가 해결하고자 한 문제가 그릇된 것은 아니다.

---

8) 정인보, '오천년간 조선의 얼', 「조선사연구」 상(1947), p. 6.

2
기본모형(I) : 목표모형

19 18년에 보비트는 「교육과정」1)이라는 제목의 책을 내었다. 이 책은 교육과정을 하나의 전문 분야로 취급한 최초의 책으로 알려져 있는 만큼, 교육과정이 교육학의 전문 분야로서 체계적으로 연구되기 시작한 것은 1920년경이라고 볼 수 있다. 1932년에서 1940년에 걸쳐 이룩된 미국의 '8년 연구'*를 위시하여, 1930~1940년대에 이르러 미국의 각 주 교육국에서 활발히 전개된 '교육과정 개정' 운동은 곧 교육과정에 관한 이 체계적 연구의 소산이라고 볼 수 있다.

1949년에 타일러는 자신이 활발하게 참여했던 '8년 연구'의 경험과 그 이전의 교육과정 연구들을 종합하여 이른바 '종합적 교육과정 이론'이라고 부를 만한 것을 제시하였다.2) 이로 말미암아 우리는 교육과정을 보는 하나의 기본모형을 가지게 되었다. 타일러의 모형은 그 후 몇몇 사람들에 의하여 계승 발전되면서, 오늘에 이르기까지 전세계

---

* Eight-Year Study

1) Frank Bobbitt, *The Curriculum*(Boston : Houghton Mifflin, 1918).

2) Ralph W. Tyler, *Basic Principles of Curriculum and Instruction*(University of Chicago Press, 1949).

에 걸쳐서 교육과정에 관한 사람들의 사고를 지배해 왔다. 때로 이 모형은 교육과정의 '고전모형'이라고 불리고 있지만, 사실상 이것은 '고전모형'이라는 이름에 손색이 없을 만큼 거의 유일한 교육과정 모형으로 받아들여지고 있다. 이하 이 책에서는 이 모형을 그 성격으로 보아 '목표모형'이라고 부르겠다.

1960년에 브루너는 우즈 호울 회의*의 종합보고서에서 '지식의 구조'라는 교육과정의 새로운 원리를 제시하였다.3) 이 원리가 시사하는 교육과정 이론이 타일러의 모형과 어떤 관련을 가지고 있는가 하는 것은 현재까지 충분히 분석되지 않았다. 이하 2장과 3장에서는 그 양자 사이의 관련을 분석하면서, '지식의 구조'라는 원리는 타일러의 모형에 대하여 대안적인 또 하나의 기본모형을 제시하고 있다는 것을 밝히겠다. 타일러의 '목표모형'에 대하여, 이 대안적인 모형은 '내용모형'이라고 부를 수 있을 것이다.

I 종합적 교육과정 이론

타일러의 모형은 「교육과정과 수업의 기본원리」라는 조그마한 책자에 제시되어 있다. 그는 '교육과정과 수업의 기본원리'에 네 가지 요소들이 포함되어야 한다고 보고, 그 요소들을 다음과 같은 질문으로 표현하고 있다. '1) 학교는 어떤 교육목표**4)를 달성하고자 노력해야

---

* Woods Hole Conference   ** educational purposes

3) J. S. Bruner, *The Process of Education*(Harvard University Press, 1960), 이홍우(역), 「브루너 교육의 과정」(서울 : 배영사, 1973).

4) 타일러는 purposes, objectives, aims 등을 구별하지 않고 쓴다. 이와는 달리, '교육목적, 교육목표, 수업목표' 등을 구별해야 한다고 주장하는 사람들이 있으나, 저자는 그럴 필요가 없다고 생각한다. 이하 본문과 6장(p. 145)을 참조하라.

하는가, 2) 이 목표를 달성하기 위하여 어떤 교육경험이 제공될 수 있는가, 3) 이 교육경험을 효과적으로 조직하는 방법은 무엇인가, 그리고 4) 위의 목표가 달성되었는가 아닌가를 결정하는 방법은 무엇인가'라는 것이다. 그 이후 교육과정 분야에서 통용되고 있는 보다 일반적인 용어로 표현하면, 이 네 가지 요소들은 각각 1) 교육목표의 설정, 2) 학습경험의 선정, 3) 학습경험의 조직, 그리고 4) 평가로 표현될 수 있을 것이다.5) 결국 타일러가 제시한 기본모형에 의하면, 교육과정이라는 것은 교육목표의 설정에서 시작하여 학습경험의 선정과 조직(및 학습지도)을 거쳐 평가에까지 이르고, 다시 평가의 결과가 다음 교육목표로 이어지는 순환과정을 의미한다. 그리고 교육과정을 구성하고 운영한다는 것은 각각의 요소에 포함되는 상세한 문제들을 해답하고 그 해답을 실천에 옮기는 것을 의미한다. 이러한 타일러의 견해는 분명히 교육과정을 전체적으로 체계화한 것이라고 볼 수 있다.

어떤 사람이 교육과정을 구성하고 운영할 단계에 와서 최초로 부딪치는 가장 중요한 질문은 '무엇을 가르칠 것인가'라는 질문이라고 누구든지 생각할 것이다. 물론, 타일러도 그렇게 생각했을 것이다. 그러나 타일러는 그 질문을 그렇게 표현하지 않고, '학교는 어떤 교육목표를 달성하고자 노력해야 하는가'라는 식으로 표현하였다. 후세대의 입장에서, '무엇을 가르칠 것인가'라는 질문에서의 '무엇'은 일반적으로 '교육내용'에 해당한다고 생각하면, 타일러가 질문을 그런 방식으로 표현한 것은 분명히 기이하다고 볼 수 있다. 그러나 타일러의 그 표현방식은, 아마도 교육이라는 것은 모종의 목표를 달성하기 위한 실제적 활동이라는 일반적인 통념 때문이겠지만, 특별히 의문을 불러

---

5) 정범모 교수는 여기에 '실지학습지도'를 덧붙여 다섯 가지로 보고 있다. 정범모, 「교육과정」(서울 : 풍국학원, 1956), pp. 82ff.

일으키지 않은 채 지극히 당연한 것으로 통용되어 왔다.

타일러의 모형에 의하면, 교육목표는 교육과정의 순환과정에서 가장 먼저 결정되어야 한다는 뜻에서만 아니라, 그 이후의 절차를 밟는 데에 기준이 되어야 한다는 뜻에서도 가장 중요한 요소라고 보아야 할 것이다. 타일러 자신이 말한 바와 같이, '교육 프로그램을 계획하고 그것을 계속적으로 개선하는 데는 어떤 목적*을 추구할 것인가에 관한 견해가 반드시 필요하다. 이러한 교육목표**는 자료를 선정하고 내용을 결정하고 수업절차를 개발하고 시험문제를 준비하는 기준이 된다. 교육 프로그램의 모든 측면[즉, 학습경험의 선정과 조직 및 학습지도]은 사실상 기본적인 교육목표☆를 달성하는 수단이다. 따라서 만약 우리가 교육 프로그램을 체계적으로, 또 지적으로 연구하고자 하면, 우리는 첫째로 어떤 교육목표☆☆를 추구할 것인가를 확실히 알아야 한다'(p. 3). 여기서 우리는 타일러 모형의 기본적 성격을 '목표모형'이라는 말로 파악할 수 있음을 알게 된다. 위의 인용에서 보듯이 타일러는 교육목표를 우위에 두고 교육 프로그램의 모든 다른 측면을 '교육목표를 달성하는 수단'이라고 생각하였다. 평가 또한 목표의 달성 정도를 측정하기 위한 것이므로, 목표와의 관련을 떠나서는 전연 의미가 없다.

사실상 타일러의 책에는, 교육목표에 관한 논의가 가장 큰 비중을 차지하고 있다. 타일러는, 교육목표는 궁극적으로 '가치판단'의 문제이며, 따라서 그것은 '교육철학'에 의하여 결정될 것이라는 점을 인정하고 있다. 그러나 여기에는 또한 그 이전의 교육과정 연구들이 밝힌

---

* goals　　** educational objectives
☆ educational purposes
☆☆ educational objectives

바와 같은 학습자와 사회에 관한 사실 및 교과의 성격 등도 중요한 '원천'이 될 수 있다. 그리하여 타일러는 교육목표를 설정하는 '원천'으로서, 1) 학습자에 관한 사실, 2) 사회에 관한 사실, 3) 교과 전문가의 견해, 4) 철학, 5) 학습심리의 다섯 가지를 들고, 각각의 원천에 관하여 무엇을 어떻게 알아보아야 하며, 그것이 교육목표를 설정하는 데에 어떤 시사를 주는가를 말하고 있다.

예컨대 학습자에 관해서는 학습자의 '필요'*와 '흥미'**를 알아보아야 하며, 사회에 관해서는 사회인의 활동과 생활조건, 성인들의 가치관 등을 알아보아야 한다. 그러나 타일러는 이러한 사실들이 '그대로' 교육목표를 제시하는 것은 아니며, 그것에서 교육목표를 도출하는 데는 '철학적 해석'이 필요하다는 것을 곳곳에서 누누이 강조하고 있다. 예컨대 어떤 학교 학생들의 흥미를 조사한 결과, 학생 전체의 60%가 만화책 이외에 다른 책을 읽지 않는다는 사실을 알아냈다고 해서, 만화를 더 빨리 읽도록 하는 교육목표를 설정한다면, 이 교사는 '상상력이 없는 교사'이다. 마찬가지 사실을 원천으로 하여 또 어떤 교사는 학생들의 독서 흥미를 넓고 깊게 하는 목표를 도출할 수도 있기 때문이다. 학생들의 흥미에 관한 사실에서 어떤 목표를 도출하는가 하는 것은 '철학적 해석'에 달려 있는 것이다. (이때쯤 독자 중에는 '독서의 흥미를 넓고 깊게 하는' 교육목표가 반드시 흥미에 관한 사실을 '원천'으로 해야 도출될 수 있는가 하는 의문을 가지는 사람들이 있을 것이다. 사실상 이 의문은 교육목표에 관한 타일러의 견해가 지니고 있는 보다 근본적인 문제점의 극히 사소한 일부분에 불과하다.)

교육목표의 한 가지 원천으로 포함되어 있는 '철학'이 아마 학습자와 사회에 관한 사실 및 교과의 성격에서 제시되는 목표들을 '철학

---

* needs   ** interests

적으로 해석'하는 일을 하게 되어 있을 것이다. '철학'에 관한 타일러의 설명을 보면, 물론 '철학'은 교육목표를 1차적으로 길러내는 '체'의 역할을 한다. 그 보기로서, 철학은 본질상 '좋은 인생과 좋은 사회'를 규정하는 것이며, 민주주의 사회에서 그것은 일반적으로 민주주의적 가치를 실현하는 인생과 사회로 규정된다. 그러므로 교육목표는 민주주의적 가치를 실현하는 데에 도움이 되는 것으로 설정되어야 한다. 그뿐만 아니라 교육에서는 또한 '물질적 가치'와 '성공'이라는 가치를 고려하여야 하며, 이런 가치를 얼마나 중요시하는가에 따라 학교의 교육목표는 달라진다. 교육철학은 또한 다음과 같은 질문들을 해답하여야 한다. 즉, '교육받은 사람은 현재의 사회질서를 있는 그대로 받아들이고 그 사회에 적응해야 하는가, 그렇지 않으면 그 사회를 개선하고자 해야 하는가', '사회계층에 따라 교육의 종류가 달라야 하는가', '학교교육은 일반교육을 목표로 해야 하는가, 아니면 특수한 직업 준비를 목표로 해야 하는가', 그리고 '민주주의는 오직 정치적인 의미만을 가지고 있는가, 아니면 정치형태뿐만 아니라 가정이나 학교 또는 경제생활에 있어서의 생활방식을 의미하는가' 등의 질문들이 그것이다. 물론 이런 질문들에 대하여 어떤 해답을 하는가에 따라 설정되는 교육목표가 달라질 수 있다.

분명히 그렇다. 결국 교육목표 설정의 원천으로서 철학은 학습자나 사회에 관한 여러 사실과 교과의 내용에서 제시되는 교육목표들을 걸러내는 '체'의 역할을 한다. (타일러에 의하면 그런 교육목표들은 '학습심리학의 원리'라는 2차적인 '체'에 의하여 또 한 번 걸러지게 되어 있다. 여기서는 '그 목표가 성격상 교육에 의하여 —성숙에 의해서가 아니라— 달성되는 목표인가, 또는 도대체 교육에 의하여 달성될 수 있는 목표인가', '그 학년에 적합한 목표인가' 등등이 문제가 된다.)

그러나 중요한 것은 교육목표 설정의 다섯 가지 원천에 관한 타일러의 설명은 '학교는 어떤 교육목표를 달성하고자 노력해야 하는가'라는, 목표모형에서 가장 기본이 되는 질문에 대한 대답이 아니라, '그 질문에 대답하는 방법이 무엇인가'라는 질문에 대한 대답이라는 점이다. 타일러는 교육목표를 설정하기 위하여, 무엇에 관하여 무엇을 알아보아야 한다든가, 그 결과를 어떤 '체'에 걸러야 한다는 말을 하면서도 정작 학교가 달성하고자 노력해야 하는 교육목표가 무엇이어야 한다는 말은 하지 않는다. 이것은 교육목표에 관한 설명을 들을 때, 우리가 일반적으로 기대하는 것과 어긋난다. 이 경우에 우리는 어떤 것이 교육목표인가 하는 문제에 대한 진짜 해답을 듣기를 기대한다. 그러나 그의 종합적 교육과정 이론에서 타일러의 의도는 그 해답을 주는 데에 있지 않았다.

종합적 교육과정 이론의 이러한 성격은 1962년 타바가 제시한 방대한 교육과정 이론에 더욱 뚜렷이 드러나 있다.6) 타바는 '8년 연구' 당시부터 타일러와 같이 일해 온 만큼, 그녀가 타일러의 기본모형을 전적으로 받아들인 것은 당연하다. 그녀의 책은 타일러의 기본모형을 상세하게 부연한 것이라고 볼 수 있다. 그녀에 의하면 교육과정에 포함될 요소는 '목적 및 목표', '내용의 선정과 조직', '학습과 교수의 형태', 그리고 '평가'의 네 가지이다. 그 요소들 사이의 순환과정을 그녀는 다음과 같이 말하고 있다. 즉,

> '교육과정은 보통의 경우에 목적* 및 구체적인 목표**의 진술을 포함한다. 목적과 목표는 내용의 선정과 조직방법에 시사를

---

* aims   ** objectives

6) Hilda Taba, *Curriculum Development : Theory and Practice*(New York : Harcourt, Brace and World, 1962), 이경섭 등(공역), 「교육과정론」(경북대학교 출판부, 1976). 본문의 페이지는 Taba 원본의 페이지를 가리킨다.

준다. 그것은 또한 학습과 교수의 형태를 시사하거나 반영한다. 학습과 교수의 형태는 목표의 요구조건에 의하여 결정되기도 하고 내용의 조직에 의하여 결정되기도 한다. 마지막으로 교육과정은 학습성과에 대한 평가계획을 포함한다'(p. 10).

이 모든 과정을 결정하는 데에, 그 중에서도 특히 목적과 목표를 결정하는 데에 관건이 되는 요소로서 타바는 1) 학습자와 학습과정, 2) 사회문화적 요구, 3) 학문의 내용을 지적하고 있다. 물론, 이 세 요소 '안'에서도 서로 엇갈리는 주장이 나올 수 있을 뿐만 아니라, 그 요소 '사이'에도 각각 강조되는 교육목표에 차이가 있을 수 있다. 이 문제를 타바는 분명히 의식하고 있으면서도, 그것은 '가치와 철학의 고려와 선택'(p. 11)에 달려 있는 문제로서, 궁극적으로 '좋은 인생이란 무엇인가에 관한 철학, 민주주의의 원리와 이상, 또는 그 밖의 다른 원천'(p. 11)에 의하여 통합 조정되어야 할 문제라고 미루어 버리거나, 다음과 같은 식으로 얼버무리고 있다.

당연히, 이들 원천 [학습자, 사회문화, 지식]에서 도출되는 목표*는 서로 배타적이지도 않거니와 서로 배타적일 필요도 없다. 예컨대 개인의 발달에 관한 목표와 시민으로서의 개인의 발달에 관한 목표는 적어도 민주사회에 있어서는 상호보완적이다. 비록 학문자체를 위한 학문의 요구는 때로 그것을 공부한 결과가 개인의 사회적 역할이나 개인의 자기발전에 어떤 도움을 주는가 하는 것을 불분명하게 하는 경우가 있으나, 여전히 이 두 목적**은 교육 프로그램을 계획하는 데에 서로 보완할 필요가 있다(p. 195).

---

* purposes   ** aims

그 '보완'은 어떻게 이루어질 수 있는가? 그것은 '가치와 철학'의 통합에 의해서이다. 그러나 타일러의 경우와는 달리, 타바의 책은 교육과정구성의 '이론과 실제'에 관한 방대한 책이다. 이 책의 어느 곳에도 어떻게 그 '가치와 철학에 의한 통합'이 이루어지는가는 보이지 않는다. 아마 타일러의 경우에는, 그것은 교육과정 이론이 다룰 문제가 아니라 교육철학이 다룰 문제라고 생각할 수 있었는지 모른다. 그러나 타바는 그 책의 제1부에서 '교육과정 구성의 기초'라고 하여, 사회와 문화의 분석, 학습이론, 발달, 지능, 학습의 전이, 학습의 사회적 조건 등등을 아주 세밀하게 다루고 있다. 그러면서도 그 책에는 교육목표를 결정하는 데에 결정적으로 중요한 '가치와 철학'의 통합에 관하여 전연 언급이 없다. 이것은 참으로 이해하기 어렵다. 그것이 없이는 '무엇을 가르쳐야 하는가'라는, 누가 생각하더라도 교육의 가장 원초적이고 기본적인 질문이 해답되지 않는 것이다. 그 질문이 교육철학자에게 맡겨져야 한다면, 사회문화의 분석이나 학습 및 발달이론도 마찬가지로 교육사회학자나 교육심리학자에게 안전하게 맡겨질 수 있을 것이다.

그리하여 타바의 책은 교육과정의 핵심인 '무엇을 가르쳐야 하는가'를 제시하는 대신에 그것을 결정하고 운영하는 절차에 관한 언급으로 일관하고 있다. 타일러의 경우에서와 마찬가지로, 그것은 요소요소에 가서 '만약'이라든가 '예컨대'라는 말로 점철되어 있다. 즉,

예컨대, 교육과정의 주된 목적이 지적 발달에 있는가, 아니면 민주적 시민의 양성에 있는가에 따라 굉장한 차이가 온다. 교육내용과 학습경험의 선정은 사고력의 발달을 그 목표의 하나로 삼고 있는가 아닌가에 따라 달라진다. 교육내용과 학습경험의 성격 및

계열은 어떤 학습이론을 채택하는가에 따라 다르게 결정된다. 그리고 여러 가지 종류의 내용 사이의 관련은 개인의 발달에 있어서 지식이 어떤 기본적인 기능을 가지고 있는가에 대한 대답에 따라 결정된다(p. 11).

만약 학교의 주된 목적이 현명한 시민을 양성하는 데에 있다면, 비판적 사고능력의 개발이 중요시된다. 비판적 사고능력이 중요한 목표라는 사실은 곧 학습경험의 선정과 조직방식에 영향을 미친다. 그리고 이것은 다시 평가계획에 사고능력의 평가를 포함시킬 것을 요구한다. 내용조직을 어떻게 하는가 하는 것은 학습경험의 한계를 정한다. 학생집단의 성격과 그 배경은 내용을 어떻게 정하고 학습경험의 계열을 어떻게 하면 효과적인가를 결정한다. 교육과정이 노리는 목표*에 따라 교과의 내용을 어떻게 조직할 것인가를 결정하는 과정은 또한 그 교과가 대표하는 학문의 구조에 의하여 통제를 받는다(p. 424).

만약 학교의 주된 기능이 '항구적인 진리'를 전달하는 데에 있다고 생각하면 교육과정과 교수는 획일적인 방향으로 나아갈 수밖에 없다. 사고력을 개발하기 위한 노력은 학교의 주된 기능이 창의적 사고와 문제해결을 조장하는 데에 있다고 보는가, 아니면 인류의 고전적인 전통에 담겨 있는 '합리적' 사고의 형식을 따르는 데에 있다고 보는가에 따라 다른 형태를 취한다. 그리고 이러한 견해 차이는 당연히 교육에서 무엇이 '본질적인' 것이며 무엇이 비본질적인 '지엽'枝葉인가를 결정한다(p. 30).

---

* purpose

　　이상 타바의 설명에 의하면, 마치 모든 것이 모든 것에 달려 있다는 인상을 받는다. 그것은 곧 교육과정은 목표를 결정하는 일에서 시작되어야 한다고 말하면서도 그 일에 관건이 되는 '가치와 철학에 의한 통합'이 어떻게 이루어지는지 보이지 않는 데서 필연적으로 따라오는 결과라고 볼 수 있다. 타일러와 타바가 제시한 종합적 교육과정 이론의 전체적인 윤곽은 이러하다. 즉, 먼저 교육목표가 결정되어야 하며, 그 이후에 교육내용 또는 학습경험이 어떻게 선정되고 조직되어야 하는가, 평가를 어떻게 하여야 하는가 등이 결정된다. 이 후자의 결정은 전체적으로 어떤 목표가 결정되는가 하는 것에 달려 있다. 이 목표는 학습자와 사회와 교과를 원천으로 하여 철학과 학습심리라는 '체'에 걸러져야 한다. 그러나 이렇게 하여 결정된 교육목표들이 어떤 것인가 하는 것은 타일러나 타바의 어디에도 제시되어 있지 않다. 다만 그들은 학습경험을 선정하고 조직하는 방법상의 원칙, 단원을 구성하는 방법, 평가하는 방법 등을 제시하고 있다. 그러나 타일러와 타바가 다같이 강조하고 있는 바와 같이, 교육과정의 순환과정에서 가장 먼저 결정되어야 하는 요소는 교육목표이다. 그러므로 이 교육목표가 결정되지 않은 상태에서 학습경험의 선정과 조직, 평가의 방법 등을 논의하는 것이 무슨 소용이 있는가 하는 의문은 도저히 떨쳐버릴 수 없다.

　　그러나 타일러와 타바의 의도는 '무엇을 가르쳐야 하는가'라는 질문에 대한 해답을 제시하는 데에 있었던 것이 아니라, 교육의 과정을 논리적으로 체계화하고 각각의 과정에 어떤 원칙들이 고려되어야 할 것인가를 제시하는 데에 그 의도가 있었다. 이러한 그들의 의도는 충분히 이해될 수 있다. 그들은 '무엇을 가르쳐야 하는가'라는 질문이 철학적 가치 판단에 관련되는 질문이라는 것을 알고 있었고, 종래 이 질문을 둘러싸고 특히 교과와 생활의 필요 사이에 논쟁이 있었다는 것을 알았다(3장 참조). 이 논쟁의 어느 편에도 기울어짐이 없이 모든 것을 포괄적으로 종합하는 방법은 교육과정 구성의 '형식적인' 면, 즉 절차를 말하는 방법이었을 것이다. 이러한 의도에 충실한 나머지, 그들은 마치 교육과정이 철학적 논쟁의 소용돌이에서 벗어날 수 있을 것처럼 생각하였다. 그러나 '무엇을 가르쳐야 하는가'라는 질문으로 대표되는 교육과정문제는 그 철학적 논쟁의 소용돌이에서 벗어날 수 있기는커녕, 바로 그 중심부에 있다.

타일러와 타바의 이론을 가장 엄밀하게 따른다고 하면, 우리는 타일러나 타바, 또는 그 밖의 어떤 초인적인 능력을 가진 교육철학자가 교육목표를 결정할 때까지 교육과정을 운영하는 일을 연기하지 않으면 안 된다. 그러나 아직까지 아무도 그렇게 해야 한다고 생각한 사람도 없고, 또 그럴 수도 없다. 형편이 이러하기 때문에 타일러나 타바가 말하는 교육목표의 '원천'이나 '가치와 철학에 의한 통합조정' 등은 거의 언제나 교육과정의 '구두선'口頭禪에 그칠 수밖에 없다. 다음 절에서 고찰할 바와 같이, 타일러 자신도 자신이 든 '원천'에서 도출되는 교육목표들이 철학에 의하여 걸러져야 한다고 말한 바로 다음 순간에 '무엇을 가르쳐야 하는가'라는 문제에 대한 대답을 사실상 제시하고 있는 것이다. '원천'이나 '철학에 의한 통합조정'이 구두선으로 남아 있는 동안에도 '무엇을 가르쳐야 하는가'라는 질문이 대답되어야 한다면, 그 대답은 필경 종래 학교에서 가르쳐 오던 '교과'로 가르쳐야 한다는 것이 될 수밖에 없다. 물론, 이 시점에서 그 '구두선'은 보다 현실적으로 해석될 가능성이 있다. 그 해석은 다음과 같다. 즉, 종래 학교에서 가르쳐 오던 '교과'를 가르치기는 하되, 다만 그 교과를 가르치는 이유를 학습자나 사회의 필요에서 찾고자 하는 해석이다. 이것이 아마 타일러나 타바가 강조한 '철학에 의한 통합조정'의 원래 의미라고 보아야 할 것이다. 그러나 교과를 가르치는 이유가 학습자나 사회의 필요에서 찾아질 수 있을 것인가? 또한 그 이유가 반드시 거기서 찾아져야만 하는 것인가? 타일러나 타바는 분명히 이 문제에는 관심을 두지 않았다. 이 문제를 추구하는 대신에 그들은 이보다는 훨씬 야심적으로 교육목표가 방대한 사실적 원천에서 도출되어 나와서 철학에 의하여 통합조정됨으로써 결정되어야 한다고 주장하였다.

Ⅱ 교육목표 분류학

교육목표에 있어서의 타일러의 공헌은 교육목표를 설정하는 다섯 가지 '원천'이 아닌 다른 곳에서 나오게 되었다. 타일러는 그 원천들을 논의한 뒤에 '학습경험을 선정하고 수업을 지도하는 데에 유용한 것이 되려면 목표는 어떤 방식으로 진술되어야 하는가'라는 문제를 고찰하고 있다. 교육목표에 있어서의 타일러의 공헌은 바로 이 '목표 진술 방식'에서 나왔다. 타일러가 제시하는 바에 의하면, 몇 가지 목표 진술 방식은 적합하지 못하다. 이 부분의 설명으로 정범모 교수의 「교육과정」의 한 부분을 길게 인용하겠다.

교육서, 교육과정안, 단원안에 나오는 '목적' 혹은 '목표'에 흔히 교사가 할 일 혹은 활동을 목적(목표)이라고 해 둔 것이 많다. 예를 들면, '대한민국 정부 조직의 설명', '진화론의 이야기를 한다', '발전 원리의 시범 실험', '생산진흥의 필요성을 강조한다', '협화음을 연습시킨다'… 등등이다. 이러한 진술은 교사가 할 교육활동 계획의 개요는 될망정, 교육목표는 못된다. 교육목표는 교사가 어떤 연극을 하겠느냐가 아니라 학생에게 무엇을 기르겠느냐다. 학생에게 어떤 바람직한 행동의 변화가 생기기를 바라느냐에 교육목표가 있는 것이다. …

다음에 또 흔한 목표표시 방식에 그 과목에서 다룰 제목, 개념, 원리 등의 내용 요목만을 똑똑 따서 목적 혹은 목표라고 표시하는 경우다. 예컨대 역사교육에서는 목표라고 하여 주요한 제목만 들어서, '고대조선, 삼국시대, 고려조, 이조' 혹은 '이조의 정치와 문화' 혹은 '사색당쟁四色黨爭의 유래' … 식으로 목표를 표시한다. … 이런 목표표시는 기실 교육목표 표시는 아니다. 학생에게 어떤 내용(교과내용이건 생활내용이건)을 다루게 하겠느냐는 지시되어 있으나, 그것을 다루게 함으로써 학생에게 어떤 종류의 행동의 변화 또는 성장이 있기를 바라느냐는 전연 지시되어 있지 않다. 즉, 교육의 목표는 지시되어 있지 않다. 예컨대, '고려조' '이조'에 관한 여러내용을 다룸으로써 무슨 성과가 나오기를 바라느냐? 여러 역사적 사실을 기억하기를 원하느냐? 역사적 자료를 분석해서 어떤 역사적 추세를 해석해 내는 능력을 원하느냐? 혹은 이 시대에서의 이런 추세나 원리를 판단해 내서 그것을 딴 시대, 딴 사회 역사에 응용하는 힘을 원하느냐? …

셋째로 교육목표가 일반적인 행동형行動型으로만 진술되어 있고 그 행동이 적용되는 생활면, 내용면을 지시하지 않는 경우가 있다. 예컨대 그냥 '이해를 기른다', '문제해결력을 배양한다', '감상력', '비판적 사고력의 함양', '사회적 태도', '넓은 흥미'… 등은 행동형은 지시되어 있으나, 어떤 면의 이해고, 어떤 면의 문제해결력이고, 무엇의 감상력이며, 어떤 사실에 대한 태도며… 가 표시되어 있지 않은 것이 난점이다. … 이런 일반적인 행동형만의 지시는 다음의 두 점에서 좀 결함이 있다. 즉, 생활영역 혹은 내용이 서로 차이가 넓은 것일 경우에는 한 곳에서의 행동형이 다른 곳에서의 행동형을 확약하지는 않는다. … 둘째는 어떤 행동이든지 그것을 다루는 내용이 있는데, 이 지시가 없으면 학생의 학습과정에서 무슨 자료를 다루게 할지가 극히 모호해진다.[7)]

그리하여 타일러의 제안에 의하면 교육목표는 '어떤 내용에 관한 어떤 행동'이라는 식으로, '내용'과 '행동'을 2원적으로 표시하는 것이어야 한다. 예컨대 '현대 한국문학을, 감상하는 능력', '영양에 관한, 원리의 이해', '사회문제에 관한, 자료를 수집하는 힘' 등의 표시방식이 그것이다. 그리고 타일러는 교육목표를 진술하는 데에 포함되는 행동형을 7가지로 들고 있다. 즉, 1) 중요한 사실 및 원리의 이해, 2) 믿을 만한 정보원에 익숙할 것, 3) 자료의 해석력, 4) 원리의 적용력, 5) 학습연구 및 그 결과 보고의 기능, 6) 넓고 원숙한 흥미, 그리고 7) 사회적 태도가 그것이다.

사실상 이것이 교육목표에 관한 타일러의 견해라고 볼 수 있다. 이 견해에 의하면, 교육목표는 궁극적으로 그 7가지 '행동형' 또는 '특성'(능력, 흥미, 태도 등)을 기르는 것이며, 그 행동형은 반드시 어떤 '내용'과 결합되어 길러지고 또 그 내용과 결합되어 나타난다. 이제 잠깐, 이러한 교육목표와 타일러가 교육목표의 도출 근거로 열거한 다섯 가지 '원천' 사이에 어떤 관련이 있는가를 생각해 보자. 앞에서도 시사한 바와 같이, 양자 사이의 관련은 그다지 명백하지 않다. 구체적으로 말하면, 그 7가지 행동형(또는 그 행동형과 내용의 결합)이 어떤 원천에서 나와서 어떤 '체'에 어떻게 길러진 것인가가 분명하지 않은

---

7) 정범모, 전게서, pp. 257~260.

것이다. 뿐만 아니라, 그 행동형과 결합될 '내용'이라는 것은 어디서 오는가? 타일러 자신의 예시(생물과 : 인체의 영양, 소화, 호흡 및 생식기관)를 보더라도, 그것은 주로 우리가 '교과'라고 부르는 것에서 나올 수밖에 없을 것이다. 이렇게 보면 타일러가 말한 교육목표는 결국 '교과를 공부함으로써 습득되는 행동특성', 또는 '교과를 가르치는 동안에 교사가 학생에게 기르고자 하는 행동특성'을 의미하는 것이라고 볼 수 있다. 만약 이것이 타일러가 말한 교육목표라면, 그 목표는 타바나 타일러가 그토록 강조한 교육목표의 원천과는 관계없이, 적어도 반드시 그 원천에서 밝혀진 과학적 사실을 기초로 하지 않고도 도출될 수 있다고 보아야 할 것이다.

그러나 타일러가 말하는 교육목표라는 것은 학습경험의 선정, 조직 및 학습지도 등, 그 이후의 절차에 기준이 되어야 한다는 것 이외에 또 한 가지 중요한 조건이 부가되어 있다. 즉, 교육목표는 반드시 '학생의 행동변화'를 지적하여야 한다는 것이다. 이 조건이야말로 타일러 모형의 가장 중요한 특색이며, 그것을 '목표모형'이라고 부를 수 있는 특색이기도 하다. 이 특색은 두 가지 점을 암시하고 있다. 첫째로, 교육이라는 것은 학생을 대상으로 하는 일인 만큼 반드시 학생에게 어떤 결과를 나타내어야 한다. 둘째로, 그와 동시에 교육목표는 그 달성정도가 '평가'될 수 있는 것이어야 한다. 평가될 수 있는 것이 되려고 하면 교육목표는 반드시 그 최종상태로서 학생의 행동으로 나타나야 한다. 이 점에서 보면 목표모형에서의 교육목표는 평가와 직접적인 관련을 맺고 있다. 타일러는 평가에 관하여 '평가의 과정은 본질상 교육과정과 수업의 결과로 교육목표가 실지로 얼마나 달성되었는가를 결정하는 과정이다. 그러나 교육목표는 인간의 변화이며, 교육은 학생의 바람직한 행동양식을 일으키는 데에 그 목적이 있는 만큼, 평가는 이 행동변화가 실지로 얼마나 일어났는가를 결정하는 과정이다'(pp. 105~106)라고 말하고 있다.

목표모형에서의 교육목표가 가지고 있는 성격, 그 중에서도 특히 목표와 평가 사이의 관련은 블룸 등의 「교육목표 분류학」8)에 의하여 더욱 확고해졌다. 여기서 그들은 타일러모형의 두 가지 상정想定, 즉 '목표우위'의 상정과 '목표와 평가 사이의 관련'의 상정을 그대로 이어 받았다. 블룸이 말한 바를 인용하면,

어느 특정한 시점에서 학생들에게 어떤 종류의 경험을 줄 것인가 하는 것은 그것이 달성하고자 하는 교육목표가 무엇인가에 따라 결정되어야 한다. 교육목표라는 것은 특정한 교육 프로그램이 달성하고자 하는 사고와 행동과 감정의 변화를 말하는 것이다. 교육목표는, 교육평가 전문가나 교사나 교육과정 전문가들이 의미하는 바로서는, 한 교육 프로그램을 마쳤을 때 학생들이 가져야 할 특성을 비교적 상세하게 규정한 것을 의미한다.9)

블룸 등의 「교육목표 분류학」은 전체적으로 보아 타일러가 제시한 7가지 행동형을 상세하게 체계화한 것이라고 볼 수 있다. 타일러의 7가지 행동형은 학습경험을 선정하고 조직하며 실지로 수업을 지도하는 데에는 대체적인 기준을 제시할 수 있을지 모르지만, 특히 평가의 기준으로서는 충분히 상세하다고 할 수가 없다. 목표모형에 들어 있는

8) B. S. Bloom *et al., Taxonomy of Educational Objectives*, I. *Cognitive Domain*, II. *Affective Domain*(New York : David McKay, 1956, 1964), 임의도 등(공역), 「교육목표 분류학」, Ⅰ. 지적 영역, Ⅱ. 정의적 영역(서울 : 배영사, 1966, 1967).
9) B. S. Bloom, 'Testing Cognitive Ability and Achievement,' N. L. Gage(ed.), *Handbook of Research on Teaching*(Chicago : Rand McNally, 1963), p. 389.

네 요소 사이의 순환과정에 명백히 드러나 있는 바와 같이, 평가는 교육목표에 명시된 학생 행동의 변화가 실지로 얼마나 일어났는가를 측정하는 일이다. 이 일을 위해서는 7가지 행동형은 더욱 상세화될 필요가 있다. 예컨대 특정한 내용에 관한 '중요한 사실 및 원리의 이해'라는 목표를 설정하여 가르치고 난 뒤에, 어떤 두 명의 교사가 A와 B라는, 각각 종류가 다른 시험문제로 그 목표의 달성도를 평가하려고 한다면, 이것은 문제이다. 이 문제는 곧 '중요한 사실 및 원리의 이해'라는 교육목표의 의미가 두 교사 사이에 합의될 만큼 충분히 정확하지 않기 때문에 생긴 것이다.

그리하여 블룸과 그의 동료들은 1) 지적知的 영역과 2) 정의적情意的 영역에 걸쳐 교육목표들을 '분류학적으로' 체계화하였다. 여기서 '분류학적으로'라는 말은 생물학에서 동식물을 분류할 때 쓰는 방법(문·강·목·과·속·종)을 따라, 교육목표를 우선 몇 개의 큰 항목으로 나누고 그 항목을 다시 세분한다는 뜻이다. 예컨대 지적 영역의 큰 항목으로서 1.00 '지식'은 다시 1.10 '특수사상에 관한 지식'과 또 몇 가지로, 그리고 1.10은 다시 1.11 '용어에 관한 지식'과 또 몇 가지로 세분되어 있다. 그리고 「분류학」의 저자들은 여러 가지 내용영역(즉, 교과영역)에 걸쳐 각 항목에 해당하는 '교육목표'들을 예시하고 또 각 항목에 해당하는 시험문제를 예시하고 있다. 지적 영역에 속하는 큰 항목들은 1.00 지식, 2.00 이해력, 3.00 적용력, 4.00 분석력, 5.00 종합력, 6.00 평가력의 6항목이며(이 중에서 2.00~6.00은 '지적 능력과 기능'이라고 하여 1.00 '지식'과 구별하고 있다), 정의적 영역에 속하는 큰 항목들은 1.00 감수感受, 2.00 반응, 3.00 가치화, 4.00 조직화, 5.00 인격화의 5항목이다. (이들 항목에 관한 비교적 자세한 검토는 8장을 보라.) 「분류학」의 저자들이 말하고 있는 바와 같이, 그들이 분류하고자 한 것은 특정한 교과내용이 아니라 '의도된 학생들의 행동, 즉 한 단원의 학습에 참여한 결과로 일어난 개인의 행동, 사고, 감정'(Ⅰ. p. 15)이다. 그러므로 그들이 분류한 지적영역과 정의적 영역의 목표들은 곧 타일러의 7가지 행동형을 훨씬자세하게 분석한 것이라고 볼 수 있다. 「분류학」의 분석을 타일러의모형 전체와 결부시켜 보면, 목표모형에서 의미하는 교육과정은 결국다음과 같은 과정으로 이루어진다고 말할 수 있다. 즉, 특정한 내용영역에 관하여 「분류학」에 제시된 것과 같은 교육목표를 설정하고 그목표를 달성하는 수단으로서 학습경험을 선정, 조직하여 실지로 학습지도를 하고 난 뒤에, 교육목표에 상응하는 시험문제(즉, 「분류학」에예시된 것과 같은 것)로 목표 달성도를 확인하는 것이다.

　「분류학」의 저자들이 의도한 바에 의하면, 「분류학」은 주로 세가지 용도를 가지고 있다. 첫째로 그것은 교육과정(특히 평가)에 관여하고 있는 사람들 사이에 교육목표에 관한 코뮤니케이션을 원활하고정확하게 하는 데에 유용하다는 것이며, 둘째로 그것은 교육과정에포함될 교육목표를 포괄적으로 열거하는 데에 도움이 된다는 것이다.그리고 셋째로 그것은 교육의 성과와 관련된 가설을 검증한다든지 검사자료를 분류하는 것과 같은 여러 가지 교육연구를 자극하는 데에유용하다는 것이다. 사실상 이때까지 「교육목표 분류학」은 이런 용도와 관련하여 전세계에 널리 활용되었다. 특히 교육과정 이론에 있어서「분류학」이 차지하고 있는 중요성은 그것이 타일러의 기본모형 중에서 교육목표와 평가 사이의 관련을 더욱 밀접하게 함으로써 그 모형의기반을 한층 공고히 했다는 데에서 찾아볼 수 있다. 타일러의 모형이교육에 종사하는 사람들에게 그들이 하는 일이 어떤 종류의 일인가를체계화하여 제시하고자 하는 데에 그 의도가 있었다고 하면, 「교육목표 분류학」은 그 일을 더욱 체계화하도록 하는 데에 더없이 중요한 공헌을 하였다고 말할 수 있다.

그러나 이러한 「분류학」의 공헌에는 오직 축복만 있는 것이 아니다. 교육목표와 평가를 밀착시키면 그만큼 교육을 하는 사람이나 받는 사람을 막론하고 주로 평가에서 높은 점수를 받는 것이 곧 교육목표를 달성하는 것이라고 생각할 가능성이 있다. 사실상 이러한 가능성은 타일러의 모형에 이미 잠재하고 있었던 것이며, 「교육목표 분류학」은 이 가능성을 더욱 표면적으로 노출시키는 일을 한 셈이다. 그리고 이 가능성은 교육목표와 평가를 한층 더 극적인 형태로 맺으려고 한 메이거의 아이디어에서 절정에 달했다고 볼 수 있다.

Ⅲ 교육목표의 행동적 진술

메이거의 주장은 「행동적 수업목표의 설정」10)이라는 조그만 책자에 제시되어 있다. 메이거에 의하면, '의미있게 진술된 [교육 또는 수업]11) 목표는 곧 그 목표를 진술하는 사람의 의도를 잘 전달하는 목표이며 따라서 가장 잘 진술된 목표는 그 목표의 대안적인 해석들을 최대한으로 배제하도록 진술된 목표이다'(p. 10). 여기서 목표라는 것은 타일러의 모형에서 말하는 것과 같이, 하나의 교육 프로그램을 끝냈을 때, 학생에게 나타나는 행동의 변화를 의미한다. 그리고 이런 목표에서 '대안적인 해석들을 최대한으로 배제할' 필요가 있다는 것

---

10) R. F. Mager, *Preparing Instructional Objectives*(San Francisco : Fearon, 1962), 정우현(역), 「행동적 교수목표의 설정」(서울 : 교육과학사, 1972). 본문의 페이지는 Mager 원본의 페이지를 가리킨다.

11) 앞의 주 4)를 보라.

은 블룸 등의 「교육목표 분류학」에 명백히 지적되어 있다. 사실상 「분류학」은 주로 그 필요를 충족시키려는 사명을 가지고 있다. 만약 목표가 여러 가지 대안적인 해석들을 허용한다면, 평가할 단계에 와서 그 목표가 과연 달성되었는지 아닌지 알기 위하여 무슨 증거를 찾아야 할지 불분명하게 될 것이다. 그리하여 메이거는 하나의 목표가 잘 진술된 것인지 아닌지를 판단하는 기준으로서, 다음과 같은 질문에 '예'라는 대답이 나오는가 '아니오'라는 대답이 나오는가 하는 것을 제시하고 있다. 즉, '어떤 사람이 목표를 진술하고 난 뒤에, 그것을 읽은 또 한 사람(목표를 진술한 사람과 동등하게 유능한 사람)이 그 목표에 도달한 학습자를 가려낼 수 있고, 또 그 목표를 진술한 사람이 거기에 동의할 수 있는가'(p. 12)라는 질문이다.

그러나 '불행하게도' 이때까지 교육목표는 '넓은 범위의 해석이 가능한', 따라서 '잘못 해석될 가능성이 많은' 용어들, 소위 '의미적재意味積載된'* 용어로 진술되는 경우가 많았다. 메이거가 열거한 바에 의하면, '안다, 이해한다, 참으로 이해한다, 감상한다, 충분히 감상한다, 의미를 파악한다' 등은 그러한 '의미적재된' 용어이며, 여기에 비하여 '쓴다, 암송한다, 지적한다, (문제를) 푼다, 열거한다, 비교한다' 등은 잘못 해석될 여지가 비교적 없는 용어로서 교육목표는 이런 용어로 진술되어야 한다. '물론, "이해한다" "감상한다" 등과 같은 말을 목표진술에 사용해도 상관은 없지만, 문제는 그 "이해"와 "감상"의 증거를 수집할 단계에 와서 그것은 충분히 구체적인 의미를 가지지 않기 때문에 별로 쓸모가 없다는 것이다. "이해한다"든가 "감상한다"는 증거를 보일 때에 학습자가 어떤 "행동"을 해야 하는가를 기술하지 않는 한, 우리는 거의 아무것도 기술하지 않은 셈이다'(p. 11).

---

* loaded

그리하여 교육목표의 진술은 '학습자가 목표를 달성했다는 증거를 나타내어 보일 때, 어떤 "행동" 또는 "수행"*을 할 수 있는가를 구체적으로 명시하는 한, 유용하다'(p. 13). 여기서 '행동'이라는 것은 '바깥으로 드러나는 행동'**을 가리킨다고 메이거는 말한다. 그도 그럴 것이 '대안적인 해석들을 배제하는, 잘못 해석될 여지가 없는' 용어는 '쓴다, 암송한다, 지적한다…' 등과 같이, 그 말의 의미가 '바깥으로 드러나는 행동'으로 구체화될 수 있는 용어이기 때문이다. 이것이 곧 교육목표(또는 수업목표)를 '행동적인 용어로' 규정한다는 말의 의미이다. (때로 '행동적 교육목표의 설정'이라는 말은 '행동'이 '말과는 다른 실천'을 의미하기 때문에, '말만 하는 것이 아니라 그 말을 실천에 옮기도록' 교육목표를 설정해야 한다는 뜻으로 해석되기도 하지만, 이것은 메이거의 포인트와는 맞지 않는다. 메이거의 포인트는 '행동적인 증거가 명백히 드러날 수 있도록' 교육목표를 설정해야 한다는 것이다.)

메이거의 주장에 의하면, '라디오를 수선할 수 있다', '2차 방정식을 풀 수 있다'와 같은 목표는 적절하며, '앰프의 기능을 안다', '논리의 규칙을 이해한다'와 같은 목표는 부적절한 목표이다(pp. 14, 18, 19). 예컨대, '앰프의 기능을 안다'는 목표는 어째서 부적절한가? 목표 모형에 입각하여 교육을 하자면, 교사는 앰프에 '관하여' 가르칠 때에 먼저 '앰프의 기능을 안다'는 목표를 설정해 두어야 한다. 그리고 앰프에 '관하여' 가르치고 난 뒤에 교사는 학생이 '앰프의 기능을 안다'는 목표를 달성했는지 아닌지를 평가한다. '앰프의 기능을 안다'는 목표가 가지고 있는 문제는 바로 이때 생긴다. 메이거는 그 문제를 다음과 같이 말하고 있다.

---

* performance   ** overt action

예를 들어 내가 어떤 사람에게 앰프에 관하여 가르쳤다고 하자. 그 사람은 자신이 앰프의 기능을 '안다'는 증거로서 나에게 앰프의 그림을 그려 왔다. 그 때 나는 앰프를 '그릴' 줄 안다고 해서 앰프의 기능을 '정말로' 안다고는 볼 수 없다고 하면서 그 사람을 낙제시켰다. 그러자 그 사람은 다시 부속품과 공구를 사다가 정상적인 기능을 발휘하는 앰프를 만들어 왔다. 그래도 나는 여전히 앰프를 '만든다'는 것이 앰프의 기능을 '정말로' 안다는 증거가 될 수 없다는 이유에서 다시 낙제시켰다. 아마 그러면 그 사람은 틀림없이 나를 죽이려고 덤벼들 것이다. 그럴 이유가 충분히 있는 것이다. 그러나 그 사람은 내 말의 포인트를 알았을 것이다. 즉, '안다'는 말 자체에 무슨 문제가 있는 것이 아니라, 다만 그 말이 목표진술에서 유일한 설명적 용어로 쓰일 경우에 그 말은 별로 설명하는 바가 없다는 것이다. 요컨대 그 말은 의미를 전달할 수 없는 것이다(p. 20).

결국 메이거의 주장에 의하면, '앰프의 기능을 안다'는 목표는 '앰프를 그린다'든가 '앰프를 만든다'든가 '앰프 부속품들의 기능을 열거한다'는 따위의 능력을 함의할 수는 있으나, 그 중에서 구체적으로 '어느 것'을 함의하는가는 보여 주지 않는다. '안다'는 말이 '넓은 범위의 해석이 가능한' 말이라는 것은 바로 이것을 가리킨다. '감상한다'는 말도 마찬가지이다. 메이거는 '음악을 감상한다'는 교육목표의 행동적 증거가 될 수 있는 것으로서, 1) 바하를 듣고 황홀해서 한숨을 쉰다, 2) 하이파이 전축과 500달러어치 레코드 판을 산다, 3) 음악사에 관한 사선지四選肢 질문 95개를 맞춘다, 4) 37가지 오페라에 관한 웅변적인 에세이를 쓴다, 5) 발로 박자를 맞춘다 등을 들고, '감상한다'는 말은 이 중의 어느 것이 그 의미가 될 수 없다고 하지도 않고 또 어느 것이 된다고 하지도 않기 때문에, 그 중의 '어떤 것이든지' 그 의미가 된다고 볼 수밖에 없다고 말한다. 주로 이 점에 착안하여 메이거는, 그럴 바에야 아예 '안다'든가 '감상한다'는 말을 교육목표에서 제외하고 그 대신에 '그린다', '만든다', 또는 심지어 '한숨을 쉰다'는 말과 같이, '안다'든가 '감상한다'는 말에 함의된 행동을 가장 구체적으로 지적하는 이른바 '행동적 용어'로 교육목표를 진술해야 한다고 주장한다. 이 주장의 가장 중요한 근거는 무엇인가? 그것은 곧 교육목표를 나타내는 용어로서의 '안다'든가 '감상한다'는 말은 교육 프로그램을 끝낸 뒤에 그 달성 여부를 평가할 때 어떤 증거를 찾아야 할 것인가를 엄밀하게 또 구체적으로 제시할 수 없다는 것이다.[12]

이와 같이 교육목표를 '행동적 용어로' 진술해야 한다는 주장은 타일러나 심지어 블룸 등의 교육목표에 관한 견해와는 상당히 다른 것이라고 생각될지 모른다. 타일러가 교육목표를 '내용과 행동'의 두 가지 요소로 진술하여야 한다고 주장한 것이라든지, 블룸 등이 교육목표에 포함된 '행동'들을 분류학적으로 체계화했을 때, 그들의 마음속에는 아직도 '교육이 달성하고자 하는 목표'를 위하여 수업을 하고 난 뒤에 그 '결과를 평가'한다는 생각이 들어 있었다. 그러나 메이거의 주장은, 이 정상적 사고의 순서를 뒤집어서, '평가할 수 있는 결과'를 '교육에서 목표하는 바'로 삼아야 한다는 주장이다. 말하자면 '목표'가 '평가'를 규제하는 것이 아니라, '평가'가 '목표'를 규제한다는 것

---

12) 이상 메이거의 주장은 교육목표 중의 '도착점행동'(terminal behavior)에 관한 것이다. 메이거의 주장에 의하면 교육목표에는 '도착점행동'과 함께 '상황조건'(condition, 그 행동이 나타나는 상황이나 조건) 및 '수락기준'(criterion, 행동이 어느 정도로 잘 수행되어야 하는가를 보이는 기준)의 세 가지 요소가 포함되어야 한다.

이다. 메이거의 주장이 타일러나 블룸 등의 견해와 이 점에서 차이가 있다는 사실을 중요시한다면, 메이거의 주장은 타일러의 모형으로부터의 우연적 이탈의 결과라고 볼 수도 있다. 그러나 과연 그러한가?

저자가 보기에, 메이거의 주장은 타일러의 모형으로부터의 우연적 이탈의 결과라기 보다는 그 모형 속에 필연적으로 함의되어 있는 바를 더욱 표면화한 결과라고 보아야 할 것이다. 어째서 그러한가? 타일러모형의 가장 중요한 특성은, 앞에서도 말한 바와 같이, '목표'를 내용보다 우위에 두고, '내용'은 목표를 달성하는 수단으로 간주한다는 데에 있다. 타일러에 의하면 목표는 학습과 사회에 관한 사실 및 교과의 기능에서 도출되어 나와서, 다시 철학과 학습심리학의 원리에 의하여 통합조정되어야 한다. (이 말을 다음과 같이 해석하는 것은 잘못이다. 즉, 학습자와 사회와 교과에서 '먼저' 목표를 도출하고, 그 '다음에' 그 목표들을 철학과 학습심리에 비추어 조정한다는 식의 해석은 잘못이다. 타일러의 의도도 그러했다고 생각하지만, 철학과 학습심리에 비추어 보지 않고는 학습자와 사회와 교과에서 목표를 도출할 수가 없다. 학습자와 사회와 교과에서 목표를 도출할 때, 이미 우리는 학습자와 사회에 관한 사실이나 교과의 기능을 '교육목표'라는 관점에서 해석하고 있는 것이다.) 학습자와 사회와 교과에서 나온 목표가 특히 철학에 의하여 통합조정되어야 한다는 말은 곧 목표가 '가치있는' 목표이어야 한다는 것을 의미한다. 결국 타일러가 교육목표의 '원천'에서 말하고자 했던 것은 바로 이 점이라고 볼 수 있다. 그러나 앞에서도 말한 바와 같이, 타일러가 교육목표로서 제시한 '내용과 행동의 결합'(예컨대 '영양에 관한 원리의 이해')이 그 '원천'들과 어떤 관련을 맺고 있는가 하는 것은 타일러의 교육과정 이론에 전연 언급되어 있지 않다. 이것은 곧, 예컨대 '영양에 관한 원리의 이해'가 어떤

점에서 '가치있는' 교육목표인가 하는 문제가 타일러의 이론에서는
중요한 문제로 취급되어 있지 않다는 뜻이다.

　(이때쯤 독자 중에는 다음과 같은 생각을 하는 사람이 있을 것이
다 — '도대체 이 저자는 무슨 말을 하고 있는가? 그는 '영양에 관한
원리의 이해'가 교육목표로서 받아들여질 수 없다고 생각하는 것인
가? 그것이 '가치있는' 교육목표라는 것은 누구에게나 분명한 것이
아닌가? 그것이 가치있다는 것이 불확실하다면, 우리는 무엇을 교육
해 왔으며, 앞으로 무엇을 교육해야 한단 말인가?' 사실상 이때까지
'영양에 관한 원리의 이해'가 한 가지 교육목표라는 것은 누구에게나
받아들여지고 있었고, 따라서 그것이 어떤 점에서 '가치있는가'를 묻
는 질문은 현재 아주 괴팍한 질문으로밖에 들리지 않는다. 저자는 '영
양에 관한 원리의 이해'가 교육목표로서 받아들여질 수 없다고 주장하
는 것이 아니다. 다만 저자는 만약 그것이 교육목표라고 하면 '어떤
점에서' 가치가 있는가를 분명히 해야 한다고 주장한다. 목표모형의
가장 큰 문제점은 바로 이 질문을 중요하게 취급하지 않는다는 데에
있다.)

　타일러가 말한 교육목표, 즉 '내용과 행동의 결합'은 그가 교육과
정의 가장 우선적인 질문으로 제기한 '학교는 어떤 교육목표를 달성하
고자 노력해야 하는가'에 대한 대답이다. 이 질문은 또한 보다 상식적
인 질문으로서, '무엇을 가르칠 것인가'라는 질문과 동등한 것으로 볼
수 있으며, 따라서 '무엇을 가르칠 것인가'라는 질문에 대한 타일러의
대답은 곧 '영양에 관한 원리의 이해'를 가르친다는 것, 또는 보다
상식적으로 말하여 '영양에 관한 원리를 이해하도록' 가르친다는 것
이다. 여기서 '영양'(또는 '영양에 관한 원리')이라는 '내용'은 어떤
의미를 가지는가? 그 '내용'은 이해라는 '행동'과 함께 교육목표의 한

2. 기본모형(Ⅰ): 목표모형 51

부분으로서 의미를 가진다. 다시 말하면 그 '내용'은 '행동'과 함께 '학교가 달성하고자 하는 교육목표'를 이룬다. '영양에 관한 원리의 이해'가 어떤 점에서 가치있는 것인지가 논의되지 않는 상태에서는, '영양'이라는 내용이 어떤 가치를 가지는가 하는 질문은 제기될 여지가 없을뿐더러, 설사 제기된다고 하더라도 그것은 '학교가 달성하기로 미리 결정해 놓은 교육목표이기 때문'이라는 식으로 간단하게 대답될 수 있을 것이다. 말하자면 타일러의 이론에서 교육내용(영양, 한국문학 등등)은 교육목표를 달성하는 수단으로서 의미를 가진다.

타일러의 모형에서 내용이 목표의 수단으로 간주된다는 사실은 또한 그 모형의 또 한 가지 중요한 특성인 목표와 평가 사이의 관련과 결부되어 기이한 교육관으로 이끌어 간다. 타일러가 목표를 '내용과 행동의 결합'으로 규정했을 때 거기에 작용한 가장 중요한 고려사항은 목표의 달성도가 평가되어야 한다는 데에 있었다. 평가를 염두에 둔다고 하면, 교육목표는 반드시 '교육과정과 수업의 결과로 학생에게 일어나는 "행동"의 변화'를 지시하는 것이어야 한다. 평가를 염두에 둘 때, 교육목표에 있어서의 관심은 당연히 교육목표의 두 가지 요소 중에서 '내용'이 무엇인가 하는 데에보다는 '행동'이 무엇인가 하는 데에 있다. 그리고 앞에서 말한 바와 같이, 타일러의 모형에서 내용은 목표를 달성하는 수단이다. 이렇게 생각해 보면, 타일러의 모형이 함의하고 있는 교육관은 다음과 같다고 말할 수 있다. 즉, 먼저 '영양에 관한 원리의 이해'라는 것은 학교가 달성하고자 노력하는 교육목표로서 미리 결정되어 있다. 그 이후 교사의 교육활동은 구체적으로 어떤 일인가? 그것은 '영양에 관한 원리의 이해'라는 교육목표에 명시된 결과를 초래하기 위한 활동, 다시 말하면 교육목표에 명시된 행동의 변화를 학생에게 일으키기 위한 활동이다. 그리고 교사가 초래하고자 노력하는 학생 행동의 변화는 곧 평가의 내용이다.

그러므로 타일러의 모형에 의하면, 가르치는 동안에 교사가 무슨 일을 해야 하는가를 자세하게 밝히기 위해서는 그가 가르치는 '내용'을 자세하게 규정할 것이 아니라, 최종적으로 평가될 '학생의 행동'을 자세하게 규정하여야 한다. 블룸 등이 그들의 「교육목표 분류학」에서 특정한 교과내용을 분류의 대상으로 삼은 것이 아니라, '의도된 학생들의 행동, 즉 한 단원의 학습에 참여한 결과로 일어난 개인의 행동, 사고, 감정'을 분류의 대상으로 삼은 것은, 타일러의 모형에 비추어 보면, 매우 당연한 일이었다. 그들의 생각에 의하면 교육목표를 상세하게 하는 것은 곧 평가의 내용을 상세하게 하는 것이요, 동시에 그것은 가르치는 동안에 교사가 하는 일의 성격을 상세하게 규정하는 것이다. 이 점에서 「교육목표 분류학」은 사실상 타일러의 모형에 함의된 바를 표면화한 것이라고 볼 수 있다. 그리고 메이거의 행동적 교육목표에 관한 아이디어는 타일러에서 블룸 등으로 이어지는 생각을 한 걸음 더 발전시킨 것에 불과하다. 교육목표가 평가를 염두에 두고 설정되어야 한다면, 그것은 평가의 사태에 되도록 가까운 형태로 설정되어야 한다. 궁극적으로 그것은 '바깥으로 드러나는 행동'을 지시하는 형태일 것이다. 그리고 목표를 이와 같이 구체적으로 설정하면, 교사가 하는 일의 성격이 구체적으로 밝혀지는 것은 말할 필요도 없다.

그러나 문제는 과연 교사가 하는 일의 성격을 이러한 방식으로 구체화해도 좋은가 하는 데에 있다. 이 점에 관해서는 다음 장에서 목표모형에 대한 대안으로서의 내용모형과 관련하여 고찰하겠다. 다만, 마지막으로 목표모형이 품고 있는 한 가지 숭고한 의도에 관하여 말하고자 한다. 타일러에서 블룸 등을 거쳐 메이거에 이르기까지 목표모형은 '교육'을 한다고 할 때 우리가 하는 일이 정확하게 어떤 종류의 일인가를 알고, 그 일을 하기 위한 수단을 체계적으로 동원하자고 하는 탄원이라고 볼 수 있다. 물론, 이 탄원은 충분히 호소력을 가질 수 있다. 사실상 우리는 '교육'을 '인간형성의 작용' 또는 '민주시민을 양성하는 일' 등으로 거창하게 규정해 왔고, '무엇을 가르칠 것인가'라는 질문에 대해서도 '지력', '창의력', '비판적 사고' 등과 같이 추상적이고 애매한 용어로 대답해 왔다. 이러한 용어는 분명히 교사가 하는 일, 즉 '교육'이 무엇인가를 제시해 주는 데는 난점이 있다. 이러한 사태에서 교육을, 그것이 달성하고자 하는 목표(즉, 학생 행동의 변화)에 비추어 체계화해야 한다는 주장은 충분히 설득력을 가질 수 있을 것이다. 그 설득력은 예컨대 메이거의 다음과 같은 비유에서 절정에 도달한다. 즉, 어떤 사람이 500달러짜리 자동차를 팔려고 하면서 자동차는 보여 주지 않고 그냥 '양호한 상태에 있는 자동차'라고만 한다면 누가 그 자동차를 사겠는가? 그와 마찬가지로 어떤 학생에게 1,000달러를 내면 '논리적 사고력'을 길러 주겠다고 하면서, '논리적 사고력'이 어떤 것인지, 그것이 길러졌는지 아닌지를 재는 방법이 무엇인지를 미리 명시하지 않는다면, 아무도 그것을 배우려고 하지 않을 것이다. 그럼에도 불구하고 학생들은 [불쌍하게도] 그것을 배워야 한다. 그러므로 교육목표를 [행동적 용어로] 명시하지 않고 교육을 하는 것은 곧 학생이라는 불리한 위치를 기화로 하여 부당한 이익을 취하는 셈이 된다(!)는 것이다(메이거, p. 17).

분명히 목표모형에 의하면, 교육은 교육목표를 달성하기 위한 수단이며, 교육의 하는 일이 구체적으로 무엇인가 하는 것은 그것이 달성하고자 하는 목표(즉, 평가의 내용)를 구체화함으로써 상세히 파악될 수 있다. 블룸 등이나 메이거에서와 같이, 타일러 이후 교육과정의 주된 관심이 교육목표를 상세화하는 데에 경주되어 온 것은 결코 우연

한 일이 아니다. 그러나 이 시점에서 우리는 교육활동의 성격을 구체
화하는 방법이 '목표'를 상세화하는 방법뿐인가 하는 질문을 생각하
지 않으면 안 된다. 다음 장에서 고찰할 내용모형은 곧 '내용'을 구체
화함으로써 교육활동의 성격을 구체화하려는 노력을 나타낸다고 볼
수 있다. 이 두 가지 기본모형 중에서 어느 것이 보다 올바른 교육관을
나타내는가 하는 것은, 이 책 전체가 탐구하고자 하는 바와 같이, 두
모형을 충분히 이해함으로써 해답될 수 있을 것이다.

3

기본모형(Ⅱ) : 내용모형

교육 의 의미를 아무리 고상한 말로 규정한다 하더라도, 교육 은 결국 교사가 학생들에게 무엇인가를 가르치는 일이다. 교사가 학생들에게 가르치고자 하는 것은 무엇인가? 이 질문에 대한 목표모형의 대답은 다음과 같다. 즉, 교사가 학생들에게 가르치고자 하는 것은 학생들이 교육프로그램을 마친 뒤에 교사가 가르치고자 한 바를 배웠다는 증거로서 나타내어 보이는 행동이라는 것이다. 블룸 등에 의하면 그것은 여러 '교과내용'에 관하여, 1. 00 '지식'에서 6. 00 '평가'(지적 영역), 그리고 1. 00 '감수'에서 5. 00 '인격화'(정의적 영역)에 이르는 교육목표를 달성하는 일이요, 보다 구체적으로 메이거에 의하면 그것은 '2차 방정식 문제를 푼다'와 같이 행동적 용어로 규정된 교육목표를 달성하는 일이다. 교사가 잘 교육했는가 아닌가는 오직 학생들이 교육목표에 나타난 행동을 할 수 있는가 아닌가에 따라 판단된다. 만약 학생들이 그 행동을 (평가를 통하여) 나타내어 보이면, 정의상定義上 그 교사는 잘 교육한 것이다.

그러나 예컨대 학생들이 '2차 방정식 문제를 푸는' 행동을 하면 교사는 잘 교육한 것이라고 할 때, '잘 교육했다'는 말은 무엇을 의미하는가? 이것은 곧 2차 방정식 문제를 풀 줄 안다고 해서 무엇이 좋은가, 2차 방정식 문제 풀이를 왜 가르쳐야 하는가 하는 것과 동일한 질문이다. 목표모형에 의하면 이 질문은 궁극적으로 교육철학에 미룰 수밖에 없는 질문이며, 교육과정에서는 '2차 방정식을 푸는 것'이 '교육목표'로 이미 주어져 있는 것으로 간주된다. 그러나 2차 방정식 풀이가 어째서 가치있는 것인가 하는 질문은 교육과정에서 도저히 도외시될 수 없는 질문이다. 왜냐하면 2차 방정식을 가르칠 때 교사는 단순히 학생들이 그 문제를 푸는 '행동'을 하도록 하는 것이 아니라 그 푸는 '행동'에 내재해 있는 가치를 실현하고자 노력해야 하는 것이기 때문이다. 한 교사가 단순히 학생들이 2차 방정식을 푸는 '행동'을 할 수 있도록 가르치는 경우와 그 행동에 내재해 있는 가치(예컨대, 수학의 의미)를 실현하고자 노력하면서 가르치는 경우에 그 가르치는 모양에는 분명히 차이가 있을 것이다. 물론, 교사가 2차 방정식을 잘 가르쳤는가 아닌가를 판단하는 궁극적인 기준은 학생이 그 문제를 풀 수 있는가 아닌가에 있다고 말할 수 있을 것이다. 그러나 그렇다고 해서 교사의 교육활동을 오직 이 관점에서 규정하는 것은 잘못이다. 왜냐하면 2차 방정식을 풀 줄 안다고 해서 무엇이 좋은가 하는 문제가 아직 별도로 해답되어야 하기 때문이다.

아마 목표모형에서도 예컨대 2차 방정식을 푸는 것이 모종의 가치를 가지고 있어야 한다는 것, 다시 말하면 2차 방정식을 푸는 동안에 학생들이 인간으로서 보다 나은 상태로 되어야 한다는 것을 부정하지는 않을 것이다. 다만, 이 모형에서는, 그 가치있는 상태가 어떤 것이든지 간에, 2차 방정식을 푸는 동안에 그 가치가 자연적으로 실현된다고 보며, 나아가서 학생들이 2차 방정식을 풀 수 있다는 것은 곧 그 가치가 학생에게 실현되었다는 확실한 증거가 된다고 본다. 말하자면 목표모형에서 교육은 '검은 상자'와 같다. 학생들이 그 '검은 상자'를 통과하여, 처음에 설정된 '목표'를 달성했다는 증거를 보이면, 그 '검은 상자'는 훌륭한 역할을 한 것이다. (이 점에서 목표모형은 심리학의 행동주의 이론과 면밀하게 상응한다고 볼 수 있다. 행동주의 이론에 의하면 인간의 지적 작용은 말하자면 '검은 상자'로서, 심리학의 관심 대상에서 제외되며, 오직 결과로서의 '반응'만 관심의 대상이 된다.) 그러나 교육에서의 우리의 관심은 그 '검은 상자' 안에서 어떤 일이 이루어지는가, 그리고 그 일은 어떤 중요성을 가지는가 하는 데에 있다. 그리고 이 문제를 해답하기 위해서는 교육에서 가르치고자 하는 '내용'이 무엇인가를 직접 규명할 필요가 있다.

Ⅰ 지식의 구조

브루너의 「교육의 과정」1)은 '무엇을 가르칠 것인가'라는 문제에 대한 보다 최근의 해답을 제시하고 있다. 그 책에 의하면, 우리가 학생들에게 가르치는 교육내용은 '지식의 구조'(또는 '교과의 구조')이다. 「교육의 과정」은 교육내용으로서의 '지식의 구조'가 무엇인가를 설명하고, 그것을 가르치는 데에 관련된 몇 가지 교육적 문제, 즉 '학습의 준비성, 직관적 사고와 분석적 사고, 학습동기, 교구' 등을 고찰하기 위하여 쓰여진 책이다. 우선 교육내용으로서의 '지식의 구조'라는 것이 무엇을 의미하는가를 알아 보자.

---

1) J. S. Bruner, *The Process of Education*(Harvard University Press, 1960), 이홍우(역), 「브루너 교육의 과정」(서울 : 배영사, 1973).

「교육의 과정」에서 브루너는 때로 지식의 구조를 '학문의 기저를 이루고 있는 일반적 아이디어', '기본개념', '일반적 원리' 등과 동의어로 쓰고 있다. 그러나 지식의 구조가 이런 것들과 동의어로 쓰일 수 있다는 것 이외에, 「교육의 과정」에서 지식의 구조에 관한 정확한 정의를 찾는 것은 불가능하다. 그 책의 어느 곳에서도 브루너는 지식의 구조를 정확하게 정의하고 있지 않다. (아마 지식의 구조라는 용어를 몇 마디로 간단하게 정의하는 일은 원칙상 어렵다고 보아야 할 것이다. 저자가 보기에 지식의 구조라는 용어는 비단 교육내용만을 가리키는 것이 아니라 교육방법과 그 내용을 그런 방법으로 가르쳐야 하는 이유 ─교육목표─ 까지 포함하여 전체적인 교육관에 관계되는 용어이다.) 다만 브루너는 지식의 구조(이하에서 '구조'라는 말은 '지식의 구조'를 가리킨다.)를 생물학과 수학과 언어의 분야에서 예시하고, 구조의 이점으로서 네 가지를 들고 있다. 우리는 이 예시와 구조의 이점, 그리고 그 밖의 몇 가지 설명을 통하여 교육내용으로서의 지식의 구조가 무엇을 의미하는가를 이해하지 않으면 안 된다.

먼저 브루너가 든 구조의 예시를 살펴보자. 브루너는 생물학의 구조를 '향성'向性으로 예시하고 있다.

판자 위에 깔아 놓은 그래프 용지 위를 기어가는 자벌레의 경우를 생각해 보자. 판자를 기울여 경사각이 위로 30도가 되도록 한다. 그러면 자벌레는 직선으로 기어가는 것이 아니라 직선과 45도의 각을 이루며 옆으로 기어간다. 판자를 60도 기울이면 자벌레는 직선에서 몇 도 옆으로 기어갈까? 예컨대 자벌레가 직선에서 75도 옆으로 기어간다고 하자. 이 두 가지 측정치에서 우리는 자벌레가 위로 기어올라가는 '향성'이 있으며, 만약 위로 기어

올라가야 한다면 지면과 15도의 경사를 이루며 기어올라간다는
것을 추리할 수 있다. 다시 말하면 우리는 생물학에서 말하는 '향
성'의 원리, 또는 보다 특수하게, '지향성'地向性의 원리를 발견한
것이다. 이것은 유독 자벌레에만 적용되는 특수적 사실이 아니다.
여기서 출발하여 우리는 조직이 단순한 유기체에는 어느 것에나
이런 '향성' 현상이 있다는 것을 알게 된다. 향성이라는 것은 고정
된 본능적 기준을 따르는 운동의 조절을 뜻하며, 보다 구체적으로
말하면, 하등 생물은 일정한 정도의 광도, 염분도, 온도 등등을
좋아하며 이런 것이 있는 쪽으로 나아가는 경향이 있다는 것이다.
외적인 자극과 유기체의 운동 사이에 있는 이 기본적인 관계를
일단 파악하고 나면, 학생은 그 밖의 많은 〔생물학적〕 현상을 다
루기가 훨씬 쉬워진다. 이러한 현상들은 당장 겉으로 보기에는
새로운 사실 같지만, 실상은 이미 알고 있는 사실과 아주 밀접하
게 관련된 것들이다. 예컨대 메뚜기 떼가 이동할 때 그 진로의
온도 때문에 메뚜기 떼의 밀도가 조절된다. 산에서 사는 곤충들은
종류에 따라 일정한 양의 산소를 선택하여 움직여 다니고 있으며,
산의 높이에 따라 산소의 양이 다르므로 곤충의 종류 사이에 교접
이 불가능하게 되고 따라서 종족의 순수성이 유지된다. 이러한
여러 가지 생물학적 현상이 향성에 비추어 이해된다. 그리하여
교과의 구조를 파악한다는 것은 곧 한 가지 현상을 여러 가지
현상과의 관련에서 이해할 수 있게 된다는 것을 말한다. 요컨대
구조를 학습하는 것은 사물이나 현상이 어떻게 관련되어 있는가
를 학습하는 것이다(pp. 54~55).[2]

---

[2] 이하 본문의 페이지는 번역본의 페이지를 가리킨다.

이상의 설명은 구조에 관하여 우리에게 무엇을 알려주고 있는가? 위의 인용문의 마지막 부분에서 브루너는 구조를 파악한다는 것은 곧 '한 가지 현상을 여러 가지 현상과의 관련에서 이해할 수 있게' 되는 것을 의미한다고 말하고 있다. 향성의 설명에서 이 말이 가리키는 바는 명백하다. 즉, 메뚜기 떼의 이동이나 산 곤충의 이동은 따로따로 '이해'(또는 차라리, 암기)되어야 할 개별적인 현상이 아니라, 예컨대 자벌레의 운동과 동일한 원리, 즉 '향성'이라는 원리에 비추어 이해되어야 한다는 것이다. 그렇다면 구조는 '사물이나 현상이 서로 관련되어 있는 모양'을 가리키는 것인가?

수학에 관하여 브루너는 수학의 구조로서 방정식의 기본원칙, 즉 '교환'($a+b=b+a$, $a \cdot b=b \cdot a$), '분배'($a(b+c)=ab+ac$), '결합'($a+(b+c)=(a+b)+c$, $a \cdot (b \cdot c)=(a \cdot b) \cdot c$) 등의 법칙을 들고 있다. '이 법칙에 스며 있는 아이디어를 파악하면 현재 풀려고 하는 "새로운" 방정식은 전혀 새로운 방정식이 아니라, 자신이 늘 알고 있던 방정식의 한 가지 변용에 불과하다는 것을 쉽게 알 수 있을 것이다'(p. 56). 방정식의 기본법칙에 '스며 있는 아이디어'를 파악한다는 것은 그 법칙의 '이름'을 아는 것이 아니라 그것을 '사용'할 줄 아는 것이다. 그것은 마치 위의 향성의 보기에서, 향성을 이해한다는 것은 '향성이라는 것은 하등동물에서 볼 수 있는 고정된 본능적 기준을 따르는 운동의 조절'이라는 식으로, 향성을 언어로 정의할 수 있는 것을 의미하는 것이 아닌 것과 같다. 언어의 구조로서 브루너는 '개가 사람을 물었다'라는 능동태의 문장을 '사람이 개에게 물렸다'라는 수동태의 문장으로 바꾸는 '문장변형의 규칙'을 들고 있다. 이 변형의 규칙(보다 엄밀하게, 그 규칙에 스며 있는 아이디어)을 알면 문장을 여러 가지로 바꿀 수 있다. 이상 수학과 언어에 관한 설명에 비추어서도 구조는 여전히 '사물이나 현상이 서로 관련되어 있는 모양'을 가리키는 것으로 이해될 수 있다. 새로 당면하는 방정식은 사실상 새로운 것이 아니라 방정식의 기본법칙의 한 특수적 변용이며, 우리가 쓰고 있는 많은 문장들은 예컨대 능동태와 수동태의 변형규칙에 의하여 생성된 것들이다.

브루너가 든 구조의 네 가지 이점도 이와 동일한 의미를 시사하고 있다. 브루너는 구조의 이점으로서, 구조는 그것을 학습한 사람으로 하여금 자신이 학습한 내용을 1) 이해할 수 있도록 하고, 2) 기억하기 쉽게 하고, 3) 학습 이외의 사태에 적용할 수 있도록 한다(일반적 전이). 그리고 4) 구조를 학습함으로써 학생들은 해당 학문 분야의 첨단에서 그 학문을 발전시키는 학자들이 하는 일이나 그 일의 성과를 알 수 있게 된다. 즉, 구조는 '고등지식과 초보적인 지식 사이의 간극을 좁힐 수 있다'(pp. 85~89). 위의 네 가지 이점 중에서 처음 세 가지 이점을 브루너는 다음과 같이 요약하고 있다.

해당 학문 분야의 폭넓은 기본구조와 관련을 맺지 않은 특수적인 사실이나 기술을 가르치는 것은 몇 가지 근본적인 의미에서 비경제적이다. 첫째로, 그런 방식으로 가르치면 학생들은 이미 학습한 것을 앞으로 당면할 사태에 적용하기가 아주 어려울 것이다. 둘째로, 일반적인 원리를 파악하는 데까지 미치지 못하는 학습은 지적인 희열이라는 관점에서 볼 때, 아무 것도 주는 바가 없다. 교과에 대한 흥미를 일으키는 가장 좋은 방법은 학생들로 하여금 그것이 알 가치가 있는 것임을 느끼도록 하는 것이며, 이것은 다시 학습에서 얻은 지식을 학습사태 이외의 다른 사태에서도 써먹을 수 있도록 할 때 가능하다. 셋째로, 학습에서 얻은 지식을 서로 얽어매는 구조가 없을 때 그 지식은 쉽게 잊어버려진다.

서로 단절된 일련의 사실들은 그 기억 수명이 가련할 만큼 짧다. 원리나 개념을 중심으로 특수적 사실들을 조직하고 그 원리나 개념에서 다시 특수적 사실들을 추리해 내는 것만이 인간기억의 급속한 마모율을 감소시키는, 현재까지 알려진 유일한 방법이다(pp. 97~98).

위에 설명된 구조의 이점에 비추어 보면, 지식의 구조를 가르친다는 것은 그 지식을 '이해, 기억, 적용할' 수 있도록 가르친다는 것을 의미하며, 그 지식을 '이해, 기억, 적용할' 수 있도록 배웠을 때 학생은 지식의 구조를 파악했다고 볼 수 있다. 브루너 자신의 말에도 나타나 있는 바와 같이 학생들이 '이해, 기억, 적용하기' 위해서는 '서로 단절된 특수적 사실이나 기술'을 개별적으로 학습할 것이 아니라, '일반적 개념과 원리'에 의하여 서로 관련지어 학습하여야 한다. 사실상 구조의 이점 중에서 '이해, 기억, 적용'은 '일반적 개념과 원리'라는 것에 수반되는 이점이다. 이 점에서 구조가 때로 '일반적 개념과 원리'와 동의어로 쓰이는 것은 충분히 납득될 수 있다. 이상의 설명에 의하면, 결국 지식의 구조라는 것은 곧 '일반적 개념과 원리에 의하여 사물이나 현상이 서로 관련되어 있다는 것을 이해할' 때의 그 이해하는 내용을 가리키며, 지식의 구조를 가르친다는 것은 그런 이해를 가지도록 하는 것을 뜻한다고 말할 수 있을 것이다.

그러나 이것이 지식의 구조에 관한 설명으로서 충분한가? 만약 그렇다고 하면, '무엇을 가르쳐야 하는가'라는 질문에 대하여 '지식의 구조를 가르쳐야 한다'는 대답은 별로 새로운 대답이 아니다. 이때까지 교육에서 우리는 '일반적 개념과 원리'를 가르쳐 왔고, 또 그것을 가르치는 동안에 몇 가지 개별적인 사물이나 현상이 그 일반적 개념과 원리로 설명될 수 있다는 것을 가르쳐 왔다. 그렇다고 하면, 오늘날 일반적으로 인정되고 있듯이 지식의 구조라는 말이 교육에 관한 '혁명적' 아이디어를 나타내고 있다는 것은 전혀 근거없는 과장에 불과한 것이 되고 만다. 그러나 아직 이 결론은 성급한 결론이다. 아직 우리는 구조의 넷째 이점, 즉 구조는 고등지식과 초보적 지식 사이의 간극을 메울 수 있다는 이점이 무엇을 의미하는가를 조사해 보지 않았다.

일반적 개념과 원리를 가르치면, 학생들이 해당 학문 분야의 첨단에서 그 학문을 발전시키는 학자들이 하는 일이나 그 일의 성과를 알 수 있게 된다는 것은 무슨 뜻인가? 사실상, 구조의 이 넷째 이점은 브루너가 말한바, 「교육의 과정」의 밑바닥에 깔려 있는 '한 가지 핵심적 확신'에 관련되는 것이다. 그 '핵심적 확신'이라는 것은 곧,

'지식의 최전선에서 새로운 지식을 만들어 내는 학자들이 하는 것이거나 초등학교 3학년 학생이 하는 것이거나를 막론하고 모든 지적 활동은 근본적으로 동일하다'는 것이다. 과학자가 자기 책상이나 실험실에서 하는 일, 문학 평론가가 시를 읽으면서 하는 일은 누구든지 이와 비슷한 활동, 다시 말하면 모종의 이해에 도달하려는 활동을 할 때 그 사람이 하는 일과 본질상 다름이 없다. 이런 활동들에서 차이는 하는 일의 종류에 있는 것이 아니라, 지적 활동의 수준에 있는 것이다. 물리학을 배우는 학생은 다름 아니라 바로 '물리학자'이며, 물리학을 배우는 데는 다른 무엇보다도 물리학자들이 하는 일과 똑같은 일을 하는 것이 훨씬 쉬운 방법일 것이다. 물리학자들이 하는 일과 똑같은 일을 한다는 것은 물리학자들이 하듯이 물리현상을 탐구한다는 뜻이다(p. 68).

이 '핵심적 확신'은 이상에서 논의된 것 이외에 '지식의 구조'의 또 하나의 의미를 첨가하고 있다. 아니, 차라리 이 '핵심적 확신'은 그 이상으로, 일반적 개념과 원리가 어째서 지식의 구조와 동의어로 쓰일 수 있는가를 설명해 주고 있다. 이 확신에 의하면, 지식의 구조를 가르친다는 것은 곧 지식을 가르치되, 학생들로 하여금 그 지식 분야에 종사하고 있는 학자들이 하는 일과 '본질상' 동일한 일 ―비록 '수준'은 다르다 하더라도― 을 하도록 하는 것을 의미한다. 학자들이 하는 일은 각각의 관심 분야를 '탐구'하는 일이다. 각각의 관심 분야를 탐구할 때 학자들은 그 일의 한 부분으로서 반드시 개별적인 사실들을 일반적 원리에 비추어서 '이해'한다. 그리고 이해는 '기억'과 '적용'의 기초가 된다. 학생들이 물리학의 구조를 배운다는 뜻은 곧 물리학을 '물리학답게', 다시 말하면 물리학자들이 물리학을 탐구하는 것과 동일한 방법으로 배운다는 뜻이다. 이런 해석에 의하면, 지식의 구조라는 것은 곧 해당 학문의 '특징적인 성격'(즉, 학자들이 그 학문을 탐구할 때 하는 일이 어떤 종류의 일인가)을 가리키며, 지식의 구조를 가르친다는 것은 곧 해당 학문의 '성격'에 충실하게 가르친다는 것을 의미한다. 아마도 이것이 지식의 구조라는 말이 가지고 있는 가장 중요한 의미일 것이다. 이런 의미에서의 지식의 구조는 '일반적 개념과 원리'와 동의어로 쓰이기보다는 '학문' 또는 각 학문을 특징짓는 '사물을 보는 안목' 또는 '사고방식'과 동의어로 쓰이는 것이 더 타당할 것이다. (「교육의 과정」과 일관된 교육과정 동향을 가리켜 '학문중심 교육과정'*이라고 부르는 것은 이 점에서 매우 당연하다. '학문중심 교육과정'에 관해서는 5장에서 다시 고찰하겠다.)

지식의 구조를 '학문'과 동의어로 해석하는 것은 '일반적 개념과

---

* discipline-centered curriculum

원리를 가르친다'는 말이 가지고 있는 애매성을 해결하는 데에도 도움
이 된다. 앞에서도 말한 바와 같이, 종래 교육에서도 각 교과에서는
일반적 개념과 원리를 가르쳐 왔다. 그러나 종래 교육에서의 문제점은
일반적 개념과 원리를 가르치지 않았다는 데에 있는 것이 아니라, 그
것을 가르치되 각 학문의 성격(즉, 학문 특유의 개념과 탐구방법)을
반영하면서 가르치지 않고 학자들의 탐구에서 나온 결과만을 외우게
했다는 것이다. 브루너의 말을 빌면, 종래의 교육에서는 '교과'(또는
'교과의 언어')를 가르치지 않고 교과의 '중간언어'*를 가르쳐 왔다.
물리학의 '언어'라는 것은 물리학자들이 물리현상을 탐구할 때 하는
생각 그 자체를 가리키며, 물리학의 '중간언어'라는 것은 물리학자들
의 탐구결과를 학생들에게 전달해 주는 언어를 가리킨다. 최근(1971)
에 브루너는 「교육의 적합성」3)이라는 책에서 교과의 '언어'를 가르치
는 교육과 '중간언어'를 가르치는 교육을 몇 가지로 대비시키고 있다
(p. 109). 즉, 지식의 구조를 가르쳐야 한다는 주장은, 예컨대 물리학을
'이야깃거리'로 보는 것이 아니라 하나의 '사고방식'으로 본다. 물리
학은 '책에서 베껴낼 수 있는 사실의 더미'가 아니라 '지식을 처치할
수 있는 장치'이다. 물리학은 우리가 '그것에 관하여 알아야 할' 그
무엇이 아니라, '할 줄 알아야 할' 그 무엇이다. 물리학을 배우는 학생
은 물리학의 '관람자'가 아니라 '참여자'여야 한다. 우리는 물리학에
'관하여 가르칠' 것이 아니라,** 물리학을 가르쳐야 하며☆ 물리학을
'하도록' 가르쳐야 한다. 만약 물리학의 일반적 개념과 원리를 '중간언
어'로 가르친다고 하면, 그것은 사실상 단편적인 사실과 전혀 다름없

---

* middle language   ** teach about physics
☆ teach physics
3) J. S. Bruner, *The Relevance of Education*(London : George Allen and Unwin,
1971).

이, '이해'되지도 않거니와 학습사태 이외에 '적용'되기를 기대하기는 더욱 불가능할 것이다.

이제 우리는 '무엇을 가르칠 것인가'라는 질문에 대한 대답으로서 '지식의 구조'를 가르쳐야 한다고 하는 대답이 어떤 의미를 가지고 있는가를 대체적으로 이해할 수 있다. 그 대답의 의미는 다음과 같다. 즉, 우리가 가르쳐야 할 것은 교과이다. 교과는 각각 그것을 대표하고 있는 지식으로 구성되며, 교과를 가르친다는 것은 곧 그것을 구성하고 있는 지식의 성격을 학생들이 파악하도록 하는 것을 의미한다. 교과를 가르치는 교사는 그 지식의 성격을 잘 아는 사람이어야 하며, 교과를 가르치는 동안에 교사가 하는 일은 성격상 그가 가르치고자 하는 지식의 성격에 의하여 통제된다. 보다 구체적으로 말하면, 교과를 가르치는 동안에 교사는 그가 가르치고자 하는 지식의 탐구를 학생들에게 시범하고 학생들에게 그 과정에 참여하도록 한다. 이것은 결국, 교과를 가르치려고 하는 교사는 그 교과의 '구조'를 알아야 한다는 말과 같다. (「교육의 과정」에서 브루너는 '한 교과의 교육과정은 그 교과의 구조를 가장 깊이 이해하고 있는 사람들에 의하여 결정되어야 한다'(p. 97)고 말하였다. 결정뿐만 아니라 운영 또한 마찬가지이다.) 만약 한 교과의 교육과정을 구성하는 사람들이나 그 교과를 지도하는 사람들이 그 교과가 무엇을 가르치기 위한 것인지, 즉 그 교과의 구조가 무엇인지 모른다고 하면, 지식의 구조는 논리적으로 말하여 가르쳐질 수 없을 것이다.

지식의 구조를 가르쳐야 한다는 주장이 이러하기 때문에, 그것은 2장에서 고찰한 목표모형과는 근본적으로 다른 주장이라고 보아야 한다. 목표모형에 의하면 교사가 하는 일이 어떤 것인가 하는 것은 평가의 내용으로서의 목표, 또는 보다 구체적으로 말하여, 학생들이 교육

프로그램을 '성공적으로' 마쳤다는 증거를 나타내어 보일 때의 행동
을 상세화함으로써 밝혀질 수 있다. 여기에 비하여 지식의 구조를 가
르쳐야 한다는 주장에 의하면 교사가 하는 일은 '교육내용'의 성격을
상세화함으로써 밝혀진다. 목표모형에서 '내용'은 오직 목표를 달성하
는 수단으로서 의미를 가지지만, 지식의 구조라는 아이디어에서는 내
용이 교육의 핵심적인 관심사가 된다. 이런 점에서 지식의 구조를 강
조하는 교육과정 모형은 목표모형에 대하여 '내용모형'이라고 부를
수 있을 것이다. 목표모형과 내용모형의 차이는 사실상 앞에서 말한
'교과의 중간언어'와 '교과의 언어'의 대비에 의하여 더욱 날카롭게
대조된다고 볼 수 있다. 목표모형에서 중요시하는 목표는 최종적으로
평가될 내용이므로, 그것은 학문의 사고방식 또는 탐구과정과 관련을
맺지 않은 '교육의 결과'일 가능성이 많다. 또한 그렇기 때문에 목표모
형이 나타내고 있는 교육관에 의하면 교육이라는 것은 곧 결과를 얻기
위한 수단이며, 그 결과가 얻어졌다는 것은 곧 그 결과를 얻기까지의
과정이 학생들에게 학습되었다는 보장으로서 충분하다고 생각된다.
이 교육관이 가지고 있는 문제점은 내용모형을 그 구체적인 방법과
관련하여 파악하면 분명히 이해될 수 있을 것이다.

Ⅱ 탐구와 발견

지식의 구조를 가르친다는 것은 그 지식을 이루고 있는 학문의
성격에 충실하게 가르치는 것을 의미한다. 그러면 학문의 성격을 충실
하게 반영하는 수업은 어떤 수업을 말하는가? 이 점을 생각해 보기
위하여 「교육의 과정」에 예시된, 사회과의 성격을 충실하게 반영하는

수업 하나를 고찰해 보자. 이 수업은 하바드대학 인지문제연구소에서 주관한 사회과 연구수업이다.

이 [수업]에서는 6학년 학생들에게 미국 동남부 지역의 인문 지리 단원을 전통적인 방법 [어떤 방법?]으로 가르치고 난 뒤에 미국 북중부 지역의 지도를 보여 주었다. 이 지도에는 지형적인 조건과 자연자원이 표시되어 있을 뿐, 지명은 표시되어 있지 않았 다. 학생들은 이 지도에서 주요 도시가 어디 있는가를 알아내게 되어 있었다. 학생들은 서로 토의한 결과, 도시가 갖추어야 할 지리적 조건에 관한 여러 가지 그럴듯한 인문지리 이론을 쉽게 만들어 내었다. 말하자면 시카고가 5대호 연안에 서게 된 경위를 설명하는 '수상교통 이론'이라든지, 역시 시카고가 메사비 산맥 근처에 서게된 경위를 설명하는 '지하자원 이론'이라든지, 아이 오와의 비옥한 평야에 큰 도시가 서게 된 경위를 설명하는 '식품 공급 이론' 따위가 그것이다. 지적인 정밀도의 수준에 있어서나 흥미의 수준에 있어서나 할 것 없이, 이 학생들은 북중부의 지리 역시 전통적인 방법으로 배운 통제집단의 학생들보다 월등하였 다. 그러나 가장 놀라운 점은 이 학생들의 태도가 엄청나게 달라 졌다는 것이다. 이 학생들은 이때까지 간단하게 생각해 온 것처럼 도시는 아무 데나 그냥서는 것이 아니라는 것, 도시가 어디에 서 는가 하는 것도 한 번 생각해 볼 만한 문제라는 것, 그리고 그 해답은 '생각'함으로써 발견될 수 있다는 것을 처음으로 깨달았 던 것이다. 이 문제를 추구하는 동안에 재미와 기쁨도 있었거니 와, 결과적으로 그 해답의 발견은 적어도 '도시'라는 현상을 이때 까지 아무 생각없이 받아들여 오던 도시 학생들에게는, 충분히 가치가 있는 것이었다(pp. 81~82).

위의 수업은 오늘날 교육의 방법으로 널리 알려져 있는 '발견학습'*또는 '탐구학습'**4)의 방법에 의한 것이다. 그러나 이름이야 무엇이라고 하든지 간에, 그것이 사회과의 지식의 구조를 반영하고 있다는 것이 목하 우리의 관심사이다. 이 수업이 사회과의 지식의 구조를 반영한다면 그 사회과의 지식의 구조는 무엇인가? 이 수업에서 학생들이 배운 '교육내용'은 무엇인가? 극히 요약해서 말하자면 그것은 '도시란 아무 데나 그냥 서는 것이 아니라는 것', 도시는 반드시 특정한 지리적 조건이 갖추어진 곳, 예컨대 지하자원이나 농산물을 가공, 수송할 필요가 있는 곳에 생긴다는 것이다. (이 책 p. 16, 우리나라 중부지방의 도시에 관한 교과서 설명과 비교하라.) 이 교육내용은 사회학자, 인문지리학자, 문화인류학자, 또는 그 밖에 어떤 사람이든지 도시라는 현상을 이해할 때 하는 일과 '본질상' 동일하다. 이와 같은 방법으로 도시를 이해하는 것이 어떤 점에서 가치가 있는가(즉, 그 '교육내용'이 어떤 점에서 가치가 있는가) 하는 질문은 물론 성립할 수 있으며, 그것은 사실상 교육과정 이론의 가장 중요한 위치를 차지하는 질문이다. (이 질문은 6장에서 본격적으로 취급될 것이다.) 그러나 이 질문에 대하여 체계적인 대답은 할 수 없다 하더라도, 우선 그 이해가 가치있다고 하는 것은 누구에게나 납득될 수 있을 것이다. (위의 인용문제에 의하면, '학생들의 태도가 엄청나게 달라졌다'는 것이 그것이며, 또 이것은 '가장 놀라운 점'이었다.)

---

* discovery learning   ** inquiry learning

4) 때로 '발견학습'과 '탐구학습'이 구별되어야 한다고 주장하는 사람들을 볼 수 있으나, 이 두 가지 사이의 차이는 적어도 그 공통점에 비해서는 분명히 사소하다.

적어도 그 교육내용의 가치는, 목표모형에서 강조하듯이, 그것과 아동이나 사회의 필요와의 관련을 개입시키지 않고 확인될 수 있다. 더구나 목표모형에서 말하는 교육목표(즉, 타일러의 내용과 행동, 블룸 등의 「교육목표 분류학」, 메이거의 행동적 교육목표 등)와 그 '원천' 사이의 관련은 2장에서 이미 고찰한 바와 같이, 오직 애매할 뿐이다. 물론, 위에 인용된 수업에서 도시의 현상을 이해하는 동안에, 학생들은 예컨대 '지도에 사용되는 표준적인 기호와 용법에 관한 지식'(「교육목표 분류학」 1. 21 '형식에 관한 지식')을 배운다. 이것은 목표모형에서는 분명히 한 가지 '교육목표'로 취급되고 있다. 그러나 위의 수업에서와 같이 도시의 현상을 이해하는 것과 하등 관련을 맺지 않는다면 '지도에 사용되는 표준적인 기호와 용법에 관한 지식'은 무슨 가치가 있으며, 그것이 '교육목표'라는 것은 어떻게 이해될 수 있는가? 물론, 지도의 기호는 지도를 읽고 도시의 현상을 이해하는 일의 '한 부분'이다. 그러나 그것은 오직 도시의 현상을 이해하는 일의 '한 부분'으로서만 가치를 가지며, 도시의 현상을 이해하는 일은 분명히 그러한 '부분'들의 총화 이상인 것이다(8장 참조). 이 점을 보다 극적으로 보여주는 하나의 보기로서, 메이거의 '음악감상'의 경우(이 책 p. 47)를 생각해 보자. 메이거는, '바하를 듣고 황홀해서 한숨을 쉬는 것'에서부터 '발로 박자를 맞추는 것'에 이르기까지, 여러 가지가 '음악감상'의 행동적 증거(즉, 교육목표)가 될 수 있다고 하면서 '음악감상'이라는 말은 그 중의 어느 것을 꼬집어서 지칭하는 말이 아니며 따라서 그 중의 어느 것이든지 '음악감상'이라는 말의 의미가 되는 것으로 볼 수밖에 없다고 말하였다. 물론, 그런 행동적 증거는 '음악을 감상하는 일'의 한 부분이 될 수 있다. 그러나 그 부분들은 오직 음악을 감상하는 일과 관련을 맺을 때만 가치를 가진다. 메이거가 든 그 행동적 증거, 또는 그 밖의 모든 가능한 것들을 다 합친다 하더라도 여전히 '음악감상'의 의미가 되지 않을 수 있다. '음악감상'의 가치는 '음악감상'에 있는 것이며, 그 일의 부분들의 가치에 있는 것이 아니다.

만약 교육목표라는 것이 교육에서 실현하고자 하는 가치를 내포하고 있다면, 내용모형에서 보는 교육목표는 곧 교육내용의 가치이다. 앞에서 고찰한 바와 같이 내용모형에 있어서의 교육내용은 지식의 구조이며, 따라서 내용모형의 의하면 교사는 지식의 구조, 즉 각 학문의 독특한 사고방식을 학생들에게 가르친다. 그리고 그 사고방식은 그 자체로서 가치 있는 것으로 인정된다. 내용모형의 이러한 특징은 교사의 수업방식에 직접 반영된다(10장 참조).

이 점을 보이기 위하여 또 하나의 수업을 예시하겠다. 이 수업에서 교사는 '받아내림이 하나 있는 세 자리 수의 뺄셈'(243−125)을 가르치고자 하였다. 교사는 한 반의 학생들을 4명씩 짝지어 각 분단으로 하여금 다음과 같은 문제를 해결하도록 지시하였다. 즉, 돈 243원으로 가게에 가서 125원어치 물건을 샀다. 거스름돈을 어떻게 받을 것인가? 각 분단의 협의 결과를 보면, 17개 가량의 분단 중에서 한 분단을 제외한 나머지 분단은 다음과 같이 대답하였다. 즉, 먼저 200원 중에서 100원을 주고, 그 다음에 40원 중에서 20원을 준다. 3원으로 5원을 줄 수 없기 때문에 나머지 20원 중에서 10원으로 1원짜리 10개를 바꾸어 주인에게 5원을 주고나면 118원이 거스름돈으로 남는다. 맞았다. 이것이 바로 교사가 기대했던 대답이다. 이 학생들의 대답은 곧 '받아내림'의 의미를 잘 설명해 주고 있다. 사실상 학생들의 교과서에는 '수數카드'로 위와 같은 대답이 도시되어 있다. (17개 가량의 분단 중에서 한 분단의 예외적인 대답은 243원을 몽땅 주인에게 주고 주인으로 하여금 거스름돈을 계산하도록 한다는 것이었다. 이 명백하게 기발한 대답은 교사의 의도 —즉, '받아내림이 하나 있는 세 자리 수의 뺄셈을 하는 방법'을 가르치는 것— 에는 전혀 어긋나는 것이며, 따라서 전적으로 무시당하였다.) 나머지 학생들의 대답을 인정해 주고, 교사는 계산 절차를 시범해 보였다. 그리고 그와 같은 종류의 계산 문제를 여러 개 칠판에 써 놓고 학생들에게 각각 답을 구하도록 하였다.

　　이 교사는 자신의 수업을 '발견학습법'이라고 부를지 모른다. 그렇다면 그것은 아마 문제 사태를 제시하고 학생들로 하여금 그 해답을 '발견'하도록 했다는, 수업의 외부적인 특징 때문일 것이다. 그러나 오늘날 교육방법상의 원리로서 중요시되고 있는 '발견학습'이나 '탐구학습'은 수업의 외부적인 특징을 가리키는 것이 아니라, '지식의 구조'를 가르치는 방법상의 원리를 의미한다. 지식의 구조를 가르치는 것에 주안점을 두지 않은 '발견'이나 '탐구'는 무엇을 위한 것인지 불분명하다. 이 교사가 위의 수업에서 가르치고자 한 '교육내용'은 무엇인가? 그것은 말할 것도 없이 받아내림이 하나 있는 세 자리 수의 뺄셈을 하는 방법이다. 이것을 통하여 학생들은 '수학의 구조'를 배웠는가? 가령 그 수업의 결과로 학생들은 그런 종류의 세 자리 수의 뺄셈을 정확하게 할 수 있었다고 가정하자. 물론, 학생들은 예컨대 가게에 가서 물건을 사고 거스름돈을 정확하게 받아올 수는 있을 것이다. 그러나 그 계산법이 그 자체로서 학생들의 '수학적' 관점과 태도에 변화를 가져 왔다고 볼 수 있는가? 목표모형에서와는 달리 내용모형에서 교육내용은 바로 이 점에서 가치있는 것이어야 한다.

　　세 자리 수의 뺄셈을 통하여 학생들에게 '수학의 구조'를 가르치는 수업으로서 다음과 같은 수업을 생각해 보자. 교사가 앞에서와 마찬가지 문제 사태를 제시하고 동일한 대답을 얻었다고 가정하자. (사실상 학생들의 '발견'은 거의 예외없이 교과서나 전과지도서나 '가정학습'에서 나온 것이며 진짜 '발견'은 그 예외적인 한 분단의 대답이라고 보아야 한다.) 이때 교사는 학생들의 대답을 다음과 같이 부정한다. 즉, 일상생활에서 우리는 아무도 그런 식으로 물건을 사지 않는다. 125원어치 물건을 살 때, 243원을 가지고 있으면 130원을 내거나 200원을 낸다. 130원을 낼 경우에 거스름돈을 받는 과정은 :

$243-125$

$=(130+113)-125$ …… 호주머니에서 130원을 꺼낸다.

$=(130-125)+113$ …… 주인에게 준다.

$=(125+5-125)+113$ …… 주인이 계산한다.

$=(125-125)+5+113$ …… 주인이 거스름돈을 내어 준다.

$=5+113$ …… 거스름돈과 나머지 돈을 합한다.

$=118$

또는, 200원을 낼 경우에는 :

$243-125$

$=(200+43)-125$

$=(200-125)+43$

$=(125+75-125)+43$

$=(125-125)+75+43$

$=118$

한 분단의 기발한 대답을 위와 같은 방식으로 쓰면 :

$243-125$

$=(125+118)-125$

$=(125-125)+118$

$=118$

여기에 비하여 보통의 계산 절차(또는, 학생들이 제의한 절차는) :

$243-125$

$=(200+40+3)-(100+20+5)$

$=(3-5)+(40-20)+(200-100)$

$=(10+3-5)+(40-10-20)+(200-100)$

$=(5+5+3-5)+(30-20)+(200-100)$

$=(5-5)+(5+3)+(30-20)+(200-100)$

$=(5+3)+(30-20)+(200-100)$

$=\cdots\cdots\cdots\cdots\cdots\cdots\cdots\cdots$

$=8+10+100$

$=118$

그리고 앞의 수업에서와 같이 '연습문제'를 내어 주는 대신에, 교사는 예컨대 150원, 185원, 210원… 등등을 주인에게 줄 경우에 각각 성립하는 등식을 학생 각자로 하여금 공책에 써 보게 한다. 이 경우의 '교육내용'은 무엇인가? 그것은 곧 수의 논리적 조작, 또는 한 마디로 '수학'이다. 이 수업에서 탐구하고 발견하여야 할 것은 바로 이런 의미에서의 '교육내용'이다. (「교육의 과정」에서 브루너는 수학의 구조로서 '분배, 교환, 결합 법칙'을 들고 있다는 것을 상기하기 바란다.) 물론, 여기에 대하여, 간단하게 답을 낼 수 있는데도 무엇 때문에 그렇게 복잡한 등식을 써야 하는가 하는 식으로, 이 수업의 '교육내용'의 가치를 의심하는 사람이 있을 것이다. 그렇다면 그 사람은 분명히 수학이 무엇인지 모르는 사람이요, 따라서 수학의 가치를 모르는 사람이라고 볼 수밖에 없다. 그리고 '받아내림이 하나 있는 세 자리 수의 뺄셈'의 정답을 구할 수 있는 사람 중에도 이런 사람들이 충분히 있을 수 있다.

'지식의 구조'라는 교육내용과 관련을 맺지 않을 경우에, '탐구학습'이나 '발견학습'은 흔히 교사가 수업에서 따라야 할 '공식'과 같은 절차를 의미하는 것으로 이해된다. 이 경우에 사람들은 무슨 내용이든지 그 '공식'에 두들겨 맞추면 곧 탐구학습이요, 발견학습이라고 생각한다. 그러나 분명히 말하여 탐구학습이나 발견학습은 '공식'이라기보다는 '아이디어'로 이해되어야 한다. 교육에 관한 이 아이디어는, 브루너 자신도 명백히 그렇게 말하고 있듯이(「교육의 과정」 p. 212), 그 원류를 거슬러 올라가면 소크라테스의 아이디어와 만난다는 것을 알 수 있다. 그러므로 지식의 구조나 탐구학습 또는 발견학습이 나타내고 있는 아이디어를 이해하는 데는 소크라테스의 교육방법상의 원리를 이해하는 것이 도움이 될 것이다. 플라톤 대화편 「메논」*에서 우리는 소크라테스가 노예 소년에게 기하문제를 가르치는 과정을 읽을 수 있다. (여기에 대한 비교적 자세한 고찰은 9장에서 하겠다.) 예컨대 「메논」에서 보인 소크라테스의 방법은 교육방법상의 원리에 관하여 우리에게 무엇을 알려주고 있는가? 「교육의 과정」을 낳게 한 우즈 호울 회의에서는 끊임없이 이 문제가 제기되었던 모양이다. 그리고 탐구학습이나 발견학습은 그 '교육방법상의 원리'를 지칭하는 일반적인 용

---

* *Menon*

어로 사용되었다고 볼 수 있다. 소크라테스의 방법이 나타내고 있는 가장 명백한 특징은, 소크라테스 자신이 강조하고 있듯이, 학생이 모르는 것을 '가르쳐 주는' 것이 아니라, 학생으로 하여금 자신의 지적 '탐구'를 통하여 스스로 '발견'(또는 '회상')해 내도록 하는 데에 있다고 말할 수 있다.

물론, 소크라테스의 방법이 이와 같이 학생 자신의 '탐구'와 '발견'이라는 외부적인 특징을 가지고 있는 것은 사실이다. 그러나 앞에서도 말한 바와 같이, 그 교육방법상의 원리를 주로 이러한 외부적인 특징으로 파악하는 것은 잘못이다. 사실상 학생들이 탐구하고 발견할 때에는 무엇이든지 탐구하고 발견하는 '내용'이 있다고 보아야 할 것이며, 탐구하고 발견하는 활동은 이 '내용'과의 관련을 떠나서는 의미를 가질 수 없다. 「메논」의 경우, 그 내용은 '정사각형의 넓이의 두 배가 되는 다른 정사각형의 한 변의 길이는 원래 정사각형의 대각선의 길이와 같다'는 기하학적 지식이다. 노예 소년이 소크라테스의 대화에 힘입어 탐구하고 마침내 발견한 것은 바로 이 지식이며, 이렇게 보면 탐구와 발견 등, 외부적인 특징은 곧 노예 소년으로 하여금 지식을 '이해'하도록 하기 위한 수단이라고 보아야 할 것이다. (아마 소크라테스의 방법이, 특히 「메논」에서와 같이 그 해답이 비교적 명백한 문제를 다루는 경우에는, '유도심문적인' 요소를 띠고 있다는, 철학자들 사이에 때로 들을 수 있는 비판은 다소간 이 점에 기인된다고 볼 수 있다.)

현재 초등학교 5학년 자연과 교과서 내용의 한 부분에 비추어서, 탐구와 발견의 목적이 이해에 있다는 것을 설명해 보겠다. 거기에는 '물 10cc와 알콜 10cc를 섞어 흔들고 그 들이를 재어 보라'는 실험이 실려 있다. 탐구와 발견의 원리를 다분히 '공식'으로 이해하고 있는 교사는 이 경우에 학생들에게 물, 알콜, 시험관 등을 준비해 주고 실험을 하도록 한 뒤에, '어째서 그 혼합 용액이 상식적으로 생각하듯이 20cc가 아니라, 그 보다는 줄어드는가'를 '토의'하여 '발견'하도록 해야 한다고 생각할지 모른다. 이때 학생이 발견해야 하는 것, 또는 학생이 발견하도록 교사가 기대하는 것은 '물체는 분자로 구성되어 있으며, 분자의 크기는 물질에 따라 다르다'고 하는 과학적 지식이다. 학생들이 어떻게 그 실험으로 이 지식을 '발견'할 수 있단 말인가? 학생들에게 발견하도록 지시하는 교사 자신은 그 원리를 어떻게 발견하였는가? 틀림없이 다른 책에서 '발견'했을 것이다. 자신은 다른 책을 읽고 발견한 원리를 어떻게 학생들에게는 토의를 통하여 발견하도록 요구할 수 있단 말인가?

탐구의 결과로 발견하게 되어 있는 결론을 미리 제시하지 말아야 한다는 것은 탐구학습 '공식'의 한 부분으로 현재 상당히 널리 받아들여지고 있는 듯하다. 그러나 이것을 그야말로 맹목적인 '공식'으로 받아들여서, 결론을 미리 제시하는 것은 그 자체가 탐구학습의 '아이디어'에 어긋난다고 생각하는 것은 분명히 그릇되다고 보아야 할 것이다. 앞에서 말한 바와 같이, 물과 알콜을 섞어 흔드는 실험은 분자에 관한 원리를 이해하는 수단으로 간주될 때 비로소 의미를 가질 수 있다. 물론, 분자라는 것은 창세기와 더불어 있었던 신성불가침한 개념이 아니라, 과학자들이 어떤 현상을 설명하기 위하여 가설적으로 설정한 개념이라는 것을 학생들에게 알려줄 필요가 있다. (툴민에 의한 과학의 정의 : 과학은 낯익은 현상을 기술하는 새로운 말을 발견하는 일이다.)[5] 같은 단원에 실린 또 하나의 실험, 즉 콩과 좁쌀을 섞어서 흔들고 그 들이를 재는 실험은 바로 이런 관점에서 이해되고 학생

---

5) Stephen Toulmin, *The Philosophy of Science*(London : Hutchinson, 1953), chap. 2.

들에게 제시되어야 한다. 그리고 물과 알콜의 혼합은 과학자들로 하여 금 분자라는 개념을 '발명'할 필요를 느끼도록 해 준 전형적인 현상으로 이해되어야 한다. 만약 이렇게 이해한다면, 분자에 관한 지식을 미리 제시한다고 하여 탐구학습이나 발견학습의 아이디어에 어긋난다고 할 수는 없을 것이다.

예컨대 위의 교과서 내용을 다음과 같이 교사의 '일방적 수업'에 의하여 가르치는 경우를 생각해 보자. 이 수업에서는 그 외부적인 특징으로 보아서는 '탐구'라든가 '발견'이라고 할 만한 것은 전혀 찾아 볼 수 없다. 즉, 과학자들은 '물질은 분자로 구성되어 있으며 분자의 크기는 물질에 따라 다르다'라는 말을 한다. 이 말은 무슨 뜻인가? 과학자들은 어째서 그렇게 생각하였는가? 과학을 배우지 않은 사람은 그 말의 뜻을 알지 못한다. 교과서에 있는 '물과 알콜'의 실험을 해 보면 그것은 대략 17cc가 된다. 물과 물, 알콜과 알콜을 섞어 흔들었을 때와는 달리, 이와 같이 들이가 줄어드는 것은 '설명'을 필요로 하는 기이한 현상이다. 이 현상을 과학자들은 교과서에 있는 '콩과 좁쌀'의 실험에 비추어 설명하고 있다. 콩과 콩, 좁쌀과 좁쌀을 섞어 흔들었을 때와는 달리, 콩과 좁쌀을 섞어 흔들면 콩 알맹이 사이에 좁쌀 알맹이가 끼어들어가서 들이가 줄어들 것이다. 그와 마찬가지로, 물과 알콜은 우리 눈에 보이는 것과는 달리 좁쌀이나 콩과 같은 작은 알맹이로 되어 있다. 과학자들은 이 작은 알맹이를 '분자'라고 부른다. 질문이 있는가? (수업 끝). 탐구학습과 발견학습을 '공식'으로 이해하는 사람에게는 이 수업은 '좋지 못한' 수업이라고 생각될지 모른다. 그러나 배우는 것이 있는지 없는지도 모를 정도의 혼란스러운 탐구와 발견에 비하면, 이 수업에서 학생들은 적어도 과학자들이 어떤 일을 하는지 대강은 알게 될 것이다.

그러나 탐구학습이나 발견학습의 근본 목적이 '이해'에 있는 한 그것은 교육방법의 원리로서 중요시되어야 할 이유가 있다. 우리가 교과라고 부르는 것은 대부분 인류가 이때까지 여러 분야에 걸쳐서 발견해 온 원리들로 구성되어 있다. 이 원리들을 가르칠 때 교사는 이미 자기가 그것을 명백히 이해하고 있다는 이유에서(또는 보다 흔히, 자기 자신이 그것을 이해하지 못하기 때문에) 그 원리들을 일방적으로 주입하려고 할 가능성이 있다. 하나의 아이디어로서의 탐구학습 또는 발견학습은 이것이 그릇된 교육방법이요, 그 결과가 학생의 이해를 위해서나 학습동기를 위해서 바람직하지 않다는 것을 지적하는 것이다. 하나의 아이디어로서의 탐구학습 또는 발견학습은 원리를 가르치되, 그 원리가 학생들에게 '이해'될 수 있도록, 그것을 이해하는 수단을 곁들여서 가르쳐야 한다는 아이디어이다. 또한 이 아이디어는 지식의 구조라는 말이 나타내고 있는 아이디어와 다름이 없다. 과학과의 탐구학습에서 실험이 강조되는 것은 실험 그 자체가 중요하기 때문이 아니라, 그것이 과학을 이해하는 가장 중요한 수단이기 때문이다. 사회과의 탐구학습에서, 따로따로 떨어진 단편적 사실이나, 그런 사실들과는 하등 관련을 맺지 않은 일반적 원리를 가르칠 것이 아니라, 사실을 '일반화'하여 일반적 원리를 이끌어 낸다든지 그 일반적 원리의 한 사례로서 사실을 이해하는 활동이 중요시되는 것도 마찬가지로 학생들의 이해를 보장하기 위해서이다. 그리고 이러한 원리는 반드시 그것에 상응하는 관점과 태도의 변화를 수반한다.

Ⅲ 두 모형의 근본적 차이

　만약 공정하다는 것이 두 쪽을 대등하게 취급하는 것을 의미한다면, 이상 두 개의 교육과정 기본모형에 관한 저자의 고찰은 공정한 것이 아니다. 저자는 분명히 어느 한 쪽에 기울어져 있었다. 그러나 어떻게 그렇게 하지 않을 수 있단 말인가? 1장에서 저자가 제시한 '문제의식'에 공감하는 독자는 두 기본모형에 대한 저자의 편향을 충분히 이해할 수 있을 것이다.

　이때까지 두 기본모형을 고찰하는 동안에 저자는 부분적으로 그 차이점을 지적해 왔다. 이제 여기서 저자는 그 차이점을 집약하여 그 근본이 어디에 있는가를 간략하게 기술하고자 한다. 저자가 보기에, 두 기본모형의 근본적인 차이는 '왜 가르치는가'라는 질문(즉 교육목표)에 대한 해답 방식의 차이에 있다. 목표모형에서 교육목표(즉, 타일러의 경우 내용과 행동의 결합, 블룸 등의 「교육목표 분류학」의 유목, 메이거의 행동적 교육목표)는 그 자체가 규범적 의미를 내포하지 않는, '기술적'記述的 용어로 표시된다. 다시 말하면 목표모형에서의 교육목표는 그 자체로서는 어떤 점에서 '가치있는' 것인가, 다시 말하면 그것을 왜 가르치는가 하는 질문에 대한 대답을 제시하지 않는다. 그러나 어떤 다른 종류의 목표와 마찬가지로, 교육목표는 반드시 가치개념을 내포하는 것으로 보아야 하므로, 목표모형에 의하면 왜 가르치는가 하는 질문에 대한 대답은 반드시 '교육내용'의 가치가 아닌 다른 것에서 주어져야 한다. 타일러의 이론에 의하면 그것은 주로 아동과 사회의 필요에 의하여 주어지는 것으로 되어 있다 목표모형에서는 이와 같이 교육목표가 그 '원천'에 의하여 정당화되는 것으로 일단 받아들이고 난 뒤에, 그렇게 설정된 목표를 달성하는 수단을 체계적으로 강구하는 것을 교육활동의 핵심으로 삼고 있다. 그리고 교육의 성공 여부는 그 목표 달성 여부에 따라 판가름된다.

여기에 비하여 내용모형에서는 교육목표를 교육내용에 붙박혀 있는 가치에서 직접 찾고 있다. 다시 말하여, 왜 가르치는가 하는 질문에 대한 대답은 가르치고자 하는 내용이 이미 가치있는 관점과 태도를 포함하고 있기 때문이라는 것이다. 여기서는 교육내용이 가르칠 가치가 있는 것이기 때문에 가르치며, 마찬가지로 생각하여, 가르칠 가치가 있는 것만이 교육내용이 될 수 있다. 이러한 교육목표관은 한편으로 교육내용과 또 한편으로 그것과 별개의 것인 '외재적' 목표와의 관련으로 교육목표를 규정하려는 목표모형의 교육목표관보다는 훨씬 직접적인 것이다(6장 참조).

위의 차이를 보다 구체적으로 파악하기 위하여 3각함수를 가르치는 경우를 생각해 보자. 목표모형에 의하면, 교육목표는 3각함수(내용)에 관하여 장차 학생들의 학습결과를 평가할 때 학생들이 나타낼 '행동'이다. 예컨대, '직각 3각형에서 직각을 제외한 한 개의 각과 빗변의 길이가 주어지면 높이를 구한다'와 같은 것이 그것이다. 이 행동의 가치는 그 행동 자체에서 도출되는 것이 아니라, 다른 어떤 것에서 도출된다. 3각함수를 가르칠 때 교사는 이런 종류의 많은 목표들을 설정하고, 그 목표들을 달성하기 위하여 '적절한 내용과 방법'을 동원한다. 그러나 목표모형에서 시종 강조하고 있는 바와 같이, '내용과 방법'은 목표를 달성하는 수단으로서 의미를 가지며, 그 '적절성' 여부는 오직 목표달성과의 관련에서 판단된다. 목표모형에서 교사는 그야말로 '어떤 수단을 쓰든지 간에' 교육 프로그램이 끝난 뒤에 학생들이 교육목표에 지적된 '행동'을 하면 목표가 달성된 것으로 생각할 수 있을 것이다. 그리고 이러한 교사의 교육관은 대개 학생들에게 예민하게 전달된다.

그러나 내용모형에 의하면 교육목표는 3각함수를 통하여 학생들로 하여금 '수학'을 알게 하는 데에, 또는 보다 구체적으로, '수학적 사고방식'을 알게 하는 데에 있다. '수학적 사고방식'이라는 것은 그 자체로서 가치있는 것이며, 그 사고방식을 알게 된다는 것은 곧 그것이 가치있다는 것을 알고 그것을 자신의 것으로서 소중히 여기는 태도를 가지게 된다는 것을 의미한다. 이런 것은 곧 3각함수라는 '교육내용' 속에 들어 있는 것이며, 이런 것을 배우는 것은 3각함수를 배우는 것과 별개의 일이 아니다.

교육이 효과를 가지기 위해서는 그 결과가 학생의 '행동'으로 나타나야 한다. 물론이다. 그러나 목표모형에서 말하는 '행동'은 평가될 때 나타나는 '행동'이며, 그 점에서 그것은 '행동'*이라기보다는 '행동의 결과'**라고 보아야 한다.6) 예컨대 3각함수를 배우고 난 뒤에 평가에서 '높이를 구하는 행동'은 '행동의 결과'로서, 그 결과는 수학적 사고방식을 알고 그것을 적용하는 '행동'의 결과일 수도 있고, 단순히 3각함수의 해법을 맹목적으로 따르는 '행동'의 결과일 수도 있으며, 심지어 어림짐작으로 때리는 '행동'의 결과일 수도 있다. 우리가 교육에서 관심을 가지는 것은 '행동'이며, '행동의 결과'가 아니다. 목표모형에서는 어떤 학생이 '행동의 결과'를 보여 주기만 하면 곧 그 학생은 우리가 교육에서 바라는 '행동'을 한 것이라고 가정하고 있지

---

* behavior   ** results of behavior

6) C. J. B. Macmillan and J. E. McClellan, 'Can and Should Means-Ends Reasoning Be Used in Teaching?,' C. J. B. Macmillan and T. W. Nelson (eds.), *Concepts of Teaching : Philosophical Essays*(Chicago : Rand McNally, 1968), p. 142.

만, 이 가정이 그릇되다는 것은 우리가 교육사태에서 자주 경험할 수 있다.

우리가 교육에서 바라는 '행동'은 교육내용에 함의되어 있다고 보아야 한다. 교육내용은 예컨대 '수학적 사고방식'이라는 말이 나타내는 '행동'을 규정하며, 또한 그 행동이 전달되는 방법을 규정한다. 교육내용이 오직 교육목표에 대하여 수단적인 위치로 전락되어 있고, 교육목표를 달성하는 일이 교육의 주된 관심사가 되어 있는 목표모형에서는 수학의 교육목표를 달성한 뒤에도 여전히 수학적 사고방식을 모르거나 그것을 자신의 것으로 소중히 여기지 않거나, 또는 그 과정을 통하여 조금도 이 방향으로 나아가지 못한 경우가 '논리적으로' 충분히 있을 수 있다. 오늘날 교육과정에서 관하여 저자가 가지고 있는 문제의식은 그러한 경우가 '사실적으로도' 존재한다는 것이다.

4
교육사태와 생활사태

교육 사를 통하여 가장 오랫동안 영향을 끼친 교육과정 이론으로 '형식도야 이론'形式陶冶 理論*을 들 수 있다. 교육과정 이론은 결국 '무엇을 왜 어떻게 가르칠 것인가'라는 문제에 대한 해답이라고 볼 수 있으며, 형식도야 이론은 고대에서부터 20세기에 접어들기까지 이 문제에 대한 지배적인 해답이 되어 왔다. 20세기에 들어와서 형식도야 이론은 아동 학생의 생활, 또는 '사회과정'**을 교과로 삼아야 한다는 주장이 대두됨으로 말미암아 일단 교육과정 이론으로서의 기반을 상실하였다. 그러나 '사회과정'이 강조되었다고 해서 형식도야 이론에 입각한 전통적 교과관이 완전히 사라진 것은 분명히 아니며, 그동안에도 전통적 교과관은 여전히 사람들의 마음 한 구석을 차지하고 있었을 것이다. 근래 브루너에 의하여 대표되는 교육과정의 새로운 동향은 사실상 전통적 교과관이 학문☆을 강조하는 새로운 형태로 부활된 것이라고 볼 수 있다. 이렇게 보면 교육과정의 역사는 학문과 생활 사이를 왔다 갔다 하면서, 부단히 교육사태와 생활사

---

* formal discipline theory　　** social process　　☆ discipline

태를 관련지으려는 움직임을 보여 왔다. 과연 그 두 사태를 어떤 형태로 관련짓는가 하는 것은 교육과정 이론의 한 가지 중요한 문제이다.

이 장과 다음 장에서는 형식도야 이론에서 시작하여 사회과정에의 강조를 거쳐 학문중심 교육과정에 이르기까지 교육과정 이론의 변천과정을 고찰하고자 한다. 이하 두 장의 고찰을 앞의 두 가지 기본 모형과 관련지어 보면, 이 장은 목표모형이 나오게 된 역사적 배경을 보여 줄 것이며, 다음 장은 내용모형이 나오게 된 역사적 배경을 보여 줄 것이다. 다음 장의 첫 절에서 고찰할 '교육의 논쟁'은 두 모형 사이의 갈등이 역사에 깊이 뿌리박고 있는 것임을 보여줄 것이다. 이 갈등을 어떻게 해결하는가가 또한 교육과정 이론의 한 가지 근본적인 문제이다.

I 형식도야 이론

'무엇을 가르쳐야 하며 왜 그것을 가르쳐야 하는가'라는 질문에 대하여 학생들이 배운 내용을 배운 상태 그대로 장차 써먹을 수 있도록, 또 그렇게 써 먹을 수 있는 내용을 주로 가르쳐야 한다고 생각하는 사람은 아마 별로 없을 것이다. 우리가 현재 가르치고 있는 내용 중에서 이런 것에 속하는 것은 극히 일부분에 불과하다. 그리고 우리는 가르치는 내용 그 자체보다도 그것을 배우는 동안에 체득되는 '정신상태', 말하자면 사고력이나 태도와 같은 것들이 훨씬 더 중요하다고 생각한다. 이런 생각을 할 때, 우리는 다소간 형식도야 이론을 받아들이고 있다.

원래의 형식도야 이론이 주장하는 것, 또는 차라리, 주장한다고 생각되는 것은 요컨대 다음과 같다.1) 즉, 인간의 정신 또는 마음은 서로 뚜렷이 구분되는 몇 가지 '능력들' 또는 '부소능력들'*로 구성되어 있다. (인간의 정신을 이렇게 설명하는 심리학 이론을 '능력심리학'**이라고 부른다.) 그 능력들은 지각, 기억, 상상, 추리, 감정, 그리고 의지의 여섯 가지이다. 이것은 신체의 근육에 비유된다는 뜻에서 '심근'心筋이라고 부를 수 있다. 교육의 목적은 마치 신체적인 운동을 통하여 근육을 단련하듯이, '정신의 근육' 또는 '심근'을 단련하는 것, 즉 '정신도야'☆에 있다. 교육의 내용 또는 '교과'는 이 목적에 비추어 결정되어야 한다. 대체로 말하여 각각의 능력을 도야하는 데에 적합한 교과들이 있다. 예컨대 수학이나 고전어(특히 문법과 수사학)는 기억이나 추리력을 기르는 데에 적합하며, 음악은 감정, 그리고 종교, 도덕 및 정치는 의지를 도야하는 데에 주로 관계된다. (오늘날 영어의 디서플린이라는 단어가 '도야'의 뜻과 아울러 '학문'의 뜻을 동시에 지니고 있는 것은 이른바 '학문'이라고 하는 것이 정신을 '도야'하는 중요한 수단이 된다는 원래의 생각에 연유된 것이 아닌가 생각된다.)

중세기의 대표적인 교과였던 '7자유학과'☆☆, 즉 문법, 수사학, 논리학, 대수, 기하, 음악, 천문학은 특히 도야적 가치가 큰 것으로 인정된 교과들이다. ('자유학과'의 '자유'라는 말은 무엇을 의미하는가? 그것은 노예가 아닌 '자유민'이 배울 학과라는 뜻과 함께, 그것을 배우면 '자유인'이 된다는 뜻을 가지고 있다. '자유인'이라는 용어는 사람의 특유한 '능력들', 즉 '심근'이 완전하게 발달한 사람을 뜻한다.) 형

---

* faculties   ** faculty psychology
☆ mental discipline   ☆☆ Seven Liberal Arts
1) 이하 형식도야 이론에 관한 설명은 John P. Wynne, *Theories of Education* (New York : Harper and Row, 1963), chap. 1을 주로 참고하였다. 형식도야 이론에 관한 약간 자세한 내용을 권말 〈증보자료 1〉 참조.

식도야 이론의 '형식'이라는 말이 암시하고 있듯이, 예컨대 7자유학과와 같은 교과의 중요성은 그것에 담겨져 있는 구체적인 '내용' 때문이 아니라, 그 내용을 담고 있는 '형식' 때문에 인정된다. 다시 말하면 무엇을 기억하고 추리하는가가 문제가 아니라, 기억되고 추리되는 '내용'이 무엇이든지 간에 그것을 기억하고 추리한다는 사실이 중요한 것이다. 그러므로 형식도야 이론에서 중요시되는 교과는 그 내용이 개인생활에 의미가 있다든가 사회적 유용성이 있다고 해서 중요시된다기보다는 일차적으로 그것이 정신도야의 기회를 제공해 준다는 점에서 중요시된다.

형식도야 이론에서 말하는 도야는 교육의 목적이나 결과를 나타내는 것과 동시에 교육의 방법을 나타내기도 한다. 교육의 방법은 신체적인 근육을 단련하는 방법과 마찬가지로 특정한 교과가 나타내고 있는 능력들을 반복적으로 연습하는 것이다. 이런 연습을 통하여 도야되는 능력들은, 앞에서도 말한 바와 같이, 구체적인 내용과는 무관한 '일반적인' 능력들이므로, 그것은 일단 획득되고 난 뒤에는 그 능력을 요구하는 내용이라면 어떤 내용에도 적용될 수가 있다. 이것이 곧 '훈련의 전이'라는 것이다. 형식도야 이론에 의하면 훈련의 전이는 자동적으로 보장된다. 그러므로 형식도야 이론에 의하면, 우리가 살아가는 데에 필요한 것이라고 해서 아무 것이나 교육하려고 할 필요가 없다. 인간에게 중요한 능력들은 몇 가지에 불과하며, 이 능력들을 도야함으로써 인간백사에 능통한 훌륭한 인간을 길러낼 수 있다. 사회 생활에 있어서의 인간의 행동은 곧 이러한 소수의 능력들의 외부적인 표현이다. 이것이 형식도야 이론에 의한 교육관이다.

이와 같이 형식도야 이론은 교육의 목적과 내용과 방법에 관한 일관된 견해를 잘 나타내고 있다는 점에서, 분명히 최초의 '교육과정

이론'이라고 불릴만하다. 형식도야 이론이 표방한 교육의 목적은 인간의 기본적인 능력들, 또는 심근을 발달시키는 데에 있다. 교육의 내용은 이 심근을 발달시키는 데에 효과적인 교과이다. 그러므로 교과의 중요성은 그것에 담긴 내용이 개인의 생활이나 사회 발전을 위한 수단이 된다는 점에 있다기보다는 교과 그 자체가 성격상 심근을 발달시킬 가능성을 가지고 있다는 점에 있다. 그리고 교육의 방법은 신체적인 근육을 발달시키는 경우에서와 마찬가지로 교과를 반복적으로 연습하는 것이다.

형식도야 이론이 '능력심리학'에 기초를 두고 있다는 것은 아마 인정해야 할 것이다. 그러나 이하에서 고찰할 바와 같이, 20세기에 들어와서 능력심리학이 원시적인 심리학 이론으로서 완전히 부정되었다고 해서 형식도야 이론이 제시하는 교육이론도 그와 같이 전적으로 부정되어야 하는가 하는 데에는 의문의 여지가 있다. 형식도야 이론은 능력심리학 이외의 다른 기초에 의해서도 성립하는 것이기 때문이다. 형식도야 이론은 때로 존 로크*의 인식론에 기초를 두고 있는 것으로 알려져 있다. 로크에 의하면 '마음'은 태어날 때에는 '백지'**로서 외계의 사물로부터 오는 인상을 받아들이고 종합하고 추상하는 잠재력을 가지고 있다. 이러한 설명은 형식도야 이론의 설명과 일관된다고 볼 수 있다. 또 한편 형식도야 이론은 심신 이원론을 받아들이고 있다는 점에서 데카르트☆의 철학에 연원을 두고 있는 것으로 주장되기도 한다. 그러나 사실상 형식도야 이론은 관념론이나 실재론, 합리주의나 경험주의를 막론하고 어떤 철학에 의해서도 지지되는 것으로 해석될 수 있으며, 따라서 어떤 철학의 주장과도 관계없이 성립할 수 있다. 브라우너와 번즈가 말한 바와 같이,

---

* John Locke   ** Tabula Rasa   ☆ R. Descartes

교육자가 관념론적 철학에 감명을 받은 경우에, 예컨대 소크라테스의 대화술에서와 같이 관념을 교환하는 것을 훌륭한 교육방법으로 강조하는 것은 당연하지 않은가? 그러한 인식론(정신작용에 관한 이론)을 기초로 하여, 그 교육자는 대화에서 진리가 출현하리라고 기대한다. 대화는 두 개의 정신이 서로 공명하는 무대이며, 결과적으로 출현하는 합리적 대화내용은 그 공명이 자아내는 합창이다. 각각의 음성은 상대방의 음성을 조율하여, 마침내 낭랑한 음조가 울려 퍼지고 진리의 아이디어가 샘솟는다. 결국, 이 지성의 합창을 개발하는 것이 교육의 목적이요 최종 결과가 아닌가? '정신'*이라는 역장力場 속에서 정신들 사이의 코뮤니케이션은 관념을 명료화하는 유일한 방법이다.

또는, 교육자가 실재론적 철학을 지지하는 경우에, 예컨대 '실물교수'**에서와 같이 실물을 사용하여 정신에 개념을 자극하고 만들어내는 방법을 훌륭한 교육방법으로 강조하는 것은 당연하지 않은가? 그러한 인식론을 기초로 하여, 그 교육자는 페스탈로치˚식의 '실물교수'가 정신의 추상능력, 추리능력, 지식의 획득능력을 증가시키리라고 기대한다. '실물교수'는 학생들에게 눈앞의 실물을 지각하고 기술하고 논의할 기회를 제공해 준다. 결국, 사물을 분별하는 지력의 개발이 교육의 목적이요 최종 결과가 아닌가? 공을 실물로 접함으로써 정신이라는 '백지'에 구형球形의 도장이 찍히게 되며, 이 구형의 도장은 이상적인 구형의 관념과 비교되고 대조된다.2)

---

* mind   ** object lesson   ˚ J. H. Pestalozzi

2) C. J. Brauner and H. W. Burns, *Problems in Education and Philosophy* (Englewood Cliffs, N. J. : Prentice-Hall, 1965), pp. 34~35.

　　아마도 형식도야 이론의 가장 중요한 근거가 있다면 그것은 교육에 관한 소박한 상식일 것이다. 이 상식은 동서양을 막론하고 오랜 기간을 두고 교육에 관한 사고를 지배해 온 것이 사실이다. 예컨대 동양의 교육에서 주로 중국의 고전을 읽힌 것은 그 고전에 담긴 내용이 그대로 생활에 유용하다는 이유에서라기보다는 그 고전을 통하여 도야된 정신이 인간관계나 사물에 관하여 판단하고 추리하는 데에 유용하다는 이유에서라고 보아야 할 것이다. 조정의 관리를 선발하는 과거에서는 주로 고전의 실력을 테스트하였다. 이것은 영국에서 동인도회사의 관리를 선발할 때, 희랍어와 라틴어의 고전을 테스트한 것과 같다. 중국이나 희랍 로마의 고전에 통달했다는 것은 지방 행정이나 경영에 직접 도움이 되는 내용을 통달했다는 증거로서는 명백히 불충분하지만, 판단과 추리의 기본이 되는 심근을 개발했다는 증거로서는 충분하다고 생각되었을 것이다. (물론, 그러한 고전은 가장 훌륭한 정신의 소산으로 인정된 것들이었다.)

　　그러나 20세기에 들어 와서 형식도야 이론은 교육이론으로서의 가치를 상실하게 되었다. 여기에는 크게 두 가지 요소가 작용하였다고 볼 수 있다. 하나는 그것이 기초로 하고 있던, 또는 적어도 기초로 하고 있다고 생각되었던, 능력심리학이 부정되었다는 것이다. 심리학이론으로서의 능력심리학이 부정된 것은 소극적인 면에서 형식도야 이론의 퇴조를 초래하였다. 이와 동시에 듀이의 교육이론은 형식도야 이론의 주장을 대치하는 대안적 교육이론을 제시함으로써 보다 적극적인 면에서 형식도야 이론의 기반을 무너뜨렸다.

Ⅱ 형식도야 이론에 대한 비판

먼저 능력심리학이 부정된 경위를 살펴보자.3) 이것은 심리학이 과학화되는 데에 따라오는 필연적인 결과였다고 볼 수 있다. 인간의 정신이 몇 가지 '일반적인' 부소능력들로 구성되어 있고 그것은 근육과 마찬가지로 단련될 수 있다는 식의 설명은 객관적인 증거를 중요시하는 과학적인 심리학과는 도저히 양립할 수 없는 것이었다. 능력심리학에 대한 심리학적 평가는 윌리엄 제임스*에서 시작된, 이른바 '전이실험'의 형태로 나타났다. 만약 능력심리학의 설명이 옳다면, 기억하는 훈련을 하고 난 뒤에는 더 쉽게 기억할 수 있어야 할 것이다. 제임스는 자기 자신을 실험대상으로 하여 이 가설을 과학적으로 검증하였다(1890년). 먼저 그는 유우고의 시 158행을 외우는 데에 약 132분이 걸린다는 것을 알고 밀톤의 「실낙원」 제 1 권 전체를 38일 걸려 외웠다. 그 다음에 유우고의 시 다음 부분 158행을 외우는 데에 걸리는 시간을 잰 결과, 151.5분 걸린다는 것을 알았다. 기억훈련(밀톤의 「실낙원」)을 하기 전에는 1행당 평균 50초가 걸렸으나, 기억훈련을 하고 난 후에는 오히려 1행당 평균 57초가 걸린 것이다. 결론적으로 제임스는 자신의 실험 결과가 일반적으로 신봉되는 능력심리학의 주장이 그릇되다는 것을 보여준다고 말하였다.

제임스의 뒤를 이어 쏜다이크**와 그 밖의 사람들은 여러 가지 방법으로 '전이실험'을 계속하였다. 1901년에 쏜다이크는 그의 동료

---

* William James   ** E. L. Thorndike

3) '전이실험'에 관한 보다 체계적인 고찰에 관해서는 W. B. Kolesnik, *Mental Discipline in Modern Education*(University of Wisconsin Press, 1962), chap. 3 참조.

와 함께 0.5~1.5인치 사이의 길이를 추측하는 훈련이 6~12인치 사이
의 길이를 추측하는 데에 얼마나 도움이 되는가, 40~120그램의 무게
를 추측하는 훈련이 120~1,800그램의 무게를 추측하는 데에 얼마나
전이되는가를 연구하였고, 또 어떤 사람은 인쇄된 글에서 e자를 지우
는 훈련을 하면 t자를 지우는 속도가 빨라지는가를 연구하였다. 이런
연구의 결과는 한결같이 전이가 전연 없거나 아주 근소하다는 것을
보여주었다. 1924년에 쏜다이크는, 1901년의 실험과 함께 소위 형식
도야 이론의 '치명타'라고 하는, 또 하나의 연구를 발표하였다. 이 연
구에서는 예컨대 한편으로 역사, 기하, 라틴어와 같은 교과(형식도야
이론에서 중요시한 교과)를 배운 학생들과 또 한편으로 부기, 속기,
타자와 같은 교과(직업교과)를 배운 학생들 4집단 8,564명(그 밖의
다른 교과는 공통)에게 1년을 전후하여 동형同型 지능검사를 실시하고
그 결과에 지능점수의 '자연적 증가'를 고려하여 그 집단 사이에 지적
발달 정도에 차이가 있는가를 알아 보았다. 그 결과는 '학생들이 어떤
교과를 공부하는가에 따라 정신의 일반적 향상에 큰 차이가 있으리라
는 기대는 실망으로 이끌 수밖에 없다'는 것을 보여주었다. 교과의
차이가 지력(검사에 의하여 측정된 수치)의 증가 정도에 미치는 영향
은 아주 근소했던 것이다.

　　물론, 학생 개개인 사이에는 지력의 증가 정도에 상당한 차이가
있었다. 그러나 이 차이는 그들이 공부한 교과의 차이에서 오는 것이
아니라, 교과를 공부하기 전에 이미 가지고 있던 능력의 차이에서 오
는 것이다. 쏜다이크의 말에 의하면,

　　　　사고를 잘하는 학생들은 표면상으로는 특정한 교과를 공부
　　하였기 때문에 그렇게 된 것처럼 보일지 모르지만, 그렇게 보이는

가장 중요한 이유는 그 학생들이 이미 사고를 잘하는 상태에서 그 교과를 공부하였다는 데에 있으며, 공부하는 교과가 어떤 것이든지 간에 그들은 사고를 못하는 학생들보다 공부에서 더 많은 것을 배우고 따라서 더욱 잘 사고하게 되는 경향을 이미 가지고 있다는 데에 있다. 사고를 잘하는 학생들이 희랍어와 라틴어를 공부하면, 이 공부가 사고를 잘 하도록 하는 것처럼 보인다. 또 사고를 잘하는 학생들이 물리학과 삼각함수를 공부하면, 이 공부가 사고를 잘 하도록 하는 것처럼 보인다. 만약에 능력이 우수한 학생들이 모두 체육과 연극을 공부하면 이 공부 또한 사고를 잘 하도록 하는 것처럼 보일 것이다.[4]

사고를 잘하는 사람들이 교과를 공부하면 사고를 더욱 잘하게 되지만, 이것은 어떤 특정한 교과가 사고를 잘 하도록 하기 때문이 아니다. 지력을 향상시키는 효과에 있어서는 어떤 교과가 어떤 교과보다 더 낫다고 생각하는 것은 잘못이다. 그러므로 교과의 가치를, 그 내용을 담고 있는 '형식'(즉, 일반적 능력)에서 찾는 것은 그릇되다. 이 주장은 곧 형식도야 이론이 '신화'라는 주장이다. 그와 동시에 쏜다이크는 '전이'에 관한 형식도야 이론의 설명을 부정하였다. 형식도야 이론에 의하면 전이는 교과의 형식으로 말미암아 일어나지만, 쏜다이크에 의하면 전이는 내용이나 절차에 있어서 양쪽에 '동일한 요소들'이 있을 때 일어난다(동일요소설). 예컨대 수학을 공부한 결과가 물리학을 공부하는 데 도움이 되는 것은 내용에 '동일한 요소'가 있기 때문이며, 물리학의 실험이 화학의 실험에 전이되는 것은 실험절차에 '동일한 요소'가 있기 때문이다. 쏜다이크와 그 밖의 몇몇 사람들에 의한

---

4) W. B. Kolesnik, *op. cit.*, p. 40.

이러한 연구는 형식도야 이론에 그야말로 '치명타' 구실을 하였다.

두이의 형식도야 이론에 대한 비판은, 첫째로, 그 기초를 이루고 있는 능력심리학의 설명이 그릇되다는 것을 주안점으로 하고 있다.5) 이 비판은 앞의 심리학적 연구 결과에 의한 비판과 내용은 동일하지만 그 근거는 동일하지 않다. 듀이의 능력심리학에 대한 비판은 그것이 본질상 '마음'에 관한 그릇된 견해를 나타내고 있다는 점에 있다. 듀이에 의하면 인간의 마음이라는 것은 기억, 추리 등 '기성'의 능력으로 이루어져 있는 것이 아니라, 본능적인 '반응의 경향'을 의미한다. 그리고 그것은 또한 몇 가지 능력으로 구분될 수 있는 것이 아니라, 수없이 다양한 종류가 있어서 우리가 '마음을 쓸' 때(즉, '사고'할 때) 여러 가지 방식으로 복잡하게 얽혀 작용한다. 마음이라는 것은 곧 이러한 '작용'을 의미한다. 그리고 교육이라는 것은 형식도야 이론에서 주장하는 것처럼 기성의 능력들을 훈련하는 일이 아니라, 지력을 필요로 하는 문제상황에서 적절한 지력을 선택적으로 활용하는 능력을 개발하는 일이다. 듀이에 의하면 이것은 바로 '사고'하는 능력을 개발하는 것과 동일하다.

그러나 형식도야 이론에 대한 듀이의 보다 중요한 비판은 그것이 한편으로 '능력'과 또 한편으로 그 능력이 행사되는 대상인 '교과'를 분리시키는 이원론적 성격을 가지고 있다는 점을 겨냥하고 있다. 형식도야 이론에서는 '내용'과는 별도로 존재하는 '일반적인' 능력(즉, '형식')이 있다고 주장하지만, 과연 그런 것이 있는가? 우리가 기억하거나 추리할 때 우리는 반드시 '어떤 것'을 기억하거나 추리한다. 기억이

---

5) J. Dewey, *Democracy and Education*(N. Y. : Free Press, 1966), pp. 61~67. 그리고 J. Dewey, *How We Think*(Boston : D. C. Heath, 1933)는 전체적으로 형식도야 이론이 나타내는 '마음의 이론'을 부정하고 있다.

나 추리는 그 '어떤 것'을 떠나서 성립할 수 없으며, 기억하거나 추리
하는 일의 중요성은 기억되거나 추리되는 그 '어떤 것'의 중요성에
따라 결정된다. 그러므로 무슨 교과를 무슨 목적으로 가르칠 것인가를
결정하지 않은 채, 일반적인 능력으로서의 기억, 추리 등등을 개발한
다는 것은 순전한 넌센스이다. 그것이 결정되지 않으면 학생들에게
'벽의 갈라진 틈을 세밀히 관찰시키거나 무의미 단어들을 기억하도록'
하는 일도 충분히 훌륭한 교육이 된다고 보아야 할 것이다.

　　듀이에 의하면 교과의 중요성을 판단하는 기준은 '사회적인' 것
이어야 한다. 다시 말하면, 기억하거나 추리하도록 할 내용이 무엇인
가 하는 문제는 그 내용이 '사회생활'에 얼마나 유용한가에 비추어
해답되어야 한다. 듀이는, 형식도야 이론에서 주장한 바, 교과가 그
자체로서 교육적 가치를 가질 수 있다는 것을 인정하지 않는다. '교과
그 자체가 교육적으로 가치를 가진다든가 성장에 도움이 되는 것은
아니다. 그 자체로서* 교과라는 것은 있을 수 없으며, 학습자의 성장
과 아무 관련이 없이 내재적으로 교육적 가치를 가질 수 있는 교과라
는 것은 있을 수 없다.'6) 그러나 듀이가 부정한 것은 교과의 가치가
아니라, 교과가 사회적 맥락에서 유리되어 그 자체로서 중요하다는
견해이다. 그가 말한 바와 같이, '우리가 수를 교과로 삼는 것은 그것
이 이미 수학이라는 학문 분야를 이루고 있기 때문이 아니라, 그것이
우리의 활동 무대인 세계의 성질과 관계를 나타내기 때문이며, 우리의
목적 달성 여부가 걸려 있는 관건이기 때문이다… 구체적으로 말하여,
학생에게 수학을 맹목적인 교과로 제시하면 그만큼 학습은 인위적이
고 비효과적인 것이 된다. 학습은 학생이 다루는 수학적 진리가 그에

* in and of itself
6) J. Dewey, *Experience and Education*(New York : Collier Books, 1963), p. 46.

게 관심이 있는 활동을 성공적으로 수행하는 데에 어떤 위치를 차지하고 있는가를 학생이 깨닫는 한에서 효과를 타나낸다.'[7]

형식도야 이론에 대한 듀이의 비판을 올바로 해석하기 위해서는 '형식도야'와 '정신도야'*를 구별할 필요가 있다. 정신도야는 분명히 형식도야 이론에서 주장하는 교육의 목적과 일관되며, 이 점에서 두 개념은 서로 혼동되는 경향이 있으나, 완전히 동일한 것은 아니다. 형식도야는 정신도야의 한 가지 특수한 형태, 즉 전통적인 교육방법에서 그러했던 것처럼 고정된 교과를 맹목적으로 주입하는 방법을 가리키는 것이다. 형식도야 이론에서는 이렇게 함으로써 그 교과에 내재되어 있는 형식이 인간의 정신을 도야할 수 있다고 생각하였다. 듀이는 형식도야 이론을 반대하기는 했지만, 교육의 이론으로서의 정신도야의 가치를 부정한 것은 아니며, 오히려 더욱 강조하였다고 말할 수 있다.[8] 그의 교육이론은 전체적으로 보아 사고나 지력을 교육의 핵심으로 삼아야 한다는 주장을 나타내고 있다. 듀이가 반대한 것은 차라리 형식도야 이론에서 시사되는 교육의 내용과 방법, 다시 말하면 현재 학생이 처하고 있는 '사회적 맥락'과 관련없는 고정된 교과를 맹목적인 방법으로 주입하는 교육이었다. 원래의 형식도야 이론은 이런 내용과 방법을 정당화한 것이 사실이며, 이 점에서 비판을 받아 마땅하다.

이러한 비판은 그것이 비판하고자 하는 대상과의 관련이 사람들의 마음속에 남아 있는 한, 언제나 건전한 것일 수 있다. 그러나 그 비판이 대상과의 관련을 완전히 떠나서 그 자체가 정통적인 견해

---

* mental discipline

7) J. Dewey *Democracy and Education*, pp. 134~135.

8) *Ibid.*, p. 61. 그리고 Dewey의 *How We Think*는 정신도야의 방법을 다루고 있다.

로 될 때, 그 비판은 흔히 '상상력이 부족한 사람'들에 의하여 엉뚱한
방향으로 치닫기 쉽다. 형식도야 이론이 '생활적응'을 위한 교육으
로 대치된 것은 바로 이 경향을 예시하는 하나의 역사적 사례가 된다
고 볼 수 있다.

Ⅲ 생활적응을 위한 교육

　듀이의 교육이론에서는 교과의 중요성을 판단하는 기준이 '사회
적'인 것이어야 한다는 것은 앞에서 말한 바와 같다. 이 '사회적'이라
는 말을 너무 축어적으로 받아들이면, 듀이의 주장은 아동이 사회생활
에서 당면하는 문제, 또는 사회가 올바르게 기능하기 위하여 아동에게
요구되는 사항들을 교과로 하여야 한다는 주장으로 해석될 수 있다.
듀이의 이론을 교육과정에 적용한 사람들은 대체로 그 이론을 이런
방향으로 해석하였다. 이 해석이 과연 올바른 해석인가 하는 것은
목하 주요 관심사가 아니다. 여기서 중요한 것은 그 당시 교육 실제에
관여한 사람들이 듀이의 이론을 교육과정에 어떻게 적용하였는가를
살펴 보는 것이다.
　그것은 미국에서 1920년대에서 1950년대 초에 이르기까지 활발
했던 교육과정의 '과학적 연구'라는 형태로 나타났다. 2장의 첫머리에
서 말한 바와 같이, 1920년대는 교육과정이 전문적인 연구 분야로서
연구되기 시작한 때이며, 따라서 교육과정의 '과학적 연구'는 본격적
인 교육과정 연구의 최초의 형태라고 볼 수 있다. 교육과정의 '과학적
연구'가 나타내고 있는 기본 아이디어는 다음과 같다. 즉, 만약 생활사
태에서의 아동의 문제나 사회적 기능을 위한 아동의 '필요'가 교육의

내용이 되어야 한다면, 우선 그것이 어떤 것인가 하는 것을 '과학적으로' 조사할 필요가 있다. (여기서 '과학적'이라는 용어는 종래 형식도야 이론에서 한 것과는 달리, 아동의 문제나 사회적 필요를 '실지로' 조사한다는 뜻을 나타내는 용어이다.) 그리고 교육과정은 이런 과학적인 조사 결과를 기초로 하여 구성되지 않으면 안 된다. 타일러의 종합적 교육과정 이론이 이러한 교육과정의 '과학적 연구'에 힘입은 바 크다는 것은 말할 필요도 없이 명백하다.

이 기본 아이디어에 따라 교육자들은 성인들이 사회생활을 하는 동안에 종사하는 활동의 영역과 그들의 직업 및 소비생활을 분석하고, 청소년들의 필요를 조사하고, 그리고 아동의 경험 배경과 성장 단계에 관계없이 모든 사람의 공통 관심사인 '항상적 생활사태'*를 분석하였다.9) 이런 것들을 조사 분석한 이유는 말할 것도 없이, 그 결과가 교육의 '일반목표'와 그 목표를 달성하기 위한 수단으로서의 교육의 '내용'을 결정하는 데에 중요한 기초가 된다는 것이었다.

이제 이러한 '과학적 연구'를 기초로 한 교육과정의 보기를 몇 가지 들어 보겠다. 보비트**는 성인의 활동영역을, 1) 언어활동, 2) 건강활동, 3) 시민활동, 4) 사교활동, 5) 여가활동, 6) 지적 활동, 7) 종교활동, 8) 양친활동(결혼과 자녀양육), 9) 직업 이외의 실제적 활동, 10) 직업활동의 10가지로 분석하였다(1924). 이러한 활동들은 현재의 아동들이 장차 성인이 되었을 때 종사해야 할 활동들이며, 또한 교육을 통하여 아동이 준비를 갖추어야 할 활동들이다. 교육과정을 구성한다는 것은 곧 이런 활동들의 내용을 더 상세하게 분석하여 구체적인

---

* persistent life situations   ** F. Bobbitt

9) 이하 부분적으로 소개되는 이들 '과학적 분석'의 결과는 이경섭, 「현대교육과정론」(대구 : 중앙적성연구소, 1972); 정범모, 전게서; 그리고 H. Taba, op. cit. (이경섭 등의 번역본) 등에 산견된다.

'교육내용'을 찾아낸 뒤에 그것을 학년 수준에 맞게 배정하는 일이다. 보비트의 접근에 영향을 받아 구성된 세인트 루이스안(1924~1925)에서는 교육의 '일반 목표'를 1) 건강 및 신체적 발달, 2) 발견, 코뮤니케이션 및 표현, 3) 훌륭한 가족 구성원, 4) 직업, 5) 훌륭한 시민, 6) 여가선용, 7) 도덕적 성품의 7가지로 정하고 각각의 목표에 해당하는 내용을 1) 지식, 2) 습관, 3) 이상, 4) 감상으로 구분하여 각 학년에 배정하고 있다.

카스웰과 캠벌*은 이른바 '사회기능'을 분석하였다(1935). 그들에 의하면 '사회기능'이라는 것은 '모든 조직적인 집단에 공통된 인간 활동의 구심점'을 의미하는 것이다. 예컨대 '생명과 재산의 보호'라는 기능은 어떤 사회에 있어서든지 그 사회가 유지되기 위해서는 반드시 필요한 기능이며, 그 사회 성원의 활동 중의 상당한 부분은 이 기능에 관계되는 것이다. '사회기능'의 아이디어를 받아들인 버지니아주 교육과정(1934)에는 11가지 사회기능이 포함되어 있다. 즉, 1) 생명, 재산, 자연자원의 보존과 활용, 2) 물자의 생산 및 생산물의 분배, 3) 물자 및 시설의 소비, 4) 물자 및 인간의 교통과 수송, 5) 오락, 6) 심미적 욕구의 표현, 7) 종교적 욕구의 표현, 8) 교육, 9) 자유의 확장, 10) 개성의 통합, 11) 탐색 등이 그것이다.

이와 아울러 청소년의 '필요'**를 교육과정의 기초로 삼아야 한다는 주장은 응당 있을 수 있었던 주장이다. 미국 교육연합회 중등교육과정 위원회☆에서는 아동 청소년의 필요를 개인생활, 사회내의 직접적 인간관계, 사회시민 관계, 경제관계 등의 분야로 나누어 상세히 열거하였다(1938~1940). '개인생활'에 관련된 필요로서는 예컨대 개

---

* H. L. Caswell and D. S. Campbell   ** needs
☆ NEA Commission on the Secondary School Curriculum

인의 건강에 관한 것, 자기 확신에 관한 것, 바람직한 세계관과 생활 철학에 관한 것, 개인적 흥미와 심미적 만족에 관한 것 등이며, '사회 내의 직접적 인간관계'에 관련된 필요로서는 가정과 가족생활에서의 원만한 관계에 관한 것, 동성 및 이성의 동년배들과의 원만한 관계에 관한 것, '사회시민 관계'에 관련된 필요로서는 사회적으로 중요한 활동에의 책임있는 참여에 관한 것, 사회적 인정에 관한 것, 그리고 '경제적 관계'에 관련된 필요로서는, 직업 선택을 위한 가이던스와 직업 준비에 관한 것, 물품의 현명한 선택과 이용에 관한 것, 기본적인 경제 문제 해결을 위한 활동에 관한 것 등이 지적되고 있다. 1944년에 다시 미국 교육연합회는 모든 미국 청년의 '절대적 필요'*라고 하며, 1) '써먹을 수 있는 기술'의 개발, 2) 건강과 신체적 기능, 3) 민주사회 시민으로서의 권리와 의무에 관한 이해, 4) 성공적인 가정생활을 위한 조건에 관한 이해, 5) 소비자 교육, 6) 과학적 방법과 과학의 주요 사실에 관한 이해, 7) 예술의 감상 능력의 개발, 8) 여가의 선용, 9) 다른 사람에 대한 존경, 10) '합리적으로 사고하는 능력, 명료하게 의사를 표현하는 능력, 듣고 읽은 내용을 이해하는 능력의 성장' 등을 열거하였다.

생활적응 교육과정의 가장 포괄적인 방안은 스트라티메이어** 등의 '항상적 생활사태'에 의한 교육과정이다(1947). 항상적 생활사태라는 것은 앞에서도 말한 바와 같이, 아동의 경험 배경이나 성장 단계에 관계 없이 모든 아동들이 당면하게 될 공통적인 생활사태를 가리킨다. 이 방안은 종래의 여러 방안들이 '사회적' 요소를 너무 강조한 결함을 보충하기 위하여 '아동'의 요소를 동시에 고려한 방안이라고 알려져 있다. 스트라티메이어 등은 항상적 생활사태를 1) 개인 능력의

---

* imperative needs   ** F. B. Stratemeyer

성장을 요구하는 사태, 2) 사회적 참여의 성장을 요구하는 사태, 그리
고 3) 환경적 요인 및 세력들을 다루는 능력의 성장을 요구하는 사태
의 세 가지로 구분하고, 각각의 사태에서 청소년들이 갖추어야 할 요
소들을 다음과 같이 열거하였다.

   1. 개인 능력의 성장을 요구하는 사태
     (A) 건강
       (1) 생리적 필요를 충족시키는 것
       (2) 정서적 및 사회적 필요를 충족시키는 것
       (3) 질병과 상해를 방지하고 치료하는 것
     (B) 지력
       (1) 생각을 명료히 표현하는 것
       (2) 다른 사람의 생각을 이해하는 것
       (3) 수량적 관계를 다루는 것
       (4) 효율적인 작업 방법을 사용하는 것
     (C) 도덕적 선택의 책임
       (1) 개인적 자유의 성격과 범위를 결정하는 것
       (2) 자기와 다른 사람들의 책임을 결정하는 것
     (D) 심미적 표현과 감상
       (1) 자기의 내부에서 심미적 만족의 원천을 찾는 것
       (2) 환경을 통하여 심미적 만족을 이룩하는 것

   2. 사회적 참여의 성장을 요구하는 사태
     (A) 개인 대 개인 관계
       (1) 다른 사람들과 효과적인 사회관계를 맺는 것

(2) 다른 사람들과 효과적인 작업관계를 맺는 것

(B) 집단내 관계

(1) 집단에의 참여 여부를 결정하는 것

(2) 집단 구성원으로서 집단에 참여하는 것

(3) 지도자로서의 책임을 행사하는 것

(C) 집단간 관계

(1) 인종적 및 종교적 집단과 함께 일하는 것

(2) 사회경제적 집단과 함께 일하는 것

(3) 특정한 강령으로 조직된 집단을 다루는 것

3. 환경적 요인 및 세력들을 다루는 능력의 성장을 요구하는
사태

(A) 자연현상

(1) 물리적 현상을 다루는 것

(2) 식물, 동물 및 곤충의 생명을 다루는 것

(3) 물리적 및 화학적 세력을 다루는 것

(B) 기계공학적 현상

(1) 기계공학적 자원을 사용하는 것

(2) 기계공학적 진보에 공헌하는 것

(C) 경제사회정치 구조와 세력

(1) 생계를 유지하는 것

(2) 물자와 용역을 획득하는 것

(3) 사회복지에 공헌하는 것

(4) 여론을 조성하는 것

(5) 중앙 및 지방 행정에 참여하는 것

생활적응의 교육원리에 의하면 교육이라는 것은 결국 위에 열거된 것과 같은 성인의 활동이나 사회기능을 위하여 청소년들을 준비시키는 일이요, 장차 사회의 구성원으로서 청소년들의 필요를 충족시키는 일이다. 요컨대 교육은 '인간백사'에 능통한 사람들을 길러내어야 한다. 그리고 위의 목록들은 그 '인간백사'를 적절하게 분류한 것이다. 이것이 그 당시 미국의 지배적인 교육관을 나타낸다는 것은 말할 필요도 없다. 1951년 미국 연방교육국 산하의 '생활적응 교육위원회'의 보고서10)는 그 당시 이러한 교육관의 종합적 결정판이라고 볼 수 있다. 이 보고서에 의하면 '생활적응 교육'이라는 것은 '모든 청소년들로 하여금 스스로 만족스럽게 민주적으로 생활하면서 가족의 일원으로서, 직업인으로서, 또 시민으로서 사회를 위하여 유익한 일을 할 수 있도록 준비시키는 교육'을 의미한다. (물론, 이 보고서는 1918년 미국 교육연합회 산하의 중등교육 재조직위원회*의 '교육의 7대원리'와 1938년 교육정책위원회**의 '교육의 4대목표' 등에 제시된 교육관을 종합하고 있다. 교육의 7대 원리라는 것은 1) 건강, 2) 기본적 과정의 통달, 3) 훌륭한 가정 구성원, 4) 직업, 5) 시민 정신, 6) 여가 선용, 7) 윤리적 인격 등의 목표를 가리키며, 4대 목표라는 것은 1) 자아실현의 목표, 2) 인간관계의 목표, 3) 경제적 효율성의 목표, 4) 공공적 책임감의 목표를 말한다.)

이러한 생활적응 교육의 원리는 그 당시 사람들뿐만 아니라 오늘날에도 충분히 타당한 것으로 받아들여질 수 있을 것이다. 그러나 위에서 인용한 바, 생활적응 교육위원회의 보고서에 지적된 생활적응

---

* Commission on the Reorganization of Secondary Education
** Educational Policies Commission
10) Commission on Life Adjustment Education, *Life Adjustment Education for Every Youth*(US Office of Education, 1951).

교육의 이념을 좀 더 자세히 따져 보자. 즉, '모든 청소년들로 하여금 스스로 "만족스럽게" "민주적으로" 생활하면서 가족의 일원으로서, 직업인으로서, 또 시민으로서 사회를 위하여 "유익한" 일을 할 수 있도록 준비시키는 교육'이라는 말은 무엇을 의미하는가? '만족스럽게' '민주적으로' 생활하는 것이 무엇이며, '유익한' 일을 한다는 것이 무엇인가가 자세하게 밝혀지지 않은 상태에서, 그 교육이념은 그 자체로서는 별로 의미가 없다. 요컨대 그것은 '사회를 위하여 유익한 일꾼'을 길러내는 것이 교육이라는 상투적인 표현 이외에 별다른 의미를 가지지 않는다. 생활적응 교육의 이념이 우리에게 타당한 것으로 받아들여질 수 있는 것은 오직 그것이 이와 같이 추상적인 수준에서 표현될 때에 한해서이며, 그것을 다소간이나마 구체적인 수준에서 이해하려고 하면 우리는 과연 그것을 교육의 이념으로 받아들여야 할지 망설이게 된다. 그러나 말할 필요도 없이, 교육의 이념은 구체적인 수준에서 이해되어야 한다. 사실상 '생활적응 교육'이라는 것은 추상적인 교육이념이 아니라, 구체적인 교육 실제(실지로 교육과정을 운영하는 모양)를 포괄하는 이념이며, 그 추상적인 이념의 의미는 반드시 교육 실제와 관련하여 이해되어야 한다.[11]

생활적응 교육을 구체적으로 이해하려고 하면, 우리는 다음의 두 가지 일을 동시에 하여야 한다. 하나는 앞에서 말한 바와 같이 생활적응 교육의 원리에 입각하여 수행되는 교육 활동의 구체적인 모습, 다시 말하면 그 원리의 교육과정상의 의미를 명백히 하는 것이다. 앞에

---

11) 이 점에서 '생활적응 교육'은 셰플러가 말한 '강령적 정의'(programmatic definition)의 한 가지 보기가 된다. 다시 말하면, '생활적응 교육'은 종래의 교육 실제를 '변경'하려는 의도에서 사용되는 말이며, 이 개념의 타당성은 그것이 요구하는 변경이 '도덕적으로' 받아들여질 수 있는가에 비추어 사정되어야 한다. I. Scheffler, *The Language of Education*(Springfield, Ill. : Charles C. Thomas, 1960), pp. 19ff.

서 장황하게 제시한 목록들, 즉 성인들의 활동, 사회기능, 청소년의 필요 및 항상적 생활사태의 목록들은 생활적응 교육의 교육과정상의 의미를 나타내고 있다. 그러한 목록들은 흔히 교육의 '일반목표'라고 불리웠다. 그런 것들을 일반목표로 할 경우에 교육은 구체적으로 어떤 양상을 띨 수 있었는가? 또는 그런 일반목표를 제시한 사람들은 구체적인 교육활동으로서 어떤 것을 제의하였는가? 이것이 하나의 일이다. 이와 동시에 우리가 하여야 할 또 하나의 일은 생활적응 교육(원리 및 교육과정)을, 그것이 대치하고자 한 형식도야 이론에 의한 교육(원리 및 교육과정)과 비교하는 일이다. 역시 추상적인 수준에서 표현하면, 형식도야 이론이 나타내고 있는 교육의 이념은 '정신도야' 또는, 보다 상식적인 용어로, '품성의 함양'이라고 표현될 수 있다. 이 이념은 적어도 이런 추상적인 수준에서는 '사회의 유익한 일꾼의 양성'이라는 이념에 못지 않게 타당한 것으로 받아들여질 수 있을 것이다. 그럼에도 불구하고 생활적응 교육은 형식도야 이론에 입각한 교육을 대치하는 교육으로 대두되었다. 그 중에서 어느 것이 보다 타당한 교육관인가 하는 것은 두 이론에 함의된 교육과정상의 의미를 비교함으로써 판단될 수 있을 것이다. 이 두 가지 일을 통하여 생활적응 교육을 이해하려고 하면, 그것이 가지고 있는 표면적 타당성은 어느덧 해결되어야 할 문제로 바뀐다는 것을 알 것이다.

먼저, 앞에 열거된 목록들의 교육과정상의 의미를 생각해 보자. 성인의 활동, 사회기능, 청소년의 필요, 항상적 생활사태 등은 통틀어 '교육받은 증거'가 나타나는 '생활사태'를 가리킨다는 점을 주의할 필요가 있다. 교육받은 사람들은 그 목록과 같은 여러 가지 생활사태에서 '사회의 유익한 일꾼'으로서의 증거를 나타낼 것이며, 교육이라는 것은 교육받은 사람들이 그런 증거를 틀림없이 나타내도록 보장하는 활동이다. 이와 같이 교육의 일반목표를 생활사태에서 찾으려고 했다는 것은 생활적응 교육이 교육사태와 생활사태 사이의 관련을 대단히 중요시했다는 것을 의미한다. 이것은 당연히 교육의 중요한 관심사가 되어야 한다고 볼 수 있다. 그러나 문제는 그 관련을 어떤 방식으로 맺는가에 있다. 생활적응 교육에서는 이 문제를 다음과 같은 방식으로 해결하였다.[12] 즉, 생활사태(성인들의 활동, 사회기능 등)를 상세하게 분석하여 교육과정에 포함될 '내용'을 결정한다. (이렇게 하여 교육과정의 '범위'*가 결정된다.) 그리고 이 내용을 각 학년 수준에 맞게 배정하여 더욱 상세화한다. (이렇게 하여 교육과정의 '계열'**이 결정된다.) 그리하여 그 당시 교육과정 작업이라는 것은 주로 이와 같이 어떤 종류의 생활사태를 선정하여 어떤 학년 수준에 배정할 것인가를 결정하는 일, 즉 범위와 계열을 정하는 일을 의미하였다. 이 일을 하는 데에 있어서 가장 중요한 고려 사항은, 말할 것도 없이, 사람들이 당면하는 많은 생활사태들을 되도록 포괄적으로 교육과정에 포함시키는 것이요, 그런 사태들이 모든 학년 수준에 걸쳐 연속적으로 다루어지도록 하는 것이었다.

　요컨대 생활적응 교육에서는 교육사태와 생활사태를 관련짓는 방법으로서 생활사태를 교육내용으로 삼는 방법을 채택하였다. (이렇게 함으로써 그들은, 교과의 중요성은 '사회적 맥락'에 비추어서 결정되어야 한다는 듀이의 주장을 실천에 옮긴다고 생각하였다.) 명백하게 이 방법은 형식도야 이론에 입각하여 교육사태와 생활사태를 관련짓는 방법과는 정면으로 반대되는 것이다. 형식도야 이론의 입장에서

---

　　* scope　　　** sequence
　12) 이경섭, 전게서, pp. 204ff.에 제시된 교육과정 구성의 몇 가지 방법(즉, 활동분석법, 항상적 생활사태 분석법 등)에서 '구성절차'를 참고하라.

보면, 교육에서 중요시되어야 할 것은 교육받은 증거가 어떤 '생활사
태'에서 나타나는가가 아니라, 그러한 생활사태에서 나타나는 '교육받
은 증거'가 어떤 것인가 하는 것이었다. 형식도야 이론에 의하면 그
'교육받은 증거'는 곧 '정신'의 특성으로 나타나며, 이 정신의 특성은
모든 사태에 걸쳐 나타난다. 그리고 이 정신의 특성은 '교과'를 공부함
으로써 획득된다. 여기에 비하여 생활적응 교육에서는 예컨대 물건을
사는 사태(소비)나 사람을 사귀는 사태(사교)를 교육내용으로 직접 다
룸으로써 그런 사태에서 나타나는 '정신'의 특성을 가르칠 수 있다고
생각하였다. 물론, 형식도야 이론의 입장에서 보면, 교육사태와 생활
사태를 관련짓는 방법은 교육사태에서 정신의 특성을 가르치고 그것
이 여러 가지 생활사태에 나타나도록 기대하는 수밖에 다른 도리가
있겠는가 하고 말할지 모른다. 그러나 어째서 다른 도리가 없단 말인
가? 생활적응 교육에서는 교육사태와 생활사태를 그보다 훨씬(아마도
가장) 직접적으로 관련짓는 방법으로서, 생활사태 그 자체를 가르칠
수 있다고 생각한 것이다.

그러나 이러한 생활적응 교육의 사고방식에는 한 가지 근본적인
난점이 있다. 즉, 교육받은 청소년들이 장차 생활사태에서 나타내어
보여야 할 '가치있는' 특성들이 구체적으로 어떤 것인가 하는 것은
생활적응 교육의 어느 원리에도 명백히 제시되어 있지 않다는 것이다.
그것이 명백히 제시되어 있지 않다는 것은 곧 생활사태를 가르치되
무엇을 가르쳐야 할지 모른다는 것과 동일하다. 앞에 열거한 목록들을
조금만 훑어 보더라도 그 목록에 열거된 항목들이 어떤 가치있는 정신
상태를 가리키는가가 전혀 불분명하다는 것을 알 수 있다. 예컨대 '훌
륭한 가족 구성원과 시민', '가정과 가족 생활에서의 원만한 관계, 동
년배들과의 원만한 관계' 등에서 '훌륭하다'든가 '원만하다'는 것은

구체적으로 무엇을 의미하는가? '물품의 현명한 선택'이라는 것은 어떤 선택을 의미하는가? 이런 식으로 앞에 열거된 항목 하나하나에 관하여 우리는 그 사태에서 요구되는 정신상태가 구체적으로 어떤 것인가 하는 의문을 제기할 수 있다. 이것이 불분명한 채로 그러한 생활사태를 자세하게 세분하여 그것을 교육내용으로 할 경우에는 마치 그 생활사태가 그 자체로서 중요한 것처럼 취급되는 결과가 될 것이다. 다음 절에서 언급할 바, 생활적응 교육에 대한 비판은 바로 이 문제점에 대한 비판이라고 볼 수 있다. 이 문제점은 결국 '사회의 유익한 일꾼'이 어떤 특성을 가진 일꾼인가를 자세하게 규정하려고 하지 않고 사회에서 사람들이 하고 있는 여러 가지 종류의 일을 가르침으로써 '유익한 일꾼'을 만들려고 한 데서 생기는 문제점이다. 예컨대 사회를 위하여 식품을 제조하는 사람들은 '유익한' 일을 한다고 볼 수 있을지 모른다. 그러나 만약 그들이 인체에 유해한 재료를 써서 식품을 제조한다면 그 일은 유익한가? 우리가 교육에서 관심을 두어야 할 것은 그들이 어떤 정신상태를 가지고 식품을 제조하는가 하는 데에 있다.

분명히 생활적응 교육은 형식도야 이론에 대하여 대안적인 교육이론을 제시하였다. 그리고 그 차이는 교과의 조직방식에도 변화를 가져왔다.[13] 생활적응 교육에서는 종래 형식도야 이론에서 중요시되어 온, 주로 학문의 구분을 따른 교과의 구분은 그다지 의미가 없었다. 그 교과들은 편의에 따라 몇 가지씩 크게 묶일 수 있었다. 예컨대 역사, 지리, 공민 등이 '사회생활'로 묶이고, 물리, 화학, 생물 등이 '자연' 또는 '과학'으로 묶인 것이 그것이다. 이런 교과 조직방식을 '광역 교육과정'*이라고 불렀다. 광역 교육과정에서도 마찬가지였지만, 종래

* broad fields curriculum
13) 교과의 조직방식에 관해서는 정범모, 전게서, pp. 442~516을 참고하라.

의 교과 이름이 그대로 남아 있는 경우에도 교과에 담긴 내용은 형식
도야 이론에서의 경우와는 전혀 다른 것이었다. 대체로 말하여 생활적
응 교육에서의 교과라는 것은 '범위'와 '계열'의 원칙에 따라 묶여진
생활사태의 무더기를 의미하였다. 교과들의 벽을 허무는 것에서 한
걸음 더 나아가서, 종래의 교과 구분을 완전히 없애는 것도 물론 가능
하였다. 만약 생활의 필요나 문제가 관심사라고 하면 그런 필요나 문
제를 '중핵'으로 두고 모든 '교과'의 내용 중에서 그 '중핵'에 관련된
것을 뽑아서 교육과정을 구성할 수 있을 것이다. 앞에서 말한 청소년
의 '필요'나 '사회기능' 등이 흔히 그러한 중핵으로 제의되었다. 이렇
게 조직된 교육과정을 '중핵 교육과정'*이라고 불렀다.

 미국에서 생활적응 교육이 세력을 떨치는 동안에 한편에서는 이
른바 '8년 연구'**가 진행되고 있었다.14) 8년 연구는 '중등 및 대학교
육의 관계 연구위원회'☆에 의하여 추진된 것으로서, 이 연구의 목적은
생활적응 교육이 중등교육에까지 연장될 수 있는가를 검토하는 데 있
었다. 여기에서는 대학입학 시험이라는 난관이 있었다. 그러므로 그
연구의 목적은 구체적으로 생활적응 교육을 받은 학생들이 대학에서
과연 얼마나 잘 공부할 수 있는가를 알아보는 것이었다. 30개의 중등
학교와 300개의 대학이 참여한 이 연구에서 얻어진 결론은 '전통적인
교과를 중심으로 대학입학 준비 교육을 하는 것이 대학생활을 준비하
는 유일한 방식이 아니며, 전통적인 데서 벗어난 교육을 받음으로써
지적 자극을 받고 능동적인 학습 태도를 배운 학생들이 더 훌륭한
대학교육의 재목이 될 가능성이 있다'는 것이었다. 요컨대, 이 연구는

* core curriculum   ** Eight-Year Study, 1932~1940
☆ Commission on the Relation of School and College
14) L. A. Cremin, *The Transformation of the School*(New York : Random House, 1961), pp. 250~258.

생활적응 교육을 지지하는 입장에서 시작하여 그것을 더욱 확고하게 하는 데 공헌한 연구이다.

타일러는 이 8년 연구에서 측정 평가 전문가로서 주동적인 역할을 한 사람이다. 2장에서 고찰한 그의 '종합적 교육과정 이론'(1949)은 8년 연구에서의 그의 경험과 생활적응 교육을 위한 여러 교육과정 방안이 종합되어 나온 산물이라고 볼 수 있다. 종합적 교육과정 이론에 나타난 그의 구상은 생활적응 교육과 상당한 정도의 관념상의 연계를 나타내고 있는 것이다. 우선 학습자와 사회의 필요를 교육목표의 원천으로 든 것이 그 하나이다. 물론, 타일러는 교과도 그 두 가지와 동등한 범주의 원천으로 들고 있다. 앞에서도 시사한 바와 같이, 이것은 한편으로 생활의 필요와 또 한편으로 교과 사이의 갈등에서 어느 쪽도 편들지 않고, 그렇다고 해서 그 갈등을 해소하려고 하지도 않으면서, 그것을 교육과정에서 도외시하는 방편이었던 것으로 생각된다. 그리고 나서 그는 '내용과 행동'으로 구성되는 교육목표를 제의하고 그것을 평가와 직결시켰다. 그가 의미한 교육목표라는 것은 평가사태(이것은 생활적응 교육에서의 생활사태에 상응한다는 점에 주의하기 바란다)에 나타나는 행동적 증거를 가리킨다. 이러한 교육관이 '교육내용'의 가치와 하등 관련을 맺지 않고 있다는 것은 기본 모형에 관한 논의에서 충분히 강조되었다고 생각한다. 결국 타일러의 교육과정 이론은 근본적으로 생활적응 교육의 원리와 동일한 점에서 비판될 수 있는 것이다.

5
학문과 교과

앞 장의 마지막 부분에서 저자는 생활적응 교육의 문제점에 관하여 언급하면서 다음과 같이 말하였다. 즉, 생활적응 교육의 문제점은 '사회의 유익한 일꾼'이 어떤 특성을 가진 일꾼인가를 자세하게 규정하지 않으면서 그런 일꾼을 만들려고 한 데에 있다는 것이었다. 그러면 형식도야 이론에서는 그 일꾼의 특성을 자세하게 보여줄 수 있는가? 아마 그럴 수 없을 것이다. 그러나 생활적응 교육에서와는 달리, 형식도야 이론에서는 그 일꾼의 특성이 어떤 원천에서 나올 수 있는가에 대한 명확한 해답을 가지고 있었다. 그 원천은 곧 교과가 대표하고 있는 '학문'이었다. 형식도야 이론의 입장에서 보면, '사회의 유익한 일꾼'이 가지고 있는 특성이라는 것은 바로 '학문을 도야한' 결과로 사람이 가지게 되는 특성 또는 '학문으로 도야된' 특성을 가리킨다.

그러나 이렇게 말하는 것은 아마 형식도야 이론의 견해를 잘못 표현하는 것이라고 보아야 할 것이다. 사실상 형식도야 이론에서는 교과를 배운 사람들이 '사회의 유익한 일꾼'이 되는가 안 되는가 하는 것은 그다지 중요한 문제가 되지 않았고, 설사 제기되었다 하더라도 그것은 '당연지사'로 간단하게 대답될 수 있었다. 형식도야 이론에서는 오히려 교과(즉, 학문)에 내재해 있는 가치를 학생들에게 충실히 전달하는 데에 주된 관심이 있었다. 이러한 관점에서 보면 형식도야 이론과 생활적응 교육 사이의 갈등은 학문의 가치, 또는 보다 구체적으로 말하면, 학문이 가지고 있는 '도야적 가치'*를 인정하는 입장과 인정하지 않는 입장 사이의 갈등이라고 볼 수 있다. 앞 장에서 우리는 학문의 도야적 가치를 인정하지 않는 입장에서 볼 때, 교육이 어떤 형태를 취할 수 있는가를 보았다.

생활적응 교육이 세력을 가지기 시작한 이래, 미국에서는 소위 '진보주의 교육 논쟁'이라는 것이 계속되어 왔다. 이 논쟁은 일반적으로 듀이의 이론을 공격하는 편과 지지하는 편 사이의 논쟁으로 이해되고 있다. 듀이를 공격한 사람들은 그 당시 교육의 '실제'가 곧 듀이이론의 충실한 반영이라고 가정하고, 그 실제의 결함이 곧 듀이이론의 결함을 의미한다고 생각하였다. 여기에 대하여 듀이를 지지한 사람들은 대체로 그 실제가 듀이의 이론이 의미하는 바가 아니라는 근거에서 듀이를 변호하였다. 그러나 생활적응 교육의 실제와 듀이이론 사이의 관련에 관한 가정이 의심스러운 이상,[1] '진보주의 교육 논쟁'은 듀이이론의 타당성에 관한 논쟁이라기보다는, 위에서 말한 바, 학문의 도야적 가치를 인정하는 입장과 인정하지 않는 입장의 갈등에서 비롯된 논쟁이라고 보는 것이 보다 온당할 것이다. 듀이를 공격한 사람들의 논지가 바로 이 해석을 지지해 주고 있다. 진보주의 교육 논쟁을 이렇게 해석하면, 그 논쟁은 그 당시에만 국한된 논쟁이 아니라 언제나

---

* disciplinary value

1) C. J. Brauner and H. W. Burns, op. cit., chap. 3.

제기될 가능성이 있는 '항구적' 논쟁이라고 볼 수 있다. 이 논쟁에서 학문의 가치를 인정하는 사람들은 '학문'을 교육의 핵심으로 돌려 놓고자 애쓸 것이다. 이 장에서는 그런 노력을 살펴보겠다. 이 일은 먼저 그 논쟁 자체를 고찰하는 데서 시작되어야 할 것이다.

I 교육의 항구적 논쟁

생활적응 교육을 지지하고 그것을 실천에 옮긴 사람들이 스스로 듀이의 교육이론을 실천에 옮긴다고 생각하였다는 것은 앞에서 말한 바와 같다. 듀이의 이론에 입각한 교육은 보다 포괄적으로 '진보주의 교육'*이라고 불리었다. 그리고 듀이의 교육이론 중의 한 가지 중요한 요소는 소위 '아동의 흥미존중'이라는 것이며, 따라서 아동의 흥미존중이라는 원리는 생활적응 교육과 면밀히 관련된 것으로 해석된다. 말하자면 진보주의 교육은 목적과 내용의 측면에서는 '생활적응 교육'의 형태를 취하였고, 그것은 방법상의 원리로서의 '흥미존중'과 밀접하게 결합되어 있었다. 그리하여 진보주의 교육은 생활적응 교육이나 아동중심 교육과 거의 동일한 의미를 가지게 되었다.

진보주의 교육을 실천한 사람들에게 '흥미'라는 말은 '아동이 흥미를 느낀다'**고 할 경우의 흥미를 의미하는 것으로 해석되었다. 이런 뜻에서의 흥미는 '심리학적' 또는 '기술적' 개념이며, 그것은 아동에게 '무엇이 흥미있는가'를 물어 보면 알 수 있을 그런 종류의 '흥미'이다. (사실상, 이런 방법으로 아동의 '흥미'를 조사하는 일은 그 당시

---

* Progressive Education   ** to feel interested in

교육과정에 관한 '과학적 연구'의 한 중요한 부분이 되어 있었다.)²⁾
아동에게 '무엇이 흥미 있는가'를 물어 보면, 아동은 말한 것도 없이
교과서에 쓰여 있는 '교과'보다는 생활사태에서 당면하는 '문제'에 더
흥미를 느낀다고 대답할 것이다. 진보주의 교육자들에게 흥미존중이
라는 방법상의 원리가 교육의 내용과 불가분의 관계를 맺게 된 것은
아마 이런 사고에서였을 것이다. 그들에게 있어서 교과가 생활사태와
대립되는 것으로 간주되고 전자가 후자에 의하여 대치될 수 있었던
것처럼, 교과는 또한 아동의 흥미와 대립되는 것으로서 흥미에 의하여
대치될 수 있었다. 이러한 생각은 분명히 '우리는 교과를 가르치는
것이 아니라 아동을 가르친다'*고 하는 유명한 진보주의 교육의 표어
로 말미암아 더욱 촉진되었다고 볼 수 있다. (사실상 우리는 '아동에게
교과를' 가르치며, 따라서 이 표어는, 문자 그대로의 의미로는 명백히
어불성설이다.) 그리하여 진보주의 교육자들에게 있어서 훌륭한 교육
이라는 것은 아동이 흥미를 느끼고 있는 생활사태의 문제를, 아동의
능동적 참여와 자발적인 활동을 통하여 가르치는 것을 의미하였다.

그러나 사회기능이나 생활사태의 문제를 '교과'로 삼아야 한다는
것이 듀이의 교육이론에 관한 올바른 해석인가 하는 것이 의심스러운
것과 마찬가지로, '흥미'를, '교과'와는 대립되는 것으로서의 '아동이
느끼는 흥미'로 보는 견해가 듀이의 이론을 올바르게 반영하고 있는
가 하는 것도 의심스럽다. 이제 잠깐 이 점을 생각해 보겠다. 듀이가
주장한 것은 요컨대 교과가 '유목적적有目的的인 문제해결 과정에 활
용'되어야 한다는 것이며, 그 때 비로소 그 교과는 '아동에게 흥미가

---

* We teach children, not subjects.
2) 교육방법상의 원리로서 '아동의 흥미존중'이 어떤 의미를 가지는가 하는 문제
는 9장에서 다시 논의된다.

있게’*된다는 것이다. 이런 의미에서의 홍미는 ‘기술적’ 개념이라기
보다는 ‘규범적’ 개념이다. 듀이는 ‘교과와 유목적적인 활동 수행 사이
의 관련이야말로 교육에 있어서의 참된 홍미 이론의 알파요 오메가이
다’3)라고 말하였다. 듀이에 의하면, 아동의 홍미는 교과와 무관한 것이
아니라, 교과를 ‘유목적적인 활동’과 관련지을 수 있을 때 생긴다. 이런
의미에서 ‘교과’ 또는 ‘공부거리’**는 곧 ‘홍밋거리’☆이다.

　　적어도 듀이는 아동의 홍미와 교과가 서로 대립되는 것이라고는
결코 생각하지 않았다. 일찍이 1902년 「아동과 교육과정」4)에서부터
이미 듀이는 아동과 교과를 상호배타적으로 강조하는 견해가 그릇되
다는 것을 지적하였다.

　　　한쪽 진영에서는 아동의 경험 내용에 대비되는 것으로서의
　　교과의 중요성을 강조한다. 그들의 요지는 흡사 다음과 같다. 생
　　활이라는 것은 도대체 옹졸하고 편협하고 조잡한 것이 아닌가?
　　그렇다면 교과를 공부함으로써 아동은 풍부하고 복잡한 의미가
　　담긴 크고 넓은 세계를 볼 수 있을 것이다. 아동의 생활은 자기본
　　위적이고 이기적이고 충동적인 것이 아닌가? 그렇다면 교과 공부
　　에서 아동은 진리와 법칙과 질서로 된 객관적 세계를 발견할 수
　　있을 것이다. 아동의 경험은 혼란되고 막연하고 불확실하며, 순간
　　적인 상황에 지배되어 있지 않은가? 그렇다면 교과를 공부함으로
　　써 아동은 영원불변의 일반적 진리에 따라 배열된 세계, 모든 것
　　이 측정되고 규정된 세계를 맛볼 수 있을 것이다. 그러므로 어떻

---

　　* to be in one’s interest　　　　** subject matter
　　☆ matter of interest

3) J. Dewey, *Democracy and Education*, p. 135.

4) J. Dewey, *The Child and the Curriculum*(University of Chicago Press, 1956).

게 해야 하는가? 아동 개개인의 특이성, 순간적인 기분, 경험 따위를 일체 무시하고 최대한 배제하라. 이런 것들은 모두 우리가 멀리 하여야 할 것들이다. 교육자로서 우리가 할 일은 다름 아니라 그와 같이 피상적인 것, 순간적인 것들을 안정되고 질서정연한 진실재眞實在로 대치하는 것이며, 이 진실재는 바로 교과를 공부함으로써 습득된다. … 교과는 수업의 목표가 되는 것과 동시에 방법을 결정한다. 아동은 미성숙자에 불과하며, 그는 장차 성숙된 인간이 되어야 한다. 아동은 피상적 존재이며, 그는 깊이 있는 존재가 되어야 한다. 아동의 경험은 좁으며, 그것은 넓혀져야 한다. 아동은 받아들이는 자이다. 아동이 유순하고 받아들일 태세를 갖추고 있을 때 비로소 그의 역할은 성숙될 수 있다.

그렇지 않다, 하고 다른 진영에서 말한다. 아동은 출발점이며 구심점이며 종착점이다. 아동의 발달과 성장이 우리가 추구해야 할 이상이요, 그것만이 교육의 기준이다. 모든 교과 공부는 아동의 성장에 비하여 종속적인 위치를 가진다. 교과 공부는 아동의 성장에 필요한 한, 그리고 그 도구로서 가치를 가진다. 퍼스낼리티나 인격이 교과보다 더 중요하다. 지식이나 정보가 아닌 자아실현이 교육의 목적이다. 세상의 모든 지식을 가지고 있다 하더라도 자기 자신을 잃는다는 것은 종교에서도 그렇듯이 교육에서도 서글픈 일이다. 뿐만 아니라 교과는 외부로부터 아동에게 주입될 수 있는 것이 아니다. 학습은 능동적 과정이다. 학습이라는 것은 마음이 외부 세계로 뻗어 나와서 그것을 유기적으로 동화하는 것이다. 문자 그대로, 우리는 아동과 동일한 선상에 서서 그와 출발을 같이 해야 한다. 교육의 양과 질을 결정하는 것은 교과가 아니라 아동이다. … 오늘날의 학교에서 무엇인가 죽은 것, 기계적인 것, 형식적인 것이 있다고 하면 그 원인은 바로 아동의 생활과 경험을 교과 공부에 종속시키는 데 있다. 오늘날 '공부'가 귀찮은 것과 동의어로 되고 교과가 일거리와 동일한 것으로 취급되는 것은 바로 이 때문이다(pp. 7~9).

듀이는 위의 두 진영이 가지고 있는 것과 같은 '아동과 교과 사이에 질적인 간극이 있다는 편견'을 없애야 한다고 주장하였다. 앞의 진영은 말할 것도 없이 전통적인 형식도야 이론에 입각한 교육관이다. 그리고 뒤의 진영의 주장을 통하여 듀이는 이미 장차의 진보주의 교육자들이 빠지게 될 오류를 예견하고 있는 듯하다. 1938년 「경험과 교육」5)에서 다시 듀이는, '진보주의 교육'이 '전통적 교육'에 반대하는 것이라고 하여 두 쪽이 가지고 있는 특징을 '양분적'인 것으로 이해하고 진보주의 교육의 원리는 무엇이든지 전통적 교육의 원리를 타파함으로써 확립될 수 있다고 생각하는 사람들을 경계하고 있다. 전통적 교육의 원리에 반대하는 진보주의 교육의 원리는 그 자체가 교육을 위한 '해답'이 아니라 오히려 새로운 '문제'를 제기하는 것이며, 교육철학은 이 문제를 해결하여야 한다고 듀이는 주장한다. 교과에 관하여 듀이는 다음과 같이 말하고 있다. '전통적 교육에서 현재와 미래의 문제를 해결하는 데는 하등 도움이 되지 않는 과거의 지식(사실 및 아이디어)을 교과로 사용했다는 것을 인정한다고 하자. 좋다. 그러면 이제 우리는 과거의 업적과 현재의 문제 사이에 존재하는 관련을 "경험 안에서" 찾아야 하는 문제를 가지게 된다. 그 문제는 곧 과거에 관한 지식이 어떻게 하면 미래를 효과적으로 대처하는 강력한 도구로 전환될 수 있는가 하는 것이다. 우리는 과거의 지식을 "목적"으로서는

5) J. Dewey, *Experience and Education*(New York : Collier Books, 1963).

부정할 수 있을지 모르나, 그렇게 함으로써 우리는 그것이 "수단"으로
서 중요하다는 것을 더욱 강조하게 될 뿐이다'(pp. 22~23).

  그러나 듀이의 교육이론이 원래 무엇이었든지 간에, 그 당시 실천
된 진보주의 교육에서는 교과와 생활사태, 그리고 교과와 흥미가 대립
되는 것으로 간주된 것이 사실이다. 앞 장에서 고찰한 바와 같이 생활
사태가 흔히 그것을 가르치는 의도와의 관련에서 벗어나서 그 자체로
서 중요한 교육내용으로 취급된 위에, 아동의 흥미존중, 자발적 활동
등이 마음대로 해석된 채 교육의 방법상의 원리로 등장하였다. 이런
원리에 따라 실시된 교육은 흔히 형식도야 이론에 입각하여 실시된
교육에 못지 않게 넌센스를 빚어 내었고, 결국 학생들에게 하등 중요
한 '지적 내용'도 가르쳐 주는 바가 없이, '흥미'를 존중하여 즐겁게
'활동'하면서 시간을 보내도록 하는 일밖에 하지 않는 형편없는 교육
으로 비판을 받았다. 베스터의 「교육의 황무지」(1953), 「학문의 복구」
(1955), 스미스의 「위축된 마음」(1952), 허친스의 「자유를 위한 교육」
(1943), 「민주사회에 있어서의 교육의 갈등」(1955)[6] 등은 모두 진보
주의 교육의 이념이나 방법에 대한 비판이었다. 이 이외에도 진보주의
교육에 대한 비판 중에는 구체적인 교육 실제에 관한, 다분히 야유조
의 비판도 있었다.[7] 그런 비판 중에서 예컨대 다음과 같은 것을 읽을
수 있다.

---

  6) A. Bestor, *Educational Wastelands*(University of Illinois, 1953), *The Restoration
    of Learning*(New York : Alfred Knopf, 1955); M. Smith, *The Diminished
    Mind*(Chicago : Regnery, 1952); R. M. Hutchins, *Education for Freedom*
    (Louisiana State University, 1943), *The Conflicts of Education in a Democratic
    Society*(New York : Harper, 1955).
  7) 그 중의 몇 가지를 들면, Albert Lynd, *Quackery in the Public School*(New
    York : Grosset and Dunlap, 1950); Paul Woodring, *Let's Talk Sense about Our
    Schools*(New York : McGraw-Hill, 1953); John Keats, *Schools Without Scholars*
    (Boston : Houghton Mifflin, 1958).

어떤 교육자가 말하는 바에 의하면, 중핵과정中核課程이라는 것은 '아동들이 가정에서, 지역사회에서, 또 넓게는 국가와 세계 사회에서 훌륭한 시민으로서 효율적으로 생활하는 데에 필요한 이해와 행동기술'을 가르치는 것이라고 한다. 중핵과정에는 읽기, 쓰기, 셈하기, 듣기 공부가 들어 있으며, 모든 학생에게 적응력, 민첩성, 신뢰성, 협동정신, 그리고 지역사회 문제를 해결하는 열의와 능력 등 여러 가지 미덕을 가르칠 수 있도록 실제 학급사태를 마련한다는 것이다. 그 교육자는 또한 중등학교 저학년에서는 집단생활의 행동기술을 강조하고 고학년에서는 개인성을 개발하는 데에 적합한 과정을 설치한다고 한다. 그는 모든 과목을 한꺼번에 가르치고 모든 학생에게 똑같은 내용을 동시에 가르치면서 또 모든 학생들이 반드시 무엇인가를 배울 수 있도록 하는 학급 프로젝트의 보기를 한 가지 들었다. 즉, 어떤 중서부 중학교의 한 학급이 그 구역내의 벌목지에다가 3만 5천 그루의 묘목을 심었다는 것이다.

그 교육자는 이 프로젝트에 관하여 다음과 같이 말하고 있다. 즉, 프로젝트를 하는 동안에 모든 학생들은 자연보존의 가치를 배우면서 학교구역의 재산을 늘렸다. 그 일은 지역사회 주민들의 의욕을 자극하였고, 학생들에게 지역사회의 필요를 분석적으로 또 건설적으로 파악하는 방법을 가르쳤다. 학생들은 목재회사가 지역사회의 자연자원을 함부로 무절제하게 착취하는 데서 생기는 사회의 경제적 약점에 눈을 뜨게 되었다. 학생들은 집단 행동에 따르는 공동의 책임과 의무를 받아들이고 다른 사람들과 함께 일하는 방법을 배웠고, 묘목을 언제 어떻게 심는가, 삽과 도끼를 수합하고 정리하여 차에 싣는 '방법'을 배웠다. 그렇다고 해서

이 프로젝트 때문에 교과의 학업 성적이 내려간 것도 아니다. 화학 교사와 사회과 교사가 협의하여 그 과목을 이 프로젝트와 맞춘 것이다. 화학 교사는 식물의 성장과 토양, 습도 사이의 상호관련을 가르쳤고, 사회과 교사는 지역의 자연자원에 관하여 적절한 집단 행동을 취하지 않으면 토양의 침식이 생기며 사회적 손해가 반드시 따라 온다는 것을 학생들에게 알려 주었다. 이러한 공동의 경험은 학생들에게 국어와 수학과 바람직한 사회적 행동 기술을 활용하도록 요구하였다. 이것이 그 교육자의 말이다.[8]

위의 책을 쓴 저자의 생각에는 물론, 그 교육자의 말은 터무니없는 넌센스라는 것이다. 학생들은 그 프로젝트에서 3만 5천 개의 구덩이를 파는 '방법' 이외에 무슨 중요한 내용을 배웠는가? 작업 현장에서 국어의 사용을 배웠다고 할 때, 그것은 기껏해야 '어이, 삽 가져와'라는 것 밖에 또 무엇인가? 학생들은 3만 5천 개의 개별적인 구덩이를 파면서 '협동'에 관하여, '사회적 관계'에 관하여 무슨 심각한 생각을 할 수 있었는가? 학생들은 과연 거기서 국가와 개인간의 관계, 충성의 의미 등에 관하여 의문을 품을 수 있었을 것인가? 물론, 이러한 비판은 소위 '교과'에도 마찬가지로 적용된다. 거의 예외없이 수학이라는 것은 '소비자 수학'이요, 과학은 '생활 과학'이다. 이런 교과에서 어떻게 수학의 의미, 과학의 의미를 배울 수 있단 말인가? 그와 마찬가지로 생활적응을 위한 학교에서는 바느질과 요리에서부터 탭 댄스에 이르기까지 온갖 종류의 '실제적인 활동'들이 교육의 이름으로 이루어지고 있었다.

아마, 이런 식으로 진보주의 교육을 비판한 사람들 중에, 진보주

8) John Keats, *op. cit.*, pp. 58~60.

의 교육이 영향력을 가지기 이전의 교육 실태가 어떠했으리라는 것을 상상하려고 한 사람은 별로 없을 것이다. 크레민은 그가 쓴 진보주의 교육사의 첫머리에서 1892년 당시 미국의 36개의 도시의 학교를 방문한 라이스라는 기자의 보고를 다음과 같이 요약하고 있다.

라이스가 가는 도시마다 학교에 대한 대중의 냉담, 정치적 간섭, 그리고 부패와 무능이 공모하여 학교를 망치고 있었다. 발티모어의 한 초등학교 교사의 말 — '나는 전에는 고학년을 가르쳤는데 얼마 전에 신경 발작이 왔어요. 의사는 휴식을 권유했고, 그래서 나는 지금 저학년을 가르치고 있어요. 저학년은 신경을 쓸 필요가 없으니까요.' 뉴욕의 어떤 교장은 학생들이 얼굴을 돌려도 좋은가 하는 질문에 대하여, '교사가 앞에 있는데, 왜 뒤를 돌아보아야 한단 말이오?'라고 대답했다. 아이들에게 '일제고사'의 예행연습을 시키는 시카고의 한 교사는 다음과 같이 고함을 지르고 있었다. '생각하려고 하지 말고, 알고 있는 것만 얼른얼른 대란 말이야.' 필라델피아에서는 '유지'들이 교사와 교장의 임면을 통제하고 있었다. 버팔로에서는 700명의 교사를 교육장 혼자서 관장하고 있었다. 라이스의 이야기 테마는 어디서나 놀랄 만큼 동일한 것이었다. 정치적인 돌팔이들이 능력없는 교사들을 채용하고, 이 교사들이 앵무새 노래와도 같은 연습, 맹목적인 반복, 의미없는 언어주의로 순진한 어린이들을 장님처럼 어디론가 이끌어가고 있다는 것이었다.[9]

앞의 묘목 구덩이를 파는 교육이 비판을 받아야 한다면, 라이스가

---

9) L. Cremin, *op. cit.*, pp. 4~5.

본 교육도 반드시 모종의 개선책을 필요로 한다. 진보주의 교육은 원래 그 사태를 개선하려는 의도에서 시작된 것이라고 볼 수 있다. 그러나 그 과정에서 그것은 그 자체의 비교육성 때문에 비판을 받게 된 것이다. 그렇다면 이제 우리는 진보주의 교육이 그 의도를 실현하는 과정에서 정확하게 어떤 점에 실패했는가 하는 질문을 제기할 수 있다. 진보주의 교육에 대한 비판의 요지를 자세히 검토하는 것은 특히 이 질문에 해답하는 데에 의미가 있다.

진보주의 교육에 대한 가장 체계적인 비판을 한 사람은 아마도 허친스일 것이다. 허친스에 의하면, 진보주의 교육의 이념은 '적응', '즉각적 필요', '사회개혁' 등에 있지만, 이것은 올바른 교육의 이념이 아니다. 물론, 어떤 사회든지 그 성원들을 그 사회체제에 적응시킬 필요가 있고 또 그런 일을 하고 있다. 그러나 이것은 교육이 아니다. 교육은 사람을 '사람으로서' 훌륭하게 만드는 것이다. 사람은 어떤 특수한 사회 현실이나 그 사회에서 그가 수행할 특수한 임무를 떠나서, '사람으로서의' 기능을 가지고 있다. 교육은 이 '사람으로서의' 기능을 최대한으로 신장시켜 주는 일이다. 이 '사람으로서의' 기능은 어느 시대나 어느 사회에 있어서든지 동일하며, 따라서 교육의 목적은 시대나 사회에 따라서 다를 수 없다.

사람을 사람으로서 훌륭하게 만들려고 하면 진위나 선악과 같은 가치의 표준이 있어야 한다. 진보주의 교육에서는 적응이나 즉각적 필요를 강조함으로써, 사실상 그러한 가치의 표준이 있다는 것을 인정하지 않는다. 물론, 교육은 사회개혁을 위하여 노력하여야 하지만, 사회개혁은 적응이나 즉각적 필요 충족을 통하여서가 아니라 개인들을 보다 나은 인간으로 개선함으로써 달성될 수 있다. 인간을 개선하기 위해서는 무엇보다도 진위나 선악과 같은 가치를 가르치지 않으면 안

된다. 허친스의 말을 인용하면,

    만약 교육의 목적이 사람을 개선하는 데 있다고 하면 가치없
는 교육은 자가당착이다. … 교육의 으뜸가는 목적은 사람에게
무엇이 좋은가를 알도록 하는 것이다. 인간의 세계에는 가치의
위계가 있다. 교육의 임무는 우리로 하여금 그 가치의 위계를 이
해하고 확립하고 그것에 따라 살도록 하는 것이다. … 이러한 교
육은 적응의 교의, 즉각적 필요의 교의, 개혁의 교의, 한 마디로
말하여 도대체 교의가 필요하지 않다는 교의에 입각한 교육이 자
아내는 넌센스와는 거리가 멀다. 이러한 교육은 젊은이들을 나쁜
환경에 적응시키려고 하는 것이 아니라, 그 환경을 개선하도록
격려할 것이다. 이러한 교육은 즉각적 필요를 도외시하지는 않으
나, 그 필요를 보다 장기적이고 덜 구체적이지만 더 중요한 목적
과 적절하게 관련지을 것이다. 이러한 교육은 사회개혁의 유일하
게 효과적인 수단이 될 것이다.[10]

허친스에 의하면 진보주의 교육의 결함은 사람이 개선되는 데에
필요한 가치를 가르치지 않고 즉각적인 생활의 필요에 젊은이들을 '적
응'시키려고 한 데에 있다. 교육을 통한 사회개혁은 생활의 필요나
문제사태를 교육의 내용으로 삼아서 달성될 수 있는 것이 아니라, 학
생들에게 무엇이 옳고 그른가를 가르쳐 줌으로써 달성될 수 있다. 학
생들에게 가르쳐 주어야 할 가치는 우리가 넓게 '문화유산'이라고 부
르는, 인류의 지적 성취에 그 원천을 두고 있다. 그러므로 교육의 내용
은 각 분야의 지적 성취의 총화인 '학문'이어야 한다. 각 학문을 배움

---

10) R. Hutchins, *The Conflicts Education*, pp. 71~72.

으로써 학생들은 진위나 선악 등 가치의 표준을 배울 수 있을 것이다. 이 가치의 표준은 한 개인이 적응해야 할 사회 체제와 관계없이 '사람'에 관한 한, 어디서나 동일한 것이며, 또 한 개인이 특정한 생활방식을 선택하기 이전에 배워야 한다. 이와 같이, 진보주의 교육에 대한 허친스의 비판은 결국 그것이 교육내용으로서의 학문의 중요성을 과소평가했다는 데에 그 주안점이 있다. 그리고 앞의 묘목 구덩이 파는 보기에 극적으로 예시된 바와 같이, 이 주안점은 진보주의 교육에 대한 모든 비난의 핵심을 이루고 있다. 당연히, 진보주의 교육을 비판한 사람들은 교육사태와 생활사태를 보는 두 가지 관점(이 책 pp. 106~107) 중에서 형식도야 이론의 관점을 채택하고 있는 것으로 볼 수 있다.

허친스는 자신이 주장하는 교육을 '자유교육'*이라고 부르고 있다. 자유교육은 원래 고대 희랍과 같은 계급사회에서 노예와 구별되는 '자유민'을 위한 교육을 의미하였다. 자유교육의 내용은 생산적인 활동과는 거리가 있는 '학문'이었고, 이런 점에서 오늘날 자유교육은 때로 유한有閑계급의 특권처럼 인식되기도 한다. 그러나 자유교육의 '자유'라는 용어와 관련된 이러한 연상은 분명히 불행한 연상이다. 오늘날 민주사회에 있어서는 누구나 자유민이며, 따라서 누구나 자유민으로서 교육받지 않으면 안 된다. 또한 자유교육은 사람을 '자유롭게 하는 교육'**이라는 의미를 가지고 있다. 보다 '사람답게' 되기 위해서는 우리는 내부적인 편견과 외부적인 속박에서 자유로워지지 않으면 안 된다. 우리가 자유로워지는 것은 이해력과 판단력을 가지고 있을 때이며, 이해력과 판단력은 다시 학문을 공부함으로써 개발된다. 이런 의미에서의 자유교육은 생활적응 교육, 즉 사회의 즉각적인 필요

* liberal education   ** liberating education

에 젊은이들을 적응시키는 교육과 정면으로 배치된다.

그리하여 결국 진보주의 교육 논쟁은 자유교육의 이념과 생활적응 교육의 이념 사이의 논쟁으로 요약된다. (이 논쟁은, 보다 일반적인 수준에서 보면, 교육에 있어서의 보수주의와 진보주의 사이의 논쟁으로 설명될 수 있을 것이다.) 그리고 진보주의 교육은 형식도야 이론에 대한 대안적인 교육이념을 제시함으로써 결과적으로 형식도야 이론에 내재해 있는 자유교육적 전통을 더욱 강화하고 세련되게 하는 데에 공헌하였다. 사실상 자유교육을 주장하는 사람들은 형식도야 이론을 암암리에, 또는 공공연하게 지지해왔다. 예컨대 반 도렌은 「자유교육」 (1943)에서 다음과 같이 말하였다.

오늘날에는 교육에서 소위 '형식도야'라는 것을 조롱하는 것이 유행처럼 되어 있다. 형식도야 이론은 어떤 특정한 교과를 올바로 공부하면 그 내용에 관한 지식뿐만 아니라 다른 교과를 공부하는 데 활용될 수 있는 지적 기능까지도 배울 수 있다는 이론, 다시 말하면 어떤 특정한 교과는 '정신'에 유익하다는 이론이다. 하나의 이론으로서 그것은 흔히 유치하게 제시된 것이 사실이며, 때로 누가 생각하더라도 배울 이유가 없는 교과를 변호하는 데에 사용된 것도 사실이다. 그러나 오늘날 그것이 악평을 받고 있는 이유는 다소간 그 악평을 하는 사람들 중에 교과에 의한 본격적인 도야를 받은 사람들이 거의 없다는 데에 있다고 말할 수 있다. … 만약 교육과정을 공부하는 철학자가 오늘날 유행하는 형식도야 이론에 대한 비판을 액면 그대로 받아들인다면, 그는 가장 심각한 오류를 저지르는 것이다. 그 비판 가운데에도 특히 교과에서 도야되는 능력이 사소하다는 비판은 분명히 피상적인 비판이다. 수학에서 배우는 정확성은 결코 사소한 미덕이 아니다. 만약 수학을 즐겨 공부하기만 하면 수학은 추상적 정신능력을 훈련하며, 이것은 보다 핵심적이고 중요한 미덕에 기초가 된다. 물론, '만약 수학을 즐겨 공부하면'이라는 단서에서 '즐겨'라는 말은 대단히 중요한 의미를 담고 있다.[11)]

진보주의 교육이 교육 실제에서 세력을 떨치고 있는 동안에도 자유교육의 중요성은 극히 부분적이기는 하지만 사람들에 의하여 부단히 강조되어 왔다. 그 중에서 특히 주목할 만한 것은 1945년 하바드대학의 교양교육 보고서인 「자유사회에 있어서의 일반교육」[12)]이다. 진보주의 교육에 대한 비판과 마찬가지로 하바드 보고서의 제안은 그 당시 교육의 전체적인 동향을 이룰 만큼 영향력을 가지지 못하였다. 그러기 위해서는 1960년대를 기다려야 했다.

II 학문에의 복귀

교육과정과의 관련에서 보면, 1959년에 미국에는 두 가지 중요한 사건이 있었다. 하나는 「교육의 과정」이라는 보고서를 낸 우즈 호울 회의*이다. 「교육의 과정」이 나타내고 있는 주장에 관해서는 3장에서 고찰한 바 있다. 또 하나는 '기본교육 위원회'라는 단체에서 「기본교육의

---

* Woods Hole Conference

11) Mark van Doren, *Liberal Education*(Boston : Beacon Press, 1950), pp. 120~121.

12) Harvard Committee, *General Education in a Free Society*(Harvard University Press, 1945).

중요성」13)이라는 보고서를 낸 것이다. 이 위원회는 그 당시 진보주의 교육 또는 생활적응 교육에 반대하는 각 교과 전문가들로 구성되어 있다. 그 위원회의 강령은 다음과 같다. 즉, '인간은 거의 모든 사상事 象에 관하여 지식을 추구하고 전달하려는 의욕을 가지고 있다. 인간은 이 혼돈된 사상을 체계적인 학문으로 조직하였다. 또한 인간은 특별히 가르칠 수 있고 또 가르쳐야 하는 지식 영역들을 선정하였다. 이것이 교과이다. 교과에는 두 가지 종류가 있다. 생성력*이 있는 교과와 생 성력이 없는 교과가 그것이다. 생성력이 있는 교과라는 것은 학생들이 일단 학습하고 나면 다른 종류의 사상들을 배울 능력이 생기는 그런 교과를 말한다. 이 생성력 있는 교과가 곧 기본교육의 내용이다. 기본 교육의 내용 중에는 언어(모국어와 외국어)를 다루는 교과, 형식과 도 형과 수를 다루는 교과, 자연의 법칙을 다루는 교과, 역사를 다루는 교과, 지구의 형상과 변화를 다루는 교과 등이 있다'(pp. 5~6).

이러한 강령 밑에서 기본교육 위원회는 그 보고서에서 기본교육 의 필요성을 주장하는 것과 동시에 12가지의 필수교과를 제시하고 몇 가지 선택교과를 예시하였다. 필수교과는 공민, 미국사, 세계사, 지리, 작문, 문학, 고전어, 현대어, 수학, 생물, 화학 및 물리이며, 예시 된 선택교과는 미술, 음악, 철학, 화술이다. 이들 각각의 교과에 관하 여 그들은 그것을 교과로 포함시킨 이유, 주요내용, 그리고 고등학교 3학년까지 도달해야 할 학습기준을 제시하였다.

이 두 사건은 그 당시 교육계의 문제 의식을 반영하는 것으로 볼 수 있으며, 또한 그 전후의 교육이론을 구분짓는 분수령의 구실을

---

* generative power

13) Council for Basic Education, *The Case for Basic Education*(Atlantic-Little Brown, 1959).

하였다고 볼 수 있다. 종래 진보주의 교육에 대한 비판과는 달리, 이 두 사건은 하나의 새로운 교육 동향을 적극적으로 확립하는 계기가 되었다. 이 새로운 교육 동향에서는 교과 또는 '학문'이 교육내용을 이루고 있다. 「교육의 과정」이 바로 이 점을 주장하였다는 것은 이미 말한 바와 같다.

여기서는 「교육의 과정」 이후, 교과와 학문을 강조하는 입장에서 교육과정 이론을 확립하기 위한 노력을 보여주는 것으로서 브로우디 등14)과 피닉스15)의 이론을 고찰하겠다. 이들의 이론은 두 가지 점에서 공동된 특징을 가지고 있다. 하나는, 생활적응 교육에 대한 반론으로서, 교육의 내용은 사회생활의 '필요'를 충족시키기 위한 것이 아니라 교과 또는 학문이어야 한다는 것이다. 그리고 또 하나는, 교육과정 이론은 교과 그 자체를 분석함으로써 정립되어야 한다는 것이다. 이것은 타일러나 타바에 의한 '종합적 교육과정 이론'에 대한 반론이라고 볼 수 있다. 교과 자체의 분석을 중요시하는 입장에서 보면, 목표를 설정하고 학습경험을 선정·조직하고 학습결과를 평가하는 '절차'는, 설사 교육과정 이론에 포함된다 하더라도, 오직 부차적으로만 중요성을 가진다. (이와 같이 교과를 중요시하는 입장에서 교육과정 이론을 정립한 사람들이 주로 '교육철학'에 관여하는 사람들이라는 것은 재미있는 '우연의 일치'이다. 아마 그것은 타일러나 타바가 말한 '교육철학에 의한 교육목표의 통합 조정'이 어떤 결과를 낳는가를 보여주는 것인지도 모른다.)

브로우디 등은 그 책의 첫머리에서 그들이 주장하는 이론의 특징

---

14) H. S. Broudy *et al.*, *Democracy and Excellence in American Secondary Education* (Chicago : Rand McNally, 1964).

15) P. H. Phenix, *Realms of Meaning*(New York : McGraw-Hill, 1964).

을 몇 가지 열거하고 있다. 그 중에서 중요한 것은 다음 두 가지이다. 첫째로,

> 이 책의 초점은 수업의 '내용'에 있다. 현재 대다수의 교육과정 이론들은 학교를 '공부하는' 장소인 것에 못지 않게 '생활하는' 장소로 취급하고 있다. 그리하여 그 이론들은 명색이 '교육과정' 이론이라고 하면서도 때로 일반적인 '사회화'* 이론과 거의 구별할 수가 없게 되고 만다. 물론, 학교교육에는 사회화가 중요한 부분을 이루고 있는 것이 사실이며, 학교는 가정이나 호텔이나 병원이 그렇듯이 생활하기 좋은 곳이어야 한다. 그러나 학교의 특이한 양상은 그것이 생활의 장소일 뿐만 아니라 바로 정규수업의 장소라는 데에 있다. 그러므로 학교에서는 수업의 내용이 다른 어떤 것보다도 주의의 초점이 되어야 한다. 일반적인 사회화 과정, 예컨대 특별활동과 같은 것은 필요하다. 그러나 그것이 '교육과정' 이론에서 핵심적인 중요성을 차지하면 할수록, 그만큼 학교의 특이한 기능이 소홀히 취급되는 것이다(pp. 9~10).

둘째로, 브로우디 등은 그들의 이론이 '교육과정의 이론'이며, '교육과정 이론에 관한 설명'이 아니라는 것을 강조하고 있다. 여기서 '교육과정 이론에 관한 설명'이라는 것은 곧 타일러나 타바에 의한 '종합적 교육과정 이론'을 가리키는 것이다. 브로우디 등의 관점에서 보면, 타일러나 타바는 '교육과정 이론'을 제시하는 것이 아니라, 교육과정 이론의 일반적인 형식을 제시하는 것이다(이 책 p. 35). 그리하여 브로우디 등의 책에서는 대부분의 교육과정 책에서 볼 수 있는 '중핵

* socialization

형', '활동형', '광역형', '교과형' 등 교육과정 구성의 유형이나 절차에 관한 언급을 찾아볼 수 없다.

브로우디 등은 그들이 제시하는 교육과정을 성격상 '일반 공통 교육과정'*이라고 규정하고 있다. '공통'이라는 용어는 학생의 필요나 배경에 관계없이 누구나 배워야 하는 교육과정이라는 것을 의미하며 '일반'이라는 용어는 어느 특정한 생활 영역이나 직업 분야에 국한되어 적용되는 것이 아니라, 그것에 관계없이 넓은 범위에 걸쳐 적용되는 교육과정이라는 것을 의미한다. 이러한 일반 공통 교육과정은 무엇을 근거로 하여 도출되는가? 그것은 '청소년들이 장차 종사하게 될 특정한 직업이나 장차 사회생활에서 수행하게 될 광범한 역할'에서 도출될 것이 아니라, '학교교육의 결과가 현대 생활에서 어떤 용도로 사용되고 있는가를 분석함으로써'(p. 45) 도출되어야 한다. 그리하여 브로우디 등은 '학교교육의 용도'를 네 가지로 분류하고 있다. 즉, 학교교육의 결과는 '재생적으로, 연상적으로, 응용적으로, 그리고 해석적으로'** 사용된다는 것이다. 만약 이 네 가지 용도 중에서 가장 근본적인 용도가 확인될 수 있다면, 학교교육은 그 용도를 촉진하는 교육내용을 가르쳐야 할 것이다.

학교교육의 결과 중에는 분명히 '재생적으로' 사용되는 것이 있다. 학교에서 배우는 정보나 기술 중에는 배운 그대로 쓰이는 것이 있는 것이다. 또한 일상생활의 특정한 사태에 당면했을 때 우리의 마음속에는 학교에서 배운 특정한 내용이 '연상'된다. 학교교육의 '응용적' 용도라는 것은 예컨대 수학이나 물리학의 원리가 공학에 응용되는 경우와 같이, 교육을 통하여 습득된 원리가 실제적인 문제 해결에 응

---

* common general curriculum
** replicative, associative, applicative, interpretative use

용되는 경우를 말한다. 마지막으로 우리는 학교교육에서 배운 내용을 기초로 여러 가지 사상事象을 '해석'한다. 물론, 해석도 일종의 응용이라고 볼 수 있으나, 해석의 경우에는 해석되는 사상과 해석에 사용되는 교육내용 사이의 관련이 응용의 경우보다 훨씬 더 일반적인 성격을 띤다. 학교에서 배운 교육내용이 해석적으로 사용될 때, 그 교육내용은 사물을 보는 '안목', 또는 브로우디 등의 용어로 '인지적 및 평가적 지도地圖'의 역할을 한다. 브로우디 등은 위의 네 가지 용도 중에서 '해석'이 가장 근본적으로 중요하다고 주장한다. 왜냐하면 '먼저 사태를 해석하지 않고는 무엇을 재생, 연상, 응용할 것인지 알 수 없을 것이기'(p. 54) 때문이다. 해석적 용도가 이와 같이 근본적으로 중요한데도 불구하고, 이때까지 교육에서는 그것이 가장 덜 강조되어 왔다고 브로우디 등은 주장한다.

그리하여 교육과정은 학교교육의 해석적 용도를 극대화하는 방향으로 구성되지 않으면 안 된다. '교육내용'이 무엇인가가 교육과정의 가장 중요한 관심사라는 브로우디 등의 견해는 이 점에 비추어 볼 때 당연하다. 브로우디 등에 의하면 교육과정은 '내용*을 교과목** 으로 조직한 것'(p. 79)을 의미한다. '내용'과 '교과목' 이외에, '교육과정'이라는 용어를 약간 넓게 해석한다면, 아마 '교수방식'☆도 교육과정에 포함시킬 수 있을 것이다. 그러나 브로우디 등은 학생에게 나타나는 '학습의 결과'나 그것을 측정하는 '평가'는 교육과정에서 제외되어야 한다고 주장한다. (이 두 가지는 타일러나 타바의 이론에서 가장 중요한 요소로 간주되고 있다는 것을 상기할 필요가 있다.) 학습의 결과나 평가는 학교교육☆☆의 한 부분으로 간주될 수도 있으나, 교육과

---

* content ** categories of instruction
☆ modes of teaching ☆☆ schooling

정의 한 부분은 아니다. 교육과정은 학교교육 중에서 '교육내용을 교수하는 일'에 직접 관련되는 부분을 일컫는다. 이와 마찬가지로 그들은 교수활동의 본질은 반드시 그 활동의 핵심이 되는 교육내용과 관련되어 규정되지 않으면 안 된다고 주장한다. 교육내용이야말로 교수활동을 여타의 사회적 상호작용(정치나 장사)과 구별하는 본질적 특성이다. 그들이 말한 바와 같이,

> 교육활동을 모든 사회적 행동과 구별하는 특징은 그것이 지식의 요구조건 및 지식에 수반되는 인지적, 가치적 구조를 학생들에게 길러주려는 의도에 지배된다는 데에 있다. 교사의 행동이 학생에 관한 이해 —학생 행동에 관한 지각과 진단— 에 영향을 받는 것은 사실이지만, 교사의 행동(즉, 교수행동)을 결정하는 요소는 학생에 관한 이해가 아니라, 교사 자신의 인지적 취향, 지식, 그리고 지식을 잘 가르치기 위하여 해야 할 일의 성격에 관한 인식이다. 적어도 내용 분야에서 이 일을 잘하려고 하면, 교사는 의미를 명료화하고 원리와 규범을 설명하고 사상을 분류, 해석하고, 예측·통제하는 일을 잘하지 않으면 안 된다(pp. 85~86).

브로우디 등이 교육과정의 핵심이라고 한 '교육내용'은 도대체 무엇인가? 되풀이하지만, 그들에 의하면 교육내용의 중요성은 학교교육의 '해석적 용도'를 촉진하는 데에 있으며, 따라서 교육내용은 사상을 해석하는 데에 필요한 '인지적 및 평가적 지도地圖' 역할을 할 수 있는 것이어야 한다. 이런 의미에서의 교육내용으로 브로우디 등은 '1) 사실, 2) 개념(기술적 및 가치적 개념), 3) 원리, 4) 규범과 규칙' 등을 들고 있다. 이 중에서 '사실'이라는 것은, 브로우디 등도 인정하

듯이, 그것이 어째서 사실로서 중요성을 가지는가가 명백히 드러나지 않으면 의미가 없다(예컨대, 볼타공화국의 환금작물은 면화, 쌀, 땅콩이라는 '사실' 따위, p. 20). '사실'의 중요성은 그것이 원리나 규범과 관련하여, 사상을 해석하는 '지도'의 한 부분이 될 때 비로소 인정된다. 그러므로 교육내용은 '기술적 개념과 원리'와 '가치적 개념과 규범'의 두 가지로 요약될 수 있고, 브로우디 등도 분명히 그렇게 보고 있다(8, 9장). 이들 교육내용은 다시 여러 가지 '교과목'으로 나누어 조직된다. 교과목으로서 브로우디 등은 크게 '상징과목, 기본과학, 발달과목, 심미과목, 사회문제' 등을 들고 있다.[16]

물론, 브로우디 등의 교육내용 분류에는 난점이 없는 것도 아니다. 예컨대 교육내용으로서 개념(기술적 개념)과 원리, 또 개념(가치적 개념)과 규범이 서로 구분될 수 있는가 하는 문제가 있다. 특히 이러한 교육내용들이 과학적 및 가치적 현상을 보는 '지도'의 역할을 하게 되어 있다는 점을 생각하면, 개념은 과학적인 원리나 가치적인 규범의 한 부분으로서 그것과 서로 구별되지 않는다고 보는 것이 더 타당할 것이다. 뿐만 아니라, 그들의 내용 분류에는 수학적인 지식이 올바르게 취급되어 있지 않다는 것도 문제이다. 그들의 교육과정에서 수학은 언어와 마찬가지로, '교과'가 아닌 '교과목'(상징과목과 기본과목)으로만 분류되어 있다.

그러나 목하 우리의 관심사로 보면, 브로우디 등이 말하는 교육내용은 타일러의 이론에서의 '내용'과는 상당히 다른 의미를 가지고 있다는 점에 특히 주목할 필요가 있다. 타일러의 이론에서 내용은, 2장

---

16) 브로우디 등이 제의한 교과목 조직에 관해서는 H. S. Broudy *et al., op. cit.,* chap. 10~14, 또는 H. S. Broudy, *Building a Philosophy of Education*(1961), 이인기와 서명원(공역), 「교육철학」(서울 : 을유문화사, 1963), 12장과 13장을 참고하라.

에서 말한대로, 예컨대 생물학의 '영양, 소화, 순환기관' 등과 같은 것으로서, 이것은 학생들의 '행동형'과 결합되어 '목표'를 구성하게 되어 있다. 이런 의미에서의 '내용'은 브로우디 등의 관점에서 보면 내용이 아니라, 내용이 담겨 있는 분야 또는 주제이다. 그러면 타일러가 말하는 '학습경험'이라는 것이 브로우디 등의 내용인가? 그렇지 않다. 타일러의 학습경험은 예컨대 강의를 듣는다든지 책을 읽는다든지 공장을 견학하는 것 등이다. 그러므로 브로우디 등의 내용은 타일러의 '학습경험'을 통하여 학생이 배우게끔 되어 있는 내용을 가리킨다고 볼 수 있다. 브로우디 등이 말하는 '내용'은 사고과정 또는, 그들의 용어로, '논리적 조작'操作*과 불가분의 관련을 맺고 있으며, 내용이 그야말로 내용으로서 중요시되는 것은 바로 그것에 포함되어 있는 논리적 조작이 중요하기 때문이다. (그들은 대개의 경우에 '내용과 조작'이라는 식으로 두 단어를 붙여 쓰고 있다.) 이런 의미에서의 교육내용을 다른 용어로 표현한다면 그것은 바로 '학문'이라고 부를 수 있을 것이다. 학문은 각각 독특한 '논리적 조작'을 하는 과정 또는 그것을 거쳐 생긴 결과이며, 학문을 배울 때 우리는 그 내용을 통하여 논리적 조작을 배울 것이기 때문이다(p. 120).

피닉스의 교육과정 이론은 본질상 브로우디 등의 그것과 동일하다. 피닉스에 의하면 교육내용은 '의미'**이다. '의미'는 인간의 본성과 불가분의 관계를 맺고 있다. 인간은 그 본성에 있어서 의미를 창조하고 발견하고 표현하는 동물이다. 그리고 현재 인간이 가지고 있는 의미는 역사를 통하여 인간이 발견하고 창조하고 표현한 의미의 총화이다. 이때까지 철학에서는 인간의 본성을 '합리적 동물'로 규정해 왔으나, 피닉스는 '합리성'이라든가 '이성'이라는 것이 종래 '논리적 사

---

* logical operation   ** meaning

고과정에만 관련되는 것으로 너무 좁게' 규정되어 왔다고 말한다. 여기에 비하여 '의미'는 좁은 의미에서의 합리성뿐만 아니라, 넓게 감정, 양심, 사상, 그리고 보통 이성의 영역에서는 제외되는 여러 가지 사고 과정을 포함한다. 피닉스는 '의미'를 '관조와 성찰, 논리적 원칙, 선택적 정련, 그리고 표현'의 네 가지 특징으로 규정하고 있다. 즉, 의미는 인간이 '관조와 성찰'을 통하여 얻은 경험내용을 '논리적 원칙'에 맞게 조직한 것이다. 이 의미는 학문적 전통에 의하여 점차 '선택적으로 정련'되어 왔으며, 각각 적합한 상징적 형식에 의하여 '표현'되어 있다. 이런 의미에서의 '의미'는 넓은 의미에서의 '이성의 소산 전체'(p. 21)를 의미한다고 볼 수 있다. 인간의 본성은 이러한 의미를 추구하고 전달하는 데에 있으므로, 인간의 본성을 실현하기 위한 교육(즉, 자유교육)은 마땅히 의미를 그 내용으로 하지 않으면 안 된다.

　의미는 여러 가지로 분류될 수 있겠지만, 교육에 있어서는 학습을 도와주는 데에 편리하게 분류하는 것이 좋을 것이다. 그리하여 피닉스는 의미를 '학문의 논리적 구조'(p. 25)가 비슷한 것끼리 분류하였다. 어떤 학문이든지 그 논리적 구조는 '양'과 '질'의 두 가지 측면에서 분석될 수 있다. 양에는 '단일, 일반, 포괄'의 세 가지가 있고 질에는 '사실, 형식, 규범'의 세 가지가 있다. 그리하여 어떤 학문이든지 그 논리적 구조는 '단일 사실', '일반 규범' 등과 같이 양과 질의 결합으로 특징지어질 수 있을 것이다. 이와 같이 하여 피닉스는 9가지 종류를 얻고 그것을 다시 묶어서 결과적으로 6가지 '의미의 영역'을 확인하였다.

1. 상징적 의미*(일반 형식) : 이 영역은 사람이 의미를 다른 사람에게 표현하고 다른 사람에 의하여 표현된 의미를 이해하는 도구로서 임의로 만들어낸 기호체계로 구성되어 있다. 이 영역은 다른 모든 영역의 의미를 표현하는 수단이 된다는 뜻에서 가장 기본적인 영역이라고 말할 수 있다. 사람들이 일상생활에서 쓰는 언어, 수학, 그리고 표정, 관습, 의식 등, '비언어적 상징 형식'이 이 영역에 포함된다.

2. 경험적 의미(일반 사실) : 이 영역은 물리학, 화학, 생물학 등의 자연과학과, 정치학, 경제학, 사회학, 심리학 등의 사회과학으로 대표되는 영역이다. 이 영역에서의 의미는 자연현상이나 사회현상에 관한 사실과 그 사실을 기초로 한 일반적 법칙, 그리고 그 법칙에 의한 현상의 설명을 다룬다. 이러한 활동은 모두 명백히 체계화된 방법론적 규칙에 지배된다.

3. 심미적 의미(단일 형식) : 이 영역은 음악, 시각예술, 신체적 율동, 문학 등의 예술에 표현된 의미를 가리킨다. 이 영역의 의미는 사람들의 주관적인 느낌을 창의적으로 표현한 것으로서, 세계에 대한 미적 감각을 그 내용으로 한다.

4. 실존적 의미(단일 사실) : 이 영역은 대인관계에서 파생되는 실존적 자각을 그 내용으로 한다. 사람과 사람과의 '만남'에서 인간관계에 관한 통찰과 상호간의 인간적 공감이 수반되며, 이러한 통찰과 공감은 인간생활의 본질적인 특징이 된다. 인간 실존의 여러 측면을 다루는 철학, 심리학, 문학, 종교 등이 이 영역에 관계된다.

---

* 이하 여섯 가지 '의미'의 영어 명칭은 Symbolics, Empirics, Esthetics, Synnoetics, Ethics, Synoptics이다.

5. 윤리적 의미(단일 및 일반 규범) : 이 영역은 위의 어느 영역과도 달리 도덕적 당위와 그에 따른 행위준칙을 다룬다. 도덕적 당위와 도덕적 행위 준칙은 개인의 자유, 책임, 의도적 결정 등을 기초로 성립한다. 이 영역은 윤리학과 사회도덕을 포함한다.

6. 총괄적 의미(포괄 사실, 규범 및 형식) : 이 영역은 역사(사실), 종교(규범), 철학(형식) 등에 나타난 의미로서, 다른 모든 영역의 의미를 포괄하는 영역이다. 역사는 과거에 일어났던 일을 증거에 비추어 해석하며, 종교는 인간의 궁극적 의미를 초월자에게서 구하며, 철학은 다른 영역의 의미를 명료화, 평가, 조정한다.

위의 여섯 가지 의미의 영역은 각각 특이한 '일반적 논리', 다시 말하여, 각각 특이한 '연구문제와 개념과 탐구방법'(p. 48)을 가지고 있다. 이들 각 영역의 의미를 교육과정의 기초로 삼기 위해서는 각각의 영역이 나타내고 있는 특이한 논리적 구조를 확인할 필요가 있다. 그리하여 피닉스는 그 책의 나머지 대부분을 각 영역에 속하는 학문* 들에 관하여 하나씩 '일반적 논리적 성격, 탐구 대상 또는 주제, 대표적 아이디어 및 탐구방법'을 섭렵하는 데에 할애하고 있다. 범위와 계열 등, 교육과정 구성의 방법상의 원칙은 주로 그러한 '의미의 일반적 논리'에서 도출되어 나온다. 예컨대 계열에 관한 설명에서 피닉스는 다음과 같이 말하고 있다.

언어(영역 1)에서 가장 높은 단계는 '통사統辭 규칙'을 자유자재로 구사하는 경지이다. 과학(영역 2)에서의 목적은 '일반화 및 이론적 모형'의 이해에 있다. 예술(영역 3)의 목표는 '개별적

---

* discipline

심미적 구성'에 있다. 인간관계(영역 4)에서 추구되는 것은 자기 자신과 타인의 구체적인 '실존적 이해'이다. 윤리적 의미(영역 5)에서 추구되는 것은 '선善의 지식과 의義의 실천'이다. 총괄적 의미(영역 6)에서의 목적은 '종합적인 안목'이다. 이 각각의 영역에서 초보적인 이해로부터 높은 수준으로 나아가는 분화와 통합의 율동적 과정은 각 영역의 궁극적인 목적에 의하여 영향을 받는다 (p. 287).

피닉스는 교육내용을 각 영역에 포함되어 있는 학문의 개념과 탐구방법으로 파악하고자 했으며, 이 점에서 보면 그가 규정하는 교육내용은 브로우디 등의 그것과 다름이 없다. 아마 피닉스의 '의미의 영역'에 의한 교육내용의 분류는 브로우디 등의 그것보다 더 자세하다고 볼 수 있을 것이다. 그러나 여기에도 사소한 문제는 있다. 예컨대 피닉스는 '상징적 의미'의 한 부분인 '비언어적 상징형식'으로서 신호, 몸짓, 얼굴 표정, 의식과 관습 등을 들고 있지만, 이것이 '교육내용'이될 수 있을지, 또는 적어도 수학이나 물리학, 경제학이나 사회학과 대등한 범주의 교육내용이 될 수 있을지는 의문이다. 뿐만 아니라, 그는 교육내용을 '학문'이라고 하면서도 '심미적 의미'에 예능(기능적인 면)과 신체적 율동을 포함시키고 있다. 예능이 '학문'으로서의 심미적 의미에 어떤 방식으로 관련되는가 하는 데는 복잡한 문제가 개입되어 있으며, 따라서 심미적 의미에 속하는 교과의 성격에 관해서는, 여타의 영역에 있어서와 마찬가지로, 피닉스가 그 책에서 하고 있는 것보다는 훨씬 상세한 논의가 필요하다.

전체적으로 보아 피닉스의 가장 중요한 공헌은 아마도 교육내용으로서의 학문을 체계적으로 분류하는 것과 동시에 그 학문들의 '일반적 논리'를 밝히고자 한 데에 있을 것이다. 그러나 바로 이 공헌에 또한 무리가 있었다고 볼 수 있다. 피닉스는 각 영역에 속하는 의미들을 하나씩 섭렵하기에 앞서서, 그것은 '현대 지식의 개요나 개론'이 아니요, 어떤 학문이든지 그것을 불과 몇 페이지에 요약한다는 것은 '부질없고 혼란을 일으키는'(pp. 55~56) 일이라는 식으로 미리 경고를 하고 있기는 하지만, 그가 의도한 대로 의미의 분석이 교육 실제에 효과적으로 적용되기에는 그것은 너무나 일반적이고 피상적인 것에 그칠 수밖에 없다. 그럴 수밖에 없는 것이, 피닉스가 분석하고자 한 것은 비록 그것을, 피닉스 자신이 속하고 있는 서구 문화권에 한정된 것으로 생각한다고 하더라도, 바로 아리스토텔레스 이후 인류의 업적 전체에 해당한다고 볼 수 있기 때문이다. 이것을 한 사람이 책 한 권에 요약한다는 것은 누구에게나 무리한 일일 것이다. 결국 교육내용을 교육 실제에 효과적으로 적용될 수 있을 만큼 자세하게 파악하는 일은 각각의 학문에 전문적으로 종사하고 있는 사람들, 브루너의 말대로 '지식의 구조'를 가장 잘 알고 있는 사람들에게 맡겨져야 할 것이다.

Ⅲ 학문중심 교육과정

브루너의 「교육의 과정」에서 시작하여 브로우디 등과 피닉스에 의하여 제시된 최근 교육과정의 동향을 가리켜 흔히 '학문중심 교육과정'*이라는 용어로 나타낸다. 이것은 종래의 '교과중심 교육과정'**과 '경험중심 교육과정'☆에 대비되는 용어이다. 역사적으로 보면, 교

---

* discipline-centered curriculum   ** subject-centered curriculum
☆ experience-centered curriculum

과중심 교육과정은 형식도야 이론에 입각한 교육과정을 가리킨다. 경험중심 교육과정은 일반적으로 생활적응 교육과 관련이 있는 것으로 알려져 있다. (그러나 '경험'이라는 용어는 듀이 교육이론의 핵심 개념인 만큼, 그것이 바로 듀이의 교육이론에 입각한 교육과정을 의미하는 것인가 하는 의문이 있을 수 있다. 이것은 생활적응 교육이 듀이의 이론에 기초를 둔 것인가가 의심스러운 것과 마찬가지이다.) 교과중심 교육과정에 있어서 교육과정은 '교수요목'*으로 정의되지만, 경험중심 교육과정에서는 '학교의 계획하에서 얻어지는 학생 경험의 총체'로 정의된다. 위의 두 정의는 그동안 교육의 무게 중심이 '교과'에서 '학생'으로 이동되었다는 것을 나타낸다. ('우리는 교과를 가르치는 것이 아니라 아동을 가르친다.')

교과중심 교육과정과 경험중심 교육과정에 대하여 1960년대 이후의 교육과정 동향을 학문중심 교육과정이라는 말로 부르게 된 이유는 달리 설명할 필요가 없을 것이다. 이 동향에서 교육과정은 흔히 '학문(또는 지식) 탐구과정의 조직'으로 정의된다. 앞에서 충분히 설명된 바와 같이, 학문중심 교육과정에서는 학문의 내용과 탐구과정(즉, '지식의 구조')이 교육의 과정을 결정하는 가장 중요한 요인이 된다. 물론, 그렇다고 해서 그전 형식도야 이론에 입각한 교육이 비판을 받은 것처럼, 학문적인 지식을 학생에게 일방적으로 주입하는 것이 옳다는 것은 아니다. 학문의 내용과 탐구과정이 학생에게 학습되기 위해서는 그것이 학생들에게 이해될 수 있는 형태로 번역되지 않으면 안된다. 학문중심 교육과정의 관점에서 보면, 교육과정의 가장 중요한 관심사는 각 학문의 성격(또는 '지식의 구조')을 밝히는 일과 그것을 학생들에게 이해 가능한 형태로 번역하는 일이다. 이 두 가지 일은

---

* course of study

사실상 따로 떨어진 일이 아니라 밀접하게 관련된 일이다.

학문중심 교육과정의 주장 그 자체는 사실상 '새로운' 것이 아닐지 모른다. 그러나 분명히 그것은 교육에 관심있는 사람들로 하여금 각 학문의 구조를 밝히는 일과 동시에 '학문'의 일반적 성격을 규정하는 일에 새로운 관심을 기울이도록 하는 계기가 되었다. 학문은 대체로 '독특한 개념과 탐구방법을 가진 지식체계'로 정의된다. (슈와브에 의하면, 학문은 '실질적 구조'(개념)와 '구문적 구조'(탐구방법)에 의하여 정의된다.)[17] 그러나 학문은 사실상 개념과 탐구방법이라는 말로 완벽하게 정의될 수 없는 면도 있다. 그것은 오히려 하나의 활동, 다시 말하면 학자들이 학문을 연구할 때 하는 활동으로 정의되는 것이 더 타당할지 모른다. 이 점에서 킹과 브라우넬이 학문을 '학자의 공동체'*로 정의한 것은 깊은 의미를 가진다고 볼 수 있다. 그들의 말에 의하면,

학문이라는 것을 지식의 분야라든지 연구의 분야라고 해서 학문이라는 말의 의미가 분명해지는 것은 아니다. 차라리 학문이라는 말은 비유적으로 '지적 탐구와 논의의 영역을 공유하는 학자들의 공동체'를 가리키는 것으로 풀이되어야 한다. 이들 전문가의 공동체가 하는 일은 그 본질에 있어서 여러 가지 종류의 상상력을 동원하여 인간에게 관심있는 특정한 문제 영역에 탐구의 정신을 적용하는 일이다. 지적 논의에 종사하는 사람들의 집단은 각각 과거에서 물려받은 유산을 가지고 있으며, 그 분야의 지식을 점점 더 높은 상태로, 유익한 상태로 발전시키려고 노력한

---

* community of scholars

17) Joseph J. Schwab, 'Problems, Topics, and Issues,' Stanley Elam(ed.), *Education and the Structure of Knowledge*(Chicago : Rand McNally, 1964), pp. 4~42.

다. 지적 논의에 종사하는 사람들의 집단은 분야별로 각각 특이한
'아는 방식'* 또는 '지식을 확립하는 방식'을 가지고 있고, 경우에
따라서는 몇 개의 집단이 공통된 '아는 방식'을 사용하기도 한다.
이들 집단은 각각 전문화된 언어 또는 그 밖의 상징체계를 가지고
있다. 엄밀한 문제 규정이나 엄밀한 탐구가 가능한 것은 바로 이
상징체계가 있기 때문이다. 이들 집단은 다소간 상호관련된 일련
의 개념을 가지고 있다. 이들 집단은 책이라든지, 논문이라든지,
연구보고서 등, 그 구성원들 사이의 코뮤니케이션 수단을 물려
받고 있다. 이들 집단의 구성원들은 지적 및 정의적 유대로 서로
연결되어 있으며, 이들은 누구나 발견의 희열, 그리고 그 발견을
동료들과 나누어 가지는 희열을 맛본다. 이들 집단의 일에는 스타
일과 진리탐구가 강조된다. 이들 집단은 명백하게 표방된 것이거
나 아니면 묵계에 의한 것이거나 간에 인간은 어떤 존재인가에
관한 기본 가정을 가지고 있다. 마지막으로 이들 집단은 서로 교
육해 가는 집단이다.18)

자, 이것이 학문이다. 그리고 학문중심 교육과정에서는 학생들로
하여금 '본질상' 이와 비슷한 일을 하도록 하고자 한다. 그러면 학문중
심 교육과정은 교육과정에 관한 모든 해답, 최종적인 해답인가? 아마
그럴 수 없을 것이다. 학문중심 교육과정에 관해서도 이미 많은 문제
들이 제기되었다.19) 그 중에서 아마도 가장 두드러지는 것은 명백하게
학문이나 지식이라고 볼 수 없는 교과들이 교육과정상 어떤 위치를

* ways of knowing
18) A. R. King and J. A Brownell, *The Curriculum and the Disciplines of Knowledge*(New York : John Wiley, 1966), p. 68.
19) *Ibid.*, pp. 144~149.

차지해야 하는가 하는 문제일 것이다. 이 문제는 쉽게 해결될 수 있는 것이 아니지만 적어도 그것이 교과를 왜 가르치는가 하는 문제와 관련된다는 것은 분명하다. 교과를 왜 가르쳐야 하는가 하는 이것이 다음 장에서 고찰할 문제이다.

6
교과의 가치

대부분의 교사에게 있어서 '왜 가르치는가'라는 질문은 유명한 에베레스트 등산가를 향한 '왜 산에 올라가는가'라는 질문과 동일한 성격을 가진다. 마치 그 에베레스트 등산가가 '산이 거기에 있기 때문'이라고 대답한 것과 같이, 교사들이 가르치는 것은 '가르칠 내용이 거기에 있기 때문'이며, 가르칠 내용이 거기에 있는 한, '왜 가르치는가'라는 질문은 이미 포인트가 없는 질문이 되고 만다. 교사들은 결국 가르치는 일을 업으로 삼는 사람들이 아닌가? 그리고 가르치는 내용이 있는 한, 교사의 가르치는 일은 언제나 의미를 가지는 것이 아닌가?

그러나 교사가 자신의 하는 일에 관하여 조금이라도 비판적인 성찰을 하려고 하면, 그 순간부터 '왜 가르치는가'라는 질문은 그가 하는 모든 일에 걸쳐서 심각한 질문이 된다. (소크라테스는 '자기성찰 없는 인생은 살 가치가 없다'고 말하였다. 그리고 교육은 인생과 다름없이 가장 심각한 자기성찰을 필요로 한다.) 대부분의 교사들은 가르치는 내용이, 예컨대 교과서에 의하여, 이미 주어져 있다고 생각하지만, 거기서 '가르치는 내용'이라는 것은 정확하게 무엇을 의미하는가? 그뿐만 아니라, 가르친다는 것은 도대체 무엇인가? 잘 가르친다든가 잘못 가르친다는 것은 무엇을 의미하는가? 이런 질문들은 반드시 '왜 가르치는가'라는 질문을 수반하며, 그 질문과 관련되지 않고는 해답될 수 없다. 그러므로 앞에서 말한 바, '가르치는 내용'이 있으면 '왜 가르치는가'라는 질문이 포인트를 잃는다는 말은 중요한 진리를 나타낸다고 볼 수 있다. 뒤집어서 말하면, '왜 가르치는가'라는 질문은 '가르치는 내용'이 무엇인가를 해답하는 데에 필요하며, 또 거기에 반드시 필요하다고 말할 수 있을 것이다.

'왜 가르치는가'라는 질문은 일반적으로 교육목표, 교육목적, 교육이념 등 여러 가지 용어로 표현되고 있다. (여기서 '교육목표'라는 용어는 타일러 모형의 '교육목표'와는 다른, 보다 일반적인 의미로 쓰인 용어이다. 이 점에 착안하여, 때로 교육목표와 교육목적과 교육이념을 서로 구별해야 한다고 주장하는 사람들이 있지만, 이들 용어는 그것이 사용되는 맥락에 따라 다양한 의미를 가질 수 있으며, 따라서 그 용어를 그것이 사용되는 맥락에서 분리하여 그 자체로서 규정하거나 서로 구분하는 것은 별로 의미가 없다. 이하의 설명을 보라.) 앞에서 말한 바를 되풀이하면, 교육목적 또는 교육목표는 어떤 특정한 교육내용이 어째서 가르칠 가치가 있는가(즉, 그것이 어떤 점에서 교육내용으로 '정당화'되는가), 그리고 어떤 특정한 교육방법이 어째서 타당한 교육방법인가를 해답하는 데에 도움이 되며, 이 점에서 중요성을 가진다. (다시, 이것이 타일러의 모형에 제시된 바, 교육목표가 학습경험의 선정과 조직 및 평가의 기준이 된다는 것과 표면상 동일하다고 해서, 두 가지 주장이 실질적으로 동일하다고 생각해서는 안 된다. 타일러 모형의 가장 근본적인 문제는 교육목표가 교육내용의 '가치'

를 제시할 수 없는 형태로 규정된다는 데에 있다. 이 책 p. 49)

　교육목적을 '교육내용 또는 교과의 정당화'라는 뜻으로 받아들이
면, 현재 우리나라 교육에서 볼 수 있는 교육목적에 관한 한 가지 기현
상은 쉽게 설명될 수 있다. 한편으로 우리나라에는 '교육이념의 부재'
라는 말로 대표되는 바와 같이, 교육목적이 없거나 불분명하거나 혼란
되어 있다는 견해가 상당히 널리 퍼져 있다. 그러나 '교육이념의 부재'
라는 말은 문자 그대로 교육이념 또는 교육목적이 없다는 뜻이 아닐
것이다. 사실상 교육이념은 너무나 많이 있으며, 교육에 관심이 있는
사람이면 누구든지 적어도 몇 가지는 교육이념이나 교육목적이 될 만
한 것을 들 수 있다. 정말 '부재'인 것은 다른 것이 아니라, 그러한
교육목적이 교육현장에서의 교육 실제(즉, 교사가 가르쳐야 할 내용
및 그 내용을 가르치는 방법)와 어떤 관련을 맺을 수 있는가 하는 문제
에 관한 심각한 사고이다. 교육의 내용이나 방법과 관련을 맺지 않은
교육목적은 무엇을 위하여 필요한 것인지 알 수 없으며, 이런 교육목
적은 아무리 많이 있더라도 여전히 '부재'인 것이다. 교육이념이나 교
육목적이 비록 추상적인 용어로 진술된다 하더라도, 그것이 교육의
이념이나 목적으로서 의미를 가지려고 하면, 그것은 교사의 구체적인
교육활동과 관련하여, '왜 그런 내용을 그런 방법으로 가르쳐야 하는
가'에 대한 해답을 줄 수 있는 것이어야 한다. 피터즈가 '교육자는
목적을 가지지 않으면 안 되는가'[1]라는 질문을 하고 그것에 대하여
표면상 부정적인 대답을 하고 있는 것은 목적이 불필요하다는 뜻이
아니라, 교육내용과 방법에 의견이 일치되는 한, 따로 목적에 관하여
논란할 필요가 없다는 뜻이다. 그의 말을 인용하면,

---

1) R. S. Peters, 'Must an Educator Have an Aim?,' *Authority, Responsibility and Education*(3rd Ed.)(London : George Allen and Unwin, 1972), pp. 122~131.

목적*에 관하여 교육학자들 사이에 벌어진 논란은 주로 교육의 과정에 관련된 원리들이 바람직한 것인가에 관한 논란이었다. 교육에 있어서의 가치문제는 교육의 표적** 또는 결과☆에 관한 문제라기보다는 그 표적이나 결과에 도달하기까지의 과정이나 절차에 포함된 원리에 관한 문제이다. 물론, 교육의 방법뿐만 아니라 교육내용의 가치에 관해서도 논란이 있을 수 있다(p. 125).

이때까지 '왜 가르치는가'라는 질문, 즉 교육목적이 무엇인가를 묻는 질문은 크게 보아 두 가지 방법으로 해답되어 왔다. 그 두 가지 방법은 '왜 가르치는가'라는 질문을 각각 다른 관점에서 해석하고 있다. 하나는 그 질문을 '교육은 어떤 목적을 위한 수단이 되는가'라는 뜻으로 해석하는 관점이며, 또 하나는 '교육받은 상태는 어떤 상태인가'라는 뜻으로 해석하는 관점이다.[2]

I 교과의 정당화 개념으로서의 '필요'

교육이 무엇인가에 유용해야 한다는 생각은 상식적으로 보아 지극히 당연한 생각이라고 볼 수 있다. 그러나 무엇에 유용해야 하는가? 이 질문에 대하여 역시 상식적으로 타당한 듯한, 가장 손쉬운 대답은 교육의 결과가 개인적으로나 사회적으로 유용한 목적을 위한 수단이

---

* aim   ** goal   ☆ end-product

2) 교육의 목적 또는 목표에 관한 이 두 가지 해석은 '현재의' 교육내용에 관한 상이한 태도를 나타낸다는 점에 유의할 필요가 있다. 대체로 말하여 전자는 가치있는 것으로 간주되는 목적을 위한 효율적인 수단이 되도록 교육내용을 '바꾸는' 데에 관심을 두는 반면에, 후자는 현재의 교육내용을 받아들이고 그 교육내용으로부터 '교육받은 상태'를 추론해 내는 데에 관심을 둔다.

된다는 대답일 것이다. 교육이 무엇에 유용해야 하는가 하는 질문에 대하여 이런 손쉬운 대답이 나오는 데는 분명히 이유가 있다. 대체로 보아 교육받은 사람들은 개인적으로 보다 만족스러운 생활을 영위하고 또 사회적으로 유익한 일을 하는 것이 틀림없는 사실이다. 이런 사실을 기초로 하여, 사람들은 '왜 가르치는가'라는 질문에 대한 대답으로서, '교육이 개인적으로 만족스러운 생활을 하고 사회적으로 유용한 공헌을 하는 데에 수단이 되기 때문에' 가르친다고 생각한다. 말하자면 교육은 개인 생활에의 적응이나 사회 발전과 같은, 교육 이외의 다른 목적(즉, 외재적 목적)을 위한 수단으로 정당화된다는 것이다.

외재적 목적을 위한 수단으로 교육을 정당화할 때 일반적으로 '필요'*라는 용어가 사용되고 있다. 이 견해에 의하면 교육의 목적은 개인적 및 사회적 '필요'를 충족시키는 수단이 된다는 데에 있으며, 교육의 내용, 즉 교과는 이 목적에 비추어 정당화된다. 이 견해는, 앞에서 말한 바, 교육이 무엇인가에 유용해야 한다는 상식적인 생각과 결합되어 교육의 목적으로서 상당히 널리 받아들여지고 있다. 그러나 교육받은 사람들이 각자 생활에 원만하게 적응할 수 있고 또 사회의 발전에 공헌을 하는 것이 '사실'이라 하더라도, 이 사실이 곧 교육의 목적 또는 교과를 정당화하는 개념으로서 타당성을 가지는가 하는 것은 여전히 문제이다. 만약 그렇다고 하면, 개인적 및 사회적 필요를 충족시키는 데에 직접 도움이 되는 것만을 교육내용으로 삼아야 하든가, 적어도 그런 것들이 교육내용으로서 우위를 차지한다는 결론이 당연히 따라나온다.

역사적으로 보아, 교육의 내용이 개인적 및 사회적 필요에 의하여

---

* needs

정당화되어야 한다는 견해가 20세기 초에서 시작하여 1950년대에 이
르기까지, 이른바 '생활적응 교육'의 지배적인 교육관이 되어 있었던
것은 특히 주목할 만하다. 4장에서 말한 바와 같이, 생활적응 교육은
형식도야 이론을 대치하는 교육이론으로 대두되었다. 그리고 형식도야
이론에 의하면 교과는 그 교과 자체의 내재적 성격, 다시 말하면 교과가
가지고 있는 도야적 가치에 의하여 정당화되었다. 교과의 내재적 가치
가 부정되고 난 뒤에 새롭게 요청되는 대안은, 논리적으로 말하여, 교과
의 중요성을 외재적 필요에서 구하는 방법일 것이다. 그리하여 그 당시
교육과정 구성을 위한 여러 접근들, 즉 활동 분석법이라든가, 사회기능
분석법, 청소년 필요 분석법 및 항상적 생활사태 분석법 등은 모두 필요
를 교과의 정당화 개념으로 사용하는 접근들이라고 볼 수 있다.

생활적응 교육의 한 가지 대표적인 교육목적 또는 교육목표로서,
1938년 미국 교육연합회의 교육정책위원회에서 '미국 민주주의에 있
어서의 교육의 목적'으로 제시한 교육의 4대 목표를 생각해 보자(이
책 p. 103). 그 4대 목표는 자아실현, 인간관계, 경제적 효율성, 공공적
책임감의 네 가지이며 이것은 각각 다음과 같이 상세화되어 있다.

　　1. 자아실현의 목표 : 탐구심, 읽기, 쓰기, 계산, 보고 듣는
것, 건강에 관한 지식, 건강 습관, 공중 보건, 오락, 지적 흥미,
심미적 흥미, 인격.
　　2. 인간관계의 목표 : 인간성의 존중, 우정, 협동, 예의, 가정
의 가치를 인식하는 것, 가정의 보존, 가정 관리, 가정에 있어서의
민주주의.
　　3. 경제적 효율성의 목표 : 노작, 직업에 관한 지식, 직업 선
택, 능률적인 직업 생활, 직업에의 적응, 직업의 가치를 인식하는

것, 개인 경제, 소비자 판단, 능률적인 구매, 소비자 보호.

　4. 시민적 책임감의 목표 : 사회 정의, 사회활동, 사회의 이
해, 비판적 판단, 관용, 자연의 보존, 과학을 사회생활에 활용하는
것, 세계 시민정신, 준법, 경제적 상식, 정치적 시민정신, 민주주
의에의 헌신.

과연 이 목록은 개인적 및 사회적 필요로서의 교육목표의 결정판
이라고 볼 만하다. 위의 목록은 한 사람이 개인으로서, 그리고 가족,
사회, 세계 시민의 일원으로서 원만하게 생활하는 데에 필요한 거의
모든 것을 망라하고 있고, 교육이 그것을 목표로 삼아야 한다는 것을
주장하고 있다. 위의 목록이 특히 개인으로서 건강하게 살고 사람들과
잘 어울려 지내고 직업 생활을 원만하게 하고 물건을 현명하게 사는
것을 강조하는 것은 당연하다. 물론, 위의 목록에는 '탐구심, 지적 ·
심미적 흥미, 인간성의 존중, 사회 정의, 비판적 판단, 민주주의에의
헌신' 등과 같이 가정생활이나 직업생활, 소비생활의 즉각적인 필요와
는 다소 거리가 먼 듯한 목표도 나타나 있지만, 그런 추상적인 목표가
가리키는 '생활사태'는 예컨대 독서를 취미로 삼는다든지 투표에 기
권하지 않는 것과 같이, 반드시 구체적인 것이다. (4장의 '탐구과제'에
제시된 '범주오류'를 참고하기 바란다.)

　1953년 헤비그허스트의 '발달과업과 교육'이라는 아이디어는 개
인적 및 사회적 필요의 충족을 교육목표로 규정하는 또 하나의 유명한
보기이다.3) '발달과업'*은 '개인의 생애 중 어떤 특정한 시기에 나타

---

* developmental tasks
3) R. J. Havighurst, *Human Development and Education*(London : Longmans Green, 1953), 김재은(역), 「인간발달과 교육」(서울 : 배영사, 1963).

나는 과업으로서 그 과업을 훌륭히 성취하면 행복을 누릴 수 있고 후일에 겪게 될 다른 과업도 잘 치러 나가게 된다. 그러나 만일 이에 실패하면 개인적으로 불행을 초래할 뿐만 아니라, 사회의 인정도 못받고 후일에 겪게 될 다른 과업도 잘 치를 수 없게 된다'(p. 3). 다시 말하면 발달과업은 개인이 '행복한' 생활을 영위해 나가고 또 장차 다른 과업을 수행해 나가기 위하여 특정한 시기에 반드시 수행해야 할 과업이다. 개인의 생애는 곧 일련의 발달과업의 연속이며, 교육은 개인으로 하여금 그 발달과업을 훌륭히 성취하도록 도와 주어야 한다. 요컨대, 각 단계의 발달과업은 그 단계의 교육이 충족시켜야 할 필요이다. 헤비그허스트는 6개의 연령 단계별로 발달과업을 제시하고 있다. 그 중에서 나중의 세 단계(성인초기, 중년기, 노년기)를 제외한, 처음 세 단계의 발달과업을 제시하면 다음과 같다.

　　1. 아동기(1~6살, 학령 전) : 걷기, 젖을 떼고 밥먹기 배우기, 말하는 것 배우기, 대소변 가리기, 남녀 차에 따른 예의 배우기, 생리적 안전성 이루기, 사회와 자연에 관한 간단한 여러 개념을 형성하기, 자신을 부모와 동기에게 정서적으로 관계 짓기, 선악의 구별을 배우고 양심을 형성하기.
　　2. 소년기(6~12살, 초등학교 시절) : 놀이에 필요한 신체적 기능 배우기, 성장하는 자신의 신체에 관한 건전한 태도를 형성하기, 동무사귀기, 적당한 성역할을 배우기, 독서산讀書算의 기본적 기능을 배우기, 일상생활에 필요한 여러 개념을 익히기, 양심, 도덕 및 가치척도를 형성하기, 사회집단과 제도에 관한 건전한 태도를 형성하기.
　　3. 청년기(12~18살, 중고 및 대학초기) : 자신의 체격을 받아

들이고 성을 인정하기, 동성 및 이성과의 새로운 인간관계를 형성하기, 부모나 다른 성인으로부터 정서적으로 독립하기, 경제적 자립의 확신을 가지기, 직업을 내정하고 준비하기, 공민적 자질에 필요한 여러 지적 기능 및 개념을 배양하기, 사회적으로 적극적이고 책임있는 행동을 바라고 이룩하기, 결혼과 가정생활의 준비 갖추기, 의도적인 가치관을 형성하기.

교육의 4대목표에 있어서와 마찬가지로 발달과업에 있어서, 개인이라는 것은 언제나 다른 사람들과 함께 사회 안에서 생활하는 사람이기 때문에 교육의 개인적 필요와 사회적 필요는 서로 긴밀하게 관련되어 있다. 이 점에서 교육은 흔히 '사회화'*와 동일한 의미를 가지는 것으로 간주된다. 사회화라는 것은 개인이 그 사회의 지배적인 신념, 규범 및 가치관을 학습해 나가는 과정을 가리키며, 한 사회의 입장에서 보면 이러한 집단적 신념체계는 그 사회 성원들을 결속시키고 그 사회를 유지해 나가는 데 필요불가결하다. 교육이 개인으로 하여금 사회 안에서 원만하게 생활하도록 하려고 하면, 교육의 목적은 곧 그러한 집단적 신념체계를 학습하도록 도와주는 것이어야 한다. 교육의 '사회적' 역할에 관심을 가지고 있는 사회학자나 사회심리학자들은 거의 예외없이 교육을 '체계적인 사회화과정'으로 규정하고 있다. 예컨대 뒤르껭에 의하면, 교육은 천성으로 '비사회적인' 개인을 사회적 존재로 만드는 데에 목적이 있다. 교육은 개인의 관심사를 도외시하는 것이 아니라 오히려 그것을 추구하는 일에 도움이 되며, 이 점에서 개인의 입장에서는 교육의 목적을 개인의 관심사와 관련하여 규정하려고 하는 것도 무리가 아니다. 그러나 교육은 '사회적' 현상이다. 교

---

* socialization

육은 그러한 개인적 관심사를 통하여 사회 자체의 존재방식을 부단히 재창조해 나가는 데에 목적을 둔다. 뒤르껭의 말을 인용하면,

사회는 그 성원 사이에 충분한 동질성이 보장될 때 비로소 존립할 수 있으며, 교육은 집단생활에 필요불가결한 유사성을 미리 아동의 마음속에 심어줌으로써, 그 동질성을 영속시키고 강화한다. 그러나 또 한편, 어느 정도의 이질성이 없으면 모든 협동은 불가능 할 것이다. 그러므로 교육은 다양화되고 전문화됨으로써 이 이질성이 언제나 존속하도록 보장한다. 그리하여 교육은 동질성의 측면에 있어서나 이질성의 측면에 있어서 젊은 세대를 체계적으로 사회화하는 작용이다.4)

뒤르껭이 말한 바와 같이, 사회가 존립하기 위해서는 그 성원들이 '사회화'되지 않으면 안 된다. 그리고 현재 존립하는 사회에 있어서는 어디서나 성원의 사회화과정이 이루어지고 있다고 보지 않으면 안 된다. 이 일을 하는 것은 무엇인가? 그것은 곧 교육이다. 이와 같이 사회학적인 관점에서 보면 교육은 곧 사회화의 과정으로 '기술'될 수 있다. 그러나 뒤르껭도 마찬가지지만, 사회학적인 관점에서 교육을 보는 사람들은 대부분 사회화 또는 그 결과로서의 사회통제를 교육의 '목적'으로 규정한다. 교육목적을 사회적 필요의 충족으로 규정하는 사람들은 바로 이런 사고방식을 가지고 있는 것이다. 거스와 밀즈의 다음과 같은 말은 명백하게 교육을 사회통제의 수단으로 보는 견해를 나타내고 있다. 즉 교육은 사회 안에서 특정한 지위를 차지하고 있는 집단의

---

4) E. Durkheim, *Education and Sociology*(New York : Free Press, 1956), pp. 70~71.

성원이 되는 데에 필요한 기술과 충성심, 그리고 내적인 교양과 관례적인 행동양식을 전달하는 의도적인 노력이다. 교육자는 그가 심어주고자 하는 집단 충성심의 수임자인 만큼 모든 교육은 또한 교육자에 대한 충성심을 개발하는 데에 목표를 두고 있다. 사교계의 귀부인들이 지배하고 있는 사회에서 여자 아이들은 세련된 품위를 가르쳐 주는 학교에 다닌다. 그리고 영국의 공립학교는 위엄있는 거동을 몸에 익힌 신사들을 배출해 낸다.[5] 마치 교육받은 사람들이 생활사태에 잘 적응해 나가고 정서적인 문제를 덜 가진다고 해서 '적응'이나 '정신건강'을 교육의 목적으로 삼는 것과 마찬가지로, 이들 사회학자들은 교육받은 사람들이 사회 전체, 또는 특정한 집단의 성원으로서 유능한 사람이 된다고 해서 바로 그것을 교육의 목적으로 삼으려고 한다.

1960년대에 와서 대두된 '국가 발전을 위한 교육'이라는 아이디어는 교육의 목적을 사회적 필요의 충족으로 규정하는 보다 새롭고 적극적인 견해를 나타내고 있다. 이 견해에 의하면 교육은 국가발전 ―정치적, 경제적 및 사회문화적 발전― 을 위한 가장 중요한 수단이며, 교육의 목적은 이 수단을 제공하는 데에 있다. 물론, 이 견해는 과연 교육이 발전에 공헌을 하는가, 교육의 어떤 측면이 어느 정도로 공헌을 하는가에 관한 방대한 사실적 연구(이른바, '발전연구')에 의하여 지지되고 있다. 예컨대, 한 나라의 교육수준과 경제발전 수준 사이에는 아주 높은 상관이 있다는 것이 밝혀졌다. 어떤 특정한 기간 동안의 생산의 증가에는 자본과 노동력의 증가로는 도저히 설명되지 않는 엄청난 '잔여부분'이 있고 이 잔여부분은 교육에 의한 기술의 증가로밖에 설명될 수 없다는 것이 밝혀졌다. 이런 연구들은 교육이

---

5) H. Gerth and C. W. Mills, *Character and Social Structure*(London : Routledge and Kegan Paul, 1954), p. 251.

가장 효과적인 발전에의 '투자'임을 입증하고, 그와 동시에 교육이 그러한 투자로서 효과를 극대화하기 위하여 강조되어야 할 부문을 제안하였다. 정치적 발전을 위하여 교육은 '정치적 사회화', '정치적 충원', '정치적 통합'에 공헌한다. 그리고 이 면에서 교육은 정치적 발전에 공헌하여야 한다. 또한 사회문화적 측면에서, 교육은 특히 국가발전에 도움이 되는 신념, 태도, 가치관 등, 이른바 '발전적 인간요인'을 길러 주어야 한다. 예컨대 '자연에 굴종하는 것이 인간의 도리'라는 가치관(굴종의 가치관)보다는 '자연을 정복하고 그것을 인간생활에 활용하여야 한다'는 가치관(정복의 가치관)이 발전을 위하여 더 요청된다. 근래 널리 알려진 '성취동기'*는 발전적 인간요인의 가장 좋은 보기이다.

앞에서도 말한 바와 같이, 교육목적은 교육내용의 가치를 결정하는 기준이다. 이상에서 예시한 교육목적들은 모두 교육내용의 가치를 규정하는 관점으로서 공통성을 가지고 있다. 즉, 교육의 내용은 개인생활에의 적응이나 국가발전과 같은 외재적 목적을 위한 수단으로서 가치를 가진다는 것이다. 앞의 교육목적들, 즉 4대목표나 발달과업, 또 집단적 신념체계나 발전적 인간요인 등은 곧 생활에의 적응이나 국가발전을 위하여 교육이 충족시켜야 할 '필요' —개인적 및 사회적 필요— 이다. 결국 이 견해에 의하면, '왜 가르치는가'라는 질문에 대한 대답은 이들 '필요'를 충족시키기 위하여 가르친다는 것이 되며, 그 대답이 또한 무엇을 가르쳐야 하는가를 결정한다.

그러나 그러한 외재적 목적이 교육내용을 결정할 수 있는가? 앞에 열거된 4대목표나 발달과업의 어느 하나의 항목, 또는 '사회화'나 '발전적 인간요인'의 어느 한 가지 구체적인 항목에 관하여 그 목적을

* achievement motive

달성하기 위하여 정확하게 어떤 '내용'을 가르쳐야 할 것인가를 생각해 보자. 이것을 생각해 보는 순간에, 우리는 그 목적들이 과연 무엇을 의미하는지 알 수 없다는 결론에 도달한다. 이것은 우리의 능력의 결함 때문이 아니라, 그 목적들이 '성격상' 내용을 결정할 수 없는 형태로 제시되어 있기 때문이다. 외재적 목적의 핵심 개념인 '필요'의 개념을 분석해 보면 이 점을 명백히 알 수 있다. 교육목적으로서의 '필요'는 가치를 나타내는 개념, 즉 '규범적' 개념으로 사용되고 있다. 그러나 규범적 개념으로서의 '필요'는 '가치있는 상태' 그 자체가 아니라 '가치있는 상태를 위한 선결조건'을 가리키는 것으로서, '필요'가 규범적 의미를 가지게 되는 것은 오직 그 조건이 실현하고자 하는 상태가 가치있는 상태임이 밝혀질 수 있을 때이다. 우리가 어떤 것이 '필요'하다고 할 경우에, 그것이 '무엇을 위하여 필요한가'를 묻는 질문이 자연적으로 제기되는 것은 규범적 개념으로서의 '필요'라는 말이 가지고 있는 개념적 성격을 보여 주고 있다. 그 질문에 대답하기 위해서는 필요가 실현하고자 하는 그 '무엇'이 가치있는 상태라는 것을 보이지 않으면 안 된다. 이것을 보이지 않으면 그것이 필요하다는 말은 의미를 가지지 않는다. 다시 말하면, 필요의 가치는 전적으로 그 필요가 실현하고자 하는 상태 —즉, '필요의 목적'— 의 가치에 의존하고 있다.

교육목적을 개인적 및 사회적 '필요'로 규정하는 견해는 바로 필요라는 용어의 이러한 개념적 성격에서 따라오는 문제를 가지고 있다. 개인적 및 사회적 필요가 교육의 목적이라는 주장은 그 필요가 실현하고자 하는 상태가 가치있는 상태인가 아닌가에 따라 서기도 하고 무너지기도 한다. 그럼에도 불구하고 필요가 교육목적이라고 하는 주장에 의하면, 그 필요가 실현하고자 하는 상태가 과연 가치있는 상태인가

하는 질문은 이미 해답된 것으로 간주된다. 그것은 교육이 충족해야
할 필요인 것이다. 그러나 필요라는 용어의 개념적 성격상, 그 질문은
반드시 제기되어야 하고 또 별도로 해답되지 않으면 안 된다. 그렇지
않으면 그 필요가 교육목적이라는 주장이 의미를 잃게 되기 때문이다.
이때까지 교육목적으로 제시된 필요들은 그것이 실현하고자 하는 '생
활에의 적응'이나 '국가발전'이 어떠한 상태를 가리키며, 그것이 어떤
점에서 가치있는 상태인가 하는 질문과는 관련을 맺지 않은 채 단순히
그 상태를 위한 필요라는 이유에서 교육목적으로 제시되었다. 4대목
표나 발달과업에 제시된 항목들이 무엇을 의미하는지 알 수 없는 것은
바로 이 때문이다. 예컨대 4대목표에서 '능률적인 직업생활', '능률적
인 구매'라는 것은 무엇을 의미하며, '사회활동'이라는 것은 어떤 활동
을 가리키는가? 헤비그허스트가 말하는 '건전한 태도', '적당한 성역
할', '공민적 자질', '책임있는 행동' 등은 어떤 것이며, '동무를 사귀
는' 올바른 방법, '자신을 부모와 동기에게 정서적으로 관계짓는' 올바
른 방법은 무엇인가? (이런 '목표'들이 어떤 점에서 가치가 있는가가
불분명할 때, 무슨 내용이든지 그것과 관계있는 내용이면 교육내용이
될 수 있다는 결론이 따른다. 생활적응 교육에서 '생활사태'가 바로
교육내용이라고 생각한 것은 바로 이 점에 기인된 것이라고 볼 수
있다.) 이와 마찬가지로 교육이 사회화 과정이라고 할 때, 학생들이
받아들여야 할 '집단적 신념체계'가 과연 가치있는 것인가 하는 질문
은 제기될 여지가 없다. 또한 교육이 국가발전에 필요한 '인간요인'을
길러야 한다고 할 때, 국가발전이라는 것이 어떠한 상태를 가리키며
그것이 과연 가치있는 상태인가 하는 질문은 이미 해답된 것으로 간주
된다. 국가발전에 필요한 인간요인을 기르는 것이 교육의 목표라고
하는 주장에서는 언제나 국가발전을 나타내는 지표(예컨대 개인당 국

민총생산 수준)를 결정해 두고 교육이 그 지표를 실현하는 데에 공헌한다는 '사실'이 그 근거가 된다.

이 점에서 보면 교육목적으로서의 '필요'라는 용어는 교육내용이 어떤 점에서 가치가 있는가(또는 가치있는 교육내용은 어떤 것인가)라는 질문에 대하여 해답하는 것이 아니라, 그 해답이 '필요'의 전제로서 이미 주어져 있다고 가정한다. 사실상, 이것이 바로 필요라는 말이 교육목적으로 쓰이는 원래의 의도라고 볼 수 있다. 교육내용(교과)의 가치를 그 자체의 성격에서 찾는 일은 어려운 일이다. 게다가 교육내용(예컨대 수학)의 가치가 무엇인가를 묻는 질문은 대부분의 경우에 교육내용의 가치가 무엇인지 모르는 사람들에 의하여 제기되며, 이 사람들에게 교육내용의 가치를 그 자체의 성격으로 설명해 줌으로써 그들을 납득시키기는 불가능에 가까울 정도로 어렵다. 그리하여 교육목적으로서의 '필요'라는 용어는 처음부터 교육내용의 가치가 무엇인가 하는 근본적인 문제를 배제하려는 의도에서 사용되었다고 볼 수 있다. 디어덴이 지적한 바와 같이, 교육목적으로서의 '필요'는 '전문가(심리학자와 사회학자)에 의하여 과학적으로 결정된 사실에 직접 호소함으로써 〔교육에 있어서의〕 가치문제에 관한 논의를 회피하는 수단이 되어 왔다.'[6] 교육과 국가발전의 관계에 관한 사실이나 헤비그허스트가 제시한 '발달과업'은 그러한 '전문가에 의하여 과학적으로 결정된 사실'의 전형적인 보기이다.

결국 교육목적으로서의 필요는 교육내용을 정당화한다기보다는 사실상 그 정당화에 관한 질문을 요청한다고 볼 수 있다. 이것이 필요

---

6) R. F. Dearden, 'Needs in Education,' R. F. Dearden, P. H. Hirst and R. S. Peters(eds.), *Education and the Development of Reason*(London : Routledge and Kegan Paul, 1972), p. 55.

라는 말의 개념적 성격에서 생기는 가장 중요한 문제이다. 이 문제는 편의상 '정당화 문제'라고 부를 수 있을 것이다. 여기에 비하여 '필요' 는 또한 '대안문제'라고 부를 수 있는 문제를 가지고 있다. 모종의 개인적 및 사회적 필요가 교육의 목적이라는 말은 그 필요를 충족시키는 수단 —아마도 가장 효과적인 수단— 이 교육이라는 뜻이다. 그러나 필요가 실현하고자 하는 상태가 가치있는 상태임이 밝혀졌다 하더라도 그 필요를 충족시키는 수단이 왜 군이 교육이어야 하는가 하는 질문은 여전히 남는다. 비유해서 말하자면 '왜 낚시질을 하러 가는가' 라는 질문에 대하여 '고기가 필요하기 때문'이라는 대답은 낚시질을 하러 가는 한 가지 이유는 될 수 있을지 모르지만, 그것을 정당화할 수는 없다.7) 만약 고기가 필요하다면 가게에 가서 고기를 살 수도 있다. 또한 낚시질을 하러가는 시간에 다른 일을 해야 한다든가, 감기가 걸려 있다면 낚시질을 하러 가지 말아야 할 이유도 있다. 이와 마찬가지로, 예컨대 '동무 사귀기'(발달과업, 청년기)가 '필요'라면, 이 필요를 충족시키기 위하여 왜 군이 교육을 해야 하며, 그것을 위하여 보다 효과적인 다른 활동이 없는가 하는 것은 별도의 문제로 남는다. 이 문제는 교육을 국가발전의 수단으로 규정하는 경우에 특히 두드러지게 드러난다. 예컨대 만약 경제적 발전이 목적이라면, 이 목적을 달성하는 수단이 왜 군이 교육이어야 하는가 하는 것은 그다지 명백하지 않은 것이다. 그보다는 공장을 세운다든지 농사법을 개량하는 것이 더 효과적인 수단이라고 볼 수도 있다. 여기에 대하여 '교육은 어차피 하게 되어 있는 것이니까'라고 말하는 것은 곧 국가발전이 교육내용을 정당화하는 근거로서 충분하지 않다는 것을 입증하는 것이다.

---

7) P. S. Wilson, *Interest and Discipline in Education*(London : Routledge and Kegan Paul, 1971), p. 63.

교육목적으로서의 필요에 관련된 셋째 문제로서 아마도 '도덕문제'를 들 수 있을 것이다. 이것은 교육받는 사람들을 필요 충족의 수단으로 '조형'造型하는 것이 과연 도덕적으로 온당한가에 관련되는 문제이다.8) 엄밀하게 말하면, 이 문제는 교육목적을 필요로 규정하는 견해에만 국한된 것은 아니다. 교육은 반드시 교육받는 사람들을 보다 가치있는 상태로 이끌어 올리는 일이므로, 다소간의 '조형'은 필요불가결하다고 볼 수 있다. 그러나 이 문제가 외재적 목적으로 교육을 정당화하는 경우에 특히 중요한 문제가 된다는 것은 분명하다. 교육이 외재적 목적을 달성하는 수단으로 정당화되면, 교육을 하는 과정에서 인간적인 존엄성이 무시될 여지가 충분히 있는 것이다. 이 경우에는 교육목적을 달성할 '때까지' 인간으로서의 대우를 연기할 수 있다는 관점이 성립할지 모른다. 그러나 교육의 가치가 그 자체로서 규정된다면 인간적인 대우는 교육을 받았을 '때까지' 연기될 수 있는 것이 아니라, 교육을 받는 '동안'에도 실현되어야 한다(9장 참조).

이상의 논의를 종합하면 필요는 교육내용을 정당화하는 개념으로서 타당하지 않다는 결론을 내릴 수 있다. 그러면 '필요'는 교육목적에 관한 논의에서 아무런 소용도 없는가? 그렇지 않다. 코미사의 말에 의하면, '필요'는 마치 소설의 '제목'과 비슷한 역할을 한다.9) 소설의 제목은 그 내용을 막연하게 시사하기는 하지만, 그것은 내용과의 논리적 관련 때문에 붙여지기보다는 독자들의 매력을 끌 수 있도록 붙여진

---

8) B. F. Skinner는 최근에 「자유와 존엄 문제가 아니다」라고 번역할 만한 제목으로 책을 내었다〈*Beyond Freedom and Dignity*(New York : Alfred Knopf, 1971)〉. 그러나 사실상 인간에게 '자유와 존엄 문제가 아닌 것'은 아무 것도 없다.

9) B. P. Komisar, '"Need" and the Needs-Curriculum,' B. O. Smith and Robert H. Ennis(eds.), *Language and Concepts in Education*(Chicago : Rand McNally, 1961), pp. 40~41.

다. 교육목적으로서의 필요가 가지고 있는 문제는 진정한 교육목적이 표현해야 할 '가치'를 애매하게 표현한다는 데에 있지만, 그 유용성 또한 바로 여기에 있다. 교육에 종사하는 사람으로서, 교육의 국외자들에게 교육의 가치를 일일이 복잡하고 장황하게 설명하는 일은 참으로 번거로울 것이다. 이 경우에 '교육은 개인적 및 사회적 필요를 충족시키는 일'이라는 말은 그 수고를 절약할 수 있게 할 뿐더러 상대방에게 교육이 모종의 중요한 일을 한다는 것을 쉽게 납득시킬 수가 있다. 교육목적을 나타내는 말로서 필요가 여전히 사용되고 있고 더욱 번성하는 것은 바로 이러한 '제목'으로서의 유용성 때문이다. 그러나 소설의 제목이 곧 내용이 아니듯이, 필요가 교육내용을 규정하는 것은 아니다. 필요는 어디까지나 제목의 지위에 머물러 있어야 한다.

Ⅱ 교과의 내재적 정당화

교육의 목표를 외재적 목적의 수단으로 규정하는 견해에 대하여 대안적인 또 하나의 견해는 교육이 실현하고자 하는 가치가 교육의 개념 속에 이미 붙박혀 있다고 보는 견해이다. 교육이라는 용어는 그 안에 이미 가치있는 상태를 실현하고자 하는 일이라는 의미를 내포하고 있다. 어떤 사람이 교육을 받았으나 조금도 보다 좋은 방향으로 달라진 것이 없다든지, 자기 아들을 교육하였지만 하등 가치있는 것을 가르치지 않았다고 하는 것은 논리상의 모순이다. 이 견해에 의하면 교육의 목적은 교육이 어떤 다른 목적을 위한 수단이 되는가에 의하여 규정될 것이 아니라, 교육이 실현하고자 하는 가치있는 상태가 어떤 상태이며 그것이 어떤 점에서 가치가 있는가를 밝힘으로써 규정되어

야 한다. 요컨대 교육의 목적은 교육의 개념을 분석함으로써 규정되어
야 한다.

근래에 와서 교육목적을 교육의 내재적 가치에 의하여 규정하는
대표적인 견해로서 피터즈의 교육목적관(또는 일반적으로 교육관)을
들 수 있다.10) 피터즈의 교육목적관은 교육이라는 개념 속에 규범적
의미가 붙박혀 있다는 것을 그 골자로 하고 있다. 그에 의하면, 교육은
개념상으로 '모종의 가치있는 내용이 도덕적으로 온당한 방법으로 의
도적으로 전달되는 과정 또는 전달된 상태'(p. 25)를 의미한다. 그는
교사가 하는 일을 국외자의 입장에서 기술함으로써 교육의 목적이나
의미를 밝힐 수 있다는 생각에 반대한다. 그의 말에 의하면, 그 생각은
마치 키스의 의미를 단순히 신체적인 움직임을 객관적으로 기술함으
로써 밝힐 수 있다는 생각과 같다.11) 단순한 입술의 움직임이나 결과
적인 타액의 분비, 또는 유기체의 자극 등으로 키스의 의미를 파악한
다면 이것은 그 의미를 전혀 그릇되게 파악하는 것이다. 앞 절에서
고찰한 외재적 교육목적은 교육의 의미를 기술적記述的으로 파악하고
있다. 이때 교육목표는 '사회화', '정신건강', '투자' 등과 같이 사회적
'기능'으로 파악된다. 그러나 이것은 마치 의업의 목적을 그 사회적
기능으로 보아 '약병 제조업에 취업의 기회를 제공한다든가 인구를
증가시키는 것'으로 규정하려고 하는 것과 마찬가지로, 교육의 의미를
'교육의 안에 이미 들어와 있는 사람들', 다시 말하면 교육을 이미
상당히 받았거나 교육에 실지로 종사하고 있는 사람들의 관점이 아닌,

---

10) 피터즈의 교육관이 가장 체계적으로 제시된 저서는 R. S. Peters, *Ethics and Education*(London : George Allen and Unwin, 1966). 이하 본문에 표시된 페이지는, 특별히 명시되지 않은 한, 이 책의 페이지를 가리킨다.

11) R. S. Peters, 'Education as Initiation,' R. D. Archambault(ed.), *Philosophical Analysis and Education*(London : Routledge and Kegan Paul, 1965), p. 88.

그것과는 다른 관점에서 파악하는 것이다. 교육의 목적을 그와 같이 외재적으로 파악하는 것은 교육이 원래 가치 있는 상태를 실현하는 일이라고 하는 개념적 사실을 도외시하는 것이다.

'정신건강'을 교육목적으로 볼 수 있는가 하는 문제를 논의하면서, 피터즈는 다음과 같이 말하고 있다.

'정신건강'을 교육의 목적으로 삼는 것은 교육이 그 자체 이외의 다른 목적을 가져야 한다는 놀랄 만한 견해, 교육이 '바깥 세계'에 있어서의 실제적인 유용성을 가져야 한다든가 아니면 사회가 돈을 들일 가치가 있는 모종의 '투자'가 되어야 한다는 통념의 일단으로서 그 통념을 더욱 조장한다. 아마 '바깥 세계'라는 것은 장사나 정치나 가정을 경영하는 것 등의 활동, 말하자면 사진술이나 철학이나 그림에 몰두하는 것과는 다른 '생활'을 가리킨다고 볼 수 있을 것이다. 이 견해에 의하면 교육은 사람들로 하여금 돈벌이를 하게 하고 이웃 사람들이나 아내와 사이좋게 지내도록 하면 성공하는 셈이다. … 물론, 과학과 같은 활동이 실제적 결과를 가져오는 데에 도움이 되는 것은 사실이지만, 그러한 활동을 오직 이 측면에서만 보는 것은 문명에 대한 배반이다. 왜냐하면 교육은 단순히 이런 의미에서의 '생활'을 위한 준비가 아니라, 인간다운 '삶의 형식'*에로의 성년식**이기 때문이다.12)

문맥으로 보아, 피터즈가 말하는 '내재적으로 가치있는 것'은 위

---

* forms of life   ** initiation, 또는 입문
12) R. S. Peters, '"Mental Health" as Educational Aim,' T. H. B. Hollins(ed.), *Aims in Education*(Manchester University Press, 1964), p. 87

의 인용문에서 '인간다운 삶의 형식'을 가리키며, 교육의 목적은 그 '삶의 형식'으로 사람들을 '성년' 또는 '입문'시키는 데 있다고 볼 수 있다. 그러므로 피터즈의 교육목적관을 이해하기 위해서는 '삶의 형식 에로의 성년식'이 무엇을 의미하며, 그것이 어째서 내재적 가치를 가 지는가를 이해하여야 한다.

피터즈의 교육목적관은 그의 「윤리학과 교육」이라는 책에 세 가 지 '교육의 개념적 기준'이라는 형식으로 제시되어 있다. 즉, 1) 규범 적 기준, 2) 인지적 기준, 그리고 3) 과정적 기준이 그것이다. 첫째 규범적 기준은, 교육은 그 자체로서(또는 내재적으로) 가치가 있는 상 태를 실현하는 일이라는 개념적 사실을 지적하는 것이다. 교육의 목적 이 무엇인가(또는, 왜 가르치는가)를 묻는 질문은 교육이 어떤 외재적 결과를 내는가를 묻는 질문이 아니라, 교육이 실현하고자 하는 가치 있는 상태가 무엇인가를 묻는 질문이며 그와 동시에 그것을 실현하는 일에 주의를 집중하라는 요청이다. 교육의 목적을 외재적으로 규정하 는 견해는 '지적으로 그릇될 뿐만 아니라, 도덕적으로도 위험하다.' 둘째 인지적 기준은 내재적 가치의 구체적 내용을 명시하는 것으로서, 피터즈는 그것을 '지식과 이해', 그리고 '지적 안목'이라는 용어로 표 현하고 있다. 이것은 교육의 '내용'*에 관계되는 것이며, 교육은 또한 그 '방법'**에 있어서도 '도덕적으로 온당한' 것이 아니면 안 된다. 셋째 기준인 과정적 기준은 이 '방법의 도덕성'을 지적한다. 결국 둘째 기준과 셋째 기준은 첫째 기준에서 지적된 내재적 가치의 교육내용과 방법의 의미를 구체화하고 있다고 볼 수 있다. 이 장에서 우리의 관심 은 '교육내용'에 있기 때문에, 여기서는 둘째 기준에 국한하여 고찰하 고, 셋째 기준은 교육방법과 관련하여 9장에서 다루기로 한다.

---

* matter   ** manner

교육의 인지적 기준이 지적하는 바에 의하면 교육받은 상태는
'지식과 이해', 그리고 '지적 안목'을 가지고 있는 상태이다. 이것은
단순한 기술이나 서로 유리된 사실적 정보를 많이 가지고 있는 상태가
아니라, 그런 것들이 '모종의 개념구조'에 통합되어 있는 상태(p. 30),
그리하여 그것을 통하여 세계를 보는 '안목이 달라진' 상태(p. 31)를
가리킨다. 그리고 이 상태는 또한 지식을 소중히 여기고 그것에 헌신
하려는 태도를 내포하고 있다. 피터즈에 의하면,

　　　교육받은 사람의 지식은 특정한 사고의 형식* 또는 사물을
보는 틀 '안에 들어가 있다'는 데에서 당연히 따라오는 그러한
헌신을 내포하고 있어야 한다. 과학적으로 사고하는 것이 어떤
것인가를 참으로 아는 사람이 되기 위해서는 가정을 뒷받침하는
증거가 있어야 한다는 것을 알 뿐만 아니라, 어떤 것이 올바른
증거가 되는가를 알아야 하고 또 그 증거를 찾는 일이 중요하다는
것을 믿어야 한다. 수학과 같이 증명이 요구되는 '사고의 형식'에
서는 일관성이라든지 단순미라든지 우아한 감각이 중요시되어야
한다. 그리고 적절하다든가 수미일관하다든가 일사불란한 것을
도외시한다면 역사적 사고, 철학적 사고가 무슨 소용이 있단 말인
가? 사고의 형식 또는 사물을 보는 틀에는 어느 것이나 반드시
그 자체의 '내재적 사정 기준'이라는 것이 있다. 그 사고의 형식
안에 들어가 있다는 것은 그 기준을 이해하고 소중히 여긴다는
뜻이다. 이러한 헌신이 없을 때, 사고의 형식이라는 것은 전혀
무의미하다(p. 31).

_____

* forms of thought

이 점에서 교육은 '훈련'과 구별되어야 한다고 피터즈는 주장한
다. '훈련'이라는 용어에는 '사태를 파악하는 방식에 변화를 가져오는
것이 아니라, 비교적 표준화된 사태 파악 방식을 가르쳐 준다'는 뜻이
들어 있으며, '교육'이라는 용어가 인지적 의미를 내포하고 있는 데
비하여, '훈련'이라는 용어는 '제한된 통상적 사태에 적합한 사태 파악
방식이나 반응의 습관'(p. 33)을 가르쳐 준다는 뜻을 가지고 있다. 물
론, 교육과 훈련은 규범적 기준에 비추어서도 구별된다. 훈련이라는
용어는 그것을 통하여 달성하고자 하는 상태, 즉 훈련이 의도하는 '사
태 파악 방식이나 반응의 습관'이 모종의 외재적 목적을 위한 수단으
로 가치를 가질 경우에 더 적절하다. 훈련을 할 경우에는 '무엇을 할
수 있도록?' '무엇을 위하여?' '무엇으로?' 등의 질문이 성립하지만(p.
34), 이러한 질문은 교육의 경우에는 성립하지 않는다.

「윤리학과 교육」 이후에 피터즈는 허스트와 함께, 교육개념의 인
지적 기준을 '지식과 경험의 여러 양식들'*로 상세화하였다.13) (이
것은 그 이전에 허스트에 의하여 '지식의 형식'**으로 불린 바 있
다.14) 이하 이 책에서 '지식과 경험의 양식'과 '지식의 형식'은 서로
바뀌어 사용된다.) '지식의 형식'은 '인간의 경험을 일반적으로 인정
되는 방식으로 분류한 것'으로서 각각의 형식은 1) 독특한 개념과 2)
객관적인 검증 방법에 의하여 규정된다. 허스트와 피터즈는 '지식의
형식'으로서 1) 형식 논리학과 수학, 2) 자연과학, 3) 자기 자신과 다른

---

* modes of knowledge and experience   ** forms of knowledge
13) P. H. Hirst and R. S. Peters, *The Logic of Education*(London : Routledge and Kegan Paul, 1970), pp. 62ff.
14) P. H. Hirst, 'Liberal Education and the Nature of Knowledge,' R. D. Archambault(ed.), *Philosophical Analysis and Education*(London : Routledge and Kegan Paul, 1965), pp. 122ff.

사람의 감정에 관한 이해, 4) 도덕적 판단, 5) 심미적 경험, 6) 종교적
주장, 7) 철학적 이해 등 7가지를 포함시키고 있다. 결국 피터즈가 교
육개념의 인지적 기준으로 제시한 '지식과 이해, 그리고 지적 안목'이
라는 것은 이들 지식의 형식 '안에 들어가 있는 상태', 다시 말하면
그런 형식들을 내면화한 상태를 가리킨다고 볼 수 있다.

　피터즈에 의하면 교육내용(또는 교과)은 그 7가지 '지식의 형식'
이다. 그러면 이것이 내재적으로 정당화된다는 것은 무엇을 의미하는
가? 피터즈는 '지식의 형식'의 가치를 설명하는 방법으로서 이른바
'선험적 논의'*를 사용하고 있다. 즉, '왜 지식의 형식을 추구해야 하
는가' 또는 '어째서 지식의 형식이 가치가 있는가'를 묻는 질문은 지
식의 형식을 추구하는 일과 합리적으로 정당화하는 일 사이의 논리적
인 상호관계에 비추어 해답될 수 있다는 것이다. 지식의 형식이라는
것은 '삶의 모든 영역을 설명하며 삶의 질을 높이는 데에 큰 공헌을
하는 심각한 인지적 내용'(p. 159)을 가리킨다. 그것은 '개념 구조와
사정의 형식을 발전시키는 수단이며, 이 개념과 사정 기준은 우리가
하는 모든 일을 변화시킨다'(p. 160). 지식의 형식을 추구하는 것은
곧 세계가 어떻게 되어 있는가, 왜 그렇게 되어 있는가, 우리는 어떻게
행동해야 하는가, 왜 그렇게 행동해야 하는가에 대한 해답을 추구하는
것이며, 따라서 그것은 그 자체로서 '합리적으로 정당화하는 일'에 해
당한다. 그리고 바로 이 점에서 '지식의 형식을 추구하는 것이 어째서
가치가 있는가'라는 질문은 이미 그것이 가치가 있다는 대답을 논리적
으로 가정한다고 볼 수 있다. 피터즈 자신의 말을 인용하면,

* transcendental argument

어떤 사람이 일상생활의 맥락에서 벗어나서 〔즉, 심각하게, 반성적으로〕 '내가 왜 이렇게 해야 하는가' 〔보다 구체적으로는, '내가 왜 지식의 형식을 추구해야 하는가'〕를 묻는다는 것은 그가 이미 자신의 의식 속에 진리를 추구하는 데에 대한 심각한 관심을 가지고 있다는 것을 의미한다. '어떻게 해야 하는가'라는 질문을 심각하게 하는 사람이라면 어떻게 그 질문이 발생하는 사태에 관하여, 또 그 대답의 방향을 결정하는 데에 관련되는 여러 가지 사실에 관하여 성의껏 알아 보려고 노력하지 않을 수 있단 말인가? 〔지식의 형식이라는〕 여러 가지 이론적 탐구는 곧 이런 것들을 알아 보려는 노력이다. 그러므로 '내가 왜 이러이렇게 해야 하는가'라는 질문을 심각하게 제기한다는 것은 곧, 아무리 초보적인 수준에서라고 하더라도, 그 질문을 발생하게 하는 실재*의 여러 측면에 관한 심각한 관심, 즉 이론적 탐구에의 의욕을 가지고 있다는 것을 의미한다(p. 164).

'왜 지식의 형식을 추구해야 하는가'라는 질문을 심각하게 제기하는 사람은 자신이 한 일들, 또 자신이 하고자 하는 일들에 관하여 그것이 어떤 일들인가를 생각해 보지 않으면 안 된다. 이런 것을 생각한다는 것은 곧 그 사람이 과학, 문학, 역사, 철학 등, '지식의 형식'에 발을 들여놓고 있다는 것을 의미한다. 왜냐하면 지식의 형식이라는 것은 바로 인간과 사물에 관한 여러 현상을 기술하고 사정하는 일을 하는 것이기 때문이다. '왜 지식의 형식을 추구해야 하는가'라는 질문을 심각하게 하면서도 지식의 형식을 추구하는 데에 관심을 가지지 않는다는 것은 논리적 모순을 저지르는 것이다. 그러므로 여러 가지

---

* reality

지식의 형식을 추구하는 활동은 모든 합리적 활동이 정당화되는 것과 동일한 방법으로 정당화된다. '합리적 활동'은 곧 이유를 추구하는 활동이며, '왜 지식의 형식을 추구해야 하는가'를 묻고 대답하는 것도 바로 그런 활동에 속한다. 지식의 형식은 세계에 관한 합리적 이해를 목적으로 하는 것이며 따라서 지식의 형식이 어째서 가치가 있는가를 묻는 사람은 바로 지금 자신이 추구하고 있는 합리적 이해(즉, 지식의 형식을 추구하는 것)가 어째서 가치가 있는가를 묻는 것이다. 그러므로 이 질문은 바로 지식의 형식이 가치있다는 대답을 가정할 때에만 의미있게 제기될 수 있다. 앞에서, '지식의 형식을 추구하는 것이 어째서 가치가 있는가'라는 질문은 이미 그것이 가치가 있다는 대답을 논리적으로 가정한다고 말한 것은 이것을 가리킨다. 허스트가 지적한 바와 같이, 지식의 형식을 정당화해야하는 사태는 곧 '정당화의 문제가 의미있게 적용될 수 없는 궁극적인 사태'[15]이다. 이것이 곧 지식의 형식이 내재적으로 정당화된다는 말의 의미이다. 그리고 교육의 내용이 내재적으로 정당화됨으로써, 교육은 내재적으로 가치있는 상태를 실현한다는 말이 성립한다.

이러한 정당화 논의(즉, '선험적 논의')에 대하여, 지식의 형식 이외에 빙고나 빌리아드도 마찬가지로 내재적 가치를 가질 수 있다는 반론이 있을 수 있다. 윌슨의 반론[16]이 그것이다. 피터즈의 말대로라면 왜 빙고나 빌리아드는 교육의 내용이 될 수 없는가? 피터즈는 '내가 무엇을 추구해야 하는가'라는 질문을 심각하게 제기하는 사람은 이미 '지식의 형식을 추구하는 것이 가치가 있다'는 대답을 전제로

---

15) P. H. Hirst, op. cit., p. 127.

16) P. S. Wilson, 'In Defence of Bingo,' British J. of Educational Studies, 15-1 (1967), pp. 5~27, reprinted in B. Bandman and R. S. Guttchen(eds.), Philosophical Essays on Teaching(New York : J. B. Lippincott, 1969), pp. 289~314.

하고 있다고 말하지만, 과연 그 질문에서 '빙고나 빌리아드보다는 과
학이나 문학이 내재적으로 가치있다'고 하는 대답이 '논리적으로' 따
라 오는가? 어떤 사람은 '내가 무엇을 추구해야 하는가'라는 질문을
심각하게 한 뒤에 '빙고'라는 대답을 하고 또 빙고에 '심각하게' 종사
할 수도 있을 것이다. 그는 빙고를 다른 목적을 위한 수단으로서가
아니라, 그 자체의 '내재적' 가치를 위하여 즐길 수 있다. 그러므로
그 질문에 대하여 과학이나 문학 등, 소위 '심각한 인지적 내용'을
추구해야 한다고 하는 대답은 그 질문에서 '논리적으로' 따라오는 대
답이 아니라, 피터즈 자신의 '심리적인' 취향에 불과한 것이다.

이 반론에 대하여 피터즈는 다음과 같이 대답하고 있다.

어떤 사람이 실지로 빙고를 가치있다고 생각하는가, 아니면
과학을 가치있다고 생각하는가 하는 것은 나에게는 중요한 문제
가 아니다. 나에게 중요한 문제는 어떤 사람이 빙고를 하면서 살
아갈 것인가, 과학을 하면서 살아갈 것인가를 심각하게 물을 때,
그가 '틀림없이' 어디에 가치를 두고 있다고 보아야 할 것인가
하는 것이다. 다시 말하면 과학, 문학, 역사 등등은 정당화 행위
와 특히 밀접한 관련을 가지고 있으며, 따라서 이것들은 빙고나
빌리아드와는 다른 범주에 속하는 활동이라고 보아야 한다. …
어떤 사람이 정당화하는 일을 가치있다고 생각한다면 그는 당연
히 정당화하는 일을 그 본질로 삼고 있는 탐구의 형식도 또한
가치있다고 생각하지 않으면 안 된다.17)

---

17) R. S. Peters, 'In Defence of Bingo : Rejoinder,' *British J. of Educational Studies*, 15-2(1967), pp.189~194, reprinted in B. Bandman and R. S. Guttchen (eds.) *Philosophical Essays*…, pp. 314~321. 인용은 p. 317.

피터즈에 의하면 과학, 문학 등을 가치있다고 생각하는 것은 개인의 '심리적' 취향이 아니라, 오늘날 문명된 사회에서 살고 있는 사람들이 그 '삶의 형식', 다시 말하면 '인간다운 삶의 형식'을 통하여 공동으로 받아들이고 있는 논리적 가정이다. 지식의 형식을 가치있다고 생각하는 것은 '문명된 삶의 형식'의 본질을 이루고 있는 합리적 논의가 의미를 가지려고 하면 누구나 받아들여야 하는 논리적 가정이다(p. 115).18) 빙고나 빌리아드를 아무리 심각하게 하더라도 그것은 '내가 무엇을 해야 하는가'라는 질문을 제기하는 데에나 그 질문에 해답하는 데에 하등 도움이 되지 않는다. '문명된 삶의 형식'이라는 것은 우리가 무슨 활동을 하면서 살아가든지 간에 그 활동의 의미를 생각해 보면서 살아가는 그런 삶의 형식, 다시 말하면 합리적 이해를 그 본질로 삼는 그런 삶의 형식이다. 지식의 형식이라는 것은 다름 아니라 합리적 이해의 여러 가지 형식을 말한다. 지식의 형식은 우리가 사용하고 있는 '공적 언어에 담긴 공적 전통'으로 우리에게 상속되고 있으며, 교육은 이 전통에 이미 '입문된' 사람들이 아직 입문되지 않은 사람들을 거기에 이끌어 들이는 '성년식'이다.

여기서 한 가지 특히 주목해야 할 사실은, 허스트와 피터즈가 제시한 '지식과 경험의 여러 양식들'은 일반적으로 '학문'이라고 부르는 것과 동일하다는 점이다. 앞에서도 말한 바와 같이, '지식과 경험의 여러 양식들'은 '학문'과 마찬가지로, 각각 상이한 '개념 구조와 사정 기준(또는 검정 기준)'으로 정의된다. 지식의 형식과 학문과의 상호관련은 두 가지 중요한 점을 시사한다. 첫째로, 지식의 형식을 가르치는 교육과정상의 원리는 브루너가 말한 '지식의 구조'를 가르치는 원리

---

18) *Ethics and Education*에 주장된 바에 의하면, 평등, 인간존중, 자유 등 도덕적 원리도 이와 같이 '선험적으로' 정당화된다.

와 동일하다는 것과, 둘째로 '지식의 구조'는 지식의 형식이 정당화되
는 것과 동일하게 내재적으로 정당화된다는 것이다.

허스트는 지식의 형식을 학습하는 과정에 관하여 다음과 같이 말
하고 있다.

어떤 지식의 형식이든지 그것을 학습하는 일은 정도의 차이
는 있으나 한 개인이 혼자서 문자화된 지식의 결과를 공부함으로
써 되는 그런 일이 아니다. 그것은 그 방면의 대가*로부터 그 대
가가 일하는 현장에서 배우지 않으면 안 된다. 우리가 이들 지식
의 형식을 '학문'**이라고 부르는 이유가 바로 여기에 있다는 것
은 의심할 여지가 없다. 곧, 지식의 형식은 각각 뚜렷이 구분되는
논의 영역에서 그 논의의 대가로부터 특별한 훈련을 받아야 배울
수 있다. 그것을 배우는 데는 복잡한 준거에 입각한 고도의 비판
적 안목을 개발하여야 한다. 그리고 그것을 배우게 됨으로써 우리
는 경험을 특별한 방법으로 해석할 수 있게 된다. 아닌게 아니라,
지식의 형식은 바로 마음을 형성하는 '도야'☆이다.19)

다시 말하면, '지식의 형식'의 학습을 위한 교육과정상의 원리는
그 특정한 형식을 통달한 '대가'의 활동과 방법을 보고 그 '현장'에서
직접 배우는 데에 있다고 볼 수 있다. 이것은 브루너가 말한 바, '지식
의 구조'와 관련된 '한 가지 핵심적 확신'이라는 것과 완전히 일치한
다(이 책 p. 63).

---

* master　　** disciplines〔'제자'(disciple)와의 어원적 관련 참조〕
☆ discipline

19) P. H. Hirst, *op. cit.*, pp. 129~130.

이와 같이 지식의 형식이 브루너가 말한 지식의 구조에 나타난 교육과정 원리와 일관된 원리에 의하여 학습된다고 하면, 지식의 구조는 지식의 형식과 동일한 근거에 의하여 정당화될 수 있을 것이다. 물론, 브루너의 「교육의 과정」은 교육내용으로서의 지식의 구조를 '정당화'하는 데에 주로 관심을 가졌던 것이 아니며, 따라서 지식의 구조가 정확하게 어떤 근거에서 정당화되는지는 상세히 논의하고 있지 않다. 뿐만 아니라, 거기에 제시된 근거는 다분히 개인이나 사회의 관점에서 본 실용성에 의존하고 있다는 인상을 준다. 예컨대 '스푸트니크로 말미암은 국가 안보의 위기'(p. 44)에 관한 언급이라든지, '어떤 종류의 학습이든지 학습의 첫째 목적은 … 그 학습이 장차 우리에게 쓸모가 있어야 한다는 것이다'(p. 74)와 같은 말이 그것이다. 물론, 지식의 구조는 '쓸모 있는' 것이다. 이 점에서 화이트헤드의 다음과 같은 말은 언제나 옳다. 즉, '만약 교육이 유용하지 않다면, 그것은 도대체 무엇이란 말인가? … 삶의 목적이 어디에 있든지 간에, 교육이 유용하다는 것은 말할 필요도 없다. 교육은 성 아우구스티누스에게도 유용하였고 나폴레옹에게도 유용하였다. 교육이 유용한 것은 곧 이해가 유용하기 때문이다.'[20] 문제는 이해가 '사회 현실'에 유용하다는 것은 어떤 점에서인가 하는 것이다. 이 문제는 다음 장의 주제이다.

---

20) A. N. Whitehead, *The Aims of Education*(New York : Macmillan, 1929), p. 14.

Ⅲ 필수 교육과정

허스트와 피터즈가 말한 '지식과 경험의 여러 양식들' 또는 '지식의 형식'이라는 것이 곧 교육의 내용이고 또 그것은 내재적으로 정당화된다는 것을 받아들인다 하더라도, 그것에 관하여 흔히 지적되는 한 가지 의문은 '지식의 형식'에 어떤 것을 포함시킬 것인가 하는 것이다. 그들 자신도 지식의 형식을 분류하는 데에 곤란을 겪고 있음이 분명하다. 1965년 허스트의 논문에는 지식의 형식으로서 1) 형식논리학과 수학, 2) 자연과학, 3) 인간과학, 4) 역사, 5) 종교, 6) 문학과 예술, 7) 철학, 그리고 8) 도덕적 지식을 들고 있고, 이것은 1970년 허스트와 피터즈가 제시한 것과 다소 차이가 있다. 또 이들과 비슷한 생각에서 피터슨은 교육내용을 '지적 활동의 주 양식'으로 규정하고 그것에 속하는 것으로서 1) 논리적 양식, 2) 실증적 양식, 3) 도덕적 양식, 4) 심미적 양식의 네 가지를 들고 있다.21) 뿐만 아니라 5장에서 고찰한 피닉스의 '의미의 영역'도 일종의 '지식의 형식'의 분류로 볼 수 있을 것이다. (피닉스는 '의미의 영역'을 '인간의 본성'에 입각하여 정당화하고 있으며, 이 점에서 그는 '의미의 영역'을 '지식의 형식'과 비슷하게 내재적으로 정당화하고 있다고 말할 수 있을 것이다.)

그러나 지식의 형식이 모든 사람의 합의를 얻을 수 있도록 분류되기 어렵다고 해서, 교육목적이나 교육내용에 관한 견해로서 그것이 가지는 의미가 과소평가될 수는 없다. 그것은 특히 '필수 교육과정'에 관하여 중요한 시사를 준다. 교육이 따라야 할 한 가지 중요한 '경제

---

21) A. D. C. Peterson, *Arts and Science Sides in the Sixth Form*(Oxford University Department of Education, 1960), discussed in P.H. Hirst(1965), pp. 122~123.

성'의 원리는 '최소 필수'*의 교육내용을 정하고, 될 수 있는 대로 이 것만을 '필수 교육과정'**으로 모든 학생들에게 부과해야 한다는 것 이다. 만약 교육에서 '최소 필수'의 내용을 정해야 한다면, 그것은 무 엇을 위한 '최소 필수'여야 하는가? 허친스가 말한 바와 같이, 우리는 다른 무엇보다도 먼저 '인간'이요, 교육은 '인간'을 만드는 일이기 때 문에, 교육에서 정해야 하는 '최소 필수'는 무엇보다도 '인간답게' 되 는 것을 위한 최소 필수이어야 한다. 지식의 형식은 곧 '인간다운 삶의 형식'을 누리는 데 요구되는 최소 필수의 조건을 규정한다.

이 말의 의미를 이해하기 위해서는 몇 가지 보기를 생각해 보면 충분하다. 예컨대 농사짓는 기술은 물론 중요하다. 그와 마찬가지로 텔레비전을 수선하는 기술도 중요하다. 그러나 농사짓는 기술에 뛰어 난 사람이 그 기술을 가지지 못한 사람보다 '인간적으로' 더 훌륭하 든지, 그 사람이 텔레비전을 잘 수선하는 사람보다 '인간적으로' 더 훌륭하다고는 말할 수 없다. (그가 '농부로서' 더 훌륭하다는 것은 말 할 필요가 없다.) 그것은 농사짓는 기술이 '인간다운 삶의 형식'의 본 질적인 부분이 아니기 때문이다. 그러나 만약 어떤 사람이 인류의 지 적 성취에 관하여 전혀 관심을 가지지 않는다면, 이 사람은 적어도 문명된 사회의 삶의 형식을 가지고 사는 인간, 다시 말하면 '교육받은' 인간이 아니다. 우리는 살아가기 위하여 여러 가지 종류의 활동을 한 다. 우리가 '인간다워지는' 것은 어떤 종류의 활동을 하면서 살아가는 가에 있는 것이 아니라, '무슨 생각을 하면서' 그 활동을 하는가에 있다. 물론, 농사를 잘 짓거나 텔레비전을 잘 수선하기만 하면 그야말 로 '살아갈' 수는 있다. 그러나 우리의 삶을 오직 이런 측면에서만 보는 것은, 피터스의 말대로 '문명에 대한 배반'이다.

---

* minimum essential   ** compulsory curriculum

이 점에서 또한 피터즈의 교육목적관은 '생활적응'의 교육목적관
과 정면으로 대조된다. 생활에 적응하기 위해서 우리에게 필요한 것은
거의 무제한이며, 그것은 우리의 생활에 '필요'하다는 이유에서 모두
교육내용이 되어야 한다. 이런 사고에서는 '최소 필수'의 교육내용이
라는 것은 생각할 수도 없고, 아무리 많은 내용을 모든 학생에게 가르
쳐도 오히려 부족하다. 오늘날 전세계를 통틀어 교육의 문제점으로
지적되고 있는 '교과의 범람'은 다분히 생활적응 교육, 또는 '필요에
의한 교육'의 유물이라고 볼 수 있다.

교과의 조직 ―필수와 선택― 을 바꾸는 데는 분명히 여러 가지
실제적 문제가 따른다. (아마도 가장 명백하고도 중요한 문제는 교사
양성제도일 것이다.) 그러나 모든 교과가 동일한 방법으로(즉, 외재적
또는 내재적으로) 정당화되는 것이 아니기 때문에 교과에는 그 중요성
으로 보아 차이를 두어야 할 것이다. 이 차이를 교육 실제에서 어떻게
존중하는가에 교육의 성패가 달려 있다고 말할 수 있을 것이다.

7
지적 인간과 도덕적 사회

앞 장에서 고찰한 피터즈의 '선험적' 정당화는 지식의 가치를 제시하는 '적극적인' 의미에서의 정당화라기보다는, 지식의 가치를 제시하라는 요구의 정당성을 부정하는 '소극적인' 의미에서의 정당화이다. 아마 대부분의 사람들은 지식이 이와 같이 소극적으로 정당화되는 데에 만족하지 않고, 그 가치를 보다 적극적인 면에서 찾고 싶어할 것이다. 게다가, 지식(또는 교과)이 내재적으로 가치를 가진다는 말은, 자의적字義的으로 해석하면, 지식이 '그 자체로서' 가치를 가진다는 뜻이요, 또한 이 견해가 교과를 '생활의 필요'에 의하여 정당화하는 견해에 반대된다는 것은 내재적 정당화의 신빙성을 더욱 의심스럽게 하는 듯하다. '생활의 필요'와는 무관하게 지식이 '그 자체로서' 가치를 가진다는 것은 무엇을 의미하는가? 지식은 '생활의 필요'와 그야말로 무관할 수 있는가? 화이트헤드도 '만약 교육이 유용하지 않다면, 그것은 도대체 무엇이란 말인가?…. 교육이 유용한 것은 곧 이해가 유용하기 때문이다'라고 말하지 않았는가? 화이트헤드가 이 말을 했을 때, 그것은 분명히 지식이나 이해가 오직 '다른 지식이나 이해를 얻기 위한 수단'으로서 유용하다는 뜻은 아니었을 것이다. 지식과 이해의 유용성은 정확하게 어디에 있는가? 지식의 내재적 정당화에 관하여 분명히 이런 의문이 제기될 수 있다.

이제 우리는 피터즈가 말한 '지식의 형식'이 가지고 있는 가치를 보다 적극적인 면에서 찾아볼 필요가 있다. 이 장에서 고찰하고자 하는 문제는 다음과 같다. 즉, '지식의 형식'이 우리로 하여금 '인간다운 삶의 형식'을 누리도록 한다고 할 때, 그 '인간다운 삶의 형식'이라는 것은 무엇을 뜻하는가? 그것은 특히 사회의 현실과 관련하여 어떤 의미를 가지는가? 분명히 피터즈는 '인간다운 삶의 형식'의 본질을 '합리적 논의'에서 찾고 있다. 그리고 그가 말한 '지식의 형식'은, 어떻게 분류되든지 간에, 통틀어 인간이 현재 사용하고 있는 여러 가지 '합리적 논의'의 양식을 가리킨다. 인간다운 삶의 형식으로 '입문'된 사람, 즉 교육받은 사람은 여러 분야에 있어서의 합리적 논의 양식에 통달한 사람을 가리킨다. 그러므로 합리적 논의 양식에 통달한 사람은 사회 현실에서 우리가 일반적으로 교육받은 사람의 특징이라고 생각하는 그런 증거를 나타내어 보이지 않으면 안 된다. 일반적으로 '교육받은' 사람, 또는 '인간다운' 사람이라고 말할 때, 우리가 염두에 두고 있는 사람은 1차적으로 '도덕적인' 사람이다. 그러므로 사회 현실과 관련하여 '지식의 형식'의 의미를 찾기 위해서는 합리성과 도덕성과의 논리적 관련을 밝힐 필요가 있다.

결국 문제는 지식의 형식, 또는 합리적 논의 양식을 배운 사람들이 도덕적으로 훌륭한 사람들인가 하는 데에 있다. 대다수 사람들에게 지식과 도덕과의 이 관련은 가장 근거가 희박한 가설로 생각되고 있다. 많은 사람들은 '아는 것'과 '도덕' 사이에는 하등 관계가 없다고 공공연히 말하고 있다. 이러한 생각은 브루너의 이른바 '지나친 합리

주의의 오류'라는 말에 메아리치고 있다. 그는 「교육의 과정」이 나온
지 10년 뒤에 그 책을 '재음미'하는 글에서 다음과 같이 말하고 있다.

> 그 당시 [「교육의 과정」 직전] 하바드 대학의 동료 교수들이
> 당면하고 있던 큰 문제점은 현대 물리학과 수학이 학교 교육과정
> 에 반영되어 있지 않다는 것과, 그럼에도 불구하고 현대 과학을
> 이해하는 것은 여러 가지 사회적 의사결정을 내리는 데에 기본적
> 인 조건이 된다는 것이었다. 사회 안에서 생활하는 사람들로 하여
> 금 일상생활의 의사결정에 대하여 반드시 올바른 근거를 가지게
> 되도록 모종의 조치를 취하지 않으면 안 되었다. 그 조치라는 것
> 은 먼저 과학을 가르치는 것이고 그 다음에 다른 교과를 가르치는
> 것이었다.[1]

즉, '과학과 다른 교과'를 가르쳐야 할 이유는 '사람들로 하여금
일상생활의 의사결정에 대하여 올바른 근거를 가지게 되도록' 하는
데 있다는 것이다. 그러나 뒤이어 브루너는 이 생각이 '단순하고도
순진한' 생각이며 '지나친 합리주의의 오류'를 범하고 있다고 말하였
다. 이 생각이 '오류'라는 말은 곧 '지식의 구조'를 배웠다고 해서 반드
시 사람들이 '올바른 근거를 가지고' 의사결정을 하는 것은 아니라는
뜻이다. 아마 그럴지도 모른다. 그러나 '단순하고도 순진하다'든가 '오
류'라는 말은 지식의 구조를 가르쳐야 한다는 결정 또는 그것을 가르
쳐야 할 이유에 적용될 수 있는 말이라기보다는 지식의 구조를 가르친
결과가 일상생활의 의사결정으로 '생활화'되는 과정에 관한 그들의

---

1) J. S. Bruner, 'The Process of Education Reconsidered'(1971), 이홍우(역), 「브
  루너 교육의 과정」, p. 207.

생각에 적용될 수 있는 말이라고 보는 편이 더 옳을 것이다. '지식의
구조'나 '지식의 형식'을 통하여 학습된 '관점과 태도'가 생활의 장면
에 나타나는 데에는 복잡한 사회적 요소가 개재해 있다고 보아야 한
다. 이 복잡한 사회적 요소를 무시한다면 그것은 그야말로 '단순하고
도 순진한' 생각이지만, 그렇다고 해서 '지식의 형식'이 품고 있는 도
덕적 의미를 부정한다면 그것은 명백하게 '오류'이다.

I 지식과 합리성

교과로서의 '지식의 형식'을 배울 때, 우리는 합리적 논의 양식을
배운다. 그러면 합리적 논의 양식이라는 것에 내포된 '합리성'*이라는
것은 무엇을 의미하는가? 합리성은 '증거를 다루는 방식'으로 규정된
다. 증거를 다루는 방식으로서의 합리성은, 포퍼가 지적한 바와 같
이,2) 능력과 태도를 동시에 포함하고 있다. 합리성에 포함된 능력과
태도는 곧 이성**을 구사하여 문제를 해결하는 능력과 이성을 문제
해결의 최고의 권위로 인정하는 태도이다. 이성을 최고의 권위로 인정
하는 태도는 이성을 구사하여 문제를 해결하는 능력이 있을 때 비로소
나타날 수 있는 것이며, 반대로 이성을 구사하여 문제를 해결하는 능
력은 반드시 이성을 최고의 권위로 인정하는 태도를 수반한다. 이와
같이 합리성이 능력과 태도를 동시에 포함하고 있다는 것은 합리성의

---

* rationality
** reason : 영어의 reason은 '이성'이라는 뜻과 '이유'라는 뜻을 동시에 가지고
  있다는 것은 특히 주의할 필요가 있다. 아마 그것은, 이성의 가장 중요한 일
  은 이유를 추구하는 일임을 암시한다고 볼 수 있을 것이다.
2) K. Popper, *The Open Society and Its Enemies*, vol. II(London : Routledge and
  Kegan Paul, 1945), pp. 224~247.

개념을 이해하는 데에 매우 중요하다. 합리성은 판단에 관련된 이유
를, 이성에 입각하여, 추구하는 능력을 가리키지만, 그러한 이유를 추
구하는 행동 자체는 하나의 '열정'이라고 부를 만한 태도를 반드시
수반한다. 합리성에 내포된 열정(즉, '합리적 열정'*)은 곧 문제 해결
에 관련된 이유를 집요하게 추구하려는 열정, 오직 이성으로 받아들여
질 수 있는 이유에 입각하여 문제를 해결하려는 열정을 가리킨다.

　　합리성이 일종의 열정이라면, 다른 종류의 열정도 물론 있을 수
있다. 이 다른 종류의 열정이라는 것은 이성이나 이유의 중요성을 부
정하는 열정, 무엇이든지 '이성이나 이유 이외의 것'을 문제 해결의
관건이라고 생각하는 열정이다. 이것을 아마 '비합리적 열정'이라고
부를 수 있을 것이다. 이 경우에 문제 해결에 동원되는 '이성 이외의
것'은 무엇인가? 그것은 합리적 논의의 여지가 없는 소박하고 원시적
인 감정 또는 맹목적으로 받아들여진 권위이다. 자기 자신의 감정이나
외부적인 권위에 입각하여 문제를 해결하려는 사람들도 표면상으로는
'이유'라든가 '증거'를 추구하는 것처럼 보일지 모른다. 그러나 그들
이 추구하는 이유는 '합리적 열정'을 가지고 있는 사람들이 추구하는
이유와 동일한 것이 아니다. 사실상 '이유를 추구하는 일'이라는 것은
그들의 의식과는 거리가 멀다. 이유를 추구한다는 것은 곧 자기 자신
에게만 아니라 자신과 동일한 이성을 갖추고 있는 다른 사람들에게도
받아들여질 수 있는, 이른바 '간주관적'間主觀的인 이유를 추구한다는
뜻이다. 그들은 바로 이런 활동의 중요성을 부정하는 것이다. 그들이
문제 사태에서 내세우는 감정이나 권위의 이면에는 반드시 사적인 이
해利害가 깔려 있다고 보아야 한다. 그들이 공적인 이유를 부정하는
것은 바로 이 때문이다. 그들은 문제 사태를 당할 때 '내 기분이 그렇

---

* passion for rationality, rational passion

다'든지, '그것이 나에게 편리하다'는 것을 가장 중요한 고려 사항으로 삼는다. 우리가 일상생활에서 흔히 경험하는 바와 같이, 이런 사람들이 자신의 결론에 대하여 나타내어 보이는 '열정'은 바로 그들 자신의 이해 관계에서 우러나오는 것이며, 또한 그렇기 때문에 어떠한 종류의 '이유'도 그들의 결론에 영향을 주지 못한다.

'합리적 논의'라든지 '합리적 이해'라고 하는 것은 모두 이유를 추구하는 것과 관련하여 의미를 가진다. 자신의 순간적인 감정이나 눈앞의 이해가 곧 판단의 절대적인 기준이 될 수 있다고 믿는 사람들에게는 사태를 올바로 이해한다는 것은 하등 의미가 없다. 그럴 필요가 없는 것이다. 여기에 비하여 합리성이라는 것은, 포퍼가 말한 바와 같이, '내 생각이 잘못이고 당신 생각이 옳을지도 모른다. 그러나 우리는 피차의 〔논의하는〕 노력을 통하여 좀 더 옳은 생각에 도달할 수 있을 것이다'(p. 225)라고 말하는 태도이다. '피차의 논의하는 노력'은 한 개인의 편파적인 감정이나 이해에 치우칠 가능성을 최대한으로 배제하고, 어떤 종류의 결론에 도달하든지 간에 그 결론이 보다 올바른 증거에 의하여 지지되도록 하는 데에 그 의미가 있다. 비합리적인 사람의 경우와는 달리 합리적인 사람의 관심은 어떤 종류의 결론에 도달하는가에 있다기보다는 그 결론이 어떤 증거에 의하여 지지되는가에 있다. 합리적인 사람이 모든 결론에 대하여, 심지어 자기 자신이 내린 결론에 대해서까지 비판적인 태도를 취하는 것은 당연하다. 합리적인 사람은 말하자면 '자기 자신에게 "아니다"라고 말하는'* 사람이다. 그는 마음속에 논의의 쌍방을 동시에 갖추고 있어서, 한 쪽이 내린 결론을 그 반대 쪽의 입장에서 부단히 점검해 보는 사람이다. 아마 이런 사람에게서는 감정이나 이해 관계에 입각하여 판단하는 사람에

---

* saying No to oneself

게서 볼 수 있는 그런 '열정'은 찾아볼 수 없을 것이다. 그러나 이것은 흔히 생각하듯이 열정의 결핍을 의미하는 것이 아니라, 전혀 다른 종류의 열정, 합리적 열정 또는 다소 진부한 표현을 쓰자면 '진리탐구에의 열정'을 가지고 있음을 의미한다.

　자신의 사적인 이해에서 우러나온 열정과는 달리, '진리탐구에의 열정'은 따로 배우지 않으면 가질 수가 없다. 진리탐구에의 열정을 배우는 방법은 무엇인가? 앞에서 말한 바를 되풀이하자면, 진리탐구에의 열정을 가진다는 것은 곧 아무리 자기가 그 반대로 믿고 싶다고 하더라도 오직 간주관적인 증거에 의하여 지지되는 바를 따르려고 하는 열정을 말한다. 이 열정을 배우는 방법은, 논리적으로 말하여, '간주관적인 증거를 따르는 일'을 실천해 보는 것이다. (아리스토텔레스의 다음과 같은 말은 구원久遠의 진리이다 : 집을 지어 봄으로써 목수가 되는 것과 같이, 피리를 불어 봄으로써 피리장이가 되는 것과 같이, 우리가 배워야 할 덕은 그것을 실지로 해 봄으로써 배울 수 있다.) 피터즈가 말한 '지식의 형식'은 인류가 역사를 통하여 축적해 온 합리적 논의의 총체이다. 다시, 피터즈에 의하면 '지식의 형식'은 각각의 인간 경험의 분야에 관한 '독특한 개념과 객관적인 검증 방법'으로 구성되어 있다. 각각의 '지식의 형식'은 각각의 분야에 적합한 '간주관적인 증거'에 의하여 세계를 이해하는 방식이다. 지식의 형식을 배울 때, 우리는 그 지식이 우리의 소원과는 관계없는 간주관적인 증거에 의하여 지지되고 있다는 것과 그 증거를 따르는 일이 무엇보다도 중요하다는 것을 배운다. 말하자면 우리는 '합리적 열정'이라는 것을 배우는 것이다.[3] 그러므로 피

---

3) 교육을 이런 관점에서 규정하려고 하는 대표적인 노력은, R. F. Dearden, P. H. Hirst and R. S. Peters(eds.), *Education and the Development of Reason* (London : Routledge and Kegan Paul, 1972).

터즈가 말한 '인간다운 삶의 형식'이라는 것은 사실상 이유를 추구하는 활동에 헌신하는 그런 '삶의 형식', 또는 '합리적 열정'을 가지고 사는 그런 '삶의 형식'을 가리킨다.

물론, 피터즈가 열거한 것과 같은 여러 가지 '지식의 형식'을 어떤 방법으로든지 가르치기만 하면 합리성에 대한 헌신이 길러지는 것은 아니다. '학문'*에 포함된 지식들을 맹목적으로 주입함으로써 인간에게 중요한 '심근' ―즉, 마음의 근육― 을 발달시킬 수 있다고 생각한 것이 바로 형식도야 이론의 교육적 오류였다고 볼 수 있다. 지식의 형식을 통하여 합리성에 대한 헌신을 기르기 위해서는 지식을 가르치되 '이유를 추구하는 활동'으로서의 그 본질을 강조하면서 가르치지 않으면 안 된다. 예컨대 '빛은 직진한다'는 것은 분명히 하나의 과학적 지식이다. 그러나 단순히 '빛은 직진한다'는 것을 듣고 그것을 받아들인다고 해서 우리가 과학이라는 활동의 의미를 알게 되는 것은 아니다. '빛의 직진'이 과학으로서 의미를 가지게 되기 위해서는 그것이 어떤 광학적인 현상을 설명하기 위하여 만들어진 법칙인가, 그런 현상은 어째서 '빛의 직진'이라는 법칙으로밖에 설명될 수가 없는가를 알아야 한다. 이것을 알 때 비로소 '빛의 직진'이라는 것은 누군가가 임의로 만들어낸 법칙이 아니라, 과학적인 현상을 설명할 필요에 의하여 '불가피하게' 만들어진 법칙이라는 것을 이해할 수 있게 된다. 이때 과학은 받아들여야 할 고정된 법칙이 아니라, 세계에 관한 합리적 이해의 한 가지 형식으로 의미를 가지게 된다.

브루너의 '지식의 구조'라는 말이 나타내고 있는 아이디어는 이와 같이 지식을 그 원래의 성격, 다시 말하면 세계에 관한 합리적 이해의 수단으로서의 지식의 성격을 충실히 반영하도록 가르쳐야 한다는

* disciplines

아이디어이다. 과학뿐만 아니라, 수학, 역사, 문학 등, 우리가 '학문'이라고 부르는 것에는, 비록 그 종류는 다르다 할지라도, 반드시 그 자체에 '내적 사정기준'이라는 것이 있다. 수학 공식을 증명하는 데에는 문학 작품을 평가하는 데나 역사적 사실을 논증하는 데에 있어서와 마찬가지로 우리가 따라야 할 판단의 기준이 있는 것이다. 우리가 학문을 공부한다는 것은 바로 그 판단의 기준을 배우고 그것을 우리자신의 것으로 소중히 여기게 된다는 것을 의미한다. 이때 우리는 수학적인 것이든지 과학적인 것이든지 도덕적인 것이든지 심미적인 것이든지를 막론하고 인간의 경험 세계에 속해 있는 모든 사물이나 현상을 '올바른 증거'에 입각하여 볼 줄 알게 되고, 그 증거는 우리의 개인적인 욕망이나 소원과는 관계없이 '객관적으로' 존재한다는 것을 배우게 된다. 이것이 곧 '교육받은' 관점과 태도, 또는 '인간다운' 관점과 태도이다.

Ⅱ 지적 활동의 도덕적 의미

만약 '인간답다'는 말의 1차적인 의미가 도덕적인 것에 있다고하면, '지식의 형식'을 배운 사람은 그만큼 '도덕적인' 사람이라고 보지 않으면 안 된다. 지식을 추구하는 활동(즉, 합리적 활동)과 도덕사이에는, 적어도 두 가지 근본적인 의미에서, 논리적 관련이 성립한다. 우선 도덕이라는 것은 그 자체가 하나의 '이유를 추구하는 활동'이다. 도덕이 '지식의 형식'의 하나로 포함되어 있는 것은 바로 이 점을보여 주고 있다(이 책 p. 166). 도덕적 질문이라는 것은 곧 도덕적인 문제 사태에서 '내가 어떻게 행동해야 하는가'를 묻는 질문이며, 이 질문을 할 때 우리는 어떤 이유가 '도덕적으로' 보다 좋은 이유인가를 추구한다. 피터즈의 '선험적 논의'를 빌어 말하면, '나는 어떻게 행동해야 하는가'라는 질문을 할 때 우리는 이미 그 질문이 도덕적인 이유에 의하여 대답될 수 있다는 것을 가정하고 있고 그 대답을 애써 찾으려고 하고 있다는 것이다. 이것이 바로 도덕이라는 '지식의 형식'의 의미이다.

그러나 여기서 우리의 주된 관심은 지식과 도덕 사이의 둘째 관련이다. 그것은 곧 지식을 추구하는 활동이 그 자체로서 도덕적 의미를 가지고 있다는 것이다. 앞 절에서 말한 바와 같이, 합리적 활동으로서의 지식을 추구하는 활동은 사적인 감정이나 소원과는 관계없이 간주관적인 증거를 따르는 일이다. 지식을 추구한다는 것은 곧 판단이 사적인 감정이나 이해로 말미암아 왜곡될 가능성을 부단히 배제하고 그것이 보다 공적으로 받아들여질 수 있는 이유에 기초하도록 노력하는 것을 의미한다. 지식을 추구할 때 우리의 관심은 결론이 우리 자신의 이해와 어떤 관련을 가질 수 있는가가 아닌, 그것과는 다른 곳에 있다. 지식을 추구할 때 우리는 포퍼가 말한 합리성의 태도, 즉 '내 생각이 잘못이고 당신 생각이 옳을지도 모른다. 그러나 우리는 피차의 노력을 통하여 좀 더 옳은 생각에 도달할 수 있을 것이다'라고 말하는 그런 태도를 가지게 된다. 이 태도는 정의상 '개방된' 태도이다. 이 태도에서는 '사수'해야 할 결론이 있을 수 없으며, 오직 사수할 것이 있다면 그것은 판단이 보다 올바른 이유에 의하여 지지되어야 한다는 원칙(즉, '합리적 열정')뿐이다. 개방된 태도라는 것은 일체의 판단을 공적인 논의에 회부하고 그 논의에서 제시되는 보다 올바른 결정을 따르겠다는 태도이다.

이 태도가 도덕적 의미를 가지고 있다는 것은, 다시, 이 태도가

결여된 상태, 다시 말하면 사적인 감정이나 이해를 판단의 으뜸가는
근거로 삼는 상태와 대조해 보면 더욱 분명히 알 수 있다. 이 상태에서
는 결론이 올바른 이유에 의하며 지지되기 때문에 받아들여지는 것이
아니라, 사적인 이해와 관련되어 있기 때문에 받아들여진다. 그러므로
여기서 결론은 어떤 일이 있더라도 사수되어야 하는 '폐쇄된' 결론이
다. 물론, 폐쇄된 상태에서도 결론에 대하여 '이유'가 제시되지 않는
것은 아니지만, 이때 제시되는 이유는 개방된 상태에서처럼 결론을
'정당화'*하기 위하여 제시되는 것이 아니라, 이미 받아들여진 결론을
'합리화'**하기 위하여 제시된다.4) 폐쇄된 태도를 가지고 있는 사람
들에 있어서 지적 활동은 편견(개인적 합리화)과 이데올로기적 사고
(집단적 합리화)에 국한되어 있다. (이데올로기는 '한 개인이 어떤 특
정한 사회체제에 속하고 있다는 사실 때문에 맹목적으로 받아들이는
신념 내용'을 가리킨다. 공산주의의 이데올로기는 그 대표적인 보기이
다. 민주주의도 공산주의와 동일한 이데올로기가 아닌가? 그러나 민
주주의가 이데올로기라면, 그것은 '이데올로기의 존재 이유를 부정하
는 이데올로기'이다.) 편견과 이데올로기는 합리성에 반대되는 것으로
서, 그것은, 포퍼가 말한 바와 같이 인간의 이성에 대한 '범죄행위'이
다(p. 234).

   결국 개방된 태도와 폐쇄된 태도는 '증거를 다루는 방식'의 차이
로 규정된다. 로키치의 '신념체계' 연구5)는 이 점을 잘 말해 주고 있
다. 그는 신념체계를 '한 개인이 어떤 정보에 접했을 때, 자기 자신의
내부 또는 외부에서 발생하는 "무관한 요인"으로부터 방해를 받음이

---

   * justification   ** rationalization
   4) '정당화'와 '합리화'의 교육방법상의 의미에 관해서는 이하 9장 참조.
   5) M. Rokeach, *The Open and Closed Mind*(New York : Basic Books, 1960).

없이, 오직 그 정보의 내재적 가치에 비추어서 그것을 받아들이고 평가하고 또 그것에 따라 행동하는 정도'(p. 57)에 따라 '개방된 신념체계'와 '폐쇄된 신념체계'로 구분하였다. 로키치는 이 두 가지 신념체계를 다음과 같이 대조하고 있다.

신념체계가 개방된 사람일수록 정보를 오직 그 자체의 중요성에 비추어, 그 사태의 구조적 조건에 맞게 독립적으로 평가하고 행동에 옮길 수 있다. 이런 사람은 비합리적인 내적 충동이 아니라, 내적인 자아실현의 욕구에 따라 자신의 행동을 통제할 수 있다. 따라서 신념체계가 개방된 사람은 자신의 뜻에 맞지 않게 정보를 평가하고 행동에 옮기도록 요구하는 외부의 압력에 저항할 수 있다. 이 사실에서 따라오는 한 가지 중요한 결론은 이런 사람일수록 외부로부터 부과된 '강화' 또는 상벌에 저항하는 힘이 크다는 것이다. 이런 사람에게 있어서 외적인 상벌은 정보를 평가하고 행동에 옮기는 방법을 결정하는 데에 거의 아무런 영향을 끼치지 못한다.

그 반면, 신념체계가 폐쇄된 사람일수록 외부 세계에 관한 정보와 그것을 제공한 원천에 관한 정보를 구별하기가 어렵다. 외적인 원천[즉, 권위]이 세계에 관하여 옳다고 말하는 것과 외적인 원천이 그에게 옳다고 믿도록, 또 그에게 행동하도록 바라는 것이 뒤범벅 되어 있다. 정보의 원천에서 나온 이 두 가지 상이한 종류의 정보를 구별할 수 없기 때문에 그는 정보를 그 내적인 요구조건에 비추어 자유롭게 받아들이고 평가하며 행동에 옮길 수가 없다. 이런 사람은 외부의 원천이 배당하는 압력이나 상벌에 쉽게 영향을 받는다. 이런 압력이나 상벌은 그로 하여금 그 외부의 원천이 바라는대로 정보를 평가하고 행동에 옮기도록 강요하는 힘을 가지고 있다(p. 58).

'폐쇄된' 마음이라는 것은 곧 내적인 '무관 요인'(즉, 충동이나 감정)이나 외적인 '무관 요인'(즉, 권위)에 의하여 정보를 받아들이는 상태를 말하며, 여기에 비하여 '개방된' 마음이라는 것은 정보를 그 '내재적 증거'에 비추어 평가하고 받아들이는 상태를 말한다. 그러면 어찌하여 사람들은 올바른 증거보다도 감정이나 권위 등, 이른바 '무관 요인'에 입각하여 사태를 판단하게 되는가? 논리적으로 말하여 그것은, 어떤 이유에서든지, 합리적 논의의 능력, 다시 말하면 증거를 올바르게 취급하는 능력이 결핍되어 있기 때문이라고 볼 수밖에 없다. 교육과정의 용어를 써서 말한다면, 폐쇄된 마음이라는 것은 곧 '도야' 되지 않은* 마음이다. 올바른 증거를 찾는 일이 어떤 종류의 일인지 모를 때, 사람들은 순간적인 감정에 의하여 판단하거나 주위의 다른 사람들(특히, 권위적인 위치에 있는 사람들)의 의견을 맹목적으로 따를 수밖에 없을 것이다. 로키치가 열거한 '독단성'(즉, '폐쇄된 마음') 의 여러 가지 특징들, 예컨대 신념체계 안에 모순된 신념들을 동시에 가지고 있다든가, 신념에 반대되는 증거가 나타나더라도 그것을 부정하거나 '무관한' 것으로 일축한다든가, '노선적 사고'를 한다든가, 자신의 신념과 반대되는 신념을 가진 사람들을 무더기로 단죄하는 발언을 하는 것 등은 분명히 우리가 일반적으로 '지적 능력'이라고 부르는 것이 결핍된 상태를 나타낸다고 볼 수 있다.6)

---

* undisciplined

6) 로키치의 '신념체계'를 지적 능력으로 해석하고자 한 시도는, 이홍우, '한국 청소년 신념체계의 구조적 측면에 관한 연구', 「사대논총」(서울대학교), 13 (1976), pp. 23~48.

인간의 지적 발달과정에 관한 피아제의 연구는 지적 능력과 도덕성 사이의 논리적 관련에 대한 사실적 증거를 보여 주고 있다.7) 피아제의 연구에 의하면, 이른바 '개념적 사고 능력'이 발달되지 않은 단계에서 아동은 어른의 논리와는 전혀 다른 종류의 '논리'에 따라 사고한다. 예컨대 아동은 두 개의 찰흙 덩어리가 모양이 똑같을 때에는 양이 동일하다는 것을 알지만, 그 중의 하나를 길게 늘여 놓으면 '눈에 보이기'에 따라 양이 달라졌다고 생각한다. 이때 아동은 성인이 따르고 있는 것과 같은 '객관적 논리'를 따르고 있는 것이 아니라, '주관적 감각'(피아제 자신의 용어를 빌면 '감각동작적 정신구조'*)을 따르고 있는 것이다. 아동은 객관적 실재와 주관적 실재(예컨대, 눈에 보이는 것)를 혼동하며, 주관적인 감각에 의하여 파악되는 것 이외에 다른 실재가 있다는 것을 믿지 않는다. 이것이 곧 아동기 사고의 일반적 특징을 이루고 있는 '자기중심적 사고'**라는 것이다.

아동의 '자기중심적 사고'를 가장 극적으로 보여 주는 하나의 실험이 있다. 아동(대략 7살 이전)과 실험자가 책상을 사이에 두고 마주 앉아 있고 책상 위에는 산맥의 모형이 있다. 물론, 아동은 자신의 눈에 보이는 산맥의 모양을 몇 개의 그림 중에서 골라낼 수 있다. 그러나 '실험자의 눈에' 보이는 산맥의 모양을 고르라고 했을 때도 아동은 여전히 아까 골랐던 그림, 즉 '자신의 눈에' 보이는 모양을 고른다. 더욱 기막힌 일은 이번에는 실험자와 아동이 자리를 바꾸어 동일한 실험을 되풀이 해도, 아동은 여전히 실험자의 눈에 보이는 모양으로 지금 자신의 눈에 보이는 모양(아까 실험자의 눈에 보였던 모양)을

---

* sensorimotor schema   ** ego-centricity 또는 ego-centric thinking
7) 특히 J. Piaget, *Six Psychological Studies*(David Elkind, ed.)(New York : Random House, 1967), pp. 3~73.

고른다는 것이다. 마치 아동은 자신의 관점이 유일한 관점이며, 다른 사람의 관점은 존재하지 않는다고 생각하는 것 같다. 그리고 이러한 생각은 곧 객관적인 이유보다도 자신의 즉각적인 감정이나 이해가 판단의 기준으로서 더 중요하다는 생각, 또는 로키치가 말한 '폐쇄된 마음'을 가진 사람들의 생각과 동일하다.

위의 실험에서의 아동과 동일한 정신상태를 가지고 있는 사람이 다른 사람의 입장을 헤아린다든지, 그것을 자신의 입장과 동등하게 중요시할 수 있으리라는 것은 상상하기 어렵다. 도덕성의 발달에 관한 피아제의 연구[8]는, 도덕성은 본질상 지적 능력이 도덕적 분야에 적용된 것에 불과하다는 것을 보여 주고 있다. 앞의 두 실험에서 아동은 피아제의 용어로, '가역적 사고'*의 능력이 결핍되어 있는 것이다. 그리고 예컨대 '협동'이라는 것은 다름이 아니라 바로 가역적 사고의 도덕적 표현이라고 볼 수 있다. 일체의 도덕성에는 다른 사람의 입장을 나의 것과 동등하게 취급하는 능력이 기초가 되어 있다. 그리고 이 능력은 지적 능력(또는 개념적 사고능력)에 의하여 제한된다. 피아제의 이론이 보여 주는 바와 같이, 도덕적 발달과 지적 발달은 병렬을 보여주며, 지적인 면에 있어서나 도덕적인 면에 있어서나 인간의 발달과정은 아동기의 '자기중심적 사고'에서 점차로 벗어나서 객관적인 논리적 구조를 획득해 가는 과정으로 기술될 수 있다. '합리적 논의'가 가능한 것은 바로 이 '객관적인 논리적 구조'가 있기 때문이며, 이것이 모든 지적 활동의 기초이다.[9] 그리고 그 과정은 또한 점차 '자기중심

---

* reversibility

8) J. Piaget, *The Moral Judgment of the Child*(London : Routledge and Kegan Paul, 1932).

9) 모든 '인지 활동'을 이런 관점에서 규정하려는 노력은, 이홍우, 「인지학습의 이론」(서울 : 교육출판사, 1973).

적 정의'*에서 벗어나서 다른 사람의 관점을 받아들이도록 이끈다.

콜버그의 도덕성 발달 이론[10]은 지적 능력과 도덕성 사이의 병렬
관계를 더욱 산뜻하게 예시하고 있다. 콜버그는 피아제의 이론을 이어
받아, 아동과 청소년의 도덕성 발달과정을 세 가지 수준(각각의 수준
은 두 개의 단계로 다시 구분되어, 통틀어 6단계를 이룬다)으로 체계
화하였다. 맨 처음 수준('인습 이전 수준')에서 아동의 도덕성은 하나
의 행위가 자신에게 가져다 줄 물질적 이익이나 신체적인 벌, 또는
자신의 이익에 입각한 소박한 '교환관계'에 의하여 지배되고 있다. 이
수준에서 도덕적인 행동이라는 것은 자신에게 구체적인 쾌락을 가져
다 주는 행동을 의미하며, 다른 사람이 고려된다 하더라도 그것은 오
직 자신의 욕구를 충족하는 수단으로서 고려된다. 이 수준에서는 올바
른 의미에서의 '도덕적 사고'라는 것은 찾아볼 수 없다. 둘째 수준('인
습 수준')에서는 주위에 있는 다른 사람들의 명령이나 기대, 또는 사회
적인 규칙을 도덕의 기초로 받아들인다. 물론, 이 둘째 수준에서 인습
을 따른다고 하여 반드시 인습을 맹목적으로 받아들이는 것은 아니며,
그것에 관하여 '사고'하고 그 이유를 납득하려고 노력한다. 그러나 이
수준에서는 주위 사람들이 따르고 있는 관례나 사회적인 규칙이 그
자체로서 도덕적인 타당성을 가지고 있다고 생각된다. 관례나 규칙이
과연 도덕적인 것인가 하는 질문은 셋째 수준('인습 이후 수준')에 가
서 비로소 제기된다. 이 수준에서는 누구나 도덕적인 것으로 받아들이
고 있는 관례에 대한 비판까지 포함하여 '어떻게 행동하는 것이 도덕
적인가'를 묻는 질문('메타 윤리학적 질문')이 최초로 본격적인 의미

---

* ego-centric affect

10) L. Kohlberg, 'From Is to Ought,' T. Mischel(ed.), *Cognitive Development and Epistemology*(New York : Academic Press, 1971), pp. 151~235.

를 가지게 된다. 이 수준에서 도덕이라는 것은 자기 자신에게 미치는 구체적인 결과나 주위 사람들의 기대와는 무관하게 보편적인 원리의 형태를 취한다.

우리는 누구나 '인습 이후 수준'에 도달하는가? 콜버그의 견해에 의하면, 그렇지 않다. 대부분의 사람들은 '인습 수준'에 머물러 있다. 대부분의 사람들이 '착한 아이'(또는 '착한 사람')는 바로 어른의 말(또는 권위자의 말)을 잘 듣는 아이(또는 사람)라고 생각하는 것은 당연하다. 그것은 곧 그들의 도덕성이 '인습 수준'에 머물러 있음을 의미한다. '메타 윤리학적' 질문을 제기하고 그 해답을 찾는 데에 고도의 개념적 사고 능력이 요구된다는 것은 말할 필요도 없다. 우리가 알고 있는 바와 같이, 도덕적인 문제라는 것은 대부분의 경우에 간단하게 해답이 나오지 않는 그런 문제들이다. '과연 어떻게 하는 것이 도덕적으로 올바른가'라는 질문이 어떤 종류의 질문인가를 아는 사람들(즉, 콜버그의 기준으로 보아, 가장 도덕적으로 발달된 사람들)은 자기 자신의 도덕적 결론에 대하여 언제나 회의적인 태도를 취하며, 그렇기 때문에 그는 언제나 보다 타당한 이유를 찾으려는 태도를 갖추고 있다. 이것이 바로 '개방된' 태도요, 이 태도는 합리적 지적 활동을 하는 태도(또는 능력과 태도)와 본질상 다름이 없다.

이때까지 저자가 밝히고자 한 바, 지적 활동의 도덕적 의미를 받아들이는 독자 중에도 다음과 같은 의문을 품는 사람이 있을 것이다. 즉, 결국 저자는 '인간다운 삶의 형식'이라는 것은 곧 '이유를 추구하는 일'을 하면서 사는 그런 '삶의 형식'이요, 그런 '삶의 형식'을 누리기 위해서는 합리적 논의의 총체로서의 '지식의 형식'을 배워야 한다고 말한 다음에, 그런 '삶의 형식'을 가지고 사는 사람들이 '정의상'定義上 도덕적인 사람이라고 말하는 것이 아닌가? 따지고 보면, 지식을

배운 사람들이, 그 과정에서 체득한 '개방된 태도'를 도덕의 분야에
적용하리라는 기대는 전혀 근거없는 것이 아닌 것 같기도 하다. 그러
나 우리가 일반적으로 사용하는 '도덕적인 사람'이라는 말은, 마치 콜
버그의 '인습 이후 수준'이 의미하는 것처럼, 어떤 것이 도덕적으로
보다 훌륭한 이유인가를 따지기만 하고 가만히 앉아 있는 사람이란
말인가? 그도 사회 안에서 생활하는 사람인 이상, 반드시 모종의 '행
동'을 해야 할 것이 아닌가? 만약 '지식의 형식'을 배운 사람이 '도덕
적인 사람'이라면, 그는 우리가 일반적으로 도덕적으로 옳다고 생각하
는 그런 행동을 해야 할 것이 아닌가? 그 사람이 '도덕적으로 훌륭한
이유를 추구하는 일'은 하면서도, 행동에 있어서는 '지식의 형식'을
배우지 않은 사람과 조금도 다름없다고 하면, 그 사람을 도덕적으로
훌륭하다고 볼 이유가 어디에 있는가?

　　이 의문은 분명히 정당한 의문이지만, 그것에 대하여 완벽하게
만족할 만한 해답을 제시하기는 어렵다. 그러나 이 의문은 교육과 사
회 현실 사이에 있는 한 가지 근본적인 딜레마를 지적함으로써 부분적
으로 해답될 수 있을 것이다.

Ⅲ 교육과 사회의 딜레마

　　만약 도덕적인 개인이 합리적 논의 양식을 따르는 '개방된 마음'*
의 소유자라고 하면, 그와 마찬가지로 도덕적인 사회는 합리성이 풍미
하는 '개방된 사회'**를 뜻한다고 말할 수 있을 것이다. 다시 말하면,
도덕적인 사회는 그것을 구성하고 있는 개인들이 자신의 사적인 감정

---

　* open mind　　** open society

이나 이해에 얽매이지 않고 보다 올바른 이유를 추구하는 일에 헌신하는 그러한 사회이다. 사회가 개인의 집합으로 구성되는 한, 교육은 개인을 도덕적 인간으로 완성시킴으로써 도덕적 사회를 실현할 수 있다는 논리가 성립하는 듯하다. 말하자면, 교육을 통하여 합리적 논의 양식을 배운 개인들은 그들이 어울려 사는 사회적 장면에서도 그 논의 양식에 내포된 정신을 실천하며, 따라서 개방된 사회가 실현될 수 있다는 논리이다.

　니버의 「도덕적 인간과 비도덕적 사회」[11]는 이 논리가 '사실상으로' 성립하지 않는다는 것을 주장하고 있다. 니버에 의하면 개인을 도덕적으로 완성시킴으로써 도덕적인 사회를 건설할 수 있다는 생각은 교육자나 종교가나 사회과학자들 사이에 널리 퍼져 있는 생각이지만, 이 생각은 순진한 '낭만주의적 환상'이다. (브루너가 과학과 다른 교과를 가르치면 사회적인 의사결정을 합리적인 방법으로 할 수 있게 되리라는 생각을 '지나친 합리주의의 오류'라고 했다는 것을 상기하기 바란다.) 인간은 '개인으로서는' 충분히 합리적이고 객관적인 생각을 할 수 있으며, 그런 뜻에서 도덕적 존재가 될 수 있을지 모른다. (예컨대 어떤 경우? 밤에 다락방 속에서 혼자 곰곰이 생각할 경우? 그러나 이 경우에도 사람은 완전히 '개인'일 수 없고, 반드시 사회적 맥락 속에 존재하고 있다.) 그러나 일단 사회적인 장면에 들어오면 인간의 행동은 개인이나 집단의 '이기적 충동'을 표현한다. 결국, 사회적인 장면에 있어서의 완전한 '합리적 객관성'은 있을 수 없고, 따라서 거기에는 이기심에 입각한 상호갈등이 불가피하다. 「도덕적 인간과

---

11) R. Niebuhr, *Moral Man and Immoral Society*(New York : Charles Scribner's Sons, 1932), 이병섭(역), 「도덕적 인간과 비도덕적 사회」(서울 : 현대사상사, 1972). 본문에 표시된 페이지는 원본의 페이지를 가리킨다.

비도덕적 사회」 서문의 다음 구절은 책 전체의 요지를 잘 요약하고
있다.

[개인내의] 사회적 지성과 도덕적 선의가 인류 역사상 아무
리 증가한다 하더라도, 그것은 사회적 갈등의 참혹성을 완화할
수는 있을지언정, 사회적 갈등 그 자체를 없애 버릴 수는 없다.
사회적 갈등 그 자체가 없어지는 것은 오직 인간 집단 —인종적,
국가적, 경제적 집단— 이 각각 자기자신들의 이익을 이해하는
것처럼 선명하게 다른 사람들의 이익을 이해하는 이성과 동정심,
그리고 자기자신들의 권리를 인정하는 것처럼 열렬하게 다른 사
람들의 권리를 인정하는 도덕적 선의를 가질 수 있을 때 가능하
다. [교육자와 종교가는 이것이 가능하다고 믿는다. 그러나] 인간
본성의 불가피한 약점, 그리고 인간 상상력과 지성의 제약에 비추
어 볼 때, 이 상태는 '개인'으로서의 인간이 점차 접근해 갈 수
있는 이상일지는 몰라도, 인간의 '사회'로서는 도저히 도달할 수
없는 이상이다. 인간의 가소성可塑性을 강조하는 교육자들, 인간
의 '사회화'를 꿈꾸는 사회과학자와 심리학자들, 도덕적 책임감
을 증진시키고자 하는 종교적 이상주의자들이 사회에 매우 유용
한 기능을 수행하는 것은 사실이다. 그들은 기존의 사회체제 안에
서 개인들을 인간화하며 개인들의 인간관계에서 이기주의를 될
수 있는 대로 몰아내는 일을 한다. 그러나 근본적인 사회 변화의
필요성과 문제점을 다루는 데 있어서 그들의 충고는 하나같이 정
곡을 벗어난다. 그들은 인간 본성의 약점이 그들의 노력과는 반대
방향으로 작용한다는 것을 의식하지 못하는 것이다〈xxiv〉.

　니버의 책은 사회적인 장면에서 개인이나 집단의 행동이 주로 이 기적 충동에 지배되고 있다는 풍부한 사실적 증거들을 제시하고 있다. 이 증거에 의하면 '개인 도덕성'(개인으로서 가질 수 있는 합리적 객 관성)과 '집단 도덕성'(사회적 장면에서의 이기적 행동)은 명백히 양 립 불가능하다고 보아야 한다. 말하자면 개인으로서의 인간들이 아무 리 합리적 능력과 태도를 가지고 있다 하더라도 개인들 또는 집단들간 의 관계에서는 그 합리적 능력과 태도가 발휘될 수 없고, 그 대신에 이기적 충동과 그것에 입각한 편견과 이데올로기(즉, 비합리성)가 사 회적 상호작용을 규제하게 된다는 것이다.

　니버는 이것을 주로 '인간 본성의 약점' 때문이라고 보고 있다. 아마 그럴지도 모른다. 그러나 그 '인간 본성의 약점'은 '인간 본성' 그 자체의 약점이라기보다는 사회적 장면에 있어서의 인간의 존재 양 상에서 생기는 약점이라고 할 것이다. 편견과 이데올로기 등, 소위 '비합리적 신념'이 어떤 기능을 수행하는가 하는 문제를 생각해 보면, 이 점은 쉽게 납득될 수 있을 것이다. 사람들은 '무엇을 위하여' 편견 과 이데올로기를 가지는가? 일상생활에서 편견과 이데올로기는 어떤 경우에 어떤 용도로 사용되는가? 약간만 생각해 보면, 편견과 이데올 로기는 사회적 장면에 있어서의 개인이나 집단이 다른 개인이나 집단 과의 이해관계에서 자기자신의 이익을 추구하기 위하여 필요하다는 것을 알 수 있다. 개인이나 집단이 사회적 장면에서 '생존'하기 위해서 는 스스로의 이익을 추구하지 않으면 안 되며, 또 그러기 위해서는 불가피하게 합리적 신념보다는 편견과 이데올로기를 가지지 않으면 안 된다. 사회적 장면은 본질상 합리성보다는 편견과 이데올로기를 요구하는 장면이다. 니버가 말한 바와 같이, 인간이 '개인으로서' 가질 수 있는 합리성이 사회적 장면에서 사실상 실천 불가능한 것은 바로 이 사회적 장면의 본질에 연유하는 것이다.

여기서 우리는 교육과 사회 사이의 한 가지 근본적인 딜레마에 직면한다. 교육이 일상의 사회적 장면과 다른 점은 그것이 사고나 행동의 '정형'定型(즉, 합리성)을 가르친다는 데에 있다. 여기에 비하여 일상의 사회적 장면은 본질상 그 '정형'이 아닌 '정형 왜곡' 또는 '기형'畸型(즉, 비합리성)이 통용되는 장면이다. 우리가 학생들을 일상의 사회적 장면에서 따로 떼내어 교육하는 것은 바로 이와 같이 사회적 장면에서 통용되는 '기형'이 아닌 '정형'을 가르쳐야 하기 때문이다. 그러나 그러면서도 우리는 교육에서 가르치는 '정형'이 사회적 장면에 적용되기를 기대한다. 말하자면, 교육은 일상의 사회적 장면이 요구하는 것과는 다른 것을 가르쳐야 하지만, 그럼에도 불구하고 그것이 사회적 장면에 실천되기를 기대하는 것이다. 이것이 교육과 사회 사이에 존재하는 딜레마이다. 사실상 이 딜레마는 교육을 하는 사람이나 받는 사람들이 교육에서 가르쳐지는 정형과 사회적 장면에서 통용되는 기형을 '동시에' 경험하고 있다는 사실에 의하여 더욱 복잡한 문제를 일으킨다. 학생들은 교육을 받는 것과 '동시에' 사회에서 생활하고 있으며, 그렇기 때문에 학교에서 배우는 정형이 사실상 사회에서 통용되지 않는다는 사실을 잘 알고 있다. 이때 그들에게는 자신이 배우는 정형이 '순전한 허위'로서 불신될 가능성이 있다.

교육은 도덕적 사회를 건설할 수 있는가? 이 질문에 대하여 이때까지 대부분의 교육자들은(대부분의 종교가나 사회과학자들과 마찬가지로) '절대적인 긍정'으로 대답해 왔다. 니버는 이 대답이 '인간 본성의 약점', 또는 교육과 사회의 딜레마를 의식하지 못한 '낭만주의적 환상'임을 경고하고 있다. 그러나 니버도 도덕적 사회를 건설하는 데에 있어서 개인의 이성이나 합리성의 중요성을 부정한 것은 결코 아니다. 다만 그는 교육이 개인의 합리성을 길러 준다고 해서 찬란한 도덕적 사회가 바로 저만치 다가오고 있다는, 교육자라면 누구나 쉽게 가질 수 있는 '환상'을 버리고, 사회의 현실에 보다 세밀한 주의를 기울이도록 요구한 것이다. 그러나 다시, 교육이 하는 일은 사회를 개선하는 일과 별개의 것으로 규정되어서는 안 된다. 지나친 '열광'이 위험한 것과 마찬가지로, 지나친 '냉담'은 무기력으로 이끌 뿐이다. 결국, 교육하면서 살아가는 인간의 모습은 브라우너와 번즈가 비유한 바와 같이, 어느 쪽으로 헤엄쳐 나가야 좋을지 모르는 채, 바다에 떠 있는 사람들에 비유될 수 있을 것이다.

사람들이 여럿이 한꺼번에 바다에 떠서 어느 쪽으로 헤엄쳐 나가면 살 수 있을까 서로 상의를 할 때에는, 섬에 도달할 가능성은 의심스럽다 하더라도 보다 오랫동안 물에 떠서 보다 멀리 헤엄쳐 나갈 가능성은 있다. 이따금씩 옆에 있는 사람들을 부축해 줄 수 있기 때문이다. 그러나 오직 한 사람만 바다에 떠있다면 그는 곧 빠져 죽고 만다. 읽기와 쓰기를 가르치는 것은 말하자면 헤엄치기를 가르치는 것과 같다. 그것은 필요불가결한 기술이다. 학교는 헤엄칠 수 있는 사람들을 여러 명 길러내어, 가장 힘센 사람이라 할지라도 혼자서는 도저히 할 수 없을 만큼 오래 또 멀리 헤엄쳐 나갈수 있도록 하지 않으면 안 된다. 어디로 헤엄쳐 나갈 것인가는 알 수 없다. 심지어 모든 사람들이 한꺼번에 빠져 죽을지도 모른다. 그러나 집단이 개인 혼자보다 더 오래 떠 있다는 것, 그것이 바로 진보이다.[12]

---

12) C. J. Brauner and H. W. Burns, *op. cit.*, p. 79.

8
교육내용으로서의 지식

지리를 공부한 사람이라면, △, 卍, 文 등 지도에 쓰이는 기호가 무엇을 의미하는지 알고 있을 것이요, 역사를 공부한 사람이라면 예컨대 3·1 운동과 같은 중요한 역사적 사건의 연대를 알고 있을 것이다. 만약 어떤 사람이 그런 기호나 연대를 모른다고 하면, 우리는 일단 그가 지리나 역사를 배웠는가를 의심하게 된다. 이 점에서 보면, 그런 기호나 연대도 '교육내용'이 된다고 볼 수 있을 것이다. 그러나 또 한편, 6장의 첫머리에서 이미 말한 바와 같이, 교육내용의 의미는 교육목적과 관련하여 파악되어야 한다. 교육목적과의 관련에 비추어 보면, 교육내용은 교육목적에 명시된 가치(즉, 왜 가르치는가)를 구현하는 것이어야 한다. 다시 말하면, 어떤 것이 교육내용이 될 수 있는가 없는가 하는 것은 그것을 가르칠 가치가 있는가(있다면, 어떤 가치인가)에 따라 결정되어야 하는 것이다. 다시, 이 점에서 보면 앞의 기호나 연대를 과연 '교육내용'이 된다고 볼 수 있는가 하는 것은 의심스럽다. 물론 그런 것들을 알지 못한다면 지리나 역사를 배웠다고 볼 수 없다는 것은 충분히 수긍될 수 있다. 그러나 그런 것들을 써서 배워야 할 '지리나 역사'라는 것은 무엇인가? 우리가 가르쳐야 할 내용은 바로 이 '무엇'에 해당한다.

'교육내용'이라는 용어는 그야말로 교육과정의 '기본 술어'라고 할 만큼, 특별히 정의되지 않은 채 널리 쓰이고 있다. 따지고 보면, 교육내용이라는 용어는 일반적으로 '교사가 가르치는 내용'을 의미한다는 정도로밖에 달리 정의될 수 없다고 보아야 할지 모른다. 그 이상으로, '교사가 가르치는 내용'이 무엇인가를 자세하게 규정하기 위해서는 '교사의 가르치는 일'이 무엇인가 하는 것에서 시작하여 교육과정에 관한 근본적인 문제들이 논의되어야 할 것이기 때문이다.

이 장에서는 '교육내용'이라는 용어의 의미를 그 자체로서 규정하는 대신에 교육과정이 계획되고 운영되는 과정 속에서 '교육내용'이라는 것이 어떻게 취급되고 있는가를 고찰하고자 한다. 다시 말하면, 여기서는 '교육내용'이라는 용어가 무엇을 의미하는가 하는 것보다는 교육내용에 대한 '접근 방식'이 무엇인가 하는 문제를 고찰하겠다. 이 장에서 저자는 교육내용에 대한 접근 방식으로서 두 가지를 대비시키고자 한다. 하나는, 블룸 등의 「교육목표 분류학」과 가녜*의 '학습위계' 이론이 나타내고 있는 접근 방식으로서 이것은 교육내용을 그 구성요소들로 분석하여 파악하는 접근이다. 이 접근에서 교육내용은 그렇게 분석된 구성 요소들의 총화를 의미하며, 교육내용을 가르칠 때 교사는 그 구성 요소들을 가르친다. 말하자면 교육내용은 그 구성 요소들로 '환원'된다고 볼 수 있으며, 이 점에서 이 접근을 '환원주의적 접근'**이라고 부를 수 있을 것이다. 「교육목표 분류학」과 가녜의 차이는 교육내용의 구성 요소들을 규정하는 방식의 차이에 불과하다. 이러한 접근에 비하여, 교육내용은 그 구성 요소로 환원될 수

---

* R. M. Gagné   ** reductionist approach

없는, 그 자체로서 의미가 있는 온전한 지식으로 규정되어야 한다는
접근이 있을 수 있다. 브루너의 '지식의 구조'는 분명히 이러한 접근을
나타내고 있다. 이것을 환원주의적 접근에 대하여 '전체주의적 접근'*
이라고 부를 수 있을 것이다.

I 「교육목표 분류학」에서 본 교육내용

여기서 잠깐 2장에서 말한 바를 돌이켜 볼 필요가 있다. 「교육목
표 분류학」은 타일러의 교육과정 모형(목표모형)에 기초를 두고, 그
모형의 가장 기본적인 요소인 '교육목표'를 상세화하기 위하여 제의
된 것이다. 이 모형에서 '교육목표'(즉, '학교는 어떤 교육목표를 달성
하고자 노력해야 하는가'라는 질문에 대한 해답)는 사실상 일반적으
로 '교육내용'(즉, '무엇을 가르칠 것인가'에 대한 해답)이라는 것과
동일한 의미를 가지며, 그것을 '교육내용'이라는 용어 대신에 '교육목
표'라는 용어로 표현한 것은 순전히 목표모형의 성격에서 요구되는
'모형정립상의 필요'에 의한 것이었다. 물론, 타일러의 모형에는 '내
용'이라는 말이 사용되고 있다. (즉, 교육목표는 '내용'과 '행동'의 결
합을 의미한다.) 그러나 여기서의 '내용'은 '영양, 소화'… 등과 같이
교과에 포함된 주제를 가리키며, 우리가 목하 관심을 가지고 있는 '교
육내용'과는 다른 의미로 쓰이고 있다. '무엇을 가르칠 것인가'라는
질문에 대한 대답으로서 '영양을 가르친다'는 대답은 분명히 적절하
지 못하다(이하 3절 참조). 우리는 '영양에 관하여' 무엇인가를 가르친
다. 우리가 '교육내용'이라고 부르는 것은 영양에 관하여 가르치는 그

---
* holistic approach

'무엇'을 의미하는 것이다.

타일러는 영양에 관하여 가르치는 그 무엇을 '행동'이라고 보았다. 블룸 등이 「교육목표 분류학」에서 분류하고자 한 것도 '특정한 교과나 내용'(예컨대 '생물과'나 '영양')이 아니라 '의도된 학생들의 행동', 즉 학습에 참여한 결과로 일어난 개인의 '행동, 사고, 감정'이다 (p. 15).[1] 그러므로 우리는 「분류학」에 분류된 '행동'들을 조사함으로써, 「분류학」이 '교육내용'을 어떻게 규정하고 있는가, 다시 말하면 「분류학」의 교육내용에 대한 접근 방식이 어떤 것인가를 알아볼 수 있을 것이다.

먼저 「분류학」의 Ⅰ권 '지적 영역'을 자세히 조사해 보자. 지적 영역에서 교육목표의 위계상 가장 '낮은' 유목類目인 '지식'(1. 00)은 '인지나 재생에 의하여 아이디어나 자료 또는 현상을 기억해 내는 행동'(p. 69)을 뜻한다. 여기에는 크게 세 가지 종류가 포함된다. 즉, 첫째 '구체적이며 단편적인 정보의 상기'(1. 10 특수 사상에 관한 지식), 둘째 '아이디어 및 현상을 조직하고 연구하며, 판단하는 방법에 관한 지식'(1. 20 특수 사상을 다루는 방법과 수단에 관한 지식), 그리고 셋째 '현상과 개념들이 조직되는 주요 개념, 체계 및 형태에 관한 지식'(1. 30 보편적 및 추상적 사상에 관한 지식)이 그것이다. 「분류학」에서 말하는 '지식'이라는 것은 이 세 가지 종류에 포함되는 것들, 예컨대 '용어'(1. 11)라든가, '형식'(1. 21)과 '준거'(1. 24), 또는 '원리'(1. 31)와 '학설'(1. 32) 등을 '기억'해 내는 것을 의미한다. 1. 00 '지식' 이후의(또는 '위계'의 용어를 쓴다면, '이상의') 다섯 개의 유목들, 즉 2. 00 이해력, 3. 00 적용력, 4. 00 분석력, 5. 00 종합력, 6. 00 평가력은 1. 00 지식에 포함된 '특수 사상'이나 '특수 사상을 다루는

---

1) 이하 본문의 페이지는 「교육목표 분류학」(번역본) Ⅰ권의 페이지를 가리킨다.

방법과 수단' 그리고 '보편적 사상' 등을 '활용하는 능력'을 가리킨다. 『분류학』의 저자들이 말하고 있듯이, 1. 20 '특수 사상을 다루는 방법과 수단에 관한 지식'은 그러한 '방법과 수단이 존재하며 사용 가능하다는 것을 알고 있는 데에 그치는 것으로, 수단과 방법의 실제적인 사용은 2. 00 내지 6. 00 항목에 포함된다'(p. 75). 결국 1. 00 지식은 2. 00 이해력 이상의 항목이 나타내는 '활용의 전제로서'(p. 81) 의미를 가진다.

그리하여 『분류학』의 저자들은 2. 00에서 6. 00에 이르는 항목들을 '지적 기능'이라고 하여 1. 00 지식과 구별하고 있다. 이 점에 착안하는 사람들은 때로 『분류학』에서 말하는 '교육내용'은 1. 00 지식에 포함된 여러 항목들을 가리키며, 여기에 비하여 2. 00~6. 00의 항목들은 '교육내용'을 활용하는 '지적 과정'*을 가리킨다고 생각한다. 이 생각은 『분류학』에 관한 매우 정확한 이해를 나타내고 있기는 하지만, 그것이 반드시 『분류학』의 교육내용관을 정확하게 규정한다고 볼 수는 없다. 목하 우리의 관심사인 교육내용이 『분류학』의 용어로 '지식'과 '지적 과정'의 어느 하나에 국한된다고 보기는 어려운 것이다. 사실상, 『분류학』에는 1. 00 지식이 2. 00~6. 00의 지적 과정과는 별도로, 그 자체로서 독립적인 '교육목표'(비록 위계상 낮은 유목이기는 하지만)를 이루고 있다는 것이 강조되어 있다. 예컨대 '준거'(1. 24)는 '평가'(6. 00)에서 활용될 것이고, '방법론'(1. 25)은 '적용'(3. 00)이나 '평가'(6. 00)에 활용될 것이지만, 그와 같이 활용될 '준거'나 '방법론'이 존재한다는 것을 아는 것은 '활용의 전제로서' 중요한 교육목표가 된다.

『분류학』의 저자들이 '지식'을 '지적 기능'과 대등한 범주의 독립

---

* cognitive process

적인 교육목표로 본 것은 그들의 사고 방식에 의하여 전혀 이상한 것이 아니다. 그들의 교육목표는 검사 문항을 분류함으로써 도출된 것이다. 물론, '준거'나 '방법론'이 존재한다는 것을 알지 못하고는 '적용'이나 '평가'에 그것을 활용할 가능성은 대단히 희박할 것이다. 또한, 교사는 학생들의 학습 결과를 평가할 때, 학생들이 '준거'나 '방법론'이 존재한다는 것을 알고 있는가를 보기 위한 검사 문항을 만들 수도 있을 것이다. (그것은 마치 지리를 공부한 사람은 반드시 지도에 쓰이는 기호를 알 것이요, 역사를 공부한 사람은 반드시 중요한 사건의 연대를 알 것이므로, 그것을 물어 보면 지리나 역사를 공부했는지 여부를 알 수 있는 것과 같다.) 「분류학」 저자들의 사고 방식에 의하면, '준거'나 '방법론'이 존재한다는 것을 아는가에 관한 검사 문항도 있고 그것을 실지로 활용할 줄 아는가에 관한 검사 문항도 있는 한, '준거'와 '방법론'에 관한 '지식'은 그것을 활용하는 '지적 기능'과 대등한 범주의(비록 낮은 수준의 것이라 할지라도) 교육목표로 성립하는 것이며, 만약 '지식'이라는 '교육목표'를 '교육내용'으로 바꾸어 부를 수 있다면, 교육내용은 그것을 활용하는 '지적 기능'과는 별도로 독립적인 지위를 가지게 된다.

그러나 적용이나 평가를 하는 데에 준거나 방법론이 있어야 한다고 해서, '준거나 방법론이 존재한다는 것을 아는 것' 또는 그것을 '학습했을 때와 동일한 형태로 상기하는 일'(즉, 1. 00 '지식')이 그 준거나 방법론을 활용하여 '적용이나 평가를 하는 일'과 별개의 교육목표 또는 교육내용이 될 수 있는가 하는 데에는 논의의 여지가 있다. 적용 또는 평가를 할 때, 우리는 '먼저' 그것에 쓰이는 준거나 방법론을 상기해 내고 그 '다음에' 그것을 사용하는 것이 아니다. 적용이나 평가를 하는 것은 곧 준거나 방법론을 사용하는 일이며, 준거나 방법론은 적용 또는 평가하는 일의 한 부분으로서 의미를 가진다. 준거나 방법론이 적용이나 평가의 한 부분을 이루고 있지 않을 때는 그것이 무엇을 위한 준거나 방법론인지, 심지어 그것이 과연 준거나 방법론인지 조차 불분명하다. 이와 마찬가지로, 「분류학」의 저자들은 1. 21 '형식에 관한 지식'의 한 가지 보기로서 '언어의 형식'을 들고 있지만, '언어의 형식'을 안다는 것은 곧 언어를 정확하게 사용하는 것의 한 부분이며, 이것과 별도로 규정될 수 없다.

　「분류학」의 저자들은 '지식'이 '이해'나 '적용'(분석, 종합, 평가는 물론)과 별도의 의미를 가질 수 있다는 가정을 하고 있다. 그러나 이것은 교육내용에 대한 관점으로서 참으로 받아들이기 어렵다. 저자들이 한편으로 지식과 지적 기능, 또 한편으로 2. 00에서 6. 00에 이르는 여러 항목들을 서로 구분하는 데에 어려움을 겪고 있는 것은 당연하다. 저자들이 곳곳에서 지적하고 있는 바와 같이, 한 검사 문항이 '지식'을 평가하는 문항인가 '지적 기능'을 평가하는 문항인가 하는 것은 그 검사 문항만으로 결정될 수 있는 것이 아니라, '수험자의 이전 교육경험의 성질'에 따라 결정될 수밖에 없다(pp. 24, 43, 137). 「분류학」에서 '지식'이라는 것은 어떤 내용을 '학습했을 때와 동일한 형태로 상기하는 행동'을 가리킨다. 그리하여 만약 수험자가 검사의 내용을 그 문항에 제시된 형태 그대로 과거에 학습한 경험이 있으면, 그 검사 문항은 지식을 평가하는 문항이며, 그렇지 않으면 (바로 그 검사 문항이) '지적기능'을 평가하는 문항이 된다. 저자들 자신이 말하고 있듯이, 이것은 모든 경우에 —다시 말하면, 모든 검사 문항과 분류 항목에 걸쳐서— 생기는 문제이다. 그리고 그것은 곧 어떤 검사 문항이든지 그것이 사용된 당시의 상황이 알려져 있거나 가정되지 않는 한, 「분류학」에 의하여 '만족스럽게' 분류될 수 없다는 것을 뜻한다

(pp. 24~25).

또한, 이해력, 적용력, 분석력 등에 관한 설명을 읽어 보면, 저자들이 각 항목을 구별하는 데에 얼마나 어려움을 겪고 있는가를 알 수 있다. 예컨대, 이해력의 한 항목인 '해석'(2. 20)에 관하여 저자들은 다음과 같이 말하고 있다.

[해석은] 자료를 아이디어들의 구성체로 보고 이를 다루는 능력을 포함한다. 이런 아이디어의 구성체를 이해하기 위해서는 각 개인이 자료를 마음속으로 새로운 아이디어의 구성체로 재구성할 것을 요구하는 것이다. 이는 또한 포함된 개개의 아이디어의 상대적인 중요성, 그들간의 상호관계 또는 원래의 자료에 함축되었거나 서술된 개념의 적절성 등에 대하여 생각하는 것도 포함한다. 학생들의 '해석하는 행동'의 증거는 개개 학생이 해 놓은 추리, 개괄, 요약 등에서 찾아볼 수 있다. 여기에서 정의된 해석은 분석력(4. 00)과는 다르다. 분석력은 의사소통의 형식, 조직 효율성 및 논리 등에 중점을 두는 것이다. 해석은 또 적용력(3. 00)과도 다르다. 적용력은 어떤 의사소통 자료가 다른 통칙, 사태, 현상에 대해서 가지는 의미, 또는 학생이 알고 있는 통칙(1. 31)이 그 자료에 대해서 가지고 있는 의미와 보다 명확히 관련되는 것이다. 해석은 또 평가력(6. 00)과도 구별되는 것으로, 평가력은 명백히 준거에 기초를 두고 판단한다는 점에 특징이 있다(p. 101).

적용력에 관한 설명은 주로 이해력과 적용력의 차이를 말하기 위한 것으로서, 그 설명은 거의 알아들을 수 없을 정도로 요령부득이다 (pp. 132~133). 분석력에 관하여 저자들은 '한편으로 분석력과 이해

력간에, 또 한편으로는 분석력과 평가력간에 아주 분명한 경계선을
그을 수가 없다'(p. 162)고 말하고 있다. (그러나 물론, 그들은 이해력
과 평가력으로부터 '분석력이라고 부를 수 있는 능력의 유형을 분리해
낼 수가 있다'고 말한다. '자료의 의미를 이해한 사람일지라도 그것을
효과적으로 분석할 수 없을 수도 있으며, 자료의 분석에는 능숙한 사
람일지라도 자료의 평가를 잘못하는 경우가 많다.')

    이와 같이 한편으로 '지식'과 '지적 기능' 사이, 또 한편으로 지적
기능의 각 항목 사이가 구분되기 어려운 데도 불구하고 저자들은 어찌
하여 그것들을 애써 '분류'하고자 하였는가? 그것은 '교육목표'들이
'위계'를 이루고 있어야 한다는 생각 때문일 것이다. 그들은 인간의
지적 활동이 단순한 것에서 복잡한 것으로 —이 '단순'과 '복잡'에 관
한 그들의 판단은 그 성취 여부를 평가하는 검사 문항의 난이도에
기초를 둔 것이다— '위계'를 이루고 있어야 한다는 생각에 집착한
나머지, 동일한 위계내의 지적 활동이 나타내는 '이질성'에는 전혀 관
심을 기울이지 않았다. 예컨대 '번역'(2. 10)에는 '수학적 현상을 수식
으로 표현하는 능력'과 함께, '은유, 상징, 반어법 등을 보통 문체로
바꾸어 놓는 능력'이 포함된다. 물론, 이 두 가지 종류의 능력을 '번역'
이라는 유목으로 '분류'할 수는 있을지 모른다. 그러나 그 능력들에
의하여 수행되는 일들이 사실상 동일한 종류의 일이라고 생각한다든
지, 그것들이 '교육목표'나 '교육내용'으로서 조금이라도 유사성을 가
지고 있다고 생각하는 것은 잘못이다. '수학적 현상을 수식으로 표현
하는 것'은 '수학하는 행동'의 한 부분이며, 수학과 문학이 명백하게
다른 지적 활동을 가리킨다고 하면, 그것은 '은유를 보통의 문체로
바꾸어 놓는 것'과는 명백하게 다른 종류의 활동을 나타낸다고 보아야
한다. 이와 마찬가지로 「분류학」에 의하면 '문학 작품을 분석하는 능

력'은 '화학 실험 결과를 분석하는 능력'이나 '도덕 문제를 분석하는 능력'과 동일한 능력으로 취급되어 있지만, 문학과 화학과 도덕은 분명히 다른 종류의 지적 활동이며, 특히 교사가 가르쳐야 할 '교육내용'으로서는 당연히 별개의 것으로 취급되어야 한다.

교육내용에 대한 분류학적 접근의 이러한 난점을 생각하면, 교육내용은 그것과는 다른 방식으로 접근될 필요가 있다. 위의 분석은 이미 그 대안적인 접근 방식을 시사하고 있다. 즉, 교육내용은 명백히 지적활동의 성격을 달리하는 '학문'으로 규정되어야 한다는 것이다. 학문은 곧 지식을 이해, 적용, 분석, 종합, 평가하는 특이한 방식으로 성립되어 있다. 학문을 '교육내용'으로 취급하기 위하여 우리가 해야 할 일이 있다면 그것은 이해, 적용 … 등등의 행동을 상세하게 '위계화'하는 일이 아니라, 각 학문에서 지식이 다루어지는 방식, 즉 지식이 이해, 적용… 되는 방식을 상세하게 규정하는 것이다. 브루너의 '지식의 구조'라는 용어는 우리에게 이 일이 교육과정에서 가장 중요하다는 것을 알려 주고 있다. 그리고 이 일은 「분류학」의 저자들이 하고자 했던 바와 같이 '행동'을 상세화하는 것과는 분명히 다른 일이다.

「분류학」의 II권 '정의적 영역'에 관해서는 그 유목간의 관계에서 생기는 문제뿐만 아니라 지적 영역과 정의적 영역의 두 영역간의 관계에서 생기는 또 다른 문제가 있다. (오늘날 널리 퍼져 있는 바, '지적 교육'과는 다른 '정의적 교육'이라는 정체 불명의 교육이 있다는 생각은 '정의적 영역'의 「분류학」에 의하여 확실히 촉진되었다고 볼 수 있다.) 저자들은 지적 영역과 정의적 영역 사이의 관계를 상당히 자세하게 검토한 뒤에(pp. 55~77),[2] 그 사이의 구분이 '인위적'인 것

---

2) 이하 본문의 페이지는 「교육목표 분류학」(번역본) II권의 페이지를 가리킨다.

임을 지적하고 있다. 즉, '우리는 인간의 행동을 인지와 정의라는 용어로 깨끗이 구획지을 수 있는 경우가 매우 드물다는 것을 인정한다. 교육목표 또는 의도된 행동을 이 두 영역으로 나누기는 비교적 쉽다. 그러나 교육목표를 이렇게 두 가지로 나누는 것은, 다른 한편이 전연 없는 한 쪽만 시도하는 교사나 교육과정 연구가가 없다는 점에서, 어느 정도 인위적인 것이라 하겠다'(pp. 104~105). 이렇게 두 영역의 구분이 '인위적'인 것이라고 하면서, 저자들은 정의적 영역의 교육목표를 다음과 같이 분류하고 있다.

> 1. 0 감　수
>> 1. 1 감지, 1. 2 자진 감수, 1. 3 주의 집중
> 2. 0 반　응
>> 2. 1 묵종 반응, 2. 2 자진 반응, 2. 3 만족
> 3. 0 가치화
>> 3. 1 가치 수용, 3. 2 가치 채택, 3. 3 확신
> 4. 0 조직화
>> 4. 1 가치의 개념화, 4. 2 가치 체계의 조직
> 5. 0 가치 또는 가치 복합에 의한 인격화
>> 5. 1 일반화된 행동 태세, 5. 2 인격화

정의적 영역의 가장 낮은 단계인 '감수'는 '거의 지적인 행동'(p. 232)을 의미하며, '교육목표'로서는 학생들로 하여금 학습에 제시되는 자료들이 오관에 들어오도록 하는 것과 동일한 의미를 가지고 있다. 이것이 '교육목표', 더구나 '정의적 교육목표'의 한 단계로 분류된 것은 순전히 '위계'의 허구성에 기인된 것이다. 저자들 자신이 말하고

있듯이,

위계상 한 단계에서의 성취는 그 보다 높은 바로 그 다음 단계에서의 성취를 결정하는 것이기 때문에, 만약 학생이 교사의 학습지도 순서를 적절히 따라갈 수 있으려면, 첫째 혹은 가장 낮은 단계로서의 '감수'는 필수 불가결의 단계인 것이다. 예컨대 음악에 있어서 여러 가지 음계, 강약, 박자, 리듬의 변화, 그리고 여러 가지 음색 등을 학생이 감지하지 않는 한, 교사는 더 이상 그 학생이 음악의 가치를 느끼도록, 〔또는〕 교사의 용어로 표현한다면, 이것을 감상하도록 도울 수 없을 것이다(pp. 118~119).

물론, 보고 듣지 않으면 아무런 정의적 활동은 말할 것도 없고 지적 활동도 일어날 수 없다. 그러나 그렇다고 해서 보고 듣는 것(감지)이 '정의적' 교육목표의 한 단계로 분류되어야 하는가? 2. 3 '만족', 즉 '자발적인 반응에 일반적으로 수반되는 즐거움, 열정, 향락 등의 만족감, 또는 정서적 반응'에 관하여, 저자들은 어떤 특정한 정의적 요소를 위계상의 어떤 자리에 놓는 일은 '실패할 수밖에 없다'고 말하고 있다.

이 유목(2. 3)을 위계상에 배치하기에는 매우 어려운 일이었다. 내면화 과정의 바로 어디에서 이러한 유쾌한 흥분, 스릴 등의 정서적 반응이 행동에 부착되는지 결정하기 매우 힘들었다. 〔그 점에 대해서는, 그런 정서적 반응이 내면화 과정의 어느 수준에서 일어나는가 하는 것은 그런 반응을 수반하는 행동이 어떤 종류의 것인가에 따라 다르지 않겠는가 하는 의혹이 있다. 뿐만 아니라 우리는 이것이 도대체 하나의 유목이 될 수 있는가조차 의심하였다.]3) 이 분류학의 구조가 위계적인 것이 되어야 한다면 각 유목은 바로 아래 수준의 행동을 포함해야 한다. 정서적 요소는 내면화 유목의 전 범위에 걸쳐 점차적으로 나타나는 것이다. 위계상의 주어진 위치를 정서적인 요소가 부가되는 바로 그 자리라고 규정하려는 노력은 실패할 수밖에 없는 것으로 보아야 한다(p. 235).

그렇다면 우리는 당연히 '분류학의 구조가 위계적인 것이 되어야 한다면'이라는 조건절의 타당성을 의심해 보아야 한다.

'정의적 교육목표의 최고 수준'인 5. 0 '가치 또는 가치복합에 의한 인격화'에서는 '지적 과정과 정의적 과정과의 관계가 아주 뚜렷해진다. 인생 철학을 성취한 사람 —자신이 어떤 존재인가를 아는 사람— 은 지적영역의 보다 복잡한 정신 과정이 분명히 작용한 고통스러운 지성적 노력을 통하여 이 진리에 도달한 사람이라고 할 수 있다'(p. 215). 사실상 지적 과정은 4. 0 '조직화'에서부터 정의적 영역에 깊이 스며들어 있다. '조직화'라는 것은 '1) 여러 가치를 하나의 체계로 조직하고, 2) 그들 상호간의 관계를 결정하며, 3) 지배적인 가치와 모든 경우에 통용되는 가치를 설정하는 것'을 말하며 여기에는 '추상화, 개념화' 등의 지적 과정이 포함된다(pp. 201~202). '거의 지적인 행동' 또는 '지적 과정과 밀접하게 관계된' 정의적 교육목표의 맨 아래 단계와 맨 위 단계를 제외하고 남는 것은 무엇인가? 그것은 '보통 "흥미"라는 목표를 가장 잘 설명해 주는' 2. 0 '반응'과, '"태도"(가치는 물론)라는 용어를 사용하는 많은 교육목표에 해당하는' 3. 0 '가치화'이다. (여기서 다시 저자들은 '태도'라는 용어보다는 '가치화'라는 「분류학」

---

3) 〔　　〕안은 저자의 번역이다.

의 용어가 더 적절하다고 주장한다. 즉, '우리가 "태도"라는 용어를
사용할 경우에는 흔히 개인이 어떤 행동, 현상 또는 대상에 대해서
긍정적으로나 부정적으로 가치를 부여하고 있다는 것을 의미한다. 그
러나 태도라는 용어는 또한 여러 현상에 대한 오리엔테이션과 마찬가
지로 그것들에 대한 일반적 행동 태세를 표시하는 데에 쓰인다. 또한
행동을 소유목으로 분류하면 "태도"라는 용어에 결여되어 있는 의미
를 좀 더 구체화하는 것이 있기를 바란다'(pp. 178~179). '태도'라는
용어의 의미를 구체화하기 위하여 행동을 소유목으로 분류하는 것은
지적 활동의 의미를 위계적인 행동으로 상세화하는 것과 동일한 발상
에서 나온 것이다.)

　　이제 이러한 정의적인 내용이 '교육목표'(또는 보다 상식에 가까
운 용어로서, '교육내용')로서 어떤 의미를 가지고 있는가를 생각해
보자. 어떤 정의적인 내용이 '교육목표'가 된다는 말은 교육에서 그것
을 가르치기 위하여 노력할 가치가 있다는 뜻이다. 어떤 정의적인 내
용(흥미, 태도)이 교육목표가 되기 위해서는 그것이 '교육받은' 정의
적 내용('교육받은' 흥미, '교육받은' 태도)이어야 한다. 우리는 어떤
학습 자료가 제시될 때 그것을 '의식'(감수)하거나 그것에 막연하게
'주의 집중'하도록 학생들을 '가르치지' 않는다. 그와 마찬가지로, '자
발적인 반응에 수반되는 즐거움, 열정, 향락 등의 만족감'(2. 3 만족)이
나 '개인이 은연중에 충분한 근거가 있다고 보는 명제 또는 주의를
정서적으로 받아들이는 것'(3. 1 가치 수용)은 무엇 때문에 가르치는
가? 만족감을 느끼는 것이 교육받은 증거가 될 수 없는 것처럼, '은연
중에 주의를 정서적으로 받아들이는 것'은 오히려 그 개인이 교육받지
않았다는 증거가 된다. '교육받은' 정의적 내용은 본질상 「분류학」의
저자들이 말한 바, '지적 영역의 보다 복잡한 정신 과정이 분명히 작용

한 고통스러운 지성적 노력을 통한' 정의적 내용이다. 5. 2 '인격화'에 관한 설명에서 저자들은 정의적 교육목표가 지적 영역을 통하여 달성될 수 있다는 것을 더욱 명백히 인정하고 있다. 즉, '역사상 위대한 인본주의적 인물들 —소크라테스, 그리스도, 링컨, 간디, 아인슈타인— 은 소위 이 수준(5. 2)에서 말하는 인격화를 완성한 사람들이다. 이 사람들은 그의 인생 철학이 모든 행동을 특징짓고, 모든 행동에 스며들어 있었기 때문에 널리 존경받는 것이다. 교육의 궁극적인 주요 성과는 학생에게 일관성 있는 인생철학을 갖게 하는 일이다. 〔자유〕 교육의 기본 이념은 지적 노력 —학습, 숙고, 탐구— 에 의하여 대국적으로 인생 철학을 형성하는 데 있다. … 교육의 궁극적 목적은 인생 철학, 즉 자신의 모든 행동을 율律할 신조의 획득에 있는 것이다'(pp. 222~223).

이와 같이 정의적 교육목표가 지적 교육목표와 구별되기 어려움에도 불구하고, 그리고 지적 영역과 정의적 영역 안의 각 항목들이 난점을 가지고 있음에도 불구하고, 저자들이 교육목표를 그런 식으로 분류한 근거는 무엇인가? 그것은 평가되는 내용이 곧 교육목표라고 하는 식으로 평가와 목표를 직접적으로 관련시킨 타일러의 모형에 있다. 물론, 「분류학」은, 이때까지 그러했다시피, 시험문제를 만들거나 만들어진 시험문제를 분류하는 데는 말할 수 없이 유용하다. 그러나 「분류학」의 각 항목들이 '학교가 달성하고자 노력하는' 교육목표, 또는 '교사가 가르치고자 노력하는' 교육내용이 된다는 생각은, 앞의 고찰이 보여 주는 바와 같이, 그릇되다고 보아야 한다. 그리고 이것이 그릇되다는 것은 곧 「분류학」이 기초를 두고 있는 타일러 교육과정 모형(목표모형)의 타당성을 의심하게 한다.

Ⅱ 학습 위계 이론

「분류학」의 교육목표 위계는 시험문제의 분류에서 도출된 것이다. 이와 비슷하게 학습의 여러 가지 유형이 이루고 있는 위계에 따라 교육내용을 조직하는 방법이 있을 수 있다. 가녜의 '학습 위계'*는 교육내용에 대한 이러한 접근을 나타내고 있다.

「학습의 조건」4)에서 가녜는 사람들의 학습하는 행동에 관한 일상적인 관찰을 기초로 하여, 학습에는 한두 가지만 있는 것이 아니라 8가지 유형이 있다는 것을 확인하였다. 그 8가지 학습 유형이라는 것은 1) 신호학습, 2) 자극반응 학습, 3) 연쇄짓기, 4) 언어적 연상, 5) 변별학습, 6) 개념학습, 7) 규칙학습, 8) 문제해결이다. 이들 8가지 유형은 각각 상이한 능력을 요구하는 상이한 종류의 학습을 나타낼 뿐만 아니라(이때까지 학습 현상을 연구한 심리학자들은 대체로 8가지 중의 한 가지를 중점적으로 연구해 왔다), 그것들은 하나의 '위계'를 이루고 있다. '신호학습'과 '자극반응 학습'과 '연쇄짓기'는 파블로프** 와 스키너*의 실험에서 보는 바와 같이 개나 비둘기, 또는 어린 아이들이 하는 학습을 가리킨다. '언어적 연상'은 언어에 있어서의 자극 – 반응의 '연쇄'이다. '개념'을 학습하는 데는 먼저 여러 가지 종류의 자극들을 '변별'하지 않으면 안 된다. '개념'은 '규칙'을 학습하는 데에 기초가 된다. 그리고 마지막으로 '문제해결'은 여러 가지 '규칙'이 복잡한 사태에 적용되는 것을 가리킨다.

---

* learning hierarchies   ** Pavlov
* B. F. Skinner

4) R. M. Gagné, *The Conditions of Learning*(2nd Ed.)(New York : Holt, Rinehart and Winston, 1970).

이것이 가녜가 말하는 '학습 위계'이다. 이 학습 위계에서 상위의 학습은 바로 그 아래의 학습을 '선행조건'으로 요구한다. 그리하여 문제해결(8형)은 규칙을 선행조건으로 하며, 규칙(7형)은 개념을, 개념(6형)은 변별을, 변별(5형)은 언어적 연상(4형)과 그 밖의 연쇄(3형)를, 그리고 이것은 다시 자극반응의 연결(2형)을 선행조건으로 한다(p. 66). 이들 8가지 유형의 학습은 각각 상이한 능력을 요구하는 만큼, 그 학습을 위한 '조건'을 달리 한다. 학습의 '조건'은 크게 두 가지로 나누어진다. 하나는 '내적 조건'으로서, 이것은 학습 활동을 하기 전에 학습자가 갖추어야 할 선행학습(즉, 학습 위계상 바로 아래 수준의 학습)을 말한다(p. 23). 또 하나는 '외적 조건'으로서, 이것은 학습을 지도하는 교사가 마련해 주는 조건을 말한다. 가녜에 의하면, '수업'이라는 것은 학습의 '외적 조건'을 마련해 주는 일이다(p. 28).

「학습의 조건」의 대부분은 각각의 학습 유형에 필요한 조건들이 어떤 것인가를 고찰하는 데에 할애되고 있다. 그러나 여기서 우리의 관심은 '학습의 위계'가 교육내용에 대한 접근으로서 어떤 성격을 가지고 있는가 하는 것에 있다. 가녜에 의하면 '학습의 위계'가 '교육내용'(또는 가녜의 용어로, '학습의 내용'*)에 대하여 가지는 시사는 단도직입적으로 명백하다. '학습 내용'에 관하여 가녜는 다음과 같이 말하고 있다.

　　　교육계에서는 학습 내용이 흔히 '국어' '수학' 등등과 같이 큰 교과목으로 취급되고 있다. 이런 교과목들이 학교 학습의 운영상 유용성을 가지지 않는 것은 아니지만, 학습 내용을 지시하는 용어로서는 몇 가지 불행한 특징을 가지고 있다. 그

---

* content of learning

중에서 가장 중요한 것은 그 교과목의 범주가 너무 커서 상당한 종류의 여러 가지 행동*들을 포함하고 있다는 것이다. 그러한 일반적인 '교과목'으로는 그것에 포함되어야 할 능력들이 어떤 것인가를 결정하기가 매우 어렵다. 여러 가지 보기 가운데에서 하나만 들면, 초등학교 저학년에서 습득해야 할 능력으로 '낯선 물체를 정확하게 기술하는 능력'을 들 수 있다. 이 능력은 '국어'에 속하는가, '과학'에 속하는가?(pp. 243~244).

그리하여 가녜는 그러한 일반적인 교과목 대신에 그 속에 들어 있는 '능력'(예컨대, '낯선 물체를 정확하게 기술하는 능력')들로 학습 내용을 규정하여야 한다고 주장한다. (잊어버리기 전에 미리 말하지만, 가녜가 든 보기로서의 '낯선 물체를 정확하게 기술하는 능력'은, 물론, '국어'라고도 볼 수 없고 '과학'이라고도 볼 수 없다. 그러나 이것은 '국어'나 '과학'이라는 교과목에 담긴 교과내용이 불분명하기 때문이라기보다는 '낯선 물체를 정확하게 기술하는 능력'이 애매하기 때문이다. '낯선 물체를 정확하게 기술하는 능력'은 '국어'와 '과학'에서 전혀 다른 의미를 가지는 것이다.) 가녜는 교과목에 포함된 능력들을 통틀어 '지적 기능'**이라고 부르고 있다. 가녜가 말하는 '지적 기능'이라는 것은 학습 위계의 각 단계를 낮은 데서부터 하나씩 밟아가면서 마침내 복잡한 '문제해결'에 이르는 데에 필요한 기능이다. 그리하여 가녜는 '"학습 위계"는 어떤 종류의 것이든지 주제나 단원이나 학문의 "구조"를 기술하는 가장 좋은 방법이다'(p. 452)라고 말하고 있다.

결국 가녜의 '학습 위계'가 나타내고 있는 '교육내용'에의 접근은 다음과 같다. 즉, 교육내용은 그것을 구성하고 있는 하위 요소들

---

* performance, 또는 수행   ** intellectual skills

로 분석되어, 그 요소들간의 관계로 성립되는 '학습 위계'로 파악되어야 한다는 것이다. 「학습의 조건」에서 가녜는 몇 가지 교과목에서 '학습의 위계'를 예시하고 있다(pp. 246~274). (여기에 예시된 것을 보면 누구든지 그 위계가 다루는 '교육내용'의 사소함에 비하여 '위계'의 정교함에 감탄할 것이다.) 가녜의 '학습 위계'로서 보다 널리 알려진 것은 '소금의 가수분해'를 주제로 한 것이다. 가녜는 '소금의 가수분해'라는 '문제해결' 과제에 포함된 하위 요소로서 여러 가지 규칙과 개념들을 역시 정교한 '위계'로 제시하고 있다. 여기서 우리는 교육내용에 관한 또 하나의 '환원주의적 접근'을 본다. 즉, 교육내용은 그것을 구성하고 있는 (학습 위계상의) 하위 요소들로 분석되어야 한다는 것이다. 가녜의 아이디어를 따르면 교사는 예컨대 '소금의 가수분해'라는 교과('과학')를 가르치고자 할 때, 먼저 그 내용을 구성하고 있는 하위 요소들로 그것을 위계화해야 한다. 그렇게 해야 할 이유는 어디에 있는가? 말할 필요도 없이, 그것은 '학습의 위계'라는 말에 암시되어 있는 바, 학습의 '내적 조건'(즉, 학습의 선행조건으로서의 하위 요소의 학습)을 보장해야 한다는 데에 있다. 가녜의 주장에 의하면, 학습은 반드시 위계의 아래 단계에서 위 단계로 진행되어야 한다.

물론, '소금의 가수분해'를 학습하기 위해서는 '산소'라는 용어('개념')나 '측정법'('규칙')을 모르면 안 된다. 그러나 '소금의 가수분해'라는 주제가 담고 있는 교육내용은 그러한 개념이나 규칙의 단순한 '위계조직'이 아니다. 오히려 그 반대로, '산소'라든가 '측정법' 등 개념과 규칙은 '소금의 가수분해'라는 주제가 나타내고 있는 지식(즉, 과학적 지식)의 한 부분으로서, 그것과 관련하여 의미를 가진다. 또 하나의 보기로서, '시간의 4칙'(시간을 더하고 빼고… 하는 것)을 가르치는 경우를 생각해 보자. 가네 식으로 생각하면 '시간의 4칙'은 '시간'과 '정식整式의 4칙'이라는 두 개의 구성 요소로 나누어질 수 있을지 모른다. 그러나 '시간의 4칙'은 '시간과 4칙의 결합'이 아니다. '시간의 4칙'에서 '시간'은 예컨대 '나는 요새 시간이 많다'고 할 때의 '시간'과 동일한 것이 아니다. 그리고 만약 '정식의 4칙'에서 '4칙'과 '시간의 4칙'에서의 '4칙'이 동일한 것이라면, '시간의 4칙'은 따로 배울 필요가 없을 것이다. '시간의 4칙'은 시간을 더하고 빼고…하는, 그 자체로서 온전한 수학적 지식을 나타낸다고 보아야 할 것이다.

최근에 가네는 브리그즈와의 공저인 「수업 설계의 원리」[5]라는 책에서, '학습 위계'가 교육내용에 대한 접근으로서 가지고 있는 결함을 더욱 확대하여 보여 주고 있다. 여기서 그들은 '학교 학습의 성과'로서, 「학습의 조건」에 제시된 '지적 기능'에다가 '인지전략', '언어적 정보', '운동 기능' 및 '태도'*를 더하여 5가지로 분류하고, 각각의 '성과'를 내기 위한 학습의 내적 및 외적 조건들을 제시하고 있다. 그들에 의하면, '수업 설계'는 그러한 내적, 외적 조건들을 마련할 수 있도록 이루어져야 한다. 말하자면, 교사는 '지적 기능'과 '인지전략'과 '언어적 정보' 이외에도 '운동 기능'과 '태도'를 가르쳐야 하며, 또 각각 그것에 맞는 방법을 써서 가르쳐야 하게 되어 있다. 가네는 일찍이 그가 제의하는 대로 가르치는 교사를 단 한 명이라도 본 일이 있는가? 아니면, 어떤 교사든지 장차 그런 복잡한 일을 능히 해낼 교사가 있을 수 있다고 생각하는가?

---

* 이상 다섯 가지 '성과'에 해당하는 영어 단어는 intellectual skills, cognitive strategy, verbal information, motor skills, attitudes이다.

5) R. M. Gagné and L. J. Briggs, *Principles of Instructional Design*(New York : Holt, Rinehart and Winston, 1974).

Ⅲ 교육내용으로서의 지식

이때까지 「교육목표 분류학」과 가네의 '학습 위계'에 의하여 대표되는 교육내용에의 '환원주의적' 접근을 고찰한 결과는 그 대안적인 접근으로서 교육내용에의 '전체주의적' 접근이 필요함을 보여 주고 있다. 즉, 교육내용은 그 자체로서 의미가 있는 '지식'으로 규정될 필요가 있다는 것이다. 이 관점에서 보는 교육내용으로서의 '지식'이 어떤 성격을 가지고 있는가 하는 것은 '지식의 구조'에 관한 설명(3장)과 피터즈에 의한 교과의 정당화 논의(6장)에서 충분히 다루어졌다고 생각하므로, 다시 길게 설명할 필요는 없을 것이다. 다만, 이 장의 나머지 부분에서는 교과의 의미를 '지식'으로 규정한 헨더슨의 분석6)과, 교육내용으로서의 지식을 조직하는 방식으로서 '나선형 교육과정'에 관하여 고찰하겠다.

헨더슨은 '교과'*라는 용어가 일반적으로 쓰이고 있는 경우를 몇 가지로 분류하면서, '구체물'**을 교과라고 생각하는 것은 교과의 의미로서 적합하지 못하다고 말하고 있다. 사실상 과학에서는 '개구리', '변성암' 등과 같은 물체, 그리고 국어(문학)에서는 '춘향전' 등의 문학작품을 '교과'라고 생각하는 경우가 있을 것이다. 그러나 교과의 의미를 이렇게 규정하는 데는 적어도 두 가지 난점이 있다. 첫째로, 만약 구체물을 교과라고 하면, 수학은 분명히 교과로서 성립할 수가 없다. 수학이 다루는 구체물은 없기 때문이다. 둘째로, 아마 보다 근본적인

---

* subject matter ** concreta

6) K. B. Henderson, 'Uses of "Subject Matter,"' B. O. Smith and R. H. Ennis(eds.), *Language and Concepts in Education*(Chicago : Rand McNally, 1961), pp. 43~58.

난점이겠지만, 구체물은 교과로서 애매하다는 난점이 있다. '무엇을
가르치는가'라는 질문에 대하여 '개구리를 가르친다'고 대답할 수는
있으나, 사실상 이 대답은 '개구리에 관하여' '무엇'인가를 가르친다
는 것을 의미한다고 보아야 할 것이다. '무엇을 가르치는가'라는 질문
에 대하여 보다 명백하게 대답하기 위해서는, 개구리에 관하여 가르치
는 그 '무엇'이 어떤 것인가를 대답해 주어야 한다. 그렇지 않고 '개구
리'를 가르친다고만 하면, 교사는 개구리에 관하여 무엇을 가르쳐야
할지 모르게 될 것이다.

교과의 의미로서 '구체물'이 가지고 있는 이러한 난점은 예컨대
'2차방정식, 3권 분립, 화학 변화' 등과 같은 주체 또는 제목을 교과로
보는 경우에도 마찬가지로 적용된다고 보아야 할 것이다. 타일러가
영양, 소화… 등 '내용'(즉, 주제나 제목)만으로는 교육목표가 성립되
지 않는다고 한 것은 이 점을 말하는 것이다(이 책 p. 37). 그러나 타일
러는 교과로서의 주제나 제목이 가지고 있는 애매성을 지적하는 방법
으로 그것에 포함된 '행동'을 상세화하는 방법을 제의하였다. 그 방법
이 이후 어떻게 받아들여졌으며, 그것이 어떤 문제를 가지고 있는가
하는 것은 우리가 이때까지 본 바와 같다.

헨더슨은 구체물이나 주제가 가지고 있는 교과로서의 애매성을
제거하는 방안으로서, 교과를 '지식'으로 규정할 것을 제안한다. 그러
나 지식에는 두 가지가 있을 수 있다. 하나는 '이러이러한 것을 할줄
안다'는 뜻에서의 지식, 즉 '기술적 지식'*이요, 또 하나는 '이러이러
하다는 것을 안다'는 뜻에서의 지식, 즉 '명제적 지식'**이다. (헨더슨
은 전자를 '비인지적 지식',☆ 그리고 후자를 '인지적 지식'☆☆이라고

---

* knowing-how   ** knowing-that
☆ non-cognitive knowledge   ☆☆ cognitive knowledge

부르고 있다.) 이 두 가지 종류의 지식 중에서 '기술적 지식'(비인지적
지식)은 구체물과 마찬가지로 교과로서의 의미가 애매하다. 예컨대
자전거 타는 기술을 가르치기 위하여 자전거를 잘타는 사람의 동작
그 자체만을 보여 준다면, 배우는 사람은 그 동작의 어떤 측면이 중요
한 것인지 알지 못할 것이다. 그 동작의 의미를 알리기 위해서는 반드
시 '언어'가 사용되어야 하며, 언어를 사용하는 순간, 자전거 타는 '기
술'은 '인지적 지식'으로 바뀐다. 그리하여 헨더슨은 두 가지 종류의
지식 중에서 '명제적 지식'(인지적 지식)만이 교과의 의미로서 받아들
여질 수 있다고 주장한다.7)

　　헨더슨은 교과로서의 '명제적 지식'을, 그 지식을 표현하는 명제
(또는 문장)의 성격에 따라 다음과 같이 분류하고 있다.8)

　　　　1. 분석적 명제
　　　　　1. 1 단칭적
　　　　　1. 2 일반적
　　　　2. 종합적 명제
　　　　　2. 1 단칭적

---

7) 사실상 교과로서의 '기술적 지식'과 '명제적 지식'의 성격이나 지위에 관해서
　는 여기서 자세하게 다룰 수 없을 만큼 복잡한 문제가 있다. 이 두 가지 지
　식의 차이를 최초로 분석한 책은 G. Ryle, *The Concept of Mind*(Longdon :
　Hutchinson, 1949).

8) 이 분류에서 '명제'로 번역된 단어는 statements이며, 각각은 analytic state-
　ments, contingent statements, value statements이다. '가치 명제'라는 표현은,
　가치를 표현하는 문장은 '명제'가 아니라고 주장하는 특정 철학 사조가 있기
　때문에, 약간 어색하기는 하지만, 그것은 statements를 '명제'로 번역하는 데서
　빚어진 불가피한 결과이다. 또한, 원래 헨더슨의 분류에는 '명령'(prescriptions)
　이라는 것이 하나의 범주로 제시되어 있으나, 헨더슨 자신도 인정하고 있듯
　이, '명령'은 원칙상 '종합적 명제' 또는 '가치 명제'로 바뀔 수 있다.

2. 2 일반적

3. 가치 명제

3. 1 단칭적

3. 2 일반적

위의 분류에서 '분석적 명제'는 예컨대 '처녀는 결혼하지 않은 여자이다'와 같이 말의 '분석'으로 그 진위가 판단되는 명제, 또는 $(a+b)^2=a^2+2ab+b^2$ 과 같이 전제 속에 결론이 논리적으로 함의되어 있는 명제이다. '종합적 명제'는 '오늘 기온은 섭씨 5°이다' 또는 '기체의 부피는 온도에 비례하고 압력에 반비례한다'와 같이, 현상을 관찰함으로써 그 진위를 판단할 수 있는 명제이다. 그리고 '가치 명제'에는 '거짓말하는 것은 나쁘다'라든지 '베토벤의 전원교향곡은 아름답다'와 같은 도덕적 판단과 심미적 판단이 포함된다. (헨더슨의 교과 분류는 피닉스의 '의미의 영역'(5장), 허스트와 피터즈의 '지식의 형식'(6장)의 분류에 면밀히 상응한다는 것에 주의하기 바란다. 특히 헨더슨의 분류와 피터슨의 '지적 활동의 주양식'(6장)의 분류는 완전히 일치한다. 즉, 분석적 명제는 논리적 양식에 종합적 명제는 실증적 양식에, 그리고 가치 명제는 도덕적 양식과 심미적 양식에 해당한다.)

이렇게 보면 과연 위의 분류는 우리가 학교에서 가르치는 모든 교과를 망라한다고 볼 수 있다. 그러나 이들 여러 가지 명제로 표현되는 '인지적 지식'을 교과라고 했을 때, 헨더슨은 무엇을 염두에 두었던 것인가? 예컨대, '기체의 부피는 온도에 비례하고 압력에 반비례한다'든가 '거짓말하는 것은 나쁘다'고 하는 명제로 표현되는 '지식'을 가지고 있다든가 그것을 학습한다는 말은 이들 명제를 입으로 외울 수 있게 된다는 것을 의미하지는 않을 것이다. 어떤 사람이 이들 명제를 외울 수 있다는 사실만으로 우리는 그가 그런 지식을 가지고 있다는 것을 인정하지 않는다. 그 사람이 그런 지식을 가지고 있다고 볼 수 있는 것은 곧 그가 그 지식에 담겨 있는 사고방식을 이해하고 그 지식에 담겨 있는 관점과 태도를 체득했을 때이다. 이 점은 헨더슨이 '교과'와 '교과의 이름' 사이의 차이를 강조한, 다음과 같은 말에 잘 나타나 있다.

> 보통 교수 요목에는 '교과' 그 자체가 아니라 공부해야 할 '교과의 이름'이 실려 있다. 즉, 주제, 문제, 아이디어 등의 이름이 그것이다. 예컨대 수학의 단원을 계획할 때에는 '가감승제, 분수, 축척, 금리, 삼각함수' 등 주제를 열거한다. 이러한 주제는 교과가 아니라 교과의 이름이다. 이 각각의 주제에 관하여 무엇을 가르칠까를 결정할 때에도 교사는 다시 몇 가지 주제를 든다. 이것도 교과가 아니다. 실지로 교과를 선정하여 가르치고 학생들의 학습 여부를 평가할 단계에 와서 비로소 교사는 '교과의 이름'에서 그 이름의 지시 대상, 즉 그 이름이 나타내는 지식[즉, '교과']으로 넘어가게 된다(p. 55).

헨더슨의 말에 의하면, '기체의 부피는 온도에 비례하고 압력에 반비례한다'는 명제를 교과라고 하는 것은 곧 그것을 '실지로 가르치고 학생들의 학습 여부를 평가할 단계에 와서' 교사가 하는 일, 또는 보다 정확하게 말하면, 그것을 다루는 동안에 학생들 편에 일어나기를 바라는 생각(이것이 곧 '과학'이다), 바로 그것이 교과라는 뜻이다.

헨더슨이 말한 '교과'로서의 '지식'이 정확하게 무엇을 의미하는

가 하는 것은 마시알라스가 제안한 '사회과 탐구 학습'에 비추어 예시
하면 편리하다.9) 마시알라스 자신이 시범한 바에 의하면 그의 '사회과
탐구 학습'은 전형적으로 다음과 같이 진행된다. 먼저 교사는 약 10장
의 슬라이드를 대강 보여 주면서(예컨대, 로마 장군의 대리석상, 중세
귀족의 초상화, 일본 '사무라이', 귀족들의 가든 파티, 정확하게 알
수 없는 회의 장면(국회인 듯)… 등등), 각각의 그림이 무엇에 관한
것인가를 묻는다. 물론, 여러 가지 대답이 나올 수 있다. 그리고 질문
과 대답은 교사와 학생 어느 쪽에서도 할 수 있다. 교사는 그 중의
몇 가지 그림을 골라서, 그 그림들이 공통으로 나타내고 있는 것(개념,
예컨대 '권력')이 무엇인가를 묻는다. 교사는 문답에 사용된 어려운
용어에 대하여 뜻을 묻고, 불명료한 발언을 명료화하도록 한다. 교사
는 다시 몇 가지 그림들을 골라, 그 그림에 나타난 사회들에서 흔히
볼 수 있는 현상(예컨대, 농민 반란)이 어떤 것인가를 묻고, 또 몇 가지
그림에 나타난 사회 중에서 어떤 사회가 가장 살기 좋은 사회인가를
묻는다. 물론, 여러 가지 대답이 있을 수 있다. 이들 대답에 대하여
교사는 반드시 왜 그렇게 생각하는가를 묻는다(왜 그런 현상이 일어날
것 같은가, 왜 그 사회가 살기 좋은 사회라고 생각하는가, 등등).

    마시알라스의 설명에 의하면, 이 수업에서 교사와 학생이 주고
받은 문답은 네 가지로 나누어진다. 즉, 1) 일반적 정보, 2) 정의와
명료화, 3) 가설과 가치 판단, 그리고 4) 근거 제시이다. 마시알라스가
제의한 수업은, 우리가 수업에서 흔히 볼 수 있는 결론이나 정리 같은
것이 없이, 내내 이 네 가지(주로 '가설과 가치 판단' 및 그것에 대한

---

9) 마시알라스의 수업은 마시알라스 자신의 시범과 구두설명에 의한 것이다. 보
  다 자세한 설명은 Byron G. Massialas and Benjamin Cox, *Inquiry in Social
  Studies*(New York : McGraw-Hill, 1966)를 참고하라.

'근거 제시') 문답만 하다가 끝난다. 물론, 모든 사회과의 수업이 이런 식으로 진행될 수 있는가에 대해서는 대부분의 사람들이 의심을 품을 것이다. 때로 교사는 이른바 '체계적인' 수업을 하여야 할 것이다. ('체계적인' 수업이라고 하여 반드시 교사의 '강의'일 필요는 없다.) 그러나 그렇다고 해도 마시알라스의 포인트는 여전히 성립한다. 마시알라스에 의하면 사회과의 '지식'은 그 네 가지 문답으로 구성된다. 보다 구체적으로 말하면, 사회과의 '지식'은 '사회 현상에 관하여 가설과 가치 판단을 형성하고 그것에 대하여 올바른 근거를 제시하는 것'으로 구성된다. 이것이 바로 사회과의 '교육내용'이다. 사회 현상에 관한 '일반적 정보'나 '용어의 정의'는 '근거 있는 가설과 가치 판단'을 형성하는 데에 도움이 되기 위한 것이며 또 그것에 도움이 되는 한, 의미가 있다. 설사 학생들이 선사시대 이후 모든 역사적 사건들을 알고 있고 세계 모든 지방의 주요 산물을 외우고 있다 하더라도, 사회 현상을 보는 '눈'(이것은 다름 아니라 의미있는 가설을 형성하고 가치 판단을 내리는 능력이다)이 없다면, 사회과 교육은 그 학생에게 아무 소용이 없을 것이다.

마시알라스의 수업에서는 교사와 학생이 다 같이 사회과의 '지식'을 추구한다. 이 수업에서 교사와 학생이 주고 받는 문답은 우리가 보통 '지식 위주의 교육'이라는 말을 할 때의 '지식'처럼 단편적이고 무기력한 것이 아니다. 그 문답은 훨씬 복잡하며, 그것에 종사하는 동안 학생들은, 우리가 7장에서 이미 고찰한 바와 같이, 모종의 '태도'를 배우게 될 것이다. 헨더슨이 '인지적 지식'을 '교과'로 보았을 때, 그가 염두에 두었던 것은 바로 이런 뜻에서의 지식일 것이다.

Ⅳ 나선형 교육과정

예컨대 마시알라스의 탐구 수업에서 학생들이 하고 있는 일은 사회학자나 사회철학자들이 하는 일, 다시 말하면 사회 현상을 이해하고 '사회 정의' 문제를 탐구하는 일과 '본질상' 다름이 없다. 다만, 브루너가 말한 바와 같이(이 책 p. 63), 양자 사이의 차이는 하는 일의 '수준'에 있다. 학생들은 사회학자나 사회철학자들과 동일한 '종류의' 일을 하되, 다만 그들과 같이 어려운 개념이나 복잡한 이론 체계를 써서 하는 것이 아니라, 현재 자신의 수준에 맞는 개념과 사고방식을 써서 하는 것이다. 이와 같이 교육내용을 '통일된 전체로서의' 지식으로 볼 때, 브루너가 말한 '나선형 교육과정'*의 아이디어가 중요성을 가진다(「교육의 과정」, pp. 134ff). 즉, 교육내용은 '어른이 알 가치가 있는 내용', 또는 '아이 때에 그것을 배우면 보다 훌륭한 어른이 되는 데에 도움이 되는 내용'(p. 134)이어야 하며, 이 내용이 교육 수준 전체에 걸쳐 각 발달 단계에 알맞은 형태로 가르쳐져야 한다는 것이다. 그 내용이 곧 각 교과의 '핵심적 아이디어'이다. 예컨대 '분업'이라는 아이디어가 사회 현상을 이해하는 데에 매우 중요한 아이디어라면, 이 아이디어는 아주 어린 아이에게도 그 수준에 맞게 가르쳐질 수가 있으며, 대학원 수준에서는 바로 그 아이디어가 훨씬 복잡하고 치밀한 사회학의 이론으로서 가르쳐져야 한다. (이 나선형 교육과정의 아이디어는 주로 브루너가 「교수 이론 서설」(1966)에서 말한 '지식의 구조'의 '세 가지 표현 방식'(작동적, 영상적, 상징적 표현 방식)과 관련하여 해석되고 있으나, 저자가 보기에 '세 가지 표현 방식'은, 설사 나선형

---

* spiral curriculum

교육과정과 관련된다고 하더라도, 그 한 가지 특수한 경우를 가리키는 것에 불과하다(10장 참조).)

　　나선형 교육과정은 '가르치는 순서'에 관한 아이디어라는 점에서, 종래 교육과정 이론(타일러)에서 교육내용(또는 학습 경험)을 조직하는 원리로서 중요시되어온 '계열'*과 때로 동일한 것으로 해석되는 경향이 있다. 종래 교육과정 이론에서 '계열성'은 '계속성'과 함께 교육내용을 '종적'으로 조직하는 원리가 되어 왔다. 계속성이라는 것은 한 가지 교육내용이 학년 수준이 높아짐에 따라 단절이 없이 계속적으로 다루어져야 한다는 것이며, 계열성은 그렇게 계속적으로 다루어지는 내용이 점점 광범하게 또 심화되어 다루어져야 한다는 것이다. 물론, 이 원리는 타당한 원리이다. 그러나 계속성과 계열성을 어떻게 해석하는가 하는 것은 말할 것도 없이 '교육내용'을 무엇이라고 보는가에 따라 달라진다. 예컨대 교육내용을 종래의 교육과정 이론에서처럼 '가르쳐야 할 제목'이라고 생각하면, 그러한 제목들은 논리적인 순서(예컨대 역사의 연대순)나 심리적인 순서(예컨대 단순에서 복잡으로)에 따라 배열되어야 할 것이다. 사실상, 이때까지 '계열'이라는 것은 주로 이런 뜻으로 해석되어 왔다.

　　그러나 교육내용을 '지식'(지식의 구조, 핵심적 아이디어 등)이라고 생각하면 계열의 의미는 상당히 달라진다. 어떤 특정한 교과의 기본이 되는 핵심적 아이디어는 사실상 그리 많지 않을 것이며, 이 아이디어들이 바로 초등학교 저학년에서 고등학교, 대학에 이르기까지 학생들이 배워야 할 공통된 교육내용이다. 「교육의 과정」 이후 널리 알려진 브루너의 '대담한 가설', 즉 '어떤 교과든지, 올바른 방식으로 표현하면, 어떤 발달 단계에 있는 어떤 아동에게도 효과적으로 가르칠

---

* sequence

수 있다'10)라는 말은 이 점에서 심각한 의미를 가진다. 여기서 주목해
야 할 것은 '발달 단계' 여하를 막론하고 가르쳐지는 '교과'는 '동일하
다'는 것이다. 그러므로 교육내용을 지식으로 볼 경우에 계열의 문제
는 어떤 제목을 어느 수준에 배정할 것인가가 아니라, 오히려 그 반대
로, 어떤 수준에도 불구하고 공통적으로 가르쳐야 할 '기본 아이디어'
가 무엇인가에 있다고 보아야 할 것이다. 이 기본 아이디어가 결정되
고 난 뒤에 비로소 그 아이디어를 어느 정도로 광범하고 치밀하게
가르칠 것인가가 결정될 것이다. 만약 나선형 교육과정이 계열에 관한
아이디어라면, 그것은 바로 이와 같이 '초등지식과 고등지식 사이의
간극을 없애는' 뜻에서의 계열에 관한 아이디어이다.

---

10) '올바른 방식으로 표현하면'이라는 번역에 해당하는 영어 원문 in an intelle-
ctually honest form은 그 '지적 성격에 충실한 형태로'라고 번역될 수도 있으
며, 1973년 이홍우의 번역에 나와 있는 전자보다는 후자가 아마 더 정확한
번역일 것이다. 다만, 전자가 교과의 수준별 표현(그리고 그 차이)을 부각시
킨다면, 후자는 그와 같이 상이하게 표현되는 실체(그리고 그 동일성)를 부각
시킨다고 볼 수 있다.

9
학습자 중심 교육

어떤 음료 회사에서 그 회사의 음료를 선전할 목적으로 텔레비전 광고에다가 불가시 광선不可視 光線을 보내는 경우를 생각해 보자. 이 광선은 '참으로 불가사의한' 효과를 가지고 있는 광선이어서, 광고와 함께 일정한 기간 동안 그것에 노출된 사람들은 목이 마를 때는 어김없이 그 음료를 찾게 된다고 가정하자. 물론, 이 사태는 우리가 보통 생각하는 '교육' 사태와는 판이한 사태이지만, 이 경우에도 우리는 사람들을 '가르쳤다'고 말할 수 있고, 또 관점에 따라서는 그 방법을 '훌륭한' 교육 방법이라고 생각할 수 있을 것이다. 또 한편, 우리는 이것과는 반대되는 사태를 생각해 볼 수 있다. 예컨대 학자가 학회에서 자신의 연구 논문을 발표하는 경우이다. 이 경우에 학자는 자신이 가진 최선의 지력을 동원하여 얻은 결론을 다른 사람에게 제시한다. 이 경우에도 또한 우리는 '가르쳤다'고 말할 수 있을 것이다.

음료 선전이 보통의 교육 사태와 판이하듯이, 연구 발표도 보통의 교육 사태와는 거리가 멀다고 보아야 한다. 우리가 보통 말하는 교육 방법은 한편으로 음료 선전과 또 한편으로 연구 발표의 두 극단이 이루는 연속선상의 어느 지점에 있을 것이다. 그렇기는 해도 이 두 극단은 교육방법상의 원리에 관하여 생각하는 데에 좋은 실마리가 된다. 먼저 그 두 극단이 이루고 있는 연속선을 어떻게 기술할 수 있는가를 생각해 보자. 우리가 알고 있는 모든 교육방법들을 그 연속선에 놓는다고 할 때, 그 모든 방법들은 모종의 '기준'에 따라 배열되어 있다고 볼 수 있다. 그 기준은 어떤 것인가? 만약 그 기준이 확인된다고 하면, 우리는 또한 모든 교육방법들을 그 기준에 비추어 특징지을 수 있을 것이다.

저자가 보기에, '교육방법'으로서 음료 선전과 연구 발표는 두 가지 상호 관련된 기준에 의하여 구별될 수 있다. 그것은 1) 교육하는 사람의 의도와 2) 교육하는 사람(교육자)과 교육받는 사람(피교육자)의 관계이다. 음료 선전의 경우에, '교육자'의 의도는 오직 피교육자가 목이 마를 때에 그 회사의 제품을 사도록 하는 데에 있다. (음료 선전이 과연 진정한 의미에서 '교육'에 속한다고 볼 수 있는가 하는 것은, 물론, 매우 중요한 질문이지만, 그 질문은, 과연 그런 '불가사의한' 방법이 있는가 하는 질문과 마찬가지로, 여기서는 별로 포인트가 없다. '진정한 의미의' 교육이라는 것이 '올바른 방법상의 원리를 따르는' 교육을 의미한다면, 지금 우리는 바로 그 진정한 의미의 교육이 무엇인가를 찾고 있는 것이다.) 음료 선전의 경우, 만약 교육자가 피교육자에게 믿기를 바라는 내용을 피교육자가 믿지 않는다면, 그 방법은 하등 의미가 없다. 보다 일반적인 용어로 표현하면, 이 경우에 교육자의 의도는 피교육자로 하여금 교육자가 바라는 내용을 믿도록 하는 데에 있다. 그러므로 또한 이 경우에 교육자는 피교육자가 믿어야 할 내용을 알고 있고 피교육자는 그것을 받아들여야 한다는 뜻에서 교육자와 피교육자는 '관념상' 수직적인 관계를 맺고 있다.

연구 발표의 사태는 이와 전혀 다르다. 물론 여기서도 '교육자'는 자신의 결론을 '피교육자'에게 제시하고 그것이 피교육자에게 받아들여지기를 바란다. 그러나 이 사태는 음료 선전의 경우와는 달리, 그 결론이 어떤 일이 있더라도 관철되어야 한다든지, 그 결론이 받아들여지지 않는다면 교육자의 노력이 하등 의미가 없는 그런 사태가 아니다. 교육자는 피교육자가 자신보다 더 올바른 증거에 의하여 자신의 결론을 부정하더라도 전혀 낙담할 필요가 없으며, 오히려 자신의 결론이 보다 올바르게 교정되는 것을 환영한다. 보다 일반적인 용어로 표현하면, 이 사태에 있어서의 교육자의 의도는 피교육자로 하여금 자신이 바라는 내용을 믿도록 하는 데에 있는 것이 아니라, 그로 하여금 그 내용을 올바른 방법으로 믿도록, 다시 말하면 피교육자가 자신의 이해에 입각하여 그 내용을 올바른 것으로 받아들이도록 하는 데에 있다. 그러므로 또한 이 사태에서 교육자와 피교육자는 '관념상' 대등한 위치에서 수평적인 관계를 맺고 있다. 교육자는 피교육자가 믿어야 할 내용을 미리 가지고 있다기보다는 피교육자와 함께 '진리를 탐구'하며, 교육자가 피교육자에게 어떤 결론을 제시한다 하더라도 그것은 교육자의 '권위' 때문에 옳은 것이 아니라, 교육자와 피교육자가 공동으로 따르는 이성에 의하여 지지되기 때문에 옳은 것이다.

우리가 알고 있는 교육방법은 위에서 말한 두 극단의 사이에 있기는 하지만, 정도의 차이는 있다 하더라도 대체로 말하여 어느 한 쪽에 치우쳐 있다고 볼 수 있다. 그러므로 우리는 논의의 편의상 그 두 극단을 잇는 교육방법의 연속선을 반분하여 교육방법을 두 가지로 '유형화'할 수 있을 것이다. 여기서는 보다 음료 선전 쪽으로 치우친 교육방법을 편의상 '설득을 위한 교육'이라고 부르고, 연구 발표 쪽을 '이해를 위한 교육'이라고 부르겠다. 이 장에서는 이 두 가지 교육방법의

유형을 각각 예시하고 난 뒤에, 교육에 있어서의 학습자 존중의 의미
를 고찰해 보겠다.

Ⅰ 설득을 위한 교육

앞에서 한 말을 되풀이하면, '설득을 위한 교육'의 방법상의 원리
는 다음과 같다. 즉, 1) 교육자의 의도는 피교육자로 하여금 교육자가
바라는 내용을 믿도록 하는 데에 있으며, 이 의도를 실현하기 위한
수단이면 무엇이든지 '교육방법'이 될 수 있다는 것과, 2) 교육자와
피교육자는 관념상 수직적인 관계를 맺고 있다는 것이다.

비교적 이런 특징을 나타내는 교육방법의 하나로서 '프로그램
학습'*을 들 수 있다. 프로그램 학습은 스키너의 '작동적 조건화' 이론
을 적용한 교육방법이다.[1] 작동적 조건화 이론에 의하면, 조건화를 하
는 사람은 먼저 조건화를 당할 유기체(비둘기나 사람)에게 '조형될 행
동' —예컨대 비둘기를 새장에서 한 바퀴 돌게 만드는 것— 을 미리
결정해 가지고 있고, 적절한 '강화 스케줄'**에 따라 그 행동에 일관
된 반응을 강화함으로써 조건화를 하는 사람이 원하는 대로 행동을
조형할 수 있다. 프로그램 학습이 이 이론을 따르고 있는 만큼, 프로그
램 학습을 위하여 가장 먼저 해야 할 일은 그 학습에서 '조형'하고자
하는 행동, 다시 말하면 그 학습을 통하여 학생들이 믿게 되기를 바라
는 내용을 결정하는 일이다. (이 행동은 학습이 성공적으로 이루어졌는

---

* programed learning   ** reinforcement schedule
1) B. F. Skinner, 'The Science of Learning and the Art of Teaching,' *Harvard
   Educational Review*, 24(1954), pp. 86~97.

가를 알려주는 행동이라는 뜻에서 '준거 행동'*이라고 불리며, 때로는
교육과정의 용어로서 '교육목표'라고 불리기도 한다. 메이거의 '행동적
교육목표'(2장)는 프로그램 학습과 관련하여 결정적인 의의를 가진다.)

프로그램 학습을 위한 학습자료는 전형적으로 다음과 같은 형태
를 취한다. 아래의 프로그램은 '프로그램 학습의 원리'라는 내용을 '프
로그램 학습방법'으로 가르치기 위한 것이다.2)

5	프로그램 학습의 기본적인 아이디어는 학생이 다수의 쉽고 작은 단계로 된 프로그램 학습자료를 거칠 때에 가장 능률적이고 유쾌하고 영속적인 학습을 할 수 있다는 것이다. 하나 하나의 단계가 작을 때에 학생은 오답을 할 가능성이 (작다/크다).
	작다.
6	'프로그램 학습자료'는 다수의 쉽고 작은 단계로 되어 있다. 학생 은 __ __ 를 거쳐 감으로써 어떤 내용에 관하여 아무것도 모르는 상태에서 그것을 통달한 상태로 나아간다. 만약 프로그램 학습자료가 세밀하게 계획되어 있다면, 학생은 (많은/적은) 수의 오답을 한다.
	프로그램 학습자료, 적은
7	프로그램 학습은 전통적인 학습 방법에 비하여 여러 가지 특징적 인 면을 가지고 있다. 우리는 이미 그 원리 중의 하나를 알고 있다. 그것은 곧 학생들이 가장 잘 학습하기 위해서는 작은 __를 거쳐 나아 가야 한다는 것이다.
	단계
8	프로그램 학습의 특징적인 면은 심리학 실험실에서 발견된 '학습 의 원리'를 적용한 결과라는 데에 있다. 우리는 그 원리 중의 첫째 것을 알고 있다. 그 원리는 '작은 __의 원리'라고 부를 수 있다.
	단계
9	프로그램 학습의 기초 원리는 (심리학/점성술) 실험실에서 발견 된 것이다. 그 원리 중 첫째 원리는 '작은 단계의 원리'이다.

* criterion behavior

2) J. L. Evans, *Principles of Programed Learning*(New York : Grolier, 1962).

	심리학	
10	프로그램 학습의 첫째 원리는 ___ ___의 원리이다.	
	작은 단계	
11	프로그램 학습의 첫째 원리는 무엇인가?	
	작은 단계의 원리	

위의 프로그램에서 5, 6, 7 등은 프로그램의 단계를 표시하는 번호이다. 이 프로그램은 모두 63개의 단계로 되어 있다. 그리하여 이 프로그램은 1번에서 시작하여 63번에 이르는 동안 학습자에게 프로그램 학습의 원리를 가르치기 위한 것이다. (이런 형태의 프로그램을 '직선형' 프로그램이라고 하며, 이와는 달리 프로그램 도중에 학습자의 응답에 따라 여러 갈래로 갈라지는 '분지형'分肢型 프로그램도 있다.) 위에 인용된 부분은 '작은 단계의 원리'를 다루고 있다. 이 프로그램에서는 이것을 포함하여 다음과 같은 다섯 가지 원리를 다루고 있다.

1. 학생들은 작은 단계('잔 걸음')를 거쳐 나아갈 때 가장 잘 학습한다(작은 단계의 원리). '작은 단계의 원리'가 얼마나 잘게 쪼개어져 있는가 하는 것은 위에 인용된 프로그램에서 보는 바와 같다. 프로그램 전체를 두고 보면, 그 프로그램이 달성하고자 하는 '교육목표'가 이와 같이 작은 단계로 쪼개어져 있다.

2. 학생들은 학습하는 도중에 능동적으로 반응할 때 가장 잘 학습한다(능동적 반응의 원리). 위의 프로그램에서 학생들은 마분지를 오려서 문제 아래의 정답을 가리고 옆의 굵은 선 위에 문제가 요구하는 답을 적게 되어 있다. 스키너 이론의 용어를 쓰면, 학생들은 '작동적 반응'을 한다.

3. 학생들은 자신의 생각이 옳은가 그른가를 즉각적으로 확인할 때 가장 잘 학습한다(즉각적 확인의 원리). 답을 적은 뒤에 학생들은 마분지를 아래로 내려서, 곧 정답을 맞추어 볼 수 있다. 다시 스키너의 용어로 학생들은 '즉각적 강화'를 받는다.

4. 학생들의 학습 속도에는 개인차가 있으며, 학생들은 자신에게 알맞은 학습 속도에 따라 학습할 때 가장 효과를 거둘 수 있다(자기속도의 원리). 프로그램 학습이 '개별화된 수업'*에 유용하게 쓰이는 것은 당연하다.

5. 학생들이 문제를 맞추지 못하는 것은 학생들의 잘못이 아니라 프로그램의 결함이다. 그러므로 학생들의 오답은 프로그램의 개선을 위한 요구요, 그 자료이다(프로그램 평가의 원리). 프로그램 학습의 원리(즉, 스키너의 이론)에서는, '바보같은 대답'이라는 것은 있을 수 없으며 오직 '바보같은 질문'이 있을 뿐이다.

프로그램 학습이 '효과적'인 학습 방법이라는 것은 널리 알려져 있다. 그리고 그것이 어째서 '효과적'인 것인가 하는 것은 조건화 이론이라는 심리학 이론에 의하여 설명되고 있다. 그러나 프로그램 학습이 나타내고 있는 '효과'는 어떤 효과인가? 프로그램 학습의 효과에 대한 심리학적 설명은 그 효과의 성격을 짐작하는 데에 도움이 된다. 프로그램 학습의 효과는 학습하는 사람의 '이해'에 기인된 것이 아니라, 그 유기체 내의 '심리적 기제'**에 기인되는 것이다. '조건화'라는 것은 본질상 조건화되는 유기체가 조건화되는 내용은 말할 것도 없고, 스스로 조건화된다는 사실조차 모를 경우에 성립한다. (스키너의 이론이 발표되었을 때 뉴욕 타임즈지에 실린 유명한 만화에서는 조건화되

---

* IPI, individually prescribed instruction　　**　psychological mechanism

는 쥐 두 마리가 '헤이, 우리가 저 친구(실험자)를 "조건화"시켰어. 단추를 누르기만 하면 저 친구가 먹이를 넣어준단 말이야' 하고 속삭인다.) 프로그램 학습의 효과는 학습자의 '이해'와는 무관하게 어떤 내용을 믿도록(보다 일반적으로, 어떤 행동을 하도록) 하는 데에 있다. 그리고 이것은 프로그램 학습의 우연적인 효과가 아니라, 바로 프로그램 학습이 '의도'하는 효과이다.

프로그램 학습은 효과적인 '교육방법'인가? 물론, 그 대답은 '교육'을 무엇이라고 생각하는가에 따라 다르다. 교육은 다름 아니라 바로 교육자가 피교육자에게 일으키고자 하는 반응(즉, 프로그램 학습에서와 같이 세밀하게 규정된 신념과 행동)을 일으키는 일이라고 생각하면 프로그램 학습은 효과적인 교육방법이다. (사실상, 대부분의 사람들은 교육이라는 것은, 적어도 '부분적으로는', 이런 일이라고 생각할 것이다.) 그러나 또 한편 우리는 보통 이것과는 다른 '교육적 효과'를 찾는다. 우리는 그와 같이 세밀하게 규정된 반응을 획득한 사람들이 배출되기를 바라는 것이 아니라, 각자의 '이해'에 입각한 '인간다운 관점과 태도'를 갖춘 사람들이 배출되기를 기대한다. 한편으로 프로그램 학습을 효과적인 교육방법이라고 생각하면서, 또 한편으로 그것과는 다른 교육적 효과를 기대한다는 것은 분명히 연목구어緣木求魚이다.

이런 종류의 오류는 학습 또는 태도 변화에 관한 심리학적 연구 결과를 교육에 직접 적용하려고 하는 데서 빚어질 가능성이 있다. (이런 교육관을 '인간공학적'* 교육관이라고 부를 수 있을 것이다.) 예컨대 호블랜드 등, 예일 대학 연구진에 의한 '코뮤니케이션과 설득 연구'3)

---

* human engineering

3) Carl I. Hovland, 'Yale Studies of Communication and Persuasion,' W. W. Charters and N. L. Gage(eds.) *Readings in the Social Psychology of Education* (Boston : Allyn and Bacon, 1963), pp. 239~253.

(통칭 '예일 코뮤니케이션 연구')의 경우를 생각해 보자. 그들은 코뮤니케이션을 '1) 누가(전달자), 2) 무엇을(전달내용과 방법), 3) 누구에게(전달 대상), 4) 어떤 효과로(전달 효과) 전달하는가'에 관한 문제로 보고 각각의 변인이 나타내는 설득 효과를 10여 년에 걸친 방대한 연구를 통하여 밝히고자 하였다. 그들이 다룬 문제는 예컨대, 전달자(사람이나 신문)의 권위 또는 신뢰도에 따라 설득 효과가 다른가, 내용을 제시하는 순서가 설득 효과에 영향을 미치는가, 전달 내용 속에 공포를 자아내는 요소가 섞여 있으면 설득이 효과적인가, 주장의 한쪽만 제시하는 것과 양쪽을 제시하는 것은 어느 쪽이 더 효과적인가, 특정한 집단에의 소속감이 개인의 설득 정도에 차이를 가져 오는가, 설득 효과로서 신념과 정서와 행동은 서로 관련되어 있는가, 설득 효과에 '잠복 기간'이라는 것이 있는가, 그리고 그것은 무엇 때문에 생기는가, 등등이다. 그들이 발견한 바를 대체적으로 요약하면, 전달 내용이 권위있고 신뢰로운 원천에서 나온 것일수록 설득 효과가 크다는 것(이른바, '권위 효과'*), 공포를 자아내는 요소가 전달 내용에 많이 포함될수록 설득은 비효과적이며 그런 사태에서 습득된 태도일수록 '반대 선전'에 약하다는 것, 집단에 강한 애착을 느끼고 있는 사람에게는 그 집단의 규범과 반대되는 전달 내용이 설득 효과가 없다는 것, 그리고 설득 효과로서 신념과 정서와 행동은 서로 관련되어 있으며, 특히 개인이 스스로의 선택에 의하여 행동한 경우에는 신념과 정서가 그 행동에 일관된 방향으로 변화한다는 것 등이다.

예컨대 이런 심리학적 연구 결과들이 '교육방법'에 적용될 수 있을 것이다. 사실상, 현재 우리나라에 잘 알려져 있는 '성취동기 육성과정'4)

---

* prestige effect

4) 정범모와 박용헌, 「성취동기」(서울 : 배영사, 1969).

은 '예일 코뮤니케이션 연구'의 결과뿐만 아니라, 그 밖에도 신념과 태도의 변화에 관계되는 거의 모든 심리학적 원리들을 —예컨대 '호오손 효과'*와 같이 흔히 심리학 연구의 '오류'라고 생각되는 것들을 포함하여— 총동원한 '교육방법'이라고 볼 수 있다. 이 과정에서 제시되는 대부분의 자료는 '하바드 대학의 연구'라는 권위의 후광을 빌어 제시된다('권위 효과'). 이 과정에 참여하는 사람들은 그 과정이 자신에게 어떤 이익을 가져다 주기 위한 것인가를 알게 되도록, 그리고 그 과정에 참여한다는 것은 자신에게 의의있고 영광스러운 일이라고 믿게 되도록 유도된다('호오손 효과'). 과정에 참여한 사람들은 성취동기에 일관된 말과 행동을 연습한다. (예컨대, '그는 — 달렸다'라는 단서에 대하여 '그는 올림픽에서 우승하기 위하여 달렸다' 등). 성취동기 육성과정이 기초로 하고 있는 한 가지 원리는, 말과 행동의 변화는 그것에 일관된 '상념'의 변화를 수반한다는 것이다. 그리고 과정에 참여하는 사람들은 모두 성취동기라는 상념을 공유하는 집단을 이루며, 각 개인들은 그 집단의 일원으로서 상호간에 온정과 존경을 느낄 수 있도록 배려된다('준거 집단의 형성'). 물론, 성취동기 육성과정에는 '지적인 분석'이라고 할 만한 것이 없는 것은 아니다. 예컨대 성취동기와 자기 자신과의 관계, 성취동기와 사회문화적 현실과의 관계에 관한 분석이 그것이다. (이 단계에서 참여자는, 만약 원하면, 과정에서 '탈퇴'할 수 있다.) 그러나 전체적으로 보면, 이 과정은 참여자들로 하여금 '자신도 모르는 사이에 의욕이 샘솟게' 되도록 계획되어 있다.

성취동기 육성과정에 사용된 원리는 성취동기뿐만 아니라, 그 밖의 다른 '정의적情意的 특성'을 기르는 데에도 일반적으로 사용될 수

---

* Hawthorne effect

있을 것이다.5) 그러나 프로그램 학습이 '강화'라는 심리적 기제에 호소하는 것과 마찬가지로, 그러한 교육방법은 권위나 감정, 또는 집단의 연대의식 등, '이성에 입각한 이해' 이외의 것에 호소한다는 데서 그 특징을 찾아볼 수 있다. (이 점에서 그러한 방법은 번스타인이 말한 바, 지적 활동 일반에 대한 태도로서의 '대중어'*의 특징과 동일하다.6)) 물론, 성취동기 육성과정은 앞의 음료 선전이 그렇듯이, 특정한 개인이나 회사의 이익을 위한 것이 아니며, 이 점에서 보면 그것은 '교육의 방법'으로서 정당화된다고 생각될지 모른다. 그러나 또 한편, 그 방법이 원리로 삼고 있는 '권위나 감정, 연대의식에의 호소'는 왜 필요한가? 그것은 목하 가르치고자 하는 내용(예컨대 성취동기)이 피교육자 자신의 이해나 판단만으로는 충분히 받아들여지기 어렵다고 교육자가 생각하기 때문에 필요하다. 만약 그것이 피교육자의 독립적인 이해에 의하여 받아들여질 수 있는 것이라면, 피교육자는 권위나 감정, 연대의식에 입각한 호소가 있든지 없든지 간에, 또는 심지어 그런 것들이 자기자신의 이해利害와는 반대로 작용하더라도, 그것을 받아들일 것이다. ('설득을 위한 교육'에서 '설득'이라는 말은 피교육자의 '이해'理解와는 무관하게 특정한 내용을 가르치는 것을 의미한다.)

물론, 피교육자가 가지고 있는 이해나 판단의 수준은 교육자의

---

* public language

5) 이홍우, '정의적 학습모형 서설', 「교육학 연구」 6-2(1968), pp. 39~47.

6) 그와 마찬가지로 다음 절에서 고찰할 '이해를 위한 교육'은 번스타인의 '공식어'(formal language)와 상응한다. B. Bernstein, 'Social Class and Linguistic Development : A Theory of Social Learning,' A. H. Halsey *et al.*(eds.), *Education, Economy and Society*(New York : Free Press, 1961), pp. 288~314. 번스타인 이론의 대체적인 윤곽은 이홍우, 「인지학습의 이론」 제 7 장에 소개되어 있다.

그것과 동일하지 않다. 따라서 교육자가 이해하고 판단하는 내용이 그대로 피교육자에게 이해될 수는 없을 것이다. 그러나 만약 현재의 이해 수준으로 보아 피교육자가 특정한 내용을 이해하지 못한다고 하면, 교육자는 몇 년을 두고라도 피교육자의 이해 수준을 높이려고 노력해야 할 것이다(이하 3절 참조). 여기에 비하여, '설득을 위한 교육'은 현재 피교육자에게 이해되지 않는 것이라 할지라도, 만약 그 내용이 '중요한' 것이라면(누구에게?), '이해' 이외의 다른 방법으로 가르치기 위한 교육방법이다. 그러므로 '설득을 위한 교육방법'을 쓸 때, 교육자는 그가 의식하든지 의식하지 않든지 간에 피교육자를 보는 하나의 '인간관'을 가지고 있다. 즉, 피교육자는 아직 이성을 충분히(적어도 교육자만큼 충분히) 가지고 있지 않으며, 그는 교육자가 요구하는 바를 받아들여야 할 존재라는 것이다. '설득을 위한 교육'은 이 인간관 위에서만 교육방법으로서 정당화된다.

Ⅱ 이해를 위한 교육

흔히 '산파술' 또는 '대화법'으로 알려져 있는 소크라테스의 교육방법을 생각해 보자. 소크라테스의 교육방법은 플라톤 대화편 중의 하나인 「메논」*에 소크라테스 자신의 시범으로 예시되어 있다. 소크라테스에 의하면, 교육이라는 것은 교육자가 피교육자에게 무엇인가를 '가르쳐 주는' 것이 아니라, 피교육자의 마음속에 이미 들어 있는 관념을, 마치 산파가 아기를 받아내듯이 받아내는 것이며, 이런 의미에서 그것은 '회상'의 과정이다. 「메논」에서 소크라테스는 그 '회상'

---

* *Menon*, 82a~85d.

의 증거를 보이기 위하여, 노예 소년을 상대로 기하 문제에 관하여 대화를 한다.

메논 : 소크라테스 선생, 선생의 말로는 사람들이 '학습'하는 것이 아니며, '학습'이라고 하는 것은 단지 '회상'의 과정에 지나지 않는다고 하는데, 어째서 그런지 나에게 설명해 줄 수 있겠습니까?

소크 : 쉽지는 않지만, 최선을 다해 보겠소. 당신이 데리고 있는 많은 시종 중에서 누구든지 하나만 불러 주겠소? 내가 그를 데리고 내가 한 말을 시범해 보이겠소. / 그러십시오. 얘야 이리 오너라. / 이 아이는 희랍 사람이고 희랍어를 하지요? / 그렇습니다. 이 아이는 이 집에서 태어났습니다. / 잘 보시오. 이 아이가 내 말을 배우는가, 아니면 회상해 내는가를. / 그러겠습니다.

소크 : 애야, 이런 모양을 정 4 각형이라고 한다는 것을 아느냐?

아이 : 예, 압니다. / 그리고 정 4 각형에서 이네 변이 같다는 것도 아느냐? / 예, 그렇습니다. / 그리고 정 4 각형의 가운데에 그은 선이 같다는 것도? / 예. / 정 4 각형의 크기는 여러 가지가 있겠지? / 그렇습니다. / 만약 이 그림의 한변(AB)이 2자尺이고, 다른 한 변(AD)

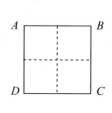

도 2자이면, 전체는 얼마이겠느냐? 내가 자세히 일러 주지. 한쪽으로 길이가 2자이고 또 한쪽으로 길이가 1자이면 넓이는 2자를 한 번 한 것이지? / 예. / 그러나 또 한쪽이 2자이니까, 2자가 두 번 있는 것이지? / 그렇습니다. / 그렇다면 이 정 4 각형은 2자의 2배이지? / 예. / 2자의 2배는 얼마지?

세어봐. / 넷입니다. / 이제, 이와 똑같은 모양으로, 네 변의 길이가 같은 정 4 각형으로서, 넓이가 이것의 2배 되는 정 4 각형이 있지 않겠느냐? / 그렇습니다. / 그 넓이는 얼마이겠느냐? 8자입니다. / 그러면 이 8자 정 4 각형을 이루고 있는 한 변의 길이는 얼마가 되겠느냐? 생각해 봐. 이 한 변은 2자인데, 그 한 변은 얼마이겠느냐? / 그야, 2배가 되어야 하겠지요.

소크 : 잘 보시오, 메논. 나는 이 아이에게 무엇인가를 가르치고 있는 것이 아니라, 질문만 하고 있다는 것을. 이제 이 아이는 8자 넓이의 정 4각형이 되려면 한 변이 얼마나 되어야 하는가를 아는 것처럼 생각하고 있는 것이 아니오?

메논 : 예. / 그러면 이 아이가 정말로 알고 있는 것이오? / 물론 모르고 있습니다. / 이 아이는 넓이가 2배이기 때문에 길이도 2배라고 생각하는 것이 아니오? / 그렇습니다. / 자, 이제 이 아이가 올바른 순서를 따라 한 단계 한 단계씩 회상하게 되는 것을 보시오. (아이에게) 애야, 너는 넓이를 2배로 하려면 길이가 2배가 되어야 한다고 생각하지? 나는 기다란 4각형을 말하고 있는 것이 아니라, 네 변이 모두 같은 정 4 각형, 그리고 넓이가 이것의 2배인 정 4 각형을 이야기 하고 있다는 것을 알아야 해. 그래도 아직 넓이를 2배로 하려면 길이가 2배로 되어야 한다고 하겠느냐?

아이 : 그렇습니다. / 그럼, 여기에 이와 꼭 같은 변(BE)을 하나 덧붙이면 이 변(AB)의 2배가 되겠지? / 그렇습니다. / 그렇게 하면 이런 변 네 개로 되는 정 4 각형의 넓이가 8자가 된다 말이지? / 예. / 그 그림을 그려 보자. 이것이 8자짜리 정 4 각형이란 말이냐? / 그렇습니다. / 그런데 이 그림에는 정 4 각형이 네 개가 있고 각각의 넓이는 4자가 아니냐? / 맞습니다. / 이것은 4자의 4배가 아니냐? / 그렇습니다. / 그런데 4배와 2배는 다르지 않느냐? / 다릅니다. / 따라서 길이

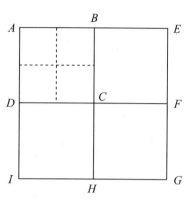

가 2배로 되면 넓이는 2배로 되는 것이 아니라 4배로 되는 것이다. / 옳습니다. / 4자의 4배는 16자가 아니냐? / 그렇습니다. / 8자 넓이가 되려면 한 변이 얼마라야 되겠느냐? 네가 구한 것은 4배의 넓이, 즉 16자가 아니냐? / 예. / 그리고 4자 넓이는 이 한 변(AE)의 반(AB)으로 된 정 4 각형이었지? / 예. / 좋아, 그러면 8자라는 정 4 각형은 이 정 4 각형(AB CD) 넓이의 2배이고, 또 전체 정 4 각형(AEGI)의 반이 아니냐? / 그렇습니다. / 그러면 그 정 4 각형의 한 변은 이변(AB)보다 길고 또 이 변(AE)보다는 짧을 것이 아니냐? / 예, 그런 것 같습니다. / 좋아, 이제 잘 생각해서 말해봐. 이 변(AB)은

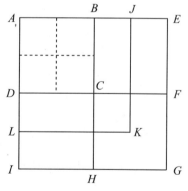

2자이고, 이 변(AE)은 4자가 아니냐? / 그렇습니다. / 그러면 넓이 8자의 정 4 각형의 한 변은 2자가 되는 이 변(AB)보다는 길고, 4자가 되는 이 변(AE)보다는 짧아야 할 것이 아니냐? / 그래야 합니다. / 그러면 얼마일까 생각해 봐. / 3자입니다. / 자, 이 변(AB)의 반을 덧붙이면 3자가 되겠지? 여기가 2자(AB)이고 여기가 1자(BJ), 또 이쪽으로도 2자(AD)와 1자(DL), 이것이 네가 말한 정 4 각형이지? / 그렇습니다. / 그렇지만 이

쪽이 3자이고 저쪽이 3자이면 전체 넓이는 3×3자가 아니
냐? / 분명히 그렇습니다. / 3×3자는 얼마이냐? / 9자입니
다. / 그런데 원래 우리가 구하고자 하는 것은 넓이 얼마의
정 4 각형이냐? / 8자입니다. / 그러면 8자 정 4 각형은 3자
의 변으로 된 정 4 각형이 아니지? / 아닙니다. / 그렇다면
그 한변의 길이는 얼마이겠느냐? 어림짐작으로 하지 말고
정확히 말하면 말이다. 잘 생각해 보고 그 변의 길이를 나
에게 보여라. / 정말이지, 모르겠습니다.

소크 : 메논, 잘 보시오. 이 아이의 회상하는 힘이 어떻게 진보했
　　　는가를. 이 아이는 넓이 8자 되는 정 4 각형의 한 변이 얼마
　　　인가를 처음에도 몰랐고 지금도 모르고 있소. 그렇지만 처
　　　음에는 스스로 안다고 생각하고 마치 아는 듯이 자신있게
　　　대답하고 아무런 곤란감을 느끼지 않았소. 그런데 지금 이
　　　아이는 곤란감을 느끼고 있고 스스로 안다고 생각하지도
　　　않소.

메논 : 그렇습니다. / 이 아이는 자신의 무지를 아는 편이 훨씬 좋
　　　지 않겠소? / 그럴 것 같습니다. / 우리가 이 아이로 하여금
　　　의심을 품게 하고 경악심을 가지게 했다 하더라도 그 아이
　　　에게 무슨 해로운 짓을 한 것이겠소? / 그렇지 않을 것입니
　　　다. / 쉽게 느낄 수 있다시피, 우리는 이 아이가 진리를 발
　　　견하는 일을 어느 정도 도와 준 것이 분명하오. 그리하여
　　　이제 이 아이는 자신의 무지를 고치고 싶어할 것이오. 이
　　　에 반하여 맨 처음 상태라면 이 아이는 번번이 넓이가 2배
　　　로 되기 위해서는 길이가 2배로 되어야 한다고 주장했을
　　　것이오. / 그렇습니다. / 그렇지만 이 아이가 스스로 알고
　　　있다고 생각하지만 사실상 모르고 있었던 것을 탐구하거
　　　나 학습하기 시작한 것은 언제였겠소? 그것은 자신이 모른
　　　다는 것을 알게 되고, 배우고 싶다는 것을 느끼게 됨으로
　　　써 곤혹감에 빠졌을 때가 아니겠소? / 그럴 것입니다. 소크

라테스 선생. / 그러면 우리가 이 아이에게 준 경악감은 이 아이를 위하여 좋은 것이 아니오? / 그렇습니다. / 이제 지금부터 어떻게 되는지 잘 보시오. 나는 이 아이에게 질문만 할 뿐, 가르치지 않을 것이오. 메논 당신은 내가 혹시 이 아이의 의견을 묻는 것 이외에 무엇인가를 가르쳐 주거나 설명을 하지 않는지 잘 지켜 보시오. … (이어 소크라테스는 아이를 데리고 처음부터 다시 시작하여 한 변의 길이가 2배로 되면 넓이가 2배로 되는 것이 아니라 4배가 된다는 점에 주의를 환기시킨다.)

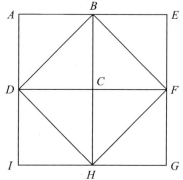

소크 : 자, 이제 정 4 각형의 한 모서리와 다른 모서리를 연결하는 선 (DB, BF, FH, HD)은 이 넓이를 각각 반씩 나누지?

아이 : 예. / 그리고 이들 네 개의 선은 모두 길이가 같고 그것은 또 하나의 넓이를 이루지 않느냐? / 그렇습니다. / 이 넓이가 얼마나 되는지 생각해 보아라. / 모르겠습니다. / 모서리를 연결하는 선은 네 개의 넓이를 각각 반으로 나누지 않았느냐? / 그렇습니다. / 이 넓이(DBFH) 안에 그런 반 조각이 몇 개 있느냐? / 4개입니다. / 이(ABCD) 안에는 몇 개 있느냐? / 2개입니다. / 4개는 2개의 몇 배이냐? / 2배입니다. / 그리하여 이 넓이(DBFH)는 몇 자냐? / 8자입니다. / 이 8자 넓이의 정 4 각형을 이루고 있는 변은 어느 것이냐? / 이것(DB)입니다. / 말하자면, 넓이 4자 정 4 각형의 한 모서리와 다른 모서리를 연결하는 선 말이지? / 예. / 이 선은 학자들이 대각선이라고 부르는 선이다. 이것이 그 이름이라고 하면, 너, 메논의

시종인 너는 넓이 2배가 되는 정 4 각형은 그 대각선으로
된 정 4각형임을 인정한단 말이지? / 확실히 그렇습니다.

소크 : 메논, 이 아이가 한 일에 대하여 어떻게 생각하시오?
이 아이의 대답은 모두 그 자신의 머리에서 나온 것이 아
니오?

메논 : 그렇습니다. 모두 그 아이의 대답입니다. / 그렇지만 우
리가 말했다시피, 처음에는 이 아이가 몰랐던 것이 아니
오? / 그렇습니다. / 그렇다면 현재 모르고 있는 사람도 자
신이 모르는 문제에 대한 올바른 견해를 가지고 있는 것이
아니오? 그리하여 지금 우리가 본 대로, 그런 견해가 마치
꿈에서처럼 휘저어진 것이오. 만약 동일한 질문을, 형식을
바꾸어 자주 이 아이에게 하면 마침내는 아주 정확하게
그 문제를 알게 될 것이 아니오? / 그럴 것입니다. / 누가 가
르침이 없이 질문만 한다 하더라도, 지식을 되찾을 것이
아니오? / 그렇습니다. / 그의 마음속에 일어난 이 자발적인
지식의 회복이 곧 회상이 아니오? / 그렇습니다.

위에 인용된 「메논」의 일부, 그리고 사실상 플라톤의 대화편 전
체를 통하여 예시된 소크라테스적 교육방법의 특징은 여러 가지 관점
에서 파악될 수 있을 것이다. 그러나 여기서는 이 장에서 우리가 채택
한 두 가지 기준, 즉 1) 교육자의 의도와 2) 교육자와 피교육자와의
관계라는 기준에 비추어 소크라테스의 방법을 살펴 보겠다. 소크라테
스의 의도는 피교육자가 스스로의 사고 과정을 통하여 '이해'에 도달
하게 하는 데에 있었다('자발적인 지식의 회복'). 물론, 「메논」에서
소크라테스는 노예 소년에게 '정 4 각형의 넓이의 2배가 되는 정 4 각
형은 원래 정 4 각형의 대각선이 이루는 정 4 각형이다'라는 것을 가르
쳤다. 그러나 이 경우에 '가르쳤다'는 것은, 소크라테스가 메논에게

계속 확인시킨 바와 같이, 보통 의미에서의 '가르쳐 주는' 것이 아니라, 피교육자 자신이 받아들일 수 있는 이유에 의하여 독립적인 판단에 도달하도록 도와 주는 일(즉, '산파역')을 의미한다. 그것은 결코 프로그램 학습이나 성취동기 교육과정의 경우가 그렇듯이, 사전에 결정된 결론('교육목표')을 받아들이도록 하기 위하여, 감정이나 권위 또는 연대의식 등, 내용의 성격이나 이해와 무관한, 소위 '방법'을 쓰는 일을 의미하는 것이 아니다. 이 점에서 소크라테스의 방법은 셰플러가 말한 '표준적인 어의語義'에 있어서의 '가르치는 일'의 의미와 일치한다.

　　　가르친다는 말은 그 표준적인 어의에 있어서는, 적어도 그 과정 중의 어느 시점에서는, 교사가 학생들의 이해와 독립적인 판단에 교사 자신을 내맡기는 것, 학생들이 이유를 요청할 때 거기에 응하는 것, 학생들이 충분한 설명을 받았다고 생각할 때까지 설명을 계속하는 것을 의미한다. 어떤 사람에게 이러이러하다고 가르치는 것은 단순히 그것을 믿게 하는 것이 아니다. 예컨대 사기詐欺는 '가르치는' 방법이나 방식이 아니다. 가르친다는 것은 그 이상으로, 만약 학생들에게 이러이러하다고 믿게 하려면, 우리는 또한 학생들이 각각 알아들을 수 있는 범위내에서 우리가 제시하는 이유 때문에 그것을 믿도록 한다는 뜻을 포함하고 있다. 그리하여 가르친다는 말은 우리로 하여금 지식이나 신념에 대한 우리의 이유를 학생들에게 제시하고, 또 그렇게 함으로써 그 이유에 관하여 학생들의 평가와 비판을 즐겨받도록 할 것을 요구한다. … 그러므로 가르친다는 것은, 그 표준적인 어의에 있어서는, 학생들의 '이성', 다시 말하면 학생들이 이유를 요구하고 제시된 이유를

판단하는 권리와 능력을 가지고 있다는 것을 인정하는 것이다.[7]

　'설득을 위한 교육'이 그 자체로서 이미 피교육자에 대한 태도를
나타내고 있는 것과 마찬가지로, 소크라테스의 교육방법(또는, 일반적
으로 '이해를 위한 교육')도 그 자체로서 이미 피교육자를 보는 인간
관을 가정하고 있다. '이해를 위한 교육'에서 가정되는 인간관에 의하
면, 피교육자는 교육자의 우월한 이성에 따라 '조형'되는 존재가 아니
라, 교육자와 동등한 종류의 이성을 가진 사람이다. 물론, 피교육자는
교육자만큼 많이 알지는 못하지만, 알 능력(이것은 거의 '알 권리'라고
표현해도 좋다)에 있어서는 교육자와 조금도 다름이 없다. 교육자가
피교육자에게 '이유'를 제시하고 그 독립적인 판단에 호소하는 것은
피교육자가 그와 동등한 판단 능력을 가지고 있다는 가정하에서 비로
소 의미를 가진다.

　이런 뜻에서 '이해를 위한 교육'의 가장 중요한 특징은 '지적 정
직성'이라는 말로 표현할 수 있을 것이다. '이해를 위한 교육'에서 교
육자는 자기 자신의 이성 또는 이유에 비추어 이해되는 것만을, 또
그렇게 이해되는 범위내에서만 가르치고자 노력한다. 그는 피교육자
가 자신과 동등한 판단능력을 가지고 있다는 것을 믿기 때문에, 자신
의 판단에 들어 있을지도 모르는 허점을 애써 감추려고 하지 않는다.
그는 자신에게도 납득되지 않는 내용을 얼버무려서 피교육자가 믿도
록 하려고 들지 않는다. 피교육자에게 반드시 관철시켜야 할 내용이라
는 것이 그에게는 없기 때문이다. 그의 지적 정직성은 바로 이와 같이
'진리에 대한 헌신'에 바탕을 두고 있는 것이다. 소크라테스는 이 점에

7) I. Scheffler, *The Language of Education*(Springfield, Ill. : Charles C. Thomas, 1960), pp. 57~58.

서 아마도 가장 철저하게 '지적 정직성'을 가졌던 사람이라고 볼 수 있을 것이다.8) 물론, '이해를 위한 교육'을 하는 교육자도 자신이 가르치는 내용을 열렬히 믿고 학생들에게도 그것을 열렬히 믿도록 요구할 수가 있을 것이다. 그러나 그것은 그가 교육자로서 학생들보다 우위에 있기 때문이 아니라, 그와 학생이 공동으로 따르는 이성에 비추어 믿어야 할 내용이기 때문이다.

위에서 기술한 '이해를 위한 교육'은 교육방법상의 원리로서는 지나치게 '이상적인' 것이라고 생각될지 모른다. (사실상, 소크라테스는 역사상 별로 자주 태어나는 인물이 아니다.) 그러나 '지식의 구조'를 가르친다든가 '탐구 학습'을 한다고 할 때, 우리는 정도의 차이는 있을지언정, 위에서 기술한 바와 같은 그런 정신을 따르고 있는 것이다(3장 2절, 10장 2절 참조). 브루너는 「교육의 과정」이 나온 지 10년 뒤에 그 당시를 회고하면서, 우즈 호올 회의에서 '소크라테스와 노예 소년의 이야기가 끊임없이 사람들의 입에 오르내렸다'고 말하고 있다 (pp. 210~212). 이것은 곧 우즈 호올 회의에서 소크라테스의 방법이 교육방법으로서 어떤 원리를 나타내는가를 세밀히 분석하였다는 것을 시사한다. 비단 '지식의 구조'나 '탐구 학습'이 아니더라도, '이해'라든가 '사고 과정'을 강조하는 수업은 본질상 '이해를 위한 교육'의 원리를 따르고 있다고 보아야 한다. 그 한 가지 보기로서, 듀이가 제시한 '반성적 사고'*에 의한 역사 수업 하나를 들 수 있다. (이것은 「교육의 과정」보다 10년 전인 1950년, 베일즈**가 보고한 수업이다.) '반성적 사고'라는 것은 '지식(또는 신념)을 그 근거와의 관련에서 능동적으로, 세밀하고 집요하게 추구하는 활동을 말한다. 지식을 그 근거와의 관련

---

* reflective thinking   ** E. E. Bayles

8) 논어 위정爲政 편에서의 공자의 말 : 知之爲知之 不知爲不知 是知也.

에서 추구한다는 것은 곧 어떤 특정한 지식이 어떤 근거에 의하여 지지되는가, 그리고 이 지식은 다시 어떤 지식의 근거가 되는가를 추구한다는 뜻이다.'9)

이 수업이 다룬 지식은 '콜룸부스는 1492년에 아메리카를 발견하였다'는 지식이다. 만약 이 수업에서 교사의 의도가 학생들에게 이것을 '믿도록' 하는 데에 있었다면, 그 교사의 의도는 명백히 실패하였다. 그러나 교사의 의도는 거기에 있지 않았다.

아메리카는 언제 누가 발견했는가? 누구든지 할 대답은 1492년에 콜룸부스가 발견했다고 하는 대답일 것이다. 학생들이 이렇게 대답하면, 교사는 그렇다는 듯이 한참동안 잠자코 있다가, '그렇지… 그럼 콜룸부스는 거기에 갔을 때 무엇을 보았을까?' 하고 묻는다. 모래 사장이라든지 나무 등등, 여러 가지 대답이 나올 것이다. 그러다가 어떤 학생이 '사람'이라고 한다. 교사는 어떤 종류의 사람이었던가를 묻는다. '인디언'이라는 이름이 아마 나올 것이고, 그러면 교사는 이어 콜룸부스가 그 사람들이 '인디언'인 줄 어떻게 알았는가를 물을 수 있을 것이다. 그러나 이 질문은 나중으로 미루고 다음과 같은 질문을 하는 것이 순서일 것이다. '그래, 만약 콜룸부스가 거기서 인디언을 보았으면, 어떻게 콜룸부스가 아메리카를 발견했다고 말할 수 있을까? 어째서 인디언들이 아메리카를 발견했다고는 말하지 않는가? 만약 인디언들이 아메리카를 발견했다고 하면, 도대체 아메리카는 언제 발견된 것인가?' 이렇게 하여 학생들은 선사시대의 인류의 이동,

---

9) L. E. Metcalf, 'Research on Teaching the Social Studies,' N. L. Gage(ed.), *Handbook of Research on Teaching*(Chicago : Rand McNally, 1963), p. 934.

말하자면 동북 아시아에서 시작하여 대부분 땅으로 연결된 얕은
바다를 건너 알라스카로, 다시 그 아래 미국으로의 이동에 관한
정보를 수집할 것이다. 이 정보에 의하면 아메리카를 발견한 것은
실지로 기원전 2만 5천년이 될 것이다.

이때 교사는 아까 미루었던 질문, 즉 콜룸부스가 어떻게 그
사람들이 인디언인 줄 알았는가 하는 질문을 한다. 그러면 학생들
은 콜룸부스가 실상은 인도로 가고자 했다는 것과 따라서 그는
배 닿은 곳이 인도인 줄 알았다는 것을 언급할 것이다. 여기에
따라, 물론 콜룸부스가 무엇 때문에 모든 위험을 무릅쓰면서 인도
로 가고자 했는가 하는 문제도 언급될 것이다. 그러나 결국 학생
들은 인디언들의 아메리카 발견이 말하자면 '무효'無效로 된 것은
오직 그들이 유럽 사람이 아니었기 때문이라는 결론을 얻는다.

이 결론에 대하여 다시 교사는, 마치 짓궂은 아이처럼, 만약
유럽사람들이 아니기 때문에 '무효'라고 하면, 어째서 바이킹족
의 추장인 레이프 에릭슨은 쳐 주지 않는가 하고 묻는다. 이에
따라 바이킹족의 이야기가 나오고 그들이 서기 천년경에 지금의
미국 대륙에 정착했다는 사실이 지적된다. 왜 레이프 에릭슨은
쳐 주지 않는가? 명백하게 그 대답은 그가 남부 유럽 출신이 아니
었기 때문이라는 것이다. 그는 북구인北歐人이었다. 오늘날 미국
사람들의 조상은 남부유럽에서 왔기 때문에, 북구인이 아메리카
대륙을 발견했다고 하기가 언짢았던 것이다. 이때쯤 현대에 와
서 대두된 '북구인 우위설'(히틀러의 주장만이 아니라)에 관하
여 잠깐 언급해도 좋을 것이다.

잠시 후에 교사는 '좋아, 우리가 콜룸부스를 아메리카 발견
자로 쳐주는 것은 그가 남부 유럽 출신이기 때문이라고 했다. 그

러면 콜룸부스가 실지로 발견한 것은 무엇인가? 그는 실지로 어
디에 상륙하였는가?'하고 묻는다. 여기서 교사는 콜룸부스가 실
지로 발견한 것은 서인도제도라는 사실과, 어째서 '서인도제도'
라는 이름을 붙였는가 등등을 이야기한다. 이때 콜룸부스에 관한
이야기 전체를 자세하게 해 주는 것이 좋을 것이다.

그 다음에 교사는, 만약 콜룸부스가 아메리카 대륙을 발견하
지 않았다면 누가 발견했는가 하고 묻는다. 그리하여 아메리쿠스
베스푸치우스의 이야기가 나오고, 그는 단지 배에 탔던 손님에
지나지 않았지만, 그의 이름은 '아메리카'라는 땅 이름으로 후세
에 길이 전해지고 있다는 것, 그가 발견한 땅이 어째서 '아메리크
의 땅'으로 불리게 되었는가, 아마 그가 본국으로 보낸 편지에
대륙 발견의 첫소식이 들어 있었기 때문이라는 것 등이 언급된다.
그러나 다시 교사는 아메리쿠스가 본 대륙이 무슨 대륙이었는가
를 묻고, 그것은 북아메리카가 아니라 남아메리카였다는 것, 그리
고 그 연대는 1492년이 아니라, 1498년이었다는 것을 지적한다.

이리하여 학생들은 재미있는 결론에 도달한다. 즉, 언제, 누
가 아메리카 대륙을 발견했는가에 대하여 거의 누구나 옳은 것으
로 알고 있는 대답이 맞기는 하나, 다만 콜룸부스가 아니라 베스
푸치우스, 북아메리카가 아니라 남아메리카, 그리고 1492년이 아
니라 1498년이라는 것이다.[10]

---

10) E. E. Bayles, *Theory and Practice of Teaching*(New York : Harper, 1950), pp.
    223~225, quoted in L. Metcalf, *op. cit.*, pp. 941~942.

Ⅲ 학습자 존중

그린은 '가르치는 것'(또는 '교수')*에 속하는 여러 개념들, 즉
'수업', '교화', '훈련', '조건화'** 등의 의미를 '위상기하학적' 방법으
로 파악하고자 하였다.11) 이 중에서 그가 특히 강조하였고 또 우리에
게도 관심이 있는 것은 수업과 교화의 차이이다. 수업과 교화는, 구체
적인 사태나 사례에 비추어 구별하기는 어렵다 하더라도, 개념상으로
는 명확히 구별된다. 그린에 의하면, 양자를 구별하는 기준은 '교수에
서 이유나 증거를 사용하는 방법'에 있다. 수업에서 증거는 탐구의
도구로, 또는 학생들로 하여금 보다 올바른 신념을 가지도록 하기 위
한 수단으로 사용되지만, 교화에서 증거는 교사(또는 '교수자')가 이
미 받아들이고 있는 신념을 '합리화'하는 수단으로 사용된다. 수업이
합리적 신념을 가르치는 일이라고 하면, 교화는 '이데올로기적 신념'
을 가르치는 일이라고 할 수 있다. 이데올로기적 신념의 특징은 '탐구'
를 위해서가 아니라 '방어'를 위해서 이유나 증거를 사용하는 데에
있다(7장 2절 참조). (그린은 수업을 '증거적 교수'☆ 그리고 교화를
'비증거적 교수'☆☆라는 용어로 규정하면서 양자를 구별하고 있다.)
　　이와 같이, 수업과 교화는 '증거를 다루는 방식'에 의하여 구별된

---

　　* teaching
　　** 이상 네 용어의 영어 단어는 instruction, indoctrination, training, condition-
　　　　ing이다.
　　☆ evidential teaching　　　☆☆ non-evidential teaching
　11) T. F. Green, 'A Topology of the Teaching Concept,' *Studies in Philosophy
　　　and Education*, 3-4(1964~1965), pp. 284~319, reprinted in B. Bandman and
　　　R. S. Guttchen(eds.), *Philosophical Essays on Teaching*(New York : J. B.
　　　Lippincott, 1969), pp. 34~65. 또한 T. F. Green, *The Activities of Teaching*
　　　(New York : McGraw-Hill, 1971).

다고 볼 수 있을 것이다. 그러나 또한 이데올로기적 신념을 믿고 그것
을 다른 사람에게도 믿도록 하는 데에는 반드시 모종의 '의도'가 개재
되어 있다고 보아야 할 것이다. 이 점에서 수업과 교화는, 스누크가
지적한 바와 같이,12) 근본적으로 '교육하는 사람의 의도'에 의하여
구별된다고 볼 수 있다. 즉, 교화를 하는 의도는 이데올로기적 신념을
믿는 의도와 동일하다. (이와 마찬가지로, 우리가 때로 교화를 할 필요
를 느끼게 되는 것은 이데올로기적 사고가 필요한 것과 동일한 경위로
설명될 수 있다.) 수업이 일어나기 위한 전제조건, 또는 수업에 필요한
태도에 관한 그린의 다음과 같은 말은 또한 교화의 의도가 무엇인가를
시사하고 있다.

[아테네 사람들의 도덕적 개혁을 위한 소크라테스의 노력은
우리에게 무엇을 보여주고 있는가?] 그것은 곧 탐구는 무지의 고
백에서 시작되며, 어떤 곳이든지 흔쾌히 진리가 이끄는대로 따라
가겠다는 의지에서 추진된다는 것이다. 이것은 일종의 태도 또는
성향이며, 다른 어떤 태도와 마찬가지로 특정한 종류의 신념체계,
신념을 믿는 특정한 방법의 발현이라고 볼 수 있다. 도대체 배울
진리가 없다는가, 아니면 자신이 이미 알고 있는 것 이외에는 진
리가 없다고 믿는 사람에게 우리는 아무것도 가르칠 수가 없다.
그러나 자신의 무지를 인정한다든가, 새로운 아이디어, 새로운
방식을 심각하게 고려한다든가, 세계를 보는 관점을 바꿀 능력을
갖추고 있는 사람들이 과연 몇이나 될까 하는 것은 특별히 경
험을 많이 하지 않고도 짐작할 수 있다. 우리의 마음은 너 나

---

12) I. A. Snook, *Indoctrination and Education*(London : Routledge Kegan Paul, 1972), pp. 46ff.

할 것 없이 다소간은 정신적 자유를 방해하는 성급한 결론과 상투적인 사고로 족쇄가 채워져 있다. 우리는 누구나 허심탄회한 마음으로 무지를 고백해서는 안 되는 사태가 있다는 것을 알고 있다. 이 경우에 무지의 고백이라는 것은 우리의 자아를 위태롭게 하는 개인적 모독으로 간주되는 것이다.

이 사태는 바로 교수[그린은 교수의 '핵심적 의미'를 '수업'으로 보고, 때로 교수와 수업을 섞바꾸어 쓰고 있다]가 도저히 건드릴 수 없는 사태이다. 왜냐하면 교수는 대답되어야 할 질문, 또는 질문되어야 할 대답에서 시작되는 것이기 때문이다. 교수는 이런 질문들을 백일하에 드러내는 것이 불가피한 경우에 그것을 드러내는 데서 시작된다. 그러나 사람들 중에는 특정한 종류의 질문이나 특정한 종류의 의혹이 너무나 깊이 그들을 위협하기 때문에, 그런 질문이나 의혹이 일어나는 것을 허용하지 않는 사람들이 있다. … 교수는 편견에 사로잡혀 있는 사람들, 또는 반드시 제기되어야 할 질문을 직시할 수 없는 사람들에게는 아무 효과를 내지 못한다. …

이 점으로 보아, 교수를 하는 데는 모종의 태도가 전제되어야 하며, 이 태도는 동시에 교수의 결과로 개발되어야 하는 태도이기도 하다. 교수의 전제가 되는 태도는 곧 자기 자신과 세계에 관하여 새로운 질문과 새로운 해답을 환영하는 자세이다. 교수 활동이 진전될 수 있는 발판이 없을 때, 교사(교수자)는 직접적으로 학생들의 태도를 바꾸려고 노력하여야 한다. 이 점에서, 태도의 형성은 교수의 선결조건이다. 그러나 교수가 신념을 믿는 '방법'을 바꾸는 일이라고 하면, 이 태도의 형성은 또한 교수의 결과이기도 하다. 교수가 이 결과를 초래하는 한, 우리는 교수가 다른 무엇보다도 인간의 행동 능력을 드높이기 위한 활동이라는 말을 할 수 있다. 교수가 기르고자 하는 정신 상태는, 말하자면 순례자의 자세라고 할 수 있는 상태, 점점 넓은 범위의 소외감을 참고 견디는 능력, 그리고 이 세상을 자유롭게 방황할 수 있는 능력이다.13)

이제 우리는 6장에서 미루어 놓았던 문제, 즉 피터즈가 말한, 교육의 세 가지 개념적 기준 중의 셋째 '과정적 기준'에 관하여 생각해 볼 때가 되었다. 피터즈는 교육을 '모종의 가치있는 내용을 도덕적으로 온당한 방법으로 전달하는 일'로 정의하고 '도덕적으로 온당한 방법으로'라는 말에 해당하는 기준으로서 '과정적 기준'을 제시하였다. 즉, 어떤 활동이 교육의 기준에 부합된다고 보기 위해서는 교육을 받는 사람에게 자신이 교육받는다는 사실과 교육받는 내용에 관하여 '최소한의 의식'이 있어야 한다는 것이다. 그리고 교화나 조건화 등의 방법은, 교육받는 사람들이 당연히 누려야 할 기본적인 존엄성을 거부한다는 점에서, 교육의 방법에서 제외되어야 한다. 이제 우리는 이 '과정적 기준'이 무엇을 의미하며, 그것이 어째서 교육의 개념을 규정하는 기준이 되어야 하는가를 알 수 있다. 그러나 피터즈 자신은 명백히 밝히고 있지 않지만, 우리로서 마땅히 생각해 보아야 할 문제는 과정적 기준과 인지적 기준 사이에 모종의 '논리적' 관련이 없는가 하는 것이다. 이 문제를 생각하기 위해서는 '아동중심 교육'에서 강조된 '흥미'의 개념을 다소간 분석해 볼 필요가 있다.

아동중심 교육의 원리로서의 '흥미'는 '필요와 흥미'라는 식으로,

---

13) T. F. Green(1964~1965), reprinted in B. Bandman and R. S. Guttchen (eds.), *op. cit.*, pp. 53~54.

'필요'라는 말과 늘 같이 붙어 사용되어 왔지만, 사실상 '흥미'는 '필
요'와 그 개념적 성격을 근본적으로 달리하고 있다. (여기서 흥미는
'기술적인' 의미에서가 아니라, '규범적인' 의미에서 사용된다. 이 책
p. 114) 윌슨에 의하면 필요와 흥미는 모두 행동에 대한 이유로 사용
되지만, 필요라는 용어가 외재적 가치를 전제하고 있는 데 비하여(이
책 p. 155), 흥미라는 용어는 그렇지 않다. 윌슨의 말을 인용하면,

> '필요'는 물론 '행동의 이유'가 될 수 있다. 그러나 필요가
> 행동의 이유가 되는 것은 오직 누군가가(반드시 그 필요를 가지
> 고 있는 사람이 아닐 수도 있다) 그 '필요'를 필요로 하는 외재적
> 이유(왜 그것이 필요한가?)를 제시할 수 있을 때에 한해서이다.
> '흥미'도 '행동의 이유'가 될 수 있지만, 필요의 경우와는 달리,
> 그것은 그 흥미에 대한 외재적 이유가 있다고 해서가 아니다.
> 흥미에 대한 외재적 이유를 제시하는 것 ―예컨대 맨 처음
> 흥미를 가지게 된 경위 따위― 은 그 흥미를 추구하는 근거를
> 밝히는 데에 하등 도움이 되지 않는다. 왜 그 흥미를 추구하는가
> 를 묻는 질문에 대하여 만족스러운 대답을 하는 방법은 곧 그
> 흥미에 대한 내재적 이유를 제시하는 방법, 다시 말하면 그 활동
> 안에 있는 어떤 측면이 흥미를 일으켰는가를 정확하게 가르쳐 주
> 는 방법이다.14)

어떤 일을 '흥미롭다'고 생각할 이유가 있다면, 그것은 곧 그 일자
체가 가지고 있는 '흥미로운' 점 바로 그것이다. '왜 낚시질을 하러

---

14) P. S. Wilson, *Interest and Discipline*(London : Routledge and Kegan Paul,
1971), pp. 64~65.

가는가'라는 질문에 대하여, 고기가 '필요'하다는 것이 이유일 경우에
는 '왜 고기가 필요한가'라는 질문이 자연히 제기되고, 또 그 질문에
대해서는 고기를 필요로 하는 외재적 목적을 제시해야 한다. 그러나
낚시질에 흥미가 있다는 것이 낚시질을 하러 가는 이유라면, '왜 낚시
질에 흥미가 있는가'라는 질문에 대하여 만족스러운 해답을 하기 위해
서는 낚시질의 여러 가지 특성을 말해 주고 그것이 흥미롭다는 것을
말해야 할 것이다. (왜 낚시질에 흥미가 있는가? / 우리 아버지가 낚시질
을 좋아하시니까. / 아니, 자네가 왜 낚시질에 흥미가 있느냐 말이야. /
낚시질이라는 것은 … 등등.) 그리하여 필요는 '외재적 개념'이라고
부를 수 있는 데 비하여, 흥미는 '내재적 개념'이라고 부를 수 있을
것이다.

　이런 의미에서의 흥미는 개인 안에 '심리적 실체'로서 존재하는
것이 아니라 개인이 '학습해야 할 내용'이다. 어떤 일에 흥미를 가지기
위해서는 그 일이 어떤 종류의 일이며, 그 일 속에 어떤 가치가 내재해
있는가를 배우지 않으면 안 된다. 그리고 한 개인이 현재 가지고 있는
흥미는 현재까지 그 개인이 받은 교육의 결과라고 보아야 한다. 이와
마찬가지로 어떤 일에 흥미를 가지고 있지 않은 사람으로 하여금 그
일에 흥미를 가지도록 하는 유일한 방법은 바로 그 일의 내재적 성격
과 가치를 알도록 하는 것이다. 그것은 흔히 '흥미를 유발'한다고 할
경우에서처럼, 그 일의 성격과는 관계없는 심리적인 기제에 의하여,
학습자로 하여금 그 일 자체와는 다른 곳에 눈을 돌리게 하는 것이
아니다. 브루너가 「교육의 과정」에서 '내재적 학습동기' 또는 '교과에
관한 내재적 흥미'를 그토록 강조한 것은 이 점에서 의미를 가진다.
듀이도 분명히 이 점을 경계하였다. 즉,

어떤 일을 흥미있게 '만들어야' 한다는 것은 곧 그것에 흥미
가 없다는 뜻이다. 뿐만 아니라 '흥미있게 만든다'는 말은 잘못된
말이다. 어떤 일을 흥미있게 만든다고 해서 그것이 그전보다 더
흥미있는 일이 되는 것은 아니다. 오직 아동이 그 일과는 다른
어떤 일을 좋아하게 될 뿐이다.15)

여기서 우리는 '아동의 흥미를 존중한다'는 말이 가지고 있는 중
요한 의미를 알 수 있다. 한 아동이 현재 가지고 있는 흥미는 곧 그가
현재까지 받은 교육의 결과로서, 그가 현재까지 배운 내재적 가치의
총체이다. 현재 그 아동이 가지고 있는 흥미가 아무리 유치한 것이라
하더라도, 그것은 현재 그가 가지고 있는 이해 능력의 한계로서 어쩔
도리가 없는 것이며, 현재 그가 받을 수 있는 교육의 수준도 그 한계로
말미암아 제한될 수밖에 없다. 교육은 불가피하게 현재 아동이 가지고
있는 흥미를 출발점으로 하여야 한다. 그러나 출발점이 바로 종착점은
아니다. '아동의 흥미를 존중한다'는 말은 현재 아동이 가지고 있는
흥미, 즉 이해의 수준을 교육의 출발점으로 삼되, 그로 하여금 점차
내재적 가치에 접하게 함으로써 그 내재적 가치를 볼 수 있도록 이끄
는 것을 의미한다. 그것은 결코 진보주의 교육 당시 '흥미 존중'이라
는 말이 그러했듯이, 현재 아동이 가지고 있는 흥미의 수준을 시종
있는 그대로 받아들이고 존중하는 것을 의미하는 것이 아니다. 그렇
게 되면 아동은 현재 가지고 있는 유치한 흥미에서 영영 벗어날 수
없을 것이다.
　피터즈의 교육의 개념적 기준 중에서 교육내용에 관한 '인지적

---

15) J. Dewey, *Interest and Effort in Education*(Boston : Houghton Mifflin, 1913),
　　pp. 11∼12, quoted in P. S. Wilson, *op. cit.*, p. 54.

기준'과 교육방법의 원리에 관한 '과정적 기준'은 '흥미'의 개념을 매개로 하여 '논리적인' 관련을 맺게 된다. 과정적 기준은 학습자 자신의 이해를 중요시하여야 한다는 방법상의 원리를 가리키는 것이며, 인지적 기준은 교육에서 가르쳐야 할 내재적 가치의 구체적인 내용을 명시하는 것이다. 흥미의 개념 분석이 우리에게 보여주는 바에 의하면, 내재적 가치를 가르치기 위한 교육은 불가피하게 학습자의 이해를 '존중'할 수밖에 없으며 내재적 가치를 가르친다는 것은 그 자체가 곧 학습자의 이해를 존중하는 일이라고 말할 수 있다. 이것이 두 기준 사이의 논리적 관련이다. 피터즈는 자신이 제의하는 '성년식 모형'이 '교육내용'에 강조를 둔 전통적인 교육관('주형모형')*과 '교육방법'에 강조를 둔 아동중심의 교육관('성장모형')**이라는 두 가지 대립된 교육관을 동시에 포괄하는 '절충적' 교육관이라고 주장하고 있다.16) 물론, 주형鑄型모형과 성장모형은 '절충'되어야할지 모른다. 그러나 인지적 기준과 과정적 기준은 '절충'될 필요가 없이, 논리적 관련을 맺고 있다.

　성년식 모형에 의하면 교사와 학생은 모두 '지식의 형식'이라는 공동의 매개체에 의하여 동등한 자격으로 교육에 참여하며, 그 과정에서 동등한 자격으로 그것에 지배를 받는다. 엔트윗슬은 '아동중심 교육'의 원리가 오늘날에도 여전히 타당하다는 것을 보이면서, 만약 그 용어가 과거 진보주의 교육의 오류를 연상시킨다고 하면, 그것을 '학습자 중심교육'☆이라는 용어로 고쳐 부를 수 있다고 말하였다.17) 엔트윗슬에 의하면 '학습자 중심 교육'을 교육의 원리로서 타당하게 하는

---

* moulding model　　　** growth model
☆ learner-centered education
16) R. S. Peters, *Ethics and Education*, pp. 51ff.
17) H. Entwistle, *Child-Centered Education*(London : Methuen, 1970), pp. 203ff.

것은 바로 '지식의 형식'이라는 것이 의미하는 '공동의 매개체'이다. 그는 이 점을 다음과 같이 말하고 있다.

> 만약 〔교사의〕 권위가 '권위주의'로 전락하지 않으려면 그것에 대한 아동의 방비는 '학문'에 있다. 교사도 아동과 마찬가지로 교사 자신이 아닌 다른 어떤 〔보다 높은〕 것에 도야를 받아야 한다. 그리하여 학습자는 교사보다 높은 권위, 다시 말하면 자신과 다름없는 또 하나의 개인의 의견이 아니라, 공동으로 인정되는 사실, 원리, 기술 등에 호소할 수가 있는 것이다. 이러한 공동의 준거나 표준에 비추어 볼 수 있다는 사실이야말로, 아동이 가지고 있는 좁은 자기중심적 경향과 교사의 위치가 내포하고 있는 권위주의적 가능성에 대한 구원久遠의 방부제이다(pp. 208~209).

10
교 수 모 형

'교육 방법'이라는 용어는 여러 가지 뜻으로 쓰일 수 있다. 앞 장에서 말한 '수업', '교화', '훈련' 등도 '교육방법'을 가리킨다. 우리가 일반적으로 '교육방법이 좋다'든가 '교수법이 좋다'든가 하는 말을 할 때, 교육방법이라는 것은 대체로 교사가 학생들의 주의를 집중시키고 학생들의 학습 동기를 유발하는 방법을 의미한다. 물론, 영화, 슬라이드, 텔레비전 등, 소위 '시청각 방법'도 교육방법이며, '분단 학습' '팀 티칭'* 등, '교수 조직'이라고 불리는 것도 교육방법이라고 볼 수 있다. 이와 같이 교육방법이라는 용어는 그야말로 교육 활동의 모든 측면, 즉 교사가 학생을 대하는 태도에서 시작하여 교사의 행동, 가르치는 데 사용되는 자료와 기구, 그리고 심지어 교수의 목적을 위하여 학생들의 집단을 조직하는 방법까지를 가리키는 것으로 사용될 수 있다.

위에 예시된 바, 교육방법이라는 용어가 지적하는 교육 활동의 측면들은 반드시 '교육내용'과 직접적인 관련을 맺고 있는 것이 아니

---

* team teaching

라는 점을 주의할 필요가 있다. 이렇게 보면 교육방법이라는 말은 또한 교육내용과 관련하여, '교육내용을 가르치는 방법'을 의미하기도한다. 근래 널리 사용되고 있는 '교수모형'*1)이라는 용어는 이와 같이 '교육내용'과 비교적 직접 관련된 '교육방법'을 가리키는 것으로 사용되고 있다. 다시 말하면 교수모형은 교육내용을 조직하고 제시하는데 있어서의 교사의 교수 행동을 이끌기 위한 방침을 가리킨다. 이런 뜻에서의 교수모형은 교육방법의 여러 가지 의미 중에서 핵심적인 위치를 차지한다고 말할 수 있다. 물론, 영화나 슬라이드 등의 '교수 매체'나 분단학습과 같은 '교수 조직'이 교수의 성과에 공헌을 하는 것은 사실이지만, 그 공헌은 상당한 정도로 교육내용을 조직하고 제시하는 방법으로서의 교수모형에 의존하고 있다. 같은 말을 뒤집어서 하면, 교수모형은 어떤 교수 매체나 교수 조직을 어떻게 활용하여야 할 것인가를 결정하는 기준이 된다. 「교수모형」2)이라는 책에서 조이스와 와일은 이 점을 다음과 같이 말하고 있다.

　　　교육과정(장기간의 교육 프로그램의 계획)을 만드는 데에 있어서나, 단원(교육과정의 구성 부분)을 전개하는 데에 있어서나, 교수 자료를 준비하는 데 있어서나, 학생들의 행동에 어떻게 반응해야 할 것인가를 결정하는 데에 있어서나, 우리가 취할 수 있는 행동 방향에는 여러 가지가 있다. '교수모형'이라는 말은 … 교육과정 또는 단원을 구성하고 교수 자료를 선정하고 교사의 가르치

---

* models of teaching
1) 교수모형 대신에 때로 '수업모형'(instructional model)이라는 말이 사용되기도 하지만, 여기서는 9장에서 구분한 바에 따라 교수모형이라는 용어를 쓰겠다.
2) B. Joyce and M. Weil, *Models of Teaching*(Englewood Cliffs, N. J. : Prentice-Hall, 1972).

는 행위를 이끄는 데에 사용되는 기본 형태 또는 계획을 의미한다. '교수'라는 것은 교사와 학생이 공동의 환경을 조성하는 일이며, 이 환경에는 일련의 가치와 신념(무엇이 '중요한' 것인가에 관한 생각)이 포함되어 있다. 그 가치와 신념이 또한 실재에 관한 그들의 견해(무엇이 '참으로' 존재하는가에 관한 생각)에 영향을 준다. 교사가 자신의 교수 활동을 이끌기 위하여 어떤 '모형'을 선택하는가를 보면, 우리는 교수 장면에 들어오는 실재가 어떤 종류의 것인가, 그리고 교사와 학생이 같이 공부할 때 그들이 나타내는 인생관이 어떤 것인가를 대체로 알 수 있다. 그리하여 교사들은 어떤 교수모형을 사용할 것인가에 지대한 관심을 가지고 있으며 교육자들은 오랜 세월을 두고 완벽한 교수모형을 찾으려고 노력해 왔다. 당연한 일이다(p. 3).

이런 뜻에서의 교수모형은 교육과정의 가장 구체적인 표현이라고 볼 수 있다. 조이스와 와일이 말한 바와 같이, 한 교사가 어떤 특정한 내용을 가르치는 방법을 보면, 우리는 대체로 그 교사가 교육이라는 일을 어떤 종류의 일이라고 생각하고 있으며 자신이 가르치는 내용을 어떻게 해석하고 있는가를 알 수 있다. 이와 같이 한 교사의 '가르치는 모양'이 그의 교육관 전체를 반영하고 있는 것과 마찬가지로, 교수모형은 이때까지 이 책에서 다룬 것과 같은 교육과정의 모든 원리들이 한꺼번에 녹아서, 교사의 교수 행동이라는 구체적인 형태로 표현되는 모양을 가리킨다. 말하자면 교수모형은 교육과정의 가장 구체적이고 궁극적인 시금석이다.

그러므로 우리는 다음과 같은 말을 할 수 있다. 즉, 이 책에서 이때까지 고찰한 바와 같이, 교육과정의 두 가지 기본 모형('목표모형'

과 '내용모형')이 참으로 구별되는 것이라면, 그 차이는 반드시 교수모형에 드러나야 한다. 그렇지 않다면 그것은 저자가 만들어낸 논의상의 허구에 지나지 않는다. 두 가지 기본 모형이 교수모형에 상이하게 나타나야 한다는 것은 교수모형이 교육과정의 구체적인 표현이라는 말을 다르게 말한 것에 지나지 않는다. 이 장에서는 이 점을 고찰하겠다.

I 기술공학적 개념

현재 우리나라에 널리 알려져 있는 교수모형은 글레이저에 의한 교수모형이다.3) 글레이저에 의하면 교수라는 것은 하나의 '체제'*를 이루고 있으며, 이 체제는 네 가지 구성 요소로 되어 있다. 즉, 1) 교수 목표, 2) 출발점 행동, 3) 교수 절차, 4) 성취도 평가가 그것이다. 이 네 개의 구성 요소는 교수 활동의 '흐름'을 표시하는 것으로서, 교수 활동은 1) '교수 목표'에서 시작하여 4) '성취도 평가'로 끝나며, 그것은 다시 다음 '교수 목표'로 연결된다. 또한, '체제'라는 용어가 이미 시사하고 있듯이, 이 네 개의 구성요소는 따로따로 떨어져서 기능을 수행하는 것이 아니라, 이른바 '피드백 환선'環線**에 의하여 서로 연결되어 있다. 즉, 한 구성 부분에서 얻어진 정보는 다음 구성 부분에 연결되는 것과 동시에 그 이전 구성 부분을 수정하는 데에 쓰인다.

---

* system   ** feedback loop

3) R. Glaser, 'Psychology and Instructional Technology,' R. Glaser(ed.), *Training Research and Education*(New York : John Wiley, 1962), pp. 1~29. Glaser의 교수모형에 관해서는 이영덕, 「교육의 과정」(서울 : 배영사, 1969), pp. 42~44, pp. 324~328을 참고하였다.

글레이저의 교수모형은 일반적 '체제'의 네 가지 기본 요소, 즉 '투입'('출발점 행동')과 '산출'('교수 목표'), 그리고 '내적 조종'('교수 절차')과 '체제 평가'('성취도 평가')*의 네 요소를 '교수 체제'에 적용한 것이다. 그러므로 글레이저의 모형이 가지는 의의는 일반적으로 '체제 접근'**의 중요성이 주장되는 논거와 동일하다. 즉, 교수 활동을 하나의 체제로 파악함으로써 체제가 달성하고자 하는 목표('교수목표')를 효율적으로 달성할 수 있도록 그 구성 요소의 기능을 원활하게 한다는 것이요, 그와 동시에 체제의 개선을 위한 '전략'(이른바, '연구 및 발전 전략')을 수립할 수 있다는 것이다.

글레이저의 교수모형이 타일러나 타바의 교육과정 모형을 그대로 받아들이고 있다는 것은 분명하다. (타일러와 타바 모형에서 '학습 경험' 또는 '교육내용'의 선정과 조직에 관한 절차가 글레이저의 모형에서 '교수 절차'로 된 것은 교수 장면에 와서는 '교육내용'이 이미 결정되어 있다는 뜻에서 충분히 납득될 수 있다.) 그러나 이하에서 보는 바와 같이, 글레이저의 교수모형에는 타일러 이후 '목표모형'의 발전에 공헌한 아이디어들이 총동원되어 있다. 이것 또한 당연하다. 목표모형의 발전을 위한 노력들은 결국 그 아이디어를 교사의 교수 현장에 연결지으려는 노력이라고 볼 수 있기 때문이다. 타일러의 모형에서와 마찬가지로, 글레이저의 모형에서는 '교수목표'가 가장 먼저 결정되어야 하며, 또 교수체제 전체의 방향을 결정한다는 뜻에서 가장 중요하다. '교수 목표'는 '하나의 교수 과정이 끝났을 때 학생들이 할 수 있는 행동'☆, 즉 '성취도 평가' 단계에서 평가되는 행동을 가리킨다.

---

* 체제의 이 네 요소에 해당하는 영어 단어는 input, output, internal manipulation, system evaluation이다.

** systems approach   ☆ performance, 또는 '수행'

(이 점에서 '교수 목표'는 이하에서 설명할 '출발점 행동'*에 대하여 '도착점 행동', 또는 '준거 행동'**이라는 용어로 표현되기도 한다.) 교수 목표가 그 이후 교수 활동의 여러 단계를 확실하게 이끌 수 있기 위해서는 그것은 '명확하고 상세하게' 규정되어야 한다. 글레이저의 모형을 받아들이고 있는 대다수의 사람들은 교수 목표를 '명확하고 상세하게' 규정하는 가장 좋은 방법을 메이거의 '행동적 수업 목표'의 아이디어(2장 3절)에서 찾고 있다. 교수 활동을 '체제적으로' 접근하는 사람 중에는 다음과 같이 메이거의 아이디어를 공공연하게 받아들이는 사람이 있다.

수업 목표의 진술은 다음 사항을 구체화하여야 한다.

1. 학습자들이 수업 종료 후에 할 수 있기를 기대하는 것이 무엇인지를 다음 사항을 고려하여 진술한다[메이거의 '도착점 행동'].4) 1) 관찰 가능한 행동을 규정할 수 있는 동사를 사용할 것, 2) 학습자에게 의도하고 있는 행동을 불러 일으킬 수 있는 자극을 명기할 것, 3) 학습자가 사용하게 될 각종 자료나 학습자가 상호작용하게 될 사람이 누구인지를 구체화할 것.

2. 의도하고 있는 목표 행동을 [학습자가] 얼마나 잘 하기를 기대하는지를 다음 사항을 고려하여 진술한다[메이거의 '수락 기준']. 1) 행동의 정확성을 규정할 것, 2) 행동의 지속도, 속도, 정확도 등을 규정할 것.

3. 의도하고 있는 목표 행동이 어떠한 환경 조건 속에서 이루어지기를 기대하는지를 다음 사항을 고려하여 진술한다[메이거

---

* entering behavior   ** terminal behavior, criterion behavior
4) 2장 주 12)를 참조하라.

의 '상황조건'}. 1) 물리적 환경 조건을 규정할 것, 2) 심리적 조건을 규정할 것.[5]

글레이저 모형의 둘째 요소인 '출발점 행동'은, 물론, '도착점 행동'인 교수 목표와 대조되는 개념이다. 출발점 행동은 학습을 시작하기 이전에 학습자가 이미 갖추고 있어야 할 여러 가지 행동 특성, 즉 지식, 기능, 태도 등을 말한다. 글레이저 자신이 예시한 바에 의하면, '시계를 보고 1분 정도의 오차로 정확한 시간을 쓰거나 말할 수 있는 능력'을 '도착점 행동'으로 할 경우에 그 '출발점 행동'은 다음과 같다.

1. 시계의 두 바늘 중에 큰 것, 작은 것을 분간할 줄 안다.
2. 큰 바늘, 작은 바늘이 각각 무엇을 표시하는지 안다.
3. '작은 칸에 숫자를 써 넣으시오', '페이지를 넘기시오' 등의 지시에 따를 수 있다.
4. 1에서 60까지의 수를 분간하고, 쓰고 말할 수 있다.
5. 1에서 60까지 셀 수 있고, 5씩 모아 세기로 60까지 셀 수 있다.[6]

위의 보기는 즉각적으로 블룸 등의 '교육목표 위계'와 가녜의 '학습 위계'를 연상시킨다. 8장에서 본 바와 같이, 「분류학」에서는 '위계

5) B. H. Banathy, *Instructional System*, 변영계(역), 「수업체제」(서울 : 배영사, 1974), pp. 55~56.

6) R. Glaser and J. H. Renolds, 'Instructional Objectives and Programmed Instruction : A Case Study,' C. M. Lindvall(ed.), *Defining Educational Objectives*(Pittsburgh : University of Pittsburgh Press, 1966)를 인용한 이영덕, 전게서, pp. 42~43.

상 한 단계에서의 성취는 그보다 높은 바로 다음 단계에서의 성취를
결정한다'는 것이 가정되어 있으며, 가녜의 '학습 위계'는 위계상 아래
단계의 요소가 그 바로 위 단계의 요소를 학습하는 데에 필요한 '선행
학습'이 된다는 것을 나타내고 있다. 그러므로 '출발점 행동'은 블룸이
나 가녜의 아이디어를 기초로 하여 성립하는 개념이다. (글레이저의
모형에는 블룸 등의 「분류학」보다는 가녜의 아이디어가 더 널리 받아
들여지고 있는 것 같다. 그것은 가녜의 위계가 블룸 등의 그것보다
훨씬 더 세분화되어 있기 때문일 것이다.) 피상적으로 보면, 위의 보기
에서 글레이저가 든 '출발점 행동'을 하지 못하는 아이들이 '시계를
보고 정확한 시간을 쓰거나 말할' 수 있으리라고는 도저히 생각할 수
없다. 그러나 8장에서 이미 지적한 바와 같이, 그런 출발점 행동은
도착점 행동을 하기 '전에' 갖추어야 할 '선행 학습'이 아니라, '시계
를 보고 시간을 말하는' 일의 한 부분이며, 또 그 일의 한 부분으로서
만 의미가 있다. 말하자면, 시계를 보고 시간을 말할 때, 우리는 이미
그런 일(뿐만 아니라, 그 밖의 여러 가지 일, 예컨대 시계가 있는 쪽으
로 눈을 돌리는 행동)을 하고 있는 것이다.

　　교수 목표 및 출발점 행동과의 관련에서 보면, 교수 절차는 학생
들의 출발점 행동을 교수 목표(도착점 행동)로 이끄는 일이다. 다시,
가녜의 용어로 표현하면, 그것은 '학습 위계'를 밟아 올라가는 '외적
조건'을 마련해 주는 일이다. 앞에서 말한 바와 같이, 가녜와 브리그
즈의 「수업설계의 원리」는 1) 지적 기능, 2) 인지적 전략, 3) 언어적
정보, 4) 운동 기능, 5) 태도 등, 다섯 가지 종류의 '교수 목표'를 달성
하는 데 어떤 '교수 절차'가 필요한가를 보여주는 책이다(이 책 p.
219).

　　그러나 글레이저 모형의 '교수 절차'에 가장 중요한 시사를 주는

것은 블룸의 '완전 학습'*의 아이디어이다.7) '학교 학습에 있어서 개
인차는 사라지려는가'8)라는 제목으로 된 블룸의 논문은 '완전 학습'
을 위하여 어떤 '교수 절차'가 필요한가를 보여 주고 있다. 이 논문에
서 블룸은 '학교 학습에서 개인차는 왜 생기는가'라는 질문을 제기하
고 그 이유로서 세 가지를 들고 있다. 첫째는, '출발점 행동' 또는 '선
행 학습'의 결손이다. '학습자가 어떤 특정한 학습 과제를 학습하는
데에 선수적인 출발점 행동을 갖추고 있는가 아닌가는 그가 그 학습
과제를 학습할 수 있는 정도를 결정한다.' 그 논문에서 블룸은, 설명의
편의상, 학습 과제가 '완전 무결한 위계'로 구성되어 있는 경우를 가정
하고, 한 위계에서 10%의 '미학습자'들이 생긴다고 가정하면, 학습의
위계가 높아질수록 개인차는 점점 커진다고 말하고 있다. 이 첫째 이
유는 개인차 변량의 약 50%를 설명한다. 둘째는 '정의적情意的 출발점
특성'(개인차 변량의 약 25%)이다. '흥미, 태도, 자아개념 등, 정의적
특성은 학습자가 학습 과제를 학습하는 조건을 결정한다.' 그리고 셋
째는 '수업의 질'(개인차 변량의 25%)이다. '수업의 질은 학습자가
학습 과제를 어느 정도 효율적으로 달성하는가를 결정한다.'

　　이론적으로 말하여, 만약 우리가 학교 학습에 있어서의 이 세 가
지 개인차 원천을 한꺼번에 '적절히 통제할' 수 있다면('완전 학습'을
위한 교수 전략은 본질상 이 세 가지 원천을 통제하기 위한 것이다),
학습에 있어서의 개인차는 학습 위계가 아무리 높아지더라도 원래의
10% 수준에 머물러 있게 될 것이다. 이것이 블룸의 아이디어이다.

---

* mastery learning
7) 김호권, 「완전학습의 원리」(서울 : 배영사, 1970).
8) B. S. Bloom, 'Individual Differences in School Achievement,' *Education at Chicago*(University of Chicago, Winter 1971), pp. 4~14, 황정규(역), '학교 성적의 개인차 : 그 소멸은 가능한가,' 「교육혁신」(서울 : 배영사, 1972), pp. 79~121.

블룸이 열거한 세 가지 원천 중에서 첫째 것, 즉 '출발점 행동'을 통제
하는 방법을 우리는 알고 있다. 그것은 '선행 학습'이 이미 되어 있다
는 것을 확인하는 것이다. 그러면 둘째와 셋째 원천을 통제하는 방법
은 무엇인가? 그것은 '수업의 질'에 관한 블룸의 제의에서 시사된다.
블룸에 의하면 '수업의 질'을 높이는 데 유의해야 할 사항은 세 가지이
다. 첫째로, 학생들이 무엇을 학습해야 하며 그 학습을 위하여 무엇을
해야 하며 그것을 어떻게 해야 하는가를 알 수 있도록 '단서'를 학생들
에게 줄 것, 둘째로, 학생들로 하여금 학습될 반응을 연습하는 일에
'능동적으로 참여'시킬 것, 그리고 셋째로, 학습 과정의 여러 단계에서
'강화'를 주고, 특히 집단 교수인 경우에 '피드백에 의한 교정'을 해줄
것 등이다.

　　블룸의 '완전 학습' 아이디어에 있어서는 물론이요, 글레이저의
모형에 있어서도 '교육내용'에 관한 언급은 전연 찾아볼 수 없다. 그러
면 '교육내용'은 어디로 갔는가? 물론, '교육내용'은 글레이저 모형의
'교수 목표', 즉 '도착점 행동'으로서의 '교수 목표' 속에 들어 있다.
보다 구체적으로 말하면, 교육내용은 블룸 등의 「분류학」에 나오는
항목들 속에, 또 메이거가 말한 바와 같은 '바깥으로 드러나는 행동'
속에 들어 있다. 그리고 또한 교육내용은, 가네가 말한 바에 의하면,
국어, 수학 등 '큰 범주의 교과'로서 존재하는 것이 아니라, '낯선 물체
를 정확하게 기술하는 능력' 등과 같이 학습 위계의 요소들이 나타내
는 '능력'들 속에 들어 있다. 글레이저 모형에 의하면, 교수 목표는
곧 '교육내용'을 '행동'으로 표현한 것이며, 따라서 '교육내용'은 '행
동'으로 표현되는 한에서만 의미를 가진다. 블룸이 '수업의 질'에 관하
여, '단서'를 주고 '능동적으로 참여'시키고 '강화'와 '피드백'을 주어
야 한다고 말하면서도, '교육내용'에 관한 언급을 안심하고 빠뜨릴 수

있는 것은 교육내용이 교수 목표 속에 들어 있다고 믿기 때문이다. 어떻게 그렇게 하지 않을 수 있는가? 그가 따르고 있는 교육과정 모형, 즉 '목표모형'은 애당초 '교육내용'에 대한 관심을 교육과정에서 제외하려는 데에 그 의도가 있다고 볼 수 있기 때문이다. 그 의도는 타일러가 '무엇을 가르칠 것인가'라는 보통의 질문을 '학교는 어떤 교육목표를 달성하고자 노력해야 하는가'라는 질문으로 바꾸었을 때에 이미 명백히 예고되어 있었다고 보아야 한다(이 책 p. 27).

목표모형에 의하면, 교수 목표를 달성하기만 하면 '교육내용'은 이미 가르쳐진 셈이다. 보다 정확하게 말하자면, 교육내용을 가르치는 일은 '바로' 교수 목표를 달성하는 일을 의미한다. 그러나 교수 목표를 달성하는 일(즉, 교육내용을 가르치는 일)의 의미 또는 중요성은 무엇인가? 목표모형에 의하면 이 질문은 이미 교육과정의 영역을 벗어나는 질문이다. 교수 목표는 '교수 체제'의 목표로서 이미 주어져 있으며, 교수 체제가 할 일을 주로 그 목표를 효율적으로 달성하는 일이다. 교수 목표(다시 말하면 교수 절차가 달성하고자 하는 행동)가 체제의 목표로 이미 주어져 있는 이상, 그것이 '사소하다'든가 '인간다운 삶의 형식'을 누리는 것과 하등 관련이 없다든가 하는 비판은 전혀 의미를 가질 수 없게 된다. 저자가 글레이저의 모형을 교수모형의 '기술공학적 개념'*이라고 부르는 이유는 바로 여기에 있다.

사실상, 우리는 '체제 접근'을 교수 활동에 적용하려는 사람들이 '체제'의 개념을 설명하기 위하여(놀랍게도, 그러나 거리낌 없이) '무기 시스템'을 예로 드는 것을 볼 수 있다.

---

* technological concept

〔체제의〕대표적인 한 좋은 예는 2차 세계대전중에 사용되었던 전투기의 개발에서 찾아볼 수 있다. 이 전투기를 제조할 때, 비행기 설계사들은 현재 사용중인 비행기로는 효과적인 전투 임무를 수행할 수 없고, 무기, 폭탄, 연료 저장, 통신과 전파 탐지, 적군으로부터의 보호 등에 있어서 특수한 시설이나 장치를 첨가해야 함을 알게 되었다. 그러나 이러한 여러 가지 특수한 장치나 시설을 첨가하는 것은 비행기의 기능, 비행 속도, 전투 능력, 비행 시간, 그리고 기타 중요한 기능을 원활히 수행하는 데 제약을 주게 됨을 또 알았다. 이 결과로 비행기 설계사는 전체로서의 비행기 시스템을 구성하는 모든 부분품들을 개발해 내기 전에, 의도하고 있는 그 시스템의 목적과 수행되어야 할 일을 무엇보다고 먼저 고려하고 분명히 규정해야 〔한다는 것을 알게 되었고, 그리하여〕새 계획, 개발 방법이 생겨나게 되었다. … 2차 세계대전 이후 지금 여기에서 사용된 이 개념, 즉 체제의 개념은 아주 다양하게 사용되어 왔고 또 급격히 새로운 영역으로 파급되어 갔다. 이 개념은 군사, 산업, 경영 등에서 사용되어 왔으며, 특히 국방과 체신 체제, 우주공학, 생산 기업, 자료의 회수와 정보의 처리, 경영과 병참체제 등에 있어서 그 효과를 발휘하게 되었다.9)

그리고 (마침내!) 교육에까지 사용되기에 이르렀다.

---

9) B. H. Banathy, *op. cit.*, pp. 11~12.

Ⅱ 인지과정과 교수모형

글레이저의 교수모형이 목표모형을 따르고 있는 것이라면, 교수모형에는 또 하나의 의미가 있다고 보아야 할 것이다. 그것은 내용모형을 따르는 교수모형의 개념이다. 내용모형에 입각하여 보면, 교수모형은 교육내용으로서의 '지식의 구조'를 반영하는 것이어야 한다. 앞에서 몇 차례 말한 바와 같이, '지식의 구조'라는 것은 곧 그 지식에 관한 사고의 과정(이해의 과정, 탐구의 과정)을 말하는 것이므로, 내용모형에 있어서의 교수모형은 교육내용에 관한 사고의 과정(즉, 지식을 탐구하는 방법)을 교수의 목적을 위하여 체계화한 것이라고 볼 수 있다. 실지 수업 장면에서 교사가 하는 일은 교육내용을 가르치는 일, 또는 교육내용과 관련된 학생들의 사고 과정을 이끄는 일이며, 따라서 사고 과정의 체계로서의 교수모형은 교사가 교육내용을 조직하고 제시하는 데에 구체적인 지침이 될 수 있을 것이다. (이하 교수모형이라는 말은 이와 같이 내용모형에 입각한 교수모형을 가리킨다.)

교수모형은 교육내용의 종류(예컨대 '지식의 형식'의 종류)가 다양한 것만큼 다양할 수 있으며, 또한 동일한 종류의 지식을 가르치는 데에도 여러 가지 교수모형이 있을 수 있다. 그 중의 몇 가지는 이 앞에서 이미 예시된 바 있다. 예컨대 마시알라스의 모형(8장 3절)(이것을 마시알라스 자신이 부른대로 '사회과 탐구학습 모형'이라고 부를 수 있다)과 베일즈의 모형(9장 2절)(이것을 '반성적 사고 모형'이라고 부를 수 있다)이 그것이다. 또한 소크라테스의 방법도 일종의 교수모형이라고 볼 수 있을 것이다. ('소크라테스적 모형'*이라는 말은 우

---

* Socratic model

리 귀에 아주 낯익게 들린다.) 이런 예에서 알 수 있는 바와 같이, 교수모형(다시, 내용모형에서의 교수모형)은 교사가 특정한 내용에 관한 지적 이해를 위하여 가르칠 때에는, 비록 명백하게 체계화하여 제시할 수는 없다 하더라도, 반드시 따르고 있다고 보지 않으면 안 된다. 이런 의미에서, 교수모형은 곧 교육내용에 관한 교사 자신의 해석 ― 비록 다른 사람에게서 배운 해석이라 하더라도― 을 반영한다고 볼 수 있다. 만약 교사가 아무런 교수모형도 따르고 있지 않다면, 그는 '정의상'定義上 아무런 사고도 하고 있지 않은 것이며, 따라서 학생들에게 아무 것도 이해시키는 바가 없다.

이런 의미에서의 교수모형은 글레이저의 교수모형과 근본적으로 다르다. 내용모형에서의 교수모형은 교육내용에 관한 교사 자신의 사고(그리고 학생들이 따라야 할 사고)를 나타내고 있으며, 거기서 가르쳐지는 내용이 중요한가 아닌가 하는 것은 교수모형에 나타난 사고가 '올바른' 사고인가, '가치있는' 사고인가를 문제삼음으로써 직접 논의의 대상이 될 수 있다. 바깥에서 교사의 수업을 보는 사람은 차치하고라도, 적어도 교사 자신은 자신이 가르치는 내용이 중요하고 가치있는 내용이라는 것을 부단히 확인하여야 한다. 내용모형에 있어서 내용의 중요성은 결코 글레이저의 모형에서와 같이 '체제의 목표'로서 받아들여졌다는 사실에 근거하는 것이 아니다. 물론, 수업 장면에는 블룸이나 가녜가 말한 '위계상 아래 단계에 속하는 것들'이 다루어진다. 베일즈의 '반성적 사고 모형'의 경우를 두고 생각해 보더라도, 그 수업에는, 예컨대 콜롬부스가 아메리카 대륙에 갔을 때 거기에는 인디언이 살고 있었다는 것과 같은, '사실'들이 다루어진다. 그러나 이것들은 학생들이 그 수업을 받기 이전에 미리 학습하였어야 할 '선행 학습'이 아니라 콜롬부스의 아메리카 발견에 관한 (가치있는) 역사적 사고의 한 부분으로서 의미를 가지고 있다. (만약 '콜룸부스가 1492년에 아메리카를 발견하였다'는 사실을 '아는 것'이 '도착점 행동'이라면, 학생들의 대부분은 수업 이전에 이미 거기에 도착했다고 볼 수 있다. 그러나 만약 그것이 '선행 학습'이라면 이 수업에서의 '도착점 행동'은 무엇인가?)

위에서 말한 바와 같이, 상당히 많은 경우에 교사는 자신이 수업에서 따르고 있는 모형이 어떤 것인지를 '명백하게 체계화하여' 제시할 수 없을 것이다. 그러나 만약 우리가 그 수업이 '훌륭한' 수업인가 (또는, 그 교수모형이 해당 교과의 '지식의 구조'를 충실히 반영하는가)를 논의하고, 또 다른 사람에게 그 교수모형을 가르쳐 주려고 하면, 우리는 그것을 비교적 '명백하게 체계화하여' 제시할 필요를 느끼게 될 것이다. 앞에서 말한 조이스와 와일의 「교수모형」이라는 책은 16가지 종류의 모형을 체계화하여 제시하고 있다. 그 중의 대부분은 '내용모형'에 입각한 교수모형이다. 관심있는 사람들은 그 책(또는 이경섭 등의 번역판)을 참고하기 바란다.

다만 이하에서는 브루너가 '지식의 구조'를 보다 자세하게 설명하기 위하여 예시한 산수과의 수업 하나를 소개하고, 그것이 지식의 구조에 관하여 무엇을 가르쳐 주는가를 고찰하겠다.[10] (이 수업이 나타내고 있는 교수모형을 편의상 '지식의 구조 모형'이라고 부를 수도 있을 것이다.) 그 수업은 초등학교 3학년 아이들에게 2차방정식을 가르치기 위한 것이었다. 그 수업에 관한 세부적인 사항은 생략하고,

---

10) J. S. Bruner, 'Some Theorems on Instruction Illustrated with Reference of Mathematics,' E. R. Hilgard(ed.), *Theories of Learning and Instruction*(NSSE, 1964), pp. 306~335, reproduced in J. S. Bruner, *Toward a Theory of Instruction* (Harvard University Press, 1966), pp. 39~72. 본문의 페이지는 1966년 책의 페이지를 가리킨다.

그 중에서 목하 논의되는 주제에 직접 관련되는 부분만 소개하면 다음과 같다.

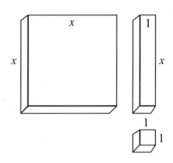

아이들에게 그림에서 보는 것과 같은 나무토막이 여러 개 주어졌다. 아이들은 먼저 그 나무토막에 이름을 붙였다. 길이 x, 너비 x인 정 4 사각형($x \times x$)의 이름은 'x 네모', 길이 x, 너비 1인 막대기($1 \times x$)의 이름은 'x 막대기', 한 변이 1인 정 4 사각형(1×1)의 이름은 '1 네모'였다. (아이들에게는 '1'이라는 것이 완전히 임의의 길이이며, 정확하게 몇 cm인가는 상관없다고 알려 주었다.) 이 나무토막들을 가지고 아이들이 해야 했던 일은 'x 네모' 보다 큰 정 4 각형을 만드는 일이었다. 아이들은 별로 어려움이 없이 다음과 같은 정 4 각형을 만들었다.

다음으로 아이들에게 그들이 만든 모양이 각각 무슨 나무토막들로 되어 있는가를 말해 보도록 했다. 아이들은 나무토막을 하나씩 짚어 가면서 세어 나갔다. 즉, 'x 네모 한 개와 x 막대기 두 개와 1 네모 한 개', 'x 네모 한 개와 x 막대기 네 개와 1 네모 네 개', 'x 네모 한 개와 x 막대기 여섯 개와 1 네모 아홉 개' 등등. 다시 이것을 간단하게 기호를 써서 종이에 적어 보게 하였다. x 네모는 'x □'로 x 막대기는 '$1x$' 또는 'x'로, 1 네모는 '1'로, 그리고 '와'는 '+'로 표시하게 하였다.

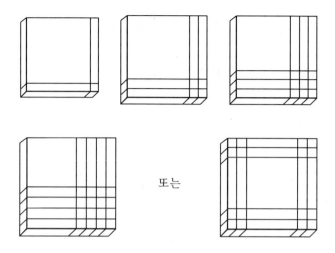

또는

그리하여 아이들은 $x\square + 4x + 4$를 쉽게 쓸 수 있었다. 이것은 이때까지 아이들이 하나씩 짚어가면서 센 결과를 간단한 기호로 표시한 것에 불과하다. 그러면 $x\square + 4x + 4$로 이루어진 큰 정 4 각형은 무엇이라고 부를 수 있을까? 그것은 한 변이 $x+2$인 네모이다〈즉, $(x+2)\square$〉. 그리하여 아이들은 곧 $(x+2)\square = x\square + 4x + 4$가 성립하는 것을 알게 되었다. 이 등식이 나타내고 있는 것은 모두 아이들 자신이 만든 나무토막을 기호로 옮겨 적은 것에 불과하며, 아이들은 그 등식의 의미를 나무토막에 비추어 즉각적으로 확인할 수 있었다.

이런 방식으로 하여 아이들은 다음과 같은 등식을 얻었다.

$x\square + 2x + 1 = (x+1)\square$, 또는 $(x+1) \times (x+1)$

$x\square + 4x + 4 = (x+2)\square$, 또는 $(x+2) \times (x+2)$

$x\square + 6x + 9 = (x+3)\square$, 또는 $(x+3) \times (x+3)$

$x\square + 8x + 16 = (x+4)\square$, 또는 $(x+4) \times (x+4)$

이것을 수학자들이 쓰는 기호로 바꾸어 쓰면 $(x+2)^2 = x^2 + 4x + 4$ 등이 된다. 만약 이 아이들에게 $(x+2)^2 = x^2 + 4x + 4$를 처음부터 '수학적 기호'를 써서 가르쳤다면, 아이들은 그 의미를 이해하지 못하였을 가능성이 많다. 그리고 의미를 이해하지 못한 채 억지로 그것을 배워야 한다면, 아이들은 그것을 '공식으로서' 무조건 암기하여야 했을 것이다. 그러나 위와 같이 수업한 결과, 아이들은 그 등식의 의미를 '자신이 짜맞춘 나무토막에 비추어' 이해할 수 있었다. 한 걸음 더 나아가서 아이들은 $(x+2)^2$인 정 4 각형을, 예컨대 다음 그림과 같이, 다른 모양으로 만들어 보고 그것을 다시 기호로 표시해 보았다.

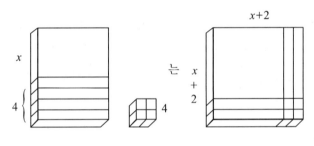

$$x(x+4)+4 = (x+2)^2 = x^2 + 4x + 4$$

이런 활동을 통하여 아이들은 같은 넓이의 나무토막을 다른 모양으로 쌓을 수도 있다는 것과 그 결과로 얻어지는 기호, $x(x+4)+4$는 원래의 기호 $(x+2)^2$과 같다는 것을 알게 된다.

이것이 브루너가 예시한 산수 수업의 중요한 골자이다. (아마 한 가지는 덧붙일 필요가 있을 것이다. 위의 수업이 '수학적 지식'의 성격을 충실히 반영한 수업인가 하는 질문이 있을 수 있지만, 브루너는, 2차방정식은 나무토막의 모양 '때문에' 성립하는 것이 아니라 그것과는 관계없이 '추상적으로' 성립한다는 것을 보이기 위하여 천칭天秤으로 다시 그 등식들이 성립한다는 것을 아이들에게 확인시켰다.) 이 수업에 비추어 브루너는 '지식의 구조'를 다음과 같이 설명하고 있다. 즉, 지식의 구조는 1) 표현방식*, 2) 경제성**, 3) 생성력☆의 세 가지 특징으로 기술될 수 있다는 것이 그것이다. 이 중에서 가장 중요한 특징은 '표현방식'이다. 표현방식에 관하여, 브루너는 어떤 지식이든 지 세 가지 방식으로 표현될 수 있다고 말하고 있다. 즉, '어떤 결과에 도달하는 데에 거쳐야 할 일련의 동작으로(작동적 표현),☆☆ 개념을 완벽하게 정의하는 것이 아니라 대체적으로 전달하는 영상이나 도해로(영상적 표현)*, 그리고 명제를 형성, 변형하는 논리적 규칙에 지배되는 상장체계로서의 상징적 또는 논리적 명제로(상징적 표현)'**(pp. 44~45) 표현하는 방식이 그것이다. 이 세 가지 표현방식을 예시하는 보기로서 브루너는 천칭의 원리를 들고 있다. 아주 어린 아이들은 시소를 탈 때, 상대방을 고려하여 자리를 잡을 줄 안다(작동적 표현). 그보다 나이든 아이들은 천칭의 모형을 다루거나 그림을 통하여 천칭의 원리를 '이해'한다(영상적 표현). 그리고 마지막으로, 나이든 아이들은 천칭의 원리를 나타내는 언어나 수학 공식을 사용할 수 있다(상징적 표현). 이 세 가지 표현 방식은 위의 수업에서도 확인된다고 볼 수 있다. 즉, 나무토막을 정 4 각형으로 짜맞추는 것은 '작동적 표현'에 해당하며, $(x+2)^2 = x^2 + 4x + 4$ 등을 기호로 적는 것은 '상징적 표현'에 해당한다. 그리고 약간 어색하기는 하지만, 짜맞추어진 나무토막을 보거나 머리 속에 그리는 것은 '영상적 표현'에 해당한다고 볼 수도 있다.

---

* modes of representation   ** economy
☆ power   ☆☆ enactive representation
* iconic representation   ** symbolic representation

브루너는 아동의 성장 단계에 따라 그 아동에게 보다 이해되기 쉬운 표현방식이 있다는 것을 강조하고 있다. 아마 그 초등학교 3학년 아이들에게 처음부터 수학자들이 쓰는 것과 '상징적 표현'으로 가르쳤다면 아이들은 2차방정식을 이해할 수 없었을 것이다. 그 수업에서 2차방정식은 작동적 또는 영상적 표현방식으로 '번역'되었으며, 그렇기 때문에 아이들은 쉽게 이해할 수가 있었다. 아마 이것이 「교육의 과정」에 제시된 유명한 가설, 즉 '어떤 교과든지, 올바른 형식으로 표현하면(또는, 그 지적 성격에 충실한 형태로), 어떤 발달 단계에 있는 어떤 아동에게도 효과적으로 가르칠 수 있다'는 가설이 성립하는 근거가 된다고 볼 수 있을 것이다.

그러나 이 세 가지 표현방식에 관해서는 몇 가지 해명되어야 할 문제가 있다. 먼저 앞(8장 4절)에서 말한 '나선형 교육과정'에 관하여 생각해 보자. 브루너 자신은 나선형 교육과정의 아이디어가 위의 가설을 기초로 하여 성립한다고 말하고 있으며(「교육의 과정」, p. 135), 그렇기 때문에 때로 나선형 교육과정은 '오직' 또는 '주로' 세 가지 표현방식과 관련하여 성립하는 아이디어라고 생각하는 사람들이 있다. 다시 말하면, 어떤 지식을 아주 어린 아이들에게는 '작동적 표현'으로 가르치고, 또 그보다 나이든 아이들에게는 '영상적 표현'으로, 그리고 또 그보다 나이든 아이들에게는 '상징적 표현'으로 가르친다는 것이 그것이다. 그러나 이렇게 생각하는 데 있어서의 근본적인 난점은 바로 '작동적 표현으로' 또는 '영상적 표현으로' 가르친다는 말이 무엇을 의미하는가 하는 데에 있다. 아이들에게 시소를 타도록 하면 '그것만으로' 천칭의 원리를 가르쳤다고 볼 수 있는가? 시소를 타 보면 '그것만으로' 아이들은 '힘 × 거리 = 힘′ × 거리′'라는 천칭의 원리를 깨달을 수 있는가? 브루너 자신은 결코 그렇게 생각하지 않을 것이다. 만약 그가 그렇게 생각했다면, 2차방정식을 가르치는 수업에서 그는 아이들에게 나무토막을 짜맞추도록(작동적 표현) 하기만 하고, 그 다음의 수업 활동은 하지 않았어도 좋았다. 그러나 그는 그 모양을 '상징'으로써 보도록 했다. 이것은 곧 그가 '기호로 표현된' 2차방정식 (상징적 표현)을, 작동적 또는 영상적 표현을 '통하여' 이해시키고자 했다는 것을 의미한다. 이것은 다시, 작동적 표현이나 영상적 표현은 상징적 표현과 '대등한 범주의' 표현방식이 아니라, 오직 상징적으로 (즉, 말이나 기호로) 표현된 지식을 이해하는 보조 수단(브루너 자신의 용어로, '구체적 표현물'* p. 65)으로서 의미를 가진다는 뜻이다. 결국 브루너가 말한 '세 가지 표현방식'은 우리에게 다음과 같은 것을 가르쳐 주고 있다. 즉, 특정한 발달 단계의 아동, 다시 말하면 상징의 의미를 이해할 만한 지적 능력이 없는 아동에게는 상징을 이해하는 보조 수단으로서의 '구체적 표현물'을 써서 가르쳐야 한다는 것이다. 이것은 모든 교과에 걸쳐서 성립하는 것도 아니요(이하 참조), 나선형 교육과정의 중요한 형태가 아님은 물론, 유일한 형태는 더욱 아니다.

이와 마찬가지의 고찰이 세 가지 표현방식과 지식의 구조와의 관련을 이해하는 데에도 적용된다. 앞에서 말한 바와 같이, 브루너는 지식의 구조가 가지고 있는 특징으로서 '표현방식'과 함께 '경제성'과 '생성력'을 들고 있다. 경제성이라는 것은 머리 속에 기억하고 있어야 할 정보의 양이 적은 상태를 가리키며, 생성력이라는 것은 한 가지를 알면 그와 관련된 다른 것들을 '만들어 낼' 수 있는 힘을 가리킨다. 세 가지 표현방식 중에서 '경제성'과 '생성력'이 있는 것은, 누구나 동의할 수 있듯이, 상징적 표현이며, 여기에 비하여 작동적 또는 영상적 표현은 '비경제적'이며 '비생산적'이다. 인간에게 상징이 그토록

---

* concrete embodiment

중요시되는 것은 그것이 복잡한 인간의 경험(작동적, 영상적 경험)을 '경제적으로' 파악하는 가장 중요한 수단이 되기 때문이다.[11)

그러나 또 한편, 상징은 경제적이고 생성력이 있기는 하지만, 그 것이 이해되지 않을 때에는 '공허한 언어주의'에 빠진다. 물론, 브루너가 든 천칭의 보기나 2차방정식의 수업에서 보듯이, 작동적 또는 영상적 표현은 때로(아마 수학이나 과학의 경우) 상징적 지식을 이해하는 보조 수단이 될 수 있다. 그러나 모든 교과가 그와 같이 이해되어야 하는 것은 아니다. 예컨대, '거짓말 하는 것은 나쁘다'라는 도덕의 원리를 작동적으로, 또는 영상적으로 이해한다는 것은 무엇을 의미하는가? 브루너가 든 세 가지 표현방식은 그것이 적용될 수 있는 경우에 한하여 지식을 '이해하는 방식'이 될 수 있다. 그러나 지식을 이해하는 방식은 모든 지식에 동일하지 않으며, 다른 방식이 요구되는 경우에는 또 그 방식에 따라 학생들을 가르쳐야 할 것이다. 그러므로 브루너의 제의가 시사하듯이, 또는 적어도 브루너의 제의가 흔히 해석되듯이, 그 세 가지 표현방식이 '지식의 구조'를 가르치는 유일한 교수모형이 된다고 생각하는 것은 아마 잘못일 것이다. 그러나 그렇기는 해도 교사에게 '교수모형'이 필요하다는 것은 의심할 여지가 없다. 부르너의 '지식의 구조'는 바로 이 점을 강조한 것이라고 볼 수 있다.

11) 이 점에 관해서서는 J. S. Bruner, 'On Cognitive Growth, I, II,' J. S. Bruner *et al., Studies in Cognitive Growth*(New York : John Wiley, 1966), chap. 1~2.

Ⅲ 교수 행동의 기술

'교수모형'이라고 불릴 수 있는 것 중에 위의 두 가지 이외에 아마 한 가지가 더 있다고 보아야 할 것이다. 그것은 교사의 교수 행동을 기술적記述的으로 파악하기 위하여 사용되는 모형이다. 이런 의미에서의 교수모형으로 우리나라에 널리 알려져 있는 것은 플랜더즈의 '수업 형태 분석법'12)이다. (이것을 때로 '플랜더즈 모형'이라고도 부른다.) 그리고 이외에도 교수 활동을 '기술'한 연구로는, 교사가 수업에서 사용하는 논리적 조작(정의, 기술, 분류, 설명 등)을 기술한 스미스와 뮥스의 연구13), 교사와 학생이 주로 받는 언어적 상호작용의 종류와 계열('언어 게임')을 분석한 벨라크 등의 연구14), 교실의 '사회적 구조'를 분석한 비들과 애덤즈의 연구15), 그리고 한 학기 동안 교실 생활의 흐름을 '문화기술적' 방법으로 파악한 스미스와 제프리의 연구16) 등을 들 수 있으며, 이들 연구는 각각 그 특이한 관점에서 교수 행동을 기술하는 '모형'을 제시하고 있다.

이러한 종류의 기술적 연구들이, 적어도 부분적으로는, 이른바 '교사 자질 연구'에 대한 반작용으로 대두되었다는 것은 특히 주목할 만하다. 교사 자질 연구에서는 '훌륭한 교사'란 어떤 교사인가를 알아

12) 김종서와 김영찬, 「수업형태 분석법」(서울 : 배영사, 1970).
13) B. O. Smith and M. O. Meux, *A Study of the Logic of Teaching*(University of Illinois, 1962).
14) A. A. Bellack *et al., The Language of Classroom*(New York : Teachers College Press, Columbia University, 1966).
15) B. J. Biddle and R. S. Adams, *An Analysis of the Classroom Activities*(University of Missouri, 1967).
16) L. M. Smith and W. Geoffrey, *The Complexities of an Urban Classrom*(New York : Holt, Rinehart and Winston, 1968).

내기 위하여(물론, 그 결과는 훌륭한 교사가 될 수 있는 사람들을 선발하고 양성하는 데에 참고가 될 것이었다), 한편으로 교사로서의 성공 정도를 지시해 주는 '준거변인'(예컨대, 학생의 성적, 전문가나 교육행정가의 평가 등)과 또 한편으로 교사가 가지고 있는 '개인 특성 변인' (예컨대, 지능, 퍼스낼리티, 태도와 흥미, 교육 배경 등)과의 상관을 조사하는 방법이 주로 사용되었다. 만약 두 가지 변인 사이의 상관이 높으면, '개인 특성 변인'이 나타내고 있는 교사의 특성은 성공적인 교사의 자질로서 중요하다는 결론이 내려진다. 이러한 연구 방법에 의하여 교사 자질 연구는 그동안 많은 종류의 '자질'들을 확인하였다. 아마 '너무 많은' 자질들을 확인하였다고 말해야 옳을 것이다. 미국의 한 교육연구기관에서는 한때, '성공적인 교사'에 필요한 자질 1,000가지를 열거한 일이 있다. 이 1,000가지 자질 속에 무엇이 들어가지 않았을 것인가? 인간에 관한 모든 세부적인 특징을 다 열거한다 해도 1,000가지가 되리라고는 생각하기 어려울 것이다.

그리하여 교사 자질 연구는 대부분의 경우에 교사의 자질을 확인함으로써 자질을 갖춘 교사를 양성하는 데에 도움이 되고자 했던 원래의 의도를 실현하지 못하였다. 거기에는 물론 '너무 많은' 자질이 확인되었다는 이유도 있지만, 보다 근본적인 이유는 교사가 가르치는 상황이 엄청나게 복잡하다는 점과 교사의 자질은 상황에 따라 다르게 나타난다는 점에 있다고 보아야 할 것이다. 그리하여 성공적인 교사의 자질을 밝히는 한 가지 대안적인 방법은 교사의 교수 행동을 교수 현장에서의 관찰을 통하여 파악하는 방법이다. 이것이 곧 교수 행동의 기술적 연구가 중요시된 적어도 한 가지 이유이다.

예컨대 플랜더즈의 '수업형태 분석법'은 수업의 '정의적' 분위기 (즉, '지시적' 분위기와 '비지시적' 분위기, 또는 보다 일반적인 용어로 '전제적' 분위기와 '민주적' 분위기)를 기술하기 위한 모형이다. 플랜더즈 자신이 연구한 바와 같이, '비지시적' 분위기의 정도(즉, '비지시비'非指示比)는 학생들의 학업성적과 창의성에 영향을 미친다. 이와 마찬가지로, 예컨대 비들과 애덤즈의 연구에서는 교실의 좌석에서 '중심가'(교사가 자주 주의를 기울이는 지역)에 앉은 학생들은 '변두리'에 앉은 학생들보다 학업 성적이 우수하다는 것이 밝혀졌다. 이와 같이 교수 행동을 기술적으로 파악하기 위한 연구에서도 그 연구 결과를 '요약'하기 위해서나 관찰된 교수 행동이 가지는 교육적 의의(예컨대 학생 성적과의 관련)를 밝히기 위해서나 그 결과를 '양화'量化 또는 '지수화'할 필요가 있다.

아마 이 이유에서일 것이라고 생각하지만, 그동안 교수 행동의 기술적 연구에서 도외시된 중요한 영역이 있음을 지적할 수 있다. 그것은 교사가 '교육내용'을 어떻게 가르치고 있는가, 다시 말하면 그가 특정한 교재 내용을 어떻게 해석하고 있으며 그것을 어떻게 조직, 제시하고 있는가를 기술하는 것이다. 만약 조이스와 와일의 「교수모형」에 제시된 것들이 교수모형의 '처방' ─어떻게 가르쳐야 하는가─ 을 제시한다고 하면 이렇게 기술된 교수 행동은 문자 그대로 교수모형의 '기술' ─어떻게 가르치고 있는가─ 에 해당한다고 볼 수 있을 것이다. 이러한 기술은 현재 교사가 가르치는 방법을 파악하고 그것에 관하여 의미있는 논의를 하는 데에 매우 중요하다. 다만, 이러한 기술에 있어서의 한 가지 난점은 그 결과를 '양적으로' 요약할 수가 없고 그 대신 '질적으로' 제시할 수밖에 없다는 것이다. 그러나 그것이 과연 대단한 난점인가? 이 장의 첫머리에서 말한 바와 같이 '교육내용을 가르치는 방법'이 교육방법의 핵심적인 의미가 되어야 한다면, 우리가 바로 주의해서 보아야 할 것, 그리고 장차 교사가 될 사람들에게 애써 배우도록 해야 할 것은 교사의 교재 해석 방식이라고 보아야 할 것이다. 이러한 주장은 플랜더즈의 분석과 비들과 애덤즈의 연구가 보여 주듯이, '비지시비'나 '좌석배치'가 학생의 성적에 영향을 준다는 것을 부정하지 않고도 성립한다. 앞으로 이 방면에 관심과 연구가 요청된다.

11
교육과정의 운영

교사의 입장에서 생각해 보면, 대부분의 교사들은 앞 장에서 말한 두 가지 종류의 교수모형(1절과 2절) 중에서 글레이저의 모형이 훨씬 '효율적인' 것이라고 생각할 것이다. 사실상 글레이저의 모형은 많은 교사들에게 환영을 받고 있는 듯하다. 그 이유 또한 짐작하기 별로 어렵지 않다. 기술공학적 교수모형이 가지고 있는 가장 큰 매력은 그것이 교사의 능력과 노력을 최대한으로 절약하도록 해 준다는 데에 있는 것이다. 이 모형에 의하면, 교육에서 가장 중요한 일은 '교수목표'를 행동적 용어로 상세하게 규정하는 일이다. (물론, 이 일은 매우 어려운 일이며, 따라서 글레이저의 모형을 따르는 사람들이 여기에 가장 노력을 기울이는 것은 당연하다.) 그러나 일단 '교수목표'가 세분화되면 나머지 일은 그 목표를 달성하는 '조건'을 마련해 주는, 이른바 '기술적인' 일이다. 이 일도 그다지 쉬운 일은 아닐지 모른다. 그러나 글레이저의 모형에서 가정되는 대로 교수목표가 '위계적으로' 세분화되어 있고, 게다가, 예컨대 프로그램 학습자료와 같이 '작은 단계'를 따라 학생들이 각각 '자기학습속도'에 맞게 학습할 수 있는 학습자료가 준비되어 있을 경우에(널리 알려져 있는 바와 같이, 글레이저의 교수모형은 '개별화된 수업'의 기본모형이다) 교사가 해야 할 일은 오직 '학습관리자'의 역할뿐이다.

(1장에서 저자는 '지식교육보다 교사의 인격적 감화가 더 중요하다'라는 말의 타당성에 대하여 의구심을 표시하였거니와, 이제 이 말은 위의 사태와 관련하여 올바른 의미를 나타내는 것으로 다시 해석될 수 있다. 교사와의 '인격적 접촉'이 교육적 효과를 나타내는 것은 '신비스러운' 감화를 통해서가 아니라, 그것이 없이는 교사의 관점 —교육받은 사람의 관점— 을 배울 기회가 없기 때문이다. 글레이저의 모형은 이런 의미에서의 '인격적 감화'를 최소한도로 줄인다. '왜 저 선생님은 내가 그 질문을 했을 때, 그런 것은 몰라도 된다고 하셨을까?' '어째서 저 선생님은 늘 스스로 학문의 문턱도 넘어서지 못했다고 말씀하실까?' '이 교과서에 적힌 어느 것 하나도 한 사람의 평생을 바치기에 부족한 것은 없다는 저 선생님의 말씀은 무슨 뜻이었을까?' 등등).

물론, 글레이저의 교수모형에 따라 가르치는 일도 위에서 말한 것만큼 쉬운 일은 아닐 것이다. 그러나 앞 장에서 말한, '인지과정에 의한 교수모형'은 교사에게 훨씬 더 많은 능력과 노력을 요구한다. 이 모형에 입각하여 가르치자면, 교사는 하나의 교육내용이 어떤 사고과정을 담고 있는가를 알아야 하고(교재 해석), 또 그것을 학생들이 알아 들을 수 있는 형태로 '번역'할 수 있어야 한다. 보통의 경우에 이런 설명은 '지식의 구조를 가르쳐야 한다'는 말에 못지 않게 걷잡을 수 없이 애매하고 추상적인 것으로 들릴 것이다. 글레이저의 모형에서 교사의 역할이 좁은 범위내에서 명백하게 규정되어 있는 데 비하면, 지식의 구조를 가르쳐야 하는 사태에서 교사는 말하자면 광야를 개척해야 하는 암담한 형편에 있다. 그리하여 이 경우에 많은 교사들은

'구체적으로' 어떻게 해야 하는가를 물을 것이다. 사실상 지식의 구조나 탐구 학습과 관련하여 '구체적인 방법'에 대한 요구는 교사들 사이에서 상당히 자주 들을 수 있는 요구이다. 그러나 '구체적인 방법'에 대한 요구가 어느 정도로 '지식의 구조'라는 말의 신기성이나 애매성 때문이며 어느 정도로 해당 교과의 '지식의 구조'를 교사 자신이 파악하고 있지 않기 때문인가는 분간하기 어렵다.

만약 후자의 경우라면, '지식의 구조'에 관한 어떠한 상세한 설명도 교사에게 별로 도움이 되지 않을 것이다. 이 말은 다소 가혹하게 들릴지 모르지만, 어쩔 수 없다. 사실상 그것은 '교육의 질은 교사의 질을 능가할 수 없다'는 말을 (아마 지나치게) 직접적으로 표현한 것에 불과하다. 이것은 곧 교육과정 운영의 최종적인 제한 요소가 교사의 능력임을 의미한다. 교육과정 운영에 관여하는 사람들은 결코 이 요소를 도외시할 수 없다. 그리고 교육과정 운영의 결정적인 요소로서 교사 문제를 생각할 때, 우리는 비비가 말한 '교육의 역逆 연금술'에 생각이 미치게 된다.[1]

I 교육의 역 연금술

만약 교육의 질이 교사의 질을 능가할 수 없다면, 교사의 질 또한 교육의 질을 능가할 수 없다. 교육을 직접 담당하고 있는 사람은 교사이지만, 이 교사는 또한 다름 아니라 교사를 배출해 낸 교육(이것은

---

1) C. E. Beeby, 'Educational Aims and Content of Instruction,' George Z. F. Bereday(ed.), *Essays on World Education*(New York : Oxford University Press, 1969), p. 185.

또한 그 교사가 현재 수행하고 있는 교육이기도 하다)의 산물이다. 「발전하는 나라의 교육의 질」2)이라는 비비의 책은 바로 교육과 교사 사이의 이러한 역동적 관계를 밝히고 있다. 이 책에서 비비는 한 나라 의 교육 발전을, 마치 로스토우*가 경제 발전의 단계를 구분했듯이, 네 단계로 구분하고 있다(pp. 58~68). 즉, 1) 부인학교婦人學校 단계, 2) 형식주의 단계, 3) 과도기 단계, 그리고 4) 의미교육 단계**가 그것 이다.

비비는 이 네 단계를 구분하는 기준을 1) 교사의 '일반교육' 수준 과 2) 교사가 되기 위하여 받는 '훈련의 양과 종류'의 두 가지에 두었 다. (여기서 '일반교육'이라는 용어는 사범대학의 '일반 교양교육'만 을 의미하는 것이 아니라, 초등학교에서 고등학교까지의 교육을 포함 하여, 소위 교사가 되기 위한 '전문교육', 또는 비비의 용어로 '훈련' 이외의 교육 전체를 가리킨다.) 그러므로 비비가 구분한 교육의 네 가지 발전 단계는 상이한 교사의 특성(또는 자질)이 빚어내는 상이한 교육의 양상을 가리키는 것이다. '부인학교 단계'에서는 보잘 것 없는 일반교육을 받은 뒤에 훈련이라고는 전혀 받지 않은 교사들이 자기 자신이 겨우 배워 익힌 초보적인 지식이나 기능을 주로 기계적인 암기 식 방법에 의하여 가르친다. '형식주의 단계'에서 교사는 역시 보잘것 없는 일반교육을 받았지만, 교사가 되기 위한 훈련은 다소간 받은 사 람들이다. 이 단계에서 교사는 전문적인 훈련 과정에서 배운 방법상의 규칙을 신성불가침한 것으로 생각하며, 그 규칙을 적용하여 교과서에

---

* W. W. Rostow
** 이상 각 단계의 영어 명칭은 dame school stage, stage of formalism, stage of transition, stage of meaning이다.
2) C. E. Beeby, *The Quality of Education in Developing Countries*(Harvard University Press, 1966).

절대적으로 의존하면서 학생들을 가르친다. '과도기 단계'는 형식주의 단계에서 의미교육 단계로 나아가는 과도기이다. 이 단계에서는 형식주의 단계에서 추구되는 것과 동일한 목적이 보다 효율적으로 달성될 뿐이다. 마지막으로 '의미교육 단계'에서 교사는 가장 우수한 일반교육과 가장 우수한 전문적 훈련을 받은 사람들이다. 이 단계에서는 교육내용에 관한 학생들의 독립적인 사고와 '의미의 이해'가 강조되며 학생들의 교육에서 배우는 내용은 실지 생활 사태에서의 사고에 쉽사리 전이된다.

물론, 이 네 개의 발전 단계는 서로 명확하게 구별되어 있는 것이 아니며, 따라서 한 사회의 교육이 반드시 그 중의 어느 한 단계에만 속한다고는 말하기 어려울 것이다. 그러나 우선 '의미교육 단계'가, 비비의 발전 단계에서 마지막으로 제시되어 있는 것에서도 알 수 있듯이, 가장 '훌륭한' 교육이 이루어지는 상태이며 이때까지 전세계의 교육이 부단히 달성하고자 노력해 온 상태라는 것은 명백하다. '지식의 구조'를 가르치는 상태는 바로 이와 같이 교육이 달성하고자 하는 이상적인 상태를 가리킨다. 그것은 '훌륭한' 교육을 하려면 어떻게 교육해야 하는가를 보여 주는 것이다. 또 한편, 비비의 발전 단계는 앞에서 말한 교육의 '역 연금술'이라는 것이 있을 수 있다는 것을 보여 준다. (연금술은 납을 금으로 만든다는 중세기의 아이디어이며, 역 연금술은 그 반대로 금을 납으로 만드는 기술을 가리킨다.) 예컨대 '형식주의 단계'에 있는 교사가 '의미교육 단계'의 교육 원리에 따라 교육을 하려고 하는 경우에, 그 원리는 자신의 교육 경험으로는 전혀 이해되지 않을 것이며, 따라서 그 원리를 실천한다는 것은 그의 능력의 범위를 벗어나는 일일 것이다. '역 연금술'을 말한 비비 글의 한 부분을 인용하면,

세계 대부분의 지역에 걸쳐서 —심지어 가장 발전된 나라의 몇몇 학교에서도— 교실에서의 수업은 〔'지식의 구조'라는 말이〕 요구하는 것과는 거의 정반대의 모습을 나타내고 있다. 대부분의 '발전도상국'의 대다수 교실에서, 수업은 지루하고 판에 박은 듯하며, 교육이라는 것은 간단한 기술을 익히고 고정된 사실과 법칙을 암기하는 일, 그리고 나중에 그 결과를 시험 보는 일을 의미하는 것으로 되어 있다. 이 음울한 그림이 실지와 얼마나 부합하는가 하는 것은 국가나 학교 제도의 발전 수준에 따라 다르지만, 세계 전체에서 들리는 바에 의하면, '문제 해결'이나 '구조의 이해'가 아닌 맹목적인 암기가 후진국의 지배적인 특징이 되고 있다는 것, 그리고 선진국도 때로는 여기서 벗어나지 못하고 있다는 것을 알 수 있다. 교사들이 맹목적 암기에 의존하게 되는 주원인의 하나는 교사들의 '일반교육'의 수준이 낮다는 것(특히 초등학교 교사의 경우)이며, 따라서 이런 경우에는 새로운 교육 방법을 권유하고 훈련함으로써 교육을 개선하는 데에 한계가 있다. 자신이 가르치는 교과에 관하여 얕은 상투적 지식밖에 가지고 있지 않은 채, 자신이 이해할 수도 없고 진정으로 믿지도 않은 교육 방법을 강제로, 또는 권유에 의하여 사용해야 하는 교사는 가장 찬란한 아이디어를 납으로 만드는 기이한 '역 연금술'*에 귀신들려 있다고 볼 수 있다. 교과서는 바뀔지 모른다. 그러나 교사는 자신이 늘 해오던 일을 다른 이름 밑에서 해갈 뿐이다.3)

사실상, 이런 '역 연금술' 현상은 오늘날 '지식의 구조'와 관련해

---

* inverted alchemy
3) C. E. Beeby, 'Educational Aims…,' pp. 184~185.

서만 존재하는 것이 아니라, 진보주의 교육 당시에도 있었다고 보아야
한다. 극단적인 '진보주의 교육'이 빚어낸 넌센스는 듀이의 '찬란한
아이디어'가 많은 '역 연금술사'에 의하여 납으로 변해 버렸다는 것을
보여 준다. 1964년에 시작된 영국의 '뉴필드 초등과학 프로젝트'는
또 하나의 보기이다. 이 프로젝트에 의하면 교사는 아동의 '정상적인
학교 생활 장면'에서 과학적인 문제를 추출하여 아동의 '자발적 학습'
에 의하여 가르치게 되어 있다. 몇몇 실험 케이스에서 그 프로젝트에
적극적으로 참여한 '훌륭한' 교사들은 그 프로젝트에 따라 훌륭한 과
학을 가르쳤다. 그러나 대부분의 영국 교사들에게 그 프로젝트의 요구
는 무리한 요구였다. 그들은 끊임없이 '학습 키트'와 '학습 카드'를
제작해 달라고 요청하였고, 과학을 종전처럼 정규과목으로 시간표에
넣어 달라고 요청하였다. 그리하여 프로젝트 출범 후 2년 만인 1966년
프로젝트의 종료와 더불어 '뉴필드 과학'은 영국에서 사라지고, 바다
를 건너 캐나다 온타리오의 몇몇 열성적인 교사들에 의하여 새로운
형태*로 다시 살아났다.

　　교육과정 운영에 관심을 가지고 있는 사람은 그 운영의 모든 과정
에 걸쳐서 '교사' 요인을 언제나 염두에 두고 있어야 할 것이다. 비비
가 말한 바와 같이, '어떤 교과든지, 올바른 형식으로 표현하면(또는
그 지적 성격에 충실한 형태로), 어떤 발달 단계에 있는 어떤 아동에게
도 효과적으로 가르칠 수 있다'는 브루너의 말에 대하여, '그러나 "어
떤 교사에 의해서도" 가르칠 수 있는가' 하는 것은 교육과정을 운영하
는 사람에게는 당연한 반문이다(1969, p. 183). 위의 브루너의 말이
명실공히 올바른 의미를 가지려고 하면 거기에는 반드시 '올바른 자격
을 갖춘 교사에 의하여'라는 조건이 첨가되어야 한다. '지식의 구조'와

---

* ESES(Early School Environment Study)

관련된 교육과정의 아이디어가 아무리 찬란하다 하더라도 그 아이디어를 실천할 수 있는 교사가 없다면 그것은 필경 어둡고 무거운 납덩이로 바뀌고 만다. 교육과정을 운영하는 사람이 교육의 개선을 위하여 노력하려고 하면, 그는 반드시 '훌륭한' 교사가 배출되는 데에 무엇보다도 관심을 가져야 할 것이다. 이 점에서 보면 교육의 개선을 위한 '전략상' 최우선적인 또는 심지어 유일한 거점은 교사 교육에 있다고 말할 수 있다. 그러나 비비의 분석이 역력히 보여 주는 바와 같이, 교사 교육을 개선하기 위해서는, 적어도 상당한 정도로는, 초등학교에서 시작하여 교육전체를 개선하지 않으면 안 된다. 교사 교육에서 배출되는 교사의 질은, 적어도 상당한 정도로는, 그 교사가 교사 교육을 받으러 오기 전에 그가 받는 '일반교육'의 질에 의하여 결정되기 때문이다. '교육은 성년식'이라는 말을 반대편에서 해석하면(6장, 9장), 우리가 사람들을 교육하는 일은 곧 장차 다른 사람들을 교육할 교사를 길러 내는 일을 의미한다고 말할 수 있을 것이다.

Ⅱ 「교육과정」에서 「학습지도안」까지

교육과정을 운영하는 데는 여러 가지 복잡한 문제가 있을 것이다. 그 문제들을 낱낱이 조사하는 데는 저자의 능력이 미치지 못하기 때문에, 이 절에서는, 다소 외람되지만, 이 책의 전체적인 논지와 직접 관련되는 범위 안에서 교육과정 운영을 위한 한 가지 제의를 하고자 한다. 이 제의는 현재 우리나라의 교육과정 운영 현실이 어떠한가에 상관없이 타당성을 가진다고 생각된다. 저자는 이 제의가 당장 실현 가능하다고는 생각하지 않지만 적어도 그것이 상당히 오랜 시간을 두고 우리가 나아가야 할 방향을 제시할 수 있으리라고 믿는다.

우선 무엇을 가르쳐야 할 것인가 하는 문제에 관하여, 브루너가 말한 교과의 '핵심적 아이디어'라는 것을 생각해 보자. 앞에서도 말한 바와 같이(이 책 p. 228), 각 교과에서 가르쳐야 할 '핵심적 아이디어'는 그리 많지 않을 것이다. 물론, 각 교과에 관련되는 '단편적 사실'을 들자면 그야말로 방대하겠지만, 그 교과를 이루고 있는 '핵심적 아이디어', 그리고 그 교과에서 꼭 알아야 할 아이디어는 별로 많지 않다 (예컨대, 사회과의 경우, '사람들은 사회에서 일을 나누어 맡아 본다 〈분업〉' 따위). '나선형 교육과정'(8장 4절)이라는 용어가 의미하는 바와 같이, 이 '핵심적 아이디어'는 초등학교에서 대학에 이르기까지 모든 교육 수준에 걸쳐 이해되고 탐구되어야 할 교육내용이다. ('분업' 은 뒤르껭이 본격적인 사회학 연구의 주제로 삼은 일이 있으며, 또 오늘날 사회학에서도 중요한 연구 분야가 되고 있다. 그리고 그 아이디어는 '발달 수준을 적절하게 고려하면' 유치원 아이들에게도 이해될 수 있고, 또 유치원 아이들도 사람인 이상 '분업'이라는 현상에 관하여 '생각'해 볼 권리가 있다.)[4]

이 고찰을 기초로 하여 구체적인 제안을 하자면, 먼저 각 교과에 관련되는 학자 또는 교과 전문가들이, 상당히 장기간을 두고 또 계속적으로 각 교과에 들어 있는 그러한 '핵심적 아이디어'를 추출하는 일을 하여야 한다. 이때 가장 중요한 고려 사항은 '경제의 원칙' — 다시 말하면 이 교과에서 무엇 무엇을 '가르칠 수 있는가'가 아니라, 무엇 무엇을 '꼭 가르쳐야 하는가' 라는 데에 있어야 한다. 그 다음에

4) 다음 절에서 설명되는 바와 같이, 이 사태는 오히려 다음과 같이 기술되어야 한다. 즉, 오늘날 사회과에서 '분업'이 교육내용으로 취급되고 있는 것은 예컨대 뒤르껭이 한때 그것을 연구주제로 삼았기 때문이며, 그 아이디어가 후세 사람들이 사회현상을 이해하는 데에 중요한 시사를 주었기 때문이다.

그 아이디어를 각 학년 수준에서 어느 정도로 '깊이 있게' 다룰 것인가를 결정한다. 이 결정에 적용되는 엄밀한 기준은 찾기 어려우며, 대개의 경우에 '실제적으로' 판단될 수밖에 없을 것이다. 이때 교과 전문가들은 각 학년 수준별로 가르쳐야 할 핵심적 아이디어가 어떤 종류의 아이디어인가(어떤 종류의 지식인가, 그것을 안다는 것은 무엇을 의미하는가, 그것이 담고 있는 사고 과정은 어떤 것인가)를 그 학년 수준에서 취급되어야 할만큼 상세하게 써야 한다. 이렇게 써 놓은 책이 바로, 현재 우리가 알고 있는 문교부 발행의 「교육과정」(또는 그 원래의 모습)이다. 이것은 또한 교사에게 그가 가르쳐야 할 교육내용을 가르쳐 준다는 뜻에서 「교사용 지침서」라는 것과 동일하다. 이 「교육과정」에는 필시 학생용 교과서가 아울러, 활자를 달리하여 인쇄될 것이다. 이 「교육과정」에는 또한, 만약 편집의 묘를 살린다면, 학생용 교과서의 내용과 '핵심적 아이디어'와의 대응도 표시할 수 있을 것이다.

여기에 앞 절에서 말한, 교육과정 운영의 요소로서의 '교사' 문제가 연결된다. 교사를 위하여 '핵심적 아이디어'를 선정하고 해설하는 교과 전문가들은 주로 사범대학(또는 일반적으로 교사양성기관)의 각 학과 교수들이므로, 그 교수에게서 배우는 학생들은 해당 분야의 전문적 지식을 배우는 것과 동시에, 그 지식이 교육을 위하여 어떻게 '번역'되는가를 배울 수 있을 것이다. 말하자면 사범대학 학생들은 바로 장차 자신이 교실에서 가르쳐야 할 지식을 배우는 것이다. 이와 관련하여, 교육과정 개발(또는 개정) 작업을 위한 한 가지 구체적인 제안을 해볼 수 있다. 종래의 관례와는 달리, 교육과정 개발은 초등학교에서 시작하여 중·고등학교로 '올라가는 순서'로 진행될 것이 아니라, 고등학교에서 시작하여 중학교·초등학교로 '내려오는 순서'로 진행되는 것이 바람직하다. 이 새로운 방안에서는 '핵심적 아이디어'의 계열을 적정화하기가 더 용이하다. 또한, 「교육과정」 책자는 학교급별로 편찬되는 대신에(또는 그와 병행하여) 교과별로 편찬되는 것이 바람직하다. 이 책에 계열화되어 있는 '핵심적 아이디어'를 실지 수업사태와 관련하여 이해하고 토론하는 것이 교사양성기관 각 학과 '전공과정'의 주요부를 이룬다.

틀림없이, 저자는 교육과정을 운영하는 일을 너무 단순화하여 말하고 있다. 그러나 저자는 그 이상 자세하게는 말할 능력이 없다. 다만, 이런 관점에서의 교육과정 운영의 한 가지 보기로서, 저자는 브루너가 '인간'을 가르치기 위하여 만든 '교수요목'5)을 참고하도록 권유한다. 이 '교수요목'은 '인간답다는 것이 무엇을 의미하는가'라는 문제를 다룬다. 이 문제는 발달 수준 여하를 막론하고 모든 사람이 생각해 보아야 하는 공통 관심사이다. 여기서 브루너는 인간에 관한 '핵심적 아이디어'를 1) 언어, 2) 도구, 3) 사회조직, 4) 육아, 5) 세계관의 다섯 가지 영역으로 나누어 해설하고 있다. 이것은 앞에서 말한 바와 같은 의미에서의 「교육과정」의 청사진이라고 볼 수 있다.

「교육과정」에 의하여 수업을 할 때, 교사는 자신의 '학습지도안'을 작성하게 되어 있다. 현재 학교에서 사용중인 학습지도안은 학교에 따라 조금씩 차이가 있지만, 수십년을 두고 거의 동일한 형식으로 전해 내려 오고 있다. 이제 우리는 학습지도안이 현재와 같이 획일적인 형식으로 쓰여야 하는가를 문제삼을 때가 되었다. 예컨대 브루너의 '인간 : 교수요목'으로 수업을 한 어떤 교사의 학습지도안을 보면 다음과 같다.

---

5) J. S. Bruner, 'Man : A Course of Study,' *Toward a Theory of Instruction*, pp. 73~112. 이영덕, 「교육의 과정」, pp. 217~239에 전문이 번역되어 있다.

학습지도안

1. 북극 겨울의 상황을 대강 설명한다.

2. '겨울의 행렬' 영화에 관하여 이야기를 해 본다. 누가 마지막으로 걸어가고 있었는가? 왜 그 노인의 가족은 그 노인의 처지를 염려하고 걱정해 주지 않았는가?

3. '킥타크 할머니' 이야기를 읽힌다. 〔아래의 이야기를 먼저 읽고, 이하를 읽을 것〕

4. 질문 : 킥타크 할머니를 대우하는 문제에 관하여 어떤 태도들이 제시되어 있는가?

5. 이들 상이한 태도에 관하여 의견을 발표하도록 한다.

6. 질문 : 어느 특정한 사회에는 오직 한 가지 사고방식이나 행동양식만 있는가? 어느 특정한 문제에 관하여 우리는 모두 똑같은 생각을 하는가? 이 이야기에서 에스키모들은 모두 똑같은 생각을 하는가? 우리가 에스키모의 환경(즉, 그 환경에서 살아가기가 얼마나 어려운가 하는 것)을 이해한다면 에스키모의 느낌이 우리의 느낌과 어째서 다른가를 보다 잘 이해할 수 있을 것이다. 그러나 우리가 이야기에서 알 수 있는 바와 같이, 이러한 환경속에서도 사람들의 생각에는 개인차가 있다. 사람들은 각각 다르게 행동하고 다른 것을 믿고 다른 느낌을 가진다.

7. 우리는 이때까지 북극의 기후가 에스키모에게 어떤 영향을 미치는가를 알아 보았다. 이제 에스키모들이 그 환경을 어떻게 활용하면서 살아가는가를 알아 보자.

8. 얼음집 짓는 방법에 관한 영화를 보여 준다.

킥타크 할머니

물개 사냥이 시원치 않을 때, 에스키모들은 여기저기로 옮아 다니지 않으면 안 된다. 특히 겨울에 물개 사냥이 시원치 않으면 사냥꾼들은 물론이지만 무엇보다도 노인들이 아주 고생을 한다. 노인들을 어떻게 대우하는가 하는 것은 물론 가정에 따라 다르다. 어느 사회에나 마찬가지이지만, 마음씨 착한 아들이나 사위가 있 는 반면, 못된 아들이나 사위도 있다. 그리하여 노인들의 운명은 이들 젊은이들의 손에 달려 있다.

물개를 찾아 여기저기로 옮아다니는 것은 마치 대부대 이동 과 같다. 남자 여자 할 것 없이 가지고 있는 재산 전부를 운반하지 않으면 안 된다. 물론, 재산이라고 해야 얼마되지 않지만, 조그맣 고 보잘 것 없는 썰매에 옷가지며 잠자리며 가구 등속을 얹어 놓으면 사람이 앉을 자리가 없다. 썰매는 긴 행렬을 이루어 얼음 위를 미끄러져 가며 새로운 눈집을 지을 장소를 찾는다. 남자 여 자 할 것 없이 온 가족은 썰매를 끄는 개를 북돋아 주지 않으면 안 된다. 마침내 사냥이 잘 될 듯한 곳에 다다르면 거기서 짐을 부리고 살 집을 만든다.

썰매가 가는 속도는 그다지 빠르지 않다. 아이들은 아주 나 이 어리면 몰라도 걸어서 썰매를 따라오지 않으면 안 된다. 가장 곤란한 것은 노쇠한 노인들이다. 그들은 신경통 있는 다리를 끌며 언제나 뒤쳐져 따라 온다. 썰매가 아무리 천천히 간다 하더라도, 노인들은 빨리 따라 오지 못하기 때문에, 다른 사람들이 눈집을 다 지을 때쯤 되어서야 겨우 도착한다.

어떤 에스키모 가정에 킥타그라는 할머니가 있었다. 킥타크 할머니는 테리사크라는 여자의 어머니요, 아르페크의 장모였다.

테리사크와 아르페크가 여기저기 옮아다니는 동안, 킥타크 할머니는 때로 두꺼운 외투도 없이 얇은 속옷만 입은 채, 한겨울 얼음판에 혼자 남아 있어야 했다. 날씨가 지독하게 추울 때도 킥타크할머니는 썰매 뒤를 쫓아갈 수 없기 때문에 얼음판에서 밤을 지내야 했던 적이 있다. 그 때마다 킥타크 할머니가 죽지 않고 산 것을본 마을 사람들은 '아직 죽지 않은 것을 보면, 어지간히 살고 싶은모양이야'라고 말했다.

누군가가 이 마을 사람들에게 아르페크가 장모를 좀 더 잘보살펴 주어야 할 것이 아닌가 하고 물었을 때, 그 마을 사람들중의 한 사람은 다음과 같이 말하였다.

'우리라고 해서 노인들을 나쁘게 대접하고 싶은 사람은 하나도 없습니다. 우리 자신도 언젠가는 늙게 될 테니까요. 아마 우리중에도 아르페크가 장모를 좀 더 잘 보살펴 주어야 한다고 생각하는 사람이 있을 것입니다. 적어도 옷은 넉넉히 입혀야 한다고 말입니다.'

'또 어떤 사람들은 아르페크가 올해 워낙 사냥 운수가 나빠서 아내와 자식 옷도 겨우 입힌다고 하면서, 아르페크를 두둔하는사람도 있어요. 우선 아내와 자식들을 먼저 돌봐야 한다는 것이지요. 그도 그럴 것이, 아내와 자식들이 더 가까울뿐더러, 장차 살수 있는 햇수도 더 많거든요. 늙은 사람에게는 장래가 없는 것입니다.'

'또 다른 사람들 중에는 아르페크가 자기 장모를 썰매에 태우고 가든지, 아니면 적어도 눈집을 다 지은 뒤에는 온 길을 도로돌아가 장모를 데리고 와야 한다고 생각하는 사람도 있습니다.그러나 어떻게 그럴 수가 있습니까? 개라고는 단 두 마리밖에 없고, 이 두 마리 개를 데리고 자기 아내와 함께 이리저리 썰매를 끌고 다녀야 하니까 말입니다. 이튿날 아침, 물개 구멍까지 시간 맞춰 가려고 하면 장모를 구하기 위하여 그 전에 살던 집까지 왔다갔다 할 시간이 없습니다. 말하자면 아르페크는 어차피 곧 죽을 사람을 구하느라고 아내와 자식을 굶주리게 할 것인가를 결정해야지요. 형편이 이렇고 보면 아르페크를 나쁘다고 할 수만은 없을 것입니다.'

'차라리 우리로서 알 수 없는 일은 킥타크 할머니가 인제는 혼자서 아무 일도 못하면서 여전히 자식과 손자들에게 짐을 지우고 있다는 점입니다. 우리 풍습으로 보면, 노인이 혼자서 어쩔 수 없을 때, 죽음이 그 사람을 잡아가지 않으면 그 사람이 스스로 죽음을 찾아가는 것이 온당합니다. 노인들이 그렇게 하는 것은 이 이상 살고 싶지 않아서가 아니라, 살아서 가까운 사람들에게 폐를 끼치기 싫다는 뜻에서입니다.'[6]

아마 학습지도안은 이것보다는 상세해야 할지 모른다. 그러나 학습지도안의 형식은 '기능'에 의하여 결정되어야 한다. 다시 말하면, 학습지도안은 교육내용에 관한 교사 자신의 사고, 그리고 학생들에게 일깨워 주고 싶은 사고를 충실히 나타낸 것이면, 충분히 그 기능을 발휘할 수 있다고 보아야 한다.

---

6) R. M. Jones, *Fantasy and Feeling in Education*(New York : New York University Press, 1968), pp. 29~31.

Ⅲ 이해하는 것이라야 가르칠 수 있다

한 교사에 의한 교육의 질이 교사의 질에 의하여 결정되는 것과 마찬가지로, 한 국가나 민족을 두고 생각해 보면, 그 교육의 질은 그 민족과 국가의 지적 수준에 의하여 결정된다고 볼 수 있다. 이 점은 근래 교육내용에 관하여 활발하게 대두되는, '우리의 것'을 가르쳐야 한다는 주장과 관련하여 특히 중요한 의미를 가진다. 이제 저자는 교육에서 '우리의 것'을 가르쳐야 한다는 주장이 어떤 의미를 가질 수 있는가를 생각해 보겠다.

저자는 감히 하나의 사적인 경험을 단서로 하여 이야기를 시작하겠다. 그것은 저자가 미국에서 공부하고 있을 때, 그곳 도서관에서 1898년 기포드라는 사람이 지은 「한국의 일상생활」7)이라는 책을 읽었을 때의 경험이다. 이 책에서 그는 8년간 우리나라에서 선교사로 일한 경험을 토대로 하여 한국의 이모저모를 소개하고 거기에다가 자신의 의견을 덧붙이고 있다. 그 중 교육제도에 관한 부분에서, 먼저 그는 그 당시 서당의 풍경을 세세하게 묘사하고 난 뒤에 다음과 같이 말하고 있다.

새벽부터 해가 질 때까지 이 젊은이들은 때로 소리내어 읽기도 하고 한자를 쓰기도 하고 때로는 훈장에게 중국 고전의 내용을 암송하기도 한다. 그 중국 고전이라는 것은 옛날 성현의 말과 '의사역사'擬似歷史*로 가득차 있지만, 우리 주 예수 그리스도의 오늘날 세계를 이해하는 데에 도움이 될 것이라고는 거의 없다. 가

---

* pseudo-history

7) Daniel L. Gifford, *Everyday Life in Korea : A Collection of Studies and Stories*(New York : Fleming H. Revell, 1898).

장 피상적인 수준에서나마 한국 사람을 알고 있는 사람은 오랜 전통에 빛나는 이 나라의 교육제도에 무엇인가 근본적인 결함이 있음을 느낄 수 있을 것이다.

　나는 그 제도가 전적으로 실패했다고 비난할 생각은 없다. 만약 교육받은 한국 사람들이 '둔한 사람들'이라고 생각한다면 이것은 잘못이다. 교육적 가치를 두고 말하면, 한국 사람들에게 중국 고전의 공부는 서양의 학생들에게 희랍과 로마의 고전 공부와 동일한 교육적 가치를 가지고 있는 것이다. 어려운 언어에 통달하려는 노력은 그 자체가 정신도야 효과를 나타낸다. 단순히 윤리학 체계로서의 공자와 맹자의 논술, 게다가 효에 대한 지나칠 정도의 강조는 결함이 없지 않아 있지만, 거기에는 또한 다분히 미美와 진眞의 요소가 포함되어 있다는 것도 의심할 여지가 없다. 그리고 중국의 단어와 어구가 한국말에 깊이 뿌리박혀 있어서, 한국 사람들은 우선 중국 글자를 배우지 않고는 자기 나라 말을 완전히 배울 수가 없다.

　그러나 이 모든 것을 받아들인다 하더라도, 한국의 서민 교육에는 개선의 여지가 많다. 하나의 제도를 평가하는 가장 좋은 방법은 그 제도의 완성품을 조사하는 방법이다. 그러므로 이제 보통의 교육받은 한국 사람들을 살펴 보자. 그는 다소간 명석하고 세련된 머리를 가지고 있다. 그의 기억력은 특히 잘 훈련되어 있다. 그는, 어느 편인가 하면, 잘 빻게 되어 있는 방앗공이와 같지만, 빻을 가치가 있는 내용이라고는 아무 것도 없는 상태에 있다고 볼 수 있다. 게다가 기가 막히는 일은, 한국 사람이란 대개의 경우에 소크라테스라 하더라도 그 무지를 깨닫게 할 수 없을 만큼 아는 체 한다는 것이다. 그는 현대적인 것이면 모든 것에 대하여 색맹이다. 그의 시력視力은 과거, 특히 중국의 과거에 국한되어 있다. 그는 옛날부터 전해 내려오는 전통과 풍습에 노예가 되어 있다. 그의 사고에는 폭도 없거니와 독창성도 없다. 그는 또한 도덕적인 면에 있어서도 결함이 있다. 자기자신과 동등한 지위에 있는 사람들에게 그는 의례적이라고 할 만큼 정중하게 대하며, 여기에는 그 나름으로 매력조차 있다. 그러나 조금이라도 액면 그대로 믿어서는 안 된다. 진심으로 그렇게 하는 것이 아니기 때문이다. 한국 사람이 허심탄회하게 다른 한국 사람을 믿는 경우가 있는가? 게다가 자기자신보다 낮은 지위에 있는 사람에 대하여 한국 사람은 인도의 브라만 계급에 필적할 만한 경멸을 가지고 있다.

그는 또한 육체활동을 하는 것보다는 차라리 굶어죽는 편이 낫다고 하는 그릇된 오기를 가지고 있다. 그의 지배적인 인생철학은 이기적 개인주의라고 부르는 것이 가장 적합하다. 그의 마음속에는 이해관계를 떠난 공공정신이라든가 이웃에 대한 진정한 사랑 같은 것을 거의 찾아볼 수 없다. 천성으로 명석하고 또 여러 가지 면에서 재미있는 한국 사람에게 특히 필요한 두 가지, 그리고 현재 교육제도가 한국 사람에게 심어주는 데에 분명히 실패하고 있는 두 가지는, 첫째, 넓은 지적 안목, 그리고 둘째, 깊은 도덕적 정신이다(pp. 171~173).

위에 인용된 글은 저자가 기포드의 책을 읽고 모욕감에 떨리는 손으로 베껴온 것의 일부분이다. 이 책과 함께 저자는 1966년 나온 맥큔의 「고요가 깨어진 한국」[8]이라는 책도 읽었다. 여기에는 '한국의

---

8) Shannon McCune, *Korea : Land of Broken Calm*(Princeton, N.J. : Van Nostrand, 1966).

전통적 생활방식'이라는 장에서 언어, 의복, 음식, 가옥, 가족제도 등에 관하여, 우리가 늘 그 속에 완전히 들어 있기 때문에 거의 의식조차 할 수 없는 것들을, 비록 '오늘날에는 달라지고 있다'는 후렴을 덧붙이기는 하지만, 거의 대부분의 경우에 다분히 경멸적인 논조로 자세하게 적고 있다.

특히 기포드의 그 부분을 읽었을 때 저자는, 위의 글을 읽은 대부분의 독자들과 마찬가지로, 당장 그 책을 불살라 버리고 싶은 충동을 느꼈다. 물론 우리는 그러한 말에 대하여 우리의 조상을 욕되게 하는 못되어 먹은 선교사의 말이라고 한다든지, 자기자신의 사고방식이나 가치관에 비추어 우리 민족을 함부로 평가하는 덜된 수작이라고 일축해 버릴 수 있을지 모른다. 그러나 다음 순간, 우리는 그러한 말이 옳은 말이든지 그른 말이든지 간에, 기포드나 맥큔 이상으로 우리에 관하여 알고 있는가? 그리하여 그 글을 읽었을 때에 저자는 자라나는 세대에게 한국과 한국 사람과 한국의 사고방식, 생활양식에 관하여 가르칠 필요가 있다고 생각하였다. 이 생각은 매우 모호한 일종의 '정서적 반응'이었다. 그러나 구체적으로 무엇을 어떻게 가르칠 것인가? 그 후 다행하게도 우리나라 교육계에는 '한국의 것'을 가르쳐야 한다는 주장이 일어났다. 그러나 다시, 구체적으로 무엇을 어떻게? 이 질문이 명백하게 해답되지 않을 때, 한국의 것을 가르쳐야 한다는 주장은 선전적인 구호에 그치거나, 종래 교육내용에 영향을 주었던 사람들을 감정적으로 비난하는 수단으로 악용될 가능성이 있다.

만약 누군가가 현재 우리나라 학교에서 다루어지고 있는 내용 중에서 '우리의 것'과 '남의 것'이 각각 어느 정도의 비율을 차지하고 있는가를 조사하려고 하면, 그 노력은 명백하게 실패로 돌아갈 것이다. 교육내용에 관한 한, 우리의 것과 남의 것의 구별이 그다지 확연하지 않다. 우리가 알고 있는 것 중에는 '남'에게서 배운 것이 상당히 있는 것이다. 예컨대 칸트의 사상이나 뉴톤의 물리학은 분명히 '우리의 것'이 아니다. 그러면 그것은 칸트나 뉴톤이 독일 사람, 영국 사람이기 때문에, 독일의 것, 영국의 것인가? 설사 그것이 독일의 것이나 영국의 것이라 하더라도 그것을 우리의 교육내용에서 덜 중요시해야 한다는 주장은 분명히 무리한 주장이다. 이것은 마치 독일 사람이나 영국 사람이 칸트의 철학이나 뉴톤의 물리학을 자기네의 것이라고 주장하고 그것을 각각 자기네의 교육내용으로서 보다 중요시해야 한다고 주장하는 것을 상상하기가 어려운 것과 같다. 그것은 우리의 것인지 남의 것인지가 불분명한 인류 공동의 것이며, 그럼에도 불구하고 '우리'가 마땅히 알아야 할 것임에는 틀림이 없다.

또 한편, '우리의 것'을 아주 피상적인 수준에서 해석하여, 한국이나 한국 사람에게 직접 관련되는 것이라고 본다 하더라도, 과연 이때까지 우리의 교육내용에는 이런 것들이 포함되어 있지 않았는가? 아무도 그렇다는 증거를 찾을 수가 없을 것이다. 우리는 국어과에서 한글과 한국어를 가르치고 있고, 한국의 지리, 역사, 그리고 문화를 가르치고 있다. 하다 못해 초등학교 과학과에서 관찰하는 봄 동산의 꽃도 한국의 꽃이다. 이 점으로 보면, 우리나라 교육내용에는 그 이상 '우리의 것'을 강조해야 한다는 주장이 무엇을 의미하는지 모를 정도로, 우리의 것이 충분히 강조되어 있다고 보아야 할 것이다.

이와 같이 우리의 교육내용 중의 상당한 부분이 우리의 것인지 남의 것인지 확연하게 구분되지 않는 것이요, 또한 우리의 교육내용 중에는 명백하게 우리의 것이라고 볼 수 있는 것들이 이미 상당히 많이 포함되어 있다고 하면, 교육내용에서 우리의 것을 강조해야 한다는 주장은 하등 의미도 가질 수 없는가? 저자는 그렇게 생각하지 않는

다. 독자는 7, 8년 전 기포드의 글을 읽고 우리의 것을 가르쳐야 한다
고 생각했을 당시의 저자의 '정서적 반응'을 동정적으로 상상해 주기
바란다. 그때의 경험은 그 뒤 악령처럼 이따금씩 되살아나서 저자를
괴롭혔다.

　'우리의 것'을 가르쳐야 한다는 것은 무엇을 의미하는가? 말하자
면 그것은 우리나라 사람들의 사고방식과 생활양식이 어떤 것인가,
그리고 그것은 세계 다른 나라의 그것에 비하여 어떤 특성을 가지고
있는가를 알도록 가르치는 것이라고 일단 생각해 볼 수 있다. 이렇게
만 생각하더라도 그것은 당장 칸트가 독일 사람이요, 뉴톤이 영국 사
람이기 때문에 칸트 대신에 이퇴계의 철학을 가르치고 뉴톤 대신에
첨성대의 천문학을 가르쳐야 한다는 뜻으로 해석될 것이 아니다. 뿐만
아니라, '김장 채를 써는 것'을 가르치거나 학생들에게 박물관을 견학
시키는 것이 '우리의 것'을 가르치는 방법이 된다고는 더욱 볼 수 없
다. 관점에 따라서는 우리나라 사람들의 사고방식과 생활양식이라는
것은 우리나라 사람이라면 누구나 그 속에서 살고 있는 것이요, 따라
서 우리나라 사람이라면 누구든지 알고 있는 것이라고 생각할지 모른
다. 그러나 우리나라 사람들의 사고방식과 생활양식이라는 말이 참으
로 이런 수준의 것을 가리킨다면, 그것은 따로 가르칠 필요가 없을
것임은 물론이요, 그것을 학문적으로 연구할 필요는 더욱 없을 것이
다. (심지어 우리의 일상생활에서 관찰될 수 있는 부분에 대해서 조차
우리가 과연 잘 알고 있는가 하는 것은 의문이다. 이 말이 별로 믿어지
지 않는 독자가 있으면, 실지로 맥큔의 책을 구하여, 우선 그가 한국의
옷이나 김치, 또는 가옥의 구조에 관하여 어떻게 말하고 있는가를 읽
어 보기 바란다. 그것은 우리 모두에게 익숙한 것들이지만, 사실상
너무나 익숙한 것들이기 때문에 그것에 관한 극히 피상적인 기술조차

도 우리에게는 아주 낯선 것으로 들리는 것이다.)

우리나라 사람들의 사고방식과 생활양식을 가르치기 위해서는, 논리적으로 말하여, 그것을 이해하려는 노력이 선행되어야 한다. 이 점을 파악하는 데는 칸트나 뉴톤의 이론이 세계 어느 나라의 것도 아닌 채로, 어느 나라에서든지 중요한 교육내용이 된 경위를 생각해 보는 것이 도움이 될 것이다. 그렇게 된 것은 애당초 그런 이론이 훌륭한 이론이었기 때문이기도 하지만, 그에 못지 않게 중요한 이유로서, 후세 사람들이 그것을 이해할 가치가 있는 것으로 인정하고 많은 사람들이 오랜 세월을 두고 그것을 이해하고자 노력했기('절차탁마') 때문이라고 보아야 할 것이다. 그리고 그것을 이해하려고 노력한 결과로 사람들은 그것을 자라나는 사람들에게 가르쳐 줄 필요가 있다고 생각했을 것이다. (이른바 '우리의 것'으로서 칸트나 뉴톤의 이론과 같이, 세계 어느 나라에서나 교육내용으로서 중요시할 만한 학문적 업적이 없다는 것은, 적어도 현재로서는, 우리가 받아들여야 할 엄연한 사실일지 모른다. 그러나 그것은 우리에게 그런 훌륭한 이론이 없었기 때문인가, 아니면 우리가 그것을 이해하려는 노력을 게을리 했기 때문인가?) 위에서 말한 경위는 우리나라 사람들의 사고방식이나 생활양식을 가르치고자 할 경우에도 마찬가지로 적용되어야 한다. 우리는 먼저 그것을 이해하고자 노력해야 하며, 그 노력의 결과로 무엇인가 학생들에게 가르칠 가치가 있다고 생각되는 것을 가지게 될 것이다. 그러므로 만약 우리가 '우리의 것'을 가르치려는 자세를 다시 가다듬어야 한다면, 그 일은 초등학교에서 시작할 것이 아니라, '우리의 것'을 갈고 닦고 연구하는 대학이나 대학원에서 시작하여야 할 것이다. 이것은 앞 절에서 말한 교육과정 운영 전반의 원리와 완전히 일치한다고 볼 수 있다.

　　결국 우리의 것을 가르쳐야 한다는 주장은 우리의 것이 무엇인가를 탐구하고 이해해야 한다는 주장으로 귀착된다. 이것은 하등 신기할 것도 없는 다분히 진부한 논리적 포인트이다. 만약 이 논리적 포인트를 받아들인다면, 우리는 또한, 우리의 것을 가르쳐야 한다는 주장이 아직 모종의 의미를 가지는 한, 우리가 이때까지 우리의 것을 이해하는 데에 충분히 힘을 기울이지 않았다는 것도 인정하지 않으면 안 된다. 그러나 근래 각 학문 분야에서 '우리의 것'을 밝히고자 하는 연구가 활발히 전개되고 있거니와, 이것은 장차 우리의 것을 가르치는 일에 좋은 전망을 보여주는 것이라고 생각된다. 장차 그런 연구의 결과로 '우리의 것'이 확인되면, 각 분야마다 학생들에게 가르쳐야 할 교육내용을 제시할 수 있을 것이다. 아마, 이해하는 '한편' 가르쳐야 한다는 쪽이 더 정확한 표현일 것이다.

　　우리의 것을 가르치기에 앞서 먼저 우리의 것을 이해해야 한다는 주장이 진부하기는 하지만, 그것을 도외시할 때 어떤 결과가 올 것인가 하는 것은 그다지 깊이 따져 보는 일이 없는 듯하다. 우리의 것에 관한 이해가 없는 상태에서 우리의 것을 가르치려고 하는 노력은 흔히 말하듯이 '반만년 역사'나 '오천년 문화민족'이라는 식으로 다분히 감정적 또는 감상적인 수준에서 우리의 것을 거의 맹목적으로 영광화하도록 가르치는 것에 그칠 수밖에 없을 것이다. 이 말을 하는 저자의 의도에 오해가 없기를 바란다. 저자는 '반만년 역사'나 '오천년 문화민족'이라는 말이 못마땅하다든가 그런 말을 하지 말아야 한다고 주장하는 것이 아니다. 저자가 말하고자 하는 것은 오직 그 말이 아무런 구체적인 의미를 지니지 않은 채, 입에 발린 구호로 사용되어서는 안 된다는 것이다. 그렇게 가르치는 것은 '우리의 것'을 가르치는 올바른 방법이 아니다. 왜냐하면 그런 방법으로 '우리의 것'을 가르친 결과는 오늘날 우리의 현실을 보는 학생들의 '관점과 태도'에 그다지 중요한 영향을 미칠 수 없기 때문이다. 오히려 '우리의 것'을 가르치는 일은, 그 순서를 뒤집어서, '반만년 역사'나 '오천년 문화민족'이라는 말을 올바로 이해하는 '관점과 태도'를 기르는 일이 되어야 할 것이다.

솔직히 고백하자면, 저자는 7, 8년 전 기포드의 글을 읽었을 때 대단히 충격을 받았기는 하지만, 그것이 과연 그 당시 우리 조상들의 참모습이었는지 알 수가 없었다. 앞으로 저자와 같은 경우를 당하는 우리 후세는 저자보다는 훨씬 우리 조상에 관하여 더 많이 알고, 그런 말을 훨씬 가라앉은 마음으로 대할 수 있게 되었으면 한다. 우리는 우리이기 때문에 기포드나 맥큔보다는 우리 자신에 관하여 더 잘 알 권리가 있는 것이다.

12
잠재적 교육과정

<big>이 때</big> 까지 이 책에서 논의한 교육과정은 모두 '의도적 계획'
을 나타내고 있다. 잭슨의 적절한 용어를 빌어 표현하
면, 이때까지 이 책이 다룬 내용은 교육의 '작용전前 양상'*이라고 부
를 수 있다.1) 적어도 이 책이 다룬 내용을 교사가 학교 사태나 수업
장면에서 실지로 '연출'할 때까지는 그러하다. 여기에 비하여 교사의
연출 장면은 '상호작용 양상'**이라고 부를 수 있다.

　　교육에 종사하는 사람은 교육과정을 '계획'하고 그 계획을 '실천'
하는 것과 동시에 적어도 이따금씩 그 계획이 실천되는 '모양'에 관심
을 가질 필요가 있다. 우선, 교육의 상호작용 양상은 작용전 양상과
근본적으로 판이하다. 교사가 집에서 혼자 내일 수업을 준비할 경우에
는 충분히 여유를 가지고 '계획'할 수가 있다. 그러나 당장 6, 7십
명의 학생들을 앞에 두고 그들과 상호작용을 해야 하는 장면에서 교사
는 작용전 양상에서처럼 여유있게 행동할 수가 없다. 상호작용 양상에

---

　　　　* preactive phase　　　　** interactive phase
　1) P. W. Jackson, 'The Way Teaching Is,' ASCD, *The Way Teaching Is*(ASCD,
　　　1966), pp. 12~13.

서는 또한 예기하지 않았던 온갖 사건들이 바쁘게 일어나기 때문에 작용전 양상에서의 계획이 흔히 수정되거나 폐기되지 않으면 안 된다. 이때까지 이 책의 논의가 교육과정의 작용전 양상에 비유될 수 있다면, 교육과정에는 또한 상호작용 양상에 비유될 수 있는 부분이 있을 것이다. 작용전 양상과 상호작용 양상이 구분되듯이, 교육과정의 이 두 부분 사이에는 심각한 불일치가 있을 수 있다.

물론, 이때까지 사람들은 교육이 실지로 이루어지는 모양에 관심을 가져 왔다. 그러나 그들의 관심은 여전히 '계획'에서 벗어날 수가 없었다. 말하자면 그들은 계획이 어느 정도로 실천되는가, 계획이 과연 소기의 성과를 달성하는가에 관심을 가지고 있었다. 그러나 근래에 와서 교육이 실지로 이루어지는 모양을 유심히 보아야 한다는 주장에는 이와 같이 계획의 성과를 관찰해야 한다는 것 이외의 새로운 차원이 부가되어 있다. '계획'은 우리가 '의도'한 것이기 때문에 그것과 직접 관련되어 일어나는 일들은 눈에 잘 띄는 '하일라이트'*이다. 그러나 계획이 수행되는 동안에는 그 계획과 직접 관련이 없어서 눈에 잘 띄지 않는 '루틴'**이 벌어지고 있다. 근래 대두된 '잠재적 교육과정'☆이라는 용어는 그 루틴을 유심히 볼 필요가 있다는 주장을 나타내고 있다. (그러나 '잠재적 교육과정'은 교육과정의 의미를 오도할 가능성이 있는 '잘못 붙여진 이름'이다. 이하 3절을 보라.) '잠재적 교육과정'이라는 말이 생겨난 「교실 안의 생활」2)이라는 책에서 잭슨은 다음과 같이 말하고 있다.

---

* highlight   ** routine   ☆ latent curriculum

2) P. W. Jackson, *Life in Classrooms*(New York : Holt, Rinehart and Winston, 1968).

학교는 아이들이 낙제도 하고, 급제도 하고, 재미있는 이야깃거리도 생기고, 어쩌다 기발한 생각도 하게 되고, 기술도 배우는 곳이다. 그런가 하면 학교는 아이들이 자리에 앉아 있기도 하고, 기다리기도 하고, 손을 들기도 하고, 숙제를 받기도 하고, 줄지어 서기도 하고, 연필을 깎기도 하는 곳이다. 학교에서 아이들은 친구도 만나고 원수도 만나며, 상상을 펼치기도 하고, 서로 오해를 사기도 한다. 그런가 하면 학교는 아이들이 하품을 틀어막기도 하고, 책상 위에 칼로 이름을 새기기도 하고, 우유 값을 거두기도 하고, 공부 시간과 노는 시간이 구분되어 있는 곳이기도 한다.

입에 오르내리는 면[소위 '하일라이트']이나 그렇지 않고 숨어 있는 면[소위 '루틴']이나 할 것 없이, 학교의 생활은 우리 모두에게 잘 알려져 있다. 그러나 우리는 입에 오르내리는 면보다 숨어 있는 면에 더 주의를 기울일 필요가 있다. 교육에 관심을 둔 사람들이 오늘날까지 비교적 이 면을 소홀히 보아 왔다는 이유만으로도 충분히 그렇게 말할 수 있을 것이다(p. 4).

이 마지막 장에서 우리는 교육의 '루틴'에서 생기는 문제를 고찰할 것이다. 그것은 학교의 '비공식적 문화' 또는 학교의 '생태'와 관련된 것이다.

I 학교의 '비공식적' 문화

물론, 학교는 공부하는 곳임과 동시에 '생활'하는 곳이다. 보다 정확하게 말하자면, 공부하는 일은 학교 생활의 한 부분이다. 학교는 공부를 하기 위하여 만든 기관이지만, 공부를 하는 동안에 학생들은 거기서 생활도 하지 않으면 안 된다. 그러므로 학교에 있어서의 학생들의 생활 방식 중에는 학교의 '공식적' 목적인 공부하는 것과 직접 관련된 것도 있지만, 또 한편 공부하는 것과는 하등 직접적인 관련이 없는, 학교 바깥에서의 생활 방식과 다름 없는 그런 생활 방식도 있다. 전자를 학교의 '공식적 문화'라고 부를 수 있다면, 후자는 학교의 '비공식적 문화'라고 부를 수 있을 것이다. '바깥 사회'의 문화와는 달리, 학교에서의 비공식적 문화는 비교적 동일한 연령층이 모여 생활하는 데서 생기는 문화라는 점에서 그 특이성을 찾아볼 수 있다.

학교의 공식적 문화와 비공식적 문화 사이에는 묘한 긴장관계가 성립한다. (이 긴장관계는, 말하자면, 앞의 7장 3절에서 지적한 '교육과 사회의 딜레마'의 학교판에 해당한다고 볼 수 있다.) 학교는 원래 학생들에게 그것이 의도하는 공식적 문화(즉, 특정한 사고방식, 태도, 가치관 등)를 내면화하도록 하는 데에 그 목적이 있지만, 학교에서 생활하는 동안에 학생들은 그러한 공식적 문화와는 다른, 비공식적 문화를 만들어낸다. 그리고 그 비공식적 문화는 공식적 문화를 침해하기도 하고 조장하기도 한다. 학교 교육에 관심이 있는 사람은 이러한 공식적 문화와 비공식적 문화 사이의 긴장관계를 이해하지 않으면 안 된다.

코울만의 연구3)는 학교의 공식적 문화와 비공식적 문화의 긴장 관계를 다룬 대표적인 연구라고 볼 수 있다. 그는 미국 중서부의 10개 고등학교를 대상으로 학생들의 비공식적 문화가 학업 성적(공식적 문화의 한 가지 지표)과 어떤 관련을 가지고 있는가를 조사하였다. 그의 연구는 다음과 같은 세 가지 포인트로 요약될 수 있다.

첫째로, 그 10개 학교의 학생들은 남녀를 막론하고 '공부'에 관심이 있는 것이 아니라 다른 데에 관심이 있었다. 코울만은 모든 학생들에게 '운동 선수(여자의 경우에는, 특별활동 부장), 공부 잘하는 학생, 학생들 사이에 인기가 있는 사람, 이 세 가지 중에서 당신은 어떤 사람으로 알려지기를 바라는가'를 물었다. 이 질문에 대하여 '공부 잘하는 학생'이라고 대답한 학생들은 다른 두 가지 대답을 한 학생들보다 현저하게 적었으며, 특히 남자의 경우에는 '운동 선수'라고 대답한 학생들이 지배적으로 많았다. 그 다음에 코울만은 '지도자급'에 속하는 학생들의 이름을 적으라고 하고, 그 학년에서 가장 뛰어난 운동 선수, 가장 공부 잘하는 학생, 가장 인기있는 학생의 이름을 적으라고 했다. '지도자급'에 속하는 학생으로 '가장 공부 잘하는 학생'이 지목되는 경우는 앞의 첫째 질문에서 학생 자신이 공부 잘하는 학생으로 알려지기를 원하는 비율보다 더 낮았다. 남자의 경우에 지도자급에 속하는 학생들은 거의 절대적으로 운동 선수 쪽에 쏠려 있었으며, 공부 잘하는 학생으로부터 '먼' 방향으로 쏠려 있었다. 이 결과로 미루어 보면, 학생들 사이의 '지도자상'은 공부와는 반대 쪽에 있으며, 이것이 대다수 학생들의 관심을 공부와는 먼 쪽으로 이끌어 나간다는 것을 알 수 있다.

---

3) J. S. Coleman, 'The Adolescent Subcultures and Academic Achievement,' *Am. J. of Sociology*, 65(1960), pp. 337~347.

둘째로, 코울만은 '지도자급'으로 공부 잘하는 학생이 지목되는 비율이 높은 학교(공부에 비교적 관심이 많은 학교)와 낮은 학교를 비교하여, 능력(IQ)있는 학생들이 과연 '공부'에서 두각을 나타내는가를 조사하였다. 그 결과는 공부에 관심이 적은 학교일수록 능력있는 학생들이 공부가 아닌 분야, 즉 운동과 사교활동에 전념한다는 것을 보여 주었다. 이 결과를 보다 일반적인 말로 바꾸어서 표현하면, 능력있는 학생들은 동료집단으로부터 인정을 받는 분야에서 그 능력을 발휘하고자 한다고 말할 수 있을 것이다. 이 점에 관하여 코울만은 다음과 같이 말하고 있다.

일체의 사회적 사태에는 보상을 받는 활동과 보상을 받지 못하는 활동이 있다. 보상을 받는 활동은 바로 경쟁이 치열한 활동, 다시 말하여 능력있는 사람이라면 누구나 경쟁을 할 그런 활동이다. 이런 활동에서 가장 성취를 많이 하는 사람은 가장 잠재적 능력이 많은 사람이라고 보아야 한다. 그 반면 보상을 받지 못하는 활동에 있어서는 가장 능력있는 사람은 경쟁할 의욕을 상실할 것이고, 따라서 여기서 가장 성취를 많이 하는 사람은 가장 능력이 적은 사람이라고 볼 수 있다. … 공부의 경우에 관하여 생각해 보면, 학업 성적이 별로 사회적 보상을 받지 못하는 학교에서는 학업 성적을 올리려는 학생이 별로 없을 것이다. 이 경우에 학업 성적을 많이 올리는 학생은 능력을 가장 많이 가지고 있는 학생이 아니라, 능력이 별로 없는 소수일 것이다. 그리하여 그런 학교에서 자타가 공인하는 소위 '지성형'들은 사실상 지적 능력을 가장 많이 가지고 있는 사람이 아닐 것이며, 지적 능력을 가장 많이 가지고 있는 사람은 사회적 보상의 원천이 어디에 있는

가를 아는 만큼 그런 보상이 큰 분야에서 자신의 능력을 발휘하고
자 할 것이다(pp. 89~90).

이것은 곧 학생들의 비공식적 문화가 때로 학업 성취에 방해가
된다는 것을 보여 준다. 적어도 코울만이 조사한 학교에서는 학생들의
비공식적 문화가 학생들의 관심을 공부에서는 멀리, 운동이나 특별활
동이나 사교성 등등으로 몰고 있으며, 결과적으로 성인들의 사회에서
는 주로 능력이 신통치 않은 사람들만 지적 활동에 종사하게 된다.
셋째로, 학교는 단순히 학생들의 비공식적 문화가 발생하는 터전
을 마련해 주는 것 이상으로 학교의 활동을 통하여 그런 비공식적
문화를 적극적으로 조장한다. 코울만은 자신이 조사한 10개 학교의
남학생들이 모두 '운동' 쪽에 관심이 쏠려 있는 이유를 알아 본 결과,
그 학교가 모두 학교 대항 체육대회에 참가하고 있고, 그 승부가 학교
전체의 지대한 관심사가 되고 있다는 것을 알았다. 코울만은 이 체육
대회에 참가하지 않는 다른 두 학교를 대상으로 마찬가지 조사를 한
결과, 그 두 학교는 원래의 10개 학교처럼 공부에서 관심이 멀리 떨어
져 있지 않다는 것을 알았다. 학교 전체가 운동 시합에 그렇게 열렬한
관심을 가지고 있을 경우에 공부에 전념하는 학생은 학교의 명예를
걸고 싸우는 운동 선수와는 달리, 때로 다른 사람들을 희생시키면서까
지 자기 혼자만의 명예를 위하여 공부하는 사람(이른바 '공부 벌레')
으로 낙인이 찍혀 동료 집단으로부터 소외당한다.
이상 코울만의 연구 결과를 우리나라의 학교에 그대로 일반화하
는 것은 무모한 일일 것이다. 그러나 그 연구 결과가 나타내고 있는
일반적인 의미, 즉 학생들의 비공식적 문화는 대개의 경우에 학교의
공식적 문화와 갈등을 일으킨다는 것은 우리의 교육 현실을 이해하는

데에 중요한 시사를 준다고 볼 수 있다. 특히 그 연구 결과는 오늘날 학교에서 학생들이 이른바 '반학구적' 집단에 휩쓸리게 되는 과정을 설명하는 데에 유용하다. 하그리브즈가 지적한 바와 같이, 학생들 사이에는 '학구적 문화'*와 '반학구적 문화'**가 있다.4) 학구적 문화는 학교의 공식적 문화와 일치하는 문화이므로, 이 문화권에서는 학교의 공식적 문화에 동화하는 학생일수록 동료 학생들로부터 사회적 인정을 받는다. 그러나 반학구적 문화권에서는 이와 반대로 학교의 공식적 문화에서 이탈하는 학생일수록 동료 학생들의 인정을 받는다.

이와 마찬가지로, 교사의 상벌은 두 문화권에 정반대의 효과를 나타낸다. 학구적 문화권에서 교사의 상벌은 학교의 공식적 문화에 일관된 방향으로 학생들의 행동을 통제하는 효과를 나타내는 데 비하여, 반학구적 문화권에서는 교사의 칭찬을 받는 학생일수록 동료 학생들로부터 소외당하며, 벌을 받는 학생일수록 동료 학생들로부터 높은 평가를 받는다. 말하자면 반학구적 문화권에 있어서 동료 사이의 사회적 지위는 학교의 공식적 문화로부터 이탈된 정도에 비례한다. 그러므로 어떤 이유에서든지 학교의 공식적 문화에 적응하지 못하고, 또 그 문화를 대표하는 교사의 인정을 받지 못한 나머지 반학구적 문화권에 속하게 된 학생들은 그 동료의 인정을 얻는 수단으로서 더욱 반학구적인 행동을 하게 되고, 마침내 청소년 범죄 집단에 휩쓸리게 될 가능성이 있다. 그리고 특히 교사가 이러한 비공식적 문화를 명백히 인식하고 있지 않을 때, 그의 상벌은 이 과정을 더욱 촉진할 가능성이 있다. 이러한 설명에 비추어 보면, 하그리브즈가 지적한 바와 같이, 학교

---

* academic subculture   ** delinquescent subculture

4) D. Hargreaves, *Social Relations in a Secondary School*(London : Routledge and Kegan Paul, 1967), pp. 159ff.

교육은 때로 청소년 범죄의 발상지 또는 '온상'이 된다고 볼 수 있다.

하그리브즈는 능력별 학급으로 편성된 영국의 한 학교를 대상으로 하여 연구하였다. 그러나 '반학구적 문화'라고 하는 것은 어느 학교에나 반드시 존재한다고 보아야 한다. 어느 학교에든지 학교의 공식적인 목적인 '공부'와는 동떨어져서 학교의 공식적 문화를 비웃고 공공연히 공격적인 행동을 하는 집단이 있다. 그리고 학교의 비공식적 문화는 때로 이들을 위한 사회적 보상의 원천이 되고 있다.

Ⅱ 학교의 생태

맥클루한*은 '전달 매체가 곧 전달 내용이다'**라는 유명한 말을 남겼다. 원래 전달 매체는 전달 내용을 전달하는 수단이지만, 그 전달 매체가 또한 그 자체로서 전달 내용이 되기도 한다는 것이다. 이 말은 그대로 학교 교육에도 적용될 수 있다. 학교는 지식(전달 내용)을 가르치기 위하여 만든 장소이지만, 학교에서의 생활(전달 매체)은 그 자체로서 모종의 '생태'를 가지고 있으며, 학생들은 학교에서 생활하는 동안에 지식을 배울 뿐만 아니라 그 생태도 '배우게' 된다. 이런 뜻에서 학교의 생태는 지식이 교육내용을 이루는 것과 동일한 의미에서 '교육내용'을 이룬다고 볼 수 있다.

이와 같이 전달 매체는 곧 전달 내용이라는 뜻에서, 잭슨은 학교의 생태를 '숨겨진 교육과정'☆이라고 불렀다(1968, p. 33). (이것은 그 후 사회학적 용어를 빌어서, 학교의 의도적 교육과정인 '표면적'☆☆

---

* Marshall McLuhan ** The medium is the message.
☆ hidden curriculum ☆☆ manifest curriculum

교육과정에 대하여 '잠재적 교육과정'이라고 불리게 되었다. 우리나라
에서는 대체로 '잠재적 교육과정'이라는 용어가 '숨겨진 교육과정'보
다 더 일반적으로 쓰이고 있다.) 여기서 '숨겨진'이라는 말은 학교 교
육을 보는 사람의 관심에서 벗어나 있다는 뜻이다. 잭슨에 의하면,
종래 학교 교육을 보는 사람들의 관심은 거의 전적으로 학교가 의도한
'교육목표'('드러난 교육과정')가 얼마나 효과적으로 달성되는가 하는
데에 국한되어 있었고, 따라서 학교에서의 생활 그 자체가 나타내고
있는 '교육과정'(즉, 학교에서의 생활 그 자체에서 학생들이 배우는
내용)은 관심의 대상이 되지 않았다. 그러나 학교 생활은 특정한 연령
층의 아동이면 누구나 의무적으로 겪어야 하는 생활이며(프리덴버그
의 말을 빌면, '학교는 10여 년간 아무런 보수 없이 모든 아동에게
강제로 출석하여 그 의식을 준수하도록 요구하는 유일한 기관이며,
그 강제 조항을 위반하면 사법적 및 경제적 제재가 뒤따르는 그러한
기관이다'5)), 또 학교 생활은 아동의 시간 중의 상당한 부분을 차지하
기 때문에(김호권 교수가 계산한 바에 의하면, '중학교를 마칠 때까지
9년간의 학교 생활은 200년을 넘게 교회에 다니는 경험과 적어도 양
적으로는 비슷하다'6)), 학교의 생태는 결코 정규 교과 교육에 못지
않게 강력한 영향을 학생들에게 주고 있다고 볼 수 있다.

　　잭슨은 학생들에게 영향을 주는 학교의 생태를 '군집, 상찬賞讚
및 권력'*의 세 가지 특징으로 요약하고 있다. 즉, 학교는 많은 학생들

---

* crowd, praise, power
5) E. Z. Friedenberg, 'Curriculum as Educational Process : The Middle Class
against Itself,' Norman V. Overly(ed.), *The Unstudied Curriculum*(ASCD,
1970), p. 17.
6) 김호권, '잠재적 교육과정', 「교육과정의 발전적 지향」(서울시교육위원회, 1974),
p. 143.

이 모여 생활하는 곳이기 때문에, 학교에서는 누구나 자신이 하고 싶은 대로 할 수 있는 것이 아니라, 순서를 기다려야 하고, 다른 사람들과 보조를 맞추기 위하여 자신이 하고 있던 일을 중단하여야 하고, 때로는 자신의 욕망을 억눌러야 한다. 학교에서는 교사에 의하여, 동료 학생들에 의하여, 또 자기 자신에 의하여 끊임없이 여러 가지 종류의 평가가 이루어지고 있다. 그 평가에는 결과가 공공연히 발표되는 것도 있고 학생 자신이나 부모에게만 은밀히 알려지는 것도 있다. 그리고 학교는 교사와 학생 사이, 또 동료 학생 사이에 '공식적' 또는 '객관적' 권위가 인정되는 곳이다. 특히 초등학교 저학년에서 학생들은 가정에서 볼 수 있는 것과 같은 '혈연적' 또는 '온정적' 권위 관계와는 근본적으로 성격이 다른 공식적 권위를 최초로 경험하게 된다.

학교가 이런 특성들을 가지고 있는 이상, 학생들은 그 특성들 '속에서', 또는 그 특성들과 '더불어' 생활하기를 배우지 않으면 안 된다. 이것이 바로 '학생이 된다'는 말의 의미이다. '학생이 된다'는 것은 곧 군집과 상찬과 권력 속에서 살아가는 '적응 방식'을 배우는 것이다. 학교에서 학생들은 자기 차례가 올 때까지 끈기있게 기다리는 것을 배우고 자기 차례가 오면 즉시 활동을 개시해야 한다는 것을 배운다. 학교에서 학생들은 좋은 평가를 받기 위하여 노력해야 한다는 것과, 때로는 만약 필요하면 '부정'(예컨대, 시험의 '부정 행위')을 해서라도 인정을 받아야 한다는 것, 그리고 또 때로는 평가의 중요성을 무시해야 한다는 것('그까짓 시험 점수 쯤이야')을 배운다. 그리고 학교에서 학생들은 권위적 지위에 있는 사람에게는 '인간적으로' 가까이 지내야 한다는 것과, 그러면서도 그 사람에게는 될 수 있는대로 자신의 약점을 감추고 강점을 강조해서 '잘 보이려고' 노력해야 한다는 것을 배운다.

분명히 군집, 상찬, 권력 등, 학교생활의 특성은 그것이 전체적으로 자아내는 '분위기'를 통하여 학생들에게 가르치는 바가 있다. 이 분위기가 곧 학교의 '공식적'* 교육과정과는 다른 '숨겨진' 교육과정을 구성한다. 잭슨이 '숨겨진 교육과정'의 구체적인 내용으로 본 '적응 방식'은, 쉽게 짐작할 수 있다시피, '바깥 사회'에서의 '적응 방식'과 성격상 동일하다. 사실상, 군집, 상찬, 권력 등은 학교 생활뿐만 아니라 학교 생활을 그 한 부분으로 포함하는 인간 사회 생활의 엄연한 '현실'이다. 그러므로 학교 생활에 적응하는 방식을 배움으로써 학생들은 바로 사회 생활에 적응하는 방식을 배우는 것이다. 잭슨이 「교실 안의 생활」에서 말하고 있듯이,

〔군집에 관하여〕: 대부분의 사회제도에 있어서의 가장 핵심적인 미덕은 '인내'라는 한 마디 말에 담겨 있다. 이 미덕이 그야말로 미덕이 아니라면, 감옥에서, 공장에서, 또 사무실에서 시간을 보내야 하는 사람들에게 삶이란 견딜 수 없을 만큼 비참할 것이다. 학교에서의 삶도 마찬가지이다. 이 모든 장면에 있어서 사람들은 '진인사盡人事하고 대천명待天命'하는 것을 배우지 않으면 안 된다. 사람들은 또한 다소간은 묵묵히 고통을 참고 견디는 것도 배우지 않으면 안 된다(p. 18).

〔상찬에 관하여〕: 학교에서 생활하는 것을 배우는 데는 또한 자기자신의 업적이나 행동이 평가되는 사태에 어떻게 대처해 나가는가 하는 것뿐만 아니라, 다른 사람에 대한 평가를 지켜 보고, 또 때로는 다른 사람을 평가하는 일에 참여하는 방법을 배

* official

우지 않으면 안 된다. 자기 자신의 강점과 약점이 객관적으로 공개되는 생활에 익숙해지는 것과 동시에, 학생들은 또한 다른 동료들의 강점과 약점을 주시 또는 목격하는 사태에도 익숙해지지 않으면 안 된다(p. 25).

〔권력에 관하여〕: 학교에서 체득되는 복종과 순종의 습관은 다른 생활 사태에서 큰 실제적 가치를 지니게 된다. 권력 구조의 측면에서 보면, 학교의 권력 구조는 공장이나 사무실과 같이 성인들이 삶의 상당한 시간을 보내는 다른 사회 조직의 그것과 별로 다름이 없다. 그리하여 학교는, 종래 교육학자들이 구호로 사용해 온 것과는 다른 의미에서, '생활을 위한 준비'가 된다고 볼 수 있다. 학교에서도 권력은 다른 사회 기관에서와 마찬가지로 남용될 수 있다. 그러나 권력이 존재한다는 것은 삶의 엄연한 사실이며, 우리는 여기에 적응하지 않으면 안 된다(p. 33).

이상이 잭슨의 「교실 안의 생활」에 제시된 '숨겨진 교육과정'의 대체적인 윤곽이다. 그 후 잭슨은 '학교교육의 결과'[7]라는 논문에서 학교 교육의 결과를 '1차적 결과'와 '2차적 결과'로 구분하였다. 1차적 결과라는 것은 학교 교육의 '직접적인 효과'로서 당장 기억에 남는 것, 예컨대 그날 일어났던 신기한 사건이라든가 공부 시간에 배운 사실이나 기술, 그리고 그 밖에 '짝의 이름, 교장실의 위치, 창의 구멍' 등과 같은 공부 이외의 세부 사항이 여기에 포함된다. 그리고 2차적 결과는 비교적 장기간에 걸쳐 획득되는 능력(예컨대 독서 능력), '인지

---

7) P. W. Jackson, 'The Consequences of Schooling,' Norman V. Overly(ed.), *The Unstudied Curriculum*(ASCD, 1970), pp. 1~15.

구조, 인지 양식, 지능' 등으로 불리는 지적 작용, 그리고 자기자신과 세계에 관한 평가, 태도, 가치관 등 정의적情意的 특성을 가리킨다. 이 1차적 및 2차적 결과의 구분은 분명히 「교실 안의 생활」에서 말한 '숨겨진 교육과정'과 모종의 관련이 있는 듯하지만, 잭슨은 그 관련이 무엇인가를 구체적으로 밝히지 않은 채, 다만 「교실 안의 생활」에서와 마찬가지로 '공부 이외의 학교 교육의 결과'에 관심을 기울여야 한다는 것을 다시 강조하고 있다.

앞 절에서 고찰한 코울만과 하그리브즈의 경우와는 달리, 잭슨은 숨겨진 교육과정이 정규 교과 교육(또는 '공식적 교육과정')에 어떤 영향을 주는가 하는 문제에 특별히 관심을 가졌던 것이 아니다. 뿐만 아니라, 잭슨은 숨겨진 교육과정으로서의 학교의 생태가 '바람직하지' 못하다는 것을 들어 학교 교육의 현실을 비판하려는 의도를 가졌던 것도 아니다. 다만 그는 학생에게 영향을 주는 요소로서 학교 교육의 생태를 이해할 필요가 있다고 주장한 것이다. 그러나 잭슨이 지적한 것과 동일한 학교의 생태는, 다른 사람의 눈으로 보면, 바로 오늘날 학교가 가지고 있는 '비교육적' 요소로 보일 수도 있다. 실버만의 「교실의 위기」8)라는 책은 바로 이런 관점에서 학교의 현실을 비판한 책이다.

실버만에 의하면, 오늘날 모든 학교는 '질서와 통제'라는 공통된 특징을 가지고 있고, 이로써 학교는 '순종'을 위한 교육을 하고 있다. 그 증거는 주로 세 가지이다. 첫째는 시간표이다. 이 시간표가 있기 때문에 학교는 학생들이 하고 싶은 일을 하는 곳이 아니라, 그 일을 해야할 시간이 되었기 때문에 하는 곳이다. 교사는 정해진 시간에 따

---

8) C. E. Silberman, *Crisis in the Classrom*(New York : Random House, 1970), esp. chap. 4.

라 한가지 활동을 중단하고 흔히 전혀 다른 종류의 활동을 시킨다. 학생들의 활동은 일정한 리듬을 가지고 전개되지만, 시간표는 이 리듬을 무시하고 활동의 어느 단계에서나 그것을 차단하고 학생들의 정력과 의욕을 빼앗아 간다. 둘째는 절차를 위한 절차이다. 학교를 효율적으로 운영하기 위해서는 교사나 학교 당국에 의한 여러 가지 절차가 필요하며, 이것은 거의 모두가 학생의 성장과는 관계 없는, 절차를 위한 절차이다. 이러한 절차는 흔히 학생들을 불필요하게 통제한다. 그리고 셋째는 정적의 강조이다. 학생들은 학교에서 대부분의 시간을 조용하게 가만히 앉아 있어야 한다. 그리고 교사는 상당한 시간과 노력을 이 면에서 학생들을 통제하는 데에 소비한다. 소음과 동작의 통제는 공부 시간에 허락 없이 바깥에 나갈 수 없다든가, 복도를 걸어갈 때는 어떤 형식을 취해야 한다든가 하는 자질구레한 규칙으로 이루어지고 있다.

최근에 김종서 교수는 위에서 논의한 잭슨과 실버만의 연구뿐만 아니라 그 밖의 관련된 연구들을 광범하게 종합하여 잠재적 교육과정을 체계화하였다.9) 그는 ‘현단계로서는 잠재적 교육과정은 종래의 교육과정 개념인 표면적 교육과정의 의미에 비추어 대조적으로 정의될 수밖에 없다’(p. 54)고 보고, 그것을 다음과 같이 정의하고 있다. 즉, ‘잠재적 교육과정은 학교의 물리적 조건, 제도 및 행정조직, 그리고 사회 및 심리적 상황을 통하여 학생들이 가지는 경험 중에서 교과에서 의도한 바와 관련되지 않은 경험을 말한다’(p. 55). 여기에서 ‘교과에서 의도한 바와 관련되지 않은 경험’이라는 것은, ‘교과에서 의도한 바와 다른 학습 결과’를 초래한 경험, 또는 ‘교과 학습 이외의 학교 생활에서 학생의 행동에 중요한 변화를 일으키는 경험’을 말한다. 표

---

9) 김종서, 「잠재적 교육과정」(서울 : 익문사, 1976).

면적 교육과정과 대조시켜 보면, 이 '교과에서 의도한 바와 관련되지 않은 경험'이라는 것은 주로 '학교의 문화 풍토'나 교사의 '인격적 감화'를 통하여 학습되는 '비지적非知的, 정의적인 학습 내용'이며, 이것은 '장기간에 걸쳐 반복적으로' 학습되기 때문에 상당히 항구적인 영향력을 나타낸다.

김종서 교수가 제시한 개념모형(p. 195)에 의하면, 위의 정의에 지적된 물리적 조건, 제도 및 행정조직, 사회 및 심리적 상황은 잠재적 교육과정이 나타나는 '장'場이다. 이 '장'에 있어서의 교사와 학생, 그리고 학생 상호간의 상호작용은 '통제와 적응'의 과정으로 설명될 수 있고, 그 과정에서 학생들은 여러 가지 정의적 특성과 함께 인지적 능력이나 신체적 기능까지도 배우게 된다. 김종서 교수는 특히 잠재적 교육과정이 '인간교육'과 관련하여 중요한 의미를 가진다고 보고, 우리나라 초등학교에서 인간교육의 저해 요인에 관한 증거를 수집 분석하였다. 그 증거들을 위의 '장'에 있어서의 '통제와 적응'에 비추어 해석하면서, 김종서 교수는 다음과 같이 말하고 있다.

예컨대 학급 수가 지나치게 많은 학교에서는 학교의 질서를 유지하기 위하여 학교 권위에 의한 규율이 강조되고 따라서 강력한 통제가 가해진다. 이러한 학교의… 성격과 물리적 조건에 적응하기 위하여 아동들은 권위에 묵종하는 태도를 학습하기도 하고 변통을 써서 통제를 회피하는 태도를 학습하기도 한다. 이렇게 학습된 묵종과 회피의 태도는 비판적 사고나 지적 탐구의 의욕을 저하시켜 지적 학업 성취에 결정적인 저해 요인이 될 수도 있다. 〔또한〕 지적으로 우수한 아동이 학년제도에 묶여 다른 아동과 똑같은 내용을 학습하게 될 경우, 아동은 자신보다 지적으로 저열한 아동들과 생활하는 가운데서 우월감을 가지게 되기도 하겠지만, 자신의 능력에 맞는 지적 도전을 받지 못하는 데서 소외감 또는 교과나 교사에 대한 혐오를 학습하게 될 수도 있다. 또한 이러한 소외감이나 혐오가 지적 탐구력을 약화시키는 결과를 초래하기도 한다. 시험을 둘러싼 인간관계에 있어서, 아동의 시험 결과를 교사의 평가 자료로 보는, 교사에 대한 〔교장의〕 압력, 거기에 대한 불안감에서 교사가 학생에게 가하는 경쟁압력, 그리고 학부모의 성취기대 등으로 아동들은 감당하기 어려운 힘에 눌려 있다. 아동들은 이러한 상황에 적응하기 위하여, 즉 승리자가 되기 위하여 적당한 편법을 동원하는 변통을 학습하기도 하며, 경쟁의 결과에 대한 불안 때문에 교과 학습자체에 대한 흥미까지 잃게 되기도 한다(pp. 194~195).

이상 김종서 교수의 연구는 잭슨의 「교실 안의 생활」과 일관된 흐름을 보이고 있다. 김종서 교수의 연구는 학교의 물리적 조건, 제도 및 행정조직, 그리고 사회 및 심리적 상황(잠재적 교육과정의 '장') 속에서 학생들이 나타내는(또는, 학습하는) '생존 기술', 또는 잭슨의 용어로 '적응 방식'을 파악한 것이라고 볼 수 있다. 위의 인용문에 언급된 묵종과 회피, 우월감과 소외감, 교과에 대한 혐오, 불안감 등 '경험내용'은 그러한 생존 기술의 '정의적 부산물'에 해당한다. 다시, 잭슨이 말한 바와 같이, 이러한 생존 기술과 그 정의적 부산물은 학생이 장차 어른으로서 '사회생활'을 할 때 반드시 경험할 엄연한 '삶의 현실'이라고 볼 수 있다(7장 3절에서 언급한 '교육과 사회의 딜레마'를 상기하기 바란다). 김종서 교수는 현재 우리나라 초등학교에서 학생들이 경험하는 '삶의 현실'이 학교가 공식적으로 표방하고 있는 '인간교육'을 상당히 저해하고 있다는 것을 지적하고 이 점에 관하여 교육자들의 경각심을 일으키고 있다.

물론, 교육자들은 그 경고에 귀를 기울여야 한다. 잭슨이나 김종서 교수가 말하는 '잠재적 교육과정'을 학생들이 학교에서 배운다는 것은 틀림없는 사실이기 때문이다. 그리고 그 내용은 학생들이 학교에서 생활하는 동안에 배우는 내용이라는 뜻에서, 학교 교육의 '결과'임에는 틀림이 없다. 그러나 그것을 (잠재적) '교육과정'이라고 부르는 것은 어떤 의미에서인가? '학교 교육의 결과'를 '교육과정'이라고 부르기 위해서는 종래 우리가 가지고 있던 교육과정의 개념(즉, 표면적, 공식적 교육과정)을 상당히 확대 또는 왜곡하지 않으면 안 된다. 표면적 교육과정과 잠재적 교육과정 사이의 차이는, 김종서 교수의 정의에서처럼, 비단 학교 교육의 '의도'와 관련이 있는가 없는가에 의해서만 규정될 것이 아니라, 그 '의도'의 성격을 포함하여, 교육과정을 보는 관점 전체에 관계되는 문제라고 볼 수 있다. 보다 구체적으로 말하면, 그 문제는 '학교 교육의 결과'를 '교육과정'으로 볼 수 있는가 하는 질문으로 파악되어야 할 것이다. 표면적 교육과정과 잠재적 교육과정의 관련은 이 질문에 대한 대답을 기초로 하여 의미있게 맺어질 수 있을 것이다.

Ⅲ 학교교육의 결과와 교육과정

근래에 와서 교육과정은 흔히 '의도된 학습 결과'*로 정의되고 있다. 이 정의가 타일러나 타바의 '종합적 교육과정 이론'에 근거를 두고 있다는 것은 짐작하기 별로 어렵지 않다. 2장에서 고찰한 바와 같이 종합적 교육과정 이론에서는 교육의 결과로 나타날 학생 행동의 변화를 '교육목표'로 정하고 그 목표를 달성하기 위하여 교육과정을 운영하고, 그렇게 하고 난 뒤에 평가 단계에 와서 그 결과가 실지로 초래되었는가를 측정하게 되어 있다. 이 관점에 의하면 교육과정은 '의도한 바'와 '학습 결과'를 되도록 일치시키기 위한 노력이며, 따라서 '의도된 학습 결과'라는 교육과정의 정의는, 종합적 교육과정 이론과 마찬가지로, 교사들이 노력해야 할 방향을 명백히 제시한다고 볼 수 있다.

'의도된 학습 결과'라는 정의는, 예컨대 잭슨이나 김종서 교수의 연구에서처럼, '잠재적 교육과정'이라는 새로운 용어에 의하여 '의도와는 관련없는' 학습 결과가 사람들의 주목을 끌기 전에는 교육과정의 정의로서 별문제가 없었다. 그러나 이와 같이 '의도'와 '학습 결과'가 일치하지 않는다는 것이 확인되었을 때, '의도된 학습 결과'라는 정의는 그것이 품고 있는 애매성을 감출 수가 없게 된다. 말하자면 그 정의는 '의도'와 '결과'의 두 부분을 포함하고 있으며, 그 두 부분이 일치하지 않을 때, 교육과정은 '의도'를 가리키는지 '결과'를 가리키는지가 불분명하게 되는 것이다. 잠재적 교육과정은 '의도된 학습 결과'라는 정의에 내포된 이러한 애매성을 극복하는 한 가지 방법을 나타낸다고

* intended learning outcomes

볼 수 있다. 그것은 곧 '의도'와 '결과'를 모두 '교육과정'이라고 보고, 표면적 교육과정은 '의도'에 관련되는 부분을 가리키며 그것에 비하여 의도와는 관련되지 않은 '결과'는 잠재적 교육과정을 구성한다고 보는 방법이다.

물론, 의도와 결과 사이의 애매성을 해결하는 또 하나의 방법이 있다. 그것은 브로우디 등(5장 2절)과 같이, 의도된 것이거나 의도되지 않은 것이거나를 가리지 않고 '학습 결과'를 교육과정에서 제외하는 것이다. 5장에서 고찰한 바와 같이, 그들은 '기술적 개념과 원리' 및 '가치 개념과 규범' 등의 '교육내용'과 그것을 담고 있는 '교과목', 그리고 기껏해야 '교수 방식'까지를 교육과정에 포함시키고, 학생의 '학습결과'는 '평가'와 함께 교육과정에서 제외되어야 한다고 보고 있다. 이것은 분명히 '학교교육의 결과'와 '교육과정'을 구별해야 한다는 주장이라고 볼 수 있다. 이와 같이 학교교육의 결과와 교육과정을 구별한다고 해서, 브로우디 등도 오늘날 '잠재적 교육과정'이라는 용어로 불리고 있는 '의도와 무관한 학습 결과'를 과소평가하거나, 교육에 종사하는 사람들이 그 학습 결과에 관심을 가져야 한다는 것을 부정하지는 않을 것이다. 그러나 그와 동시에, 그런 '의도와 무관한 학습 결과'를 '잠재적 교육과정'이라는 이름으로 부를 수 있다고 해서, 교육과정과 학습결과 사이의 구별이 그만큼 흐려진다고 생각한다든가, 잠재적 교육과정은 표면적 교육과정과 함께 두 가지 동등한 범주의 교육과정을 이루고 있다고 생각하는 것은 분명히 잘못일 것이다. 왜냐하면 교육과정은 원래 학생들에게 가르칠 '가치'가 있다고 생각되는 내용을 지칭하는 것이며, 이 내용은 학생이 결과적으로 학습했는가 아닌가 하는 '사실'과는 관계없이 교육과정으로 성립하는 것이기 때문이다.

만약 교육과정이 학교 교육에서 의도적으로 학생에게 전달하고자 하는 가치있는 교육내용을 의미한다고 하면, 학교 교육의 결과와 교육과정을 혼동하는 것은 곧 '사실'과 '가치'를 혼동하는 것이라고 볼 수 있다. (사실상, 저자가 이 책 첫 장에서 지적한, '교육의 악명높은 본말전도'는 바로 이것을 가리킨다.) 예컨대 교육을 받으면 사회적으로 높은 지위에 올라간다는 것은 '사실'이며, 이 점에서 보면 사회적 상승은 분명히 학교 교육의 결과이다. 그러나 사회적 상승이라는 학교 교육의 결과는 학교가 의도적으로 전달하고자 하는 '가치있는' 교육내용과 결코 혼동될 수 있는 것이 아니다. 이 책 첫머리의 '문제 의식'에서 저자가 말한 바와 같이, 오늘날 학교 교육이 가지고 있는 한 가지 중요한 문제는 이런 면에서의 '학교 교육의 결과'가 '교육과정'과 혼동되어 있어서, 사람들이 '교육과정'을 배우는 데에보다는 사회적 상승의 수단을 얻는 데에 더 신경을 쓴다는 점에 있다고 볼 수 있다. 말하자면 사람들의 마음속에는 '교육과정을 배운 결과로 사회적 상승을 얻는다'는 자연적인 순서가 거꾸로 되어 '교육과정을 배우는 목적이 곧 사회적 상승을 얻는 데에 있다'는 것으로 되는 것이다.

이 사태는 사회학자들이 사회 현상을 설명하는 데에 쓰는 개념으로서의 '표면적 기능'*과 '잠재적 기능'**의 구별10)에 의하여 잘 설명될 수 있다. 이 개념으로 설명되는 사회 현상의 대표적인 케이스는 인디언의 기우제이다. 인디언의 기우제는 원래 비를 내리게 하는 기능을 수행하는 것으로 의도되었지만(표면적 기능), 그 기능을 수행할 가능성이 없다는 것이 판명된 뒤에도 기우제는 여전히 존속하고 있다.

---

* manifest function　　　** latent function

10) R. K. Merton, *Social Theory and Social Structure*(Enlarged Ed.)(New York : Free Press, 1968), pp. 114ff.

이것은 그 표면적 기능과는 다른 또 하나의 기능, 예컨대 가뭄에 흉흉해진 인심을 수습하는 기능이 있다는 것을 의미한다(잠재적 기능). 이 개념을 학교교육의 경우에 적용하면, 학교 교육은 원래 가치있는 교육내용을 가르치는 기능을 가진 것으로 의도되었지만(표면적 기능), 결과적으로 그것은 또한 '사회 선발'의 기능을 수행하게 되었고(잠재적 기능), 급기야 이 후자의 기능이 교육받는 사람들의 마음을 더 강하게 사로잡게 된 것이라고 볼 수 있다. 사실상 학교 교육의 경우에 표면적 기능과 잠재적 기능의 구별은 인디언 기우제의 경우와는 다른, 보다 심각한 문제를 나타내고 있다. 인디언 기우제의 경우에 잠재적 기능은 표면적 기능이 수행되는 모양이나 그 효율성에 하등 아무런 영향을 주지 않지만(민심이 수습되고 안 되고는 비가 오고 안 오고와 하등 상관이 없다), 교육의 경우에 사람들이 교육의 '사회적 인정 형태'인 성적이나 졸업장에 어느 정도로 신경을 쓰는가 하는 것은 교육내용을 배우는 방식에 직접 영향을 미칠 것이다.

　　오늘날 학교가 수행하고 있는 잠재적 기능을 강조해서 보는 사람들 중에는, 예컨대 일리치와 같이,[11] 학교제도가 모든 사회적 모순의 핵심부를 이루고 있어서, 그것을 해결하기는커녕 더욱 영속시켜 나가는 수단이 되고 있다는 점을 지적하고, 교육의 개선을 위해서는 물론이요 사회 전체의 개선을 위해서도 학교를 철폐해야 한다고 주장하는 사람들이 있다. 일리치에 의하면, 오늘날 학교제도는 '가르치는 것을 배우는 것으로 오인하도록, 학년이 올라가는 것을 교육받는 것으로 오인하도록, 졸업장이나 학위를 능력으로 오인하도록, 그리고 유창하게 지껄여대는 것을 창의적 사고능력으로 오인하도록'(p. 1) 학생들을 교화하고 있다. 그 결과로 학생들은 더욱더 교육을 받아야 한다는 의

---

11) I. Illich, *Deschooling Society*(New York : Harper and Row, 1970).

존성 또는 소비자근성*을 교육받게 된다. 이러한 결과는 누구나 의무적으로 교사로부터 획일적인 교육과정을 배워야 한다는, 오늘날 학교제도가 가지고 있는 그릇된 가정에서 파생되어 나온 것이다. 이러한 교육제도하에서는 사회계층의 차이로 말미암아 어떤 특정한 계층이 특권을 누리게 되고 그와 동시에 다른 계층이 사회적으로 낙오되는 사태가 필연적으로 초래된다. (일리치는 오늘날 학교제도가 가지고 있는 이러한 문제점을 자기 나름으로 '숨겨진 교육과정'이라고 부르고 있다.)

일리치는 학교제도의 대안으로 네 가지 종류의 교육적 방안을 제시하고 있다. 그것은, 1) 교육자료의 대출 업무 — 도서관, 실험실, 박물관, 전시관 등에서 교육자료를 보관해 두고 사람들의 요청에 따라 빌려주는 것, 2) 기술 교환 — 각자가 가지고 있는 기술을 열거하고, 그것을 배우겠다고 희망하는 사람에게 가르쳐 주는 것, 3) 동료 규합 — 각자가 하고 싶은 학습 활동을 공고하고 그 활동에 함께 종사할 동료를 구하는 것, 4) 교육적 자료인사 안내 — 각자 가르칠 수 있는 있는 전문적인 학문 내용의 목적을 만들어 두고, 그 방면을 공부할 사람들을 안내해 주는 것 등이다(pp. 78~79). 학교제도를 철폐하고 그 대신 이런 방안을 써야 한다고 주장할 때 일리치는 아마 오늘날 학교가 가지고 있는 표면적 기능이 이런 '서비스'만으로 원만히 수행될 수 있다고 생각하는 듯하다. 그러나 분명히 일리치는 학교 교육의 잠재적 기능이 가지고 있는 문제점을 강조해서 파악하고자 한 나머지, 그 표면적 기능의 의미를 과소평가 또는 왜곡하고 있다. 사실상 학교교육에서 가르치고자 하는 교육내용은 아직 학교 교육을 받지 않은 사람들이 그 가치를 알고 또 배우고 싶어할 만한 내용이라기보다는

---

* consumerism

그것을 배운 훨씬 뒤에야 비로소 그 가치를 알 수 있는 내용이며(이 책 p. 260), 이 내용의 가치를 알도록 하는 데는 일리치가 그토록 문제시하는 '획일적인 교육과정'과 교사의 '권위적인 개입'이 필수적으로 요청된다.

보다 긍정적인 면으로 해석하면, 일리치의 주장은, 코울만과 김종서 교수의 주장이 명백히 그러하듯이, 결국 학교 교육의 '표면적 기능'을 '잠재적 기능'의 침해로부터 보호하자는 탄원이라고 해석할 수 있다. 학교 교육의 표면적 기능을 보호하는 방법이 무엇인가 하는 것은 한 마디로 대답할 수 없는 어려운 문제이지만, 적어도 그것은 학교제도를 완전히 철폐하는 방향으로 모색될 것은 아니다. 그보다는 오히려 학교 교육의 표면적 기능을 더욱 강화해야 할 것이요, 경우에 따라서는 학교제도의 비교육적인 요소를 될 수 있는 대로 완화 또는 제거하도록 노력하는 것도 분명히 그 한 가지 방법이 될 것이다.

분명히 학교와 '바깥 사회'를 경계짓는 울타리는 허술하며, 학교는 거의 완전히 '바깥 사회'에 열려 있다. 한때 그러하였듯이, 학교가 그 이념에 있어서 뿐만 아니라 그 위치나 건물 구조에 있어서도 수도원이나 사찰을 본받으려고 했던 시절은 영원히 지나갔다고 보아야 할 것이다. 교육이 '사회적 과정' 또는 사회에 있어서의 성인의 활동을 목표의 원천으로 삼아야 한다는 주장은 이 역사적 경향을 이론적으로 뒷받침하였다. 그리고 학교 안에서 일어나는 '삶의 현실'을 '잠재적 교육과정'이라는 이름으로 부르려는 최근의 동향은 소극적인 면으로나 적극적인 면으로 이 경향을 영속시키는 방향으로 작용한다. 바깥 사회가 '실제성'에 일변도되어 있을 때에, 교육이 지성을 함양하는 일, 학생들로 하여금 교실에서 뿐만 아니라 바깥 사회에 나가서도 '인간다운 삶의 형식'에 헌신하도록 하는 일을 어떻게 할 수 있는가 하는 것은 교육이 해결해야 할 구원久遠의 문제이다. 실제성 일변도의 바깥 사회에 대하여 교육이 너무나 무력하다는 말은, 물론, 교육이 최선을 다 해보고 난 뒤에야 할 수 있는 말이지만, 또 한편 이 문제를 생각할 때 우리는 정범모 교수가 역설한 '지知의 가치적 풍토'가 있다는 것을 깨닫는다. 즉,

〔사람들은〕 지식, 학문, 교육을 왜 가치롭게 여기는가? … 여러 사회문화, 여러 개인을 살펴 보면, 우리는 1) 지식은 '간판'이기에, 2) 지식은 '힘'이기에, 그리고 3) 지식은 '지식'이기에라는 세 입장을 분간해 낼 수 있다. 첫째는, 지식이 한 유식 문화계급에의 입장권이나 간판으로 가치롭게 여겨지는 경우다. 이 경우에 지식은 그 자체에 어떤 보람이 있다기보다는 그것에 수반되는 개인의 사회적 외모와 지위 때문에 보람있게 여겨지는 것이다. 동양과 우리의 경우 이런 관점이 꽤 많다. 일단 외모와 지위가 획득되고 난 뒤에는 지知는 … 가치없게 여겨질 수밖에 없다. 둘째, 지식이라는 것은 경제, 생산, 교통, 위생, 전쟁, 기타 생활에서 유용한 결과를 주는 힘이라는 관점이 있다. 이 관점은 주로 서구에서 발달되었다. 요새 경제발전과 인력개발과 교육이라고 논할 때에 우리는 이 관점에 서 있는 셈이다. 그러나 이 입장도 지식 자체에 가치를 두거나 그 발명 발견 자체에 희열을 느낀다기보다는 그것이 가져오는 실용적 결실 때문에 지知를 소중히 할 뿐이다. 극단의 경우 실용에의 투시가 없으면 지知에 투자하지 않는다. 셋째는, 지식은 그 자체로서 보람이 있다는 관점이다. 안다는 것은 종교적으로 신에 구제되는 것이라 규정하건, 인간적으로 인격 수준을 높이는 것이라 규정하건, 또는 심리적으로 알기 위한 호기심을

인간의 생득적인 충동이라고 규정하건 간에, 지知와 이지理智와 원리와 진리의 탐구는 그 자체의 갈구가 인간에게 있으며 또 있어야 한다고 보는 입장이다. 희열을 지식이 가지고 오는 사회적 보수나 실리적 보수에서 느끼기보다는 지식의 터득 그 자체에서 느끼는 관점이다. 유태 문화에는 이런 관觀이 꽤 침투되어 있다.

참된 지적 풍토란 도리어 지식이 그 자체로 보람있고, 또 지식보다 지식 탐구 활동 자체에 보람이 있다고 여기는 문화 풍토일 것이다. 목욕탕 속에서 부력의 원리를 깨닫자 하도 기뻐서, 벌거벗은 채 '에우레카'*(난 알았다!)라고 외치며 거리로 뛰어 나왔다는 아르키메데스의 희열의 세계가 지知의 보람의 세계일 것이다.12)

그러나 또 한편, '에우레카'의 지知의 풍토는 교육에 의해서가 아니고 어떻게 이루어질 수 있겠는가?

---

* Eureka

12) 정범모, '知', 정범모(편), 「지력의 교육」(서울 : 배영사, 1969), pp. 40~41.

독자를 위한 탐구과제

1. 문제의식

1. 이 장에서 오늘날 교육과정에 관한 문제로서 지적된 세 가지, 즉 1) 탈지식교육에의 호소, 2) 교과의 중요성을 평가하는 기준의 불명료성, 그리고 3) 지성보다 실제성에 치중된 교육이념은 '교육의 성격'을 명확하게 파악하지 못한 데에 기인한다. 여기에 제시된 세 가지 문제의식의 정당성을 검토해 보라.

2. 교육학의 전문서적, 잡지, 신문, 또는 일상의 대화에서 위의 세 가지 문제의식에서의 저자의 논지에 일치 또는 반대되는 발언(사실 또는 주장)을 발췌하여 논평을 덧붙여 보라.

3. 현재 우리나라 교육의 한 가지 근본적인 문제점으로 지적되고 있는 '입시위주의 교육'은 현재 우리나라 교육이 상당히 '실제성'에 기울어져 있다는 것을 명백하게 나타내고 있다. '입시위주의 교육'이

개선되기 위해서는, 여러 가지 제도적 조치도 강구될 수 있겠지만, 근본적으로는 교육을 받는 사람들의 '교육관'이 바로 잡히지 않으면 안 된다는 주장이 있다. 그러나 한편 교육을 받는 학생이나 자녀를 교육시키는 부모의 입장에서 보면, '좋은 학교'에 입학시키고 싶다는 것은 하등 비난받을 이유가 없는 당연한 소망이라고 볼 수도 있다. 그렇다면 '입시위주의 교육' 또는 그것에 반영된 '교육관'은 '문제'가 될 수 없는가? 이 문제에 관하여 각자의 견해를 밝혀 보라.

2. 기본모형(Ⅰ) : 목표모형

1. 정범모, 「교육과정」, 제 2 부 '교육과정의 기초'(pp. 106~242)에는 타일러가 제시한 교육목표의 5가지 원천이 논의되어 있다. 이 부분을 읽고, 각자 몇 가지 교육목표(내용과 행동)를 설정한 뒤에 그 교육목표들이 어떤 원천에 의하여 어떤 점에서 타당한 것인가를 밝혀 보라.

2. 이 장에서의 타일러의 이론에 관한 저자의 해석(특히 이 책 p. 48 이후)이 올바른 것인가 평가해 보라.

3. 메이거는 교육을 '자동차 사는 것'에 비유하였다(이 책 p. 53). 이 비유는 어떤 점에서는 성립하지만 어떤 점에서는 성립하지 않는다고 보아야 한다. 예컨대 자동차를 사는 경우에, 자동차를 사려고 하는 사람은 사기 전에 이미 좋은 자동차가 어떤 것인지 알겠지만, 논리적 사고력은 그것을 배우지 않고는 그것이 무엇인지 모를 가능성이 있다.

이 점은 메이거 비유의 포인트를 약화시키는가, 그렇지 않으면 이 점에도 불구하고 메이거의 비유는 여전히 성립하는가?

3. 기본모형(Ⅱ) : 내용모형

1. 브루너의 「교육의 과정」에 논의된 주제들, 즉 1) 학습의 준비성(3장), 2) 직관적 사고와 분석적 사고(4장), 3) 학습 동기(5장), 그리고 4) 교구(6장) 중에서 한 가지 주제를 선택하여 그것이 '지식의 구조'와 어떤 관련을 가지고 있는가 고찰해 보라.

2. 이 장에서 저자는 예컨대 243−125를 탐구학습으로 가르치는 경우를 예시하였다. 그러나 어떤 사람은 이렇게 말할지 모른다. 즉, 뺄셈은 장차 수학을 할 준비로서 '기계적으로 연습할' 것이지 '탐구' 할 것은 아니라는 것이다. 이 말은 정당한가? 그렇다면 언제까지가 수학의 준비이며, 본격적인 수학은 언제부터 시작하는가? 다른 교과의 경우를 보기로 하여 생각해 보라.

3. 목표모형과 내용모형 중의 어느 쪽이 오늘날의 교육 현실을 더 충실히 반영하고 있다고 생각하는가? 어떤 점에서 그러한가?

4. 교육사태와 생활사태

1. 듀이는 「민주주의와 교육」(5장)에서 세 가지 교육관을 비판하고 있다. 즉, 1) 생활을 위한 준비, 2) 본성의 발현, 3) 형식도야 이론의 교육관이 그것이다. 이 세 가지 교육관의 비판에서 시사되는 듀이의 교육관은 어떤 것이겠는가? 그것은 '실천된' 생활적응 교육과 동일한 것인가?

2. 이 장에 제시된 생활 사태의 여러 가지 목록들(즉, 교육의 '일반목표') 중의 한 가지, 또는 그 목록에 열거된 몇 가지 항목을 골라서, 그 목표가 어떤 교육 활동에 의하여 달성될 수 있는지 생각해 보라. 이경섭, 「현대교육과정론」(3장)에는 위의 목록들을 기초로 교육과정을 '구성하는 절차'가 예시되어 있다. 이것과 각자의 견해를 비교해 보라.

3. 이 장에 제시된 목록에서 이른바 '범주 오류'(category mistake)를 지적하고 논평을 덧붙여 보라. '범주 오류'는 대등한 범주로 분류될 수 없는 것들을 대등한 범주로 취급하는 오류이다(예컨대 서울대학교 도서관에서 가서, '도서관'은 여기 있는데 '서울대학교'는 어디 있는가 따위).

4. 이 장에서 저자는 생활적응 교육의 특징을 다음과 같이 규정하였다. 즉, 생활적응 교육은 사람들이 생활 사태에서 나타내어야 할 '가치있는 정신상태'를 가르치려고 하는 대신에 그 가치있는 정신상

태가 나타날 '생활 사태'를 가르치고자 했다는 것이다. 한편 2장에서 목표모형에 관하여 설명하면서, 저자는 목표모형에서의 '교육목표'는 그것이 어떤 점에서 '가치있는' 교육목표인가 하는 것이 직접 논의될 수 없는 형태로 제시되어 있다고 하였다. 주로 이 점에서 저자는 생활 적응 교육과 목표모형 사이에 이론적 관련성이 있다고 보았다. 이 견해를 비판적으로 검토해 보라. (이 탐구과제는 10장 이후로 연기될 수 있다.)

5. 학문과 교과

1. 브로우디 등의 책(10~14장), 또는 이인기와 서명원(공역)의 브로우디의 책(12~13장)을 읽고 브로우디 등이 제의하는 '교과목'의 조직을 고찰해 보라. 거기에는 어떤 '이론적' 또는 '실제적' 난점이 따르겠는가?

2. 이경섭, 「현대교육과정론」(pp. 80~81)에는 네글리와 에반즈 (R. L. Negley and N. D. Evans, *Handbook for Effective Curriculum Development*, 1967)가 제시한 '교과형 교육과정과 디시플린형 교육과정의 차이'가 소개되어 있다. 이 차이를 자세히 검토하여, 양자의 차이를 각자의 용어로 다시 규정해 보라.

3. 이 장에서 언급한 킹과 브라우넬의 책(pp. 144~149)에는 '지식의 구조'를 가르쳐야 한다는 주장에 대한 8가지 반대 주장과 그 반대 주장에 대한 저자들의 반론이 실려 있다. 〈그들은 그것을 8가지 '요귀

의 유혹'(Siren's Songs)이라고 부르고 있다.〉 그 중의 처음 네 가지 '유혹'만 제시하면 다음과 같다. 첫째 유혹 : 지식을 가르치는 것과 '덕'을 가르치는 것은 별개의 것이다. 지식을 가르친다고 해서 어떻게 도덕적으로 행동하는 사람들이 길러진단 말인가? 둘째 유혹 : 오늘날 세계가 당면하고 있는 정치적, 경제적 및 사회적 문제는 각각 독립된 '학문'으로 도저히 해결될 수 없을 만큼 복잡하다. 지식의 구조를 가르친 결과는 이러한 문제들을 해결하는 데에 도움이 되지 않는다. 셋째 유혹 : 각 학문에 내재해 있는 지식의 구조는 학생이 배우기에는 너무 어렵다. '일반교육'을 위해서는 학문의 구별없이 '전인적으로' 가르쳐야 한다. 넷째 유혹 : 교육은 사회에 직접 유용한 '항상적 생활 사태' 또는 '실제적 기술'을 가르쳐야 한다. 지식의 구조는 실생활에 별로 쓸모가 없다. 이 네 가지 유혹에 마음이 끌리는가? 그 유혹들이 어째서 타당성을 가진다고 생각하는가? 만약 가능하면, 킹과 브라우넬이 어떻게 그 유혹을 물리치고 있는가 읽어 보라.

6. 교과의 가치

1. 목표모형(2장)에서 말하는 교육목표가 이 장에 지적된 '필요' 의 난점과 동일한 난점을 가지고 있다고 볼 수 있는가?

2. 어째서 브로우디 등(이 책 5장)은 네 가지 '학교 교육의 용도' 를 '교육목표'라고 부르지 않았는가? 윤리학 책에서 '자연주의의 오류'(naturalistic fallacy)에 관하여 알아 보고, 그것이 '자연주의의 오류'와 관계가 없는가를 생각해 보라.

3. 피터즈의 주장에 비추어 보면, '왜 지식의 형식을 추구하는가' 를 묻는 질문은 비유컨대 '왜 사는가'를 묻는 질문과 동일한 논리적 성격을 가지고 있다 — 이 아이디어를 검토해 보라. 말하자면, '왜 사는가' 라는 질문을 심각하게 하는 사람은 이미 살아야 한다는 것을 가정하고 있다는 것이다. 〈이와 아울러, 우리가 사용하고 있는 모든 동사 중에서 유독 '알다'(know)와 '살다'(live)라는 두 가지만이 '선험적 정당화'에 해당된다고 볼 수 있는지도 생각해 보라.〉

7. 지적 인간과 도덕적 사회

1. '합리성은 일체의 독단(dogma)을 배격한다는 점에서 그것도 하나의 이데올로기(즉, 이데올로기를 배격하는 이데올로기)이다'라는 말의 논리적 타당성을 검토해 보라.

2. 1932년에 카운츠는 '학교는 새로운 사회질서를 건설할 것인가'(George S. Counts, *Dare the School Build a New Social Order?*) 라는 팜플렛에서 다음과 같이 주장하였다. 즉, 교육이 참으로 '진보주의적'(progressive)인 것이 되려고 하면, 그 당시 진보주의를 표방하는 사람들이 그러했듯이, '강제와 교화'(imposition and indoctrination) 를 두려워할 것이 아니라 오히려 강제와 교화를 더욱 적극적으로 하여야 한다. 이것이 교육을 통하여 '새로운 사회 질서'를 건설하는 길이다. 이 생각은 정당한가? 카운츠와 같이 생각할 때, 우리는 과연 반드시 '강제하고 교화'해야 할 그 무엇을 가지고 있는가? 그렇다면 그것은 무엇인가?

3. '교육과 사회 개선'('교육은 사회를 개선할 수 있는가')이라는 제목으로 글을 써 보라.

8. 교육내용으로서의 지식

1. 「분류학」이나 '학습 위계' 등, 교육내용에 대한 '환원주의적 접근'이 '치아가 아프면 구애시求愛詩를 읊지 못한다는 이유에서 구애시의 원천이 치아에 있다'고 하는 생각에 비유될 수 있는가 검토해 보라.

2. 저자는 목표모형에서의 교육내용에 대한 접근과 내용모형에서의 교육내용에 대한 접근을 구분하여, 전자는 교육내용을 '행동'으로 구체화하려고 하는 데에 비하여 후자는 교육내용을 '지식'으로 구체화하려고 한다고 말하였다. 여기에 대하여 다음과 같은 반론이 있을 수 있다. 즉, '지식'(예컨대 핸더슨이 말한 것과 같은 뜻에서의 지식)도 하나의 '행동'이 아닌가? 그렇다면 '행동'으로 구체화하는 것과 '지식'으로 구체화하는 것이 그토록 구별될 수 있는가? 이 반론에 대하여 각자 입장을 밝혀 보라. 이 장 주 7)에 제시된 라일의 책이 여기에 참고가 될 수 있을 것이다.

3. 일반적으로 관찰되는 바에 따라 오늘날 우리나라 학교에서 '지식'을 가르치는 방법은 어떠한가? 거기에 특히 중요한 문제가 있다면 그것은 어떤 것인가?

9. 학습자 중심 교육

1. 프로그램 학습으로 헨더슨이 말한 '지식'(8장 3절), 또는 '교과에 담긴 사고방식'을 가르칠 수 있을 것인가 생각해 보라.

2. 이 장에서 저자는 '설득을 위한 교육'이 특정한 인간관을 기초로 하고 있다고 말하였다. 교육에서 그러한 인간관을 받아들여야 할 경우가 있는가? 있다면 어떤 경우인가? 이 경우라면 아마 우리는 '설득을 위한 교육 방법'을 쓸 수도 있을 것이다.

3. 정인보, 「양명학 연론」(삼성문화문고)을 읽고 거기에 이 장에서 말한 '지적 정직성'이 어떻게 다루어져 있는가 검토해 보라. 만약 가능하면 플라톤 대화편 중의 어느 부분에서든지 소크라테스의 '지적 정직성'이 표현되어 있는 부분을 발췌하여 「양명학 연론」에 나타난 정신과 비교해 보라.

10. 교수모형

1. 이 장에서 논의한 두 가지 종류의 교수모형(1절과 2절)은 예컨대 1) '학습 과제'의 종류나 2) 학습자의 발달 단계에 따라 병용되어야 한다는 견해가 있을 수 있다. 이 견해에 관하여 각자 입장을 밝혀보라.

2. 글레이저의 교수모형은 모든 수업이 따라야 할 일반적 절차를

보여 준다는 뜻에서 교수의 '일반적 모형'이라고 알려져 있다. 이런 관점에서 보면 '인지 과정을 따른 교수모형'(2절)은 글레이저 모형의 '교수 절차'에 해당한다고 볼 수도 있을 것이다. 이렇게 볼 가능성이 있는가? 그리고 그 경우에 어떤 난점이 예상되는가?

3. 조이스와 와일의「교수모형」(또는 이경섭 등의 번역본) 중에서 한 가지(또는 그 이상의) 교수모형을 선정하여 각자 관심있는 교과에 적용해 보라.

4. 현장 교사의 수업 한 시간(또는 한 단원의 수업)을 관찰하고 그 교사가 교재 내용을 해석하는 관점에 관하여 논평을 붙여 보라.

5. 브루너가 말한 '작동적 표현방식'(또는 '영상적 표현방식')은 헨더슨이 말한 '비인지적 지식'(8장 3절)에 해당한다고 볼 가능성이 있는가? 만약 '비인지적 지식'이 '교과'의 의미로서 적합하지 않다는 헨더슨의 말이 옳다면, 작동적(또는 영상적) 표현방식은 '교과'로서의 지위를 유지하기 어렵게 된다. 또한, 그린은 '신념과 지식'이 아닌 '행동과 습관'을 가르치는 교육방법을 '훈련 및 조건화'라고 보고 있다(9장 3절). 만약 작동적(또는 영상적) 표현방식이 '비인지적 지식'에 해당한다면, 그것을 가르치는 방법은 '훈련이나 조건화'에 해당한다고 보아야 할 것인가? 아니면 이 탐구과제는 애당초 잘못 설정된 것인가? 그렇다면 그 근본적인 이유는 어디에 있다고 생각하는가?

11. 교육과정의 운영

1. 교사를 양성하는 방안에 관한 논란 중에 '문리대 출신' 교사가 우수한가 '사대 출신' 교사가 우수한가 하는 문제가 한때 사람들의 관심을 끌었고 지금도 그 문제는 여전히 사람들의 마음속에 남아 있다. 이 논란의 성격을 분석하고 그 논란에 관하여 각자 입장을 밝혀 보라. 사실상 이 논란은 우리나라에만 국한된 것이 아니다. 근래에 와서 특히 미국에 있어서 이 문제를 취급한 책으로 R. J. Schaefer, *The School as a Center for Inquiry*(New York : Harper and Row, 1967)라는 책이 있다. 여기서 저자는 교사가 '문리대 출신'이어야 한다는 J. B. Conant의 주장〈*The Education of American Teachers*, (New York : McGraw-Hill, 1963)〉을 반박하고 있다.

2. 이영덕, 「교육의 과정」(pp. 217~239)에 번역된 브루너의 '인간 : 교수요목'을 읽고 거기서 '핵심적 아이디어' 몇 가지를 뽑아 '나선형'으로 각 학년 수준(또는 각급 학교 수준)에 맞게 배열해 보라.

3. 현행 교과서 중에서 명백하게 '우리의 것'을 가르치기 위하여 계획된 부분을 발췌하여 그 취급 방식을 검토해 보라.

12. 잠재적 교육과정

1. 이 장에서 고찰한 하그리브즈의 가설에 의하면, 학교는 때로 '청소년 범죄의 온상'이 될 수 있다. 이른바 '비행 청소년'의 사례 몇 가지를 선정하여 하그리브즈의 가설이 어느 정도로 들어맞는지 조사해 보라.

2. 잭슨과 김종서 교수의 연구가 밝히고 있듯이, 학교생활에서의 아동의 '적응 방식'은 사회생활에서의 성인의 '적응 방식'과 대응관계를 이루고 있다. 학교에서의 적응 방식 몇 가지를 골라서 그것에 대응하는 사회에서의 적응 방식을 예시해 보라. 그 두 가지 적응 방식에 차이가 있다면 그것은 무엇인가?

3. 교육에는 '고전주의'(classicism)와 '낭만주의'(romanticism)라고 불리는 두 가지 전통이 있다고 볼 수 있다. 형식도야 이론에 대한 생활적응 교육은 고전주의에 대한 낭만주의적 항거로 해석될 수 있다. 그렇다면 학문중심 교육과정은 고전주의의 부활이다. 그리고 잠재적 교육과정이 나타내는 주장(특히 일리치의 주장)에는 낭만주의적인 요소가 들어 있다. 교육에 있어서의 고전주의와 낭만주의는 간단하게 다음과 같이 구분될 수 있다. 즉, 고전주의에서는 누구나 따라야 할 획일적인 '수월秀越의 기준'이 강조되는 데 비하여 낭만주의에서는 다양한 개인적 경험의 표현이 강조된다. 고전주의에서는 지적 능력이라는 '한 가지' 수월이 인정되는 데 비하여 낭만주의에서는 '여러 가지' 종류의 수월이 인정된다. 고전주의에서 '문화'라는 말은 규범적 의미

를 가지는 데 비하여 낭만주의에서 '문화'는 누구나 따라야 할 규범을 의미하기보다는 각 개인이 속하고 있는 '부분문화'(subcultures)로서의 의미를 가진다. '구조' 대 '스타일', '합리성' 대 '경험' 등도 고전주의와 낭만주의를 넓게 특징짓는 개념들이다. 교육에서의 이 두 가지 전통이 사회문화 일반의 사조(철학, 문학 등)를 어떻게 반영해 왔는가, 그리고 거기에는 시간의 격차가 있는가 하는 것은 장차 교육과정의 중요한 탐구과제이다.

증보자료

이하의 증보자료는 다음 문헌에서 전재된 것이다.

1. 형식도야 이론의 매력과 함정, 「교육이론」, 4-1(1989), 서울 대학교 사범대학 교육학과, pp. 25~42.

2. 지식중심 교육과정의 재조명, 이영덕(편저), 「인간교육을 위한 교육과정과 수업의 탐구」, 교육과학사, 1991, pp. 41~68.

3. 교육의 정당화 개념으로서의 동기와 이유, 윤팔중 등(편), 「교육과정 이론의 쟁점」, 교육과학사, 1987, pp. 184~198.

4. 원리는 가르칠 수 있는가 : 발견학습의 논리, 「교육학연구」, 17-1(1979), 한국교육학회, pp. 61~73.

5. 교육평가의 타당도 : 재해석, 「교육학연구」, 22-2(1984), 한국교육학회, pp. 73~81.

6. 한국교육학의 정립을 위한 교수행위 연구, 김선양 등(편), 「한국교육학의 탐색」, 고려원, 1985, pp. 70~86.

7. 지식·정보의 팽창과 교육내용의 선정, 한국교육학회(편), 「사회변천과 교육의 역할」, 능력개발사, 1977, pp. 164~178.

8. 교육내용의 현대화, 「교육학 연구」, 22-3(1984), 한국교육학회, pp. 87~94.

9. 파이데라스테이아와 태교 : 교육의 원초적 세력을 찾아서, 「도덕교육연구」, 4(1990), 한국교육학회 도덕교육연구회, pp. 1~19.

10. 태양과 선분과 동굴 : 플라톤 「국가론」에서의 지식과 교육, 한기언(편), 「교육국가의 건설」, 양서원, 1994, pp. 251~277.

1

형식도야 이론의 매력과 함정

Ⅰ 서론

근래에 형식도야 이론을 다룬 한 책의 저자는 그 첫부분에서 다음과 같은 질문을 제기하고 있다. '만약 형식도야 이론이 이미 죽어서 땅 속에 묻혀버렸다면, 어째서 사람들은 교육전문지에 계속 글을 써 보내어 그 사실을 서로서로에게 상기시켜 줄 필요가 있다고 생각하는가? 만약 형식도야 이론이 이미 낡은 이론이라면, 어째서 특정한 교육방법을 지지하는 사람들은 그 방법을 비판하는 다른 사람들을 그 이론의 신봉자로 몰아 세우는가? 만약 형식도야 이론이 죽었다면 왜 조용히 잠들게 내버려 두지 않고 번번이 다시 살려내었다가 도로 죽이는 일을 되풀이해야 하는가?'[1]

그 저자가 구태여 대답할 필요를 느끼지 않은 이 질문에 대하여 우선 한 가지 대답을 찾는다면, 그것은 형식도야 이론이 그 주창자가

---

1) Walter B. Kolesnik, *Mental Discipline in Modern Education*(University of Wisconsin Press, 1958), pp. 7~8.

분명하지 않은 채 '무정형'의 상태로 태어났기 때문이라는 대답일 것
이다. 만약 '이론의 탄생'이라는 것이, 하나의 사상이 어떤 한 사람
또는 몇몇 사람에 의하여 명백한 이론의 형태로 정립되어 나타나는
것을 의미한다면, 형식도야 이론은 한 번도 '탄생된' 일이 없다. '형식
도야 이론'이라고 불리는 이론이 있다는 것을 우리가 알게 되는 것은
그것이 그릇된 이론임을 말하는 사람이 있었기 때문이다. 형식도야
이론이 이론으로서의 지위를 갖추게 된 것은 오직 그것이 비판되는
과정을 통해서이며, 이 점에서 형식도야 이론은, 앞의 그 저자의 표현
방식을 빌어 말하자면, 오직 죽음을 당하기 위하여 세상에 태어났다고
말할 수 있다. 아무도 적극적으로 주장하는 사람이 없이 오직 비판의
대상으로만 등장하는 이론이 있다면, 그 이론은 어떤 것이든지 '살아
났다가 다시 죽는' 그 기구한 운명을 되풀이할 수밖에 없을 것이다.

　　이때까지 형식도야 이론을 비판한 사람들은 거의 예외없이 특정
한 이론적 입장을 그들 자신의 것으로 표방하고 있었다고 보아야 한
다. 그들이 형식도야 이론을 비판한 것은 그 비판이 자신의 이론적 입
장을 확고하게 하는 데에 필요하다고 생각했기 때문이다. 그러나 그들
처럼 특별히 내세울 주장을 가지고 있지 않은 사람의 입장에서 보면,
형식도야 이론의 그 기구한 운명을 볼 때 즉각적으로 느끼게 되는 충동
은 아마 동정일 것이다. 형식도야 이론에 포함된 구체적인 주장이 어떤
것인가 하는 것은 그것을 비판한 사람의 비판 내용으로 미루어 짐작할
수밖에 없을 터인즉, 과연 그 비판의 어디까지가 원래 형식도야 이론의
주장이며 어디서부터가 비판자의 비판인가 하는 것은 별도로 고찰되
어야 할 것이다. 형식도야 이론에 대한 존 듀이의 비판[2]은 이 점에서

---

2) J. Dewey, *Democracy and Education*, New York : Macmillan, 1916, 이홍우
　(역), 「민주주의와 교육」, 교육과학사, 1987, pp. 98~108.

좋은 참고자료가 된다.

형식도야 이론을 비판하는 동안에 존 듀이는 다음과 같이 말하고 있다. '관찰, 기억 등, 능력의 발달을, 비록 궁극적인 단계에서나마, 교육의 목적으로 삼는 것은, 먼저 학생들이 어떤 주제를 관찰, 기억해야하며 무슨 목적으로 그 일을 해야 하는가를 결정해 두지 않는 한, 부질없는 일이다. 우리가 바라기에, 학생들이 주시하고 기억하고 판단해야 할 일이 있다면, 그것은 학생들로 하여금 그들이 속하고 있는 집단의 유능하고 효과적인 구성원이 될 수 있도록 하는 그러한 일이다. 만약 그렇지 않다면, 우리는 학생들에게 벽의 갈라진 틈을 세밀히 관찰하도록 하거나 어느 나라의 말도 아닌 무의미 단어들을 기억하도록 해도 좋을 것이다. 아닌게 아니라, 만약 우리가 형식도야 이론에서 주장하는 대로 한다면, 바로 이런 식의 교육을 해야 할 판이다'(p. 107). 존 듀이의 이 말에 명백히 함의되어 있는 바와 같이, 형식도야 이론을 주장한 사람들이 실지로 '학생들에게 벽의 갈라진 틈을 세밀히 관찰하도록 하거나 어느 나라의 말도 아닌 무의미 단어를 기억하도록 해도 좋다'는 주장을 한 것은 아니다. 아무리 원시적인 이론가라 하더라도 그런 터무니 없는 주장을 하리라고는 상상하기 어렵다. 듀이는 다만, 형식도야 이론의 주장대로라면 그런 터무니없는 주장이 논리적으로 따라온다고 말하고 있다.

그렇다면, 형식도야 이론은 과연 무엇을 주장하였는가? 형식도야 이론이 어떤 주장을 했기에 존 듀이는 거기서 그런 터무니없는 논리적 결론을 이끌어 낼 수 있다고 생각한 것인가? 만약 형식도야 이론이 어떤 특정한 이론가에 의하여 적극적인 형태로 제시되었더라면 이런 종류의 의문은 특별히 제기될 필요가 없을 것이다. 현재 우리의 입장에서 이 의문을 해결하기 위해서는 예컨대 듀이의 그러한 비판을 거슬러 올라가서 형식도야 이론의 원래의 주장과 듀이의 비판이 갈라지는 분기점을 확인하지 않으면 안 된다. 그렇게 함으로써 우리는 형식도야 이론이 무엇을 주장하였으며 그 주장 중의 어떤 부분이 듀이가 말한 그런 터무니 없는 결론을 이끌어내게 했는지, 또는, 해석 여하에 따라서는 형식도야 이론의 주장 중에 타당성을 가진다고 볼 수 있는 그런 부분은 없는지 등을 생각할 수 있게 될 것이다. 적어도 그렇게 함으로써 우리는 앞의 첫머리에 인용된 그 불가사의한 점 ―형식도야 이론은 이때까지 계속 부정되어 왔고 그러면서도 늘 다시 부정될 필요가 있다는 점, 그것은 오직 부정되기 위해서만 거론된다는 점― 을 해명할 수 있을 것이다. 만약 형식도야 이론에 사람들의 마음을 끄는 요소가 조금도 없다면, 우리는 한 두 차례의 부정으로 그것을 완전히 땅 속에 파묻고 조용히 잠들도록 내버려둘 수 있을 것이다. 우리가 계속 그것을 무덤에서 되살려내어 다시 죽이지 않으면 안 되는 것은 그것에 대한 어떤 심각한 타격도 완전히 치명적일 수는 없기 때문이다. 비유적으로 말하자면, 형식도야 이론은 흡사 그 몸의 한 두 부분이 죽고 잘리어 나가더라도 그 나머지 부분이 언제나 다시 꿈틀꿈틀 도로 살아나는 한 마리의 '무정형의' 동물과 같다고 말할 수 있다. 이 시점에서 우리가 형식도야 이론을 위하여 할 수 있는 일은 그 동물을 원래의 상태로 복원하여, 그 중의 어떤 부분이 잘리어 나갔는지, 그럼에도 불구하고 그것을 다시 살려내는 그 재활의 비결이 과연 무엇인지를 확인하는 일이다.

II 듀이의 비판

다시, 듀이의 비판으로 되돌아가서, 듀이의 그 비판은 듀이가 본 '형식도야 이론의 가장 근본적인 오류'에 기초를 둔 것이다. 듀이에 의하면 그 근본적인 오류는 형식도야 이론의 '이원론적 설명, 다시 말하면 활동과 능력을 그 적용대상에서 분리한다는 점'(p. 105)이다. 듀이의 이 말로 미루어 짐작하자면, 형식도야 이론은 '활동과 능력을 그 적용대상에서 분리할 수 있다'는 주장을 나타내었다고 볼 수 있다. 그러나 이것이 형식도야 이론의 주장의 전체라고 볼 수 없는 것은 말할 것도 없고, 심지어 형식도야 이론이 과연 그것을 실지로 주장하였는가도 의심스럽다. 설사 형식도야 이론이 실지로 활동과 능력을 그 적용대상에서 분리할 수 있다는 주장을 했다 하더라도, 그것은 그 주장 자체가 중요해서가 아니라 오직 다른 어떤 중요한 주장을 하기 위하여 그것이 필요했기 때문이라고 보아야 하며, 활동이나 능력과 그 적용대상의 분리라는 이원론적 설명은 그 다른 중요한 주장과의 관련에 비추어서야 올바르게 이해될 수 있을 것이다.

사실상, 듀이는 형식도야 이론의 그 이원론적 오류를 지적하기에 앞서서, 형식도야 이론은 그것이 추구하는 이상에 있어서는 올바른 것이었다고 말하고 있다(p. 98). 만약, 앞에서 말한 바와 같이, 형식도야 이론의 주장이 논리적 귀결에 있어서, 학생들로 하여금 벽의 갈라진 틈을 세밀히 관찰하도록 하거나 무의미 단어를 기억하도록 하는 것이라면, 그러한 주장을 하는 이론이 어떻게 올바른 이상을 추구한다고 생각될 수 있는지 도무지 믿어지지 않는다. 그러나 듀이에 의하면, 형식도야 이론이 추구한 그 올바른 이상이라는 것은, '교육의 한 가지

성과는 무엇인가를 할 수 있는 몇 가지 특정한 힘 또는 능력을 만들어
내는 데에 있다'(p. 98)고 생각했다는 데에 있다. 듀이에 의하면 그
능력은 어디까지나 교육의 성과에 지나지 않는다. 그 능력은 교육이라
는 활동을 한 결과로 생기는 것이다. 만약 형식도야 이론의 주장이
여기에 그치는 것이라면 그것은 '올바른 이상을 추구한' 것이며, 거기
에는 하등 오류라고 할 만한 것이 없다. 그러나 듀이가 보기에 형식도
야 이론은 당연히 교육의 결과*라고 보아야 할 그것을 교육의 목적**
또는 듀이 자신의 용어로, '직접적, 의식적인 수업의 목적'으로 본다.

　　여기서 우리는 앞에서 말한 그 분기점 ―형식도야 이론의 원래
의 주장과 그것에 대한 듀이의 비판이 갈라지는 지점― 에 해당하는
것에 다다랐다는 느낌을 받는다. 즉, 형식도야 이론은 특정한 마음의
능력들 ―일반적인 용어로 '부소능력'部所能力이라고 부르는 것― 을
교육의 결과가 아니라(또는, 교육의 결과일 뿐만 아니라) 교육의 목적
으로 본다는 것이다. 형식도야 이론은 능력과 그 적용대상을 분리하는
이원론의 오류를 저지르고 있다든지, 형식도야 이론은 결국 학생들로
하여금 벽의 갈라진 틈을 세밀하게 관찰하도록 하거나 어느 나라의
말도 아닌 무의미 단어를 기억하도록 해도 좋다는 식의 우스꽝스러운
논리적 귀결로 이끈다든지 하는 식의 비판은 전적으로 여기에 기초를
두고 있다고 말할 수 있다. 그러므로 존 듀이의 설명에 사용된 교육의
결과와 목적 사이의 구분은 이 경우에 거의 마법과도 같은 힘을 발휘
한다고 보지 않으면 안 된다. 물론, 이 마법에 대해서는 설명이 필요하
며, 우리로서는 다행하게도 그 설명이 듀이 자신의 말로 주어져 있다.
듀이에 의하면, 마음의 능력을 교육의 결과로 보는 경우와는 달리,
마음의 능력을 교육의 목적으로 보는 경우에는, 그 능력이 비록 훈련

---

* results　　** aims

되지 않은 형태로나마 사람의 마음속에 이미 존재한다는 것을 가정하지 않으면 안 된다(p. 98). 그러한 능력이 마음속에 이미 존재한다는 것으로 보지 않으면 그것의 개발을 직접적, 의식적인 수업의 목적으로 삼는 것이 의미를 가질 수 없다는 것이다. 뿐만 아니라, '그 능력이 비록 조잡한 형태로나마 이미 있기 때문에, 남은 일이라고는 그것을 끊임없이 점점 세련된 형태로 반복적으로 연습하도록 함으로써 마침내 세련되고 완성되도록 하는 것 뿐이다. 이러한 교육관에 붙여진 '"형식도야"라는 이름에서 "도야"라는 말은 훈련의 "결과", 즉 능력이 생기는 것과 훈련의 "방법", 즉 반복적인 연습을 동시에 가리킨다'(pp. 98~99). 듀이가 지적한 바와 같이, 형식도야 이론이 마음의 능력의 발달을 교육의 결과가 아닌 교육의 목적으로 삼았다고 말할 수 있는 것은 그 이론이 오직 그 능력의 발달 자체에만 관심을 둘 뿐, 그 능력이 무슨 내용을 통하여 발달하는지에는 관심을 두지 않는 것으로 생각될 때이다. 적어도 듀이가 형식도야 이론을 취급한 방식에 의하면, '학생들이 무엇을 공부하는가 하는 것은 중요하지 않다. 학생들이 공부하기 싫어하는 것이면 무엇이나 다 좋다'3)고 하는 식의, 항간에 널리 퍼져 있던, 형식도야 이론에 대한 야유조의 요약이 타당성을 가진다고 볼 수 있다.

「민주주의와 교육」에서 형식도야 이론을 취급한 부분에 명백히 나타나 있는 바와 같이, 마음의 능력이 비록 훈련되지 않은 형태로나마 우리에게 이미 주어져 있다는 형식도야 이론의 주장은 마음에 관한 존 듀이 자신의 견해와 거의 정면으로 대조된다. 듀이에 의하면, 마음은 형식도야 이론에서 가정되는 그런 기성旣成의 능력으로 미리 주어

---

3) 'It doesn't matter what they study, so long as they don't like it.' W. B. Kolesnik, *op. cit.*, p. 15.

져 있는 것이 아니다. 원래 우리에게 주어진 것은 무수하고 다양한 충동적 반응경향뿐이다. 이 최초의 반응경향은 초점이 없이 산만하여 마음으로서의 뚜렷한 형체를 갖추고 있지 않다. 사회적 사태에서 일어나는 여러 가지 활동은 반응의 선택과 조정을 불가피하게 만든다. 활동을 하기 위해서는 그 활동의 목적에 맞게 우리의 반응을 선택하고 그 선택된 반응을 조정하지 않으면 안 된다. 이와 같이 선택되고 조정된 반응은 점차로 식별 가능한 형체를 띠게 되고, 그에 따라 우리가 지적, 정서적, 의지적 요소라고 부르는 것들이 그 특징으로 나타나게 된다. 이것이 곧 마음이다. 만약 사회적 활동에 참여하는 과정을 듀이적 개념에서의 교육이라고 볼 수 있다면, 마음은 교육의 '결과'로 획득된다고 말할 수 있다. 아마 교육의 결과로 획득되는 마음은 형식도야 이론에서 말하는 여러 가지 능력들과 다름이 없을 것이다. 그러나 사회적 사태에서 일어나는 활동은 명백한 목적하에서 수행되는 만큼(이른바 '유목적적 활동'), 그런 활동을 통하여 또 그런 활동의 결과로 획득되는 마음은, 형식도야 이론에서 가정하는 것과 같은 기성의 마음과는 달리, 반드시 사회적 유용성을 가지는 것으로 보지 않으면 안 된다. 이 점에서 그것은 형식도야 이론에서 가정하는 기성의 능력으로서의 마음과는, 비록 실체에 있어서는 동일할지 모르나, 효능에 있어서는 동일하지 않다.

　이상의 고찰은 마음이 기성의 능력으로 주어져 있다고 본 형식도야 이론의 주장이 듀이의 입장에서 볼 때 얼마나 심각한 오류인가를 짐작하도록 하는 데는 충분하다. 그러나 위의 고찰은 형식도야 이론의 전체적 주장을 드러내는 것으로서는 충분하지 않다. 형식도야 이론이 단순히 '마음에 관한' 이론이 아닌 '교육의' 이론인 만큼, 우리는 마음에 관한 그러한 견해가 어떤 교육관에 관한 가정으로서 필요했는지,

마음을 그렇게 규정함으로써 교육이 어떻게 설명될 수 있었는지를 알
아내지 않으면 안 된다. 그렇게 하지 않으면 형식도야 이론이 존 듀이
당시까지, 또는 그 이후 오늘날에 이르기까지 그토록 강력하게 사람들
의 마음을 사로잡을 수 있었던 그 점이 올바르게 설명되지 않는다.
아마 존 듀이의 입장에서 말하자면, 그것은 단지 사람들이 논리적 분
석력이 모자라서 결과를 목적으로 혼동했기 때문이라고 간단한 설명
될 수 있을지 모르지만, 설사 그렇다 하더라도 거기에 과연 이 혼동의
소지가 없었던가 하는 질문은 여전히 남는다.

　　만약 형식도야 이론이 기성의 능력을 가정하였다면 그것은 무엇
때문이었는가? 이 문제를 생각하는 데에는 역사상 어떤 시점에서 또
는 어떤 상황에서 형식도야 이론이 대두되었는가를 알아보는 것이 도
움이 될 것이다. 이 점에 관한 확실한 논의를 찾아보기 어려운 가운데
에서도, 다음과 같은 설명이 거의 유일한, 또는 유일한 종류의, 설명임
을 알 수 있다.4) 그 설명에 의하면, 형식도야 이론이 오늘날의 개념에
의하여 식별가능한 형태로 대두된 것은 서양의 중세가 지나면서부터
였다. 그 당시에 어떻게 해서 사람들이 종래의 주된 교육내용이었던
고전어와 수학 대신에 새로운 종류의 교육내용을 요구하게 되었는가
하는 것은 오직 역사적 추리에 의해서만 알 수 있는 것이지만, 당시의
형편은 그 추리를 그다지 어렵지 않게 해 준다. 아마 상업과 무역의
발달은 그 분야의 실무에 직접 도움이 되는 교육내용을 필요로 하였
고, 이런 종류의 교육내용을 배운 젊은이들이 출세를 하고 사회적 번
영에도 기여하는 것을 보게 되었을 때, 실제적 효과에 민감한 대다수
사람들은 그런 새로운 종류의 교육내용으로 눈을 돌렸을 것이다. 그리
고 이러한 사태는 어떤 이유에서든지 종래의 교육내용을 옹호하려는

---

4) John P. Wynne, *Theories of Education*(Harper and Row, 1963), pp. 14~17.

사람들에게 하나의 사회적 도전으로 지각되었을 것이다. 형식도야 이론은 이 도전에 대하여 종래의 교육내용이었던 고전어와 수학의 가치를 옹호하려는 목적에서 배태되었다.

　만약 이 설명이 타당하다면 ─이 면에서의 논의를 별로 찾아볼 수 없는 형편에서는 그 타당성을 의심할 특별한 이유도 없다─ 그 보수적인 경향을 가진 사람들이 고전적 교과의 가치를 설명할 때, 그 설명의 표적이었던 대다수 사람들의 관념에 가장 쉽게 받아들여질 수 있는 형태로, 또 그 대다수 사람들의 관심에 위배되지 않는 용어로, 그들의 아이디어를 제시했으리라는 것은 쉽게 상상할 수 있다. 우선, 우리에게 몸과 마음이 있다는 것은 누구에게나 납득될 수 있다. 그리고 이 명백한 사실은 양자 사이의 유추가 성립한다는 생각으로 쉽게 연결될 수 있다. 마음이라는 것은 우리의 일상용어에 의하여 지칭되는 지각, 기억, 상상, 추리, 감정, 의지 등 여러 가지 '부소능력'으로 구성되어 있으며, 이것들은 우리 몸의 근육과 마찬가지로 훈련에 의하여 발달될 수 있다. 고전어와 수학은 그러한 부소능력, 즉 마음의 근육을 단련하는 지적 훈련에 적합한 내용으로 구성되어 있다. 다시 말하여, 고전어와 수학의 교과로서의 가치는 그것이 지각, 기억 등 마음의 능력을 '도야'한다는 데에 있다. 그리고 그런 교과를 배움으로써 획득되는 '도야된 마음'은 개인으로서의 인격을 완성하는 데에 뿐만 아니라, 인간 사회에서 성공을 거두는 데에 절대적으로 중요하다. 대강 이런 식이다.

　앞에서 말한 바와 같이, 이 설명은 서양 교육사에서 형식도야 이론이 대두된 배경에 관한 설명으로서 받아들일 만하다고 생각된다. 이 설명에 의하면 형식도야 이론의 목적은 일차적으로, 그 당시의 새로운 실용적 교과로 말미암아 그 가치가 의심스러워진 고전적 교과의 가치를 설명하는 데에 있었다. 물론, 그것을 설명하는 과정에서 형식

도야 이론은 존 듀이가 비판한 바와 같은, 기성의 능력에 관한 가정을
나타내고 있다. 그러나 이 가정을 그 자체로서가 아니라 고전적 교과
의 가치의 설명이라는 형식도야 이론의 원래의 목적과 관련지어 파악
한다면, 과연 그것에 대한 듀이의 비판이 현재와 같은 무게를 가질
수 있을지는 의문이다. 또한, 형식도야 이론의 설명에는 현대에 와서
그것에 대한 비판의 표적이 된 '훈련의 전이'에 관한 가정도 들어 있
다. 그러나 '훈련의 전이'라는 주장 그 자체가 참으로 어떤 주장인지,
또는 이른바 '전이실험'에 의하여 '훈련의 전이'가 부정되었다고 할
때 과연 형식도야 이론의 주장 중에서 어떤 부분이 부정되었는지에
관해서는 좀 더 철저한 분석이 필요하다. 이 문제에 관한 분석이 이루
어지지 않은 상태에서는 '훈련의 전이'를 가정했다는 바로 그 점 때문
에 형식도야 이론이 부정될 수는 없을 것이다.[5]

　　무엇보다도 위의 역사적 설명은 형식도야 이론이 가지고 있는 그
신비스러운 매력, 또는 계속되는 타격에도 불구하고 다시 살아나는
그 강인한 재활능력을 설명하는 중요한 단서를 제공해 준다. 그것은
곧 형식도야 이론이 그 가치가 의심스러운 고전적 교과의 가치를 설명
하고자 했다는 것이다. 만약 고전적 교과에 대한 도전이, 위의 설명에
나와 있는대로 중세 말기에 최초로 강력하게 대두되었다면, 그 이후
오늘날까지 그러한 도전은 계속되어 왔다고 보지 않으면 안 된다. 그
이후 오늘날에 이르기까지 학교에서 가르치는 교과는, 비록 그 형태에
있어서는 동일하지 않을지 모르나, 그 가치가 의심스러운 점에서는
그 당시의 고전어나 수학과 다름이 없다. 학교 교과의 가치가 의심의
대상이 되기는 하지만, 대부분의 사람들에게는 그 가치가 완전히 부정
될 수 있다고는 생각되지 않는다. 그들은 실용적인 교과처럼 명백한

---

5) 전이실험 및 그것과 형식도야 이론과의 관계에 관해서는 이 책, pp. 91~97 참조.

것은 아니지만, 그래도 확실히 모종의 가치가 학교 교과에 있으리라고
기대한다. 이 경우에 형식도야 이론은 그들이 향할 수 있는 거의 유일
한 의지처이다.6)

　　그러나 이것은 어디까지나 보통 사람들이 가지고 있는 막연한 기
대일 뿐이다. 이러한 막연한 기대는 오직 형식도야 이론을 무덤에서
되살려내어 다시 죽이는 일을 되풀이하도록 만들 수 있을 뿐이다. 우
리가 참으로 형식도야 이론의 기구한 운명에 동정을 가지고 거기서부
터 그것을 구출해 내려고 한다면, 그러한 막연한 기대에 머물러 있어
서는 안 될 것이다. 그 이상으로 우리는 형식도야 이론이 그 원래의
목적을 실현하기 위해서 교과의 가치를 어떤 방식으로 설명할 수 있었
는지, 그 설명에 어떤 점이 잘못될 수 있었는지를 정확히 구분해서
밝혀야 한다. 다시 말하여, 우리는 형식도야 이론의 매력과 함정을
정확하게 밝혀내야 한다.

Ⅲ 허스트의 비판

　　허스트의 유명한 논문, '자유교육과 지식의 성격'7)은 그 표면상
의 주제와는 달리 명백히 형식도야 이론에 대한 비판으로 간주될 수
있는 내용을 담고 있다. 우리의 입장에서 볼 때, 이 사실은 존 듀이와

---

6) 형식도야 이론에 대한 비판은 이른바 고전적 교과를 가르친 '방법' ―흔히 권
　위주의적인 주입식 방법이라고 일컬어지는 것― 에 대한 비판과 결부되어 있
　었고 또 이 후자로 말미암아 그 비판이 더욱 설득력을 가지게 된 것이 사실
　이다. 만약 고전적 또는 전통적 교과 그 자체와 그것을 가르치는 방법을 개념
　상으로 구분하였더라면, 형식도야 이론에 대한 비판이 과연 그토록 광범한 호
　응을 얻을 수 있었겠는가 하는 데에는 의문의 여지가 있다.

7) P. H. Hirst, 'Liberal Education and the Nature of Knowledge,' R. D. Archambault
　(ed.), *Philosophical Analysis and Education*(London : RKP, 1965), pp. 113~138.

허스트 사이에 50년이라는 시간상의 거리가 있고 또 두 사람 사이에 그토록 현격한 교육관의 차이가 있음에도 불구하고 형식도야 이론에 대한 비판의 관점은 동일하다는 점에서 특히 관심의 대상이 된다.

듀이의 경우에 있어서와 마찬가지로 허스트의 경우에도, 그는 자신이 주장하는 자유교육의 개념을 더욱 확실히 하기 위한 방편으로 형식도야 이론을 비판하고 있다. 허스트에게 표면상 비판의 대상이 되고 있는 것은 하바드 보고서[8])에 제시된 자유교육관이다. 허스트는 하바드 보고서를 다음에 말할 네 가지 조목으로 비판하고 있다. 허스트가 열거하는 네 가지 조목 중의 어느 것에도, 거의 지나가는 말로 '훈련의 전이'가 언급되어 있는 것을 제외하고는, 형식도야 이론이 특별히 지목되어 있지는 않다. 그러나 그 네 가지 조목 중의 처음 세 가지는 허스트가 그의 자유교육관의 핵심으로 삼고 있는 '마음과 지식의 관계'에 관한 것이며, 이것은 존 듀이의 형식도야 이론에 대한 비판의 관점과 의심할 여지가 없이 일치한다. (마지막 한 가지는, 하바드 보고서가 자유교육의 개념 속에 지식 이외의 요소, 즉 정서적, 도덕적 발달을 포함시키고 있다는 것이다. 물론, 이 면에서의 비판은 그 논문에서의 허스트의 주요 관심사가 아니다.)

먼저, 허스트의 처음 세 가지 비판의 조목을 옮겨 보겠다. 첫째로, '자유교육을 몇 가지 특정한 정신능력으로 직접 규정하면서, 그 정신능력과 관련되는 지식의 형식들을 자세하게 밝히지 않는 것은 잘못이다'(p. 118). 둘째로, '그러한 정신능력을 넓은 일반적 용어로 표현하는 것은 그러한 용어로 표현되는 지적 작용이 서로 이질적이라는 사실을 도외시하고 마치 그것이 동일한 것인 양 잘못 파악하도록 하는

---

8) *General Education in a Free Society*, Report of the Harvard Committee (Harvard University), 1945.

결과를 가져온다'(p. 119). 셋째로, '아마 하바드 보고서의 저자는 그렇지 않다고 강변할지 모르지만, 그 보고서의 내용에는 거기에 명시된 것과 같은 단일한 일반적 능력을 발달시키는 것이 가능하다는 견해가 명백히 들어 있다'(p. 120).

하바드 보고서를 직접 읽어볼 필요가 없이 허스트의 논문에 제시된 것만 읽어보더라도, 위의 세 가지 비판이 하바드 보고서의 어떤 부분을 겨냥한 것인가 하는 것은 쉽게 알 수 있다. 하바드 보고서에는 '자유교육'*의 목적을 '마음의 능력과 태도를 개발하는 것'에 두고 그러한 '마음의 능력'(즉, 정신능력)으로서, 1) 효과적으로 사고하는 능력, 2) 생각을 전달하는 능력, 3) 적절한 판단을 하는 능력, 4) 가치를 분간하는 능력의 네 가지를 들고 있다. 또한, 첫째 항목의 '효과적인 사고'로서, 그 보고서는 1) 논리적 사고, 2) 관련적 사고, 3) 상상적 사고의 세 가지를 들고 이 각각은 자연과학, 사회과학, 인문학에 의하여 개발되는 것으로 보고 있다. 물론, 하바드 보고서에서 말하는 '정신능력'은 종래의 형식도야 이론에서 상정되는 '부소능력'과 정확하게 일치하지는 않는다. 그러나 적어도 허스트의 비판에 의하면 하바드 보고서는 명백히 형식도야 이론에 해당하는 발상을 나타내고 있다. 왜냐하면 그 보고서는 '그 정신능력과 관련되는 지식의 형식들을 자세하게 밝히지 않은 채' 그 정신능력만으로 자유교육을 규정하려고 하기 때문이다. 이것은 앞에서 말한 바와 같은, '능력이나 활동을 그 적용대상에서 분리하는 이원론의 오류를 저지른다'는 존 듀이의 지적을 다른 말로 표현한 것에 지나지 않는다.

허스트의 그 세 가지 비판 조목을 전체적으로 파악하자면, 그것은 오직 한 가지, 하바드 보고서는 지식과 정신능력 사이의 관계를 올바

---

* general education

르게 파악하지 않았다든지, 그 보고서는 정신능력을 지식과는 별도로 규정하려고 했다는 것으로 요약될 수 있을 것이다. 그러나 그 세 조목을 좀 더 세밀히 조사해 보면 각각의 조목에서 비판되고 있는 주장 — 즉, 형식도야 이론이 표방한 것으로 간주되는 주장— 이 꽤 엄밀한 강도의 계열을 따라 배열되어 있음을 알 수 있다.

첫째 조목은 단순히 일반적인 정신능력을 표현하는 용어를 사용하는 것, 그리고 그런 용어로 자유교육을 규정하는 것을 비판의 대상으로 삼고 있다. 예컨대, '논리적 사고력'이라는 용어를 사용하면서 그런 용어로 자유교육의 목적을 나타내려고 하는 것이 그것이다. 이하의 두 조목은 이 첫째 조목에 지적된 내용으로부터 점점 교육의 실제에 가까운 논리적 함의를 끌어내고 있다. 즉, 일단 마음을 '일반적인 정신능력'으로 규정하고 나면 마치 그런 용어에 의하여 규정되는 실체가 별도로 존재한다는 생각을 불러일으킬 가능성이 있다. 예컨대 '논리적 사고력'이라는 것은 사실상 여러 가지 이질적인 사태에 작용하는 이질적인 정신작용을 일반적으로 지칭하는 이름이다. 우리가 그런 이름을 사용할 수 있는 것은 그러한 이질적인 정신작용이 모종의 공통점을 나타내고 있기 때문이다. 그러나 그 공통점을 일반적인 용어로 지칭할 수 있다고 해서 그렇게 지칭되는 정신작용이 실체로서 존재한다고 생각한다면 이것은 잘못이다. 이것이 둘째 조목에서 비판되는 내용이다. 마지막으로, 만약 일반적 정신능력이 실체로서 존재한다고 생각하면 그 다음 단계로서 그 일반적 능력 그 자체를 별도로 발달시킬 수 있다고 생각할 가능성이 있다. 이것이 셋째 조목에서 지적된 오류이다. 사실상, 그 일반적 능력은 반드시 특수적 사태와 관련되어 있기 때문에 일반적 능력 그 자체를 별도로 발달시키는 일은 원칙상 불가능하다. 아무런 내용이나 사태를 개입시키지 않고 '논리적 사고력'을 발

달시킨다는 것은 있을 수 없다. 그러므로 이 셋째 오류를 저지르는
사람은 예컨대 추리소설에서 길러진 논리적 사고력이 수학에서 길
러진 논리적 사고력과 그 의미나 효과에 있어서 다르지 않다고 생각
한다.

쉽게 짐작할 수 있다시피, 허스트의 비판이 종래의 형식도야 이론
을 겨냥하고 있다는 것을 가장 강하게 암시하는 것은 이 셋째 조목에
서이다. 이 셋째 조목과 관련하여 허스트는, 하나의 교과만으로 중요
한 정신능력을 모두 개발할 수 있다든지 특정한 정신능력은 오직 특정
한 교과에 의해서만 개발될 수 있다는, 종래 교육계에 널리 퍼져 있는
오류를 지적하고 있다(p. 120). 앞에서 말한 '훈련의 전이'가 잠깐 언
급되어 있는 것도 이 대목에서이다(p. 121).

그러나 물론, 오늘날 '형식도야 이론'으로 불리는 교육적 주장이
오직 허스트의 셋째 조목에 비판된 내용에만 국한된다고는 말할 수
없다. 만약, 앞에서 말한 바와 같이, 허스트의 세 가지 비판 조목이
연속적인 논리적 함의의 과정을 따라 연결되어 있는 것이라면, 그 세
조목에서 비판되고 있는 내용은 하나의 전체로서의 주장을 나타내고
있다고 보아야 한다. 형식도야 이론은 그러한 연속적인 논리적 함의의
단계로 이루어진 전체로서의 주장을 가리킨다. 그와 마찬가지로, 형식
도야 이론을 이러한 관점에서 파악할 때, 우리는 형식도야 이론을 구
성하고 있는 논리적 추론의 과정을 허스트의 세 가지 조목보다는 훨씬
작은 단계로 구분할 수 있을 것이다. 또한 그렇게 함으로써 우리는
형식도야 이론의 이른바 '오류'라고 것이 그 추론과정의 어느 단계에
서 비롯되었는가를 확인할 수 있게 될 것이다. '목욕물을 버리려다가
아이까지 버린다'는, 형식도야 이론과 관련하여 흔히 인용되는 격언을
빌어서 표현하자면, 그 때 우리는 그 추론과정의 어느 단계까지가 아

이이며 어느 단계부터 목욕물이 시작되는지를 확인할 수 있을 것이다. 사실상 이때까지의 형편으로 보면, 이 목욕물과 아이의 비유는 형식도야 이론과 관련하여 아주 적절하다는 느낌을 받는다. 목욕물은 쏟아지면 땅에 스며들어 없어지지만, 아이는 통 바깥에서 그대로 살아있는 것이다.

어쨌든, 허스트의 비판은 형식도야 이론의 주장을 크게 두 가지로 구분할 가능성이 있다는 것을 시사한다. 그것을 각각 '약한 주장'과 '강한 주장'이라고 부를 수 있을 것이다. 그것을 진술하면 다음과 같다.

Ⅰ. 여러 활동에 공통된 일반적 능력이 있다(약한 주장).
Ⅱ. 그 일반적 능력은 그것이 표현되는 활동과 무관하게 의의를 가진다(강한 주장).

이 두 주장을 수학과 추리력에 비추어 예시하자면 다음과 같다.

Ⅰ. 여러 활동에 공통된 일반적 능력이 있다(약한 주장).
  (1) 수학을 배우면 추리력이 길러진다.
  (2) 이 추리력은 수학 이외의 사태에서의 추리력과 공통성을 나타낸다.
Ⅱ. 그 일반적 능력은 그것이 표현되는 활동과 무관하게 의의를 가진다(강한 주장).
  (3) 수학에서 길러지는 추리력은 수학 이외의 사태에도 효과적으로 적용된다.
  (4) 수학에서 길러지는 추리력은 수학 이외의 사태에서도 길러질 수 있다.

위의 약한 주장과 강한 주장은 말할 것도 없고, 그것을 예시적으로 표현한 네 가지 명제도 약간씩 미묘한 차이를 나타내는 상이한 주장이나 명제로 해석될 수 있다. 뿐만 아니라 위의 약한 주장과 강한 주장이 형식도야 이론에 포함된 논리적 추론을 요약한 만큼, 형식도야 이론은 크게 보아서 그 두 주장 사이의 함의관계로 성립되어 있다고 말할 수 있다. 그 두 주장 중에서 처음의 '약한 주장'은 마음(또는, 더 정확하게 말하자면, 마음을 표현하는 일반적 능력)을 '정의'하는 것과 관련된 것이며, 나중의 '강한 주장'은 마음을 '개발'하는 것과 관련된 것이라고 볼 수 있다. 그러므로 결국 형식도야 이론은 마음의 정의에 관한 주장과 마음의 개발에 관한 주장 사이의 함의관계로 성립된 이론, 또는 달리 표현하여, 마음의 정의에 관한 주장으로부터 마음의 개발에 관한 주장을 이끌어내려고 한 이론이라고 말할 수 있다.

이때까지 형식도야 이론에 대한 비판은 거의 전적으로 '강한 주장'의 그릇됨을 지적해 왔다. 예컨대 듀이가 지적한 형식도야 이론의 이원론적 오류는 마음의 정의에 관한 주장, 즉 '약한 주장'에는 적용되기 어렵다. 듀이가 말한 '활동이나 능력과 그 적용대상 사이의 분리'는 그 능력이 활동과는 별도로 길러지고, 또 그것이 길러진 활동에 국한되지 않고 모든 활동에 동일하게 적용될 수 있다고 생각하는 경우를 지적한다. '학생들로 하여금 벽에 갈라진 틈을 세밀하게 관찰하도록 하거나 어느 나라의 말도 아닌 무의미 단어를 기억하도록 해도 좋다'는 식의 우스꽝스러운 결론은 오직 앞의 '강한 주장'을 받아들일 때에만 따라 나온다. 듀이의 말에 시사되어 있는 바와 같이, '강한 주장'은 마음의 능력을 '직접적, 의식적인 수업의 목적'으로 보는 것이다. 그러나 마음의 정의에 관한 주장은 그렇지 않다. 이 주장에서는 다만, 마음이라는 것은 예컨대 수학을 통하여 길러지는 추리력 등의 능력으로 정의될 수 있다는 것, 추리력은 수학 이외의 사태에도 관련될 수 있다는 것, 그리고 양자가 모두 추리력이라는 이름으로 불리울 수 있는 한, 거기에는 반드시 모종의 공통성이 있다는 것이 제안되고 있다. 존 듀이는 이 주장에 대해서는 특별히 반대할 이유가 없을 것이다. 오히려 듀이는, 교육을 통하여 일반적 능력을 길러야 한다는 생각은 교육의 '올바른 이상'을 나타낸다고 말하였다. 이것은 곧 일반적 능력을 교육의 결과로서 받아들여야 한다는 뜻이다. 사태가 이러하기 때문에, 예컨대 듀이 또는 그와 비슷한 생각을 가진 사람들이 형식도야 이론의 '강한 주장'을 부정하고 그로 인하여 형식도야 이론의 주장 전체, 그리고 '약한 주장'까지도 따라서 부정되었다고 믿는다면 이것이야말로 아마 논리적 분석력의 결여를 나타낸다고 말해야 할 것이다.

형식도야 이론에 대하여 치명타를 가한 것으로 알려져 있는 전이 실험에 대해서 생각해 보다라도 사정은 동일하다. 전이실험은 위의 '강한 주장' 중에서도 특히 제 3 의 명제, 즉 수학에서 길러지는 추리력은 수학 이외의 사태에도 효과적으로 적용된다는 명제의 타당성을 경험적으로 검증한 것이라고 볼 수 있다. 아마 이 경우에는, 그 제 3 의 명제가 부정되면 도대체 여러 사태에 공통되는 일반적 능력이라는 것이 과연 있는가가 의심스럽게 되고, 따라서 앞의 '약한 주장'이 부정될 수밖에 없다는 생각이 들지 모른다. 그러나 우선, 전이에 관한 경험적 연구는, 그것이 경험적 연구인 한, '효과적으로 적용된다'고 할 때의 그 '효과'를 부당하게 임의적으로 해석할 수밖에 없다. 수학에서 길러진 추리력이 예컨대 추리소설에서의 범인 추적에 효과적으로 적용되는가를 알아본다고 할 때, 도대체 어떤 것을 효과적인 적용의 증거로 삼아야 하는가? 예컨대 쏜다이크*가 한 것과 같은 기억의 전

---

* E. L. Thorndike

이실험에서 만족할 만한 수준의 전이가 일어나지 않았다고 해서 기억이라는 일반적 능력이 있다는 것을 부정해야 하는가? 사실상, 우리는 그런 일반적 능력이 있다는 것을 확인하기 위하여 전이실험의 결과를 기다릴 필요가 없다. 뿐만 아니라, 하나의 역사적 사실로서 전이실험의 결과로 제안된 새로운 설명, 즉 '동일요소설'은 그 자체가 곧 일반적 능력이 있다는 것을 주장한 것이나 다름없다.

　이제, 이상의 고찰을 종합하여 형식도야 이론을 보다 중립적인 입장에서 파악할 때가 되었다. 앞에서 말한 형식도야 이론의 역사적 배경에 관한 설명이 받아들일 만하다면, 원래 형식도야 이론은 그 당시의 교과 —주로 고전어와 수학으로 구성된 교과— 를 정당화하기 위한 이론이었다고 보아야 한다. 말하자면, 그런 교과는 인간에게 중요한 정신능력들을 개발한다는 점에서 가치를 가진다는 것이었다. 이 단계에서는 아직 듀이가 말한, 능력과 적용대상 사이의 불행한 분리가 발생하지 않는다. 왜냐하면 형식도야 이론은 이미 가르쳐지고 있는 교과의 가치를 설명하는 것이며, 따라서 그 설명에 사용된 일반적인 능력이 교과와의 관련을 떠났다고는 볼 수 없기 때문이다. 그러나 그 일반적 능력의 가치 또는 효용을 설명하는 과정에서 형식도야 이론은 그 일반적 능력의 '실용적' 효용성을 설명에 끌어들이는 오류를 저질렀다. 앞의 역사적 배경의 설명에 시사된 바와 같이, 이러한 실용적 효용성의 가정은 고전적 교과의 가치를 의심하는 사람들을 그 사람들에게 맞는 수준에서 설득하기 위하여 취해진 조치라고 생각하면 특별히 문제 삼을 것도 없을 것이다. 그러나 마치 운명의 장난이기라도 하듯이, 하여간 이 단계에서 형식도야 이론의 일대전환이라고 할 만한 것이 일어났다. 이때까지 기존의 교과에 관한 가치를 이론적으로 설명한다고 생각되던 이론이 교육의 내용과 방법을 실제적으로 처방하는 이론으로 전환된 것이다. 존 듀이의 말대로, '도야'라는 말이 훈련의 '결과'와 '방법'을 동시에 지칭하게 되고, 오히려 '결과'를 지칭하기 보다는 '방법'을 지시하는 것으로 되는 사태가 벌어졌다. 만약 정신능력이 일반적으로 전이되는 것이라면 그것은 어떤 내용을 통하여 어떤 방법으로 개발되더라도 상관이 없을 것이다. 만약 추리력을 가지도록 하는 것 자체가 관심사라면 당구나 바둑 대신에 굳이 수학을 가르쳐야할 이유가 없는 것이다. 당구나 바둑을 가르쳐야 한다고 주장하건, 아니면 수학을 가르쳐야 한다고 주장하건 관계없이, 이것은 교육내용에 관한 처방이다. 그리고 형식도야 이론을 이 측면에서 받아들인다면 그것은 기존의 교과의 가치를 설명하는 '이론적' 이론으로부터 교과를 처방하는 '실제적' 이론으로의 성격상의 전환을 의미한다.

위의 고찰에서 드러난 바와 같이, 실제적 처방을 위한 이론으로서의 형식도야 이론은 듀이와 허스트, 그리고 그밖의 많은 사람들에게 비판을 받아 왔다. 그러나 이론적 설명을 위한 이론으로서의 형식도야 이론도 부정되어야 하는가? 이 질문에 대한 확실한 대답이 없이 어정쩡한 상태 ― 이것이 형식도야 이론과 관련된 현재 우리의 입장이라고 말해서 별로 그릇됨이 없을 것이다.

Ⅳ 형식도야 이론의 재활 가능성

허스트는 하바드 보고서에 반영된 마음의 개념, 즉 형식도야 이론에서 가정하는 것과 같은 일반적 정신능력으로서의 마음의 개념을 비판하면서 그것을 자신의 마음의 개념과 대조시키고 있다. 허스트에 의하면, 마음은 인류의 공적 유산인 개념구조에 입문된 결과로 획득된다. 공적개념구조라는 것은 수학, 과학, 역사 등, 이른바 '지식의 형식들'에 포함되어 있다. 이 지식의 형식들이 학교교육의 내용을 이루고 있다. 그리하여 허스트는, 자유교육은 하바드 보고서에서와 같이 일반적 정신능력, 즉 '마음의 능력과 태도'에 의해서 규정될 것이 아니라 '지식의 형식'에 의해서 규정되어야 한다고 주장한다.

이때까지 이 글에서 논의한 바에 의하면, 형식도야 이론에 대한 허스트의 비판은 사실상 그 이론에 들어 있는 '약한 주장'과 '강한 주장'을 올바르게 구분하지 못한 데에 기인한 것이라는 결론을 최종적인 것으로 받아들여야 할지 모른다. 그러나 이 결론은 지나치게 단순하고 소극적인 결론이다. 이제, 한 걸음 더 나아가서, 형식도야 이론의 마음의 개념, 그리고 그것에 입각한 자유교육의 개념과 허스트 자신의 견해 사이에 과연 얼마나 심각한 차이가 있는가, 그 차이는 허스트가 믿고 싶어하는 정도로 근본적인 것인가 하는 문제를 생각해 보겠다. 이것은 허스트 자신도 어떤 면에서는 형식도야 이론과 동일한 발상을 가지고 있는 것이 아닌가 하는 의심을 완전히 제거하는 데에 필요하다.[9]

허스트의 입장에서 말하자면, 형식도야 이론에서 가정하는 일반적 능력은 그 능력과 관련된 '내용'이 명시되지 않은, 순전한 '형식'에 지나지 않는 데 비하여 지식의 형식은 마음을 그 '내용'과 관련하여 규정한다고 말할 수 있을지 모른다. 가령 '논리적 사고력'은 여러 사태

---

9) 이 문제는, 물론, 듀이에 관해서도 제기될 수 있다. 사실상 듀이의 경우에는 이 문제가 훨씬 더 심각하다고 볼 수 있다. 듀이는 형식도야 이론이 옹호하고자 한 것과 같은 '학교의 정규교과'에 교육내용으로서 특별한 지위를 부여하는 데에 지나칠 정도로 신중한 태도를 가졌다. 어느 편인가 하면 듀이는 그가 말한 과학적 문제해결력을 기를 수 있는 한, 어떤 것이든지 교육내용으로서 가치를 가진다고 생각하였다. 이러한 생각은 듀이 자신이 비판한 '능력과 그 적용대상의 분리'를 나타내는 것이 아닌가 하는 의심이 드는 것이다.

에 공통으로 적용되는 만큼 그 중의 어떤 사태와 관련된 것인지 분명하지 않지만, 이와는 달리 수학은 그 논리적 사고력이 표현되는 사태 또는 '내용'을 명시한다는 것이다. 아마 그럴지 모른다. 그러나 허스트 자신이 말한 바와 같이, 마음이 지식의 형식에 입문된 결과로 획득되는 것이라면, 수학이라는 지식의 형식에 입문된 결과로 우리에게 획득되는 마음을 무엇이라고 불러야 하는가? 가령 그것을 수학적 사고력이라고 부른다고 하자. 하바드 보고서의 용어인 '논리적 사고력'과 이 '수학적 사고력' 사이에 얼마나 근본적인 차이가 있는가? 물론, 수학적 사고력은 논리적 사고력의 한 특수적 형태이며, 그런 만큼 그것은 논리적 사고력보다 덜 일반적인 능력이라고 말할 수는 있다. 그러나 그렇다고 해도 그것은 여전히 '일반적 정신능력'임에는 틀림이 없으며, 이 점에서 두 능력 사이에 그다지 근본적인 차이가 있다고는 말할 수 없다. 이렇게 생각해 보면, 허스트의 주장도 결국에는 자유교육을 '마음의 일반적 능력'과 관련지어 규정하는 형식도야 이론의 발상에서 크게 벗어나지 못하고 있는 듯하다.

사실상, 허스트뿐만 아니라, 교육을 개인의 마음과 관련하여 규정하려고 하는 사람은 누구든지 그러한 형식도야 이론의 발상에서 벗어나지 못할 것이다. 거기서 벗어나는 길은 지식의 형식을 개인의 마음과 관련하여 파악하는 것이 아니라 실재의 다양한 표현양식으로 이해하는 것이다.[10] 이것은 허스트가 취한 접근의 정반대이다. 허스트는 지식의 형식으로 자유교육을 규정하면서, 그렇게 하는 것이야말로 실재에 관한 형이상학적 가정에 의존함이 없이 자유교육을 규정하는 방

---

10) 예컨대, Michael Oakeshott, *Experience and Its Modes*(Cambridge University Press, 1933). 그 밖에 여러 선집에 실린 Oakeshott의 교육론은 이 점을 주장한 것이라고 볼 수 있다. 김안중, 차미란(편집・번역), 「오우크쇼트의 정치이론과 교육론」(근간) 참조.

법이 된다고 주장한다(p. 116). 허스트가 실재에 관한 가정을 피해야 한다고 말할 때, 아마 허스트는 그 가정이 전혀 근거없는 것이라고 생각했을 것이다. 그러나 기이한 점은, 허스트가 교육내용으로서 지식의 형식을 정당화하는 데에 사용하는 논의형식은 거의 그대로 실재의 근거를 밝히는 데에도 사용될 수 있다는 것이다.

허스트에 의하면, 지식의 형식이 어째서 가치가 있는가를 묻는 질문은 지식의 형식의 핵심에 해당하는 '합리적 마음'이 가치가 있다는 것을 가정할 때에만 의미있게 제기될 수 있다(pp. 126~127). 다시 말하면, 지식의 형식의 정당화는 지식의 형식의 가치를 논리적으로 가정한다. 이것은 곧 지식의 형식의 가치가 개개인에 의하여 경험적으로 확인되지 않는다고 해서 부정되는 것이 아니라는 뜻이다. 물론, 실재가 있다는 것은 개개인의 경험에 의하여 확인되지 않는다. 그러나 우리가 지식의 형식을 사용하는 한, 우리는 그 지식의 형식이 표현하고자 하는 그 무엇이 있다는 것을 가정하지 않으면 안 된다. 만약 이것을 가정하지 않는다면 지식의 형식이 과연 무엇에 관한 것인지 알 수 없게 될 것이다. 이와 같이, 실재라는 것은 우리가 지식의 형식을 배우고 사용하고 다음 세대에 전달하는 일이 의미를 가지기 위해서 당연히 받아들여야 하는 논리적 가정이다. 만약 허스트의 주장에서처럼 지식의 형식 또는 그것에 반영된 '합리적 마음'의 가치가 의심의 여지가 없이 명백하다면 실재가 있다는 것 또한 그에 못지 않게 명백하다고 보아야 한다.

지식의 형식들이 실재의 상이한 표현임을 인정한다고 하여, 지식의 형식이 허스트가 말하는 '합리적 마음' 또는 심지어 형식도야 이론에서 말하는 '일반적 정신능력'을 규정한다는 점이 부정되는 것은 아니다. 오히려, 그것은 개인의 마음이 곧 실재를 반영한다는 식으로 양자를 관련지을 수 있다는 것을 시사한다. 모르기는 해도, 이런 식으로 생각할 때 우리는 마음과 실재와 교육이라는 세 가지 요소의 결합으로 된 보다 완전한 형식도야 이론을 정립할 수 있게 될 것이다. 적어도, 중세 말이건 언제이건 간에, 애당초 형식도야 이론이 고전적 교과의 가치를 설명하려고 했을 때, 교과는 실재를 대면하려는 인간의 노력이라는 식의 설명을 할 수는 있었을 것이다. 물론, 이런 식의 설명이 고전어와 수학의 가치를 부기나 속기의 가치와 비교하려는 사람들에게 설득력을 가지리라는 것은 기대하기 어렵다. 형식도야 이론을 주창한 사람들이 그 대다수 사람들의 속마음을 정식으로 심각하게 받아들였다는 것은 결국, 교육이라는 활동도 소비자의 요구를 무시할 수 없다는 이 세상의 법을 따를 수밖에 없었기 때문일까?

2

지식중심 교육과정의 재조명

Ⅰ 서론

이 글에서 논의되는 '지식중심 교육과정'은 '지식을 주된 내용으로 하여 구성되고 운영되는 교육과정'으로 일단 규정될 수 있다. 그러나 이것만으로는 지식중심 교육과정이 충분히 규정되지 않는다. 이렇게 말하는 것은 지식중심 교육과정이 지식을 주된 내용으로 삼지 않는다는 뜻이 아니라, 위와 같이 규정해서는 지식중심 교육과정이 도대체 어째서 논의의 주제가 되는지 그 이유가 명백히 드러나지 않는다는 뜻이다. 어째서 그러한가? '교육과정'이라는 용어가 의미있게 적용되는 사태, 다시 말하면 교육의 내용이 명백히 체계화된 형태로 사전에 확인될 수 있는 사태에서는 언제나 또 어디서나 지식을 주된 교육내용으로 삼는다고 말할 수 있다. 이 점은 동서고금을 통틀어서 변함이 없다. 그러므로 만약 '지식중심 교육과정'을 위와 같이 '지식을 주된 내용으로 하여 구성되고 운영되는 교육과정'으로 규정한다면 그것은 명백히 체계적인 형태를 띠고 이루어지는 일체의 교육사태를 지시하는 것으로 된다. 이 경우에 지식중심 교육과정을 논의하는 것은 곧 '교육과정', 또는 더 일반적으로 말하여, '교육'을 논의하는 것이 되며, 그 앞에 붙은 '지식중심'이라는 말은 하등 특별한 의미를 가질 수 없다.

뿐만 아니라, '지식'이라는 말을 좀 더 엄밀하게 해석하려고 들면, 사태는 더욱 복잡해진다. '지식'이라는 용어는, 보통의 의미로는, 책에 적힌 것, 명제의 형태로 진술된 것을 가리키지만, 과연 '지식'의 의미가 이것에 국한되어야 하는가 하는 질문은 충분히 의미있게 성립한다. '지식'이라는 용어는, 그 어의에 있어서는, '아는 것'을 뜻하며 우리가 알고 있는 것 중에는 통상 명제의 형태로 진술되지 않는 것 또는 원칙상 명제의 형태로 진술될 수 없는 것이 얼마든지 있는 것이다. 보통은 이런 것들을 '능력'이라든가 '정서'라는 용어로 부르지만, 그것을 '지식'이라고 불러서 안 될 이유는 없다. 아닌게 아니라, 서양의 철학자들 중에는 '이러이러하다는 것을 아는 것'(명제)뿐만 아니라 '이러이러한 것을 할 줄 아는 것'(능력)도 지식에 포함시켜야 한다고 생각하는 사람들이 많이 있다. 또한 도덕은 보통의 의미로서의 '지식'보다는 '정서'에 관계된다고 생각하는 사람들이 많지만, 도덕이 지식인가 아닌가 하는 문제는 소크라테스에서 시작하여 오늘에 이르기까지 끊임없이 논쟁의 주제가 되어 왔으며, 적어도 도덕이 지식과 완전히 별개의 것이라고 주장할 사람은 그리 많지 않을 것이다. 그리하여, 만약 '교육'이라는 말의 의미를, 무엇인가를 아는 사람이 그 아는 것을 모르는 사람에게 가르쳐 주는 것으로 해석한다면, 일체의 교육사태는 '지식'을 전수하는 사태로 이해될 수 있으며, 이 경우에는 '지식중심 교육과정'이라는 주제로 무엇을 말해야 할지가 전혀 불분명하게 된다.

'지식중심 교육과정'을 위와 같이 일반적인 또는 탈맥락적인 의미로 해석하는 것은 교육내용으로서의 지식의 중요성을 드높이고자 하는 사람이나 그것을 깎아내리고자 하는 사람에게 다같이 편리한 아전인수 격의 구실로 사용될 수 있다. 지식의 중요성을 드높이고자 하는 사람의 입장에서 볼 때 그것은, 일체의 교육과정은 '지식중심'이며, 지식을 중심으로 하지 않는 교육은 생각할 수 없다는 뜻으로 해석된다. 그러나 바로 다음 순간에 그것은 완전히 반대되는 해석으로 뒤집힐 수 있다. 교육내용으로서 지식이 중요하다고 말하는 사람들은 그 '지식'이라는 말을 아주 좁게, 오로지 책에 적힌 '이론적 지식'을 가리키는 것으로 해석하지만, 사실상 그러한 '이론적 지식'은 양에 있어서나 중요성에 있어서나 지식의 극히 일부분에 지나지 않는다는 것이다. 이것은 곧 앞의 사람들이 생각하는 지식이 교육내용으로서 하등 특별한 지위를 가지지 않는다는 것을 의미한다.

'지식중심 교육과정'에 관한 논의가 참으로 이런 수준에 머물러 있어야 한다면, 그 논의는 견해를 달리하는 사람들 사이의 입씨름에 지나지 않는 것으로 된다. 물론, 그 견해 차이가 개인적 또는 집단적 이해관계에 기초를 둔 경우에 그 입씨름은 제3자가 보기에 민망할 정도의 열도熱度에 다다를 수 있다. 이런 수준의 논의에서 거의 예외없이 간과되는 것은 쌍방에 의하여 드높여지기도 하고 깎아내려지기도 하는 그 '이론적 지식'이라는 것 —또는, 학교 교육과정의 용어로 '주지교과'라는 것— 이 과연 어떤 것이며 그것을 교육내용으로 삼는다는 것은 어떤 의미를 가지고 있는가 하는 것이다.

위의 일반적 규정이 시사하는 것과는 달리, 하나의 역사적 사실로서, '지식중심 교육과정'은 특정한 맥락의 산물이다. 대체로 말하여, 지식중심 교육과정은 1920~1930년대의 미국에서 종래의 교육과정에 대한 대안으로서 새로운 교육과정이 제안될 때 그 종래의 교육과정을 지칭하는 용어로 사용되었다. (정확하게 말하자면, 그 당시에 사용된 용어는 '교과중심 교육과정'이었다. 그러나 이후에 사용된 '지식중심 교육과정'이 '교과중심 교육과정'과 동일한 실체를 가리키는 것은 분명하며, 적어도 '지식중심 교육과정'이 그 당시의 맥락에서 탄생된 용어라고 말하는 데에는 별 무리가 없을 것이다.) 그러므로 지식중심 교육과정은 처음부터 문제가 있는 교육과정으로서, 바로 그것이 가지고 있는 문제점 때문에 하나의 교육과정 동향으로 등장하게 되었다고 말할 수 있다.

그 탄생의 맥락이 이러하기 때문에, 지식중심 교육과정으로 대표되는 교육의 이론이나 실제는 반드시 교육내용에 엄격하게 국한된 것이 아니다. 1920~1930년 당시에 종래의 교육에 대한 대안을 제시한 사람들이 본 그 '종래의 교육'이라는 것은 교육내용에 국한된 것이 아니라 그러한 교육내용을 가르치는 방법을 포함한 '총체'로서의 교육실제였다. 이것은 그들이 제안한 그 대안이 '총체적' 실제에 관한 것이었다는 것과 마찬가지이다. 우리는 '교육내용'이라든가 '교육방법'이라는 용어를 써서 이 두 가지를 구분하지만, 교육의 내용과 방법은 우리 눈앞에 나타나는 구체적 현실 속에서 각각 별도의 시공간적 지점을 차지하고 나타나는 것이 아니다. 그렇기 때문에 하나의 교육현실을 비판하고 그 문제점을 제거 또는 완화하기 위한 또 하나의 교육방안을 제안할 때, 대체로 우리는 교육내용과 교육방법을 구분하여 양자를 따로따로 떨어진 별개의 주제로 논의하는 데에 특별히 관심을 기울이지 않는다. 다시 말하면, 우리는 교육내용과 교육방법이 '사실상으로 분리되지' 않는다는 점을 중요시하면서 양자 사이에 있는 '개념상의 구분'을 무시하거나 과소평가하는 것이다.

그러나 분명히 말하여, '총체적' 교육실제에서 교육내용과 교육방법을 추상하여 그것이 각각 별개의 실체로서 독자적으로 존재한다고 생각하는 것은 가장 초보적이면서도 치명적인 논리적 오류이지만,

교육내용과 교육방법 사이에 엄연히 존재하는 개념적 구분을 도외시
하는 것 또한 그에 못지 않게 심각한 재앙을 가져온다. 이 개념적 구분
을 도외시할 때 우리는, 교육내용의 정당성은 교육방법과의 관련을
떠나서 그 자체로서 사정될 수 있다는 중요한 사실을 간과하게 된다.
이때 우리는, 현재의 교육방법은 현재의 교육내용을 가르치기에 적합
한, 또는 유일하게 적합한 방법이 아닐지도 모른다는 것, 어떠한 방법
에 의하여 학생 중의 얼마나 많은 비율이 그것을 학습할 수 있는가와
는 관계없이 교육내용은 그 자체로서 정당성을 가질 수도 있다는 것,
또는 더 나아가서, 대다수의 학생들에게 올바르게 이해되지 않는다는
바로 그 사실이 교육내용의 가치를 보장해 주는 확실한 증거가 될
수도 있다는 것 등에는 아예 생각이 미치지 않는다. 생각해 보라, 열
살, 열 다섯 살의 아이도 쉽게 배울 수 있는 그런 '지식'이 어떻게
교육의 내용으로서 가치를 가질 수 있겠는가?

　　1920~1930년대의 미국의 사태는 이 점을 전형적으로 예시한다
고 말할 수 있다. 그 당시 교육의 개혁을 추진한 진보적 사상가들은
'종래의 교육'을 비판함에 있어서 교육내용과 교육방법 사이의 개념
적 구분을 정당하게 존중하지 않았다.[1] 그들이 보기에 종래의 교육내

---

　1) 그 진보적 사상가들의 선구자요 대변자라고 할 수 있는 존 듀이는 「민주주의와
　　교육」 13장(방법의 성격)의 처음 몇 문단에서 내용과 방법의 '상호관련'에 관하
　　여 언급하고 있다. J. Dewey, *Democracy and Education* (Macmillan, 1916), 이
　　홍우(역), 「민주주의와 교육」(교육과학사, 1987). 그에 의하면, 종래의 교육이론
　　은 교과와 방법을 '두 가지 별개의 독립된 영역을 이루고 있는 것'으로 취급하
　　는 '이원론'의 오류를 저질렀다. 그러나 물론, 듀이 자신도 바로 그 책의 13장
　　과 14장에서 방법과 교과를 별도로 논의하고 있다. 그러므로 독자의 입장에서
　　보면, 듀이가 「민주주의와 교육」에서 '정당하게' 한 구분과 종래의 교육이론
　　이 '그릇되게' 한 구분 사이에 얼마나 현격한 차이가 있는가 하는 의문이 불
　　가피하게 제기된다. 어쨌든, 13장의 처음 몇 문단에 나타난 듀이의 생각을 세
　　밀히 분석하는 데에는 예리한 지력과 지구력, 또 거기에다가, 한 사람의 지적 태
　　만에 대한 관용이 필요하다. 불행하게도, 저자는 이런 미덕을 갖추고 있지 않다.

용은 종래의 교육방법과 불가분으로 연결되어 있었다. 그들의 이른바 '교육방법'이라는 것은 궁극적으로 교육의 '효율성'을 의미하는 것이었으며 그것은 결국 '교육내용을 성공적으로 학습하는 학생의 비율'로 구체화된다. 그들이 교육개혁의 필요를 절실히 느꼈다는 그 사실에 이미 드러나 있는 바와 같이, 그 당시에 '교육내용을 성공적으로 학습한 학생의 비율'은 현저하게 낮았음에 틀림없다. 이 판단은 곧장 교육내용의 정당성 문제로 연결되었다. 그리하여 대다수의 학생들이 종래의 교육내용에서 '의미'를 발견할 수 없는 것은 곧 그 교육내용이 잘못 설정되었기 때문이며, 이 사태를 시정하기 위해서는 교육내용의 '성격'이 근본적으로 재조정되어야 한다는 결론이 나오게 되었다. 뿐만 아니라, 그들이 추진한 교육개혁은 '평등'을 제일의第一義로 하는 민주주의의 이념을 지향하였다. 불과 소수의 학생에게만 '의미'를 가지는 (또는, '의미'를 가질 것으로 생각되는) 교육내용은 그들에게는 단연 타파되어야 할 대상으로 보였을 것이다.

물론, 교육내용으로서의 지식에 대한 회의와 불신은 1920~1930년대의 미국에서 한 순간에 갑자기 나타난 것이 아니라, 장구한 세월을 두고 누적되어 왔으며, 그 누적된 회의와 불신이 마지막 힘을 모아 그 특수적 상황에서 가장 강력한 형태로 표출된 것이라고 보아야 한다.2) 그와 마찬가지로, 그 당시의 미국에 전형적으로 예시된 사태는 그 이후 지식중심 교육과정이 문제될 때마다 계속적으로 되풀이되어 왔다. 말하자면 지식중심 교육과정은 거의 언제나 교육내용으로서의 지식이 중요하지 않다는 것을 주장하는 사태에서만 논의의 주제로 등장한 것이다. 그럴 때마다 지식중심 교육과정은 필연적으로 스스로를

2) 이 면에서의 간략한 역사는 John S. Brubacher, *A History of the Problems of Education*(2nd Ed.)(McGraw-Hill, 1966), chs. 7~10 참조.

변호해야 하는 수세적守勢的인 입장에 놓이게 되며, 그 변호라는 것도 '지식중심'에 대한 대안을 내세우는 사람들의 선명한 기치와는 달리, 사람들에게 호소력과 설득력을 가지지 못한다. 이것이 바로 '지식중심 교육과정'이라는 주제와 관련하여 오늘날 우리가 처해 있는 상황이라고 보아서 별로 틀림이 없을 것이다.

이러한 상황에서 누군가가 할 수 있는 일은, 비교적 현대에 와서 교육내용으로서 지식의 중요성을 드러낸 것으로 볼 수 있는 이론과 주장을 제시하고 독자의 판단을 기다리는 것이라고 생각된다.3) 이하 이 글에서 제시하고자 하는 세 가지 주장은 '형식도야 이론'과 '지식의 구조', 그리고 '지식의 형식'이라는 용어로 대표된다.

Ⅱ 형식도야 이론

형식도야 이론을 '현대의' 이론적 주장으로 볼 수 있는 것은 그것이 현대에 와서 주창되었다는 뜻에서가 아니라, 현대에 와서 이론으로 확인되고 명명되었다는 뜻에서이다.4) 사실상, 형식도야 이론은 누군가에 의해서 주창된 일이 없다. 형식도야 이론이 이론으로서 확인되고 명명된 것은 앞 절에서 말한 진보적 교육개혁가들에 의해서였다. 그들

---

3) 여기서 '비교적 현대에 와서'라고 말하는 것은 현대 이전의 교육이 지식을 중요시하지 않았다는 뜻이 아니다. 여기서 말하고자 하는 것은 다만, 교육내용으로서 지식이 중요하다는 주장은 교육내용으로서의 지식의 중요성이 심각한 도전을 받을 때에만 의미있게 대두된다는 것이다.

4) 이하 이 절의 내용은 '형식도야 이론의 매력과 함정'(이 책 증보자료 1)을 부분적으로 요약하고 발췌한 것이다. 위의 논문에는 형식도야 이론에 대한 듀이와 허스트의 비판이 검토되고 아울러 형식도야 이론을 긍정적으로 재해석할 가능성이 시사되어 있다.

은 그들이 비판하고자 하는 종래의 교육이 어떤 이론적 기반에 입각해 있는가를 확인할 필요가 있었으며, 형식도야 이론은 그 필요에 의하여 확인되고 명명되었다. 그들에게 종래의 교육이 개혁을 요구하는 것으로 보였던 만큼, 그 이론적 지주였던 형식도야 이론이 부정되어야 했던 것은 말할 필요도 없다. 말하자면 형식도야 이론은 그것을 부정하려고 한 사람의 손에 의하여 정립되는 아이로니적 운명을 지니고 있었다. '형식도야 이론은 오직 죽음을 당하기 위하여 세상에 태어났다'는 어떤 관찰자의 말은 그 기구한 운명을 단적으로 나타내어 준다.

누구에 의하여 어떤 경위로 확인되고 명명되었든지 간에, 형식도야 이론이 대두된 역사적 배경에 관해서는 대체로 다음과 같은 설명이 특별한 이론異論없이 받아들여지고 있다. 즉, 형식도야 이론이 오늘날 우리에게 알려진 것과 같은 형태로 대두된 것은 서양의 중세가 지나면서부터였다. 이 당시에 어떻게 해서 사람들이 종래의 전통적인 교육내용이었던 고전어와 수학 대신에 새로운 종류의 교육내용을 요구하게 되었는가하는 것은 오직 역사적 추리에 의해서만 알 수 있는 것이지만, 당시의 형편은 그 추리를 그다지 어렵지 않게 해준다. 아마 상업과 무역의 발달로 말미암아 그 분야의 실무에 직접 도움이 되는 교육내용이 관심의 대상이 되었고, 이런 종류의 새로운 교육내용을 배운 젊은 이들이 출세를 하고 사회적 번영에도 기여하는 것을 보게 되었을 때, 실제적 효과에 민감한 대다수 사람들은 그런 새로운 종류의 교육내용으로 눈을 돌렸을 것이다. 그리고 이러한 사태는 어떤 이유에서든지 종래의 교육내용을 옹호하려는 사람들에게 하나의 사회적 도전으로 지각되었을 것이다. 형식도야 이론은 이 도전에 대하여 종래의 교육내용이었던 고전어와 수학의 가치를 옹호하려는 목적에서 배태되었다.

만약 이 설명이 타당하다면, 그 보수적인 경향을 가진 사람들이 고전적 교과의 가치를 설명할 때, 그 설명의 표적이었던 대다수 사람들의 관념에 가장 쉽게 받아들여질 수 있는 형태로, 또 그 대다수 사람들의 관심에 어긋나지 않는 용어로, 그들의 생각을 개진하였으리라는 것은 쉽게 상상할 수 있다. 우선, 사람이 몸과 마음을 가지고 있다는 것은 누구에게나 쉽게 납득될 수 있다. 그리고 이 상식적으로 명백한 사실은 양자 사이의 유추가 성립한다는 생각으로 쉽게 연결될 수 있다. '마음'이라는 것은 우리의 일상용어에 의하여 지칭되는 지각, 기억, 상상, 추리, 감정, 의지 등 여러 가지 능력으로 구성되어 있다. 형식도야 이론의 기초가 되고 있는(또는 기초가 되는 것으로 간주되는) '능력심리학'에서는 그러한 능력들이 우리 두뇌('마음의 거처')의 각각 상이한 부분(즉, '부소')과 관련되어 있다고 생각되었으며, 이런 뜻에서 그 능력들을 '부소능력'部所能力이라고 불렀다. 마치 우리 몸을 이루고 있는 근육이 신체적 단련에 의하여 강인해질 수 있는 것과 마찬가지로, 부소능력은 지적 단련에 의하여 발달될 수 있다. 고전어와 수학은 이 부소능력, 즉 '마음의 근육'을 단련하는 지적 훈련의 이상적 소재이다. 다시 말하여, 고전어와 수학이 교과로서 가지는 가치는 그것이 지각, 기억 등 마음의 능력을 '도야'한다는 데에 있다.

　이러한 식의 설명이 새로운 종류의 실용적 교과로 기울어져 있던 그 당시 사람들의 마음을 돌려 놓는 데에 얼마나 효력을 발휘하였던가 하는 문제는 차치하고, 적어도 그것이 어떤 추론에 입각해 있었던가 하는 것은 의심의 여지가 없이 명백하다. 고전어와 수학을 배울 때 우리는 그 교과에 나타나 있는 세부적인 내용과 함께 그 기저에 들어 있는 일반적 능력(즉, 지각, 기억 등의 '부소능력')도 배운다. 세부적인 내용과의 관련에서 보면, 이 일반적 능력은 '형식'에 해당한다. 목하의 학습자료(예컨대 호메로스의 시)에서 그 형식은 특정한 내용과 불가

분의 관련으로 연결되어 있지만, 또 한편으로, 그 형식은 ‘일반적인’
성격을 띠고 있는 것이므로 목하의 학습자료에 나타난 것 이외의 여러
가지 다른 내용과 관련을 맺을 수도 있다. 고전어와 수학이 교과로서
가치를 가지는 것은 그것이 그러한 일반적 능력, 즉 ‘형식’을 습득하기
위한 적절한 자료가 된다는 데에 있다. 고전어와 수학이 마음의 근육
을 발달시키는 방법이 되는 것은 그것이 ‘형식’을 도야하도록 해 주기
때문이다. 고전어와 수학이라는 내용을 통하여 도야된 형식은 그 원래
의 내용인 고전어와 수학에 국한되지 않고 상거래나 지방행정을 위시
한 모든 생활사태에 일반적으로 전이된다. 그리하여 고전어와 수학은
당시에 새로 제안된 실용적 교과에 못지 않게, 또는 그보다 더 효과적
으로, 개인의 인격을 완성하는 데에나 인간 사회에서 성공을 거두는
데에 기여한다.

  이십세기에 들어와서 형식도야 이론은 ‘오직 죽이기 위하여 그것
을 탄생시킨’ 사람들의 손에 의하여, 원래 그 설명이 가지고 있었던
의도나 그것이 겨냥하였던 사태와는 무관하게, 오로지 그 설명 자체의
타당성 여부만으로 비판을 받았다. 이 비판은 두 가지 방향을 취하였
다. 하나는 형식도야 이론이 암암리에 가정하는 ‘일반적 전이’가 과연
심리학적 사실로 확인될 수 있는가 하는 관점에서 가해진 비판이었다.
여러 사태에서 여러 차례 반복된 이른바 ‘전이실험’의 결과는, 예컨대
한 작가의 시 100행을 기억하는 훈련이 그와 동일한 분량의 다른 작가
의 시를 기억하는 데에 전이되지 않는다는 것을 보여 주었다. 이러한
결과를 기초로 하여 심리학자들은 ‘일반적 전이’의 가능성을 부정하
면서, 전이는 ‘일반적 능력’에 의하여 보장되는 것이 아니라, 두 사태
사이의 ‘요소의 동일성’에 의하여, 오직 그 동일성이 존재하는 한도내
에서 보장된다는 결론을 내렸다. 물론, 그들은 자신이 바라는 ‘과학적’

결론을 얻은 셈이다. 왜냐하면 그들의 의도는, 적어도 간접적으로는, 다음에 말할 둘째 방향의 비판과 제휴하여, 형식도야 이론을 부정하는 데에 있었기 때문이다. 그리고 적어도 그들이 보기에는, 그들의 과학적 연구결과는 형식도야 이론에 가히 '치명적'이라고 할 만한 타격을 가하였다.

위의 첫째 비판이 심리학으로부터 온 것이라면, 형식도야 이론에 대한 둘째 비판은 철학으로부터 온 것이다. 여기서는 형식도야 이론에 가정된 '마음'의 개념이 문제가 되었다. 이 비판을 주도한 학자는 존 듀이였다.5) 듀이의 입장에서 볼 때, 형식도야 이론은 바로 자신의 철학과 교육사상을 정립하는 데에 희생되어야 할 편리한 제물이었다. 듀이에 의하면, 형식도야 이론은 '마음'을 그 적용대상에서 분리시키는 이원론적 오류를 저지르고 있다. 어째서 그러한가? 형식도야 이론에서는 교과가 '마음'(즉, 일반적 능력)을 도야하는 것으로 되어 있다. 형식도야 이론의 이 주장이 성립한다면, 그 '마음'이 교과라는 적용대상과 결합되기 이전에 이미, 비록 도야되지 않은 상태로나마, 존재하고 있다고 보지 않으면 안 되며, 이것은 바로 마음이 그 적용대상과의 관련을 떠나서 별도로 존재한다는 것을 인정하는 것이다. 이것이 곧 이원론적 오류이다. 그러나 듀이의 견해에 의하면 '마음'은 처음부터 그런 기성의 능력으로 주어져 있는 것이 아니다. 우리가 '마음'이라고 부르는 것은 원래 무정형이었던 충동적 반응경향이 사회적 사태에서의 유목적적 활동을 통하여 특정한 대상이나 용도와 결부되면서 점차로 식별 가능한 형태를 띠게 된 반응의 형식을 가리킨다. 듀이가 보는 마음이 처음부터 사회적으로 유용한 활동과 관련되어 있는 것과는 달리, 형식도야 이론에서 가정되는 일반적 능력은 사회적 유용성과 개념

---

5) 존 듀이, 「민주주의와 교육」, 5장 3절 참조.

상 무관하다. 뿐만 아니라, 듀이에 의하면, '형식도야'라는 이름에서 '도야'라는 말은 교육에서 생기는 결과(즉, 일반적 능력의 발달)와 그 결과를 이룩하는 방법(즉, 반복적 연습)을 동시에 가리킨다. 교육실제와 관련지어 말하자면, 이것은 사회적 유용성과의 관련이 없거나 불분명한 학습자료를, 오직 그것이 일반적 능력을 훈련하는 데에 도움이 된다는 이유에서, 학생들로 하여금 맹목적으로 반복 연습하도록 한다는 뜻이 된다. 형식도야 이론은 이런 종류의 불필요하고 유해한 활동을 교육이라는 이름으로 정당화하는 이론적 지주가 되어 왔다.

이쯤되면, 형식도야 이론은, 적어도 하나의 '학문적 이론'으로서는, 그야말로 완전히 죽은 것이다. 형식도야 이론의 죽음은 그것에 의하여 지지되어 온, 그리고 존 듀이가 그의 이론을 그 대안으로 삼은 전통적 교육의 죽음을 의미한다. 대체로 말하여, '전통적 교육'이라는 것은 사회적 유용성 —또는 사회적 사태와의 '요소의 동일성'— 이 전혀 불분명한 사장詞章중심의 내용을 거의 맹목적인 암기에 의하여 전수하는 교육을 가리킨다. 사실상, 형식도야 이론의 죽음과 함께, '형식도야'라는 이름은 이런 종류의 '죽은 교육'을 포괄적으로 지칭하는 대명사처럼 되었다. 사람들은 자신이 생각하기에 사회적 의의가 불분명한 교육실제를 기술할 때 거의 예외없이 '형식도야 이론'이라는 용어를 사용하였다. 예컨대 유교경전의 내용을 알 리도 없고 알려고도 하지 않는 서양 학자들에게, 그것을 주된 교육내용으로 하는 극동의 전통적 교육은 '형식도야 이론'이 적용되는 대표적인 사례로 간주되어 왔다.

그러나 우리의 마음 한 구석에는 듀이가 내린 사망진단을 선뜻 받아들이기를 거부하는 일종의 반발 같은 것이 남아 있다. 말하자면 우리는 비록 명쾌한 용어로 설명할 수는 없다 하더라도, 교과, 특히 그 중에서도 사장중심의 이론적 교과는 사회적 사태와의 '요소의 동일

성'에 의하여 보장되는 것 이상의 가치를 가질 수 있고 또 가져야 마땅
하다고 생각하는 것이다. 형식도야 이론에 잘못이 있었다면 그것은
교과를 배우지 않은 사람들, 교과의 가치를 알 입장에 있지 않은 사람
들을 상대로 하여, 그들에게 이해될 수 있는 방식으로 교과의 가치를
설명하려고 한 데에 있다. 사실상, 교과의 가치에 관한 의문은 그 가치
를 알지 못하거나 알려고 하지 않는 사람들에 의하여 제기된다고 볼
수 있으며, 따라서 그런 사람들은 자신에게 선뜻 납득되지 않는 설명
은 교과의 가치에 관한 설명으로 받아들이려 하지 않는다. 형식도야 이
론을 비판한 사람들은 그 이론이 원래 그런 사람들을 대상으로 하였다는
점을 올바르게 존중하지 않았다. 형식도야 이론에 대한 공격이 그토록
일격에 치명상을 입힐 수 있었던 비결은 무엇보다도 형식도야 이론을
그 원래의 의도와 맥락에서 부당하게 분리해 내었다는 데에 있다.

Ⅲ 지식의 구조

교육과정에 관한 한, 미국의 교육은 1960년대에 대전환기를 맞이
하였다. 브루너가 쓴 「교육의 과정」6)이라는 조그마한 책은 그 대전환
의 의미를 집약적으로 표현하고 있다. 그리고 '지식의 구조'는 그 책의
주장을 대표하는 캐치프레이즈가 되어 왔다.7)

「교육의 과정」이라는 책의 저자는 브루너로 되어 있지만, 이 책
은 개인학자로서의 브루너의 저작이라기 보다는 1959년에 35명의 석

---

6) J. S. Bruner, *The Process of Education*(Harvard University Press, 1960), 이홍
   우(역), 「브루너 교육의 과정」(배영사, 1973).
7) 이하 이 절의 내용은 이홍우, 「브루너 지식의 구조」(교육이론지맥 CI 1)(교육
   과학사, 1982)에 다소한 자세하게 제시되어 있다.

학들이 열흘 동안 그 당시 미국 교육의 문제를 그 핵심에서부터 파헤치고 그 해결방안을 제시한 이른바 '우즈 호울 회의'의 종합보고서이다. 이 회의가 열렸던 1959년은 그 바로 2년 전인 1957년의 '스푸트니크 충격'이 미국의 전생활영역에, 그리고 그 중에서도 특히 교육에 강한 타격을 입혔던 때였다는 점 때문에, 그리고 「교육의 과정」 첫머리에 그 사건과 관련된 미국의 '국가안보' 문제가 언급되어 있다는 점 때문에, 이 책에 제시된 견해는 주로 그 당시 미국의 특수 상황에 대한 교육적 반응으로 해석되기도 한다.

그러나 그 책이 출판된 뒤에 전세계의 교육계가 즉각적으로 열렬한 관심과 지지를 보였다는 사실은 그것이 그 당시 미국의 특수적 상황을 넘어서서 일반적 의의를 가진다는 것을 보여 준다. 뿐만 아니라, 브루너가 그 책의 서문에서 명백히 지적하고 있는 바와 같이, 1957년의 그 사건 이전에 이미 미국의 여러 주에서 일류의 학자들이 초중등 교육에 관심을 가지고 「교육의 과정」에 제시된 것과 일관된 방향으로 교육과정을 재구성하는 작업을 벌여 왔으며, 「교육의 과정」은 그 이미 일어나고 있는 동향을 사후적으로 요약 정리한 것에 지나지 않는다.

그럼에도 불구하고 스푸트니크와 그로 인한 안보문제의 언급이 우리에게 의미를 가지는 것은 우즈 호울 회의의 참석자들을 위시하여 그 당시 미국의 지적 지도자들의 대다수가 소련과의 우주경쟁에서의 패배를 그릇된 —이론적인 면에서나 실제적인 면에서나 그릇된— 교육의 탓으로 돌렸다는 데에 있다. 여기서 '그릇된 교육'이라고 하는 것은 교과의 가치를 사회적 사태와의 '요소의 동일성'에서 찾으려고 하고 또 그런 기준에서 가치를 가지는 내용을 교과로 삼은 교육, 또는 한 마디로 말하여, '즉각적 유용성'을 추구한 교육을 가리킨다. 그 당

시 이런 이념하에서 시행되는 교육을 지칭하는 '생활적응교육'이라는
용어는 그 이념에 찬성하는 사람과 반대하는 사람에 의하여 각각 찬양
조의 의미와 경멸조의 의미로 사용되었다. '즉각적 유용성'이라는 기
준에서 뒤처지는 전통적 교과 ─즉, 학문적 지식─ 가 생활적응교육에
서 응분의 존중을 받을 수 없었던 것은 당연하다. 우즈 호울 회의는
교육의 무게중심을 다시 학문적 지식으로 되돌려 놓는 데에 결정적인
역할을 하였다. 그리고 '스푸트니크 충격'은 여기에 시의적절한 계기
를 마련해 주었다.

　생각하기에 따라서 「교육의 과정」은 옛날의 형식도야 이론으로
의 완전한 복귀를 주장하는 것으로 보일 수도 있다. '형식도야 이론은
몇 가지 이론상의 결함을 지니고 있지만, 전이가 일어난다는 것은 의
심할 수 없다'는 브루너의 말은 그 짐작을 더욱 확실하게 해 주는 듯하
다.8) 아마 형식도야 이론에서 주로 개인적 수준에서의 유용성으로 설
명되는 지식의 가치를 사회적, 국가적 수준으로 끌어 올리는 것과 같
은, 몇 가지 사소한 변경을 가하면, 「교육의 과정」이 나타내는 교육과
정 이론은 형식도야 이론과 완전히 일치한다고 볼 수 있을지 모른다.
그러나 양자 사이에는 도저히 간과할 수 없는 근본적인 차이가 있다.
형식도야 이론에서는 교과의 의미가 장차 활용될 '일반적 능력'(즉,
형식)에 의하여 설명되는 반면에, 「교육의 과정」에서는 그것이 교과
자체의 내적 성격에 의하여 규정된다. '지식의 구조'라는 용어는 바로
교과의 그 내적 성격을 나타낸다. 물론, '형식'이라는 말과 '구조'라는
말 사이에 의미상의 관련이 없는 것은 아니지만, '형식도야'에서의 '형
식'은 교과 자체의 성격보다는 생활사태와의 관련을 부각시키는 데
비하여, '지식의 구조'에서의 '구조'는 생활사태와의 관련보다는 교과

---

8) 이홍우(역), 「브루너 교육의 과정」(배영사, 1973), p. 52.

자체의 성격을 규정한다.

'지식의 구조'라는 용어에 의하여 규정될 때 교과는 '구조적 성격'을 띤다. 각각의 교과는 전체적으로 특이한 성격을 지니고 있으며, 대체로 말하여 교과의 특이한 성격은 그 교과가 대표하는 학문에 의하여 부여된다. 교과가 서로 구분되는 것은, 학문의 경우와 마찬가지로, 각각이 가지고 있는 그 특이한 성격 때문이다. 일반적인 용어로 말하자면, 각각의 학문은 몇 개의 핵심적인 주제 또는 기본개념과 그 사이의 상호관련으로 이루어져 있다고 말할 수 있으며, 이것이 곧 그 학문의 특징적인 성격, 또는 '구조적 성격'을 나타낸다. 그러나 학문의 성격을 이와 같이 일반적 용어로 규정하는 것은 무모하고 무의미하다. 예컨대 '물리학은 이러이러한 기본개념이 이러이러한 방식으로 관련을 맺고 있는 학문이다'라는 식의 규정은 물리학을, 그 구조적 성격을 파악할 수 있을 정도로 충분히 배우지 않은 사람에게는 아무 의미가 없다. 물리학의 구조적 성격은 초등학교에서 시작하여 대학원 또는 그 이상 수준에 이르기까지 오랜 기간동안 물리학의 세부적인 내용을 배움으로써만 비로소 터득될 수 있다.

교육의 한 특정한 단계에서 학생이 배우는 교과는 해당 학문의 구조적 성격 ─또는, 그 구조를 이루고 있는 몇 가지 핵심적 주제의 한 사례─ 이 그 단계에 맞게 표현된 것이라고 말할 수 있다. 이들 핵심적 주제는 그 교과를 배우는 모든 단계에서 반복적으로 취급된다. 교육의 단계가 높아질수록 그 주제는 더욱 자세하고 깊이있게 취급되며, 다른 주제와의 관련도 더욱 광범하고 선명하게 된다. 이것은 곧 단계가 높아질수록 학생이 배우는 교과가 점점 뚜렷한 구조적 성격을 띠게 된다는 뜻이다. 그리하여 교육의 과정 중의 어느 단계에 있든지 간에 학생이 배우는 교과는 해당 학문의 '지식의 구조'이며, 교육의 전과정을 통하여 학생이 궁극적으로 배워야 할 교육의 내용 또한 '지식의 구조' 이외의 다른 것일 수 없다. 물론, 현재 초등학교에 다니는 학생의 대다수는 물리학을 완전히 배우는 단계(어떤 단계?)에 이르기 전에 물리학 공부를 중단하겠지만, 그들이 배운 것이 '물리학의 구조'가 아니라고는 말할 수 없다. 사실상, 물리학을 '완전히' 배울 수 없다는 점에 있어서는 일류의 물리학자도 그 학생들과 다름이 없다. '물리학을 배우는 초등학교 3학년 아이는, 비록 수준에 있어서는 다르다 하더라도 본질에 있어서는 물리학자와 동일한 일을 한다'는, 「교육의 과정」에서 널리 인용되는 말은 이 점을 보여주고 있다.9)

　　형식도야 이론의 경우와는 달리, '지식의 구조'는 교육과정을 구성하고 운영하는 일과 관련하여 몇 가지 중요한 실제적 함의를 나타내고 있다. 그 가장 근본적인 것도 아마도, 교육이 의미를 가지려고 하면 우리는 일차적으로 교과의 지적 성격에 관심을 가져야 한다는 점에 있을 것이다. 지적으로 빈곤하고 공허한 내용을 가르치는 것은 교과를 가르치는 원래의 의도 그 자체에 위배되는 것이다. 이러한 재앙에 빠지지 않기 위해서는 교과가 '학문'으로 구성되어야 한다. (「교육의 과정」이 대표하는 교육과정 동향은, 앞의 '교과중심 교육과정'과 대비하여, '학문중심 교육과정'이라고 불린다.) 종래의 교육의 개념 —교육실제와는 별도로— 과 대비해 보면, 이것은 '혁명적'이라고 말해도 좋을 정도로 현격한 차이를 나타낸다. '꼬마학자를 기른다'는, 종래의 개념에서는 나쁜 교육을 일컬었던 말이 이제는 교육이 당연히 겨냥해야 할 올바른 이상으로 되었다. 생활사태와의 관련이 비교적 먼 이론적 사장적 교과는 물론이요, 심지어 도덕에서도 '아이는 도덕철학자이다'라는 말이 의미있게 들릴 정도로, 이제는 모든 교과가 학

___
9) 상게서, p. 68.

문적 색채를 띠어야 했다.

　이것은 또한 교과의 가치에 관한 이론적 함의로 연결될 수 있었다. 만약 학생들이 공부하는 교과가 학자들이 하는 활동으로서의 학문과 동일한 것이라면 교과의 가치 또한 학문의 가치와 동일한 방식으로 설명되지 않으면 안 된다. 교과의 가치를 알아 보려고 하면 우리는 우리 자신이 알고 있는 수준에서 교과(또는, 학문)의 가치를 판단하려고 할 것이 아니라, 해당 학문의 최첨단에 있는 학자들에게 그 가치를 물어보아야 한다. 물론, 학자들 중에도 자신의 학문을 오로지 실용적인 관점에서 정당화할 사람이 전연 없으리라고는 단정할 수 없지만, 심지어 이 경우에 있어서도, 종래의 교육관에서와 같이 학생이 배우는 교과가 '즉각적으로' 유용해야 한다는 견해는 나오기 어려울 것이다. 학문의 실용적 가치는 어디까지나 장기적, 우회적인 결과이며, 학생은 그런 실용적 가치의 유보단계에 있는 만큼 교과를 배우는 동안은 우선 교과(즉, 학문)를 충실히 배우는 일에 주력해야 한다는 것이 더 온당한 견해일 것이다.

　물론, 교육과정에 있어서 학자는 학문의 가치를 알려주는 것보다 더 직접적이고 적극적인 역할을 수행해야 한다. 교과는 학문의 지적 성격을 충실히 반영해야 하며 학문의 지적 성격은 다른 누구보다도 그 학문의 최첨단을 가는 학자가 가장 잘 알고 있다. 그러므로 학자는 자신이 공부하고 있는 학문을 초등학교와 중고등학교 학생에게 알맞는 형태로 제시하는 일을 그 학문에 대한 자신의 의무로 받아들여야 한다. 아마 여기에는 그 단계에서의 교육에 오랜 경험이 있는 교사와 교육학자 또는 심리학자의 도움이 필요할 것이다. 「교육의 과정」으로 말미암아, '현대에 와서 처음으로, 학자의 가장 고귀한 역할은 심지어 큰 연구기관이나 대학의 학자에 있어서도 지식을 교육의 내용으로 전

환시키는 것, 다시 말하면 지식을 아동의 학습에 도움이 되는 형태로
바꾸어 놓는 데 있다는 인식이 생겨났다.'10)

　순전히 회고적인 관점에서 말하자면, '지식의 구조'를 골자로 하
는 '학문중심 교육과정'의 퇴조는 그 고귀한 교육의 이상을 실천에
옮기는 과정에서 빚어진 예상 밖의 실수 때문이었다고 말할 수 있다.
그 이상에 혁명적 열의를 가졌던 사람들은 그런 종류의 열의에 흔히
수반되는 성급하고 과장된 제스추어로 그 이상을 표현하였다. 그들의
교과서는 종래에 학생들이 배우던 교과서와는 전혀 다른 것이 아니면
안 되었다. '물리학을 배우는 초등학교 3학년 학생은 바로 물리학자'
이며, 학생이 배우는 교과는 교육의 단계를 막론하고 '지식의 구조'를
반영해야 한다는 지침을 지나치게 축어적으로 해석하여, 그들은 초등
학교 학생의 교과서에 그야말로 최첨단의 학자들에게나 이해될 수 있
는 '지식의 구조'를 직접 반영시켰다. 말하자면 그들은 교육의 첫 단계
는 마지막 단계를 반영하여야 한다는 그들의 이념에 충실하려고 한
나머지, 그 양자를 혼동하여 교육의 마지막 단계에서나 실현될 수 있
는 이상을 그 첫 단계에서부터 실현하고자 한 것이다.

　그러나 말할 필요도 없는 사실이지만, 그 '종래의 학생들이 배우
던 교과서'는 지금의 교사들이 배우던 바로 그 교과서이며 지금의 교
사들은 대부분의 경우에 그들이 배운 교과서 이상의 것을 알지 못한
다. 천하의 모든 교사를 하루 아침에 일류학자로 만들 수는 없는 것이
다. 그러나 '지식의 구조'를 따라 만들어진 교과서는 대체로 말하여
일류 학자가 아니고는 이해되기 어려운 것이었으며, 가르치기는 더욱
어려운 것이었다. 다시 회고적인 관점에서 말하지만, 만약 그 혁명적
열의를 가졌던 사람들이 자신의 열의와 조바심을 약간이라도 누그러

10) 브루너, '「교육의 과정」의 재음미'(번역판), p. 208.

뜨릴 수 있었더라면, 그들은 종래의 교과서가 그대로, 또는 거의 그대로, '지식의 구조'를 반영하고 있다는 생각을 할 수도 있었을 것이다. 만약 그들이 '한 사람을 교육하는 데에 50년이 걸린다'는 플라톤의 말에 나타난, 특이하게 '교육적인' 인내심을 가지고 있었더라면, 그들의 눈에 '단편적 지식'으로 보이는 그것이 바로 '지식의 구조'를 예시하며 그 이외의 다른 예시물은 있을 수 없다는 데에 생각이 미칠 수도 있었을 것이다. 그러나 이러한 생각은 그들의 혁명적 열의에는 결코 용납될 수 없었다. 하나의 교육적 아이디어로서 '지식의 구조'가 겪은 운명은, 혁명의 불꽃은 혁명적 열의 그 자체를 잿더미로 만든다는 귀중한 역사적 교훈을 남기고 있는지도 모른다.

Ⅳ 지식의 형식

지식교육 그 자체에 대한 회의와 불신 —보다 구체적으로 말하여, 학생들이 배우는 지식은 명확한 유용성을 가지지 않는 한, 교과로서 가치가 없다는 생각— 은 물론, 형식도야 이론이 대두되던 당시나 우즈호울 회의가 열리던 때에 국한되지 않는다. 돈이나 권력과는 달리 '지식'이라는 것은 오직 그것을 배움으로써 그 가치를 알게 되는 그런 것이다. 성격상 돈이나 권력에 해당하는 실제적 유용성과는 무관하게 지식이 그 자체로서 가치를 가진다는 것을 알기 위해서는 상당히 높은 수준의 지식을 배우지 않으면 안 되며, 따라서 그러한 회의와 불신이 언제나 또 어디에나 있어 왔다는 것은 오히려 당연하다고 말할 수 있다. 그러나 그와 동시에, 비록 형식도야 이론이나 지식의 구조만큼 세상의 주목을 끌지는 못했다 하더라도 지식교육을 옹호하려는 노력

또한 언제나 어디에나 있어 왔다. 예컨대 미국에서 생활적응교육이
절정에 달해 있었을 때에도 그 부당성을 지적하고 교육을 원래의 상태
로 복원시켜야 한다고 주장한 학자들이 있었다는 것을 우리는 알고
있다.

「교육의 과정」이 전세계의 교육계를 떠들썩하게 하던 것과 거의
때를 같이 하여, 영국의 피터즈와 허스트는 실제적 유용성과 무관하게
교과로서의 지식의 가치를 확립하는 결정적이고 궁극적인 논의를 발
표하였다.11) 그들의 논의는 그후 오늘에 이르기까지 찬반 어느쪽에서
든지 세계적으로 관심의 대상이 되어 왔다. 그들은, 교과의 가치를
실용적 또는 '외재적' 관점에서 규정하는 것은 교과의 의미, 그리고
그것을 가르치는 일로서의 교육의 의미를 그릇되게 파악하는 것이라
고 주장하고, 그것에 대한 대안으로서, 교과의 의미는 그 '내재적 가
치'에 의하여 규정되어야 한다는 것을 주장하였다. 결국 그들은 '유용
하다'는 것과 '가치있다'는 것을 구분하고, '교과는 유용하지 않으면
서도 가치를 가질 수 있다' —또는 더 적극적으로 '교과의 가치는 바로
그것이 유용하지 않다는 점에 있다'— 는 주장을 한 셈이다. 만약 노자
가 이 말을 듣는다면 아마 '무용지용'無用之用, '무위지위'無爲之爲가 서
양의 만어蠻語로는 그렇게 표현되는가 하고 기이하게 여길지 모른다.

'지식의 형식'은 피터즈와 허스트가 내재적 가치에 의하여 규정

---

11) R. S. Peters, *Ethics and Education*(George Allen and Unwin, 1966), 이홍우
(역), 「윤리학과 교육」(교육과학사, 1980); P. H. Hirst, 'Liberal Education and
the Nature of Knowledge,' R. D. Archambault(ed.), *Philosophical Analysis and
Education*(Routledge and Kegan Paul, 1965), pp. 113~138; P. H. Hirst and R.
S. Peters, *The Logic of Education*(Routledge and Kegan Paul, 1970), 피터즈의
교육의 개념에 관한 간략한 소개는 이홍우, 「교육의 개념」(문음사, 1991), 제3
장 참조.

되는 교과를 가리켜 부르는 이름이다.12) 허스트가 분류한 바에 의하면
'지식의 형식'에는 1) 수학, 2) 자연과학, 3) 인간과학, 4) 역사, 5) 종교,
6) 문학과 예술, 7) 철학, 8) 도덕적 지식이 포함된다. 이들 '지식의
형식'은 다시 그 구성학문으로 세분될 수 있다. 허스트 자신이 그 이후
이 목록에 약간의 첨삭을 가한 것으로 알 수 있는 바와 같이, 어느
목록도 궁극적이거나 절대적인 것으로 볼 필요는 없을 것이다. 우리에
게 중요한 것은, 이들 '지식의 형식'은 전통적으로 학교 교과의 주축을
이루어 온 이론적 지식이라는 것, 그리고 그것은 대다수의 사람들에게
그 실용적 가치가 의심스러운 지식이라는 것이다. 또한 '지식의 형식'
을 어떻게 분류하든지 간에, 그것은 결국 그 각각이 가지고 있는 특이
한 학문적 성격 ―말하자면, 그 학문에 속하는 특징적 개념과 그 학문
의 특이한 진위판별 기준― 에 의하여 분류될 수밖에 없을 것이다.
그러므로 '지식의 형식'은 앞 절에서 고찰한 '지식의 구조'와, 비록
그것이 나타내는 관심에 있어서는 차이가 있다고 하더라도, 그것이
가리키는 실체에 있어서는 동일하다고 볼 수 있다. 이것은 곧 '지식의
형식'의 가치를 보이는 논의 ―즉, '지식의 형식'의 정당화 논의― 는
그대로 '지식의 구조'에도 적용될 수 있다는 것을 뜻한다.

피터즈와 허스트의 정당화 논의는 복잡하고 다면적인 것이어서
그 논의를 세부적으로, 또 그들 자신의 설명방식을 따라 소개하는 것
은 이 글의 목적에 별로 도움이 되지 않는다. 그 대신에 여기서는 그
논의를 이해하는 한 가지 방편으로 우리가 알고 있는 '낚시질'이라는
활동의 '가치'를 설명하는 경우를 생각해 보고, 그것을 비유로 삼아

12) '지식의 형식'은 통상 복수형으로 사용되고 있으며, 따라서 정확하게는 '지식
의 여러 형식들'로 번역되어야 한다. 또한, 이 용어는 '사고와 이해의 여러 형
식들,' '지식과 경험의 여러 양식들' 등과 동의어로 사용되고 있다.

그들의 논의를 요약해 보겠다.

'낚시질은 왜 하는가'(즉, 낚시질의 가치는 어디에 있는가)를 물으면 대다수의 사람들은 '재미가 있어서' 한다고 대답할 것이다. ('낚시질'은 '고기잡이'의 한 가지 방식이지만, '낚시질'과 '고기잡이'는 동일하지 않다.) 이제, 이 대답을 받은 사람이 그 '재미'라는 것은 대답으로서 너무 무성의하다고 생각하고, 좀 더 성의있게 그 '재미'라는 것이 구체적으로 어떤 것인지 말해 달라고 조른다고 하자. 마치 호학好學을 천성으로 타고난 듯한 이 사람의 성가신 요구에 대하여, 다시 대다수의 사람은 '직접 낚시질을 해보라'는 식의, 무성의하다는 점에 있어서는 앞의 것보다 조금도 나을 것이 없는 대답을 할 것이다.

낚시질의 분석을 이 이상 진전시키기 전에, 여기서 우리에게 떠오르는 의문은 어째서 동일한 대답이 '지식의 형식' ―학교에서 가르치는 이론적 교과― 에는 해당될 수 없는가 하는 것이다. '학교의 가치를 알고자 하는가? 그러면 직접 배워 보라. 얼마나 오랫동안? 그 가치를 알 수 있게 되기까지.' 낚시질의 경우에는 의미있게 적용되는 이 동일한 대답이 어째서 교과를 배우는 활동에는 적용될 수 없는가? 그것은 낚시질과 교과학습의 어떤 차이 때문인가? 아마, 낚시질의 경우에는 직접 낚시질을 하면 그 재미를 알게 되리라는 것이 쉽게 예상되는 반면에 교과학습의 경우에는 그렇지 않다는 것이 그 한 가지 차이가 될 수 있을지 모른다. 옆에서 보기에도 재미가 있어 보이는 낚시질과는 달리, 교과학습은 재미는커녕, 그 활동을 하는 사람에게 땀과 노력을 짜내고 그 대신에 신경통과 고혈압을 안겨주는 것이다. 그러나 이하의 분석에서 알 수 있는 바와 같이, 양자 사이에 어떤 차이가 있든지 간에, 그것은 낚시질의 경우를 교과학습의 비유로 삼을 수 없을 만큼 근본적인 차이는 아니다.

   다시 낚시질의 경우로 되돌아와서, 이제 어떤 사람이 앞의 그 성
가신 사람의 호학에 감동한 나머지, 최대한의 성의를 발휘하여 그에게
낚시질의 재미를 설명해 준다고 하자. 그 사람이 그 설명을 알아 듣는
가 못 알아 듣는가는 나중 문제요, 우선 그것을 어떤 방식으로 설명해
주는가가 문제이다. 피터즈와 허스트의 논의를 거꾸로 낚시질에 적용
하자면 아마 다음과 같은 설명이 될 것이다 — 인간이 언제부터 낚시
질을 하기 시작했는지는 모르지만, 적어도 그것이 어제 오늘에 시작된
것이 아닌 것은 분명하다. 낚시질을 해 온 그 오랜 세월동안 인간은
낚시질의 성격 또는 의미가 가장 잘 드러나도록 그것을 발전시켜 왔
다. 그러므로 낚시질의 재미가 어떤 것인가를 알아 보려면, 현재 하고
있는 낚시질을 잘 조사해 보아야 한다. 우선, 낚싯대는, 대나무로 만들
었건 합성목재로 만들었건 간에 속이 비어 있다. 낚싯줄은 가늘고 질
긴 것이어야 한다. 낚싯대로 고기를 낚아챌 때는 조그만 낚시바늘로
고기의 주둥이를 꿰어 낚아채게 되어 있다. 이 모든 것이 이렇게 되어
있는 데는 반드시 이유가 있다. 상상해 보라. 입을 바늘로 꿰인 싱싱한
물고기가 공중에 매달려 퍼덕댈 때, 가느다란 낚싯줄과 속이 빈 낚싯
대를 거쳐 우리 손바닥에 어떤 느낌이 와 닿을 것인가? 이와 같이,
'퍼덕거리는 물고기의 약동이 낚싯줄과 낚싯대를 통하여 손바닥에 전
달될 때의 쾌감, 흥분, 전율' — 그것이 바로 낚시질의 '재미'이다. 만
약 이것이 재미있는 것이 아니라면 낚시질은 아예 생기지도 않았을
것이며 오늘날과 같은 형태로 발전되지도 않았을 것이다. 또한, 그
재미는 그것을 맛보기 위하여 추위와 뙤약볕을 참으며 오래 기다려야
한다는 점 때문에 더욱 증폭된다, 등등.
   물론, 낚시질을 하는 사람이라고 하여 모두 이 모든 것을 정확하
게 위에 기술된 형태로 알고 있는 것은 아니다. 뿐만 아니라, 낚시질을

하는 사람 중에는 그 '재미'와는 하등 상관이 없는 전혀 엉뚱한 이유에서 ─예컨대 자신의 건강이나 가정의 화목을 위하여, 또는 사업상의 교제를 위하여─ 낚시질을 하는 사람도 있다. 그러나 이 사실은 낚시질 그 자체의 목적 또는 가치에 하등 영향을 미치지 않는다. 그들이 자신의 건강을 위하여 또는 사업상의 교제를 위하여, 낚시터를 찾는 대신에 헬스 클럽이나 골프 클럽의 회원등록을 하더라도 낚시질의 가치는 조금도 손상을 입지 않는다.

　　그러나 여기에 무엇보다도 결정적인 사실이 한 가지 있다. 그것은 다음과 같은 것이다. 이제, 어떤 사람이 오늘날 우리가 하고 있는 낚시질 ─'문명된 활동'으로서의 낚시질─ 을 하면서, 앞에 기술된 낚시질의 '재미' ─낚시질의 의미, 이유, 목적, 가치 등─ 를 의심하거나 부정한다고 하자. 이 경우에도 그 사람은, 심리적으로는, 자신이나 다른 사람에게 납득될 만한 '낚시질을 할 이유'를 가지고 있다고 생각할지 모른다. 그러나 '논리적으로 말하여', 그 사람은 스스로 그 의미를 의심하거나 부정하는 '부질없는 짓'을 하는 것이다. 낚싯대가 속이 비어 있다든지, 낚싯줄이 가느다랗다든지 하는 모든 것이 그에게는 하등 의미가 없다. 앞에 기술된 낚시질의 재미는 현재 우리가 하고 있는 낚시질 그 자체에 붙박혀 있다. 그 재미는 낚시질이 하나의 활동으로 성립하는 데에 필요한 '논리적 가정'이며, 현재 우리가 하고 있는 낚시질이 의미를 가지려고 하면 우리는 논리적으로 말하여 누구나 그 재미를 '가치있는 것'으로 받아들이지 않으면 안 된다. 위의 그 사람은 자신이 하고 있는 낚시질이 의미를 가지기 위해서는 당연히 받아들여야 할 논리적 가정을 부정하는 오류 ─즉, 모순─ 를 저지른다. 이 '모순'이라는 오류는 그 오류의 근거가 그 자체에 내재해 있는, 오류 중에서도 가장 결정적인 오류이다. 물론, 그 사람이 이런 종류의 결정적인 오류를 저지르고 있다고 말하는 것은 그 사람이 실지로 낚시질을 하지 말아야 한다든지 그런 혼란된 생각으로 낚시질을 하면 고기가 잘 물리지 않는다는 뜻이 아니다. 다만 그 사람은, 논리적으로 말하여, 자신이 '하지 말아야 할' 일을 하고 있다는 것 뿐이다.

이상, 낚시질을 보기로 하여 말한 내용은 우리가 하고 있는 모든 '문명된 활동'에 그대로 적용된다. '문명된 활동'이라는 것은 어떤 것이든지 우리가 그것을 규정하는 데에 통상 사용하는 실용적 또는 '외재적' 목적 이외에, 그것과는 다른 그 자체의 '내재적' 의미를 구현하고 있다. 심지어 '밥먹는 활동'도, 문명된 활동으로서는 '여물통 속의 돼지처럼 가능한 한 빠르고 효과적인 방법으로 될 수 있는 대로 많은 음식물을 위장에 집어넣는 일'이 아니다.13) 밥먹는 활동이 그야말로 이런 것이라면 식기에 장식은 무엇 때문에 하며, 식탁 위에 꽃은 무엇 때문에 꽂으며, 까다로운 식사예법은 무엇 때문에 지켜야 하는가? 이 모든 것은 단순히 공허한 위장을 채워넣는다는 '실용적' 목적 이외에 인간활동으로서의 식사 그 자체의 의미가 있다는 것에 대한 인정으로서, 또 그 의미를 가장 명백히 드러내는 방향으로, 오랜 세월을 두고 발전되어 온 것이다.

인간이 오랜 세월을 두고 발전시켜 온 활동 중에서 가장 괄목한 만한 것은 아마 '말하는 것과 생각하는 것' —즉, 언어와 그것에 의하여 매개되는 사고— 일 것이다. '문명된 인간으로서 우리가 상속받은 것은 … 원시림에서 시작하여 세기를 거듭하는 동안 점점 뜻이 분명하게 된 대화이다.'14) 물론, 언어에도 낚시질이나 식사에서 보는 것과

13) R. S. Peters, 「윤리학과 교육」(번역판), p. 147.
14) M. Oakeshott, 'The Voice of Poetry in the Conversation of Mankind,' *Rationalism in Politics*(Methuen, 1962), p. 199를 인용한 「윤리학과 교육」(번역판), '역자해설', xxvii.

같은 실용적 목적이 있을 수 있고 또 언어가 실지로 그런 목적에 사용되고 있는 것도 사실이다. 그러나 오늘날 우리가 사용하고 있는 언어 ―문명된 활동으로서의 언어― 는 단순히 그런 실용적 목적 이상으로, 인간 경험의 상이한 측면을 표현하는 데에 적합한 형태로 분화되어 있다. 그 언어에서는 '하나님이 세상을 창조하였다'라는 말과 '기체의 부피는 온도에 비례한다'라는 말이 구분되며 각각 상이한 의미를 전달한다. 인간은 '원시림에서 시작하여 세기를 거듭하는 동안' 그 말의 뜻을 점점 분명하게 해왔을 뿐 아니라 그것을 다음 세대에 전수하는 일도 해왔다. 그리하여 인간경험의 상이한 측면을 표현하는 분화된 언어는, 그것을 전수하는 일로서의 교육과 마찬가지로, 문명된 인간이 물려받은 '공적 전통'이다. 학교의 교과로 등장하는 '지식의 형식'은 바로 그 분화된 언어의 총체이며, '지식의 형식'을 배울 때 학생은 그 공적 전통에 입문함으로써 문명된 인간으로서의 자격을 획득한다. 그러므로 또한 '지식의 형식'의 가치는, 낚시질의 재미가 낚시질의 논리적 가정인 것과 마찬가지로, 문명된 인간의 삶 ―즉, '문명된 삶'― 의 논리적 가정이며, '지식의 형식'을 배우는 것은 인간으로서의 삶, 적어도 문명된 인간으로서의 삶을 포기하지 않고는 거역할 수 없는, 모든 인간에게 부과된 인간적 의무이다.

그러나 누군가 반문할 것이다. '말하고 생각하는 것'이 공적 전통이라면 낚시질도 공적 전통이다. 어째서 '지식의 형식'만 교과가 되어야 하며 낚시질은 교과가 될 수 없는가? 낚시질에 비하여 '지식의 형식'이 공적 전통으로서 우위를 차지해야 할 이유는 어디에 있는가?― 피터즈와 허스트의 정당화 논의는 결국 '지식의 형식'이 공적 전통으로서 특이한 위치를 차지하고 있다는 것을 보이기 위한 것이다. 그 논의는 그들 자신의 용어로 '선험적 정당화 논의'라고 불린다. 그것은 요컨대 다음과 같다.

　이제, 어떤 사람이 '어째서 지식의 형식을 배워야 하는가'라는 질문을 한다고 하자. 물론, 이 질문을 하는 사람은 십중팔구 '지식의 형식'이라는 공적 전통에 입문한 사람이겠지만, 그가 '사실상' 그것에 입문했는가 아닌가는 중요하지 않다. 중요한 것은 '어째서 지식의 형식을 배워야 하는가?'라는 이 질문 자체가 공적 전통의 표현이라는 것이다. 구체적으로 말하여 그 질문은 '왜 이렇게 하지 않고 저렇게 해야 하는가'라는 질문과 그 대답으로 이루어지는 실제적 논의의 한 예이며, 실제적 논의는 과학, 역사, 문학 등의 이론적 논의와 함께 '지식의 형식'을 이룬다. 뿐만 아니라, 이들 이론적 논의는 '어째서 지식의 형식을 배워야 하는가'라는 실제적 질문이 적용되는 사태로서의 세계와 인간의 삶의 다양한 측면을 드러내어 준다. 만약 어떤 사람이 '과연 지식의 형식을 배워야 하는가'라는 질문을 하면서 그것에 대하여 부정적인 대답을 한다면, 그 사람은, 논리적으로 말하여, 자신이 한 그 질문에 의미를 부여하는 유일한 근거를 스스로 없애 버리는 셈이 된다. 그 사람은, 앞의 낚시질의 경우에서 낚시질을 하면서 그 '재미'를 부정하는 사람이 '하지 말아야 할 일'을 하는 것과 마찬가지로, '하지 말아야 할 질문'을 하는 것이다.

　그러나 비록 이 두 사람이 모순을 저지른다는 점에 있어서는 동일하다 하더라도 두 경우 사이에는 명백한 차이가 있다. '낚시질을 왜 해야 하는가'라는 질문을 하는 사람(낚시질을 실지로 하는 사람이 아니라)은 낚시질이 가치있다는 대답을 그 질문의 논리적 가정으로 반드시 받아들여야 하는 것은 아니다. 그 질문을 하고 대답을 하는 것이 '낚시질'은 아닌 것이다. 그러나 '지식의 형식은 왜 배워야 하는가'라는 질문은 그 자체가 '지식의 형식'의 한 보기이며, 따라서 그 사람은

‘지식의 형식’이 가치있다는 대답을 그 질문의 논리적 가정으로 받아
들이지 않으면 안 된다. 물론, 이 후자의 논리적 가정은 ‘낚시질을 왜
해야 하는가’라는 질문을 하는 사람에게도 해당된다. 여기에 ‘지식의
형식’을 추구하는 활동이 인간의 모든 다른 활동에 대하여 가지는 ‘특
이한 우위성’이 있다.

　　대다수의 사람들에게 이상의 논의는 지나치게 현학적이고도 ‘형
식적인’ —따라서 ‘공허한’— 것으로 들릴 것이다. 그럴 수밖에 없는
것이 피터즈와 허스트는 ‘지식의 형식’을 정당화한다고 하면서 ‘지식
의 형식’의 가치를 말하는 것이 아니라 그 가치를 묻는 질문은 아예
하지 말아야 한다고 말하는 것이다. 이것은 대다수 사람들의 기대에는
맞지 않는다. ‘교과의 가치는 어디에 있는가’라는 질문을 할 때 대다수
의 사람들은 ‘교과는 이런이런 점에서 가치를 가진다’는 모종의 ‘실질
적인’ 대답을 기대한다. 아마 그 대다수 사람들은 또한, 교과를 배우
지 않은 상태에서도 알아들을 수 있는 말로 그 가치를 설명해 주기를
바랄 것이다. 만약 피터즈와 허스트가 이 기대에 부응하려고 했더라
면, 그들은 틀림없이 형식도야 이론이 저지른 것과 동일한 종류의
잘못 —교과의 가치를, 그것을 배우지 않은 사람에게 이해될 수 있는
방식으로 제시하려고 한 데서 빚어진 잘못— 을 저질렀을 것이다. 그
러나 그들은 그 대다수 사람들의 기대에 부응하기를 거부한다. 대다수
사람들에게 납득될 수 있는, 또 대다수 사람들이 듣기를 바라는 말을
하는 대신에 그들은 그 대다수 사람들로 하여금 자신이 어떤 존재인
가, 자신을 하나의 인간으로 형성해 주고 있는 것, 자신의 마음을 채우
고 있는 그것이 과연 무엇이며 원래 어디서 온 것인가를 허심탄회하게
또 주도면밀하게 분석해 보도록 요구한다. 그들의 설명이 대다수 사람
들에게 납득되지 않는 것은 바로 이 일이 보통 사람들의 능력으로는

미치지 못하는 어려운 일이기 때문일 것이다.

V 결론

　지식은 거의 모든 사람이 배우고 있는 것인데도 그 정확한 의미를 파악하기가 대단히 어렵다. 인식론에 관한 개론서에서 때로 지적되고 있는 바와 같이 지식이 무엇인가를 규정하는 것도 지식에 의존할 수밖에 없는 만큼, 지식은 그 자체에 의해서밖에 달리 규정되거나 해명될 수 없는 것이다. 이 점에서 보면, 사람들이 각각 자기가 아는 범위내에서 지식의 의미를 파악하는 것도 무리가 아니다. 보는 사람에 따라서 지식은 여러 가지일 수 있다. 지식은 생활을 편리하게 하는 실용적 수단이 될 수도 있고 사회적·경제적 상승을 위한 보증서가 될 수도 있고 국가발전의 원동력이 될 수도 있다. 또 보는 사람에 따라서 지식은 유한계층의 무료를 달래는 한가한 파적破寂거리일 수도 있고 속물들의 자기과시를 위한 값비싼 '문화적 상품'일 수도 있고 사회구조상 유리한 지위에 있는 특권층의 집단적 이익을 합법화, 영속화하기 위한 '계급이익의 보루'일 수도 있다.

　지식의 의미에 관한 이 모든 견해는 그것이 지식의 가치에 관한 최종적인 판단으로 연결되지 않는 한, 그리고 지식을 가르치고 배우는 태도와 방식에 영향을 미치지 않는 한, 특별히 해로울 것이 없다. 지식의 궁극적인 의미는 개체적으로나 종족적으로 끝없이 '열려' 있으며, 따라서 어떤 이유에서든지 사람들이 지식은 배울 가치가 있다고 생각하고 애써 그것을 배우려고 하는 한, 교육을 담당하고 있는 사람의 입장에서는 그것만으로도 일단은 다행이라고 생각해야 할 것이다. 어느 시대 어느 나라의 경우와 마찬가지로, 오늘날 우리의 교육이라고 하여 불완전성이 없을 수 없다. 지식이 그릇된 방법으로 전달되고 엉뚱한 목적에 사용되는 것을 완전히 막기에는 우리는 여러 가지 현실적 제약을 안고 있다. 그러나 만약 우리가 합심하여 노력한다면 우리는 최소한, 아이건 어른이건 간에 지식의 문턱에도 채 가보지 못한 사람들에게 지식이 조롱거리로 되는 사태, 지식을 가르치는 것이 '나쁜 교육'의 대표적인 보기로 간주되는 사태는 막을 수 있을 것이다. 우리는 누구나 지식에 대하여, 옛날의 유학자들이 성현의 말씀에 대하여 가지고 있었던 '경'敬에 해당하는 겸손한 태도를 가져야 하며 그 태도를 자라나는 세대에게 전수해 주어야 한다. 다소 극단적으로 말하여, 시대가 허용하는 최고도의 수준에서 지식을 습득하지 않은 사람은 지식의 의미와 가치에 관한 의견을 가질 자격이 없다. 고등학교를 갓 졸업한 학생들이 자신은 고등학교에서 '단편적 지식' 이외에 아무 것도 배운 것이 없다고 확고한 어조로 단정하는 요즘의 사태는 이 점에서 우려의 대상이 아닐 수 없다. 그리고 이 우려는 그 학생들이 지식을 상당한 수준으로 배운 어른들의 말을 뜻모르고 되받아 한다는 점 때문에 더욱 심각해진다.

아마 앞으로도 역사상 어느 시대와 마찬가지로, 특히 실용적 가치가 비교적 명백한 교육내용과 비교하여 '주지적', '이론적' 교과 —그전에 '지식중심 교육과정'이라는 이름으로 문제시되었던 교과— 의 가치를 의심하고 부정하는 사람들이 틀림없이 있을 것이다. 그들이 보기에 교육내용으로서의 컴퓨터와 「논어」의 가치는 논의의 여지가 없이 어느 한 쪽으로 기울어져 있다. 이런 종류의 판단에 온 세상과도 바꿀 수 없는 확신을 가지고 있는 사람들은, 심하게 말하여, 인간으로서의 자신의 존재를 형성해 주고 있는 마음속의 내용물을 마지막 한 방울까지 토해 버리는 사람들이다. 그런 사람들에 대해서는, 이백李白의 「산중문답」山中問答을 마음속으로 외우는 것밖에, 달리 말해 줄 것이 없다. 다만, 이백의 그 '잠잠한 마음'을 별로 오래 누릴 수 없으리라는 각오는 해야 할 것이다.

問余何事棲碧山   벽산에 어찌하여 사느냐고 묻는다면
笑而不答心自閑   대답없이 잠잠히 웃을 수밖에
桃花流水窅然去   복사꽃은 물 위에 아득히 흘러가고
別有天地非人間   인간세상 아닌 곳에 별천지 있다네.

3

교육의 정당화 개념으로서의
동기와 이유

I 서론

　　교육의 목적에 관한 사고의 혼란 또는 의견의 불일치는 대체로
'목적'이라는 용어의 한 가지 근본적인 애매성에 기인된다. 목적이라
는 용어는 흔히 의도, 동기, 이유 등과 동의어로 생각되고 있다. 우선,
교육목적을 표현하는 진술, '교육은 이러이러한 것을 목적으로 한다'
는 진술은 '교육은 왜 하는가'라는 질문에 대한 대답으로 주어진다고
볼 수 있다. 그런데 '교육은 왜 하는가'라는 질문은 교육의 목적을
묻는 질문이 될 뿐만 아니라, 교육을 하는 의도, 동기, 이유 등을 묻는
질문으로도 생각될 수 있다. 교육을 하는 의도나 동기를 들어서 대답
을 하건, 교육을 하는 이유를 들어서 대답을 하건 간에, 어느 경우에나,
'교육은 왜 하는가'에 대한 대답이 될 수 있으며, 바로 이 질문은 또한
교육의 목적을 묻는 질문이 되기도 하기 때문에 교육의 의도나 동기,
그리고 교육의 이유는 동일하게 교육의 목적이 될 수 있다는 생각이

나오게 된다.

이와 같이 교육의 목적이 교육을 하는 의도나 동기, 그리고 교육을 하는 이유와 동의어로 간주될 수 있으려면, 한편으로 의도나 동기, 그리고 또 한편으로 이유 사이에 하등의 근본적인 의미상의 구분이 없어야 한다. 그러나 이하 이 글에서 밝히려고 하는 바와 같이, 양자 사이에는 심각한 의미상의 구분이 있어서, 교육의 목적과 동기와 이유 사이의 공통점이라는 것은 세 가지가 모두 '교육은 왜 하는가'라는 질문에 대한 대답이 될 수 있다는 정도를 넘지 못한다. 그리고 교육의 목적을 동기와 이유 중의 어느 쪽으로 해석하는가에 따라 교육목적은 물론이요, 그것과 관련된 교육의 여러 측면이 상이한 관점에서 파악될 수 있다. 앞에서 '목적이라는 용어의 한 가지 근본적인 애매성'이라고 말한 것은 이와 같이 교육목적이 교육을 하는 동기와 이유 중의 어느 쪽으로든지 해석될 수 있다는 것을 가리킨다.

이 글에서는 동기와 이유의 개념적 구분을 시도해 보고 그 구분에 비추어 '교육목적'이라는 용어의 근본적인 애매성을 드러내어 보고자 한다. 교육목적을 동기와 이유라는 상이한 개념으로 구분하여 파악하는 것은 교육의 외재적 목적과 내재적 목적, 또는 외재적 정당화와 내재적 정당화를 구체적으로 해석하는 한 가지 관점을 제공해 줄 수 있을 것이다. 희망컨대 이러한 관점에서의 고찰은 피터즈*의 '선험적 정당화'1)가 안고 있는 '형식성' — 말하자면, 응분의 구체성이 결여된 순전히 '논리적'인 면에서의 정당화라는 문제점 — 을 보완하는 한 가지 방법이 될 수 있을 것이다. 그리고 마지막으로, 교육의 두 가지 정당화 방식에 함의된 교육관은 성리학性理學의 두 가지 이론에 나타

---

* R. S. Peters
1) 이 책 6장 2절 참조.

난 교육관과 연결되며 이 점에서 그것은 우리의 교육적 전통을 파악하는 데에 유용한 개념적 구분을 제공해 줄 수 있을 것이다.

Ⅱ 동기와 이유의 개념적 구분

이 글에서 주된 관심의 대상이 되고 있는 동기와 이유는 교육이라는 활동의 의미를 규정하는 데에 사용될 뿐만 아니라 모든 활동 또는 행위에 일반적으로 적용된다. 오히려, 사정은 정반대로, 동기와 이유는 행위 일반과 관련하여 그 의미를 규정하는 용어인데, 이 글에서는 그것을 교육이라는 특수한 활동 또는 행위에 적용하려고 한다고 말하는 편이 더 정확하다. 행위 일반에 적용될 경우에 동기와 이유는 한 개인으로서의 행위자가 자신의 행위에 대하여 가지고 있는 정신상태 또는 '마음'을 나타내는 용어로 취급된다. 개인 행위자의 입장에서 볼 때 이 정신상태 또는 '마음'은 그가 한 행위의 의미이며, 그 행위의 의미는 그 행위에 대하여 행위자가 가지고 있는 정신상태에 의하여 규정된다.

동기와 이유를, 이 글에서처럼, 서로 정면으로 대립된 개념으로 파악하는 것은 이들 개념에 관한 분석에서 예외 없이 준수되고 있는 관례가 아니다. 보다 일반적인 관례는 동기와 이유를 각각 '원인'과 대비시키는 것이다. 이것은 다소간은 그런 개념을 분석하는 사람의 입장 또는 관심을 반영한다고 볼 수 있으며, 또 다소간은 그 분석이 교육이라는 특수한 활동이 아닌 행위 일반의 의미를 염두에 둔 것이라는 점과 관련된다.

그러한 분석의 예를 한두 가지 들어 보겠다. 셰이퍼는 마음에 관

한 철학적 이론들을 분류 정리한 『마음의 철학』2)이라는 책(5장)에서
행위를 설명하는 개념으로서 '이유'를 '원인'과 대비시키고 있다. 이
대비에서 '이유'는 '행위자가 가지고 있는 것'—다시 말하면 행위자가
의식적으로 따르는 원리, 규칙 등— 이며, 행위의 이유를 묻는 것은,
행위자의 입장에서, 그가 특정한 행위를 할 때 의식적으로 따르고 있
는(또는, 있었던) 원리나 규칙이 어떤 것인가를 묻는 것이다. 이 점에
서 '이유'는 행위를 '안에서', 즉 행위자 개인의 마음속에서 보는
관점을 나타낸다고 말할 수 있다. 이것에 비하여 '원인'은 행위자
가 아닌 '관찰자가 가지고 있는 것' —다시 말하면 행위자의 의식
과는 관계 없이, 특정한 행위를 관찰하는 사람에게 나타나는 인과적
법칙— 을 지적하는 것이며, 행위의 원인을 묻는 것은 특정한 행위가
어떤 인과적 법칙의 한 사례인가를 묻는 것이다. 앞의 '이유'의 경우와
대비시켜 말하자면, '원인'은 행위를 '밖에서', 즉 행위자 개인의 마음
밖에서 보는 관점을 나타낸다고 말할 수 있다. 셰이퍼가 이와 같이
행위를 보는 관점으로서 이유와 원인을 대비시킨 것은 그가 의식을
규정하는 철학적 입장들을 요약 정리하는 데에 사용한 근본비유 —
즉, '1인칭적 관점'과 '3인칭적 관점'(1장)— 와 일관된다. 말할 필요
조차 없이 명백한 사실로서, 이유와 원인의 대비는 '마음의 철학'을
요약할 때의 셰이퍼의 이론적 관심을 반영한다. 그 이론적 관심이라는
것은 곧 행위를 행위자 개인의 내부로부터 설명하는가 외부로부터 설
명하는가 하는 것이 행위의 설명방식으로서 심각한 철학적 의의를 가
진다는 것이다. 그리고 이러한 그의 관심에 비추어 보면 그가 특별히
관심을 두지 않은, 그러나 이 글에서 관심의 대상이 되는, '동기'(또는,
'의도')는 원인보다는 이유에 더 가까운 개념으로 해석된다.

---

2) J. A. Shaffer, *Philosophy of Mind*(Prentice-Hall, 1968).

「동기의 개념」3)이라는 책에서 피터즈는 '동기'를 '원인'과 대비시키고 있다. 이 책에서 피터즈의 의도는 심리적 이론으로서의 동기 이론이 인간의 행위를 인과적 법칙에 의하여 설명하는 것에 이의를 제기하는 데에 있다. 피터즈에 의하면, '사회 속의 인간은 "장기 두는 사람"의 확대판이라고 보면 틀림 없다. 인간의 행동을 설명하라는 요구는 대체로 그 행동이 따르는 구체적인 규칙 또는 그 행동이 추구하는 구체적인 목적*이 무엇인지 모를 경우에 그것을 알려 달라는 뜻이다'(p. 7). 또한, '인간은 규칙을 따르는 동물이다. 그의 행위는 단순히 목적**을 지향하여 이루어질 뿐 아니라, 사회적 표준과 관례에 합치하여야 한다. 계산기와는 달리 인간은 규칙과 목적⁎을 알고 그것에 따라 행동한다'(p. 5). 피터즈가 보기에 심리학의 동기 이론에 대한 대안은 인간의 행동을 인과적 법칙에 의하여 설명하는 것이 아니라 사회 속의 인간이 따르고 있는 규칙 또는 관례에 의하여 설명하는 것이다. 인과적 법칙에 의하여 행위를 설명하려고 하는 한, 심리학의 동기 이론은 인간 행위에 대한 설명이라기보다는 '계산기'의 작동을 설명하는 데 더 적합하다. 그러므로 피터즈가 보기에, 동기는, 만약 그것이 인간의 행동을 설명하는 개념이 되려고 하면, 이유와 동일한, 따라서 원인과는 다른 설명적 기능을 가져야 한다. 즉, 동기는 '특정한 맥락에서의 특정한 이유'(p. 27)를 가리킨다.

위에 예시된 셰이퍼와 피터즈의 분석에서 동기와 이유는 서로 대립되는 개념으로 취급되는 것이 아니라 양자가 똑같이 원인과 대비되는 유사한 개념으로 취급되고 있다. 이것은, 앞에서 지적한 바와 같이, 그 두 사람이 예컨대 교육과 같은 특수한 활동을 염두에 둔 것이 아니

---

* goal   ** ends   ⁎ objectives
3) R. S. Peters, *The Concept of Motivation*(Routledge and Kegan Paul, 1958).

라 행위 일반을 염두에 두었다는 점과 관련된다. 말할 필요도 없이, 행위는 그 행위를 하는 주체로서의 행위자를 그 성립 요건으로 하며, 따라서 행위는 행위자와 행위라는 두 개의 거점에서 분석될 수 있다. 셰이퍼와 피터즈는 말하자면 행위자를 거점으로 삼았다고 할 수 있다. 그들은 모두 행위를 행위자가 아닌 제 3 자에게 관찰되는 인과적인 법칙에 의하여 설명하는 것에 대하여 이의를 제기하고, 행위의 설명에 있어서 행위자 자신의 자유와 주체성이 존중되어야 한다는 것을 강조하였다.

그들의 분석에서와는 달리, 이 글에서는 교육이라는 특수한 행위의 의미가 분석의 대상이 된다. 이 점에서 보면 이 글에서의 분석은 행위자와 행위라는 두 개의 거점 중에서 행위를 거점으로 삼는다고 일단 말할 수 있다. 그러나 단순히 그런 것만은 아니다. 특정한 행위의 의미에 관심을 둘 경우에, 그 행위는 개인 행위자에 의하여 수행되기는 하지만 그와 동시에 그것은 반드시 사회 또는 제도 안에서 일어나며 제도에 의하여 그 의미가 부여된다는 것이 인식될 가능성이 있다. 그리하여 행위의 의미는 개인 행위자의 관점에서 규정될 수 있을 뿐만 아니라 행위 그 자체의 관점에서도 규정될 가능성이 생긴다. 이것은 곧 행위자와 행위라는 두 개의 거점을 동시에 고려하는 것이며, 이 관점에서 동기와 이유는 행위자와 관찰자를 대비시킨 분석에서와는 다른 양상을 띤다. 곧 다시 말하게 되겠지만, 이 중에서 동기는 행위자의 편에서, 그리고 이유는 행위의 편에서 행위의 의미를 규정한다.[4]

---

4) 사실상 피터즈는 행위의 제도적 성격을 도외시한 것이 아니며, 오히려 그것을 적극적으로 부각시키고자 하였다. 「동기의 개념」에서의 피터즈의 행위의 분석은 「윤리학과 교육」에서 그가 교육의 내재적 정당화를 주장한 것과 일관된 흐름을 보이고 있다. 그렇기는 해도 「동기의 개념」에서 행위의 제도적 성격은 행위자의 주체성을 강조하려는 피터즈의 의도에 파묻혀 버렸다는 느낌이 있다. R. S. Peters, *Ethics and Education*(George Allen and Unwin, 1966), 이홍우(역), 「윤리학과 교육」(교육과학사, 1980) 참조.

    동기는 행위자의 편에서 보는 행위의 의미로, 그리고 이유는 행위
의 편에서 보는 행위의 의미로 양자를 대비시키는 관점은 행위를 거점
으로 삼는 분석에서는 아주 자연스러운 것이라고 생각된다. 핸슨의
「의미로서의 문화」5)라는 책은 그 좋은 보기가 된다. 물론, 핸슨은 이
글에서와 같이 교육이라는 특정한 행위를 분석의 대상으로 삼은 것은
아니지만, 그가 관심을 둔 '문화'는 명백히 제도적 현상이며, 따라서
그것은 개인 행위자와는 다른 차원에 속한다고 볼 수 있다. 이 책에서
핸슨은 먼저 인간의 행동의 의미를 분석하는 두 개의 차원을 구분한
다. 하나는 개인적 차원이며 다른 하나는 제도적 차원이다. (핸슨은
이 두 가지가 동일한 연속선상의 상이한 '수준'을 나타낸다고 생각해
서는 안 된다고 말한다. 그렇게 생각하는 것은 제도적 차원을 개인적
차원으로 환원시킬 가능성을 내포하고 있다는 것이다.) 핸슨에 의하면
양자는 그것에 관하여 제기되는 '질문의 종류'에 의하여 구분된다. 즉,
'개인적 질문은 사람들이 가지고 있는 필요, 동기, 욕구, 목적 등에
관한 것이다. … 제도적 질문은 사람들에 관한 것이 아니다. 그것은
관념, 신념, 풍속, 사회 조직의 형식 그 자체를 문제삼는다'(p. 10). 이
두 가지 질문은 어느 하나가 다른 하나로 환원될 수 없는, 상이한 종류
의 질문이며, 따라서 그것이 요구하는 대답 또한 상이하다. 위에서
쓴 용어로 고쳐 말하면 개인적 차원은 행위자의 입장, 그리고 제도적
차원은 행위의 입장에 각각 상응한다. 다시, 핸슨은 개인적 차원에서
규정되는 행동의 의미와 제도적 차원에서 규정되는 행동의 의미를 구
분한다. 그는 앞의 것을 '의도적 의미'*, 뒤의 것을 '함의적 의미'**라
고 부르고 있다. (이하에서 밝혀질 바와 같이, 핸슨의 이 두 가지 의미

---

    * intentional meaning   ** implicational meaning
    5) F. A. Hanson, *Meaning in Culture*(Routledge and Kegan Paul, 1975).

는, 그의 견해에 수정을 가함이 없이, 각각 '심리적 의미'와 '논리적
의미'라고 부를 수 있을 것이다.)

우선, 의도적 의미는 개인적 차원에서 규정되는 행위의 의미이다.
개인 행위자의 입장에서 보면, 행위의 의미는 그 행위를 하는 행위자
의 의도, 행위자가 그 행위를 통하여 달성하고자 하는 목적에 있다.
그러므로 의도적 의미는 반드시 수단―목적의 관계에 의하여 파악된
다. 행위를 할 때 행위자는 그의 행위가 어떤 목적을 위한 수단이 되는
가 하는 관점에서 파악하며, 행위자에게 있어서 그 행위의 의미는 바
로 그 행위를 수단으로 하여 달성하려고 하는 목적에 비추어 규정된
다. 그러므로 또한, 의도적 의미는 원칙상 개인 행위자에게 의식된다.
의도적 의미를 알기 위해서는 개인 행위자에게 물어 보거나, 예컨대
정신분석과 같은 특수한 심리학적 기법에 의하여 그의 심리상태를 분석
해야 한다. 물론, 그렇다고 해서 모든 행위가 행위자의 목적에 부합하는
것도 아니요 행위자가 수단―목적 관계에 부합되지 않는 행동을 하지
않는 것도 아니다. 다만, 이런 경우에 그 행위는 개인 행위자의 입장에
서는 '의미 없는' 것 ― 즉, '의도적 의미'가 결여된 행위― 일 뿐이다.

핸슨이 말한 '함의적 의미'는 위의 모든 점에서 의도적 의미와
구분된다. 함의적 의미는 수단―목적의 관계나 그것에 대한 개인 행위
자의 의식과는 아무 관계가 없다. 그것은 개인적 차원에서 규정되는
의미가 아니라 제도적 차원에서 규정되는 의미이다. 의도적 의미가
심리학적 분석에 의하여 밝혀지는 것과는 달리, 함의적 의미는 행위의
논리적 분석에 의하여 밝혀진다. 즉, 하나의 행위에는, 적어도 그것이
제도 속에서 일어나는 행위인 한, 그 행위를 한 사람이 논리적으로
받아들일 수밖에 없는 함의*와 논리적 가정**이 들어 있다. 이러한

---

* implication   ** presupposition

함의와 논리적 가정이 제도적인 차원에서의 행위의 의미, 즉 함의적 의미를 구성한다. 그리하여 함의적 의미라는 것은 행위자가 행위를 할 때 그 행위의 논리적 귀결로서 또는 그 행위에 앞선 논리적 가정으로서 받아들이지 않으면 안 되는 의미이다. 의도적 의미가 원칙상 개인 행위자에게 의식되는 것과는 달리, 함의적 의미는 행위자가 심리적으로 의식하는가 않는가와는 관계없이 논리적으로 받아들이지 않으면 안 되는 의미이다. 핸슨에 의하면 '문화'라는 것은 다름 아니라 이 함의적 의미 —다시 말하면 제도 속에서의 행위의 논리적 함의와 가정— 의 총체를 가리킨다.

핸슨이 말하는 의도적 의미와 함의적 의미, 또는 행위의 심리적 의미와 논리적 의미는, 다시 그의 견해에 하등의 손상을 입힘이 없이, 동기와 이유라는 용어로 바꿀 수 있을 것이다. 다시 요약하자면 동기는 행위자의 입장에서 그가 그 행위를 통하여 달성하려고 하는 목적, 실현하고자 하는 의도를 가리키며, 이유는 행위에 논리적 함의와 가정으로 들어 있는, 행위 그 자체의 의미를 가리킨다. 이상의 논의에서 충분히 드러난 바이지만, 동기와 이유 사이의 이러한 구분은 개념적 구분이다. 동기와 이유는 동일한 행위를 두 개의 다른 거점 또는 입장에서 규정하는 것이다. 그러나 동기와 이유가 이와 같이 동일한 행위를 설명하는 개념이라고 해서 그 사이의 구분이 흐려지는 것은 결코 아니다. 양자의 구분이 없다고 생각하는 것은 곧 핸슨이 구분한 두 개의 차원 — 개인적 차원과 제도적 차원 — 의 구분을 인정하지 않는 것이며, 나아가서는 개인적 차원의 의미 이외에는 다른 의미가 있을 수 없다고 생각하는 것이다.

Ⅲ 교육의 내재적 정당화

교육이라는 활동 또는 교육을 하는 행위는 명백히 제도 속에서 일어나는, 제도화된 활동 또는 행위이다. 그러므로 교육의 행위를 설명하는 데에도 위에서 말한 두 가지 차원의 의미, 즉 동기와 이유가 적용된다. 첫머리에서 말한 교육목적의 '근본적 애매성'이라는 것은 교육의 목적을 묻는 질문, '교육은 왜 하는가'라는 질문에 대하여 개인의 심리적 의미로서의 동기와 제도의 논리적 의미로서의 이유에 입각한 두 가지 대답이 가능하다는 점을 가리킨다. 개인의 동기로 대답할 때 교육은 개인에게 중요한 목적을 달성하기 위한 수단으로 간주되며, 제도의 이유로 대답할 때 교육은 그 활동에 논리적 함의 또는 가정으로 들어 있는 교육 그 자체의 의미에 비추어 규정된다. 이렇게 볼 때, 교육은 개인의 동기에 의하여 파악되는 심리적 의미와 제도의 이유에 의하여 파악되는 논리적 의미라는 두 개의 의미를 가지게 된다.

그러나 이와 같이 교육에 심리적 의미 이외에 그것과는 다른 논리적 의미가 있다는 것은 많은 경우에 의심의 대상이 된다. 아마 이 의심의 기저에는 개인의 동기와 제도의 이유에 의하여 파악되는 행위가 사실상으로 동일한 현상이라는 점이 깔려 있을 것이다. 예컨대 「민주주의와 교육」6)에서 듀이는 다음과 같이 말한다. 즉, '한 가지 명심해야 할 것은, 교육 그 자체가 목적을 가지는 것은 아니라는 점이다. 부모나 교사 등, 사람들이 목적을 가지는 것이지, 교육이라는 추상적인 관념이 목적을 가지는 것은 아니다'(번역판, p. 168). 듀이의 이 말

---

6) J. Dewey, *Democracy and Education*(Macmillan, 1916), 이홍우(역), 「민주주의와 교육」(교육과학사, 1987).

은, 교육의 목적은 교육을 하는 사람 또는 교육이라는 활동에 관여하는 사람, 즉 행위자의 목적이어야 하며, 이 이외에 '교육 그 자체의 목적'이라는 것은 있을 수 없다는 생각을 나타내고 있다. 다시 말하면 교육의 목적은 교육에 관여하고 있는 사람들이 교육을 통하여 달성하고자 하는 목적 또는 이룩하고자 하는 결과 바로 그것이며, 이것과는 다른 교육의 목적이 있다고 생각하는 것은 마치 추상적인 관념이 목적을 가질 수 있다고 생각하는 것만큼 불합리하다는 것이다. 만약 이 글에서와 같이, '교육의 목적'을 '교육은 왜 하는가'라는 질문에 대한 대답이라고 한다면, 이 질문에 대한 듀이의 대답은 오직 교육에 관여하는 사람들이 교육을 통하여 달성하려고 하는 목적(즉, 그 사람들의 동기) 때문에 교육을 할 뿐이며, 그 이외의 다른 대답은 있을 수 없다는 것이다. 위의 말을 한 바로 다음에 듀이는, 교육의 목적은 부모나 교사 등, 교육에 관여하고 있는 사람들이 가지는 목적이 다양한 만큼 다양하다는 점을 지적하고 있다. 교육의 목적을 교육에 관여하는 사람의 동기에 비추어 파악하는 한, 그것은 끝없이 다양할 수밖에 없다. 어떤 행위에 대해서든지 사람들이 가지는 동기는 다양하며, 이 점은 교육이라는 활동에 있어서도 마찬가지이다.

교육의 목적에 관한 듀이의 이러한 견해는 일체의 활동의 의미를 수단-목적의 관계에 의하여 파악하는 그의 철학과 일관된다. 뿐만 아니라 아마 목적이라는 용어가 '표적' —사람이 총이나 활을 쏠 때 겨냥하는 표적— 과 의미상 관련되어 있기 때문이겠지만, 목적은 '활동'이 가지는 것이 아니라 '사람'이 가지고 있다는 그의 생각은 널리 호응을 얻고 있는 듯하다. 이러한 일반적인 견해에 의하면, 활동의 목적은 그 활동을 하는 사람이 가지고 있는 목적이며, 사람이 가지고 있는 목적 이외에 그것과는 다른 활동 그 자체의 목적이 있다는 것은 수긍하기 어려울 것이다.

교육의 목적에 관한 두 가지 대립되는 견해, 즉 '외재적 목적'과 '내재적 목적' 중에서 '외재적 목적'은 교육과 수단-목적의 관계로 연결되어 있는 어떤 것, 다시 말하면 교육을 수단으로 하여 달성되는 목적이 곧 교육의 목적이라고 보는 견해를 나타낸다.[7] 동기와 이유의 구분에 관한 앞의 논의에 비추어 보면, 외재적 목적과 동기의 관련은 단도직입적으로 명백하다. 즉, 교육의 외재적 목적이 수단-목적의 관계에 의하여 교육의 목적을 규정하는 견해인 한, 그것은 교육의 의미를 교육에 관여하는 개인의 심리적 의미에 비추어 파악하는 견해이다. 이와 마찬가지로, 교육목적에 관하여 듀이가 외재적 목적을 주장했다는 것도 또한 명백하다. 물론, 「민주주의와 교육」에서 듀이는 '교육의 과정은 그 자체 이외의 다른 목적을 가지지 않으며 교육 그 자체가 목적이다'(번역판, p. 82)라고 말하였고, 아마 주로 이 말 때문에 듀이는 때로 교육의 내재적 목적을 표방한 것으로 알려져 있다. 그러나 여기서 '교육 그 자체가 목적'이라는 말을, 이하에서 규정되는 바와 같은 뜻에서의 내재적 목적 ―즉, 교육이라는 활동에 논리적 함의나 가정으로 들어 있는 교육 그 자체의 목적― 을 나타내는 것으로 해석하는 것은 잘못이다. 오히려 그것은 교육에 관여하는 사람의 목적, ―즉, 교육을 수단으로 하여 개인이 달성하고자 하는 목적― 을 나타내는 것으로 보아야 한다. 듀이의 견해에 의하면, 이와 같이 교육과 수단-목적의 관계로 연결된 목적 그것을 달성하는 것이 바로 '교육 그 자체의 목적'이며, 이것 이외에 이것과는 다른 교육의 목적이 있다는 것은 듀이에게는 용납되지 않는다.

교육의 외재적 목적에 비하여 '내재적 목적'은 흔히 '교육 그 자

---

7) R. S. Perters, *Ethics and Education*, 「윤리학과 교육」 번역판, '역자 해설' 참조.

체의 목적'을 가리키는 것으로 알려져 있다. 근래에 와서 교육의 내재
적 목적은 교과의 가치를 '선험적으로' 정당화하려고 한 피터즈와 허
스트의 노력에 의하여 교육학계의 관심과 논란의 대상이 되었다.8) 교
과의 선험적 정당화는 여러 가지 방식으로 복잡하게 설명되고 있지만,
간단하게 말하여, '교과의 가치는 교과의 정당화에 대한 요구 —즉,
교과의 가치는 어디에 있는가를 묻는 질문— 속에 논리적 가정으로
들어 있다'는 식으로 진술될 수 있다. 물론, 선험적 정당화에서 피터즈
와 허스트의 의도는 교과의 내재적 가치를 믿지 않는 사람들의 마음속
에 심리적 변화를 일으켜서 그것을 믿게 되도록 하는 데에 있지 않다.
그렇기는 해도, 교과의 가치를 위와 같이 설명하는 것은 그 설명 방식
자체의 논리적 타당성과는 별도로, 지나치게 '형식적'이라는 느낌을
주는 것이 사실이다. 그 뿐만 아니라, 설사 교과가 그런 방식으로 정당
화된다 하더라도, 그 설명은 교과를 가르치는 '목적', 또는 일반적으로
교육을 하는 '목적'에 관해서는 별로 납득할 만한 대답을 주지 못한
다. 선험적 정당화를 그대로 교육목적에 관한 견해로 번역하자면,
아마 '교과를 가르치는 목적은 교과의 정당화에 대한 요구 속에 들
어 있는 논리적 가정을 알도록 하는 데에 있다'는 식으로 진술될
것이며, 이것은 보통의 생각으로서는 납득하기 어려운 진술이다.

　　이제, 이 글에서 규정된 제도적 의미로서의 '이유'에 비추어 선험
적 정당화에 모종의 적극적인 의미를 부여할 수 없는지 생각해 보겠다.
교육이라는 제도적 활동은 크게 보아서 교과교육과 사회화라는 두 가지
양식을 통하여 이루어진다. 개인의 심리적 동기와 구분되는 제도의 논
리적 이유에 의하여 그 의미가 파악될 수 있다는 점에 있어서는 이 두
가지 활동양식에 차이가 없지만, 여기서는 교과교육에 국한하여 그 의

8) 이 책 6장 2절 참조.

미를 고찰해 보고자 한다.9) 피터즈가 강조한 바와 같이, 학교에서 가르치는 교과, 또는 그의 용어로 '지식의 여러 형식들'은 한 마디로 말하여 인류의 지적 유산의 총체를 이루고 있다. 먼 옛날부터 인간은 경험의 상이한 측면을 파악하기 위하여 다양한 개념을 분화시켜 왔으며 이러한 공동의 노력의 결과는 오늘날 학교의 교과에 반영되어 있다. 그리하여 교과를 배움으로써 학생들은 이 인류 공동의 노력에 참여하게 된다.

교육이라는 활동의 목적을 개인의 심리적 동기와는 다른 논리적 이유에 의하여 규정한다는 것은 다른 것이 아니라 이 활동에 들어 있는 논리적 함의와 가정을 드러내는 것이다. 그리고 이것은 수단-목적의 관계에 대한 대안적인 패러다임에 의하여 교과의 목적을 규정하는 것, 다시 말하면, '교육 그 자체의 목적'을 규정하는 것이 된다. 지식의 여러 형식들을 가르치고 배우는 일에 들어 있는 논리적 가정 중에서 아마도 가장 명백한 것은 그 지식의 형식들이 드러내려고 하는 대상으로서의 '실재'가 있다는 가정일 것이다. 심리적 동기가 아닌 논리적 이유를 중요시하는 관점에 의하면, 이 가정을 받아들이지 않고는 지식의 형식을 추구하는 일이 의미를 가질 수 없다. 지식의 형식을 추구할 때, 아마 개인은 그 가정을 '의식'하지 않을지 모르고, 또 개인이 의식하기로는 그것이 자신의 목적 달성을 위한 수단이 된다고 생각할지 모르지만, 지식의 형식을 추구하는 일은 그 대상인 실재를 추구하는 일 이외의 다른 것이 아니다. 그리고 이것이 곧 지식의 형식을

---

9) 사회화를 논리적 이유에 의하여 규정하려는 시도로는 이계학 등의 연구보고서 「국민정신과 민족문화」가 있다. 〈이 보고서는 그 후, 이홍우 등, 「한국적 사고의 원형」(정신문화문고 19)(한국정신문화연구원, 1988)로 발간되었다.〉 피터즈 등은, 교육의 내재적 정당화는 오직 교과교육과 관련해서만 성립한다고 보는 듯하다. 내재적 정당화를 이유에 비추어 설명하는 것이 피터즈의 설명에 비하여 가지는 이점은, 후자와는 달리 전자는 교과교육과 사회화에 다같이 적용된다는 점에서도 찾아볼 수 있다.

추구하는 '이유'이다. 지식의 형식을 추구하는 일에는 그 대상으로서의 실재가 있다는 가정이 들어 있을 뿐만 아니라 그 실재가 어떤 성격의 것인가에 관한 가정도 들어 있다. 지식의 형식을 추구하는 일은 곧 그것에 가정되어 있는 실재를 드러내는 일이며, 이 점에서 그것은 곧 실재에 점점 가까이 접근하는 일이라고 말할 수 있다. 그러나 그것은 또한 지식의 형식을 추구하는 인간으로부터 실재를 더욱 멀리 떼어 놓는 일이기도 하다. 실재라는 것은 인간이 결코 완전히 도달할 수 없는 경지이며, 거기에 도달할 수 없다는 것을 깨닫는 유일한 길은 그것에 점점 접근해 가는 것 뿐이다. 말하자면 실재는 인간이 그것에 접근해 갈수록 더욱 인간으로부터 멀어지며, 인간은 실재로부터 더욱 멀어지지 않고는 그것에 가까이 갈 수가 없다. '알면 알수록 더욱 모르게 된다'는 말은 이 사태를 더 평범한 용어로 진술한 것에 불과하다. 그러므로 지식의 형식, 또는 그 대상인 실재를 추구하는 행위는 그 행위에 관여하는 사람의 정신상태나 삶의 자세와도 관련되어 있다. 소크라테스가 그토록 열렬하게 주장한 '무지의 자각'은 바로 실재를 추구하는 사람의 정신상태를 나타낸다고 볼 수 있다. 이러한 정신상태나 삶의 자세는 지식의 형식을 추구하는 일과 별개의 것이 아니라 그것과 논리적으로 관련되어 있다.

위의 관점에서 교육의 목적을 규정하자면 그것은 '실재에의 접근'이라는 말로 표현할 수 있을 것이다. (물론, 이 접근은 동시에 그것으로 부터 멀어지는 것이기도 하다.)[10] 아마, 교육의 이 목적은 지식의

---

10) 이것은 교육에 관한 '희랍적 개념'을 나타낸다. 피터즈와 함께 교육의 내재적 목적을 주장한 허스트는 자신의 '선험적 정당화'가 교육의 희랍적 개념을 '수정'한 것이라고 말하고 있다. 그러나 과연 그것이 진정한 의미에서의 '수정'인지, 또 만약 진정한 의미에서의 수정이라면 그 수정이 과연 필요하였는지에 관해서는 의문의 여지가 있다.

형식을 배우지 않은 사람은 말할 것도 없고 그것을 배운 사람에게도 교육의 '목적'으로서 납득되기 어려울지 모른다. 그것은 교육을 받는 개인의 심리적 동기에 의하여 규정된 목적이 아니라 교육이라는 활동의 논리적 이유에 의하여 규정된 목적인 것이다.

그러나 다시, 문제는 과연 교육에 관여하는 개인의 '동기'로 규정되는 것 이외에 그것과는 다른, '이유'로 규정되는 목적이 있어야 하는가에 있다. 교육의 의미에 관하여 어떤 학생이 쓴 다음과 같은 구절은 이 문제를 생각해 보는 좋은 자료가 된다. 가로대, '교육이 인간을 가르치지 못한 것은 비단 오늘날의 문제가 아니라 조선시대, 고려시대, 그리고 그 이전에도 있었던 문제였다. 교육은 올바른 인간을 만들기 위하여 존재한다고 하면서도 실지로는 사회에서 높은 지위를 차지하는 사람들을 재생산하기[原文] 위하여 존재해 왔다. 오늘날 대학에 가는 목적이 사회에서 우월한 지위를 차지하기 위한 하나의 방편이 되고 있는 것은 조선시대 과거제도가 했던 역할과 똑같다. 요컨대 교육은 이때까지 인간을 가르치지 못했고 오늘날 역시 마찬가지이다.' 우선, 이 학생의 말은 '교육이 목적을 가지고 있는 것이 아니라 교육에 종사하는 사람이 목적을 가지고 있다'는 듀이의 말을 약간 다른 관점에서 고쳐 한 것에 불과하다. 듀이와 다른 점이 있다면, 이 학생은 자기 자신의 마음속에 있는 가장 수치스러운 생각을 아무 거리낌 없이 표현하고 있다는 것이다. 이 학생은 '올바른 인간을 만든다'는, 교육의 이유에 의하여 파악되는 목적과, '사회에서 우월한 지위를 차지한다'는, 교육받는 사람의 동기에 의하여 파악되는 목적을 정면으로 대비시키고 있다. 이 학생의 말을 들을 때 우리의 마음속에 떠오르는 즉각적인 의문은, 어째서 '교육은 올바른 인간을 만들기 위하여 존재한다고 하면서도 실지로는 사회에서 높은 위치를 차지하는 사람들을 선별하

기 위하여 존재해 왔다'는 말은 하면서, 그와 마찬가지로 가능한 '교육
은 겉으로 보기에는(또는, 개인의 입장에서 보기에는) 사회에서 높은
위치를 차지하는 사람들을 선별하기 위하여 존재하는 것처럼 보이지
만 실지로는(또는, 제도의 입장에서 보기에는) 올바른 인간을 만들기
위하여 존재해 왔다'는 말은 명백히 그릇되다고 생각하는가 하는 것이
다. '겉으로 보이는 것'과 '실지 형편'이 앞뒤 말에서 거꾸로 되어 있다
는 점을 제외하면, 그 두 말은, 적어도 논리적으로는, 동등한 타당성을
가진다고 보아야 마땅하다. 요컨대, 누구나 이 학생의 교육관을 받아
들인다면 '실재에의 접근'이라는 인간의 가장 숭고한 행위가 사회적
지위의 쟁탈을 위한 싸움판으로 전락하지나 않을까 하는 염려가 생기
는 것이다.

Ⅳ 교육이론으로서의 성리학

마지막으로, 이상의 논의에 비추어 동양의 형이상학인 이기철학
또는 성리학의 두 가지 대립되는 입장인 주리론主理論과 주기론主氣論
의 주장이 어떻게 해석될 수 있는지 생각해 보겠다.11) 주리론과 주기
론의 대립은 일단 이理와 기氣의 존재양식과 양자의 선후관계에 관한
것으로 요약될 수 있다. 우선 두 입장은 모두, '이理는 형이상의 도道로
서 만물을 낳는 근본이며, 기氣는 형이하의 기器로서 만물이 생기는
데에 구비되어야 할 여건이다'理也者 形而上之道 生物之本也 氣也者

---

11) 이 절의 주제에 관한 약간 자세한 논의는 이홍우, '이기철학에 나타난 교육이
론,' 「사대논총」, 30(1985)(서울대학교 사범대학), pp. 1~18에 제시되어 있다.

形而下之器 生物之具也[12]라는 말에 나타난 이와 기의 의미에 대해서는 근본적으로는 합의한다. 현대적인 개념으로 바꾸어서 표현하자면, 이는 만물의 논리적 원인이며 기는 이가 만물로 나타나는 데에 필요한 사실적 원인 또는 여건을 뜻한다고 말할 수 있을 것이다. 이와 기의 존재양식과 선후관계에 관하여, 주리론은 이와 기가 별도로 존재하며 이가 기에 선행한다고 보는 반면에, 주기론은 이와 기가 별도로 존재하는 것이 아니라 함께 존재하며 이와 기의 선후 문제는 논의할 수 없지만 구태여 따진다면 기가 이에 선행한다고 본다.

만물이 이와 기의 결합, 또는 논리적 원인과 사실적 원인의 결합으로 이루어져 있다는 성리학의 원초적인 주장을 받아들이면, 이와 기가 따로 떨어져서 존재한다든지 이가 기에 선행한다는 주리론의 주장은 명백히 불합리한 것으로 생각된다. 오늘날 우리는 쉽게 이 점에 합의할 수 있고, 아마 모르기는 해도 주리론과 주기론의 논쟁에 직접 가담했던 사람들도 이 점에 합의할 수 있었을 것이다. 그럼에도 불구하고 그들이 논쟁을 벌였던 것은 그 논쟁의 쟁점이 이와 기의 존재양식이나 선후관계보다 훨씬 더 근본적인 데에 있었기 때문이라고 볼 수 있다. 이와 기가 따로 떨어져서 존재하느냐 함께 존재하느냐, 또는 이가 먼저냐 기가 먼저냐 하는 문제를 놓고 벌인 그들의 논쟁은 그들이 각각 두 개의 다른 세계를 보았기 때문이다. 주기론자가 본 세계는 '사실'의 세계였다. 사실의 세계를 볼 때 이와 기는 떨어져서 존재할 수 없으며, 이는 기가 발동할 때 그 양태를 통제 또는 조정하는 원리로 등장한다. 사실의 세계는 구체적이고 가시적인 사물의 세계이며, 그것은 또한 그 사물과의 관련에서 인간의 정情과 의意가 발동하는 그러한 세계이다. 이 글에서 쓴 용어로 표현하자면, 그것은 개인의 동기가

---

12) 朱子文集 卷五十八 答黃道夫書.

중요시되는 '사실'의 세계이다. 여기에 비하여 주리론자가 본 세계는 '논리'의 세계이다. 사실의 세계에서와는 달리, 논리의 세계에서는 이와 기가 (개념상으로) 떨어져 있다는 것이 당연하게 생각되며, 이는 기의 운동과는 관계 없이 그 자체의 독립적인 지위를 가지는 것으로 생각된다. 이理는 '인간이 당연히 따라야 할 법칙과 그 법칙을 따라야 하는 이유'所當然之則 所以然之故로서 그것은 개인의 감정이나 심경에 의하여 좌우될 수 있는 것이 아니다. 이렇게 보면 주기론과 주리론의 논쟁은 그 근본에 있어서 행위의 정당화 개념으로서의 동기와 이유 사이의 논쟁이요, 더 구체적으로 말하면 개인의 동기 이외에 그것과는 다른 이유라는 것이 있을 수 있는가 없는가에 관한 논쟁으로 해석된다. 그리고 주기론과 주리론의 대립이 동기와 이유의 대립을 나타내는 한, 그것은 형이상학의 이론일 뿐만 아니라 교육의 이론이다. 왜냐하면, 이때까지 이 글에서 논의한 바와 같이, 동기 이외의 이유가 있는가 없는가에 따라 규범과 지식을 전수하는 활동으로서의 교육이 완전히 다르게 해석되기 때문이다.

중국에서 송명宋明의 이학이 청조淸朝의 기학으로 대치될 때의 형편이 그러했듯이, 우리나라에서 주리론에 대한 대안으로 주기론이 대두된 것은 중요한 사상사적 전환을 나타내고 있다. 그리고 그 전환은 동기와 이유의 논리적 선후관계에 비추어 설명될 수 있다. 말하자면 그것은 개인 행위자의 동기(氣)를 초월해서 그 자체의 독립적인 지위를 가진 것으로 생각되는 논리적 원인 또는 형이상학적 실체로서의 이유(理)가 흔히 개인의 동기를 억압하는 방식으로 작용하였던 데 대한 반발로서, 이유를 동기에 종속시킴으로써 양자의 선후관계를 종래와는 반대로 하려는 사상사적 동향을 나타내고 있다. 이 점은 서양에 있어서도 마찬가지이다. 서양의 사회철학은 오늘날까지 흔히 형이상학에 의하여 정당화되는 전통이나 권위로부터 개인의 자유나 자율을 옹호하고 그것을 적극적으로 주장하는 방향으로 하나의 흐름을 이루어 왔다. 피터즈나 허스트를 포함하여 오늘날 우리는 모두 이러한 사회철학적 분위기 속에서 살며 그 공기를 호흡하고 있다. 그러므로 현재와 같은 분위기에서 교육의 내재적 목적을 주장하려고 하는 사람은 이 거대한 흐름을 거슬러 올라가야 하는 어려운 과제를 안고 있다.

4
원리는 가르칠 수 있는가 : 발견학습의 논리

I 서론

'덕德은 가르칠 수 있는가'라는 문제에 관하여 소크라테스와 대화를 하는 동안에, 메논은 그 당시 소피스트들 사이에 널리 퍼져 있던 궤변 한 가지를 지적하고, 그것에 대하여 소크라테스의 의견을 묻는다.[1] 그 궤변의 요지는 '무슨 지식이든지 다른 사람에게 가르쳐 주는 것은 불필요하거나 불가능하다'는 것이다. 그것은 다음과 같이 설명된다. 1) 알든가 모르든가 둘 중의 하나다. 2) 아는 사람에게는 가르쳐 줄 필요가 없다. 3) 모르는 사람은 무엇을 배워야 할지 모르며, 설사 배운다 하더라도 그것이 자신이 배워야 할 바로 그것인지 알지 못한다. 그러므로 다른 사람에게 가르쳐 주는 것은 불필요하거나 불가능하다.

장자莊子의 다음과 같은 말은 위의 궤변과 관련하여 이 글에서

---

1) *Menon*, 80d.

제기하고자 하는 문제를 암시하고 있다.

　'세상에서 도를 귀히 여기는 것은 글이다. 글은 말에 지나지
않고 말은 그것이 귀히 여기는 바가 있다. 말이 귀히 여기는 것은
뜻이요, 뜻은 그 따르는 바가 있다. 뜻이 따르는 바는 말로서 전할
수가 없다. 그런데도 사람들은 말을 귀히 여기고 글을 전한다.
사람들이 비록 말을 귀히 여기지만 내가 보기에 오히려 말은 귀히
여길 것이 못된다. 말을 귀히 여기는 것은 곧 그것을 귀히 여기지
않는 셈이 되는 것이다. 요컨대 보아서 보이는 것은 형形과 색色
이요, 들어서 들리는 것은 명名과 성聲이다. 슬프다. 사람들은 형
과 색과 명과 성으로 저 참된 도를 알 수 있다고 생각한다. 그러나
형과 색과 명과 성으로는 저 도를 알 수가 없다. 곧 지자知者는
불언不言이요 언자言者는 부지不知니, 세상 사람들이 어찌 이것을
깨달을 수 있겠는가.'2)

　분명히, 위의 궤변에 나타난 내용은 '사실'과는 들어맞지 않는다.
'사실'을 두고 말하자면, 가르치고 배우는 것은 우리 주위에서 끊임없
이 '사실'로서 일어나고 있다. 그렇다면 이 궤변은, 우리가 보통 '궤변'
이라는 말로 이해하듯이, 일고一考의 가치도 없는 명백한 넌센스인가?
또는, 한걸음 더 나아가서, 다른 사람에게 지식을 가르쳐 주는 것이
'사실상' 가능하다면, '지식을 가르치는 것은 과연 가능한가'라는 질

2) 世之所貴道者 書也. 書不過語 語有貴也. 語之所貴者 意也 意有所隨. 意之所隨者
不可以言傳也. 而世因貴言傳書. 世雖貴之哉 我猶不足貴也. 爲其貴非其貴也. 故
視而可見者 形與色也. 聽而可聞者 名與聲也. 悲夫 世人以形色名聲 爲足以得彼
之情. 夫形色名聲 果不足以得彼之情 則知者不言 言者不知 而世豈識之哉, 莊子
天道篇.

문은 도대체 제기할 필요가 없는 것인가? 적어도 소크라테스가 이 궤변을 취급한 방식을 보면, 우리는 위의 질문에 대하여 부정적인 대답을 해야 한다는 생각이 든다. 소크라테스는 그 궤변을 아주 정중하게 취급하여 메논의 노예소년을 상대로 지식을 가르칠 수 있다는 '사실적'인 증거를 보이고, 그 사실이 어떻게 성립할 수 있는가를 열심히 설명하였다. 이것으로 보면 소크라테스는 그 궤변을 '사실'에 관한 것으로 취급하였고 그 궤변에 대하여 '논리적'인 해명을 시도했다고 볼 수 있다.

　　이 문제에 대한 소크라테스의 해명은 '영혼불멸'에 관한 그의 신념에 기초를 두고 있다. 소크라테스에 의하면, 영혼은 죽지 않고 늘 새로운 육체를 빌어 거듭 태어난다. 이와 같이 새로운 육체를 빌어 태어나는 영혼은 그 전에 여러 차례 삶을 살았던 영혼이며, 따라서 그것은 이른바 '백지'白紙상태로 태어나는 것이 아니라 그 전의 삶에서 얻은 지식들을 잠재적인 상태로 가지고 태어난다. 소크라테스가 사람은 누구나 가지고 있다고 본 '의견'*은 그 원천이 바로 이와 같이 영혼이 태어날 때부터 가지고 있는 잠재적인 상태의 지식에 있다. 의견은 '지식'**과는 달리, 그릇될 수가 있으며 가변적이고 또 불안정하다. (소크라테스가 본 대로, 그릇된 의견의 전형적인 보기는 사실상 모르고 있으면서도 이미 알고 있다고 생각하는, 사람들 사이에 널리 퍼져 있는 경향이다. 소크라테스의 평생은 그 그릇된 의견을 바로 잡아 주는 데에 바쳐진 것이라고 볼 수 있다.) 소크라테스의 경우에 지식을 가르친다는 것은, 우리가 보통 '가르친다'는 말로 이해하는 것과는 달리, 학습자가 모르는 것을 '일러주는' 것이 아니라, 학습자가 이미 가지고 있는 가변적이고 불안정한 '의견'을 보다 항구적이고 안정된 '지식'으로 바꾸는 것을 의미한다. 전형적으로 그 과정은 '논박'☆의

---

　　* *doxa*　　** *noesis*　　☆ *elenchos*

형태를 취한다.3) 즉, 학습자로 하여금 먼저 어떤 문제에 관하여 그 자신의 입장을 말하도록 한다. 그 다음에, 그 첫째 입장에 관하여 일련의 체계적인 질문을 함으로써 학습자 자신의 첫째 입장과는 모순되는 둘째 입장을 받아들이도록 한다. 마지막으로, 학습자로 하여금 첫째 입장과 둘째 입장이 모순된다는 것을 깨닫게 함으로써 스스로 첫째 입장을 수정 또는 폐기하지 않을 수 없게 만든다. 이 방법은 학습자의 마음속에 이미 잠재해 있는 지식을, 마치 산파가 아기를 받아내듯이 받아낸다는 뜻에서, 소크라테스 자신의 비유에 따라 '산파술'*4)이라고도 불린다.

이상이 '지식을 가르쳐 주는 것은 불필요하거나 불가능하다'는 궤변에 대한 소크라테스의 해명의 대체적인 요지이다. 아마 소크라테스는 그의 해명을 통하여 소피스트들의 궤변이 그릇된다는 것을 보이고자 했을 것이다. 그러나 그의 해명은 과연 그 궤변을 부정하기에 충분한가? 다시 말하면, 지식 전수의 필요성과 가능성에 관한 의문은 소크라테스의 해명으로 말미암아 완전히 사라진 것인가? 이 질문에 대한 대답은 그 소피스트들의 궤변과 소크라테스의 해명을 어떻게 받아들이는가에 따라 다를 것이다. 첫째로, 대화편 「메논」에서 소크라테스가 말한 바와 같이, 소피스트들의 궤변은 사람들로 하여금 지식의 추구를 게을리하거나 일찌감치 포기하도록 하는 경향이 있는데 비하여, 소크라테스는 지식의 추구가 가능하고 또 바람직하다는 것을 보이고자 했다고 생각하면, 소크라테스의 해명은 그 궤변을 부정하는 데에 성공하였다고 볼 수 있다. 그러나 또 한편, 만약 우리가 소크라테스의

---

* *maieutike*

3) Richard Robinson, 'Elenchus,' G. Vlastos(ed.), *The Philosophy of Socrates* (New York : Anchor Books, 1971), pp. 78~93.

4) *Theaitetos*, 150b-d.

해명을 그 '내용'에 강조를 두고 받아들이면 과연 소크라테스의 해명
이 그 궤변을 부정하였는가 하는 데는 의문의 여지가 있다. 소크라테
스가 노예 소년에게 기하학의 문제를 가르치면서 자신은 노예 소년이
모르는 것을 일러주는 것이 아니라는 것을 끊임없이 메논에게 확인시
켰다는 점, 그리고 소크라테스가 말한 학습이라는 것은 학습자가 이미
(잠재적인 상태로) 알고 있는 것을 '회상'해내는 과정에 불과하다는
점 등을 중요시한다면, 소크라테스의 해명은 소피스트의 궤변을 부정
한다기보다는 그것의 논리적 타당성을 시인하는 것이라고 볼 수 있다.
소크라테스가 그의 해명을 통하여 한 일은 다만, 한편으로 그 궤변이
가지고 있는 논리적 타당성과 또 한편으로 누구나 지식을 학습하고
있다는 사실적 현상 사이의 괴리를 극복하는 것이었다. 이것을 하기
위하여 소크라테스는 '가르친다'든가 '학습한다'는 말의 의미를 보통
의 의미와는 다르게 규정하였고, 여기에는 또한 영혼불멸에 관한 그의
신념이 근거가 되었다고 볼 수 있다.

　이와 같이 지식을 가르치는 것에 관한 소피스트의 궤변과 그것에
대한 소크라테스의 해명 사이에 논리상 공통된 의미를 찾아볼 수 있다
는 사실은, 적어도 오늘날 교육이론의 한 부분으로 매우 중요시되고
있는 '발견학습'5)에 관하여 한 가지 중요한 문제를 제기한다고 볼 수
있다. 그 문제를 일반적인 용어로 표현하면, '원리는 가르칠 수 있는가'
라는 식으로 표현할 수 있을 것이다. 이 글에서는 이 질문에 대한 해답
을 찾기보다는 이 질문의 의미를 몇 가지 측면에서 약간 자세하게 규정
하고자 한다. 먼저, 발견학습의 일반적 의미에 비추어 '원리는 가르칠
수 있는가'라는 질문이 어떤 의미를 가지는가를 제시하고, 그 질문이

---

5) 관점에 따라서는 '발견학습'과 '탐구학습'이 구별되어야 한다고 볼 수도 있으
나, 여기서는 특별히 구별할 이유가 없다.

몇몇 분석가들에 의하여 어떤 각도로 취급되었는가를 고찰하겠다. 그리고 마지막으로, 지식의 구조와 그것에 포함된 사고과정 또는 지식 획득과정과 관련하여 그 질문이 어떤 의미를 가질 수 있는가를 고찰하겠다.

Ⅱ '발견학습'의 잠정적 정의

일반적으로 말하여, '발견학습'이라는 것은 학생들에게 몇 가지 '관련된 사실'을 제시해 주고 그 사실들로부터 그것에 함의된 '원리'를 학생들 자신이 '발견'해 내도록 하는 교수방법이라고 규정할 수 있다. 대체로 말하여, 발견학습에서 학생들에게 제시되는 사실은 그것이 어떤 원리를 함의하는가가 미리 결정되어 있으며, 따라서 미리 그 원리와 관련된 것들로 선정된다.

위와 같은 일반적 규정에서 우리는 발견학습에 관련되는 두 가지 종류의 '교육내용'을 분간해 낼 수 있다. 그것은 '사실'과 '원리'이다.6) 이 두 가지는 발견학습에서 전혀 다른 성격 또는 기능을 가지고 있다. 우선 '사실'은 학생들에게 '가르쳐' 줄 수 없는 것이 아니요, 오히려 가르쳐 주어야 한다. 다시 말하면, 사실을 가르쳐 주는 것은 '발견'이라는 용어와 조금도 어긋나지 않을 뿐만 아니라, '발견'의 조건으로서 필요불가결하다. (브루너는 '「교육의 과정」의 재음미'에서 '어떤 사람들은 발견의 의미를 지나치게 확대 해석하여 심지어 별자리의 이름까지 발견해 내어야 한다고 주장하였다'라고 말하고 있다. 그 '확대해석'

---

6) 교육내용으로서의 '사실'과 '원리'에 관해서는 이홍우, 「지식의 구조와 교과」 (서울: 교육과학사, 1979), 제 8 장 참조.

은 그릇된 해석이다.)7) 이와는 달리, '원리'는 발견학습에서 '가르쳐' 주어서는 안 된다. 원리의 경우에 '가르쳐 준다'는 말은 '발견'이라는 용어와 정면으로 모순된다. 만약 교사가 원리를 가르쳐 준다면, 그 원리는 이미 학생이 발견한 원리가 아닌 것이다. 사실의 경우와는 달리 원리는 학생들이 스스로 발견하여야 하는 것이며, 따라서 발견학습에서 직접적인 관심의 대상이 되는 교육내용은 '사실'이 아니라 '원리'라고 말할 수 있다.

이와 같이 발견학습에서, '사실'은 교사가 가르쳐 줄 수 있는 것임에 비하여 '원리'는 학생들 자신이 발견해야 한다는 점을 생각해 보면, 우리는 교육내용으로서 사실과 원리를 보다 명확하게 구분하는 한 가지 방법을 얻게 된다. 즉 '사실'이라는 것은 본질상 학습자의 '바깥'에 있는 것임에 비하여, '원리'는 학습자의 '안쪽'에 있는 것이다. 이것은 사실의 경우와는 달리, 원리는 학습자 자신의 관점, 안목 또는 사고방식을 나타낸다는 것을 뜻한다. 1919년에 삼일운동이 일어났다든가 물은 섭씨 100도에서 끓는다는 것은 '사실'이지만, 삼일운동의 역사적 의의라든가 물의 비등에 관한 과학적 법칙은 '원리'이다.8) 이러한 원리는, 사실과는 달리, 그 사실을 보는 방법(관점, 안목)을 의미하며, 학생들이 그러한 방법으로 볼 수 없는 한, 학생들은 원리를 배웠다고

---

7) 이홍우(역), 「브루너 교육의 과정」(서울: 배영사, 1973), p. 211.

8) 이 글의 주장과 직접 관련되는 것은 아니지만, '지식'이라는 것은 위의 '사실'과 '원리' 중에서 어느 것을 가리키는가, 아니면 둘다 '지식'에 속하는가 하는 문제를 생각해 볼 수 있다. 이 문제는 그 자체로서 하나의 연구과제가 될 만큼 복잡한 문제이지만, 여기서는 잠정적으로 다음과 같은 견해를 제시할 수 있다. 즉, 사실과 원리를 구분할 때, 지식은 원리와 동일한 것은 아니라 하더라도 반드시 원리에 비추어 정의되어야 한다는 것이다. 위의 보기에 이 견해를 적용하면, 1919년에 삼일운동이 일어났다는 '사실'을 '지식'이라고 볼 수 있는 경우는 오직 그것이 삼일운동의 역사적 의의라는 '원리'(역사학적 안목)와 관련하여 취급될 경우에 한해서이다.

말할 수 없다. 그러므로 교육내용으로서의 사실과 원리가 가지고 있는
이러한 차이는 반드시 그것을 가르치는 방법의 차이와 직결되어 있다.
우리는 '사실을 가르친다'든가 '원리를 가르친다'고 하는 식으로 사실
과 원리의 경우에 다같이 '가르친다'는 말을 쓰지만, 이 두 경우에
가르친다는 말은 근본적으로 다른 종류의 활동을 나타낸다고 볼 수
있다. 사실의 경우에 가르친다는 말은 학생이 모르는 것을 '일러준다'
는 뜻인데 비하여, 원리의 경우에 가르친다는 말은 학생 자신의 눈으
로 '보도록 한다'는 뜻이다.

　발견학습의 정의에 관한 이상의 예비적 고찰은 이 글에서 다루고
자 하는 질문, '원리는 가르칠 수 있는가?'라는 질문의 의미를 다소간
명백하게 해주고 있다고 생각된다. 그 질문의 의미는 다음과 같다.
즉, '사실'의 경우에는 교사가 학생들에게 일러줌으로써 가르칠 수가
있다. 그러나 '원리'의 경우에는 교사가 어떻게 학생들로 하여금 학생
자신의 눈으로 보도록 할 수가 있는가? 더구나 발견학습의 의미상,
교사는 원리를 일러 주어서는 안 되며, 만약 일러 준다면 그것은 학생
이 발견한 것이 아니요, 또 그와 동시에 그것은 학생 자신의 '보는
방법'이 되는 것도 아니다. 그러므로 문제는 과연 학생으로 하여금
교사가 일러주지 않은 방법으로 보도록 할 수가 있는가 하는 데에
있다. 〈앞의 일반적 규정에서 발견학습은 학생들에게 몇 가지 관련된
사실을 제시해 주고 그 사실로부터 그것에 함의된 원리를 학생들 자신
이 발견해 내도록 하는 교수방법을 가리킨다고 하는 식으로, '관련된
사실'이라는 말을 썼거니와 여기서 '관련된'이라는 말은 한편으로 '사
실'과 또 한편으로 그 사실에 함의되어 있는(또는 그 사실에서 '도출'
되는) '원리'와의 관련(함의관계)을 가리킨다.〉 이 점에 비추어서 위
의 질문을 보다 구체적으로 표현하자면, 학생들은 사실과 원리와의

'함의관계'를 어떻게 파악할 수 있는가, 더욱 구체적으로는, 학생들은 자신에게 제시되는 사실이 '관련된 사실'임을 어떻게 알 수 있는가, 또는 그 사실들이 무슨 원리에 관련된 것인지를 어떻게 알 수 있는가 하는 식으로 진술될 수 있을 것이다.

　'원리는 가르칠 수 있는가'라는 질문을 위와 같이, '과연 학생으로 하여금 교사가 가르쳐 주지 않은 방법으로 보도록 할 수 있는가'라는 뜻으로 해석하면, 이 질문은 바로 이 글의 첫 부분에서 말한 소피스트의 궤변과 소크라테스의 해명에 의하여 충분히 예상되었다고 볼 수 있다. 그리고 위와 같은 방식으로 진술해 놓고 보면, 그 질문은, 적어도 우리에게는, 해답이 불가능한 것처럼 보인다. 교사가 가르쳐 주지 않은 원리를 학생이 배울 수 있는가, 또는 학생이 그 원리에 입각하여 자기 자신의 눈으로 사물을 보는 것이 어떻게 가능한가 하는 질문에 대하여 무슨 해답이 있을 수 있겠는가? 그런데도 불구하고 사실상 학생들이 그 일을 하는 것을 보면, 이 질문에 대해서는 '사람이란 원래 그렇게 하도록 되어 있는 것이다'라는 것밖에 다른 대답이 없을 것처럼 보인다. 적어도 원리의 학습(즉, '관련된 사실'로부터 원리를 이끌어 내는 것)에 관한 한, 인간은 모종의 신비스러운 능력을 가지고 있음을 인정할 수밖에 없을 것 같다. 아닌게 아니라, 소크라테스의 '영혼불멸'이나 '회상'과 같은 용어는 바로 그러한 신비스러운 능력에 대한 공공연한 인정을 나타낸다고 보아야 할지 모른다.

Ⅲ 몇 가지 철학적 분석

피터즈가 편집한 「교육의 개념」이라는 책9)에 수록된 논문 중에서 적어도 세 편은 다소간 직접적으로 '원리는 가르칠 수 있는가'라는 질문을 다루고 있다. 물론 이 세 편의 글에는 이하에서 논의되는 것 이외의 중요한 주장들이 제시되어 있지만, 여기서는 '원리는 가르칠 수 있는가'라는 질문에 직접 관련되는 범위 내에서 그 세 편의 논문을 고찰하고자 한다.

먼저, 오우크쇼트의 글, '배우는 것과 가르치는 것'10)을 보면, 오우크쇼트는 교육을 '미성년자를 인류의 문화유산으로 입문시키는 일'로 규정하고, 그 문화유산의 내용을 크게 '정보'*와 '판단'**의 두 가지로 구분하고 있다. (이하의 설명에서 밝혀질 바와 같이, 오우크쇼트가 말한 정보와 판단은 앞에서 말한 사실과 원리에 각각 상응한다고 볼 수 있다. 다만 오우크쇼트의 구분에서 하나는 '명사적인' 의미를 가지고 있고 다른 하나는 '동사적'인 의미를 가지고 있다.) 정보라는 것은 '사실, 또는 지적 활동의 가시적 결과'(p. 164)를 뜻하며, 이것은 바깥으로 명백히 드러내어 말할 수도 있고, 또 항목으로 나열될 수도 있는 것이다. 여기에 비하여 판단은 정보와 동등한 범주의 교육내용이 아니다. 판단은 항목으로 제시될 수도 없고 또 외우거나 잊어버릴 수

---

* information   ** judgment

9) R. S. Peters(ed.), *The Concept of Education*(London: Routledge and Kegan Paul, 1967).

10) Michael Oakeshott, 'Learning and Teaching,' R. S. Peters(ed.), *op. cit.*, pp. 156~176. 이하 괄호 안의 숫자는 피터즈 책의 페이지를 가리킨다.

있는 것도 아니다. 오우크쇼트는 자신이 그 전에 다른 글11)에서 사용한 '문헌'*과 '언어'**의 구별에 비추어서, 판단은 언어에 해당한다고 말하고 있다(p. 174). 판단이라는 것은 예컨대 '자세하게 명문화하여 제시할 수 없는 과학탐구의 방법'과 같은 것이며, '명문화된 과학적 지식의 내용'(문헌)은 이 과학탐구 방법과의 관련을 떠나서는 하등 의미가 없다(p. 168). 그러나 정보와 판단은 동일한 방법으로 전달될 수 없다. 사실상 오우크쇼트에 의하면, 그 두 가지는 교육내용의 구분이라기보다는 전달방법의 구분이라고 보아야 한다(p. 170). 그리하여 '가르치는 일'*은 정보의 전달과 판단의 전수라는 이중의 활동을 가리키며,12) '배우는 일'**은 정보의 획득과 판단의 습득이라는 이중의 활동을 가리킨다.

판단은 정보와 동등한 범주의 교육내용이 아니요, 두 가지는 전달되는 내용의 구분이라기보다는 전달방법의 구분인 만큼, 판단을 가르치는 일은 몇 개의 새로운 정보를 추가시켜 주는 일이어서는 안 된다. 다시 말하면, 판단을 가르치는 일은 물리나 역사가 아닌, 또는 물리나 역사와는 별개인 제3의 '교과'를 가르치는 일이 될 수 없다. 만약 판단을 가르칠 수 있다면 그것은 정보의 전달과 별개의 일을 통하여 가르쳐져서는 안 되며, 바로 그 일과 관련하여, 또는 그 일을 통하여 가르쳐져야 한다. 이제, 이 사태를 교사와 학생의 입장으로 구분하여 각각의 입장에서 보면 어떠한가? 학생의 입장에서 보면, 판단을 배우는 것은 여러 가지 정보를 배우는 것 이외에 또 한 가지 새로운 정보를

---

* literature   ** language   ☆ teaching   ☆☆ learning

11) M. Oakeshott, *Rationalism in Politics*(London: Methuen, 1962), p. 308.

12) Oakeshott는 정보의 전달을 instructing이라고 부르고 판단의 전수를 imparting이라고 부르고 있다. 우리 말로는, 이하에서와 같이, 전자를 '직접전달', 그리고 후자를 '간접전달'이라고 번역할 수 있을 것이다.

추가하여 배우는 것이 아니라, 그런 여러 가지 정보를 배운 '부산물'로
서 판단을 배운다고 볼 수 있다. 그러나 교사의 입장에서는 사태가
그렇게 간단하지 않다. 교사의 입장에서 보면, 판단을 가르치려고 할
때 교사는 정보를 가르치는 일 이외에 모종의 다른 일을 해야 하는가,
그리고 만약 다른 일을 해야 한다면 그것은 어떤 일인가가 문제로 된다.

이 문제에 대하여 오우크쇼트는 만약 '판단이라는 것이 가르쳐질
수 있다면, 그것은 정보를 "직접전달"*하는 과정을 통하여 "간접적으
로 전달"**된다고 보지 않으면 안 된다'(p. 174)고 말하고 있다. 뒤이
어 오우크쇼트는 이 일이 어떻게 가능한가 하는 것은 결국 '간접전달'
되는 판단이 어떤 것인가를 보아 이해할 수밖에 없다고 말하고, 구태
여 말한다면 '판단'은 '교사의 시범'에 의하여 가르쳐지는 것이라고
말하고 있다. 여기서 교사의 시범이라는 것이 무엇을 말하는가 하는
것도 문제이지만 —오우크쇼트에 의하면, 그 시범은 예컨대 정보를 전
달하는 양태, 어조, 제스추어 등을 가리킨다— 이 교사의 시범이라는
것도 결국은 정보를 '직접전달'하는 활동의 한 부분으로 간주될 수밖
에 없을 것이다. 그러므로 오우크쇼트의 분석에서도 교사가 판단을
'간접전달'하기 위하여, 정보를 '직접전달'하는 것 이외에 과연 무슨
일을 할 수 있는가, 또는 무슨 일을 해야 하는가 하는 것은 여전히
의문으로 남는다.

라일의 '교수와 훈련'[13]에서는 '원리는 가르칠 수 있는가'라는
질문이 다음과 같은 각도로 취급되어 있다. 즉, 교육사태에서 교사는
자신이 직접 가르쳐 준 것 이외에 학생이 혼자서 새로운 것을 '발견'하

---

* instructing   ** imparting

13) Gilbert Ryle, 'Teaching and Training,' R. S. Peters(ed.), *The Concept of
    Education*, pp. 105∼119.

도록 해 주고자 한다. 그러나 학생은 교사에게서 배우지 않은 것을 어떻게 혼자서 '발견'할 수 있는가? 또는 교사는 학생들이 자신에게서 배우지 않은 것을 하도록 어떻게 가르칠 수 있는가? 이 질문은 교육에 관한 한 가지 근본적인 파라독스를 내포하고 있다. 즉, 만약 교사가 학생들에게 수학에 관한 생각을 가르쳐 준다면, 그것은 학생이 혼자서 발견한 것이 아니다. 그리고 만약 그것이 학생 자신의 생각이라면, 그것은 교사에게서 배운 것이라고 할 수 없다. 그러므로 문제는 학생들이 배우지 않은 일을 하도록 가르치는 일이 어떻게 논리적으로 가능한가 하는 데에 있다.

표면상 그렇게 보이지 않을지도 모르지만, 이러한 라일의 질문은 '원리는 가르칠 수 있는가'라는 우리의 질문과 매우 직접적으로 관련되어 있다. 우리의 질문은 발견학습에서 학생들이 자신의 눈으로 사물이나 현상을 보도록 하는 것이 과연 가능한가, 가능하다면 어떻게 가능한가 하는 것이었다. 우리의 이 질문과 관련지어 보면, 라일의 질문은 교사에게서 직접 배우지 않은 '원리'를 학생들이 어떻게 알게 되는가 하는 식으로 표현될 수 있다. 이 질문에 대한 라일의 대답은 「마음의 개념」[14]에서의 그의 주장에서 파생되어 나온 것이다. 이 책에서 라일은 '아는 것'을 주로 이론적 명제*에 국한시키거나 그것에 우월한 지위를 부여하는 종래의 경향을 비판하고, '아는 것'은 주로 실제적 방법**과 관련하여 규정되어야 한다고 주장하였다. 다시 말하면, '아는 것'은 아는 내용 —그것이 명제건 방법이건 간에— 을 취급하는 방법, 또는 그것을 '아는 일'을 할 때 그 일을 하는 모양에 의하여 정의되

---

    * knowing that   ** knowing how

14) Gilbert Ryle, *The Concept of Mind*(London: Hutchinson, 1949), Chap. 2 Knowing How and Knowing That.

어야 한다는 것이다.

이와 비슷하게, '교수와 훈련'에서 라일은 교육의 무게중심을 종래와 같이 이론적 명제를 가르치고 배우는 것*에서 실제적 방법을 가르치고 배우는 것**으로 옮겨야 한다고 주장한다. 다시 말하면, 가르치는 일을 할 때 교사는 학생들에게 명제를 가르치려고 할 것이 아니라, 능력이나 기술을 가르치려고 해야 한다. (라일의 글 제목이 시사하는 바와 같이, 라일은 이러한 능력이나 기술을 가르친다는 뜻에서의 '교수'를 '훈련'과 동일한 의미로 사용하고 있다.) 라일의 이러한 주장에 비추어 그의 질문, 즉 학생들로 하여금 그들이 배우지 않은 일을 하도록 가르치는 일이 어떻게 가능한가 하는 질문이 어떻게 대답될 수 있는가 하는 것은 짐작하기 별로 어렵지 않다. 말하자면 그러한 능력이나 기술을 배울 때 학생들은 '일반적 방법'☆을 배운다는 것이다. 라일에 의하면 이러이러한 일을 할 줄 알도록 가르치는 것은 바로 그러한 '방법'을 가르치는 것이다(p. 114). 방법을 배우는 것과 그 방법을 새로운 사태에 적용하는 것은 별개의 것이며, 따라서 비록 학생이 교사에게서 방법을 배웠다 하더라도 그 방법을 새로운 사태에 적용하는 것은 교사에게서 배우지 않고 학생이 혼자서 하는 일이라고 볼 수 있다. 그리하여 라일이 처음에 지적한 파라독스 —학생은 교사에게서 배우지 않은 일을 한다는 파라독스— 는 '방법'이라는 개념에 의하여 해소된다고 볼 수 있다.

그러면 라일이 말한 '방법'을 가르치는 방법은 무엇인가? 라일이 말한 바와 같이, 이러이러한 일을 할 줄 알도록 가르치는 것은 곧 '방법'을 가르치는 것인 만큼, '방법'을 가르치기 위해서는 곧 그 일을

---

* teaching that, learning that   ** teaching to, learning to
☆ *modi operandi*

실지로 하도록 해야 할 것이다(p. 116). 이러한 라일의 견해는 '원리는 가르칠 수 있는가'라는 질문에 대한 대답으로서 상당히 유력한 후보가 된다고 볼 수 있지만, 사실상 그것은 대답치고는 너무나 쉬운 대답이라고 볼 수밖에 없다. 라일의 견해에 비추어 우리의 질문에 대답한다면, 원리를 가르치기 위해서는 그 원리를 실행하도록, 다시 말하면 그 원리를 써서 현상을 보는 일을 실행하도록 해야 한다고 말할 수 있을 것이다. 그러나 또 한편, 우리가 발견학습에서 가르치고자 하는 것은 곧 그 일을 실행하도록 하는 것 바로 그것이며, 우리가 원래 대답하고자 한 질문은, 교사는 학생들로 하여금 그 일을 실행하도록 할 수 있는가, 만약 할 수 있다면 교사는 어떻게 그 일을 해야 하는가 하는 것이었다. 라일의 견해에 의하면 학생들은 바로 우리가 가르치고자 하는 것을 실행함으로써만 그것을 배우게 되어 있다. 그러나 문제는 여전히 이 경우에 가르친다는 말이 무슨 의미를 가질 수 있는가 하는 것으로 되돌아간다.

마지막으로 디어덴의 '교수와 발견학습'15)은 발견학습에서 '가르친다'는 말이 무슨 의미를 가질 수 있는가 하는 문제를 직접 다루고 있다. 디어덴은 '직접전달'*과 '발견학습'**의 두 가지가 교사의 가르침˚이 있는가 없는가 하는 기준에 비추어 대비된다는 식의 상식적인 견해를 비판하고 있다. 그의 주장은 다음과 같다. 즉, 직접전달은 물론, 교사가 교육내용을 학생들에게 직접 일러 주는 것이며, 이것은 교육내용을 맹목적으로 암기하도록 하는 데는 바람직할지 모르나, 판단이라든가 적용을 가르치는 데는 전적으로 적합하지 않다. 그러나 그렇다고

---

* instruction   ** learning by discovery   ˚ teaching
15) R. F. Dearden, 'Instruction and Learning by Discovery,' R. S. Peters(ed.), *The Concept of Education*, pp. 135~155.

해서 직접전달이 가르치는 일의 유일한 형태라고 생각해서는 안 된다. 직접전달이 가르치는 일의 유일한 형태라고 생각할 때, 사람들은 발견 학습이라는 것이 마치 교사의 교육적인 노력이 거의 전적으로 배제된 학생들 자신의 '놀이'를 의미한다고 생각하기 쉽다. 디어덴에 의하면, 발견학습을 이런 뜻으로 해석할 때 그것은 지식을 가르치는 올바른 방법이 될 수 없다.

　이러한 관점에서 디어덴은 발견학습에 관한 견해로서 두 가지 그릇된 것을 비판하고 자신이 옳다고 생각하는 견해를 제시하고 있다. 디어덴이 보기에 그릇된 두 가지 견해는 그가 이름 붙인대로 '유치원 교육 모형'*과 '추상이론'**이다. 유치원교육 모형에서는 아동들에게 지식을 가르치기 위해서는 아동 자신으로 하여금 사물을 관찰하고 조작하고 탐색하도록 해야 한다고 주장한다. 그리고 추상이론에 의하면, 학생들은 개별적인 사물에서 일반적인 속성 또는 원리를 추상해 내는 것으로 되어 있다. 디어덴이 보기에, 이 두 가지 견해는 본질상 동일한 관점에서 비판될 수 있다. 즉, 학생들이 개별적인 사물이나 현상을 경험함으로써 거기서 일반적인 원리를 발견해 낼 수 있으려면 학생들에게 이미 일반적인 원리가 있어야 한다는 것이다. 말하자면 학생들은 개별적인 사물에서 일반적인 원리를 이끌어 내는 것이 아니라, 일반적인 원리에 의하여 비로소 개별적인 사물들을 공통된 것으로 지각할 수 있다는 것이다. 앞에서 사용한 표현을 써서 말하면, 학생들이 '관련된 사실'에서 원리를 발견할 수 있기 위해서는 먼저 그 사실들을 관련된 것으로 볼 수 있게 하는 원리가 있어야 한다고 말할 수 있다. 이러한 디어덴의 관점은 지식의 획득과정에 관심을 가지는 분석철학자들 사이에 상당히 널리 받아들여지고 있는 관점이다. (앞에서 말한 소피

---

　* preschool model　　　** abstractionism

스트의 궤변 중에서 '모르는 사람은 무엇을 배워야 할지 모르며, 설사 배운다 하더라도 그것이 자신이 배워야 할 바로 그것인지 알지 못한다'는 부분과의 관련을 생각해 보라.)

디어덴은 자신이 지지하는 발견학습의 관점을 '문제해결 모형'* 이라고 부르고 있다. 이 관점에 의하면, 교사는 단순히 자료를 제시하고 적절한 환경을 마련해 주는 것 이상으로, 학생들이 발견해야 할 내용에 관하여 질문을 하고 힌트를 주고 할 일을 시사하는 등, '언어를 미묘하게 구사하여 경험을 안내하는'(p. 151) 일을 한다. 결국, 디어덴에 의하면 순전히 문자 그대로의 '발견'은 논리적으로 불가능하며, 여기에는 교사의 개입이 절대적으로 필요하다. 다만, 이 교사의 개입은 직접전달과 동일한 것이어서는 안 된다.

이상으로 '원리의 발견'에 관한 세 분석가의 견해를 고찰해 보았거니와, 이 세 사람의 견해는 적어도 한 가지 점에서 공통된 견해를 나타내고 있다고 볼 수 있다. 즉, 원리는 가르칠 수 있다는 것, 그리고 원리를 가르치기 위하여 교사는 특별히 해야 할 일이 있다는 것이다. 이 점을 반대편에서 말하면, 순전한 발견이라는 것은 논리적으로 불가능하다고 말할 수 있을 것이다. 원리를 가르치기 위하여 교사의 할 일이 구체적으로 무엇인가에 관해서는 세 사람의 견해에 약간의 차이가 있다. 대체적으로 요약해서 말하자면, 오우크쇼트의 경우에 그것은 교사가 '판단'의 사용을 시범하는 것이요, 라일의 경우에 그것은 학생들로 하여금 원리를 적용하는 일을 실행하도록 하는 것이요, 디어덴의 경우에 그것은 질문을 하고 힌트를 주고 하는 것과 같은 '언어의 미묘한 구사'에 의하여 학생들의 발견을 안내하는 것이다.

그러나 이렇게 말한다고 해서 원리를 가르치기 위하여 교사가 무

---

* problem solving

슨 일을 해야 하는가, 또는 다른 말로, 학생 자신의 눈으로 사물을 보도록 하기 위하여 교사가 무슨 일을 해야 하는가 하는 것이 충분히 분명해졌다고 볼 수 있는가? 아마 그렇지 않을 것이다. 그리고 이것이 분명하지 않은 한, '원리는 가르칠 수 있는가'라는 질문은 여전히 남게 된다고 볼 수밖에 없다. 혹시, 근래 교육방법의 원리로서 발견학습이 강조되어야 하는 이유를 살펴보면 이 문제에 관하여 모종의 중요한 실마리가 잡힐지도 모른다.

Ⅳ 지식의 구조와 발견학습

우선, 브루너가 「교육의 과정」에서 그 책의 내용이 나타내고 있는 한 가지 핵심적 확신이라고 말한 '물리학을 공부하는 초등학교 3학년 학생은 물리학자와 동일한 일을 한다'[16]는 말에 관하여 생각해 보자. 여기서 3학년 학생과 물리학자가 하는 '동일한 일', 또는 그들이 공부하는 '동일한 내용'이라는 것은 말할 것도 없이 '지식의 구조'일 것이다. 앞에 인용된 말은 「교육의 과정」에 제시된 '대담한 가설', 즉 '어떤 교과든지 그 교과의 성격에 충실한 형태로 어떤 발달단계에 있는 어떤 아동에게도 효과적으로 가르칠 수 있다'는 말과 밀접하게 관련되어 있다. 이 말에서 '교과'라는 것 ―발달단계 여하를 막론하고 가르쳐야 할 내용― 도 마찬가지로 '지식의 구조'를 가리키는 것이다. 「교육의 적합성」[17]에서 브루너는 '지식의 구조'의 의미를 설명하면

---

16) J. S. Bruner, *The Process of Education*, 이홍우(역), 「브루너 교육의 과정」(서울: 배영사, 1973), p. 68.

17) J. S. Bruner, *The Relevance of Education*(London : George Allen and Unwin, 1972), p. 109.

서, 지식의 구조를 가르치는 것은 예컨대 물리학을 토픽으로 가르치는
것이 아니라 사고방식으로 가르치는 것이라고 말하고 있다.

   지금 우리의 문제는 어째서 3학년 학생과 물리학자가 동일한 일
을 하여야 하는가, 어째서 발달단계 여하를 막론하고 동일한 교과를
가르쳐야 하는가, 그리고 보다 구체적으로 말하면, 어째서 물리학을
토픽으로 가르쳐서는 안 되고 사고방식으로 가르쳐야 하는가 하는 데
에 있다. 이 질문에 대하여 브루너가 시사하는 대답은 이 글의 앞 부분
에서 우리가 말한 '사실'과 '원리'의 차이와 관계가 있다. 즉, 교육내용
으로서의 토픽은 학습자의 바깥에 있는 것임에 비하여 사고방식은 학
습자의 안쪽에 있는 것, 학습자 자신의 것이라는 점이다.18) 물리학을
토픽으로 가르쳐서는 안 되는 이유는 명백하게, 그렇게 가르치면 그
물리학은 학생의 능력이 아닌 상태로, 다시 말하면 물리학적인 현상을
보는 학생의 안목에 하등 영향을 미치지 않는 상태로 남아 있게 된다
는 것이다. 이것은 물리학을 가르치는 원래의 의도에 어긋난다.

   우리가 발견학습이라는 이름으로 부르는 교육방법은 학생들로
하여금 이런 상태로 물리학을 배우도록 할 것이 아니라 물리학이 학생
자신의 '보는 눈'이 되도록 하려는 의도에서 대두된 것이라고 볼 수
있다. 물리학이 학생 자신의 안목이 되도록 하기 위해서는, 어떤 방법
을 쓰든지 간에 학생 자신이 스스로 물리 현상을 보도록, 다시 말하면
학생이 스스로 원리를 '발견'하도록 해야 할 것이다. (이 글의 앞
부분에서 말한 바에 비추어 보면, 이것이 '원리를 가르친다'는 말의
의미이다.) 여기에 비하여, 물리학의 원리를 교사가 학생에게 가르
쳐 주면, 그것은 토픽으로서 학생의 바깥에 남아 있을 가능성이 크
다. 우리가 이때까지 다루어 온 문제 ―발견학습의 파라독스라고 부

18) *Ibid.*, p. 113.

를 수 있는 문제— 는 바로 이것과 관계가 있다. 즉, 교사가 원리를
가르쳐주면 그것은 학생의 것이 아니며, 학생의 것이 되려고 하면 교
사가 가르쳐 주어서는 안 된다. 그러나, 그럼에도 불구하고 교사는
원리가 학생의 것이 되도록 가르쳐 주어야 한다. 이 일은 가능한 일인
가, 가능하다면 어떻게 가능한가, 이것이 우리가 다루어 온 문제이다.

　　다소 극단적인 예로서, 유치원 아이들에게 분업이라는 사회학적
개념(또는 원리)을 가르치는 경우를 생각해 보자. (브루너는 '어떤 교
과든지 그 교과의 성격에 충실한 형태로 어떤 발달단계에 있는 어떤
아동에게도 효과적으로 가르칠 수 있다'고 말하였다.) 이 경우에 교사
의 의도는 유치원 아이들로 하여금 분업이라는 개념에 의하여 파악되
는 사회현상을 그 개념으로 파악하도록 하는 데에 있다. 이 목적을
위해서는 '여러분, 분업이라는 것은 사회에서 살아가는 동안에 …' 운
운하는 것은 곧 분업을 토픽으로 가르치는 것이다. 그렇게 말하는 것
은 적어도 유치원 아이들이 분업에 관련되는 현상을 보는 데에는 하등
도움이 되지 않을 것이다. 그 대신 교사는 예컨대 집안 식구들이 대청
소를 하는 경우에 어떻게 하는가를 말할 수(또는, 아이들에게 말해
보라고 할 수) 있을 것이다. 이것은 분업에 '관련된 사실'을 일러주는
것이다. 그러나 그 이상으로, 그 사실들을 분업이라는 개념(또는 원리)
으로 파악하도록, 또는 분업이라는 눈으로 보도록 하기 위하여 교사는
무슨 일을 할 수 있는가? 교사는 그 이상으로, 예컨대 '이것을 사회학
자들은 분업이라고 한다'고 말해야 하는가? 그러나 대청소의 현상을
분업이라는 눈으로 볼 수 없는 아이들에게 '이것을 사회학자들은 분업
이라고 한다'는 식의 말은 무슨 소용이 있는가? 만약 이 말이 유치원
아이들에게 소용이 없다면, 이 말이 소용이 있는 것은 어느 시기부터
인가?

발견학습에서 교사가 학생들에게 원리를 일러 주는 것이 금기사
항으로 취급되는 이유는, 앞에서도 말한 바와 같이, 그렇게 하면 학생
들은 그 원리를 토픽(학습자의 바깥에 있는 것)으로 학습하게 될 가능
성이 크다는 데에 있다. 사실상, 유치원 아이들에게 '이것을 분업이라
고 한다'는 식으로, 학생들로 하여금 사태를 보도록 하는 데에는 특별
히 도움이 될 것 같지 않은 어려운 용어(토픽)들을 가르쳐 주고, 학생
이 거기서 모종의 중요한 내용을 학습했다고 생각하는 경향은 모든
교육수준에 걸쳐 상당히 널리 퍼져 있다. 지식의 구조라든가 발견학습
은 이것이 오류라는 것을 지적하는 것이라고 볼 수 있다. 그 오류는
바로 어려운 용어를 가르치려고 하고 그 용어가 가지고 있는 기능,
또는 그 용어의 이면에 들어 있는 안목이나 사고방식을 가르치지 않는
오류이다. 그리고 이 오류를 시정하는 방법은 학생들에게 용어를 가르
칠 것이 아니라, 그 용어에 담겨 있는 사고방식 또는 사물을 보는 방법
을 가르치는 데에 있다. 이 일을 하는 데에는 교사에게 특별한 능력과
노력이 필요하다. ('발견학습'이 교육의 원리로서 가지고 있는 의의로
서 이따금, 그것은 적어도 교사에게 맹목적인 수업에 대한 반성의 계
기를 마련한다는 점이 지적되고 있는 것은 주목할 만한 사실이다.)

그러나 앞의 분업을 가르치는 유치원 수업에서 예시되었다고 생
각하지만, 학생들에게 토픽으로서의 용어를 가르치지 않고 그 용어에
들어있는 사고방식을 가르치기 위하여, 다시 말하면 학생들로 하여
금 그 용어에 내재해 있는 안목으로 사물이나 현상을 보도록 하기
위하여, '관련된 사실'을 제시하는 것 이외에 교사가 무슨 일을 해야
하는가 하는 것은 그다지 분명하지 않다. 그러기 위해서는 학생들에
게 그 '관련된 사실'을 보는 능력(즉, 개념 또는 원리)이 있다는 것을
미리 가정해야 할지도 모른다. 그 능력은 마치 소크라테스가 말한

‘영혼의 잠재적 지식’과도 흡사한 것이라고 보아야 할지도 모른다. 이제 마지막으로 심리학에서는 이 문제가 어떻게 취급되는지 고찰해 보겠다.

V 발견의 심리학

　브레트의 「심리학사」에서 우리는 초기 희랍의 어떤 사람*이 시각에 관하여 한 가지 재미있는 설명을 했다는 것을 읽을 수 있다.[19] 이 사람에 의하면, 우리의 시각은 ‘반사’**와 ‘조명’☆이라는 이중의 과정에 의하여 이루어진다. 먼저 ‘반사’에 의하여 사물의 영상이 눈에 있는 ‘물’에 비친다. 그 다음에 ‘조명’이라는 것은 눈동자에 있는 ‘불’의 선(광선)이 그 그림자를 비추는 과정이다. 이 설명이 재미있다고 생각되는 것은 그것이 우리가 보통 알고 있는 시각에 관한 설명, 즉 물체에서 나오는 빛이 시신경을 자극하여 물체를 볼 수 있게 된다는 식의 설명과 다르기 때문이다. 특히 그 희랍 사람의 설명에서 재미있는 부분은 시각이라는 것에는 오히려 우리 눈동자에서 나오는 불빛이 더 중요한 역할을 한다고 보았다는 데에 있다.

　이 설명을 비유로 삼아, 우리는 ‘알게 되는 과정’의 두 방향을 구분해 낼 수 있을 것이다. (‘아는 것’과 ‘보는 것’에는 명백한 병렬관계가 있다.) 하나는 앞의 ‘반사’에 해당하는 방향으로서 ‘아는 내용’이 우리의 눈이나 마음에 ‘비치는 과정’이요, 또 하나는 ‘조명’의 방향,

---

　* Alcmaion　　　　** reflection　　　☆ radiation
　19) *Brett's History of Psychology*, edited and abridged by R. S. Peters(MIT Press, 1962), p. 53.

즉 우리의 눈이나 마음이 그 '아는 내용'을 '비추는 과정'이다. 물론 이 두 방향의 구분은 이론상의 구분이며, 그 희랍 사람의 시각에 관한 설명에서와 같이, 학습에 관한 어떠한 이론도 이 두 방향 중의 어느 한 가지를 완전히 도외시하지는 않을 것이다. 그러나 그 두 가지 중의 어느 것을 주된 요인으로 삼는가 하는 문제에 있어서는 학습이론에 따라 차이가 있을 것이다. 종래의 학습이론에서는 '학습내용에서 학습자', 그리고 '학습자에서 학습내용'이라는 두 방향 중에서 어느 쪽을 강조해 왔는가? 대체로 말하여, 종래의 학습이론에서는 학습내용이 학습자의 마음에 비치는 과정을 더 강조해 왔다고 볼 수 있다. 이 과정은 우리가 시각에 관하여 가지고 있는 일반적인 견해와 일치한다. 우리는 물체에서 나온 빛이 시신경에 와 닿을 때 시각을 가진다고 생각하는 것이다. 그리고 배운다든가 가르친다는 말을 할 때, 우리는 1차적으로 학습내용을 학습자가 받아들이는 과정을 염두에 두고 있다. 우리가 보통 가르치는 일을 학습자로 하여금 '보도록 하는 일'이라기보다는 주로 학습자에게 '일러주는 일'로 생각하는 것은 이 점에서 오히려 당연하다고 보아야 할 것이다.

피아제가 지적 현상을 설명하기 위하여 사용한 '동화'*와 '조절'**의 두 개념은 학습의 과정에 포함된 두 방향으로서의 '비추는 과정'과 '비치는 과정'에 각각 비유될 수 있다.[20) 결국, 피아제의 설명은 희랍 사람의 시각에 관한 설명을 지적 현상에 옮겨 놓은 것이라고 말할 수 있다. 피아제의 설명에서는 그 두 가지 과정이 동시에 일어나는 것으로 되어 있다. 그러면 피아제의 설명에 관하여, '동화'와 '조절'

---

* assimilation   ** accommodation

20) J. Piaget, *The Psychology of Intelligence*(London: Routledge and Kegan Paul, 1950), pp. 7ff.

중의 어느 쪽이 더 강조되고 있는가 하는 질문은 별로 의미가 없는 질문인가? 아마 그렇지 않을 것이다. 피아제가 지적 과정에 관한 설명에서 대상을 수동적으로 받아들이는 과정이 아니라 대상에 능동적으로 작용하는 과정을 강조했다는 점, 그리고 우리가 대상을 파악하는 것은 주로 우리가 가지고 있는 '정신구조'*에 의하여, 또 그 정신구조에 의하여 파악될 수 있는 부분에 한하여, 가능하다는 것을 강조했다는 점 등으로 미루어보면, 피아제는 학습의 두 과정 중에서 분명히 학습자가 학습내용을 '비추는 과정'을 더 중요시했다고 말할 수 있다. 피아제의 설명에 의하면 학습자로 하여금 학습내용을 비출 수 있도록 해 주는 것은 그 학습자가 가지고 있는 정신구조이며, 이 정신구조는 그 당시까지 학습자가 거쳐온 동화와 조절의 복합적 과정의 결과이다.

　이 피아제의 설명을 교육사태, 또는 보다 구체적으로 발견학습 사태에 적용하면 어떻게 되는가? 그의 주된 관심이 교육에 있지 않은 만큼, 피아제 자신이 이 문제에 관하여 직접 발언하였으리라고는 생각되지 않지만, 짐작하건대 피아제가 말하는 정신구조 ─학생들이 사태를 보는 데에 필요한 안목─ 는 보통의 수업사태에서 가르쳐질 수 있는 것이 아니라고 보아야 한다. 그러면 보통의 수업사태에서는 어떻게 해야 하는가? 피아제의 이론을 교육의 사태에 적용하면서, 브루너가 '지식의 구조'를 가르치는 방법으로서 세 가지 '표현방식'**을 말한 것은 충분히 납득될 수 있다.21) 브루너에 의하면, 세 가지 표현방식은 각각의 발달단계에 따라 동일한 정신구조(또는 원리)를 활용하는 상이한 방식들을 가리킨다. 그리하여 작동적, 영상적, 상징적 표현에 의

---

　* schema　　　　** modes of representation
　21) J. S. Bruner, *Toward a Theory of Instruction*(Harvard University Press, 1966), pp. 44ff, 이 책 p. 277 참조.

하여 이해할 때, 학생들은 각각의 방식으로 표현되는 내용을 동일한 정신구조에 의하여 파악할 수 있는 것이다. 피아제의 설명과 브루너의 견해를 관련지어 보면, 예컨대 자기 자신의 몸을 움직여서, 또는 도형이나 모형으로 어떤 내용을 배울 때, 학생들은 이미 그 내용을 파악하는 원리를 마음속에 가지고 있다고 말할 수 있다. 학생들이 동작이나 영상의 의미를 파악할 수 있는 것은 바로 그 원리가 마음속에 있기 때문이다. 피아제에 의하면, 그 마음속에 있는 원리는 그 당시까지 학생들이 경험한 '동화'와 '조절'의 결과이다. 그러므로 피아제와 브루너의 견해에 비추어 보면, 발견학습에서 학생들이 원리를 발견해야 할 때 우리는 학생들이 이미 그 발견해야 할 원리를 가지고 있어야 한다고 가정하지 않으면 안 된다. 이 가정은 학습에서 학습자가 학습내용을 '비추는 과정'을 강조하는 한, 필연적으로 받아들여야 할 가정인 것처럼 보인다.

이렇게 생각해 보면, 피아제와 브루너의 이론에서 '원리는 가르칠 수 있는가'라는 우리의 질문은 새로운 양상을 띠고 나타난다는 것을 알 수 있다. 결국 그들의 견해에 의하면, 원리는 가르칠 수 있는 것이 아니라, 학습사태에서 이미 학습자의 마음속에 들어 있다고 보아야 할 것이기 때문이다. 다만 그것은 소크라테스의 경우처럼 영혼의 무한한 환생 때문에 주어지는 것이 아니라, 과거의 경험, 즉 동화와 조절의 경험에 의하여 주어지는 것이다. 결국, 피아제와 브루너의 견해에서 끌어낸 심리학적 설명에서는 '영혼의 환생'이라는 신비가 학습자의 '과거의 경험'으로 대치된다. 그러나 약간만 관점을 달리하여, 만약 우리가 '과학'에 대한 맹신에서 벗어날 수 있다면, '과거의 경험'이라는 것이 과연 '영혼의 환생'을 둘러싼 신비를 완전히 벗길 수 있는가 하는 의문을 가지게 될 것이다.

　　이상의 고찰에서 드러난 바와 같이, '원리는 가르칠 수 있는가'라
는 질문에 대하여 명쾌한 해답은 없다. 아마 교육의 실제 사태에서는,
오우크쇼트나 디어덴이 말한 바와 같이, 교사가 원리의 사용을 시범해
보이거나 '미묘한 언어의 구사'에 의하여 학생들 스스로가 원리를 보
도록(또는 '원리를 써서' 보도록) 이끌 수밖에 없을 것이다. 이 일을
하는 사람으로서는 그 '원리의 발견'이 이론상 어떻게 가능한가 하는
문제가 자세하게 해명되는 것을 보고 싶은 마음이 당연히 생기겠지만,
아마 그보다는 교육에 신비스러운 측면이 있다는 것을 인정하고 신비
를 신비로서 소중히 여기는 것이 더 온당한 처사인지도 모른다.

5
교육평가의 타당도 : 재해석

Ⅰ 서론

교육평가와 심리측정 사이에는 유사한 부분도 있지만 차이도 있어서, 논의의 주제에 따라 양자를 구별하는 것이 편리한 경우가 있다. 예컨대 유럽 지리를 가르치고 난 뒤에 학생이 그 내용을 어느 정도로 학습했는가를 알아보는 것은 '교육평가'에 속할 것이며, 학생의 지능이 어느 정도인가를 알아보는 것은 '심리측정'에 속할 것이다. 양자는 모두 모종의 검사를 써서 측정하는 일을 포함하고 있지만, 후자에 비하여 전자에서는 학생이 '알아야 할 내용' 또는 '도달해야 할 목표'[1]가 측정의 기준으로서 명확하게 주어져 있다. 물론, 지능검사와 같은 심리측정에도 측정의 기준이 없는 것은 아니지만, 학력검사와 같은

---

1) 이 문장에서는 '알아야 할 내용'과 '도달해야 할 목표'가 동의어로 사용되고 있지만, 엄밀한 의미에서 이 두 가지가 동일한 것인가 하는 데에는 의심의 여지가 있다. 이하에서 알 수 있는 바와 같이, 이 글의 기저에는 그 의심이 깔려 있으며, 이 글은 그 두 가지 사이의 미묘한 차이를 드러내는 데에 그 목적이 있다고도 볼 수 있다.

교육평가의 경우처럼 그 기준이 학습의 '목표'라는 형태로 명확하게 주어져 있는 것은 아니다. 이 글에서는 이와 같이 심리측정과는 구별되는 교육평가를 문제삼는다.

근래 교육평가 이론의 발전으로 말미암아 교육평가의 개념이 확장되어서, 종래의 주된 관심사가 학생의 학업성취도를 평가하는 데에 있었던 것과는 달리, 교육과정의 체제 전체를 평가의 대상으로 삼아야 한다는 움직임이 있다.[2] 이 확장된 개념에서는, 교육평가의 주요 부분은 '교육과정 평가'여야 하며, 오히려 앞의 예에서와 같이 유럽 지리를 가르친 뒤에 학생이 그것에 관하여 얼마나 알고 있는가를 알아보는 '학생평가'는 '교육과정 평가'의 한 부분에 불과한 것으로 간주된다. 그러나 그렇다고 하더라도, 학생평가 또는 학생의 학업성취도 평가가 교육평가에서 차지하는 위치는 결코 사소한 것이 아니다. 적어도 교사의 입장에서 그것은 교육평가에서 일차적인 관심사가 된다고 볼 수 있다. 교육평가의 보다 넓은 개념인 교육과정 평가의 중요성을 부인하지는 않지만, 이 글에서는 종래의 좁은 개념인 학생평가에 관심을 둔다.

타당도는 그것을 해석하는 방법에 따라 몇 가지로 구분된다. 가장 일반적인 구분 방식은 1966년 미국 심리학회에서 채택한, 준거 타당도, 내용 타당도, 구인構因 타당도의 세 가지로 구분하는 방식이다.[3] 이와는 달리, 황정규 교수(p. 115)는 목표지향 타당도, 예언 타당도,

---

2) 황정규, 「학교학습과 교육평가」(교육과학사, 1984), pp. 59~60. 이하 황정규 교수의 인용은 이 책에서 나온 것이다.

3) 임인재, 「심리측정의 원리」(교육출판사, 1973), p. 104; J. C. Stanley and K. D. Hopkins, *Education and Psychological Measurement and Evaluation* (Prentice-Hall, 1972), p. 101. 이하 임인재 교수의 인용은 위의 책에서 나온 것이다.

공인共因 타당도, 구인 타당도의 네 가지로 구분하고 있으나, 미국 심리학회의 구분과 관련지어 보면, 목표지향 타당도는 대체로 내용 타당도에 해당한다고 볼 수 있고[4] 예언 타당도와 공인 타당도는 준거 타당도에 포함된다고 볼 수 있으므로, 결국 비슷한 구분이라고 볼 수 있다.

　　그런데 이 글에서의 관심이 심리측정과는 구분되는 교육평가에 있다는 점에 비추어 보면, 여기서 관심을 두는 교육평가의 타당도는 위에서 말한 타당도의 여러 개념 중에서 주로 내용 타당도 또는 목표지향 타당도를 가리킨다고 보는 것이 자연스럽다. 왜냐하면 내용 타당도는, 지능검사, 흥미검사 등의 심리측정에도 관계되지 않는 것은 아니지만, 주로 '성적검사' — 다시 말하면, 교사가 다소간 명백한 학습 단원을 가르치고 난 뒤에 그 내용에 관하여 학생들이 얼마나 알고 있는가를 알아보는 경우에 그 타당도를 확인하는 데에 쓰이기 때문이다(황정규, p. 117). 목표지향 타당도는 종래의 성적검사가 가지고 있던 타당도에 대한 관심을 한층 더 두드러지게 표현한 것이라고 볼 수 있다. 목표지향 타당도에서는 '문항이 얼마나 목표의 성취 및 불성취, 혹은 목표의 달성 및 미달성을 예리하게 판단할 수 있는가'에 관심을 둔다(황정규, pp. 117~118). (이하에서는, 특별한 언급이 없는 한, '내용 타당도'라는 용어가 목표지향 타당도까지 포괄하는 것으로 간주하겠다.)

　　그러므로 이 글의 주제인 '교육평가의 타당도'는 엄밀하게 말하면, '학생 학업성취도 평가의 내용 타당도'를 가리킨다. 보다 일반적

---

4) 황정규 교수는 내용 타당도가 목표지향 타당도에 포함된다고 보지만, 양자의 차이를 대단히 강조한다는 인상을 준다(p. 117). 이 점은 이 글의 논의와 관련하여 특히 주목할 만하다.

인 용어로 말하자면, 이 글에서 문제삼는 것은 보통의 학교교육 사태에서 교사가 특정한 교육내용을 가르치고 난 뒤에 학생들에게 보이는 '시험 문제'의 내용 타당도이다. 그러므로 이 글에서 문제삼는 내용타당도는 교육평가의 실제 ─시험 문제를 내고 그 시험의 결과를 해석하는 일─ 에 종사하는 교사의 관심을 반영한다. 내용 타당도에 대한 교사의 관심은 그것에 관한 이론적 연구에 종사하는 평가전문가의 관심과 반드시 일치한다고는 볼 수 없다. 이 글에서는 이런 뜻에서의 교육평가의 타당도에 관한 일반적인 해석에 대하여 하나의 대안적 해석을 시도하고자 한다. 먼저 교육평가의 타당도에 관한 일반적인 해석을 간략하게 제시한 뒤에 그것에 대한 대안적 해석을 시도하겠다. 그리고 마지막으로, 교육평가의 타당도를 어떤 방식으로 해석하는가 하는 것은 교육평가의 의미뿐만 아니라 교육평가를 한 부분으로 포함하는 교육과정 체제 전체에 상당히 중요한 시사를 준다는 것을 지적하겠다.

II 타당도의 일반적 해석

타당도는 '한 검사 혹은 평가도구가 측정하려고 의도하는 것을 어느 정도로 충실히 측정하고 있느냐의 정도'를 가리킨다(황정규, p. 114). 타당도는 첫째, 무엇을 재고 있는가, 둘째, 그 재고자 하는 것을 얼마나 충실히 재고 있는가 하는 두 가지 문제를 포함하고 있지만, 그 중에서 보다 근본적인 것은 그 '무엇'에 해당한다고 볼 수 있다. 그러므로 타당도의 개념에는 반드시 '준거'의 개념이 수반된다. 타당도는 반드시 '무엇에 비추어' 타당하다든가 타당하지 않다는 식으로

규정되어야 하며, '일반적으로' 타당한 검사 또는 평가라는 것은 있을
수 없다(황정규, pp. 114~115, 임인재, p. 101).

구체적으로 내용 타당도의 경우에 타당도의 '준거'는 평가가 취
급해야 할 교육내용이다. 다시 말하여, 학생의 학업성취의 평가가 '타
당한' 것이 되려고 하면, 그 평가의 문항이 교육내용에 관한 학생의
지식, 기능 등을 충실히 재는 것이어야 한다. 앞의 유럽 지리의 경우를
예로 들어서 말하면, 유럽 지리에 관한 평가 문항의 타당도는 그 문항
이 유럽 지리에 관한 교육내용을 '대표'하는 것이어야 한다. 종래의
해석에서는 이것을 조작적으로 표현하여, '표집標集된 문항으로 구성
된 검사에서 얻은 점수를 가지고 그 검사가 대표하고 있는 전집全集
내용에 대해서 그 개인의 지식 정도를 추리 또는 추정하고자 하는'(임
인재, p. 105) 것이라고 표현하고 있다. 이 표현에서 알 수 있는 바와
같이, 평가 문항은 '표집'이요, 교육내용은 '전집'이며, 평가의 타당도
는 표집에 관한 판단으로부터 전집에 관한 판단이 타당하게 추론되는
정도를 가리킨다.

물론, 이와 같은 타당도의 해석은 기술적인 의미에서의 타당도에
만 아니라 처방적인 의미에서의 타당도에도 적용된다. 타당도는 하나
의 평가 문항이 그 전집인 교육내용을 얼마나 충실히 대표하는가를
알아볼 때 그 정도를 나타내는 개념으로 쓰이기도 하지만, 그와 마찬
가지로, 교사 또는 평가 전문가가 평가 문항을 만들 때 어떤 면에 주의
를 기울여야 하는가를 지시하는 개념으로 쓰이기도 한다. 전자의 기술
적 의미에서는 '이 시험 문제가 교육내용에 관한 학생들의 지식 정도
를 얼마나 타당하게 추론할 수 있게 해주는가'가 관심사이지만, 후자
의 처방적 의미에서는 '내가 어떤 시험 문제를 내면, 그 시험 문제에
대한 학생의 반응으로 보아 교육내용에 관한 학생들의 지식 정도를

타당하게 추론할 수 있을 것인가'가 관심사이다. 이 두 가지 관심사는 모두 중요하지만, 교사의 입장에서 보면 후자가 더 긴박한 관심사라고 볼 수 있다.

종래의 해석에서 평가의 타당도는 평가의 결과가 교육목표의 달성도를 정확하게 지시해 주는 정도를 의미하는 것으로 생각되고 있다. '표집된 문항에서 얻어진 점수로부터 전집 내용에 대한 학생 개인의 지식 정도를 추론한다'는 것은, 결국, '평가의 결과가 교육목표의 달성도를 지시한다'는 것과 동일한 표현으로 이해되며, 다시, 처방적인 측면에서 말하면, 평가는, 만약 그것이 '좋은 평가'가 되려고 하면, 교육목표의 달성도를 정확하게 지시할 수 있는 문항으로 구성되어야 한다는 뜻이 된다. 앞에서 말한 바와 같이, 내용 타당도의 한 변형 또는 그 발전된 형태로서의 '목표지향 타당도'는 바로 이와 같이 평가가 목표 달성도를 지시해야 한다는 생각을 한층 더 직접적으로 천명하는 타당도의 개념이다. 이 개념에 의하면, 타당도는 '문항이 얼마나 목표의 성취 및 불성취, 혹은 목표의 달성 및 미달성을 예리하게 판단할 수 있는가의 판단에 귀착되는' 것이다.

이렇게 보면, 타당도는 타일러의 교육과정 모형에서의 평가의 '목적' 그 자체에 관련된 문제임을 알 수 있다. 타일러에 의하면, 평가의 목적은 '〔교육 프로그램의〕 목표가 실지로 얼마나 달성되었는가를 알아보는 일'5)이다. 그러므로 타당도는 이러한 의미에서의 평가의 목적 —즉, 교육목표의 달성 정도를 알아보는 것— 에 핵심적인 요구조건이요, 평가가 그 목적을 달성하려고 하면 반드시 갖추어져야

---

5) R. W. Tyler, *Basic Priniciples of Curriculum and Instruction*(University of Chicago Press, 1949), p. 110.

할 요구 조건이다.6) 이것은 곧, 평가의 타당도의 해석 문제는 평가의 목적 그 자체에 관련된다는 것, 그리고 더 구체적으로 말하면 평가의 타당도에 대한 재해석을 시도하는 것은 필연적으로 평가의 목적을 재규정하는 것을 수반한다는 뜻이다.

　내용 타당도는, 예언 타당도, 공인 타당도, 구인 타당도가 '경험적 분석'을 필요로 하는 것과는 달리, '논리적 분석'을 필요로 한다.7) 이 점에서 내용 타당도는 '논리적 타당도'라고도 불린다. 이때까지 내용 타당도에 포함된 난점으로서, 다른 타당도의 경우와는 달리, 수량적으로 지수화指數化하기 어렵다는 것이 지적되었고(임인재, p. 105, p. 154), 그 난점을 해결하기 위하여 몇 가지 지수화의 방안이 제안되었지만(황정규, pp. 120~122), 이 지수화의 난점은 내용 타당도에 요구되는 '논리적 분석'의 성격이 불분명하다는 난점에 비하면 부차적인 것이라고 말할 수 있다. 앞에서 고찰한 바를 종합하면, 내용 타당도에 필요한 '논리적 분석'이라는 것은 '한 평가 문항이 그것에 의하여 대표되는 전집(즉, 교육내용)에 대한 학생의 지식 정도를 얼마나 타당하게 추론할 수 있도록 해 주는가'를 판단하기 위한 것이라고 볼 수 있다. 그러나 이 판단에 개재되는 논리적 분석이 어떤 성격의 것인지, 다시 말하여 이 판단을 과연 무엇에 의거하여 해야 할 것인지는 그다지 분명하지 않다. 이때까지 이 문제는 주로 '교과

---

6) 블룸 등의 「교육목표의 분류학」 Ⅰ. 지적 영역에는 다음과 같이 적혀 있다. '학력검사는 학생들이 … 교육목표를 어느 정도로 달성했는가를 검사하는 것이다. 학력검사가 학생들이 학습단원의 주요 목표들을 얼마나 달성하고 있는가를 나타낼 수 있다면 그것은 정확하고 타당한 검사라 할 수 있을 것이다.' B. S. Bloom *et al., Taxonomy of Educational Objectives,* Ⅰ. *Cognitive Domain* (David Mckay, 1956), 임의도 등(역), 「교육목표 분류학」 Ⅰ. 지적 영역(배영사, 1966), pp. 31~32.

7) J. C. Stanley and K. D. Hopkins, *op. cit.,* p. 102.

전문가의 판단'에 맡겨져야 하는 것으로 생각되어 온 듯하다(황정규, pp. 119~120). 그러나 내용 타당도가 '안면 타당도'와 구별되어야 하는 한(양자가 구별되어야 한다는 것이 일반적인 견해이다), 그 '논리적 분석'의 성격은 적어도 이때까지 밝혀진 것보다는 더 분명히 밝혀지지 않으면 안 된다. 내용 타당도의 재해석은 여기서 그 일차적인 의의를 찾아볼 수 있다.

Ⅲ 타당도의 재해석

평가의 타당도가 궁극적으로 평가의 목적, 또는 평가의 교육과정상의 의미와 관련된다는 것은 앞에서 말한 바와 같다. 그러므로 타당도를 재해석하기 위해서는 그 첫 단계로서 평가의 의미를 다소간 엄밀하게 규정하는 것이 순서일 것이다.

먼저 평가의 두 가지 정의를 제시하겠다.

정의 (1) : 평가는 교육목표의 달성도를 측정하는 행위이다.
정의 (2) : 평가는 교육내용을 학습했다는 사실의 논리적 함의를 객관적 증거에 의하여 확인하는 행위이다.

일반적인 교육평가 이론에서, 그리고 타일러의 교육과정 모형에서, 위의 두 가지 정의는 동일하게 타당한 것으로 받아들여지고 있다. 사실상, 이때까지의 평가관에 의하면, 정의 (2)는 정의 (1)을 더 구체적으로 말한 것에 불과한 것으로 간주된다. 그 증거로서 평가의 의미에 관한 타일러의 다음과 같은 말을 들 수 있다.

평가의 과정은 교육 프로그램의 목표를 규정하는 데서 시작
된다. 평가의 목적은 그 목표가 실지로 얼마나 달성되었는가를
알아보는 데에 있는 만큼 평가의 절차는 각각 주요 교육목표에
함의된 각각의 행동에 관한 증거를 제공하는 그런 것이 아니면
안 된다.8)

위의 인용에서 '교육목표에 함의된 행동에 관한 증거를 제공한다'
는 표현에 나타나 있는 평가의 의미를 앞의 정의(2)와 비교해 보면,
양자는 완전히 동일한 것으로 볼 수밖에 없다. 왜냐하면 양자의 차이
는, 한 쪽에서는, '교육목표'라는 말이 쓰인 데 비하면 다른 쪽에서는
'교육내용을 학습했다는 사실'이라는 말이 쓰였다는 것 뿐이며, 타일
러의 모형에서 '교육목표'라는 것은 '교육내용을 학습했다는 증거로
서 학생이 나타내어 보여야 할 행동'을 의미하는 것이기 때문에, 사실
상 양자 사이에는 차이가 없다. (이와 같이, 타일러의 모형에서는 '교
육목표'가 이미 '행동'의 형태로 진술됨에도 불구하고 타일러가 위에
인용된 구절 이후에 계속해서 '교육목표에 함의된 행동'이라는 표현
을 쓰는 것은 '교육목표'에 진술되어 있는 '행동'이 아직 평가에서 확
인되어야 할 증거를 시사하기에 충분할 정도로 구체적인 것이 아니라
고 생각했기 때문일 것이다.)
　　이 글의 관심으로 보면, 위의 타일러의 진술이나 정의(2)에서 우
리가 주의를 집중해야 할 단어는 (논리적) '함의'이다. 왜냐하면 이

---

8) 원문 : The process of evaluation begins with the objectives of the educational
program. Since the purpose is to see how far these objectives are actually re-
alized, it is necessary to have evaluation procedures that will give evidence
about each of the kinds of behavior *implied* by each of the major educational
objectives(italics added). R. W. Tyler, *op. cit.*, p. 110.

'함의'라는 단어야말로 내용 타당도를 결정하는 데에(다시 말하면 평가문제에 대하여 학생이 보여 주는 객관적 증거로부터 교육내용에 대한 학생의 지식 정도 —또는 '교육목표의 달성 정도'— 를 얼마나 타당하게 추론할 수 있는가를 결정하는 데에) 필요한 논리적 분석이 어떤 성격의 것인가를 시사해 주는 단서가 되기 때문이다. 이하에서 논의할 바와 같이, 타당도를 올바로 해석하는 데에는 이 '함의'라는 단어의 의미를 엄밀히 해석하는 것과, 그 해석에 철두철미 충실하도록 평가의 목적을 파악하는 것이 절대적으로 중요하다.

이제, 앞에서 말한 유럽 지리를 예로 들어서 정의(2)의 의미를 구체적으로 설명해 보겠다. 극히 비현실적인 예로서, 가령 어떤 교사가 유럽 지리를 가르치고 난 뒤에 평가할 단계에 가서 '각자 집 주소의 번지수를 써라'는 시험 문제를 내었다고 생각해 보자. 이 시험 문제를 낼 때 교사의 사고는 물론, '각자의 집 주소의 번지수를 바로 쓰는 행동'이 '유럽 지리에 관한 교육내용을 (성공적으로) 학습했다는 사실'에 논리적으로 함의되어 있다는 것이다. 그리하여 교사는 '교육내용을 학습했다는 사실'에 논리적으로 함의되어 있는 '번지수를 쓰는 행동'을 실지로 하는가 못하는가를 객관적 증거에 의하여 확인하려고 한다. 이것이 정의(2)의 의미이다.

위의 시험 문제가 '타당하지' 않다는 것은 누구에게나 명백하다. 그러나 우리가 분명히 해야 할 것은 그 시험 문제의 타당도에 관한 이러한 판단이 어떤 종류의 '논리적 분석'을 거쳐 나온 것인가 하는 점이다. 먼저, 타당도에 관한 종래의 해석에 입각하여 이 문제를 생각해 보자. 종래의 해석에 의하면, 내용 타당도는 각자의 집 번지수를 올바로 쓰는 것이 유럽 지리에 관한 교육내용을 '대표'할 수 있는가에 관계되는 것으로서, 이 판단은 특별한 논리적 분석을 거치지 않고서도 할 수 있다. 또한 목표지향 타당도의 경우는 각자의 집 번지수를 쓸 수 있는가 없는가가 유럽 지리에 관한 교육목표의 달성이나 미달을 지시하는가에 관계되는 것으로서 이 판단 역시 특별한 논리적 분석을 필요로 하지 않는다.

그런데 정의 (2)에 비추어 보면 타당도는 각자의 집 번지수를 쓰는 것이 유럽 지리를 학습했다는 사실에 논리적으로 함의되어 있는가 하는 문제로 된다. 여기서 '함의'*는 엄밀한 의미로 해석되어야 한다. 즉,

$$p \rightarrow q \equiv \sim (p \cdot \sim q)$$

p : S 는 유럽 지리를 성공적으로 학습했다.

q : S 는 자기 집 주소의 번지수를 바로 썼다.

'p가 q를 함의한다'($p \rightarrow q$)는 말은, 엄밀한 의미에 있어서는, 'p와 "q의 부정"을 동시에 주장할 수 없다'($\sim (p \cdot \sim q)$)는 뜻이다. 예의 그 시험 문제의 경우에, 만약 '유럽 지리를 성공적으로 학습했다'는 사실이 '자기 집 번지수를 바로 쓴다'는 것을 함의한다면, '자기 집 번지수를 바로 쓰지 못하는 것'(q의 부정)과 '유럽 지리를 성공적으로 학습했다'(p)는 것은 동시에 성립할 수 없다.

이것은 다음과 같이 생각해 볼 수 있다. 한 교사가 유럽 지리를 가르치고 난 뒤에 각자의 집 번지수를 쓰도록 하는 시험 문제를 내었다고 하자. 한 학생 S가 그 시험 문제에 정답을 하지 못했다. 이 객관적 증거를 기초로 하여 교사는 S가 유럽 지리에 관한 교육내용을 성공적으로 학습하지 못했다는 판단을 내린다. 그러나 가령 S가 교사에게

---

* implication

와서 다음과 같이 항의한다고 하자. 즉, '물론, 나는 우리집 번지수를 쓰는 시험 문제에 정답을 하지 못했다. 그러나 그렇다고 해서 내가 유럽 지리를 학습하지 못했는가' 하는 식이다. 이 항의는 결국 유럽 지리의 학습이 '집 번지수를 쓰는 것'을 함의한다는 교사의 견해에 승복할 수 없다는 데서 나온 것이다. 다시 말하면, 그것은 집 번지수를 쓸 수 없다는 객관적 증거로부터 유럽 지리를 학습하지 못했다는 판단을 타당하게 추론할 수 없다는 요지의 항의이다. 이것이 정의 (2)에 비추어 본 타당도의 개념이다.

물론, 위의 시험 문제를 가지고는 그것에 정답을 했다고 해서 유럽 지리를 학습했다는 판단은 내릴 수 없다. 그러나 '타당한' 시험 문제라면 그러한 판단을 내릴 수 있을 것인가? 이 문제를 생각해 보기 위해서, 이번에는 아주 현실적인 또 하나의 예를 들어 보겠다. 다시, 한 교사가 유럽 지리를 가르치고 난 뒤에 평가할 단계에 와서 다음과 같은 시험 문제를 내었다고 하자. 즉, 다음 네 나라 중에서 수도가 국토의 한 귀퉁이에 있는 나라는 어느 것인가? ㈎ 스페인, ㈏ 폴란드, ㈐ 스위스, ㈑ 영국. (이 시험 문제를 T라고 부르겠다.) 다시, 이 문제를 내었을 때 교사의 사고는 T에 정답을 하는 것이 유럽 지리에 관한 교육내용(이것을 C라고 부르겠다)을 학습했다는 사실에 논리적으로 함의되어 있다는 것이다.

이제 타당도에 관한 종래의 해석에 비추어 시험 문제 T가 '타당' 한가 아닌가를 따져 보자. 내용 타당도에서는 T에 대한 정답 여부로부터 C에 관한 지식 정도를 타당하게 추론할 수 있는가가 문제요, 목표 지향 타당도에서는 T에 대한 정답 여부로부터 C에 관한 교육목표 달성 여부를 타당하게 추론할 수 있는가가 문제이다. 이 문제를 해결하는데 관련되는 '논리적 분석'의 성격이 특별히 명시되지 않은 상황에서는, 위의 두 가지 타당도의 의미 중의 어느 것에 비추어 보더라도 T는 (상당히) 타당하다는 판단을 내려야 할 것이다. 그 근거를 짐작하자면 다음과 같다. 즉, T에 대하여 '영국'이라는 정답을 하려고 하면 학생은 예컨대 다음과 같은 사고를 하지 않으면 안 된다. 즉, '특별한 조건이 없다면 수도는 국토의 중앙에 위치해야 한다. 그러나 영국은 그런 경우가 아니다. 영국은 역사적으로 북에서 끊임없이 바이킹족의 침략을 받았을 뿐만 아니라, 섬나라로서 살아가기 위해서는 대륙과의 교섭이 절대로 필요하였다. 영국의 수도가 현재의 위치에 있게 된 데는 이러한 역사적, 지정학적 이유가 있다…' 등등. 유럽 지리에 관한 '내용'이나 '목표'에 여러 가지가 포함되어 있겠지만, 그 중에 위와 같은 사고방식이 들어 있으리라는 것은 거의 확실하다. 그러므로 T는 C를 '대표'한다고 볼 수 있다… 등등.

그러면 이제, 위의 정의 (2)에 비추어 T의 타당도가 어떻게 해석되는가 생각해 보자. 앞에서 말한 바와 같이, 정의 (2)에서 타당도 문제는 T에 대하여 정답을 하는 것이 C를 학습했다는 사실에 논리적으로 함의되어 있는가 하는 것으로 규정된다. 즉,

$$p \rightarrow q \equiv \sim (p \cdot \sim q)$$
p : S는 C를 학습했다.
q : S는 T에 정답을 했다.

가령 학생 S가 T에 정답을 하지 못했다고 하자. '논리적 함의'의 위와 같은 의미에 따라 교사는 그 객관적 증거로부터 S는 C를 학습하지 못했다는 판단을 한다. 이때 다시, S가 앞의 자기 집 번지수 쓰는 시험 문제에 대해서 한 것과 마찬가지의 항의를 교사에게 한다고 하

자. 즉, '나는, 물론, T에 정답을 하지 못했다. 그러나 그렇다고 해서 내가 C를 학습하지 못했는가' 하는 식이다. 앞의 번지수를 쓰는 시험 문제에서와는 달리, 이번에는 교사에게 훨씬 든든한 근거가 있다. 그 항의에 대하여 교사는, '물론이다. 유럽 지리를 배우는 동안에 학생은 영국의 수도가 현재와 같은 위치에 있게 된 데는 역사적, 지정학적 이유가 있다는 것을 배웠을 것이다. 학생이 참으로 그것을 배웠다면 당연히 T에 대하여 "영국"이라는 정답을 할 수 있어야 한다. 그런데도 그것에 정답을 못하는 것을 보면, 나는 안심하고 학생이 그 내용을 배우지 못했다는 판단을 할 수 있다'는 식의 대답을 할 수 있을 것이다. S의 항의가 T와 C 사이의 함의 관계를 의심하는 것이라고 하면, 교사의 대답은 그 함의 관계를 확립하는 것이다. 그리고 교사의 대답이 타당한 것으로 생각된다면 그만큼 T는 타당도가 있는 문항이라고 볼 수 있다.

  그런데 우리가 앞에서 미루어 놓았던 질문은 이 경우에 T에 정답을 했다고 해서 C를 학습했다는 판단을 내릴 수 있는가 하는 것이었다. 위의 예를 가지고 말하자면 '네 나라 중에서 수도가 국토의 귀퉁이에 있는 나라'로서 '영국'을 지적할 수 있다고 해서 유럽 지리에 관한 교육내용을 (성공적으로) 학습했다는 판단을 내릴 수 있는가 하는 것이다. 이 판단을 하는 것은 곧, $p \rightarrow q$ 뿐만 아니라,

$q \rightarrow p \equiv \sim (q \cdot \sim p)$

q : S 는 T 에 정답을 했다.

p : S 는 C 를 학습했다.

를 주장하는 것이다. 말할 필요도 없이, $q \rightarrow p$는 $p \rightarrow q$로부터 타당하

게 추론되지 않는다. 다시 말하면, T에 정답을 하는 것이 C에 관하여 학습했다는 사실에 '함의'되어 있다고 해서($p \rightarrow q$), 그것만으로는 T에 정답을 했다는 객관적 증거로부터 C에 관하여 (성공적으로) 학습했다는 판단($q \rightarrow p$)을 타당하게 내릴 수 없다. 위의 논리적 관계($p \rightarrow q$)로부터 우리가 내릴 수 있는 판단은 오직 T에 정답을 하지 못했다는 객관적 증거로부터 C에 관하여 (성공적으로) 학습하지 못했다는 것 뿐이다.

이 점은 위의 시험 문제의 예에 비추어 보더라도 쉽게 설명된다. S가 T에 정답을 하지 못했을 때, 교사가 'C에 대하여 (성공적으로) 학습했다'(즉, 'C를 알고 있다')는 S의 주장을 부정할 근거를 가지고 있다는 것은 앞에서 말한 바와 같다. 그러나 S가 T에 정답을 했을 때, 교사가 'C를 알고 있다'는 S의 주장을 받아들여야 하는가? 다시 말하면, 교사는 S가 T에 대하여 '영국'이라는 정답을 골랐다고 해서 그 객관적 증거로부터 S가 C를 알고 있다는 (정확하게 말하자면, T에 의하여 '대표'되는 C를 알고 있다는) 판단을 내릴 수 있는가?

내용 타당도에 관한 종래의 해석에 의하면, 교사는 그 판단을 내릴 수 있다. 종래의 해석에서 내용 타당도는 평가의 결과가 목표 달성도를 지시하는 정도이므로, 만약 T가 타당한 문항이라면, T에 대한 S의 정답은 S가 C에 대하여 알고 있다는 충분한 증거가 된다. 그리하여 S가 T에 대하여 '영국'이라는 정답을 골랐다면 그것은 S가 '영국의 수도가 현재와 같은 위치에 있게 된 데는 역사적, 지정학적인 이유가 있다'는 지리학적 사고를 했다는 증거로 간주된다. 그러나 '시험'이라는 것에 대하여 우리가 알고 있는 바에 의하면, 이것은 교사의 '원망적 願望的 사고'를 표현하는 것 이외의 아무 것도 아니며, 따라서 거기에는 하등의 확실한 근거가 없다. 물론, 학생 중에는 그러한 지리학적 사고를 한 결과로 '영국'을 고르는 학생도 있겠지만, 또한, 바로 그 전날 밤에 문제집에서 그 문항을 보고 답을 외운 결과로, 또는 심지어 어림짐작으로 '영국'을 고르는 학생도 충분히 있을 수 있다. 그렇기 때문에 학생이 '영국'이라는 정답을 골랐다는 것만으로는 그 지리학 적 사고를 했다는 판단을 안심하고 내릴 수 없다. 이것은 학생이 '영 국'이라는 정답을 고르지 못했을 때와는 경우가 다르다. 이 경우에는 학생이 그 지리학적 사고를 하지 않았다는 판단을 안심하고 내릴 수 있는 것이다.

여기에 타당도에 대한 종래의 해석을 재검토할 여지가 있다. 종래 의 해석에 의하면, 내용 타당도는 '평가 문항에 대한 학생의 반응이 교육목표의 달성도를 정확하게 지시해 주는 정도'를 뜻하는 것으로서, 문항에 대한 오답이 '교육목표의 미달'을 지시하는 것과 마찬가지로, 문항에 대한 정답은 '교육목표의 달성'을 지시하는 것으로 생각된다. 그리하여 만약 어떤 문항이 이 두 가지 추론을 모두 보장해 주지 않는 다면 그만큼 그 문항은 덜 타당한 것으로 생각된다. 예컨대 앞의 시험 문제 T가, 그것에 대한 오답으로부터 '교육목표의 미달'을 추론할 수 있을 뿐, 그것에 대한 정답으로부터 '교육목표의 달성'을 추론할 수 없는 그런 종류의 문항이라면, 그것은 덜 타당한 (또는 '반쯤' 타당 한?) 문항이라는 것이다. 그러므로 이런 해석에 의하면, '교육목표의 미달' 뿐만 아니라 '교육목표의 달성'까지 정확하게 지시해 줄, '완벽 하게 타당한' 문항을 찾는 일이 절대적으로 중요하게 된다.

그러나 그와 같이 '완벽하게' 타당한 평가의 문항을 찾는 일이 과연 가능한지는 대단히 의심스럽다. 이것은 평가 문항을 만드는 교사 나 평가 전문가의 능력 부족에서 생기는 실제적인 난점이 아니라, 평 가의 성격 그 자체에 들어 있는 이론적인 난점이다. 어떤 사람은 평가의 사태를 교육의 사태와 될 수 있는대로 근사하게 하면 ─예컨대 '한 나라의 수도의 위치는 그 나라의 역사적, 지리학적 배경을 반영한다' 는 지리학적 사고를 평가하는 장면에서 그 사고를 가르칠 때와 완전히 동일한 사태를 만들어서 평가를 하면─ 평가의 결과는 교육목표의 달성 정도를 정확하게 지시할 수 있을 것이라고 생각할지 모른다. 그러나 어떤 방식으로 평가를 하든지 간에, 평가라는 일이 성격상 학생의 반응이라는 객관적 증거를 토대로 하여 그것에서부터 학생의 내적 상태를 추론하는 일인 한,9) 위의 난점은 피할 수 없다.10) 학생이 평가에서 나타내어 보아야 하는 객관적 증거는 오직 교육내용에 관한 지식에 '함의'되어 있을 뿐이며, 평가 문항과 교육내용이 이와 같은 '함의' 관계를 맺을 수밖에 없는 한, 평가의 결과는 오직 학생이 교육내용을 학습하지 못했다는 증거로서만 의미를 가질 뿐이요, 교육내용을 학습했다는 증거로서는 사용될 수 없다. 그렇기 때문에 예컨대 앞의 T와 같은 시험 문제가, 그것에 대한 정답으로부터 '교육목표의 달성'을 추론하게 해 주지 못했다고 해서 그것보다 더 타당한 문항을 만들려고 하는 것은 원칙상 불가능한 일을 꾀하는 일이며, 나아가서는, 이하의 논의에서 드러날 바와 같이, 그릇된 교육과정 모형으로 말미암아 생겨난 불필요한 부담이기도 하다.

이제, 이상의 논의를 종합하여 타당도에 대한 종래의 해석과 이 글에서 시도된 재해석을 정면으로 대비시켜 보겠다. 종래의 해석에

---

9) 예컨대 '타자'(打字)와 같이, 학생의 객관적 반응 그 자체가 교육내용 또는 교육목표인 경우, 다시 말하면 평가에 '내적 상태에 대한 추론'이 전혀 포함되지 않는 경우는 예외이다. 이 경우에는 타자의 성과 그 자체(예컨대 1분에 120자, 또는 50자)가 교육목표의 달성도를 직접 지시한다. 이 경우는, 이하에서 말할 바와 같이, 교육내용과 평가 문항이 '함의'가 아니라 '동일'의 관계를 맺고 있는 경우이다.

10) 이홍우, '문자와 교육', 「교육의 목적과 난점」(교육과학사, 1984), pp. 87~88.

의하면 타당한 평가 문항은 그것에 대한 학생의 반응이 교육목표의
달성 정도를 지시한다. 더 구체적으로 말하면, 문항에 대한 오답은
교육목표의 미달을, 그리고 문항에 대한 정답은 교육목표의 달성을
지시한다. 앞에서 제시한 교육평가의 두 가지 정의 ─즉, 정의 (1)과
정의 (2)─ 와 관련지어 보면, 종래의 해석에서는 정의 (1)과 정의 (2)
가 동일한 의미를 가지는 것으로 간주된다. 여기에 비하여, 이 글에서
시도된 재해석은 정의 (2)에 들어 있는 '함의'라는 용어를 엄밀히 해석
한 결과로 내려진 것이다. 이 해석에 의하면, 타당한 평가 문항은 그것
에 대한 오답이 '교육목표의 미달'의 증거가 될 뿐이며 정답이 '교육
목표의 달성'의 증거는 될 수 없다. 물론, 이 재해석에서도 평가 문항
이 교육내용에 함의되어 있어야 한다는 것은 타당도의 중요한 조건이
된다. 그러나 재해석에서의 타당도는, 종래의 해석에서와는 달리, 오
직 평가문항에 대한 오답이 교육내용을 학습하지 못했다는 타당한 증
거가 될 수 있는가 없는가에 의하여 결정된다. 교사의 입장에서 볼
때, 종래의 해석에 의하면 교사는 '내가 어떤 문제를 내면 그 정답이나
오답이 학생의 학습 여부를 판단하는 데에 타당한 증거가 되는가'를
생각해야 하는 반면에, 재해석에 의하면 교사는 '내가 어떤 문제를
내면 그 오답이 학생의 학습이 불충분하다는 타당한 증거가 되는가'를
생각해야 한다. 이렇게 보면, 재해석에 비하여 종래의 해석에서는 타
당도의 기준을 훨씬 더 엄격하게 설정한다고 말할 수 있다.

표면상 매우 사소한 것으로 보일지도 모르는 이 해석의 차이는
교육과정과 교육평가에 굉장한 시사를 준다. 이 점을 말하기에 앞서
서, 종래의 해석을 따르는 사람의 입장에서 위의 재해석에 대하여 제
기할 수 있는 한 가지, 다음과 같은 반문을 취급할 필요가 있다. 즉,
앞에 제시된 타당도의 재해석은 순전히 정의 (2)에 들어 있는 '함의'라

는 말 자체에 지나칠 정도로 집착한 결과이다. 그러나 예컨대 타일러가 평가의 의미를 규정할 때 '함의'라는 단어를 썼다 하더라도, 반드시 그가 그 단어를 논리학 책에 나와 있는 것과 같은 엄밀한 의미로 쓴 것이라고는 볼 수 없다. 뿐만 아니라, 설사 그가 그런 엄밀한 의미로 썼다 하더라도, 정의 (2)에 나와 있는 '함의'라는 말을 '상호함의'($p \rightleftharpoons q$)라는 말로 바꿈으로써 평가의 정의를 바꿀 수 있을 것이다. 만약 '함의' 대신에 '상호함의'라는 말을 쓰면, 평가 문항과 교육내용은 '동일'한 것이 되며, 따라서 정의 (2)도 정의 (1)과 동일한 것이 된다. … 등등.

　　이 반문은 마치 평가의 정의에 '함의'라는 말을 쓰는가 '상호함의'라는 말을 쓰는가 하는 것을 순전히 '언어상의' 문제로 취급하는 듯하다. 그러나 그것은 결코 '언어상의' 문제가 아니다. 교육내용에 관하여 알고 있는 것('지식')과 그것을 객관적으로 나타내어 보이는 증거('행동') 사이의 관계가 '함의'인가 '동일'인가 하는 것은 '마음의 이론'에서 핵심적인 문제가 되고 있다. 물론, 이른바 '형이상학적 행동주의'의 입장을 취하는 사람들은 '의식'과 그 증거는 동일하다고 주장하겠지만,[11] 이 문제에 전문적인 관심을 가지고 있는 대부분의 사람들은 그것과는 다른 의견을 가지고 있다. 아마, 타당도의 종래의 해석을 따르는 사람들조차도 마찬가지일 것이다.

---

11) J. A. Shaffer, *Philosophy of Mind*(Prentice-Hall, 1968), pp. 15~21.

Ⅳ 교육과정에 대한 시사

타당도의 해석에 관한 이상의 논의가 교육과정에 주는 시사는 이미 상당히 오랫동안 우리 교육에서 중요한 관심사가 되어 왔다. 가장 일반적으로 그것은 '평가위주의 교육' 또는 '입시위주의 교육'이라는 용어로 표현되어왔다. 이들 용어에 의하여 지적되는 현실은 교과를 가르치고 배울 때 보통의 학기말 시험이나 입학시험에 나올 만한 내용을, 거의 그것에 가까운 형태로 가르치고 배운다는 것이다. '평가위주의 교육'이나 '입시위주의 교육'이라는 말은 그러한 현실이 바람직하지 못하다는 것과 동시에 그 현실을 개선할 필요가 있다는 것을 지적하는 뜻으로 사용된다.

그러나 참으로 불가사의한 것은, 그러만 문제점을 지적하는 사람들이 바로 다음 순간, 그 문제점을 해결하는 방안으로서 '교육이 정상화되기 위해서는 평가방법이 개선되고 입시제도가 개선되지 않으면 안 된다'는 제안을 하는 경우가 너무나 흔하다는 것이다. 그들의 제안은 바로 '평가위주 교육의 문제점은 평가위주 교육에 의하여 해결되어야 한다'는 사고방식을 반영하고 있다. 이것은 우리에게 흡사 '이열치열'以熱治熱이라는 민간요법의 지혜를 연상시킨다. 그들의 사고방식에 의하면, '평가위주 교육'의 문제점은 그야말로 '평가가 위주'로 되어 있기 때문에 생긴 것이 아니라, 오직 평가의 방법이 올바르지 못하기 때문에 생긴 것이며, 따라서 평가의 방법만 올바르게 되면 '평가위주 교육'의 문제는 해결된다는 것이다. 이런 맥락에서 '평가의 올바른 방법'을 규정한다면, 그것은 필연적으로 '교육목표의 달성도를 정확히 지시해 주는 평가'로 규정될 수밖에 없을 것이다. 앞에서 고찰한 바와 같이, 이것이 바로 타당도에 대한 종래의 해석이다. 그리고 이 해석에서 추구되는 '올바른 평가' 또는 '타당한 평가'는 곧 교육목표를 가장 충실히 반영하는 평가, 다시 말하면, 평가 문항에 대한 오답이 교육목표의 미달을 정확하게 지시할 뿐만 아니라 정답 또한 교육목표의 달성을 정확하게 지시하는 평가이다. 그리하여 평가의 타당도를 확보하기 위해서만 아니라 교육과정의 운영 자체를 정상화하기 위해서도, 그런 의미로 해석된 타당한 평가를 하는 일이 무엇보다도 중요한 일로 된다. 과연 '평가위주의' 사고방식이다.

'평가위주의 교육'의 문제에 대하여 위와 같이 생각하는 사람들은, 물론, 민간요법의 지혜 이상으로 훨씬 더 강력한 이론적 기초를 가지고 있다. 그것은 거의 전세계에 걸쳐서 교육과정에 관한 사고에 지배적인 영향을 끼치고 있는 타일러의 교육과정 모형이다. 이 모형은, 교육목표는 평가의 단계에 와서 학생이 그 교육목표를 달성했다는 증거로서 나타내어 보여야 할 행동을 명시해야 한다는 것, 그리고 교육의 과정은 이런 의미에서의 교육목표를 달성하는 수단이라는 것을 그 골자로 하고 있다. 그러므로 이 모형에서 평가는, 그것이 실지로 어떤 성격을 가지고 있든지에 관계없이, 교육목표의 달성 정도를 측정하는 일로 규정될 수밖에 없으며, 타당한 평가는 바로 그 목적을 충실히 수행하는 평가를 뜻하는 것으로 규정될 수밖에 없다.[12] 이런 뜻에서, '평가위주 교육'의 문제점에 대하여 위와 같은 견해를 가지고 있는 사람들은, 그들이 의식하건 의식하지 않건 간에, 타일러의 모형을 따르고 있다고 볼 수 있다.

이제, 이 글에서 시도된 타당도의 재해석에서는 이 문제가 어떻게 조명되는지 생각해 보자. 이 해석에서는 타당도가 '문항에 대한 오답

---

12) 앞의 주 3) 참조.

으로부터 학생이 교육내용을 배우지 못했다는 판단을 내리는 것'에 국한하여 의미를 가진다. 그러므로 이 해석에서는 평가의 결과가 결코 '교육목표의 달성도'를 직접 지시한다고 생각되지 않는다. 평가의 결과는 오직 교육내용에 대한 학생의 지식 정도를 간접적으로, 또는 소극적으로 지시할 수 있을 뿐이다. 그와 마찬가지로, 이 해석에서는 평가의 방법을 개선함으로써 교육을 개선할 수 있다는 생각이 받아들여지지 않는다. 사실상, 이 해석에서는 타일러의 모형이 주장하고 있는, '목표와 평가 사이의 긴밀한 관련'이 부정된다. 타일러의 모형에서와는 달리, 이 해석에서는 '내용을 가르치는 일'과 '그 결과를 평가하는 일'이 각각 별개의 것으로 규정되고, '가르치고 난 뒤에 그 결과를 평가한다'는 교육의 정상적인 순서가 철저하게 지켜져야 한다고 생각된다. 그리고 평가는 그 가르친 내용에 대하여 학생이 알지 못하는 경우, 알지 못하는 정도만을 보여줌으로써 교육의 성과를 간접적으로 알아보는 수단이 된다. 교육이 개선되어야 한다면, 그것은 '평가'를 개선함으로써가 아니라 '가르치는 일' 그 자체를 개선함으로써 이루어져야 한다.

평가가 교육의 성과를 '간접적으로' 알아 보는 수단에 불과하다고 말하는 것은 평가가 교육에서 중요하지 않다고 말하는 것과는 다르다. 사실상, '평가위주 교육'의 폐단을 지적하는 사람들 중에는 그 폐단을 해소하는 방안으로서 이른바 '학습의 희열'을 강조하는 경우를 볼 수 있다. 그러나 '학습의 희열'을 강조하는 입장은 이 글의 주장과는 구별되어야 한다. '학습의 희열'은 분명히 듣기 좋은 말이지만, 특히 학생들의 경우에 그것을 학습의 동기로 삼아야 한다는 것은 다분히 비현실적인 주장이다. 현실적으로 말하자면, 교육평가 또는 시험이 학습의 동기를 불어넣는 중요한 수단이 된다는 것은 의심할 여지가 없다. 동기에 의존하지 않고는 교육이 이루어지기 어려울 것이다. 다만, 우리는 그 동기가 그대로 교육의 목적이 된다는 그릇된 사고를 경계해야 한다. 그러기 위해서는 평가가 교육과정에서 올바른 위치를 찾도록 해야 한다는 것이 이 글의 주장이다.

6
한국 교육학의 정립을 위한 교수행위 연구

I 서론

교수행위를 연구한다는 것은 교수행위에 포함된 이론적 문제를 확인하고 그것을 점차 정련精練해 나가는 것을 뜻한다. 이 글은 '한국 교수행위'를 다룬다. 이와 같이 '교수행위' 앞에 '한국'이라는 한정사가 붙어 있는 것은 반드시 한국의 교수행위가 서양이나 중국의 그것에 비하여 특이하다는 뜻을 나타내는 것이 아니다. 그것이 특이한가 아닌가는 중요한 문제가 아니다. 중요한 것은, 한국에도 오랜 역사를 통하여 교수행위가 있어 왔다는 것, 그것은 우리의 교수행위인 만큼 우리에게 친근하고 또한 우리의 연구 대상으로서 소중하다는 것이다.

위의 규정에서 '이론적 문제를 확인하고 정련해 나간다'는 말은 이 글에서 관심을 두고 있는 연구 방법론의 성격을 분명히 하는 데에 핵심이 된다. 우리가 오랜 역사를 두고 교수행위를 해 온 것과 마찬가지로 우리는 또한 그런 교수행위를 기술하는 일도 해 왔다. 예컨대

고려 시대의 구재학당九齋學堂에서는 각촉부시刻燭賦時라는 일종의 경
시競試를 했다는 기록이 전해 내려오고 있고, 조선조 초기의 성균관의
교육 방법에 관하여 한 연구자는 '매일 강講을 받고 논란論難 변의辨疑
하여 학습이 철저히 된 것을 본 뒤에 새 것을 교수하였으니, 주입식이
나 획일식이 아닌 개인표준의 문답법으로서 가장 발달한 교수법이었
다. 또한 형식만 취하여 많이 가르치지 않고 반복 학습하여 연정硏精하
게 하여 학생의 재질대로 충분히 이해시키는 것을 방법으로 하였다'1)
고 기록하고 있다. 그뿐만 아니라, 과거 우리 조상 중에서 위대한 학자
요 교육자였던 분들은 그 교수행위가 어떤 형태로든지 우리에게 전해
져 있고, 또 올바른 교육 방법에 관한 그 자신의 견해를 기록해 두었다.
교수행위에 관한 이러한 종류의 기술을 발굴하고 소개하는 것은, 물론
가치 있는 일이지만, 이 글에서 취급하고자 하는 '교수행위의 연구'와
의 관련에서 보면, 그러한 기술이 가지고 있는 가치는 연구의 '자료'로
서의 그것에 지나지 않는다. 교수행위의 연구는 그러한 기술을 자료로
삼아서 그 특정한 교수행위의 기저에 들어 있는 이론적 문제를 확인하
고 점점 더 의미 있는 것으로 다듬어 나가는 데에 목적이 있다.

　　대체로 인정되는 바와 같이, 종래 한국 교육학계에서 교수행위
또는 교육방법에 관한 연구는 외국, 특히 미국의 이론에 크게 의존해
왔다. 그러나 이때까지 소개된 소위 '미국의 교육방법'이라는 것이 모
두가 이 글에서 관심을 가지는 '교수행위의 연구'에 부합하는 것은
아니다. 그 중에는 앞에서 말한 연구의 '자료'에 해당하는, 교육방법상
의 지침 같은 것도 상당한 비중을 차지하고 있다. '효과적인' 교육방법
을 제시하는 것, 그리고 이러이러한 교육방법이 이러이러한 효과를
나타낸다는 식의 연구는 이 글의 관심에서 보면 예컨대 퇴계나 율곡이

---

1) 이만규, 「조선교육사」상(을유문화사, 1947), p. 171.

교육방법에 관하여 말한 내용과 본질상 다름이 없다. 이 글에서 관심을 가지는 교육방법 또는 교수행위의 '연구'는 그 '효과'를 설명하는 것, 다시 말하면 이러이러한 방법이 효과가 있다고 할 때, 그 효과가 무엇 때문에 생기는가를 말하기 위한 것이며, 이 '무엇 때문에'에 해당하는 것은, 아무리 단순하고 소박한 수준의 것이라 하더라도, 반드시 인간의 마음이나 인식작용에 관한 모종의 질문에 대한 대답을 나타낸다고 보아야 한다. 이것이 앞의 규정에 나와 있는 '이론적 문제를 확인하고 정련해 나간다'는 말에서의 '이론적 문제'라는 말이 나타내는 의미이다. 그 이론적 문제는 처음에는 아주 단순하고 소박한 수준에서 시작하지만, 연구가 거듭되는 동안에 점점 심각하고 심오한 것으로 되어 갈 것이다.

적어도 현시점에서 보면, 교수행위를 설명하는 데에 사용되는 이론은 서양 학문에서 빌어온 것이라고 보아서 틀림이 없을 것이다. 이것은 우리의 현실로 보아 어쩔 수 없는 일이라고 생각된다. 그렇지만 그것은 거의 자기비하에까지 나아갈 지경으로, 지나치게 통탄할 것은 아니다. 우리가 서양 학문에서 빌어온 이론으로 우리의 교수행위를 탐구하고 이해한다고 해서 그것이 마치 우리 것은 아무것도 없다는 것을 인정하는 셈인 양 생각해서는 곤란하다. 지금 우리에게 필요한 것은 서양의 이론을 빌어왔다고 해서 이때까지의 교육학을 비난하는 것이 아니라, 그 서양의 이론으로 우리의 교수행위를 이해하는 데에 얼마나 노력을 기울였는가를 반성하는 것이며, 이 반성을 기초로 하여 장차 그런 노력을 실지로 하는 것이다. 이 말은 이때까지 그런 노력을 하지 않았다는 뜻이 아니라 작금 교육학계의 움직임으로 보아 그 노력의 방향을 명백히 할 시기가 무르익었다는 뜻이다. 희망컨대 이 방향의 노력에서는 서양의 이론이냐 한국의 이론이냐가 거의 문제가 되지 않을 것이다. 우리의 교수행위를 이해하는 데에 도움이 되는 이론이라면 그것이 서양의 이론이라 한들 문제될 것이 없다고 보는 것이다.

위와 같은 의미에서의 교수행위의 연구는 아마 실제적 의의도 가질 수 있을 것이다. 하나의 예로, 가령 교수행위는 학습자료의 성격이나 그 조직방식에 크게 의존한다고 생각해 보자. (이것은 일반적으로 타당한 가정이라고 생각된다.) 또한 오늘날 학교에서 가르쳐지고 있는 학습자료는 그 성격이나 조직방식에 있어서 우리의 전통적인 교수행위가 익숙하게 다루어 오던 것과는 성격이 다르다고 생각해 보자. (양자가 과연 다른가, 다르다면 어떤 점에서 다른가 하는 것이 교수행위의 연구가 밝혀야 할 문제 중의 하나이다.) 이 두 가지 가정이 성립한다면 거기서 따라오는 논리적인 귀결은 우리가 현재 사용하고 있는 학습자료와 우리가 전통적으로 익숙해 있는 교수행위 사이에 괴리가 있다는 것, 그리고 순전히 논리적으로 말한다면, 양자를 조화시키기 위해서는 우리의 학습자료를 바꾸는 것과 전통적인 교수행위를 조정하는 것, 둘 중의 어느 한 가지 방안을 강구하여야 한다는 것이다. 이것은 현재의 학습자료나 수업방법을 반드시 바꾸어야 한다는 뜻이 아니라 교수행위에 들어 있는 이론적 문제를 확인하는 것이 교육의 실제와 무관하지 않다는 것과, 나아가서는 교육의 실제적 난점을 확인하는 데에 이론적 탐구가 유용하다는 뜻이다.

부끄러운 고백이지만, 필자 자신은 위에서 대략적으로 설명한 연구를 실천한 일이 없다. 어느 편인가 하면 필자는 아직 서양의 이론을 공부하는 도중에 있다. 이하에 적으려고 하는 것은, 위에서 설명한 바를 단편적으로, 산발적으로, 또 아주 유치한 수준에서 예시하려는 것에 지나지 않는다. 이때까지 우리의 교수행위에 관심을 가져 온 동학 여러분은 이보다 더 좋은 예를 얼마든지 알고 있을 것이다. 만약 누군가 유능한 동학이 여기에 예시된 것에서 시사를 받아 체계적이고 깊이 있는 연구를 하게 된다면 그 이상 바랄 것이 없다.[2]

Ⅱ 내용에 규제되는 방법

한국의 전통적 교육내용을 들라고 하면 누구든지 유교의 경전을 들 것이다. 그만큼 유교경전은 우리의 전통적 교육내용의 전형적이고 대표적인 형태였다. 그와 마찬가지로, 우리의 전통적 교수행위는 유교의 경전에 담긴 내용을 전수하는 행위였다고 보아서 별로 틀림이 없을 것이다. 유교의 경전을 가르쳤을 당시의 우리 조상에게 교육내용과 교육방법이 개념상 별개의 것인가 아닌가를 논의할 정도로 교육학적 식견이 있었다고는 볼 수 없으며, 따라서 우리의 조상이 반드시 교육방법은 교육내용의 성격에 개념상 의존한다는 명확한 인식을 가지고 있었던 것은 아닐 것이다. 그러나 또한, 일반적으로 말하여 교수행위는 그것이 전달하고자 하는 내용에 의하여 다소간은 규제된다고 생각하면, 우리의 교수행위는 유교경전이라는 학습자료를 고려하지 않고는 이해될 수 없을 것이다.

유교의 경전이 한문으로 되어 있다는 것은 말할 필요도 없다. 특히 교수행위를 연구한다는 관점에서, 매체로서의 한문, 그리고 한문으로 된 글이 어떤 성격을 가지고 있으며 그것이 교수행위에 어떤 함의를 가지는가 하는 것은 앞으로 더 연구되어야 하겠지만, 우선 다음과

---

2) 이하의 예시는 서울대학교 사범대학 부속 중학교의 김동연 교장이 1984년 9월, 동대학원 교육학과 금요모임에서 발표한 '학습 및 교수의 동양적 해석'이라는 원고에서 시사받은 바 크다.

같은 짐작을 해볼 수 있다. 즉, 유교의 경전은 다소간은 그것이 씌어진 한문의 특성 때문에 또 다소간은 그것을 쓴 사람의 글 쓰는 방식 때문에 고도로 압축된 의미를 표현하고 있다는 것이다. 유교의 경전에 나와 있는 문장은 그 이해의 폭이 넓고 깊이가 깊어서, 그것에 담긴 의미를 깨닫기 위해서는 학습자 편에서 오랜 기간의 반추와 사색이 필요하다. 또한 유교경전의 문단이나 절에 제시된 아이디어들 상호간의 관련은 명시적으로 나타나 있는 것이 아니라 암시적으로 책 전체에 스며 있으며, 이 관련을 파악하는 데에도 또한 학습자의 노력이 필요하다. 이것은 한 경전 안에서만 그런 것이 아니라, 경전들 사이에서도 마찬가지이다. 학습자료로서의 유교경전은 대체로 그 배우는 순서, 즉 계열이 결정되어 있다. 이와 같이 계열화된 유교경전의 내용은 서로 관련되어 있어서, 학습자는 하나의 아이디어를 다른 것들과 관련지어 파악하게 되어 있다. 학습자료로서의 유교경전이 이런 성격을 가지고 있기 때문에, 하나하나의 아이디어는 따로따로 이해될 수 있는 것이 아니라 하나의 경전 전체, 그리고 크게는 유학의 내용 전체와의 관련 속에서 비로소 이해될 수 있다.

　아마 이 점이 동양에는 헤르바르트*의 '교수단계'나 듀이**의 '사고의 단계'에서 보는 것과 같은, 서양적 개념으로서의 교수방법의 체계화가 이루어지지 않은 이유를 설명하는 것이 아닌가 하는 짐작이 든다. 서양의 경우에, 이러한 교수방법의 체계화는 물론 헤르바르트에서 비롯된 것이 아니다. 우리에게 알려져 있는 대로, 희랍 시대에 플라톤의 아카데메이아와 쌍벽을 이루고 있었던 이소크라테스☆의 수사학 학교에서는 학생들에게 변론술을 가르치기 위하여 변론의 단계를 상세하고 정교하게 체계화하였고 그 학교에서의 교육은 철저하게 이 단

---

* J. F. Herbart　　　** J. Dewey　　☆ Isokrates

계를 따라 이루어졌다고 한다.[3] 키케로의 「변론가」, 퀸틸리아누스의
「변론가의 교육」 등의 저작[4]은 이소크라테스식 방법의 로마판이라고
볼 수 있다.

그런데 이와 같이 교육방법을 체계화한다는 것은 곧 가르치는 활
동에서 '방법'을 추상하는 것이다. 우리가 가르칠 때에는 반드시 특정
한 내용을 가르치는 만큼, 가르치는 활동은 최소한 내용과 방법의 결
합으로 구성된다고 말할 수 있다. 방법의 체계화는 이 활동 중에서
방법을 분리해 낼 수 있다는 것을 가정할 때 비로소 이루어질 수 있다.
희랍, 로마의 경우는 이 점을 잘 예시해 주고 있다. 거기서 변론술은
법정에서나 정치적 상황에서 사람들을 설득시키는 중요한 수단으로
간주되었다. 플라톤이 변론술을 맹렬히 비난했던 것은 그것이 말하는
내용과는 관계 없이 오직 변론가의 주장대로, 그릇된 내용도 옳은 것
으로, 옳은 내용도 그릇된 것으로 믿도록 사람들의 마음을 움직이는
데에 사용되었기 때문이다. 헤르바르트의 교수 단계나 듀이의 사고의
단계도 내용과 무관하다는 점에 있어서는 이와 다름이 없으며, 이와
같이 사고의 과정 또는 이해의 과정에 따라 교수의 방법을 체계화하려
는 어떤 시도도 본질상 이와 마찬가지이다.

우리에게는 이런 의미에서의 '교육방법'이라고 할 만한 것이 없
다. 물론, 이하에서 언급할 바와 같이, 우리에게 교수행위의 방법적
측면이라는 것이 전연 없었던 것은 아니지만, 적어도 다양한 종류의
교육내용에 보편적으로 적용되는 '형식'으로서의 교육방법, 사고나 이
해의 과정에 따라 체계화된 서양적 개념의 교육방법이라는 것은 없었

---

3) H. I. Marrou, *A History of Education in Antiquity*(G. Lamb, trans.)(Sheed and Ward, 1956), ch. 7.

4) Cicero, *De Oratore*; Quintilianus, *Institutio Oratorio.*

다고 보아야 할 것이다. 이것은 곧 우리의 경우에 교육방법이라는 것
은 거의 전적으로 교육내용의 조직에 의하여 규제되었다는 것을 뜻한
다. 유교의 경전을 가르칠 때 우리 조상들은 경전의 첫 줄부터 시작하
여 학생들에게 뜻을 설명해 주고 그것을 '암기'하도록 했다. 이 교수행
위에 들어 있는 방법적 측면의 몇 가지는 이하에서 예시하게 되겠지
만, 전체적으로 보면 그것은 현대 서양의 교육학에서 '그릇된' 방법이
라고 낙인 찍힌 '서적 중심의 맹목적 암기'에 의한 교육이었다고 보아
야 한다. 그러나 그것이 과연 '그릇된' 방법이었던가 하는 것은 이하
몇 가지 측면에서의 이론적 문제와 함께, 우선 우리의 전통적 교육에
서 다룬 학습자료가 어떤 성격의 것이었으며, 그러한 학습자료를 가르
치는 데에 (또는 어떤 학습자료에 있어서든) '내용중립의' 방법이라
는 것이 타당성을 가질 수 있는가, 그리고 그것은 실지로 가르치는
사람에게 어느 정도의 구체적인 지침을 줄 수 있는가 등등의 문제를
연구하고 난 뒤에 해답될 수 있을 것이다.

Ⅲ 경敬의 태도

우리의 전통적 교수행위의 방법적 측면에 해당하는 것으로서 첫
째로 들 수 있는 것은 교수행위의 의식적인 면을 강조했다는 점이다.
이 의식은 가르치고 배우는 일을 일상다반사와는 구별되는 '심각한'
일로 만드는 데에 초점이 있었다고 볼 수 있다.

한 가지 예로, 조선 시대의 〈학령〉에 규정된 학교의 일일행사를
들 수 있다. 즉, '(1) 학관이 명륜당에 제좌齊座한다, (2) 유생儒生이
읍례揖禮 행하기를 청한다, (3) 첫 북소리에 여러 유생이 차례로 입정入

庭한다, (4) 읍례를 행한다, (5) 각각 재전齋前으로 나아가 유생끼리 서로 예한다. (6) 재로 나간다, (7) 유생이 학관 앞에 나아가 일강日講하기를 청한다, (8) 상하재에서 각각 1명씩 뽑아 읽은 글을 읽게 한다, (9) 통과한 자는 점수를 통고하여 과거 식년式年 강서講書 점수에 합계하고 통과하지 못한 자는 초달(종아리를 때리는 것)로 벌한다, (10) 둘째 북소리에 여러 유생은 읽던 책을 가지고 각각 사장師長에게 나아간다, (11) 앞서 배운 것을 논란하여 변의한 후에 새 것을 배운다, (12) 많이 배우기를 힘쓰지 않고 연정研精을 힘쓴다, (13) 혹 책을 대하여 졸거나 교수받는 데에 주의를 하지 않는 자는 벌한다.5) 이것은 학령에 규정된 것이지만, 그 당시 교육사태에서는 어디서나 이와 유사한, 교수행위의 '본질적인' 목적과는 하등 관계가 없는 것으로 보일 수도 있는 까다로운 절차가 준수되었다고 볼 수 있다. 뿐만 아니라 교사에게서 가르침을 받을 때는 물론이요, 혼자서 책을 읽을 때에도, 몸과 마음을 단정히 하고 자세를 흐트러뜨리지 않아야 한다는 것을 대단히 중요시하였다. 퇴계나 율곡 등 후학의 교육에 관심을 가졌던 학자들은 예외 없이 이것을 강조하였다.

　　이와 같이 수업의 의식적 절차를 존중하고 학습의 태도를 강조한 것은 학습자로 하여금 그가 공부하는 내용이 중요하다는 것을 알리는 데에 효과가 있었을 것이다. 그가 지금 앞에 펼쳐 놓은 책, 그리고 그 속에 적혀 있는 내용은 옛 성현들이 각고의 노력 끝에 이룩한 지적 성취이며, 그것에 대해서는 옛 성현 그 자신을 대할 때와 다름없는 경의를 표하지 않으면 안 된다. 그것을 공부하는 데에 의식이 없을 수 없으며 몸과 마음을 가다듬지 않을 수 없다. 학습자의 입장에서 보면, 그것을 왜 배워야 하는가, 그것을 배울 가치는 어디에 있는가

---

5) 이만규, 전게서, pp. 162~163.

하는 질문은 거의 포인트가 없다. 그것은 성현의 가르침이요, 그의 선대 조상들이 모두 받들어 배운 내용이라는 것, 그것만으로 충분하다. 물론, 그 성현의 가르침을 잘 배우면 과거에 급제하여 입신양명의 길이 열리는 수가 있다. 그러나 학습자에게는 경전에 적힌 내용 그 자체가 중요하다는 것이 입신양명보다도 훨씬 구체적이고 직접적인 의미를 가지고 있다. 그만큼 교육내용의 중요성은 수업의 의식이나 학구의 태도에 의하여 확인되고 지지되는 것이다.

교육내용에 대한 경敬의 태도는 당연히 그것을 전수해 주는 교사에 대한 태도로 연결된다. 전통적으로 우리에게 교사에 대한 존경은 거의 절대적인 것이었다. 교사에 대한 존경은 교사가 '우리 자식'을 가르쳐 주고 '우리 자식'을 출세시켜 주기 때문에 고맙다는 식의 좁은 실리적 고려에 입각한 것이 아니라, 사회 전체에 요구되고 준수되었던 생활규범이었다. 그것은 교육내용이 절대적인 것인 만큼 절대적인 것이었다. 교사를 왜 존경해야 하는가 하는 물음은 경전의 내용을 배우는 것이 왜 중요한가 하는 물음과 동일한 의미를 가졌다. 아닌게 아니라, 실리적 고려 이전에 사회적 규범으로 보장된 교사에 대한 존경의 근거를 따져 본다면, 그것은 바로 교사가 교육내용의 구현체라는 것, 교육내용을 배우는 것은 오직 교사를 매개로 해야 한다는 것 이외에 아무것도 아님을 알게 될 것이다.

생각해 보건대, 교사에 대한 존경이 오늘날과 같이 상대화, 실리화한 것은 교육내용을 상대적, 실리적인 고려에 의하여 정당화하려고 하는 것과 깊은 관련이 있을 것이다. 현대에 와서, 특히 듀이 교육이론의 영향 때문에 교육내용의 의의 또는 중요성이 학습자에게 이해되어야 한다는 것은 교육학의 기본명제처럼 되어 왔다. 그러나 이 문제에 관하여 듀이가 실지로 무엇이라고 말했는가에 관계 없이, 교육내용의 중요성은, 그 내용이 힘들여서 배울 가치가 있는 것일수록, 그것을 배우기 전의 학습자에게는 이해되지 않는다. 배우기 전의 학습자에게 중요성이 이해되는 교육 내용이라면, 그것은 필시 학습자의 유치한 '흥미'에 영합하는 것이거나 기껏해야 '생활의 문제'를 해결하는 데에 직접 유용한 실용적인 내용일 것이다. 우리의 전통적 교육 내용은, 한 때 이용후생을 강조한 일부 실학자에 의하여 잠깐 비판이 제기된 바 있었다는 점을 제외하면, 그런 것과는 종류가 달랐다. 이러한 상황에서는 배우는 단계에 있는 학생에게 교육내용에 대하여, 또 그 구현체로서의 교사에 대하여 경敬의 태도를 가지도록 하는 것이 바로 그 가치와 중요성을 절대적인 것으로 확립하는 방법이었을 것이다.

경의 태도를 가질 때 학생들은 교육내용의 중요성이 당장 자신에게 납득되지 않는다고 해서 그 중요성이 없다는 결론으로 쉽게 뛰어들지 않을 것이다. 오히려 학생들은 그 내용이 중요한 정도에 비례해서 그것의 중요성을 이해하기가 어려울 것이라고 생각하고, 그 중요성을 이해하지 못하는 것은 오직 자신의 배움이 모자라기 때문이라고 생각할 것이다. 요컨대 학생들은, 공부라는 것은 단기간에 완성되는 것이 아님을 당연한 것으로 받아들일 것이다. 그와 함께 교사에 대한 그들의 존경도 배워 갈수록 더 깊어질 것이다. 책 몇 권 읽으면 선생을 능가할 수 있다는 것은 그들로서는 상상하기 어려울 것이다. 교사에 대한 '동양적' 태도는 공자에 대한 안연顔淵의 태도에 표본적으로 잘 나타나 있다. '선생님의 도가 높으심은 이를 우러러 쳐다볼수록 하도 높아 끝이 보이지 않고, 송곳으로 뚫으려고 하면 할수록 그 덕이 더욱 견고해집니다. 그 도덕이 고묘高妙하여 헤아릴 수 없습니다. 얼핏 보면 바로 앞에 계신 듯하다가 홀연히 뒤에 계셔서 참으로 포착하기 어렵습니다. 선생님은 차근차근 순서에 따라서 우리를 잘 유도해 주십니다.

문장으로 우리의 지견을 넓혀 주시고 예절로 우리의 마음을 가다듬어
주십니다. 내가 배움을 그만두려 해도 도저히 그만둘 수 없습니다.
나의 재능을 다하여 열심히 배우려고 하나 선생님은 멀리 우뚝 서
계시며, 그 높은 경지에 가까이 가려 해도 도저히 미치지 못합니다.'6)
안연에게 공자는 학문 그 자체이며, 공자에 대한 안연의 존경은 바로
학문에 대한 존경이다. 학문이 끝없는 만큼 공자에 대한 안연의 존경
도 학문을 쌓음에 따라 더 깊어지는 것은 당연하다. 그리고 역사상
위대한 스승과 위대한 제자 사이의 관계는 본질상 공자와 안연의 경우
와 동일하다.

　　현대 교육학의 사고방식에 의하면 교육내용과 교사에 대하여 경의
태도를 가지는 것은 곧 교육내용과 교사를 무비판적, 맹목적으로 수용
하는 것으로 규정될지 모른다. 또한, 그러한 태도를 학생에게 강요하는
것은 바람직하지 못한 교수행위로 평가될지 모른다. 그러나 이때쯤 우
리는 학생 편의 '비판'이 교육에 어떤 결과를 가져오는지, 그리고 그것
은 교사에 대한 어떤 태도로 연결되는지 의문을 가질 만하다.

Ⅳ 의미의 주관화

　　이 절에서 고찰하고자 하는 '의미의 주관화'라는 주제는 우리의
전통적 교육방법의 주요 특징으로 알려져 있는 '반복적 암송'과 관계
가 있다. 이 '반복적 암송'이라는 방법상의 특징은 또한 앞에서 말한

---

6) 顔淵喟然歎曰 仰之彌高 鑽之彌堅 瞻之在前 忽焉在後. 夫子循循然善誘人 博我
　以文 約我以禮. 欲罷不能 旣竭吾才 如有所立 卓爾 雖欲從之 末由也已, 論語
　子罕.

학습자료의 성격, 즉 한문으로 된 유교경전의 성격과 관계가 있다.

반복적 암송이 우리의 교육방법의 주된 특징이었다는 점에 대해서는 별로 이론異論이 없을 줄 안다. 유교의 경전을 배울 경우에, 책을 읽는다는 것은 반드시 소리를 내어 읽는 것으로 되어 있었다. 그것은 유교의 경전이 대부분 낭독에 편리하도록 운율을 갖추고 있기 때문이기도 했지만, 그와 동시에 문장을 외우는 데는 (또한, 문장의 의미를 음미하는 데에도) 소리를 내어 읽으면서 그 운율을 따라 외우는 것이 효과적이라는 것도 그 이유가 되었을 것이다. 어쨌든, 교사의 강講을 통하여 문장의 의미에 관한 설명을 듣고 난 뒤에, 학생이 그 문장을 '반복적으로 암송'하여 '암기'하도록 하는 것이 우리의 전통적 교육방법의 골자를 이루고 있었다고 보아서 별로 틀림이 없을 것이다.

현대 교육학에서 '반복적 암송' 및 그것을 통한 '암기'는 '기계적 학습' '무의미한 학습'의 대표적인 경우로 취급되고 있다. 말하자면 그것은 학생 편에 하등의 이해를 가져다 주지 않고, 따라서 그런 방식으로 학습된 내용은 아무 쓸모도 의미도 없다는 것이다. 그러나 우리의 전통적인 교육방법으로서의 반복적 암송을 과연 그와 같이 순전히 '기계적인' 학습방법이라고 볼 수 있는가 하는 데에는 일단 의문을 가져야 한다. 여기에는 몇 가지 이유가 있다.

첫째로, 반복적 암송을 위주로 하는 수업은 학습자에게 수동적 학습태도를 조장하는 것과 모종의 논리적 관련을 가지고 있는 것으로 생각되고 있다. 그러나 우리의 전통적 교육방법은 학습자의 수동적 태도를 조장하지도 않았고 그것에 의존하지도 않았다. (앞 절에서 말한 '경의 학습태도'가 곧 학습자 편의 수동적 태도를 의미한다고 생각할지 모르나 오히려 그것과는 정반대라고 보는 편이 더 옳다. 경의 태도는 어려운 교육내용을 배우겠다는 가장 '능동적인' 자세라고 볼 수 있는 것이다.) 한 가지 구체적인 사실로서, 교사가 강을 하고 난 뒤에는 반드시 학생에게 강을 바치도록 했다는 것을 지적할 수 있다. 강을 바친 다는 것은 그날에 배운 문장을 읽거나 외우는 것과 동시에, 주로 교사에 게 배운 그대로 그 뜻을 설명해 바치는 것을 의미한다. 학생이 교사의 설명을 받아 적는 것을 상상할 수 없는 만큼, 학생이 그것을 되풀이할 때에는 그 설명을 자신의 생각대로 재구성하는 과정이 반드시 포함되어 있었을 것이다. 다시 말하면 학생은 교육내용을 자기 자신에게 의미있 는 형태로 바꾸어 해석했으리라는 것이다. 이 점에 비추어 보면 우리의 전통적 방법은 우리가 습관적으로 생각해 오던 것과는 달리, '기계적인' 것도 아니요 '수동적인' 것도 아니었다고 말할 수 있다.

둘째로, '암송' 또는 '암기'라는 말은 그 적용 범위가 상당히 넓다 는 점을 고려해야 한다. 예컨대, 한편으로 친구의 전화번호를 외우는 것이나 조선 시대의 역대왕명(태정태세문단세… 등등)을 외우는 것과 또 한편으로 사서삼경을 외우는 것은 두 쪽이 모두 '암기'라는 용어로 지칭될 수 있을지 모르지만 실지로 그 일을 하는 동안에 일어나는 정신작용이나 그 결과에 있어서는 상당히 큰 차이가 있다고 보아야 한다. 전자는 거의 '무의미철자'를 암기하는 경우에 해당한다. 물론 무의미철자를 외울 때에도, 이른바 '기억술'이라고 하여, 그것을 어떤 의미 있는 자료와 관련지어서 외우는 것이 효과적이고, 대부분의 경우 에 우리는 실지로 그런 방안을 활용하고 있다. 또한, 전자의 경우에 우리가 그 '무의미한' 자료를 외울 필요를 느끼는 것은 그것이 어딘가 에 쓰이기 때문이며, 그것을 외운 결과가 그 용도에 유용한 한, 그것을 어떤 '기억술'에 의하여 외우는가는 아무런 상관이 없다. 그러나 사서 삼경의 경우는 그렇지 않다. 사서삼경은 그 자체가 '의미 있는' 자료이 며, 따라서 이 경우에는 그 자체가 가지고 있는 의미 이외의 별도의 의미자료를 찾아서 그것과 관련지으려고 하는 것은 전혀 불필요한 헛수고이다. (물론 사서삼경을 '무의미철자'로 외우는 경우를 상상할 수 없는 것은 아니다.) 또한, 사서삼경의 경우에는 친구의 전화번호를 외우는 것의 용도에 해당하는 그런 용도가 없다. 이 경우에 용도가 있다면, 그것은 오직 그 의미를 이해하는 것뿐이다.

이런 식으로 생각해 보면, 우리가 보통 '암기'라고 부르는 기억 활동의 성격은 거의 전적으로 암기되는 '내용'의 성격에 달려 있다고 말할 수 있다. 사서삼경의 경우에는 암기를 하는 것과 의미를 이해하는 것이 불가분의 관계로 연결되어 있어서, 암기를 하면서 동시에 그 의미를 이해하지 않는 일이 거의 논리적으로 불가능하다. '책을 백 번 읽으면 그 뜻이 저절로 드러난다'讀書百遍 義自見라든가 '글씨를 베끼는 것도 공부다'寫字 此是學라는 말은 바로 이 점을 말해 주는 것이다. 이것은 곧 우리의 전통적인 교육방법으로서의 반복적 암송이 전적으로 기계적인 학습방법은 아님을 시사한다.

셋째로, 이와 관련된 것으로서, 유교 경전의 의미 전달 방식이 상당히 특이하다는 점을 고려해야 한다. 유교 경전에 나와 있는 문장이 고도로 압축된 의미를 표현한다는 것은 앞에서도 말한 바 있다. 여기에 덧붙여서, 그 문장은 서양의 일반적인 저술 방식이라고 볼 수 있는 '논술'*에서처럼 사고나 추론의 과정을 그 글 속에 자세하고 명백하게 나타내고 있는 것이 아니라, 말하자면 결론 부분에 해당하는 것만 기록하거나, 아니면 아이디어를 간접적으로 암시하는 비유로 표현하고 있다. 서양의 저술 방식에 비하면 유교 경전은 일체가 '시적 표현'**으로 이루어져 있다고 해도 과언이 아닐 것이다. 만약 서양의 교육내용이 전부 시로 표현되어 있었다면, 서양 사람들도 우리의 전통

* discourse, discursive style   ** poetry, poetic style

적 교육방법인 '반복적 암송'에 의존할 수밖에 없었을 것이다. 시는 원래 암송하게 되어 있는 것이며, 시의 이해는 '반복적인 암송'을 그 필연적인 과정으로 포함하고 있다. '논술'은 문맥에 명시적으로 나타나 있는 사고 또는 추론의 과정을 따라 '이해'하게 되어 있는 만큼, 여기서는 암기가 그다지 중요성을 가지지 않지만, 유교 경전의 경우에는 암기가 거의 절대적인 위치를 차지한다. 유교 경전의 의미는 단번에 이해될 수 있는 것이 아니라 오랜 사색과 반추를 거쳐야만 비로소 이해된다. 말하자면 학습자는 오랜 기간을 두고 경전의 저자가 그 경전을 쓸 때 틀림없이 거쳤을 사고나 추리의 과정을 그 자신의 지적 경험에 의하여 보충하지 않으면 안 되는 것이다. 그러기 위해서는 그야말로 '책을 머릿속에 넣고 다니는' 것이 가장 '경제적인' 방법일 것이다. 우리의 경우에 반복적 암송은 이 '경제성'을 보장하기 위하여 필요하다. 이러한 이해의 과정은 '의미의 주관화'라는 말로 요약될 수 있을 것이다. 즉, 학습자는 교사로부터 경전의 구절에 대한 대강의 뜻을 전수받은 뒤에 '반복적 암송'에 의하여 '암기'한다. 삶의 과정에서 그는 그 구절의 의미를 나타낸다고 생각되는 상황을 접하게 되고, 그 구절의 의미를 그 상황과 관련지어 파악한다. 이러한 경험이 축적됨에 따라 그 구절은 점점 뜻이 풍부해지고 구체화된다. 이리하여 그 구절은 학습자에게 '주관적인 의미'를 지니게 된다. 그뿐만 아니라, 학습자가 공부하는 구절은 그 사회에서 공부하는 사람들 사이에 '공공의 논의영역'으로 널리 공유되며, 그들과의 상호 교섭은 각자가 가지고 있는 '주관적 의미들'을 교환할 기회를 제공해 준다.

　　유교 경전의 절정이요 결정판이라고 말할 수 있는 「주역」에 비추어 '의미의 주관화'를 설명해 보겠다. 누구나 알 수 있듯이, 「주역」은 양효(―)와 음효(――) 여섯 개의 결합으로 된 64개의 괘로써 자연

현상과 인간사를 포함한 우주 전체를 설명하려고 하고 있다. 오늘날 전해 내려오는 「주역」은 중국의 전설시대에서 시작하여 천여 년 동안에 걸쳐 쓰였다고 하지만, 그토록 오랜 옛날에 인간이 어떻게 그런 대단한 포부를 가졌는지, 어떻게 오늘날 인지人智로써도 생각할 수 없는 그런 '구조적인' 설명을 시도 할 수 있었는지, 참으로 불가사의이다. 어쨌든 「주역」의 원문은 6개 효爻로 된 괘卦의 의미, 상하괘(3개 효)의 의미, 그리고 각각의 효의 의미에 대한 설명으로 되어 있다. 이러한 설명이 그야말로 우주 전체, 특히 순간순간 개개의 인간에게 닥치는 상황을 의미있게 설명할 수 있으려면, 그것은 불가피하게 고도의 상징성 또는 추상성을 띨 것이다. 「주역」의 '구조적인' 설명에서는, 물론, 삼라만상은 64개의 괘(및 그 부분)가 나타내는 의미의 불규칙적 반복으로 이루어져 있다는 것이 가정되어 있다. 「주역」에는 그것에 어째서 그런 의미가 부여되었는가에 대한 설명이 없다. 다만, 그 의미는 「주역」을 공부하는 사람(특히 「주역」으로 점을 치는 사람)이 이해해야 할 따름이다. 그것을 이해하는 사람에게, 오직 그 사람에게만, 「주역」의 상징적인 설명이 의미를 지닌다.

  예컨대 「주역」 첫 괘(건乾)의 '상구'上九(맨꼭대기 양괘)의 의미는 '항룡유회'亢龍有悔라는 말로 표현되어 있다. '항룡'은 '나아갈 줄만 알고 물러갈 줄은 모르며, 흥하는 것만 알고 망하는 것은 모르며, 얻는 것만 알고 잃는 것은 모르는' 상태를 나타내며, 따라서 '항룡유회'는 그러한 상태에 대한 경고를 나타내고 있다. 사실상, 우리 자신의 삶을 돌아보건대, 항룡유회의 상징적 경고가 들어맞을 법한 상황은 언제나 있다고 볼 수 있다. 그것을 경고로서 받아 들이는가 아닌가 하는 것은 오로지 우리 개개인의 사태 지각방식에 달려 있다. 우리가 그것을 경고로서 받아들이면 그 상징은 우리에게 의미가 있는 것이 되고, 그렇지 못하면 그것은 의미가 없다. 「주역」이 가지고 있는 설명력과 아름다움은 주로 그것이 이러한 '주관적 의미'에 의존한다는 데에 연유하는 것이 아닌가 하는 짐작이 든다. 그리고 이와 같이 학습자의 주관적 이해가 중요시된다는 점에 있어서는 「주역」뿐만 아니라 다른 유교 경전도 마찬가지일 것이다.

분명히 말하건대, 학습자의 주관적 이해를 강조했다는 점에 있어서는 서양도 우리와 조금도 다름이 없다. 아닌게 아니라, 서양교육사를 통틀어 '교육방법'에 관한 주장들은 한마디로 말하여, 교육내용이 학습자에게 '내면화'되는 과정을 다룬 것이라고 말할 수 있으며, 특히 현대에 와서 '교육과정의 사조'로 대두된 것들은 그 문제에 대한 교육학의 견해가 점차로 수정 보완되어 온 과정을 보여 주는 것으로 해석될 수 있다. 만약 이것이 사실이라면, 동서양의 공통된 관심사가 어떻게 하여 정반대되는 교수행위로 나타나게 되었는가가 매우 궁금한 문제로 된다. 모르기는 해도, 이런 방향으로의 연구는 서적 중심, 암기식, 수동적 학습, 교사 중심 등등, 이때까지 우리의 교수행위에 대한 비난으로 사용되어 온 의불명義不明의 구호들의 의미가 새로운 각도에서 조사되어야 한다는 것을 시사할 것이다.

V 방법론적 고려

독자 중에는 지금까지 이 글에서 말한 내용이 서론의 첫부분에서 사용한 '연구 방법론'이라는 용어와 잘 부합되지 않는다는 느낌을 가지는 사람이 있을지 모른다. 몇몇 독자가 그런 느낌을 가지게 되는 것도 무리는 아닌 것이, 이때까지 특히 '교육방법'과 관련된 연구 방법

론은 거의 전적으로 '경험적 연구'의 방법론을 가리키는 것으로 생각
되어 왔기 때문이다. 이 글에서 의미하는 연구 방법론은 그것과 거리
가 있다. 여기서 말하는 연구 방법론이라는 것은 '올바른 종류의 질문
을 올바른 방식으로 제기하는 방법'을 뜻한다. 필자가 이 글에서 하고
자 했던 것은 한국 교수행위에 관하여 '올바른 종류의 질문을 올바른
방식으로 제기하는 방법'을 필자 자신의 능력 범위 안에서 예시하는
것이었다.

이른바 '경험적 연구'라는 것이 연구 방법론으로서 언제나 부적
절하다는 뜻은 물론 아니지만, 구체적으로 '교수행위' 또는 '교육방법'
의 연구 방법론으로서의 경험적 연구에 대하여 필자는 편견을 가지고
있다. 이제, 이 글을 쓰는 동안에 필자에게 일어난 하나의 에피소드를
빌어서 이 점을 설명해 보겠다.

대학원에서 졸업 논문을 계획하고 있는 한 학생이 그의 논문 계획
에 관하여 필자에게 상의를 하러 왔다. 학생의 말에 의하면, 그는 도덕
과의 수업 방법으로서 '역할극'을 몇 차례 사용해 본 결과, 그 효과에
확신을 가지게 되었고, 도덕 교육의 방법으로서의 역할극에 매료되었
다는 것이다. 그래서 논문을 어떻게 계획하고 있는가? 특정 집단의
학생에게 역할극 수업을 실시하고, 학생들의 도덕성 (그리고 그와 아
울러, 도덕과의 수업방법으로서의 역할극에 대한 학생들의 의견)을
사전·사후검사에 의하여 알아보고, 통제집단 ('보통의' 도덕 수업을
받은 집단)의 경우와 비교하여 효과의 유무를 판단한다는 것이다. 이
것이 교육방법에 관한 '경험적 연구'의 방법으로서 유일한 형태는 아
니라 하더라도 그 전형적인 형태임에는 분명하다.

이 학생에게 필자가 한 말을 거의 축어적으로, 다만 요약해서,
적어 보면 다음과 같다 — 내 생각으로, 학생은 '연구'를 하겠다는 것

이 아니라 '선전'을 하겠다는 것이오. 연구와 선전은 분명히 달라야 하오. 지금 학생의 계획대로 논문을 완성했을 때, 그 때 학생은 논문을 쓰기 전인 현재 상태와 비교하여 역할극에 관하여 무엇을 더 알게 되었을까요? 역할극이 효과가 있다는 확신은 논문을 쓰기 전인 지금도 가지고 있는 것이 아니오? 학생에게 그 논문은 오직 현재 가지고 있는 그 확신에 대하여 수치적인 '증거'를 덧붙인 것 이외에 무슨 의미를 가지게 된단 말이오? 내가 보기에, 학생이 쓰려고 하는 그 논문은, 누군가가 그런 논문을 쓰지 않고 역할극의 효과를 선전할 때의 그 내용과 본질상 다름이 없소. 학생은 역할극에 매료되어 있다고 말했거니와, 그와 같이 매료되는 것은 연구를 하는 데는 절대 금물이오. 연구를 하기 위해서는 일부러라도 그 방법이 '문제투성이'인 방법이라고 생각해야 하오. 역할극을 '연구'하기 위해서는 역할극에 관련되는 이론적 문제를 찾아야 하오. 그 이론적 문제를 해답 또는 해명하는 동안에 학생은 역할극이라는 것이 어떤 것이며 그것이 효과를 내는 도덕이라는 것이 또한 어떤 것인가를 현재보다는 더 잘 알 수 있게 될 것이오. 이것을 알면 학생은 그런 연구를 하지 않은 누군가가 그릇된 방식으로 역할극을 선전할 때, 그 사람을 거짓 선전원으로 잡을 수 있소. 그리고 학생이 연구를 잘 하면, 학생은 역할극의 '진정한 선전원'이 될 수 있을 것이오.

필자가 한 말이 과연 '지당한' 말인지는 알 수 없다. 아마, 확실히 아닐 것이다. 왜냐하면 누군가가 다음과 같은 입장을 표명할 수 있을 것이기 때문이다. 즉, 교육방법에 관한 연구를 하는 목적은 어디에 있는가? 그것은 '효과'가 있는 교육방법을 알아내어 그것을 되도록 많은 교사들에게 보급시키자는 데에 있다. 이것은 이 글에서 시종 강조되고 있는, '교수행위에 관련되는 이론적 문제를 확인하고 정련시켜 나가는' 것보다 훨씬 시급하고 중요한 일이다 등등.

여기에 대해서는 필자도 할 말이 없다. 다만, 필자가 기이하다고 생각하는 것은, 교육방법에 관한 경험적 연구가 광범하게 이루어진 이래로 누군가가 '암기식' 수업의 효과를 확인하려는 연구를 했다는 말은 듣지 못했다는 것이다. '암기식 수업'을 원래 나쁜 교육방법으로 젖혀 놓은 상태에서는 그것이 어떤 방법인가를 이해하는 것은 말할 것도 없고 '그것에 관련되는 이론적 문제를 확인하고 정련시켜 나갈' 길이 원천적으로 봉쇄되어 있는 것이다.

7
지식·정보의 팽창과
교육내용의 선정

I 문제의 규정

　필자에게 주어진 '지식·정보의 팽창과 교육내용의 선정'이라는
제목은 일반적으로 두 가지 점을 시사하는 듯하다. 하나는 지식과 정
보가 팽창한다는 사실이 교육내용의 선정을 매우 중요한 문제로 만들
고 있다는 것이요, 또 하나는 그것이 교육내용을 종래와는 다른 방식
으로 선정할 것을 요구하고 있다는 것이다. 이 두 가지는 오늘날 교육
계에서 널리 받아들여지고 있는 듯하다.

　우선, 지식·정보의 팽창이 현대사회의 한 가지 특징이 되고 있
다는 것은 아무도 부정하지 않을 것이다. 현대사회에서 지식·정보의
양은 흔히 '폭발'이라는 말로 표현될 만큼 기하급수적으로 팽창하고
있다. 때로 인용되는 예증이지만,[1] 예수 탄생 이후 지식의 양이 배증倍
增하는 데 걸린 시간을 생각해 보면, 우리는 현대사회에서 지식·정보

---

1) 김종서, 「현장연구법의 이론과 실제」(익문사, 1968), p. 10에 인용된 Ole Sand
　　et al,. *Schools for the Sixties*(NEA, 1963).

의 팽창을 실감할 수 있다. 예수 탄생 이후 지식이 최초로 배증된 것은 1750년이고, 그 지식이 둘째로 배증한 것은 1900년, 셋째의 배증은 1950년, 그리고 넷째의 배증은 1960년에 있었을 것으로 추측된다. 이것은 지식의 '폭발'이라는 말이 단순한 과장에 그치는 것이 아님을 우리에게 알려준다. 이 엄청난 사실은 지식과 정보의 전수를 그 주된 기능으로 하는 학교교육으로 하여금 당연히 모종의 근본적인 대책을 강구하도록 요구하고 있다고 보아야 할 것이다. 그리고 그 대책 중의 한 가지는 분명히, 그렇게 폭발적으로 팽창하는 지식 중에서 어떤 것을 교육내용으로 선정하는가 하는 문제에 해답하는 것이라고 볼 수 있다.

브루너의 「교육의 과정」2) 이후 널리 알려진 '지식의 구조' 또는 '교과의 구조'라는 아이디어는 몇 가지 의도를 나타내고 있지만, 특히 현대사회에서 폭발적으로 팽창하는 지식·정보 중에서 어떤 것을 선정해서 가르칠 것인가 하는 문제에 대한 해답을 제시한다고 볼 수 있다. 브루너 자신도 그렇게 말하고 있듯이, '지식의 구조'라는 것은 한 교과를 이루고 있는 '기본개념과 원리' 또는 '핵심적 아이디어'를 가리키며, 이 지식의 구조를 배우면 학생들은 자신이 배우는 다른 내용들을 쉽게 기억·이해할 수 있고, 그뿐만 아니라 학교에서 배운 것을 다른 사태에 쉽게 적용할 수 있게 된다. '지식의 구조'가 이런 것이라고 하면, 이것이 '팽창하는 지식 중에서 어떤 것을 선정해서 가르칠 것인가'라는 문제에 대한 해답이 된다는 것은 명백하다. '지식의 구조'라는 아이디어에 비추어서 이 문제에 대답하자면, 날로 팽창하는 지식을 모두 가르치려고 할 것이 아니라, 그 중에서 '기본'이 되는 것, 또는

---

2) J. S. Bruner, *The Process of Education*, 이홍우(역), 「브루너 교육의 과정」(배영사), 1973(原 1960).

'핵심'이 되는 것만을 골라 가르쳐야 한다는 것이 된다. 이 '기본'이나 '핵심'이 되는 것이 바로 '지식의 구조'이다. 그러므로 '지식의 구조'를 알면 팽창하는 모든 지식·정보들을 하나하나 따로 배우지 않더라도 그 기본적인 것에 비추어서 그것들을 쉽게 이해할 수 있다는 것이다.

이상에서 말한 것이 지식·정보의 팽창과 '지식의 구조'의 관계에 관한 일반적인 견해라고 생각된다. 이하에서 필자는 이 일반적인 견해를 약간 자세하게 검토해 보고자 한다.

얼른 생각하면, 비록 지식·정보의 양이 팽창한다 하더라도 그 모든 것을 일일이 가르치려고 할 것이 아니라, 그 중에서 기본적인 것, 핵심적인 것만 가르치면 된다고 대답하면 모든 문제가 간단하게 해결되는 것처럼 보인다. 그러나 이 해결책은, 좀 더 구체적으로 생각해 보면, 결코 간단한 해결책이 아님을 알 수 있다. 첫째로, 그 대답이 구체적인 의미를 가지기 위해서는 우선 그 기본적인 것, 핵심적인 것(또는 '지식의 구조')이 무엇인가를 생각해 보아야 할 것이다. 여기서, '기본적인 것이 무엇인가'를 묻는 것은 각 교과에서 기본적인 것이 구체적으로 어떤 것들인가를 열거하라는 뜻이 아니라, 그 '기본적인 것'이 성격상 어떤 것을 가리키는가 또는 그 '의미'가 무엇인가를 밝히라는 뜻이다. 둘째로, 일단 이와 같이 '기본적인 것'의 의미를 밝히기 시작하면, 그것을 가르쳐야 하는 이유가 과연 지식·정보의 팽창에 있다고 보아야 할 것인가, 또는 적어도 지식·정보의 팽창이 '지식의 구조'를 가르쳐야 할 가장 중요한 이유인가 하는 것이 문제가 된다. '기본적인 것' 또는 '지식의 구조'의 의미를 밝히기 시작하면, '지식의 구조'라는 것은 여러 가지 교육내용 중에서 어떤 것을 '선정해서' 가르칠 것인가에 대한 해답이 아니라, 우리가 선정해서 가르쳐야 하는

'교육내용'이라는 것이 도대체 무엇인가에 대한 해답임을 알 수 있다. 말하자면 '지식의 구조'라는 용어는 교육내용 중의 특정한 것들을 지칭하는 것이 아니라, 교육내용을 새로운 관점에서 규정해야 한다는 아이디어를 나타낸다.

　이것은 앞에서 말한 일반적인 견해와 다소 차이가 있다. 현대사회에서와 같이 지식·정보가 팽창하는 사태에서 어떤 내용을 선정해서 가르쳐야 할 것인가 하는 질문은 일견 많은 '교육내용' 중에서 어떤 내용을 선정해서 가르쳐야 할 것인가를 묻는 것으로 해석되기 쉽다. 그러나 '지식의 구조'라는 용어는 지식 및 정보가 팽창하거나 팽창하지 않거나 간에 우리가 가르쳐야 할 '교육내용'이라는 것이 과연 어떤 것인가를 생각해 보게 한다. 이런 뜻에서 '지식의 구조'라는 용어는 교육내용 선정에 대한 해답을 제시한다기보다는 그 문제를 제기하는 것이며, 그와 동시에 교육내용의 '의미'를 종래와는 전혀 다르게 파악할 것을 요구한다고 볼 수 있다. 물론, 지식과 정보가 팽창한다는 사실은 교육내용의 선정 문제를 심각하게 고려할 계기를 만든 것은 사실이지만, 그렇다고 해서 그 사실 '때문에' 지식의 구조를 가르쳐야 한다고 생각하는 것은 옳지 않다. 지식의 구조가 교육내용 선정에 관한 아이디어라고 하면, 이 아이디어가 타당한가 아닌가 하는 것은 지식·정보의 팽창이라는 사실과 관계없이 별도로 논의될 수 있을 것이다.

Ⅱ 지식의 구조

'지식의 구조'라는 용어가 교육내용의 의미를 새롭게 규정하는 것이라고 하면, 이와 같이 새롭게 규정되는 교육내용의 의미는 무엇인가? 이 문제를 생각하는 데에 가장 중요한 단서가 되는 것은 브루너가 「교육의 과정」에서 그 책이 나타내고 있는 한 가지 '핵심적 확신'이라고 말한 것에서 찾아볼 수 있다. 그 '핵심적 확신'이라는 것은 곧 '물리학을 공부하는 초등학교 3학년 아이는 물리학자와 본질상 동일한 일을 한다'3)는 것이다. 이것은 보통 심각한 말이 아니다. 그리고 이 말은 '지식의 구조'라는 용어가 규정하는 교육내용의 의미를 단적으로 (그리고 아마 다소간 과장해서) 표현한다. 보다 구체적으로 말하면, 교육내용 ―예컨대 물리학이라는 교과에 담겨 있는 교육내용― 은 물리학자들이 하는 일 바로 그것이라는 것이다. '지식의 구조'를 강조하는 교육과정의 동향을 일반적으로 '학문중심' 교육과정(종래의 교과중심, 경험중심 교육과정과 대비하여)이라고 부르지만, 여기서 학문이라는 것은 '학문을 한다'고 말할 때의 '학문' ―다시 말하면 '학자들이 하는 일'로서의 학문― 을 가리키는 것이다.

'지식의 구조'라는 용어에 나타난 이러한 교육내용관은 종래의 교육내용관과 상당히 다르다고 보아야 할 것이다. 이것은 특별히 강조할 필요가 있다. 종래의 생각에 의하면 교육내용4)은 학자들이 하는 일로서의 '학문'이 아니라, 학자들이 학문을 연구한 결과로 얻은 지식

---

3) 이것은 브루너가 든 네 가지 이점 중에서 마지막 '초등지식과 고등지식 사이의 간극을 없애는 것'에 주로 관계된다.

4) 물론, 여기서 교육내용이라는 것은 전문적인 학자를 양성하기 위한 '전문교육'이 아닌 '일반교육'의 교육내용을 말한다.

의 덩어리를 의미한다. 그리하여 종래의 생각에 의하면, 학생들이 교육내용을 공부한다는 것은 그런 지식의 덩어리를 다분히 수동적으로 받아들이는 것을 의미한다. '지식의 구조'라는 용어는 이것이 교육내용의 올바른 의미가 아니요, 또한 교육내용을 배운다는 것의 올바른 의미가 아니라는 것을 나타낸다. 브루너가 「교육의 과정」에서 지적하고 있는 '교과의 언어'와 '교과의 중간언어'와의 구별에 단적으로 표현되어 있는 바와 같이, 종래의 교육에서는 예컨대 물리학이라는 교과(또는 '교과의 언어')를 가르친다고 하면서 교과가 아닌 '교과의 중간언어', 즉 물리학자들이 발견한 지식의 덩어리를 가르쳐 왔다. 여기에 비하여 새롭게 제시된 교육내용관에 의하면, 물리학이라는 교과는 학생들이 '알아야' 하는 그 무엇이 아니라 '해야' 하는 그 무엇이다. 결국, '지식의 구조'라는 용어가 나타내고 있는 교육내용관에 의하면, 교육내용이라는 것은 학문 분야에서 학자들이 발견하고 축적해 온 지식의 덩어리(교과의 중간언어)가 아니라, 그 지식을 발견하는 동안에 학자들이 하는 일, 다시 말하면 학문의 탐구과정을 가리킨다. 요컨대, 이것이 '물리학을 공부하는 초등학교 3학년 아이는 물리학자와 동일한 일을 한다'는 말이 가지고 있는 교육내용상의 시사요, '지식의 구조'라는 말이 나타내고 있는 새로운 —이따금씩 '혁명적'이라고 불릴 만큼 새로운— 교육내용의 의미이다.

그러나 이와 같이, '지식의 덩어리'와 '지식을 탐구하는 과정'을 분리시키고 교육내용은 후자를 지칭한다고 하는 데에 관해서는 한 가지 해명되어야 할 것이 있다. 흔히, 이 두 가지는 '결과'로서의 지식과 '과정'으로서의 지식이라는 용어로 대비되기도 한다. 그러나 사실상 과정이 없는 결과 또는 결과와 관련을 맺지 않는 과정이 없는 것처럼, 이 두 가지는 서로 분리될 수 있는 것이 아니다. 그렇기 때문에, 교육

내용은 '지식의 덩어리'가 아니라 '지식을 탐구하는 과정'이라고 말한
다고 해서, 우리가 교과를 가르칠 때 '지식의 덩어리'를 다루지 않아야
한다든지, 그것을 중요시하지 않아도 무방하다고 생각한다면 이것은
잘못된 해석이라고 보아야 할 것이다. 교과를 가르칠 때 우리는 '지식
의 덩어리'를 다루지만, 그 때 학생들이 배워야 할 내용(즉, 교육내용)
은 '지식의 덩어리' 그 자체 —탐구의 과정과 분리된 '탐구의 결과'로
서의 지식의 덩어리— 가 아니라 탐구의 과정과 불가분의 관계를 맺고
있는 '탐구의 구현체'로서의 지식의 덩어리이다. 흔히 '지식의 구조'
의 동의어로 사용되고 있는 '학문의 기저에 들어 있는 기본적 아이디
어'라는 표현에 대해서도 이와 똑같은 말을 할 수 있다. 그것은 탐구의
과정과 분리된 아이디어를 가리키는 것이 아니라 탐구의 과정을 반영
하는 아이디어를 가리킨다. 이렇게 해석할 때 비로소 '지식의 구조'라
는 말이 나타내고 있는 '교육에 관한 혁명적 아이디어'의 의미가 살아
난다고 볼 수 있다.

지식의 구조라는 용어에 의하여 규정되는 교육내용의 이 새로운
의미는 뒤이어 교육과정의 운영에 관한 또 하나의 중요한 시사로 연결
된다. 즉, 만약 교육내용이 각 학문의 특이한 탐구과정이라면, 교육내
용은 유치원에서 대학에 이르기까지 '동일한' 것이어야 한다는 것이
다. 유치원 아이거나 대학생이거나 간에 도대체 '물리'라는 교과를 배
운다고 하면, 그들은 바로 '물리학자와 동일한' 일을 하는 것이며, 이
것이 바로 그들이 배워야 하는 교육내용이기 때문이다. 만약 유치원
아이들이 '물리학자들이 하는 일'과는 다른 일을 한다면, 그 아이들은
'정의상' 물리라는 교과를 배우는 것이 아니라 다른 일을 하고 있는
것이다. 아닌 게 아니라, 우리는 흔히 유치원 아이들은 발달단계상
아직 '물리학'을 배울 처지에 있지 않다고 생각한다. 그러나 이것은

우리가 아직 '지식의 구조'라는 말이 가지고 있는 교육과정상의 시사를 충분히 받아들이지 못하기 때문일 것이다. 물론, 유치원에서 대학에 이르기까지 '동일한' 교육내용(즉, 지식의 구조)이 가르쳐진다 하더라도, 그것을 '동일한 수준으로' 가르칠 수는 없다. 그러므로 유치원에서 대학에 이르는 교육과정은 동일한 '종류'의 교육내용을 상이한 '수준'으로 가르칠 수 있도록 계획되어야 할 것이다.

이것을 「교육의 과정」에서는 '나선형 교육과정'이라고 부르고 있다.5) 예컨대, 물리라는 교과를 나선형으로 계획하기 위해서는 유치원에서 대학에 이르기까지 가르쳐지는 '동일한 종류의' 교육내용이 무엇인가를 확인하여야 하며, 그와 동시에 각각의 단계에서 그것을 '어느 수준으로' 가르쳐야 할 것인가를 결정해야 한다. 그러나 지금 필자가 문제삼고 있는 교육내용의 선정은 그 중에서도 주로 전자, 다시 말하면 각 학교(또는 학년) 수준을 통틀어 가르쳐지는 '동일한 종류의' 교육내용이 무엇인가 하는 것에 관계된다고 볼 수 있다. 이제 이 문제를 지식·정보의 팽창과 관련하여 좀 더 자세하게 고찰해 보겠다.

Ⅲ 교육내용의 선정

사실상 한 교과에서 각 학교(또는 학년) 수준을 통틀어 가르쳐지는 교육내용이 무엇인가 하는 질문은 그 교과에서의 '지식의 구조'가 무엇인가 하는 질문과 동일하다. 이 질문에 대답하기 위해서는 우선

---

5) 나선형 교육과정의 아이디어는 흔히 브루너가 말한 '세 가지 표현방식'에 의하여 성립되는 것으로 해석되고 있지만, 필자는 이 해석에 무리가 있다고 주장한 바 있다. 자세한 것은 이 책 pp. 282ff. 참조.

이 글에서 '지식의 구조'와 동의어로 사용된 여러 가지 표현들, 즉 '학자들이 하는 일', '학문을 탐구하는 과정', 그리고 '학문의 기저에 들어 있는 기본적 아이디어'들이 어째서 일관된 의미를 가질 수 있는가를 생각해 볼 필요가 있다. 먼저 학자들이 학문을 할 때, 그들은 어떤 일을 하는가를 생각해 보자. 학문이라는 것은 각각 해당분야에 관련된 현상들을 이해하려는 노력이며, 학문을 할 때 학자들은 바로 이 일을 하고 있는 것이다. 어느 특정한 분야에 관련된 현상들을 이해하려고 하면 학자들은 반드시 그 현상을 보는 '눈'을 가지지 않으면 안 된다. 모든 학문에는 각각 이러한 '눈'이 있다. 학문을 한다는 것은 곧 이 '눈'을 가지고 현상을 보는 일을 한다는 뜻이다. 예컨대, 물리학을 한다는 것은 물리학적 현상을 물리학적 안목(또는 관점)으로 본다는 것을 의미한다. 이 안목은 곧 '학문의 기저에 들어 있는 기본 아이디어'와 동의어로 사용될 수 있다. '학문을 탐구하는 과정'이라는 것은 곧 관련된 현상을 이해하는 데에 이 '기본적 아이디어'를 활용하는 과정을 의미한다.

각 학문의 특이한 '현상을 보는 눈' 또는 '기본적 아이디어'는 유치원에서 대학에 이르기까지 그 학문을 공부하는 사람이라면 누구든지 배워야 하는 교육내용이다. 그러므로 우리가 이때까지 추구해 온 질문, 즉 '무엇을 가르칠 것인가' 또는 보다 구체적으로 '유치원에서 대학에 이르기까지 가르쳐지는 동일한 교육내용은 무엇인가'라는 질문은 결국 각 학문(즉, 각 교과에 의하여 대표되는 학문)이 나타내는 '현상을 보는 눈' 또는 '기본적 아이디어'가 무엇인가를 묻는 질문으로 귀착된다고 볼 수 있다.

불행하게도 필자는 어느 한 학문에 관해서도 이 질문에 대답할 만큼 알지 못한다. 그러나 필자는 적어도 이 질문에 대한 대답의 방향

을 예시할 수는 있다고 생각한다. 예컨대 '분업'이라는 아이디어(사람
들은 사회에서 생활할 때 일을 나누어 맡는다)는 사회현상을 보는 '눈'
이 될 수 있을 것이다. 사회현상 중에는 우리가 '분업'이라는 눈으로
이해해야 하는 현상들이 많이 있다. 이 현상들을 이해할 때 우리는
'분업'이라는 눈을 활용하지 않으면 안 된다. 아주 명백한 사실이지만
사회학자들은 부단히 분업을 그들의 연구주제로 삼아 왔고 지금도 그
렇게 하고 있다. 도대체, '분업'이라는 아이디어가 사회를 이해하는 데
에 별로 유용하지 않다면 사회학자들이 그것을 그토록 꾸준하게 연구
해 왔을 리가 없다. 그리고 유치원 아이들도 만약 사회현상을 이해해야
한다면(보다 정확하게 말하여 이해할 권리가 있다면) 분업이라는 아이
디어(분업이라는 용어는 아니라 하더라도)를 배우지 않으면 안 된다.

분업이 과연 사회학적 '눈'의 하나가 되는지에 관해서도 필자는
별로 자신이 없다. 그러나 일류의 사회학자라면 그 학문의 '눈'들을
확인할 수 있을 것이다. 사실상 교육내용의 선정이라는 작업은 바로
이와 같이 일류의 학자들에 의하여 그 학문의 성격을 이루는 '눈'들을
확인하는 작업이다. 필자가 생각하기에 이 작업은 학문이 가장 분화된
대학에서 시작하여, 그것이 바로 그 아래 수준인 고등학교의 교과조직
에 따라 서로 묶이고, 그 다음에는 다시 중학교, 초등학교 그리고 마지
막으로 유치원에 이르기까지 점점 쉬운 형태로 묶여야 할 것이다. (교
육과정 계획이 초등학교에서 위로 올라가면서 이루어져야 한다는 생
각은 그것이 반드시 한 개인의 학습순서와 일치해야 한다는 고정관념
에서 빚어진 근거없는 미신이다.)

이 작업의 결과로 각 학문에서 기본적이고 핵심적인 '눈'으로서
어떤 것들이 선정되며 그것들이 각 학교 (또는 학년) 수준에서 어떤
형태로 제시될 것인가 하는 것은 필자가 짐작할 수 없다. 그렇지만,

필자는 이 작업의 결과에 대하여 한 가지만은 꽤 자신있게 짐작할 수 있다. 그것은, 그렇게 확인된 '눈'들은 우리가 지식 및 정보의 팽창에 관하여 걱정할 때 생각하는 것처럼 그렇게 많지 않으리라는 것이다. 사실상, 한 학문의 성격(또는 사고방식)을 나타내는 '기본적 아이디어'는 불과 몇 가지밖에 되지 않을 것이다. 우리가 유치원에서 대학에 이르기까지 가르쳐야 하는 교육내용은 바로 이 몇 가지밖에 안 되는 '기본적 아이디어'이다. 그리고 종래의 교육내용관에서 교육내용이라고 생각한 '지식의 덩어리'들은 사실상 이 '기본적 아이디어'들을 가르치기 위한 자료에 불과하다고 볼 수 있다. 자료의 양은 그 자료가 사용되는 목적을 달성하는 데에 필요한 정도면 충분하다. 자료가 많아졌다고 해서 목적 달성에 필요한 정도 이상으로 많은 자료들을 다룰 필요는 없을 것이다.

지금까지 살펴본 바에 비추어 보면, 우리가 교육내용의 선정이라는 문제와 관련하여 지식·정보의 팽창을 걱정하는 것은 교육내용의 의미를 잘못 파악한 데서 빚어진다고 말할 수 있다. 교육내용이라는 것을 앞에서 말한 바와 같은 '기본적 아이디어'로 파악하지 않고, 단순한 '지식의 덩어리'(또는 단편적인 지식)로 파악하면 교육내용이라는 것은 언제나 넘칠 정도로 많다고 볼 수밖에 없다. 사실상, 지식의 팽창은 근래에 와서 비로소 생긴 걱정거리가 아니라, 말하자면 교육학자의 '습관적인 엄살'처럼 되어 왔다. 존 듀이는 「민주주의와 교육」의 첫 장에서 '직접적인 경험에서 배우는 것과 학교에서 배우는 것 사이에 불행한 간극이 생길 가능성이 오늘날보다 더 큰 적이 없었다'고 말하고 그것은 '과거 수세기 동안 지식과 기술이 급격하게 성장했기 때문' 이라고 말하고 있다.[6] 그런데 그 「민주주의와 교육」은 1916년에 출판

---

6) J. Dewey, *Democracy and Education*(Free Press, 1966, 1916), p. 9.

되었다. 타일러는 「교육과정과 수업의 기본원리」에서 현대사회의 특징을 설명하면서, 산업혁명 이전에는 학교에서 가르쳐야 할 내용이 얼마 안 되었지만, 최근에는 지식의 굉장한 증가로 학자들이 알고 있는 것을 모두 학교 교육내용에 포함시키는 것이 불가능함을 말하고 있다.[7] 타일러의 책이 출판된 것은 1949년이었다. 물론, 이 '지식의 팽창' 테마는 1960년 「교육의 과정」에서 그 절정에 도달한 느낌이 있다. 그러나 타일러의 말과는 달리, 산업혁명 이전이라고 하여 이 문제가 없었던 것은 분명히 아니며, 아마 그리스 시대에도 이 문제 — 학교에서 가르치고 있는 '내용'에 비하여 지식이 팽창한다는 문제 — 는 있었다고 보아야 할 지 모른다. 그리고 아마 그 당시에도 '교육내용'이라는 것을 어떻게 보아야 할 것인가 하는 문제는 능히 대두되었을 법하다고 보아야 할 것이다.

Ⅳ 현실과의 관련

이제 마지막으로 이상에서 필자가 말한 것에 직접 관련되는 두 가지 문제를 논의하고자 한다. 첫째로, 「교육의 과정」에 제시된 교육과정 아이디어에 관하여 심각하게 생각해 본 사람들 중에는 유치원이나 초등학교는 물론이요, 심지어 중학교나 고등학교 학생들조차도 과연 '학문' 또는 '학자가 하는 일'을 배워야 하는가 하는 의문을 품는 사람들이 틀림없이 있으리라고 생각된다. 말하자면, 학생들 전부가 장차 학자가 될 사람들은 아니며, 따라서 모든 학생들을 '꼬마 학자'로

---

7) R. W. Tyler, *Basic Principles of Curriculum and Instruction*(University of Chicago Press, 1949), p. 16.

취급하는 것은 부당하지 않은가 하는 것이다.

이 문제는 근본적으로 교육의 목적에 관한 문제이며, 여기서 충분하게 논의될 수 없는 복잡한 문제이다. 그러나 여기서 다룰 수 있는 범위내에서 간단하게 말하면 다음과 같다. 즉, 교육의 목적을 어떤 방식으로 규정하든지 간에, 현재 유치원에서 고등학교에 이르기까지 학교에서는 표면상 '학문적인' 내용이 이미 상당히 많이 가르쳐지고 있다. 이런 내용들을 가르치면서 '학자들이 하는 일'과는 거리가 먼 것들을 가르친다면, 그것들은 무엇 때문에 가르치는지가 불분명하다. '학자들이 하는 일'과는 다른 것들을 가르친다고 하는 것은 곧 그 내용이 세계를 이해하는 데 별로 도움을 주지 않는 그런 방식으로 가르쳐지고 있다는 뜻이다. 그 반면, 만약 학생들을 '꼬마 학자'로 취급하는 교육관이 참으로 그릇된 것이라면 오늘날 학교의 교육내용에는 그야말로 일대 수술이 가해져서 거의 대부분의 내용들이 소위 '부적합한' 것으로 삭제되고 대치되어야 할 것이다. 학생들을 '꼬마 학자'로 취급하는 데에 대하여 심각한 의문을 품는 사람들도 아마 이 사태를 바라지는 않을 것이다.

둘째로, '지식의 구조'에 관하여 흔히 제기되는 의문으로서, 모든 교과에 '지식의 구조'가 있는가 하는 의문이 있을 수 있다. 사실상, 현재 '지식의 구조'라는 용어는 과학이나 수학과 같이 그 '기본개념'이나 '탐구과정'이 엄밀하게 체계화된 교과에 국한되어 적용되는 듯한 인상을 준다. 그러나 모든 교과에 지식의 구조가 있는가 하는 질문은 '지식의 구조'라는 용어를 어떻게 해석하는가에 따라 그 대답이 달라진다. 만약 이상에서 말한 바와 같이, 지식의 구조라는 말을 '학문 특유의 사고방식' 또는 '현상을 보는 눈'이라고 해석하면, 적어도 지식을 다루는 교과라면 어느 교과든지 '지식의 구조'를 가지고 있다고 보아야 할 것이다. 이런 의미에서의 '지식의 구조'가 없다는 말은 현상을 이해하는 방법이 없다는 뜻이요, 따라서 그 교과를 가르치는 교사가 학생들에게 아무런 '이해하는 방법'도 가르쳐 줄 것이 없다는 뜻이다.

만약 교과를 잘 가르친다는 것이 적어도 그 의미의 한 부분으로서, '중요한 것'을 가르친다는 의미를 내포하고 있다면, 지식의 구조가 없는 교과는 논리적으로 말하여 잘 가르쳐질 수가 없을 것이다. 그리고 이 말을 하는 다음 순간에 우리는, 지식의 구조를 가르치는 것은 지식의 팽창 때문에 필요한 조치라기보다는 잘 가르친다는 말의 의미에 비추어 요구되는 조치라는 것을 인정하게 될 것이다.

8

교육내용의 현대화

Ⅰ '현대화'의 두 가지 의미

교육 발전의 지표로서의 '교육내용의 현대화'는 두 가지 의미로 해석될 수 있다. 하나는, 전통적으로 학교에서 가르치고 있는 교과의 내용을 그 분야의 학문 발전에 맞추어 새롭게 고쳐나간다는 의미에서의 현대화이다. 이것을 다음에 지적할 둘째 의미와 구분하여, '범주내의 의미' 또는 '범주내의 현대화'라고 부를 수 있을 것이다. 여기서 말하는 '범주'는, 물론, 교육내용의 범주를 말하는 것이요, 더 정확하게는 전통적인 교육내용의 범주를 말하는 것이다.

전통적인 교과가 어떤 경위로 교육의 내용이 되었는가 하는 것은 차치하고, 그것이 각각 해당 학문(또는 학문들)을 대표한다는 것은 분명하다. 또한, 교육내용이 무엇인가 하는 것을 모든 사람이 합의할 수 있는 형태로 정확하게 명문화하기는 어렵고, 이때까지 교육학의 문헌에서 그 의미를 둘러싸고 허다한 지적 노력을 기울인 것이 사실이지만, 예를 들면 물리학이 교육내용에 포함되는가 아닌가 하는 문제에 대해서는 실제적으로 상당한 합의가 이루어져 있다. 그리하여 교육내용 '범주내의 현대화'라는 것은 예컨대 물리학의 교육내용을 물리학의 현대적 발전에 맞게 새롭게 가다듬어 나가는 것을 뜻한다. 교육내용이 이런 뜻에서 '현대화'되어야 한다는 것은 당연지사요, 누구든지 교육내용의 현대화를 논하려면 이런 '범주내의 현대화'를 취급해야 한다는 것도 마찬가지로 분명하다. 그러나 이런 의미에서의 교육내용의 현대화는 각각 특정 교과 전문가의 관심사에 속하는 것으로서, 교육학 일반의 관심사가 아니다.

'교육내용의 현대화'라는 말이 가질 수 있는 또 하나의 의미는 전통적으로 교육내용의 범주에 포함되어 오던 것 이외에 새로운 범주의 교육내용을 추가하거나, 심지어 전통적인 범주를 새로운 범주로 대치한다는 것이다. 이런 의미에서의 현대화는 대체로 전통적인 교육내용의 성격 또는 개념에 변경을 가하는 것, 또는 전통적인 범주에서는 부차적인 중요성을 가진 것으로 생각되던 것을 하나의 독립된 범주로 드러내어 강조하는 것 등을 수반한다. 극히 단순화해서 예시하자면, 전통적인 개념에서는 '지식'이 교육내용을 이루고 있었음에 비하여, 그 교육내용을 '현대화'하기 위해서는 '지식' 이외에, 그것과는 다른 범주의 교육내용 ―예를 들면 '감정'이나 '기술' 같은 것― 을 교육내용에 포함시켜야 한다는 것이 그것이다. 이런 뜻에서의 '교육내용의 현대화'를 앞의 '범주내의 의미'와 구분하여 '범주간의 의미' 또는 '범주간의 현대화'라고 부를 수 있을 것이다.

교육내용 '범주간의 현대화'가 예컨대 지식과 대등한 범주로 감정이라든가 기술의 범주를 교육내용에 포함시켜야 한다는 식의, 단순한 형태로 표현되는 경우는 거의 없다. 왜냐하면, 만약 누군가가 이런 식으로 '범주간의 현대화'를 주장한다면, 그 사람은 그 주장을 하는 바로 다음 순간에, 교육내용으로서의 감정이나 기술이 지식과 대등한 범주를 이룰 수 있는가, 교육내용의 범주로서의 지식은 감정이나 기술과 어떤 관계를 맺고 있는가 등등의 매우 복잡한 문제에 봉착하게 될 것이기 때문이다. 오히려 '범주간의 현대화'를 위한 주장은 교육내용에 관한 논의 속에, 더 구체적으로 말하면, 교육내용을 현대화해야 한다는 제안 속에 훨씬 미묘하게, 얼른 식별하기 어려운 형태로 암시 또는 가정되어 있다. 그렇기는 해도, 이 '범주간의 의미'에서의 교육내용의 현대화가 오늘날 교육에 관한 사고 가운데 상당한 지위를 차지하고 있다는 것은 부인하기 어렵다.

좀 더 구체적인 경우를 들어서, 가령 어떤 나라에서 교육개혁을 시도한다고 생각해 보자. 교육개혁이라는 것은, 정의상, 이때까지의 교육에 무엇인가 결함이 있다는 것을 전제로 하여, 그 결함을 시정하기 위한 조치로서 종래의 교육 실제에 모종의 변경을 가하는 것을 뜻한다. 그 교육개혁에는 교육내용이 그 한 측면으로 포함되어 있을 가능성이 있다. 그리하여 교육내용에 관해서도, 종래의 교육내용에는 모종의 결함이 있다는 전제와 더불어, 그 결함을 시정하기 위한 조치로서 모종의 변경이 불가피하다는, 교육개혁의 일반적 논리가 적용된다.

이때, 교육개혁을 시도하는 사람들이 보는, 이른바 '교육내용의 결함'이라는 것은 어떤 것인가? 논리상으로 보면, 그것은 앞에서 말한 '범주내의 의미'에서의 결함 —예컨대 물리학의 경우라면 물리학의 교육내용이 시대의 학문적 발전보다 훨씬 뒤떨어져 있다는 결함— 일 수도 있다. 그러나 이런 의미에서 물리 교과의 내용을 새롭게 하는 것에다가 '개혁'이라는 거창한 용어를 적용하는 것은 어색하다. 물리 교과의 내용을 '현대화'하는 것만으로는 개혁에 대한 일반적인 기대

를 충족시킬 수가 없는 것이다. '범주내의 의미'에서 교육내용을 현대
화하는 것은 개혁을 시도하는 사람들의 관심사가 된다기 보다는 물리
교육을 직접 담당하고 있는 사람들의 일상다반사에 해당한다고 보아
야 한다. 개혁을 시도하는 사람들의 관심은 그런 '범주내의 의미'보다
는 한 차원이 높은 '범주간의 의미'에서의 교육내용의 개혁에 있다.
그들은 교육내용의 한 부분이 아닌 교육내용 전체를 문제삼고, 기존의
교육내용이 나타내고 있는 '범주'로서의 교육내용에서 개혁의 포인트
를 찾으려고 한다. 그들이 시도하는 개혁이 그야말로 '개혁'으로서 세
인의 주목을 끌려고 하면, 기존의 범주와는 다른 새로운 범주의 교육
내용이 추가되거나 기존의 교육내용에서는 덜 강조되었던 것이 별개
의 범주로서 부각되지 않으면 안 된다. 이런 식으로 하여, 새로 추가되
거나 강조되는 교육내용이 종래의 교육내용에 대하여 어떤 범주적 관
계를 가지고 있는지가 세밀히 조사되지 않은 채, '범주간의 의미'에서
의 교육내용의 현대화가 거의 부지불식간에 개혁의 주장 속에 잠입해
들어오게 된다.

　앞에서 우리는, 교육내용이 '범주내의 의미'에서 현대화되어야
한다는 것은 당연하다고 말하였다. 또한 우리는, '범주내의 의미'에서
의 교육내용의 현대화는 교육학 일반의 관심사라기 보다는 특정 교과
의 특수적 관심사라고 말하였다. 필자의 학문적 배경으로 보면, 이
글에서 다룰 수 있는 주제는 '범주간의 의미'에서의 교육내용의 현대
화이다. 그러나 '범주내의 의미'에서의 현대화가 당연한 것과는 달리,
'범주간의 의미'에서 교육내용이 현대화되어야 한다는 주장에 대해서
는 다소간 깊이 고찰해 보아야 할 문제가 있다. 기존의 교육내용의
범주에다가 새로운 범주를 추가하거나 기존의 교육내용의 한 부분을
별개의 범주로 드러내어 강조해야 한다는 것이, 현재 가르치고 있는

교과의 내용을 현대 학문의 발전에 맞추어야 한다는 것이 당연한 만큼, 당연한 것인가 하는 데에는 의심의 여지가 있는 것이다. 그 이유는 앞에서 이미 언급한 바 있다. '범주간의 의미'에서의 교육내용의 현대화를 주장하기 위해서는 기존의 교육내용이 어떤 범주를 나타내고 있는가, 그리고 새로 추가되거나 강조될 범주가 그것과 어떤 관계를 맺고 있는가 하는 문제를 생각해야 하기 때문이다. 이 문제는, 결국, 교육내용의 개념 문제로 귀착된다. 이것이 간단한 문제가 아니라는 것은 교육학을 공부한 사람이라면 누구나 알고 있을 것이다. '교육내용'은 교육학의 기본 용어이면서도 그 의미를 정확하게 파악하기 어려운 대표적인 보기라고 볼 수 있다. 이하 이 글에서는 교육내용의 개념에 초점을 맞추어서, '범주간의 의미'에서 교육내용을 현대화해야 한다는 주장에 어떤 어려운 문제가 있는가를 말하고자 한다.

Ⅱ '범주간 현대화'의 논리

'범주간 현대화'의 논리를 드러내는 첫 단계로서 여기서는 먼저 교육내용에 관한 통념 한 가지를 지적하고 그 의미를 분석해 보겠다. 그 통념이라는 것은, 현재 교육에서 가르치고 있는 내용, 현재 우리가 알고 있는대로의 교육내용은 교육의 목적에서 도출되었다고 하는 생각이다. 다시 말하면, 현재의 교육내용은 그 이전에 어떤 종류의 것이든지 정해진 목적에 따라, 그 목적을 실현하는 수단으로 채택되었다는 것이다. 이것을 편의상 '교육내용에 대한 교육목적의 우선'이라고 부르겠다. 그리고 앞에서 말한 통념에서 '우선'이라는 것은 '시간상의 우선'을 뜻하는 것으로 되어 있다.

이 '교육내용에 대한 교육목적의 우선'이라는 통념은 가위 통념
이라고 할 정도로 상당히 널리 퍼져 있는 듯하다. 거기에는 일견 그럴
듯한 근거가 있다. 우리는 교육의 행위를 이론적으로 파악할 때, 보통
목적 - 내용 - 방법이라는 계열적 순환관계로 파악한다. 그 중에서 목
적과 내용 사이의 관계를 생각해 보면, 어떤 면에서 보든지 내용보다
는 목적이 '먼저'인 것처럼 생각된다. 물론, 여기서 '먼저'라는 말은
애매한 말로서, 그것은 '시간상의 우선'을 뜻할 수 있을 뿐만 아니라
'논리상의 우선'을 뜻할 수도 있다. 앞의 통념은 교육목적이 교육내용
에 대하여 논리상으로 우선할 뿐만 아니라 시간상으로도 우선한다고
봄으로써, 목적 - 내용 - 방법이라는 이론적 모형을 하나의 역사적 사
실로 일반화하고 있다. 그리하여 현재 우리가 알고 있는대로의 교육내
용은 교육의 목적에서 도출되었다고 하는 주장이 나오게 된다.

'교육내용에 대한 교육목적의 우선'이라는 통념을 타당한 것으로
받아들이는가 아닌가 하는 것은 교육내용의 성격 또는 지위에 심각한
영향을 미칠 것이다. 이 점에 관해서는 이하에서 다시 언급하기로 하
고, 우선 여기서는 그 통념이 과연 역사적 사실과 일치하는가, 다시
말하면 현재 우리가 알고 있는대로의 교육내용은 교육의 목적에서 도
출되었다는 것이 하나의 역사적 사실로서 옳은가 하는 문제를 생각해
보겠다. 현재 학교에서 가르치는 교육내용이 어떤 경위로, 어떤 절차
를 거쳐 교육내용으로 되었는지에 대해서는, 몇몇 특수한 부분을 제외
하고는, 아무도 자신있게 말할 수 없을 것이지만, 한 가지 분명한 것은
그것이 누군가가 정한 교육목적, 또는 여러 사람이 합의한 교육목적에
따라, 그 목적에서 도출된 것은 아니라는 점이다. 예를 들어서, 물리학
은 세계의 모든 나라에서 교육의 내용으로 되어 있지만, 그것이 교육
내용으로 된 것은 물리학뿐만 아니라 물리학을 포함한 모든 교육내용

의 근거가 되는 교육목적이 먼저 정해지고 그것을 근거로 하여 물리학이 교육내용으로 도출되었기 때문은 아니다. 보다 구체적으로 우리나라의 경우를 생각해 보면, 우리나라에서 물리학이 교육내용으로 된 것은 외국으로부터 근대적인 학제를 도입할 때 그 학제와 더불어 교육내용도 함께 도입했기 때문이며, 사전에 교육목적에 대한 합의가 먼저 있어서 그 목적에 비추어 물리학을 교육내용으로 삼아야 했기 때문은 아니다. (여기에 대하여, 근대적인 학제를 도입할 때 교육내용을 도입한 것은 사실이지만, 그 때 우리에게 교육목적이 없었던 것은 아니며, 우리가 그런 교육내용을 도입한 것은 그 교육목적에 비추어 타당했기 때문이라는 반론이 있을 수 있다. 이것은 교육내용과 그 정당화로서의 교육목적 사이의 논리적 관련에 관한 복잡한 문제를 일으킨다. 여기서는 이 복잡한 문제를 취급할 수 없고 다만, 우리가 '구국'救國을 위하여 그런 내용을 도입했다면, '충량한 황국신민'을 기르기 위하여 일본도 대체로 동일한 교육내용을 가르쳤다는 점만 지적하겠다.)

교육의 목적이 먼저 정해지고 그것에 비추어 교육의 내용이 정해진다고 생각하는 것은 교육목적에 관한 논의가 교육학에 끼어드는 방식을 지나치게 단순화해서, 또 비현실적으로 파악하는 것이다. 그것을 보다 현실적으로 파악한다면, 교육목적에 관한 논의가 교육학에 끼어드는 방식에는 두 가지가 있다고 말해야 한다.[1] 하나는, 현재의 교육에서 가르치고 있는 교육내용의 '의미'가 무엇인가, 그런 내용을 가르침으로써 교육은 어떤 목적을 달성하려고 하는가를 밝혀 보려는 데에 교육목적의 논의가 사용된다는 것이다. 그 한 가지 보기로서 피터즈의

---

1) 아래의 두 가지 이외에 그것과는 다른 방식으로 교육목적을 논의하는 것은 교육에 관한 미사여구를 나열하는 것에 지나지 않는 것으로서, 그런 '무의미'한 교육목적은 여기서는 단연 관심의 대상에서 제외된다.

교육목적에 관한 논의2)를 들 수 있다. 피터즈의 논의를 보면, 거기서는 교육의 목적을 먼저 정하고 그 목적에 맞는 내용을 찾으려고 하는 것이 아니라, 현재 학교에서 가르치고 있는 내용(즉, 교과)을 주어진 것으로 보고 그것이 어떤 점에서 가치를 가지고 있는가를 모색하려고 한다. 그러기 위하여 그는 교육내용의 '안으로' 파고 들어가서 그 내용 속에 논리적으로 가정되어 있는 가치를 드러내려고 한다. 앞에서 말한 '교육내용에 대한 교육목적의 우선'이라는 통념에 비추어 보면, 교육목적의 논의가 이런 방식으로 사용된다는 것은 참으로 믿기 어려울지 모른다. 왜냐하면, 여기서는 교육목적과 교육내용의 우선 관계가 통념에서와는 완전히 반대가 되어 있기 때문이다. 말하자면, 통념에서는 교육내용에 대하여 교육목적이 우선인 반면에, 여기서는 교육목적에 대하여 교육내용이 우선인 것이다. 그러나 비록 오늘날의 통념과는 어긋난다고 하더라도, 교육목적의 논의가 이런 방식으로 사용되는 것이 불가능하지 않은 것은 물론이요, 교육의 역사를 두고 말하면 그것은 교육목적에 관한 거의 지배적인 사고방식이 되어 왔다고 말해도 좋다. 교육목적에 관한 이론이 분분한 동안에도 교육내용의 실제에 관해서는 상당히 광범한 합의가 이루어질 수 있었다는 사실이 그것을 증명하고 있다.

교육목적에 관한 논의가 교육학에 끼어드는 또 하나의 방식은 교육의 실제 ─즉, 교육의 내용과 방법─ 에 모종의 전면적인 문제점이 느껴질 때 그 실제에 근본적인 변경을 가하려는 의도에서 교육목적의 논의가 사용된다는 것이다. 교육방법은 차치하고 교육내용에 초점을 맞추어 말하면, 이때 교육내용에 관해서 느끼는 문제점이나 그것에

---

2) R. S. Peters, *Ethics and Education*, 이홍우(역), 「윤리학과 교육」(교육과학사, 1980), 제 5 장.

가하려고 하는 변경은 부분적인 것이 아니라 전면적인 것이요, 따라서 그것은 바로 교육내용의 성격 그 자체에 관한 것이다. 그것은 물리 교과의 내용이 그 당시의 물리학의 학문적 발전에 비추어 낡았기 때문에 그것을 새롭게 해야 한다는 식의, 교육내용 '범주내의' 문제가 아니라, 기존의 교육내용을 하나의 전체적인 범주로 보고 그 범주 전체의 성격에 무엇인가 결함이 있다는 것, 그리고 교육내용에 가해야 할 변경은 교육내용의 성격 또는 개념 그 자체를 새롭게 규정함으로써가 아니면 달성될 수 없다는 식의, '범주간의' 문제이다. 그리고 이와 같이 교육내용의 성격 또는 개념을 새롭게 규정하는 데에 교육목적의 논의가 사용된다. 이것이 바로 교육내용의 현대화, 또는 보다 구체적으로 말하면, '범주간의 의미'에서의 교육내용의 현대화라는 주장의 근저에 들어 있는 사고방식이다. 이 사고방식과 앞의 통념 — 즉, 교육목적이 먼저 결정되고 난 뒤에 그것에 비추어 교육내용이 결정된다는 통념 — 사이에는, 양자가 표면상 완전히 동일한 것처럼 보일 정도로, 명백한 관련이 있다. 그렇지만 양자 사이에는 또한 대단히 중요한 차이가 있다. 통념에 나타나 있는 것과는 달리, 실지로 교육목적에 관한 논의가 교육학에 끼어드는 방식에서는, 교육목적에 관한 논의가 '교육내용과 함께', 현재의 교육내용의 성격을 바꾸려는 명백한 의도를 가지고 사용된다. 이와 같이 교육내용과의 관련에서 교육목적의 위치를 엄밀하게 파악하고 나면, 교육목적(즉, 교육내용의 성격 또는 개념을 바꾸는 기준)의 타당성을 사정하는 문제가 훨씬 선명하게 드러난다. 말하자면, 종전의 교육내용에 비하여 새로 규정되는 교육내용이 더 타당한 것인가, 어떤 근거에서 그러한가 등의 문제가 당장 표면적인 관심사로 부각되는 것이다. '범주간의 의미'에서의 교육내용의 현대화를 위한 주장은 바로 이러한 문제들을 정면으로 다루지 않으면 안 된다.

Ⅲ '전통적' 교육내용의 이해

교육과정을 공부하는 사람들 사이에 널리 합의되어 있는 사실로서, 역사적으로 보아 교육내용의 성격 또는 개념은 두 차례에 걸쳐서 큰 변화를 겪었고 현재 셋째의 변화를 겪고 있는 과정에 있다고 한다. 첫째의 변화는 1920~1930년대 미국에서 일어난 진보주의 교육사상으로 말미암은 것이고, 둘째의 변화는 1960년대 역시 미국에서 브루너 등의 주장에 의한 것이다. 심하게 단순화해서 표현하자면, 1920~1930년대의 변화는 종래의 교육내용의 개념을 '교과'라고 규정하고 그것을 '경험'이라는 새로운 개념으로 대치하고자 한 것이며, 1960년대의 그것은 '경험'에 대한 대안으로서 '학문'이라는 개념을 주장한 것이다. 우리나라의 경우에는 1950년대와 1970년대에 각각 그 두 차례 변화의 영향을 입은 것으로 되어 있다. 이미 겪은 그 두 차례의 변화와는 달리, 현재 겪고 있는 셋째의 변화에서는 그 변화의 원천 또는 변경의 논거가 그전처럼 단일하지 않다. 여기에는 몇 가지 원천이 작용하고 있다. 첫째로, 현대 사회는 고도산업사회 또는 탈산업사회를 특징으로 하고 있으며, 교육내용이 사회의 현실에 적합한 것이 되려고 하면, 전통적인 교육내용은 그 성격이 바뀌어야 한다는 주장이 있다. 이 주장에서는 '기술교육'이 종래의 '지식교육'과 대등한 범주로 강조될 가능성이 있다. 둘째로, 종래의 '지식위주의 교육'은 비인간화의 위험을 안고 있으며, 따라서 지식보다는 인간을 강조하는 것으로 교육내용이 바뀌어야 한다는 주장이 있다. 그리고 셋째로, 영미의 새로운 교육사회학에 기초를 둔 주장으로서, 종래의 교육내용은 사회의 지배적인 계층에 있는 사람들의 편파적 선호 또는 이해관계를 강하게 반영하고 있으며 따라서 그 계층에 속하지 않은 사람들에게 부당한 교육적, 사회적 소외를 강요하고 있다는 주장이 있다. 이 주장에서는 '평등'을 교육내용 선정의 한 가지(아마 가장 근본적인) 원리로서 못 박아야 한다는 것이 강조된다. 이 세 가지 논거는 모두 전통적인 교육 내용의 성격 또는 개념을 겨냥한 것으로서, 현재 교육과정 분야의 주요 관심사가 되고 있다. 그것은 모두 교육내용의 성격에 어떤 방식으로든지 영향을 미치게 될 것이지만, 장차 나오게 될 교육내용의 개념이 어떤 것이 될 것인지는 그다지 확실하지 않다.

물론, 이미 겪은 처음의 두 변화가 현재 겪고 있는 셋째의 변화에 비하여 비교적 단순한 성격을 가지고 있기는 하지만, 그렇다고 해서 처음 두 변화의 의미를 정확하게 파악하는 것이 결코 간단한 것은 아니다. 그러나 한 가지 분명한 사실로서, 앞에서 쓴 용어를 써서 표현하자면, 이 두 번 또는 세 번의 변화는 '범주간의 의미'에서의 교육내용의 현대화를 위한 계기를 마련한 것이라고 말할 수 있다. 또한 그와 마찬가지로, 그 두 번 또는 세 번의 전기는 그 당시까지의 교육의 실제, 또는 보다 구체적으로는, 교육내용의 성격에 관한 모종의 근본적인 문제의식을 바탕으로 하여 그것에 근본적인 변경을 가하려는 의도가 작용하였던 시기라고 보아야 할 것이다. 예컨대 1920~1930년대의 변화를 생각해 보면, 그 변화를 주장한 사람들이 전통적인 교육내용의 개념을 '교과'라고 규정하고 그것에 대한 새로운 개념으로서 '경험'을 제의하였을 때, 이 '교과' 또는 '경험'이라는 용어는 그들이 종래의 교육 실제에 대하여 가지고 있었던 문제의식과 그 개선방안을 압축해서 표현한 것이며, '경험'이라는 개념은 바로 그 문제의식에 비추어 이해되어야 할 것이다. 간단하게 표현하자면, '경험'이라는 용어에 나타난 문제의식은, 종래의 교육내용은 생활의 문제를 해결하는 데에 직접 도움이 되지 않는다는 것이요, 따라서 교육내용은 그것에 직접 도움이 되는 것으로 그 성격이 바뀌어야 한다는 것이다. 1960년대의 변화는, 표면상으로 보기에는, 그 이전의 '교과'의 개념으로 되돌아간 듯한 느낌이 들지만, 사실상 여기서 강조된 것은 전통적인 개념에서 강조된 것과 같은 지적 문화유산의 전달이라든가 그것을 통한 개인의 인격 완성 같은 것이 아니라, 국제간의 두뇌경쟁, 또는 보다 구체적으로 과학기술경쟁에서의 우월성이었다.

이 두 가지 변화는, 어느 편인가 하면, 이미 지나간 일이 되었다. 그렇기 때문에 그 두 가지 변화에 대하여 그 잘잘못을 자세하게 따지는 것은 별로 중요한 일이 아닐 것이다. 우리가 그것에 관심을 가지는 것은 그것이 현재 우리의 교육내용을 '현대화'해 나가는 데에 도움이 되는 범위내에서이다. 그리하여 여기서는 다만, '범주간의 의미'에서의 교육내용의 현대화를 위한 기본 논리에 들어있는 한 가지 중요한 함의를 지적하고자 한다. 앞의 논의를 요약하자면, '범주간의 의미'에서 교육내용을 현대화해야 한다는 주장은 다음과 같은 논리에 입각해 있다고 말할 수 있다. 즉, 이때까지의 교육내용에는 그 성격 또는 개념에 있어서 결함이 있으며, 따라서 그것은 다른 성격, 다른 개념으로 바뀌어야 한다는 것이다. 그리고 이와 같이 교육내용의 성격 또는 개념을 바꾸어야 한다는 근거로서 교육목적을 정립할 필요를 느끼게 된다. 그런데 여기에 한 가지 중요한 문제가 발생한다. 앞에서 말한 바와 같이, 기존의 전통적인 교육내용은 누군가에 의하여 사전에 명확히 설정된 교육목적에 따라 채택된 것이 아니다. 그것은, 그것이 어째서 교육내용으로 채택되었는지 아무도 확실히 모르는 상태에서 교육내용으로 되어 왔다. 여기에 비하여 새로 제안되는 교육내용은 명확히 설정된 교육목적을 근거로 하여 제안된다. 그리하여 전통적인 교육내용과 새로 제안되는 교육내용을 비교할 때, 전통적인 교과는 근거가 불확실하고 현대적인 교과는 근거가 확실한 것으로 생각되는 것은 당연하며, 하나의 범주로서의 전통적 교육내용은 현대적 교육내용에 비하여 덜 확고한 지위를 차지하게 되는 것도 마찬가지로 당연하다. 물론, 이것이 바로 새로운 교육내용을 제안하는 사람의 의도이다.[3]

그러나 문제는, 전통적인 교육내용이 아무도 그 근거를 확실히 알 수 없는 상태에서 채택되었다고 해서, 또는 그 근거가 새로 제안되는 교육내용에 비하여 덜 확실한 것으로 생각된다고 해서, 전통적인 교육내용은 그야말로 합당한 근거를 가질 수 없다든가, 새로 제안되는 교육내용에 비하여 부차적인 중요성밖에 가질 수 없다는 결론을 내릴 수 있는가 하는 데에 있다. 이 결론이 타당성을 가지려고 하면, 우리는 그에 앞서서 전통적인 교육내용에 대해서도, 현대적인 교육내용에 대해서와 마찬가지로 진지하게, 그 근거를 찾으려고 해야 할 것이고, 만약 두 쪽의 근거가 서로 다른 경우에는 그 중에서 어느 쪽이 교육내용의 근거로서 더 중요한 것인가를 세밀히 저울질해야 할 것이다. 우리는 기존의 전통적인 교육내용이 하등의 근거를 가질 수 없다고 하여 일축할 것이 아니라, 그 전통적인 교육내용의 의미가 무엇인가, 그런 내용을 가르침으로써 교육은 어떤 목적을 달성하려고 하는가를 열심히 탐구해야 한다. 다시 말하면, 우리는 앞에서 말한, 교육목적의 논의가 교육학에 끼어드는 두 가지 방식 중에서 전자의 방식을 채택해야 하는 것이다.

---

3) 전통적인 교육내용이 새로 정립되는 교육목적에 의해서도 마찬가지로 정당화되는 경우가 있다고 생각될지 모르나, 앞에서 확인한 논리에 의하여 이 가능성은 배제된다.

말할 필요도 없이, 이러한 탐구에서 밝혀지는 교육목적, 즉 전통적인 교육내용에서 논리적으로 추론되어 나오는 교육의 의미로서의 교육목적은 새로 제안되는 교육내용에 대한 근거로서의 교육목적처럼 구체적인 의미를 가지기 어렵다. 새로 설정되는 교육목적은 거의 모든 사람들에게 강하게 느껴지는 당장의 구체적인 필요를 반영하는 것이요, 그 교육목적은 또한 새로 제안되는 교육내용에 대하여 수단—목적의 관계로 연결되어 있기 때문에 거의 모든 사람들에게 이해되고 그 중요성이 납득된다. 그러나 전통적인 교육내용의 의미로서의 교육목적은 그렇지 않다. 그것은 기존의 교육내용 안에 들어 있는, 그 교육내용에서 논리적으로 추론되어 나오는, 그 교육내용의 의미이기 때문에, 그 의미를 어떤 용어로 표현하든지 간에, 그것에 대한 이해는 반드시 기존의 교육내용 그 자체에 대한 이해를 전제로 한다. 다시 말하면, 교육내용의 의미로서의 교육목적은 교육내용을 이해하지 않고는 이해할 수 없다. 이런 의미에서의 교육목적을 이해하는 데에 필요한 정도로 교육내용을 이해하는 것은, 슬프게도, 대다수 사람들의 능력범위를 벗어난다고 볼 수밖에 없다. 이것은 당장의 구체적인 필요를 반영하는 교육목적과는 경우가 아주 다르다.

한 가지 구체적인 예를 들어서, 어떤 사람이 전통적인 교과의 의미를 찾아내려고 열심히 노력한 뒤에, 그것을 표현하여, 교육목적은 '인류의 지적 유산에 참여하도록 하는' 데에 있다든지, '문명된 삶의 형식에 입문시키는' 데에 있다든지, 심지어 '진실재眞實在에 접근해 가도록 하는' 데에 있다고 말하는 경우를 생각해 보자. 이런 표현들이 무슨 뜻이며, 그것이 어째서 교육목적 또는 교육내용의 근거가 될 수 있는가 하는 것은 현재 학교에서 가르치고 있는 내용이 어떤 것이며, 그것이 무슨 뜻을 지니고 있는가에 비추어서가 아니면 설명되지도,

납득되지도 않는다. 당장 생활에 필요한 지식과 기술이 교육내용이요, 교육의 목적은 그러한 지식과 기술을 가르치는 데에 있다고 생각하는 사람들은, 그러한 생각을 한다는 바로 그 사실로 미루어, 앞의 여러 가지 표현들 ―'인류의 지적 유산에의 참여'라든가 '문명된 삶의 형식에의 입문'이라든가 '진실재에의 접근' 등― 의 의미를 올바르게 이해하지 못하는 사람들이라고 볼 수밖에 없다. 왜냐하면, 만약 그들이 그 말의 의미를 올바르게 이해한다면, 그러한 목적 이외에 당장 생활에 유용한 것을 가르친다는 목적이 있을 수 있다고는 생각하지 않을 것이요, 하물며 그러한 목적보다도 생활에의 유용성이 더 중요한 목적이라고는 더욱 생각하지 않을 것이다. 요컨대, 교육의 목적을 이 후자에 국한시켜야 한다고 믿는 사람들에게는 교육내용의 의미를 표현하는 위의 말들은 교육의 목적으로서 하등의 설득력을 가질 수 없다. 이런 형편에서 전통적인 교육내용이 가질 수 있는 유일한 근거는, 그것이 어느 누구에 의해서도 결정적으로 정당화되지 않은 채, 오직 '전통에 의해서 지지되어 왔다'는 사실 그것 뿐이라고 말해도 좋을 정도이다.

아마, '전통에 의해서 지지되어 왔다'고 하는 것은 교육내용의 근거로서 전혀 불충분하다고 생각될 것이다. 특히, 오늘날의 통념에 희생이 된 사람들, 교육의 내용은 결국 교육목적에서 나오는 것이며 그렇기 때문에 교육내용은 몇몇 사람 또는 대부분의 사람들이 합의하는 교육목적에 따라 그 성격이나 개념이 바뀔 수도 있다고 생각하는 사람들에게는, 전통이라는 것은 전혀 근거가 될 수 없을 것이다. 아니, 그 정도가 아니라, 그것이 전통적으로 교육내용이 되어 왔다는 것은 바로 그것을 바꾸어야 할 근거가 된다고 생각될지도 모른다. 성급하게 '교육내용의 현대화'를 주장하는 사람들은 혹시 이런 생각을 하는 것

이 아닌가 우려된다. 그러나 분명히 말하여, 사태는 그런 사람들이
바라는 것만큼 간단하지가 않다. 전통에 대하여 그와 정반대의 태도를
가질 수가 있고 실지로 그런 태도를 가지고 있는 사람들이 적잖게
있기 때문이다. 필자 자신을 포함하여 그런 사람들이 보기에, 교육내
용의 근거로서 전통이라는 것은 몇몇 사람들이 생각해 낸, 또 많은
사람들이 합의한 '교육목적'보다 훨씬 강력하다고 생각된다. 이런 사
고방식에서 보면, 교육내용에 대하여 우리가 취해야 할 태도는 오직
현재의 교육내용을 주어진 것으로 받아들이고 그것이 어째서 교육내
용으로 되어왔는가를 이해하는 것뿐이다. 그것이 당장의 구체적인 필
요를 충족시키는 데에 별로 도움이 되지 않는다고 해서 그것을 덜
중요시하거나 다른 것으로 대치하려고 한다면 그것은 인류 문화에 대
한 배반 이외의 아무 것도 아니다. 원효와 퇴계가 구하려고 한 진리,
뉴톤과 아인슈타인이 기울인 지적 노력은, 설사 그것이 우리 모두의
이해의 범위를 벗어난다 하더라도, 여전히 교육내용으로서 중요한 것
이다.

Ⅳ 한 가지 구체적 제안

이제, 이상의 논의의 연장으로서, 특히 우리나라의 경우에 관하여
한 가지 구체적인 제안을 하고자 한다. 그 현실적 실현 가능성은 다시
생각하기로 하고 그 제안 자체를 말하면 다음과 같다.

앞에서도 말한 바와 같이, 우리나라의 학교 교과는 근대적인 학제
와 함께 외국으로부터 도입되었다고 볼 수 있을 것이다. 그 당시 교육
학의 발전상으로 보아 도저히 불가능했던 줄 알고 있지만, 만약 그

때, 또는 그 후, 우리가 교과나 교육내용의 의미에 관하여 좀 더 확실한 생각을 했더라면, 외국의 근대적인 교과를 빌어 오면서도 우리의 전통적인 학문 ―특히 유학― 을 오늘날처럼 송두리째 없애버리지는 않았을지도 모른다는 생각이 든다. 물론, 그 후 얼마동안 유학은 한문이라는 교과의 형태로 존속해 있었다고 볼 수 있지만, 그 후 계속적인 퇴조의 과정을 거쳐 이제는 학교 교과에서 거의 완전히 자취를 감춘 셈이 되었다. 존 듀이의 이론4)에 기초를 둔 것으로 알려져 있는 1920~1930년대의 교육내용 개념의 변화는 우리에게 교육내용을 생활의 필요에 직결시키도록 하는 방향으로 영향을 주었고, 그 뒤 브루너의 이론5)에 입각한 1960년대의 변화는 듀이 이론의 잘못을 시정하는 것으로 대두되었지만, 결과적으로 과학·기술 교육을 강조하는 방향으로 영향을 주었다. 이 과정은 전체적으로 보아 교육내용의 근거를 점점 더 실용적인 데서 찾는 쪽으로 우리의 사고를 이끌어 왔다. 그리고 이런 사고 경향에서는 유학이 도저히 교육내용으로 인정받을 가망이 없었다. 뿐만 아니라, 현재 대두되고 있는, 기존의 교육내용에 대한 비판들 ―앞에서 확인한 바에 의하면, 고도산업사회에 적합한 기술교육, 인간적인 심성을 강조하는 인간교육, 그리고 사회의 어느 특정한 계층집단에도 부당한 이해를 초래하지 않는 평등교육 등에 입각한 비판들― 에 비추어 보더라도 유학은 별로 중요한 교육내용으로 부각되지 않는다.6) 그러나 어느 누구도 부인할 수 없는 한 가지 엄연

---

4) J. Dewey, *Democracy and Education*(Macmillan, 1916), 이홍우(역), 「민주주의 와 교육」(교육과학사, 1987).

5) J. S. Bruner, *The Process of Education*(Harvard University Press, 1960), 이홍 우(역), 「브루너 교육의 과정」(배영사, 1973).

6) 아마 인간교육에 대한 강조는 예외라고 생각될지 모르지만, 여기서 말하는 유학이라는 것은 인간적인 심성과는 특별한 관련이 없는 '학문'으로서의 유학이다.

한 사실은 유학이 우리의 지적 유산의 주요부를 이루고 있다는 것이
다. 그리하여 만약 우리가 교육내용의 의미를 이때까지의 경향에서와
는 달리, 인류의 지적 유산에 참여하도록 한다는 데에 둔다면, 유학이
예컨대 물리학에 비하여 교육내용으로 덜 중요시되어야 할 이유가
없다.

　　유학을 교육내용으로 삼는 데에 어떤 현실적 어려움이 있는가?
유학을 공부하려면 한문을 배워야 한다는 것이 어려움이라고 생각될
지 모른다. 그러나 참으로 한문 공부가 그 어려움이라면 그것은 유학
의 내용을 국문으로 번역하여 가르침으로써도 해결될 수 있을 것이다.
위의 제안을 실천하는 데에 예상되는 장애를 하나하나 생각해 본다면
어떤 장애도 교육내용에 관한 우리의 개념, 교육내용으로서의 유학의
중요성에 대한 인식을 방해하는 우리의 생각만큼 결정적인 것은 없다.
한문을 가르치는 것이 어렵다 하더라도 그것이 영어를 가르치는 것에
비하여 더 어려울 수는 없다. 유학을 가르칠 만한 교사가 없다는 장애
도, 필요에 따라 교과를 신설하고 사범대학에 해당 학과를 신설한 선
례에 비추어 보면 결코 극복 불가능한 것은 아니다. 문제는 우리가
유학을 교육내용으로서 얼마나 중요시하는가에 있다. 이 점에서 유학
은 소위 '현대화된' 범주의 교육내용과 완전히 동일선상에 있다고 볼
수 있다.

　　마지막으로 한 가지, 전통적인 교육내용 이외의 새로운 범주의
교육내용이 가질 수 있는 교육과정상의 위치 또는 의의에 관하여 말하
고자 한다. 쉽게 짐작할 수 있다시피, 이때까지 이 글의 논의는 주로
학교교육의 내용을 염두에 두고 한 것이다. 교육이 학교에서만 이루어
지는 것이 아니라는 점에 대해서는 필자도 동감이다. 그러나 필자는
또한 학교교육의 내용과 학교 외 교육의 내용이 반드시 일치해야 한다

고는 생각하지 않는다. 새로운 범주의 교육내용이 어떤 이유에서든지 중요하다면 그것은 학교 외 교육을 통해서도 전수될 수 있을 것이다. 보다 구체적으로 말하여, 현재 많은 사람들의 관심에 부합되는 교육내용이 실용적 관점에서 중요성을 가진다 하더라도 그것을 반드시 학교에서 가르쳐야 하는 것은 아니다. 뿐만 아니라, 여러 가지 형편에 의하여 그러한 교육내용을 학교에서 가르치는 것이 편리하다 하더라도 그것이 학교에서 이미 가르치고 있는 내용을 부차적인 지위로 끌어내리거나 학교교육에서 밀어내거나 해서는 안 될 것이다. 교육과정 분야에서 흔히 쓰이는 비유를 써서 말하자면, 그것은 아이를 목욕시킨다고 하면서 아이가 들고 있는 인형을 목욕시키는 셈이 되기 때문이다.

9
파이데라스테이아와 태교 :
교육의 원초적 세력을 찾아서

I 서론

이 글의 제목에 나오는 '원초적'이라는 말은 단순히 근본적이라
든가 근원적이라는 의미 이상으로, 시간상 '처음'이라는 뜻도 동시에
나타내고 있다. 그렇기 때문에, 만약 '교육의 원초적 세력'이라고 할
만한 것이 있다면 그 원초적 세력은 바로 그것이 현재의 교육사태로부
터 시간상으로 멀리 떨어져 있다는 사실로 말미암아, 현재의 교육사태
에는 잘 드러나지 않고 또 현재의 교육활동에 종사하는 사람들의 눈에
는 가리워져 있다고 보아야 할 것이다. 현재 교육활동에 종사하는 사
람들도 도대체 교육이라는 것을 가능하게 하는 모종의 근본적인 세력
이 있으리라고 생각하고, 그 근본적인 세력이 무엇인가에 관하여 여러
가지 설명을 시도하겠지만, 대체로 말하여 그들의 눈은 당장 눈앞의
교육사태에 고정되어 있으며, 그렇기 때문에 그들의 설명은 교육의
'원초적 세력'을 탐색하기 위한 이 글의 논의와는 다른 방향을 취할

가능성이 있다.

또한, 이 글에서의 '원초적'이라는 말이 시간상 '처음'이라는 뜻을 나타낸다고 할 때, 이 '처음'이라는 단어는 인류의 교육사상 처음을 나타낼 뿐만 아니라, 한 개인의 성장과정에 있어서의 처음을 나타내기도 한다. 다시 말하면, 이 '처음'이라는 단어는 종족발생적인 의미와 개체발생적인 의미를 동시에 가지고 있다. 그리하여 교육의 원초적 세력이라는 것은, 만약 그런 것이 있다면, 인류가 교육을 처음 시작했을 때 교육을 가능하게 했던 근본적인 세력을 가리키는 것과 동시에, 한 개인에 있어서 최초의 교육을 가능하게 하는 근본적인 세력을 가리킨다. 만약 우리가 이런 의미에서의 교육의 원초적 세력이 무엇인가를 찾아보려고 하면 우리는 종족발생적인 면에 있어서나 개체발생적인 면에 있어서 우리가 할 수 있는 데까지 멀리 거슬러 올라가서 교육의 원초적 세력을 예시하는 것으로 생각되는 교육의 형태를 찾아보아야 할 것이다.

그런 교육의 사례를 찾는 것이 전혀 불가능한 것은 아니다. 아마 어떤 면에서 보면 순전한 요행으로 생각될지 모르겠지만, 우리는 종족발생적인 면에 있어서나 개체발생적인 면에 있어서 교육의 원초적 세력을 시사할 만한 교육의 형태를 확인할 수 있다. 그것은 고대 희랍의 남성동성애(남성사이의 동성애)와 우리의 태교이다. 말할 필요도 없이, 이 두 가지 중에서 남성동성애는 종족발생적인 면에서, 그리고 태교는 개체발생적인 면에서, 교육의 원초적인 형태를 예시하고 있다. 분명히, 이 두 가지 사례는 오늘날 우리에게 익숙한 교육의 형태와는 거리가 있고, 오늘날의 개념으로서는 그것을 과연 교육의 형태로 보아야 하는가도 의심스럽다. 그러나 이것은 그 두 가지 사례가 시간상으로 ─다시, 종족발생적인 면에 있어서나 개체발생적인 면에 있어서─

오늘날의 교육의 형태와 거리가 있다는 점에 비추어 볼 때 오히려 당연한 것이다. 다시 말하여, 그 두 가지 사례가 오늘날의 교육의 형태와 거리가 있다는 바로 그 점으로 말미암아, 그것은 오늘날 우리의 눈에는 가리워져 있는 교육의 원초적 세력을 알려 줄 수 있는 것이다. 뿐만 아니라, 이하에서 자세히 설명할 바와 같이, 남성동성애와 태교라는 이 두 가지 교육의 형태는 도저히 의심하거나 간과할 수 없는 면밀한 병렬관계를 나타내고 있고, 이 양자의 병렬관계는 원초적 세력에 관하여 한 가지 동일한 방향을 지시하고 있다.

만약 이 병렬관계에 의하여 교육의 원초적 세력이 확인된다면, 우리에게 남성동성애와 태교라는 두 가지 사례가 있다는 것은 결코 우연한 일이 아니요, 그 두 사례를 알게 되었다는 것도 결코 한 사람의 요행이라고는 볼 수 없다. 오히려 그것은 교육에 관한 모종의 필연적인 의미를 우리에게 일깨워 준다고 보아야 한다. 그리고 그 필연적인 의미는 시간상의 거리로 말미암아 교육의 형태가 거의 식별할 수 없을 정도로 달라진 오늘날에도 그대로 영향을 미친다고 보아야 한다.

Ⅱ 파이데라스테이아

앙리 마루는 그의 「고대교육사」[1]에서 고대 희랍의 남성동성애를 교육의 원초적 형태로 취급하고 있다. 우리에게는 당연히 거북하거나 징그러운 느낌을 자아내는 이 남성동성애가 옛날 희랍 사람들에게는

---

1) H. I. Marrou, *A History of Education in Antiquity*(G. Lamb, trans.)(Sheed and Ward, 1956, original French, 1948). 이하 페이지는 Mentor Books Edition (1964)의 페이지이다.

'모든 교육의 정상적 양식이요, 표준적 형태'(p. 56)였다는 것이다.

먼저, 이 '남성동성애'라는 용어에 관하여 간단히 설명할 필요가 있다. 우리말의 '남성동성애'로 변역되는 희랍어 단어는 '파이데라스테이아'*이다. 이 단어는 '아이'를 뜻하는 '파이도스'**와 '사랑하는 사람' —'사랑받는 사람'을 '애인'愛人이라고 하면, 이것은 '애자'愛者라고 부를 수 있을 것이다— 을 뜻하는 '에라스테스'☆의 합성어로서, 글자 그대로의 의미로는 '소년을 사랑하는 것'을 뜻한다. 이 파이데라스테이아라는 단어는 당연히 우리에게 보다 낯익은 희랍어 단어인 '파이데이아'☆☆를 연상시킨다. 이 단어 역시 파이도스에서 파생된 단어로서 '아이를 기르는 것', 즉 교육을 뜻하며, 보다 넓게는 교육을 그 핵심으로 하는 문화 전체를 뜻한다. 마루는 파이데이아와 파이데라스테이아가 모두 파이도스에서 파생되었다는 점을 살려서, '파이데이아는 파이데라스테이아에서 그 구체적인 모습을 드러내었다'(p. 56)고 말하고 있다. 이 말을 그 원래의 뜻에 따라 옮기면, '"아이를 기르는 것"은 "아이를 사랑하는 것"에서 그 구체적인 모습을 드러내었다'고 하는, 하등 놀라울 것도 없는 진부한 말이 되어버리지만, 그 각각의 단어가 가지고 있었던 실지의 어의에 따라 '교육은 남성동성애에서 그 구체적인 모습을 드러내었다'고 하는 말로 옮기면, 이 말에 대해서는 모종의 특별한 설명이 필요하게 된다.

희랍에서 남성동성애가 언제 어떤 경위로 시작되었는가 하는 점에 대해서는 아무도 확실하게 말할 수 없지만, 마루에 의하면 그것은 호메로스시대(기원전 10세기 경) 무사들의 막사생활에서 시작되었을 것으로 추측된다. 예컨대 오늘날의 군대 형무소에서 보는 바와 같이, 청장년의 남자들이 장기간을 두고 외부세계와 단절된 생활을 해야 하

---

* *paiderasteia*　　** *paidos*　　☆ *erastes*　　☆☆ *paideia*

는 사태는 특히 남성동성애의 온상이 된다고 볼 수 있다. 군대 형무소의 경우에는 꼭 그래야 할 이유가 없겠지만, 희랍 무사들 사이의 동성애는 반드시 성인남자와 청소년 사이의 관계였다. 이들 사이에는 '사랑하는 사람' 또는 '애자'와 '사랑받는 사람' 또는 '애인'*의 구분이 현격하였다. 애인은 원칙상 열 다섯 살에서 열 아홉 살 사이의 청소년이었고, 애자는 당시의 모든 젊은이들에게 선망의 대상이 되는 훌륭한 자질을 갖춘 성인이었다. 이 양자의 관계를 성립시키고 촉진시킨 요인으로서 신체적 아름다움이 전혀 중요시되지 않은 것은 아니지만, 그보다 더 중요한 것은 훌륭한 정신적 자질이었다. 그리고 이 양자의 관계에서 선택의 주도권은 성인인 애자에게 있었다. 애자는 그가 사랑할 만한 애인을 찾아서 그 애인에게 자신이 갖추고 있는 훌륭한 자질을 과시함으로써 상대방의 열정을 부채질하였다.

희랍 무사들 사이의 동성애에는 남자들 사이에 흔히 있을 수 있는 정열적인 우정이나 전우애의 요소가 분명히 있었다. 그러나 거기에는 또한 오늘날 '동성애'라는 말이 의미하는 것과 같은, 다분히 병적인 육체적 관계가 중요한 요소를 이루고 있었던 것이 분명하다. 마루는 그 당시 크레타의 무사들 사이에 있었던 전형적 남성동성애의 한 사례를 다음과 같이 기술하고 있다(pp. 52~53). 먼저 고참병인 애자가 나이어린 신병을 애인으로 '납치'하는데, 이때 다른 동료 고참들이 그것을 '방조'해 준다. 그 후에 애자는 그 애인의 친구 몇 명과 함께 약 두 달 동안 다른 곳으로 '밀월여행'을 떠나서 사냥과 잔치로 나날을 보낸다. 이 밀월여행에서 돌아와서는 나이어린 애인이 성대한 잔치를 열어 보답을 하고 그 자리에서 애인은 애자로부터 한 벌의 무기를 선사받는다. 이때부터 애인은 애자의 '방패들이'(방패를 들고다니는

---

* *eromenos*

사람)로서 '명사단'名士團에 입적하고, 애자와 조금도 다름없이 어른
들의 사회적, 문화적 활동에 참여하게 된다. 이것이 무사들 사이에서
'문화에 입문하는' 과정이다. 이 기술을 보면 애자와 애인의 관계는
오늘날 남성과 여성들이 연애를 하고 결혼을 하는 풍습과 거의 다름이
없음을 알 수 있다.

희랍 동성애에서 육체적 관계가 중요한 부분을 차지했다는 것은,
이 크레타의 풍속과는 약 반천년 떨어진 일이기는 하지만, 플라톤의
대화편 「향연」에 나오는 알키비아데스의 고백을 통해서도 알 수 있다.
알키비아데스의 고백은 한마디로 말하여 소크라테스를 애자로 삼겠다
는 간절한 소원과 그것에 뒤따르는 뼈저린 좌절을 나타내고 있다. 몇
차례 가슴조이는 시도 끝에 알키비아데스는 마침내 그 악취나는 흉물
인 소크라테스와 알몸으로 잠자리에 든다.2) 그러나 물론, 이 두 사람
사이의 '동성애'가 실패로 끝난 것은 무엇보다도 알키비아데스 자신
이 대중의 갈채에서 오는 유혹을 끝내 뿌리치지 못했기 때문이며, 그
로 말미암아 희랍 동성애의 특이한 기저를 이루고 있는 정신적 유대가
단절되었기 때문이다.

뿐만 아니라, 애자와 애인 사이의 열정 그 자체가 또한 남녀 사이
의 성적 관계에 수반되는 것과 전혀 구별될 수 없는 정도로 강한 것이
었다. 그 열정은 흔히 오늘날의 정상적인 남녀 관계에서 볼 수 있는
것과 같은 강한 질투심으로 연결되었다. 다시, 마루는 플루타르코스*
의 말을 인용하여, 희랍에서의 폭군 암살사건은 상당수가 정치적 억압
그 자체에 의해서가 아니라, 폭군에게 어린 애인을 빼앗긴 애자들의

---

* Plutarchos

2) 표면상으로 보면 소크라테스의 경우에는 애자와 애인의 지위가 바뀐 것 같지
   만 이하(4절)의 설명에서 알 수 있는 바와 같이, 이 표면상의 상치는 쉽게 설
   명될 수 있다.

불같은 질투심 때문에 저질러진 것이었다고 말하고 있다(p. 54). 정치적 자유에 대한 사랑은 애인에 대한 사랑에 비하면 목숨을 건 항쟁에 뛰어들게 하는 동기로서 형편없이 무기력하였다고 말할 수 있다. 오늘날 우리의 관념으로 보면 거의 명백히 치정살인으로 보이는 이 행위가 그 당시 젊은이들에게는 존경과 선망을 자아내었고, 그 존경과 선망은 폭군 암살에 뒤따르는 자유의 회복에 대한 것이었다기보다는 애인을 도로 찾기 위하여 목숨까지 내어 놓는 그 동성애적 열정에 대한 것이었다고 볼 수 있을 것이다.[3]

　　마루가 지적하는 바에 의하면, 종래의 학자들은 대부분 희랍의 동성애를 남자들끼리 또는 여자들끼리 장기간 격리된 생활을 하는 동안에 습득하게 된 일종의 성적 도착의 케이스로 취급하는 잘못을 저질러 왔다. (희랍의 동성애가 오직 남성에서만 볼 수 있었던 현상은 아니다. 사포*가 레스보스에 차렸던 '여인국'은 그 단적인 증거이다. 사포가 비정상적인 열정에 사로잡힌 탕녀였던가, 아니면 여성으로서의 완덕을 갖춘 성녀였던가 하는 것이 아직도 논란의 대상이 되는 것을 보면(p. 62), 여성동성애에 관해서도 남성동성애에 관해서와 마찬가지 말을 할 수 있을 것이다.) 희랍의 동성애를 주로 성적 도착의 케이스로 잘못 취급하는 경향은, 마루에 의하면 다소간은 고대 희랍의 특수한 상황과 고대 희랍인의 특수한 기질을 올바르게 존중해 주지 못하는 데서 빚어진 것이며, 또 다소간은, 정신분석학의 용어로, 학자들 자신의 '억압된 욕구'를 반영하는 것으로 설명될 수 있다.

---

　　* Sappho

　3) 폭군암살뿐만 아니라 소크라테스의 사형도 바로 그 동성애적 질투심 때문에 저질러진 것이라고 볼 수 있다. 소크라테스의 죄목, '아테네 청년들을 타락시켰다'는 것에 나오는, '타락시킨다'에 해당하는 희랍어 단어(*diaphtheirein*)는 '유혹한다'는 뜻도 가지고 있다. 이하 4절 참조.

그러나 사실상 희랍의 남성동성애는 무엇보다도 '교육적 관계'였다. 마루의 말을 빌면, 그것은 '애자인 스승과 애인인 제자를 한덩어리로 용접하는 열정의 불길'(p. 61)이며, 교육은 이 불길에 타오르는 불꽃이었다. 앞에서 인용한 말을 되풀이 하면, 파이데라스테이아(남성동성애)는 파이데이아(교육)의 구체적 표현이었다. 물론 남성동성애를 교육의 구현으로 본 것은 20세기의 마루만이 아니다. 희랍의 크세노폰*도 남성동성애를 가리켜 '가장 아름답고 완전한 교육'**(p. 57)이라고 말하였다. 뿐만 아니라, 플라톤의 「향연」은 교육에 동성애적 요소가 있다는 것, 아니 오히려, 교육은 동성애적 유대를 그 원초적 세력으로 하여 성립한다는 것을 가장 감동적으로 보여 주고 있다.

앞에서 말한 바와 같이, 희랍의 남성동성애에서 애자는 젊은이들이 흠모하는 훌륭한 자질의 소유자로서 자신의 그 자질을 전수해 줄 젊은 애인을 구한다. 애자는 애인의 사랑을 얻기 위하여 애인의 앞에서 그 자질을 과시하며, 여기에 접한 애인은 그 애자의 몸짓에 열정적인 사랑을 느낀다. 애자는 애인에게 있어서 이상의 구현체이며 동일시의 모범이다. 애자에 대한 애인의 열정은 애인으로 하여금 애자의 사랑에 부끄럽지 않은 인물이 되도록 최선의 노력을 기울이게 만든다. 물론, 이 과정은 한 순간에 끝나는 것이 아니고, 사교장에서, 체육관에서, 잔치에서, 애자와 애인이 함께 있는 상당한 시간에 걸쳐서 계속되는 과정이었다. 애자와 애인을 한덩어리로 용접한 그 불길은 쇠붙이의 경우와는 달리 훨씬 오랫동안 타오르지 않으면 안 되었다.

희랍의 동성애는 오늘날의 학교교육과 조금이라도 유사한 형식적 교육이 생기면서 차차 사라졌다. 그러나 그것은 완전히 없어진 것이 아니라, 교육의 밑바닥으로 숨어 버렸다고 말해야 할 것이다. 교사

---

* Xenophon   ** *ten kallisten paideian*

와 학생의 관계가 자발적인 열정이 아닌 형식적인 제도에 의하여 맺어
지는 동안에도 그 동성애적 열정은 교육의 밑바닥에서 교육의 원초적
세력으로 작용하고 있었다고 보아야 한다. 심지어 오늘날에도, 교과
공부를 좋아하는 것과 그 교과를 가르치는 교사를 좋아하는 것이 일치
하는 것은 중고등학교 학생들에게서 흔히 찾아볼 수 있는 현상이다.
교과에 대한 태도와 교사에 대한 태도가 적어도 개념상으로는 구분되
어 있는 오늘날 우리에게는 교과가 좋기 때문에 그것을 가르치는 교사
가 좋은가, 아니면 교사가 좋기 때문에 그 교사가 가르치는 교과가
좋은가 하는 질문이 충분히 의미를 가진다고 볼 수 있다. 마찬가지
질문을 희랍의 동성애에 관해서 한다면, 애자가 가지고 있는 정신적
자질 때문에 그와 육체적 관계를 맺게 되는가, 아니면 그와 육체적
관계를 맺었기 때문에 애자의 정신적 자질을 본뜨게 되는가 하는 질문
이 될 것이다. 적어도 고대 희랍인들에게는 이 질문이 의미를 가질
수 없었다. 그들에게 있어서 파이데이아는 바로 파이데라스테이아이
며, 파이데라스테이아 없는 파이데이아, 즉 육체적 관계 없는 교육은
상상할 수 없었던 것이다.

Ⅲ 태교

이제 관점을 개체발생의 경우로 돌려서 태교에 관하여 생각해 보
겠다. 희랍의 동성애에 관해서도 그것을 교육 ─아무리 원초적인 형태
라 하더라도─ 의 사례로 볼 수 있는가 하는 의문이 제기될 수 있지만,
태교의 경우에는 이 의문이 한층 더 심각해진다고 볼 수 있다. 보통의
경우에 '교육'이라든가 '가르친다'는 말은 각각 별도의 공간을 차지하

고 있는 두 개체 사이의 관계에서 성립한다. 태교는 우선 교육의 이 정상적인 조건에서 이탈되어 있다. 한 개체의 뱃속을 '별도의 공간'이 라고 부를 수 있다면 몰라도, 그럴 수 없는 이상, 그 개체와 한몸으로 연결되어 있는 또 하나의 개체를 '교육'한다든가 그에게 무엇인가를 '가르친다'든가 하는 말을 어떻게 할 수 있는가 ― 이것이 교육의 한 형태로서의 태교에 관하여 제기될 수 있는 최초의 의문이다. 태교라는 것이 과연 효력을 가지는가, 태교의 효력을 입증하는 과학적 근거가 무엇인가 등의 질문이 현대인에게 일차적인 관심사가 되고 있다는 것 은 충분히 이해할 수 있다고 하더라도, 그에 앞서서 태교를 과연 교육 의 한 형태로 볼 수 있는가 하는 개념적 질문이 우선적으로 제기되어 야 할 것으로 생각된다.

'태교'라는 용어가 「대대예기」大戴禮記에 나오는 것을 보면,4) 이 문헌에 기록된 것보다 훨씬 이전부터 중국에는 태교가 실천되어 왔다 고 보아야 한다.5) 그리고 그 당시 중국과 우리나라 사이의 교류가 빈번했다는 사실에 비추어 우리나라에서도 거의 같은 시기에 태교의 풍속이 있었다고 볼 수 있을 것이다. 「대대예기」는 기원전 2세기경(한 무제)에 수집된 자료를 정리하여 편찬한 책이므로, 중국과 우리나라에 서는 적어도 2천년 동안 태교를 실천해 온 셈이 된다. 사실상 태교에 관해서는, 그것이 이토록 오랜 기간을 두고 심지어 태교의 근거를 의 심하는 사람들에 의해서도 실천되어 왔다는 점을 제외하고는 거의 아

---

4) 이원호, 「태교」(박영사, 1977), p. 172.

5) 한 가지 흥미있는 사실로서, 마루는 고대 중국에서도 스승과 제자 사이, 그리 고 동일한 스승에게 배우는 제자들끼리 동성애가 있었다는 점을 '소문'으로 기록하고 있다(Marrou, p. 59). 만약 이 소문이 근거있는 것이라면, 중국 민족 은 종족발생적인 면에 있어서나 개체발생적인 면에 있어서나 교육의 '원초적 형태'를 예시한 드문 민족이 된다.

무엇도 확실한 것이 없다고 말할 수 있다. 그러나 적어도 지금 우리의 목적으로서는, 태교가 그토록 오랫동안 모든 분별있는 임부妊婦들에 의하여 실천되어 왔다는 사실, 그리고 더 중요한 것으로서, 그 실천을 '태교'라는 용어로 규정해 왔다는 사실이 다른 어떤 것보다도 중요한 의미를 가진다. 앞에서 말한 바와 같이 태교라는 말 자체가 교육이라는 용어의 정상적인 어법에 어긋나는 만큼, 뱃속의 태아에게 교육을 한다든가 무엇인가를 가르칠 수있다는 발상 바로 그 자체가 오늘날 우리에게 경탄을 자아내는 것이다.

그러나 태교가 교육이라는 용어의 정상적인 어법에 어긋난다는 것은 무엇을 뜻하는 것인가? 만약 태교가 그 어법에 어긋난다면, 희랍의 파이데라스테이아도 마찬가지로 그 어법에 어긋난다고 말해야 한다. 이런 식으로 생각해 보면 교육의 정상적인 어법에 어긋난다는 것은 다른 것이 아니라 교육 —즉, 원초적 형태가 아닌, 오늘날의 형태로서의 교육— 이 갖추어야 할 여러 가지 개념적 조건 중에서 한두 가지가 빠져 있다는 뜻이다. 만약 '각각 "별도의 공간"을 차지하고 있는 개체들 사이의 영향력'이라는 것이 정상적인 교육의 개념적 조건에 든다면, 태교는 이 조건에 미달된다. 그와 마찬가지로, 만약 '개체들 사이의 교육적 영향력을 "의식적으로" 교환하는 것'이 교육의 개념적 조건에 든다면, 파이데라스테이아 또한 이 조건에 미달된다. 그럼에도 불구하고, 그 중의 한 가지 조건에 미달되는 파이데라스테이아를 '가장 아름답고 완전한 교육'(크세노폰)이라고 부를 수 있다면, 다른 조건에 미달되는 태교를 '교육'이라는 이름으로 부르지 말아야 할 이유가 없다. 뿐만 아니라, 파이데라스테이아를 교육의 형태로 보는 데에는 당시의 크세노폰이나 현대의 마루와 같은 사람들의 통찰이 필요했지만, 태교는 애당초 '교육'이라는 명백한 명분하에서 시행되었다. 어쨌든 파이데라스테이아와 태교가 모두 교육의 '원초적 형태'인 만큼, 거기에 이런저런 개념적 조건이 결여되어 있다는 것은 당연히 예상되는 일이라고 말할 수 있을 것이다.

파이데라스테이아와 태교를 병렬로 놓고 볼 때, 이 두 가지는 교육의 원초적 세력에 관하여 하나의 동일한 방향을 지시하고 있다는 것을 알게 된다. 더 엄밀히 말하자면, 파이데라스테이아와 태교는 교육의 원초적 세력이라는 관점에서 하나의 연속선을 이루고 있다. 이두 가지 중에서 태교는 파이데라스테이아보다 그 원초적 세력을 훨씬 더 명백하게 보여주고 있고, 파이데라스테이아의 교육적 세력은 태교의 경우에 비추어서 비로소 올바르게 파악된다. 개체가 일단 모체에서 떨어져 나와서 별도의 공간을 차지하고 나면 그에게로 향한 교육적 영향력이 어쩔 수 없이 제한된다는 것은 우리가 늘 경험하는 일이다. 그는 이미 문자 그대로 하나의 '개인'6)으로서 독자적인 욕망과 의지를 가지고 있다. 교육학에서 아무리 강력한 교육방안을 고안하고 시행하더라도, 그는, 만약 하려고만 하면, 그 영향력에 저항하고 거기서 빠져 나갈 수 있는 온갖 방법을 사용할 수 있다. 이것은 모든 정상적인 교육이 불가피한 것으로 받아들여야 하는, 교육의 본질적 제약이다. 태교는 이 본질적 제약에서 벗어나 있다. 만약 태교에 효과가 있다면, 다시 말하여, 만약 모체가 태아에게 어떤 종류의 것이든지 '교육적' 영향력을 행사하는 것이 가능하다면, 태아는 도저히 그 영향력에 저항하거나 그 영향력으로부터 도피할 수 없다. 태아는, 마치 빨대로 오렌지 쥬스를 빨아 먹듯이 모체의 교육적 영향력을 전적으로 받아들일 수밖에 없다. 그것은 모체와 태아가 문자 그대로 한 몸이요, 그 사이를 갈라놓는 공간이 아직 존재하지 않기 때문이다.

---

6) 영어의 '개인'(individual)은 '그 이상 더 나눌 수 없다'는 뜻을 나타내고 있다.

'모체가 태아에게 교육적 영향력을 행사한다'고 할 때의 '교육적'이라는 말은 중요한 의미를 담고 있다. 이때까지 태교의 '타당성'을 입증해주는 근거로서는 예컨대 모체의 전반적 건강상태나 영양상태, 그리고 특정한 약물 복용이 태아의 심신의 건강에 영향을 미친다는 식의, 의학적 또는 정신의학적 연구 결과가 주로 원용되어 왔다.[7] 그러나 몸과 마음에 의학적인 이상이 나타나지 않도록 하는 것은 어디까지나 의학적 관심사일 뿐, 교육학적 관심사는 아니다. 만약 태교에서의 관심이 이와 같이 소극적인 데에 그친다면, 태교는 치료가 교육이 될 수 없는 것과 동일한 이유에서[8] 교육이 될 수 없다. 태교의 영향력이 '교육적인' 것이 되려면, 그것은 단순히 태아를 의학적인 이상으로부터 구제한다는 소극적인 관심에 그칠 것이 아니라, 태아에게 교육적으로 의미있는 심성이나 자질을 심어준다는 적극적인 관심을 나타내어야 할 것이다. 사실상, 전통적인 태교의 실천 항목 중에는 소극적인 관심을 나타내는 것들이 없는 것은 아니지만, 그 중에는 명백히 적극적인 관심을 나타내는 것들도 있다. 예컨대 임부가 귀인의 초상화나 신선의 그림을 가까이 두고 본다든지, 관대, 흉배, 패옥 등의 물건을 만지거나 뺨에 댄다든지, 아름다운 말을 듣고 또 그것을 읊고 써 본다든지 하는 데에는 이런 것들과 관련된 고귀하고 정결한 기질이 어떤 방식으로든지 태아에게 전달되리라는 믿음이 전제되어 있다고 볼 수 있다.

교육의 한 형태로서의 태교가 실지로 이런 적극적인 면에서의 효과를 나타내는가 하는 문제에 대하여 만족할 만한 대답을 하는 데에는

---

7) 유안진, 「한국의 전통육아방식」(서울대학교 출판부, 1986), pp. 139~141.

8) R. S. Peters, '"Mental Health" as an Educational Aim,' T. H. B. Hollins(ed.), *Aims in Education*(Manchester University, 1964), pp. 71~90.

현재로서는 도저히 극복할 수 없는 어려움이 있다. 그 어려움은 적어도 두 가지로 말할 수 있다. 첫째로, 현재의 형편으로 보면, 태교의 효과를 사람들이 납득할 수 있도록 설명하는 유일한 방법은 '과학적인' 방법밖에 없다는 점을 들 수 있다. 이때까지 이른바 '태교의 타당성'의 증거로서 주로 의학 연구의 결과가 원용되었다는 사실은 이 점에서 당연한 것이라고 볼 수 있다. 그러나 관점을 달리하여 생각해 보면, 태교의 타당성은 오늘날 원소의 주기율표라는 그물에 걸리지는 것과는 다른 종류의 증거에 의하여 확인되어야 할지 모른다. 예컨대, '사기'邪氣라든가 '정기'精氣라는 것은 원소의 주기율표에 나오지 않고, 그 존재나 작용이 '과학적으로' 확인되지도 않는다. 혈액의 성분이나 순환은 과학적인 연구의 대상이 되지만, 기의 본질이나 순환에 관해서는 모든 사람들이 수긍할 수 있는 객관적 증거를 제시할 수 없다. 우리가 태교의 타당성을 의심하거나 부정하는 것은 대부분 오늘날의 생화학적 분석에 용납되는 것이 아니면 증거로서 받아들이지 않으려는, 이른바 '과학적인' 경향 때문이라고 말할 수 있다. 오늘날의 인간이 인정하는 분석방법에 의한 것이 아니면 증거로서 채택될 수 없다는 이러한 확신은 아무리 좋게 말하더라도 인류 전체의 지적 오만을 드러내는 것 이외의 아무것도 아니다. 태교에 대한 종래의 이론적인 접근은 바로 이 오만을 반영하는 것이다.

　이 첫째 어려움은 둘째 어려움과 관련하여 더욱 심각한 의미를 띠게 된다. 그 둘째 어려움은 태교가 철학의 한 가지 항구적 과제인 '몸과 마음의 관계'라는 문제 ―심신心身 문제― 의 한 특수한 측면을 나타내고 있다는 것이다. 말할 필요도 없이, 태교라는 관계에서는 모체와 태아가 서로 몸으로 연결되어 있다. 그러나 우선 모체에게 몸뿐만 아니라 마음이 있다는 것은 분명하며, 태아에게도, 비록 완전한 것은 아니더라도, 몸과 마음에 해당하는 것, 또는 '형성중인' 몸과 마음이 있다고 볼 수 있다. 태교의 핵심은 바로 육체적 연결을 기화奇貨로 하여 정신적 연결을 도모하는 것, 또는 육체적 연결을 정신적 연결로 승화시키는 것에 있다. 이렇게 생각해 보면 태교에는 심신의 관계 문제가 이중으로 끼어든다고 말할 수 있다. 첫째로, 모체 자체의 심신의 관계 문제가 있고, 둘째로 그 관계는 그와 유사한 관계로 이루어져 있는 태아와 또 심신의 관계를 맺고 있다. 태교가 육체적 연결을 기초로 하고 있는 이상, 철학에서 늘 까다로운 문제가 되어 왔고 앞으로도 해결될 것 같지 않은 심신의 관계 문제가 어떤 방식으로든지 밝혀지지 않고서는 태교에 관한 이론적 설명이 불가능한 것으로 보인다. 다시 말하면, 태교에 관한 이론적 설명은 심신의 관계에 관한 모종의 해명을 필연적으로 요청한다.

　이 점이 바로 위의 첫째 어려움과의 관련을 시사한다. 현재의 과학적 방법에 의하여 분석될 수 있는 것은 우리 몸뿐이며, 태교의 타당성을 과학적 방법에 의하여 확인하려고 하는 한, 거기서 나오는 결과는 몸에 관한 증거일 수밖에 없다. 모체의 몸과 태아의 몸을 연결하는 폐쇄회로는 결코 마음에까지 연결될 수 없다. 그것은 마치 혈액이 혈관 밖을 벗어나지 못하는 것과 같다. 그러나 예컨대 '기'氣라는 가설적 개념으로 인간을 파악할 때에는 사정이 이와 다르다. 기는 현대과학의 방법으로는 규명되지 않지만, 그와 동시에 그것은 심신의 관계 문제를 해명하는 중요한 관건이 될 수 있다. 가령 우리가 사악한 마음을 품을 때, 우리 몸에는 사기가 흐른다. 이 사기는 정확하게 육체적 현상이라고도 할 수 없고 정확하게 정신적 현상이라고도 할 수 없으면서 사람 전체를 특징짓는다. 비록 과학적 분석에 의하여 드러낼 수는 없다고 하더라도, 사악한 마음을 품을 때 우리에게 어떤 변화가 오는가 하는 것은 우리의 '주관적' 경험에 의하여 드물지 않게 확인된다.

　　태교는 적어도 그 핵심적인 부분에 있어서는, 임부가 자신의 기를 고귀하고 정결한 것으로 함으로써 그와 한몸으로 연결되어 있는 태아의 기도 그것과 똑같은 것이 되도록 하는 노력이다. 태아의 기는, 그 몸이 모체와 연결되어 있는 한, 모체의 그것과 다를 수 없을 것이다. 그리고 태아가 모체로부터 받은 열 달 동안의 훈습薰習은 출생 이후의 심성이나 기질을 위한 결정적인 바탕을 마련할 것이다. 그 효과는, 조선 순조조純祖朝의 한 어진 부인이 말한 바와 같이, '태중교육 열 달이 스승에게 십년 배우는 것보다 더 중요하다'9)고 말해도 좋을 정도로 엄청난 것이다.

　　앞에서 말한 바와 같이 태교의 타당성을, 과학적인 방법으로건 아니면 다른 방법으로건 간에, 확립하는 것은 이 글의 관심사가 아니다. 이때까지 이 글에서 태교에 관하여 말한 것은 하나의 교육 형태로서의 태교에 가정되어 있는 발상 그 자체를 드러내기 위한 것이었다. 이 글의 관심은 태교와 파이데라스테이아라는 교육의 두 가지 원초적 형태의 병렬관계로부터 교육의 원초적 세력을 추론해 내는 데에 있었다. 양자의 병렬관계는 앞의 고찰에서 이미 명백히 드러났다고 생각한다. 말하자면, 교육은, 그 원초적 형태에 있어서는, 육체적 연결에 힘입어 정신에 영향을 미치려는 노력이라는 것이다. 태교와 파이데라스테이아는 각각 개체발생적인 면과 종족발생적인 면에서 이 점을 보여 주고 있다. 양자에 차이가 있다면, 그것은 태교에서 보는 것과 같은 자연적, 생물학적인 연결이 파이데라스테이아에서는 거의 육체적 열망에 가까운 애정으로 변형되었다는 것뿐이다. 그리하여 만약 교육의 원초적 세력에 관한 이상의 분석이 옳다면, 일체의 교육은 그 형식에

---

9) 師朱堂 李氏, 「胎敎新記諺解」를 인용한 이원호, 전게서, 1977, p. 180.

있어서 태교의 연장이라고 말할 수 있을 것이다.

Ⅳ 교육학적 시사

　　말할 필요도 없이, 우리의 관심사는 태교나 파이데라스테이아 그
자체에 있는 것이 아니라 오늘날 우리가 알고 있는 제도화된 교육에
있다. 우리가 태교와 파이데라스테이아에 관하여 알아보고 거기서 교
육의 원초적 세력이라고 할 만한 것을 분석해 내는 것은 그것을 통하
여 오늘날의 제도화된 교육을 더 잘 이해하게 되리라는 기대가 있기
때문이다. 앞에서 말한 바와 같이, 파이데라스테이아는 제도화된 교육
의 출현과 더불어 점차 사라졌다. 비유컨대 이것은 개체발생에서 태아
와 모체를 연결하고 있던 자연적 유대가 출산과 함께 끊어져 버린
것과 마찬가지이다. 이 사실은 제도화된 교육을 이해하는 데에 결정적
인 의미를 가진다. 태아나 파이데라스테이아에서는 교육을 가능하게
하는 근본적 세력이 자연적 또는 반자연적 유대에 의하여 제공되었지
만, 이제 그 근본적 세력은 제도적 대용물에 의하여 제공되지 않으면
안 된다. 그러나 제도적 대용물은 그러한 자연적 유대에서 제공되는
정도의 교육적 세력을 결코 제공할 수 없다. 제도화된 교육에서 교사
가 어려움을 겪게 되리라는 것은 짐작하고도 남음이 있다.

　　우선, 교육 대상의 선택권 문제를 생각해 보자. 앞에서도 말한
바와 같이, 파이데라스테이아에서는 사랑의 주도권이 애자에게 있었
다. 다시 말하면 사랑에 합당한 대상을 찾는 것은 애자 쪽이었다.
태교의 경우에 그 선택권은 자연적, 생물학적 과정에 의하여 모체에
게 주어진다. 제도화된 교육에서 이 선택권의 대용물을 찾는다면 학생

선발 —즉, 입학시험에 의한 학생선발— 이 그것에 해당한다고 말할
수 있을 것이다. 그러나 이 경우의 선택은 어디까지나 소극적인 의미
만을 가지고 있을 뿐, 진정한 의미에서의 선택은 아니다. 교사는 입학
시험을 통하여 선발된 학생들이면 누구든지 받아들여야 한다. 그 학생
은 '선발된' 학생들일뿐, 교사가 '선택한' 학생은 아니다. 교사가 교육
해야 하는 대상으로서의 학생은 단순히 학생이라는 집단의 한 구성원
에 불과하다. 이러한 학생이 교사에게 파이데라스테이아에서의 애인
이 애자에 대하여, 또는 태교에서의 태아가 모체에 대하여 가지는 것
과 완전히 동일한 의미를 가진다고 보기는 어려울 것이다.

　　태교나 파이데라스테이아에서 보는 것과 자연적 또는 반자연적
유대가 사라진 상태에서 교육은 '학습동기'라는 용어로 포괄되는 인
위적 세력에 의존할 수밖에 없다. 말하자면, 동성애적 열정이나 모체
와의 유대가 학습동기라는 인위적 세력에 의하여 대치된 것이다. 이
변화는 다른 어떤 것보다도 교육에서의 교사의 위치에 심각한 영향을
미친다. 교육의 원초적 형태에서 교사 —즉, 애자와 모체— 는 교육내
용의 구현체로서, 교육내용과 분리될 수 없었다. 이 경우에 교육내용
은 다른 것이 아니라 애자가 가지고 있는 정신적 자질이며, 모체의
교육적 영향 바로 그것이었다. 이 경우에는 애자나 모체와의 유대가
바로 학습동기이며, 그 밖에 따로 학습동기라는 것이 있어야 할 이유
가 없다. 교육의 원초적 유대가 오늘날의 학습동기에 의하여 대치되었
다는 것은 곧 교육내용과 교사가 개념상 분리되었다는 것을 의미한다.
이제 교사와 교육내용의 관계는 우연적인 것에 지나지 않으며, 교사는
말하자면, 교육내용에 대하여 외적인 존재로서, 교육내용에 대한 학생
들의 동기를 일으키는 외적 작인作因에 지나지 않는다. 결국 제도화된
교육은 교사에게 학생의 학습동기를 유발해야 한다는, 교육의 원초적

형태에서는 불필요했던 추가적인 부담을 안겨준 것이다.

교사가 이 새로운 과제를 해결하는 데에 어떤 어려움을 겪고 있는가 하는 것은 잘 알려져 있다. 그 어려움 중의 적지 않은 부분은 학생들의 학습동기가, 특히 특정한 교육단계에서는, 교육내용과 무관하거나 오직 간접적으로만 관련되어 있는, 이른바 '외적 동기'의 성격을 띤다는 점에 있다. 이 외적 동기는 학생들이 이미 가지고 있는 개인적 욕망이나 의지와 밀접하게 관련되어 있는 만큼, 학생들로 하여금 그 개인적 욕망으로부터 눈을 돌려서 교육내용 그 자체에 관심을 가지도록 하는 일이 결코 용이하지 않은 것이다. 뿐만 아니라, 교사는 오히려 교육내용의 가치 그 자체가 그러한 외적 부가물에 있다고 하는, 사회 전체의 교육학적 상식과도 맞서야 한다.

그러나 학습동기의 유발과 관련하여 교사가 겪는 어려움의 가장 중요한 부분은 보다 근본적인 데에 있다. 그것은 교사가 이미 파이데라스테이아에서의 애자의 위치에 있지 않으면서도 거기에서 애자가 한 것과 마찬가지로 학생들을 '유혹'해야 한다는 점이다. 이 어려움은 바로 소크라테스가 틀림없이 겪어야 했던 어려움이며, 또한 소크라테스가 아니고는 아무도 성공적으로 극복할 수 없는 어려움이기도 하다. 생각해 보라. 희랍과 같이 아름다움 ―특히 육체적 아름다움― 을 숭상하는 나라에서 소크라테스와 같은 몸으로 동성애에서 애자의 위치에 선다는 것은 보통의 생각으로는 상상하기 어려울 것이다. 오늘날의 교사와 마찬가지로, 그에게는 애인을 유혹하는 데에 필요한 가장 손쉬운 미끼가 결여되어 있었다. 그는 가장 어려우면서도 가장 근본적인 유혹의 수단을 강구할 수밖에 없었다. 「향연」의 마지막 부분에 적혀 있는 알키비아데스의 고백(222ab)에서 알 수 있는 바와 같이, 소크라테스는 가장 교묘한 방법을 써서, 사실은 자신이 유혹을 하면서도 오

히려 상대방이 그를 유혹한다는 착각에 빠지도록 만든다. 이 사랑의
과정에서는, 마치 '굴껍질이 뒤집혀져 떨어지듯이'10) 애자와 애인의
지위가 바뀐다. 소크라테스는 완전히 초연하게 그 사랑의 소용돌이에
서 벗어나 있고, 오직 그에게 유혹을 당한 애인만 사랑의 열정으로
번민하게 된다. 알키비아데스는 소크라테스가 알키비아데스 그 자신
뿐만 아니라, '카르미데스나 에우티데모스, 그리고 그 밖에 수많은 사
람들'을 그러한 불행 속에 빠뜨렸다고 말하고, 그 잔치 자리에 있는
아가톤에게도 마찬가지 비운에 빠지지 말라고 경고한다.11)

세상에는 돈이나 안락安樂으로 애인의 마음을 사로잡을 수 있다
고 생각하는 사람들이 분명히 있을 것이다. 만약 이것이 어리석은 생
각이라면, 이른바 소크라테스식 유혹은 모든 진정한 유혹의 궁극적인
형식을 나타낸다고 말할 수 있다. 제도화된 교육에서 교사는 바로 이
런 의미에서의 유혹자가 되어야 한다. 교사는 학생을 유혹하면서도
학생들의 애정이 교사 자신에게로가 아니라 교육내용으로 향한 것이
되도록 하는, 인간적으로는 분명히 슬프다고 밖에 말할 수 없는 그런
몸짓을 해야 한다. 학생이 결국 껴안아야 할 대상은 필경 구체적인
인간으로서의 교사가 아닌, 교육내용이라는 '추상적인 구름'이다. 이
일에 성공하기가 어려운 것은 역사상 소크라테스가 다시 출현하기 어
려운 것과 마찬가지이다.

교육의 원초적 세력에 관한 이상의 고찰은 결국 제도화된 교육에

---

10) *Phaidros*, 241b.
11) 소위 '소크라테스식 유혹'의 가장 여실한 표현은 키에르케고르의 '한 유혹자
의 일기'에서 읽을 수 있다. 여기에서 키에르케고르는 그런 유혹에 빠진 한
여인의 심정을 '그를 껴안으려고 팔을 뻗었을 때 나는 구름을 껴안았다'는 말로
기술하고 있다. S. Kierkegaard, *Either/Or*, vol. I(W. Lowrie, trans.)(Princeton
University Press, 1944), p. 305.

서 교육의 어려움이 어디에 있는가를 알려주는 셈이 된다. 이 결론은, 얼른 생각하기와는 달리, 반드시 절망적인 의미를 가지는 것만은 아니다. 이상의 논의에서는 마치 교육이 한 고정된 시점에서만 일어나는 것처럼, 또한 마치 한 사람의 교사와의 관계에서만 일어나는 것처럼 되어 있지만, 사실은 그렇지 않다. 한 개인에게 있어서 교육은 상당한 기간을 두고 일정한 계열을 따라 이루어지며, 그동안에 만나게 되는 교사도 여러 사람이다. 오늘날 초등학교 저학년에서 흔히 보는 바와 같이, 제도화된 교육에서도 특정한 교육단계에 있어서는 교사와 학생 사이에 거의 맹목적이라고 해도 좋은 정서적 유대가 여전히 존재한다. 이러한 종류의 유대는, 특히 이 글에서 보이려고 했던 교육의 원초적 세력이라는 관점에서 볼 때, 교육의 성공을 위한 중요한 자산이 된다고 보아야 할 것이다. 교사의 할 일은 그 유대에 손상을 입히지 않으면서 그것을 교육내용의 수준으로 승화시키는 것이다. 교육에 대하여 심각한 관심을 가져본 사람이라면 누구나 이 일이 말처럼 쉽지 않다는 것을 알고 있을 것이다.

아마 교육의 원초적 세력에 관한 이 글의 분석은 몇 가지 교육학의 이론적 논의에 연결될 수 있을 것이다. 그 중의 한 가지로서 특히 교육내용의 '내재적 정당화' 문제를 들 수 있다. 예컨대 내재적 정당화에 관한 피터즈의 논의[12]는, 오해에 의해서건 아니건 간에, 지나치게 '형식적인' 방식에 의존한다는 비판을 받아왔다. 만약 이 비판이 다소간이나마 타당성을 가진다면, 교육의 원초적 세력에 관한 이 글의 논의는 그 '형식적인' 정당화에 '내용'을 부여할 수 있을지도 모른다. 위의 논의에 의하면, 오늘날의 교육은 바로 애자나 모체가 가지고 있

---

12) R. S. Peters, *Ethics and Education*(이홍우 역), 「윤리학과 교육」(교육과학사, 1980).

는 자질과 심성을 교육내용으로 삼은 원초적 교육의 연장이다. 오늘날 교사가 학생에게 가르치는 교과가 어떤 점에서 가치를 가지는가 하는 문제에 대해서는 파이데라스테이아와 태교에서 애인과 태아에게 전수되는 자질과 심성이 어떤 점에서 가치를 가지는가 하는 문제에 대해서와 동일한 대답이 주어질 수 있다. 그 자질과 심성이 가치를 가지는 것은 바로 애자와 모체가 그것을 가치있다고 생각하기 때문이다. 이것은 교육내용의 가치에 대한 궁극적인 설명이며, 아마 이 이외의 다른 설명은 필요하지도 가능하지도 않다고 말할 수 있을 것이다. 애자와 모체가 가치있는 것으로 생각하는 교육내용을 애인과 태아에게 전수해 주는 이 활동의 연속—그것이 바로 교육이며, 또한 그것이 곧 내재적 정당화의 '형식'에 구체적인 내용을 제공해 준다.

10
태양과 선분과 동굴 :
플라톤 「국가론」에서의 지식과 교육

I 서론

　이 글의 제목에 사용된 세 단어 ─태양, 선분, 동굴─ 는 플라톤 「국가론」國家論의 제 6 권과 제 7 권(507a-521b)에 연달아 제시되어 있는 세 개의 비유를 지칭한다. 그 책의 제 5 권 마지막(471a)에서 소크라테스는, 그 앞부분에서 그가 기술한 이상국가理想國家가 실지로 실현될 수 있는가에 관한 질문을 받고, 그것을 실현하는 데에 필요한 '단 하나의 변화'(473c)로서 '철학자哲學者가 이 세상의 왕이 되거나 그렇지 않으면 오늘날 왕이나 지배자라고 불리는 사람들이 진정한 철학자가 되는 것, 그리하여 정치적 권력과 철학 중의 어느 하나만을 추구하면서 나머지 한 쪽은 거들떠보지 않는, 오늘날 수많은 사람들이 벌이는 작태를 철저하게 금지하고 그 두 가지가 한 손 안에 들어오도록 하는 것'(473d)을 든다. 위의 세 단어로 지칭되는 비유 ─태양의 비유, 선분의 비유, 동굴의 비유─ 는 이 '철학자哲學者·군주君主'가

습득해야 할 '최고 수준의 지식'(504a)이 어떤 것인가를 설명하는 과
정에서 제시된다. 그리고 이 세 비유에 뒤이어 7권의 마지막까지 소크
라테스는 철학자·군주의 양성을 위한 '길고 험난한' 교육과정을 제
시한다. 이 글에서 주로 관심이 되는「국가론」의 부분은 제 5 권 끝
무렵에서 제 7 권 마지막까지이다.

「국가론」의 이 부분이 다루고 있는 주제는 그 본문에 이미 명백
히 드러나 있다. 그것은 곧 철학자의 양성을 위한 교육과정에 포함된
지식의 성격은 어떤 것이며 그런 지식이 어떻게 철학자들로 하여금
국가통치에 적합한 자질을 갖추도록 해 주는가에 관한 것이다. 물론,
이 주제는「국가론」전체의 주제와 관련되어 있지만, 그것은 또한 그
자체로서 독립된 주제로 논의될 수 있다. 사실상,「국가론」의 이 부분
은「국가론」전체 중에서 가장 광범하고 빈번하게 논의되어 왔으며,
특히 동굴의 비유는 전문적인 플라톤 연구가가 아닌 일반 독자에게도
잘 알려져 있다. 뿐만 아니라, 세 비유 사이의 병렬관계를 둘러싸고
학자들 사이에 세부적인 견해 차이가 있기는 하지만, 그 비유들이 전
체적으로 철학자를 위한 교육과정의 성격을 나타내고 있다는 점에 대
해서는 플라톤 연구가들 사이에 널리 의견이 일치되고 있다.[1] 어느
정도인가 하면,「국가론」의 이 부분에 관하여 이때까지 플라톤 연구가
들이 말하지 않은 새로운 내용을 말한다는 것은 완전히 불가능하다고
말할 수 있다.

---

1) 예컨대 Cross and Woozley는 그들의「국가론」해설서 중의, 이 글의 제목과
동일한 제목으로 된 한 장(제 9 장)에서 세 비유 사이의 관련에 관한 '정통적
해석'과 Ferguson에 의한 대안적 해석을 대비시키고 있다. 그러나 이러한 견
해 차이는 이 글의 논의에 특별히 심각한 영향을 미치지 않으며, 나아가서 그들
의 '정통적 해석'이라는 용어 그 자체가 이 문제에 관한 학자들 사이의 대체적
인 의견 일치를 암시한다. R. C. Cross and A. D. Woozley, *Plato's Republic : A
Philosophical Commentary*, Macmillan, 1964, pp. 208ff.

　이러한 형편에서 이런 주제의 글을 또 한 편 추가하려고 하는
데 대해서는 응분의 설명이 필요하다고 생각된다. 그리고 그 설명은
당연히 이때까지 이 주제를 다룬 논술들이 나타낸 일반적 경향에서
모색되어야 할 것이다. 대체로 말하여 종래「국가론」의 이 부분을 중
심으로 하여 지식과 교육의 관련을 논의한 글은 다음 두 가지 중의
어느 한 경향을 나타내고 있다. 첫째로, 네틀쉽[2]을 위시하여 대다수의
학자들은 그들의 논의를「국가론」에서의 플라톤의 사고체계 안에 국
한시키면서 철학자의 양성을 위한 교육과정이나 그것에 포함된 지식
의 성격이 현대의 교육 상황에도 여전히 타당성을 가질 수 있는가에
관해서는 그다지 심각한 주의를 기울이지 않는다. 그들의 논의가「국
가론」의 내적 논리에 관심을 기울이는 한, 그들은 거의 필연적으로
플라톤의 견해를 지지하는 편에 선다. 그러나 오늘날 독자의 입장에서
보면, 심지어 '철학자'라는 용어를 오늘날의 의미로서가 아닌 플라톤
의 의미[3]로 이해한다고 하더라도, '철학자·군주'를 위한 교육과정이
오늘날의 '민주시민'을 위한 교육과정으로서 여전히 타당성을 가질
수 있는가가 중대한 의문으로 대두된다.

　만약 그들이 이 의문을 본격적으로 문제 삼았더라면 그들은 십중
팔구 피터즈[4]와 같이 둘째 경향을 나타내었을 것이다. '플라톤의 교육
이론이 대체로 타당하다고 할 때의 "대체로"라는 말은 무슨 뜻인가'라

---

2) R. L. Nettleship, *The Theory of Education in Plato's Republic*, Oxford
University Press, 1935, 김안중(역),「플라톤의 교육론」, 서광사, 1989.

3) *philosophos*, 즉 '애지자'愛知者 —「국가론」에서 애지자는 '애견자'愛見者(*phil-odoxos*)와 대비되어 있다.

4) R. S. Peters, 'Was Plato Nearly Right about Education?', *Essays on Educators*,
George Allen and Unwin, 1981, pp. 3~14.「민주주의와 교육」에서의 Dewey의
플라톤 비판은 고전적인 것으로 되어 있다. John Dewey, *Democracy and
Education*, Macmillan, 1916, ch. 7.

는 뜻으로 이해될 수 있는 제목의 글 첫머리에서 피터즈는 이 질문에
대한 자신의 견해를 단적으로 표명하고 있다. 그에 의하면 플라톤의
교육이론이 '대체로' 타당하다고 하는 것은 비유컨대 연령에 있어서
나 용모, 성격, 취미 등 모든 면에서 한 남자의 결혼 상대자로서 손책
이 없는 처녀가 딱 한 가지 '약간 임신해 있는' 문제를 가지고 있는
경우에 해당한다. 플라톤의 이론에서 이 '딱 한 가지 사소한 문제점'은
그의 이론이 입각하고 있는 귀족주의적 사회 구조가 오늘날의 민주주
의적 이념과는 맞지 않는다는 점을 가리킨다. 그리고 결혼 상대자의
임신 상태와 마찬가지로, 그것은 그 밖의 모든 타당성을 무효화하고도
남는다.

　사실상 위의 두 가지 경향은 이 주제에 관한 논의가 취할 수 있는
제 3 의 대안적 방향에 대하여 한 가지 동일한 방향을 나타낸다. 첫째
경향은 플라톤의 사고체계 내에 머물면서 철학자·군주의 교육과정
에 관한 플라톤의 견해를 긍정적으로 평가하며, 둘째 경향은 그 사고
체계를, 그것이 입각하고 있는 것과는 명백히 상이한 사회적 조건에
적용하면서 그 견해의 타당성을 의심하거나 부정한다. 그러나 이 두
경향의 연속선에서는 그 사회적 조건이 교육과정에 관한 플라톤의 견
해와 어느 정도로 긴밀한 관련을 맺고 있는가, 그 사회적 조건의 차이
가 과연 그 견해의 타당성에 결정적인 영향을 미치는가 하는 문제는
본격적으로 논의되지 않는다. 만약 우리가 플라톤의 견해는 귀족주의
적 계급 사회에 입각해 있고 또 바로 그 이유에서 오늘날의 민주주의
적 상황에는 적합하지 않다는 것을 단순하게 무비판적으로 가정하는
대신에, 철학자·군주의 교육과정에 관한 「국가론」의 원문을 오늘날
의 교육 상황에 비추어 세밀히 해석한다면, 우리는 플라톤의 견해에서
오늘날 교육에서도 여전히 타당성을 가질 수 있는 한 가지 중요한

의미를 뽑아낼 수 있을지 모른다. 이 글은 그 가능성을 탐색하기 위한 시도이다.

그러나 물론, 대부분의 사람들이 「국가론」의 교육관을 평가하는 데에 결정적인 기준이 된다고 생각하는 사회적 조건의 차이는 쉽게 완화되거나 제거될 수 있는 것이 아니다. 이 문제에 관해서는 이하 이 글에서 제시되는 것 이상으로 훨씬 자세한 고찰이 필요하겠지만, 「국가론」에서의 철학자·군주의 사회적 지위에 관하여 사람들이 가지기 쉬운 그릇된 생각 한 가지는 여기서 지적할 필요가 있다. 「국가론」에서 철학자·군주는 통치자 또는 지배자 계급에 속하는 것으로 되어 있고, 또 그런 만큼 그들에게는 대부분의 사람들에게는 주어지지 않는 모종의 특권이 주어지는 것으로 되어 있다. 순전히 이 말만 가지고 보면 철학자·군주는 모든 사람이 부러워하는 사회적 지위를 누리는 것으로 이해되기 쉽다. 그리고 철학자·군주를 위한 교육과정은 바로 그 소수의 특권층을 양성하는 교육과정이며 그 점에서 그것은 평등이라는 민주주의의 근본이념에 위배되는 것으로 생각된다.

그러나 철학자·군주의 교육과 삶을 「국가론」에 나와 있는 그대로 이해한다면 그 삶은 부러워할 만한 것과는 거리가 멀다. 사실상, 「국가론」 제3권에서 수호자의 삶에 관한 소크라테스의 설명을 듣고 난 뒤에 제4권 첫머리(419e)에서, 소크라테스의 대화 상대자인 아데이만토스는, 만약 수호자의 삶이 그런 것이라면 그것은 별로 '행복한' 것이 되지 못한다고 말한다. '철학자·군주는 국가를 마음대로 주무르면서도 거기서 아무런 이득도 얻지 못하니, 그것은 결국 스스로 바보가 되는 꼴입니다. 다른 통치자들의 경우를 보면, 자신의 땅도 가지고 있고 거기에다가 굉장한 집을 짓고 어마어마한 가구도 들여 놓습니다. 그들은 신神에게 자기 자신만의 봉헌을 올리며 손님들을 접대하고 …

금은보화를 모으는 등등, 보통의 행복한 사람들이 누리는 모든 것을 누립니다. 그런데 선생이 말한 그 수호자라는 사람들은 밤낮 없이 국가를 수호하는 임무를 수행하는 것밖에 아무 할 일이 없는 한낱 월급쟁이에 지나지 않는다고 보아야 할 것입니다'(419a). 물론, 여기에 대하여 소크라테스는 그 즉시, 또는 이후 여러 곳에서, 수호자는 국가 유공자 관사에서 한평생 호강을 누리는 '올림픽 경기 우승자의 삶보다 더 축복 받은 삶'(465d)을 산다고 말하지만, 소크라테스의 이 말은 오히려 수호자의 삶이 보통의 행복한 삶과 다르다는 것을 나타낸다 (576b-592b 참조). (「변명」에서 소크라테스는 '올림픽 우승자는 행복의 외양을 가져다주지만 나는 행복의 실재를 가져다준다'고 말한다. 36de.) 이런 점들을 생각해 볼 때, 「국가론」에서의 철학자·군주가 '특권'을 누리는 것은 사실이지만, 그것은 우리가 '특권'이라는 말로 이해하는 것과 종류가 다르며, 그와 마찬가지로, 그 용어를 「국가론」에서의 원래의 의미대로 이해한다면 오늘날의 교육 또한 사람들로 하여금 철학자·군주들이 누리는 바로 그 특권을 누리도록 하는 데에 목적이 있다고 말할 수 있다.5)

---

5) 또한, 소크라테스는 그 당시의 아테나이 사회에서 철학자는 '별을 쳐다보면서 탁상공론만 늘어놓는 전혀 쓸모없는 존재'(489a)로 경멸과 냉대를 받고 때로는 죽음을 당한다고 말한다. 이것을 지적함으로써 플라톤은 자신이 그리는 이상국가 ―철학자를 올바르게 양성하고 활용하는 국가― 와 당시의 아테나이 사이의 거리를 부각시키려고 했을 것이다. 그러나 이하 이 글에서 드러날 플라톤적 사고방식을 사회상에 적용하면 이상국가와 당시의 아테나이 사회(그리고 오늘날 우리의 사회)는 완전히 별개의 것이 아니며, 그와 마찬가지로 두 사회 안에서 '철학자'(또는, 교육받은 사람)가 받는 대우 또한 완전히 다른 것이 아니라고 말할 수 있다. 이하 설명 참조.

Ⅱ 태양 : 지식의 원천

　「국가론」에서 철학자가 습득해야 할 '최고 수준의 지식'은 '좋은 것의 형식에 관한 지식'이다(505a). 이 점에 관해서는 소크라테스의 대화 상대자인 아데이만토스가 '그전에 여러 차례 들은 바 있고 또 그것이 무엇을 뜻하는지도 잘 알고 있다.' '좋은 것의 형식에 관한 지식'은 그 밖의 모든 지식에 가치와 유용성을 부여해 준다. 만약 우리가 이 지식을 가지고 있지 못하면 우리가 가지고 있는 그 밖의 모든 지식은, 그것이 아무리 완벽하다 하더라도, 우리에게 아무런 이득을 가져다 줄 수 없을 것이다. 그것은 마치 우리가 어떤 물건을 가지고 있으면서도 그것이 왜 좋은지, 어디에 쓰이는지를 모르는 것과 같다(505ab).
　태양의 비유 그리고 그 이후 두 개의 비유는 '좋은 것의 형식에 관한 지식'의 성격과 그 습득 과정을 설명하기 위한 것이다. 그 지식의 성격에 관한 설명을 시작하자마자 소크라테스는, 자신은 그것에 관하여 정확한 '지식'을 가지고 있지 않으며, 기껏해야 '앞을 못 보면서도 옳은 길을 찾아가는 장님'이 가지고 있는 것과 같은 '올바른 의견'을 가지고 있을 뿐이라고 말한다(506c). 표면상으로 보면 이것은 그의 상투적인 아이로니 이외의 아무것도 아닌 것처럼 보이지만, 이 경우에 소크라테스의 아이로니는, 이하에서 곧 설명할 바와 같이, 순전히 아이로니에 그치는 것이 아니다. 진담인지 농담인지 알 수 없는 그 악명 높은 엄살에 뒤이어 소크라테스는, 자신은 적어도 현재로서는 '좋은 것 그 자체'6)가 어떤 것인지 말할 수 없고 그 대신에 그것을 쏙 빼어

---

6) 「국가론」에서 '좋은 것 그 자체(the good in itself)'는 '좋은 것의 형식(the form of the good)'과 동의어로 사용된다. Plato, *The Republic*(Desmond Lee, trans.), Penguin Books, 1955, 1974, p. 266.

닮은 '좋은 것의 새끼'를 말해 주겠다고 말한다. 이자利子(새끼)를 먼저 갚고 나면 혹시 나중에 원금元金(어버이)을 갚을 수 있을지도 모른다. 다만, 이자를 갚는 동안에라도 혹시 채권자를 속이지 않는지 정신을 차리고 지켜보라고 소크라테스는 말한다.

이 '좋은 것의 새끼'가 태양이다. 우리는 눈으로 사물을 본다. 우리의 육안에 보이는 사물은 다수의 개별적 사물, 즉 여러 개의 아름다운 것, 여러 개의 좋은 것 등등이다. 그런데 우리가 육안으로 사물을 보기 위해서는 우리의 시력 이외에 광선이 있어야 하며 이 광선은 태양에서 온다. 그러므로 태양은 시력의 원인이며, 우리의 시력은 '태양이 눈으로 스며들어간 것'이라고 말할 수 있다(508b). 물론, 태양은 시력의 원인일뿐만 아니라 그 대상이 되기도 한다. 우리는 태양을 원인으로 하여 가지게 된 시력으로, 그 원인인 태양을 보기도 한다. 태양이 '좋은 것의 새끼'라면 '좋은 것'은 '태양의 어버이'이다. "'좋은 것〔의 형식〕'은 그것을 빼어 닮은 태양을 그 새끼로 낳았다네. 그리하여 태양은, 가지계可知界에서 '좋은 것'이 지력과 그 대상에 대하여 가지는 것과 동일한 관계를, 가시계可視界에서 시력과 그 대상에 대하여 가진다네'(508bc).

소크라테스의 이 말은 태양의 비유가 나타내려고 하는 모든 것을 압축해서 표현하고 있다. 소크라테스의 이 말을 그대로 받아들인다면, '좋은 것의 형식'(즉 '좋은 것 그 자체')은 육안이 아닌 심안(즉 '마음의 눈', 508d)으로 흘러 들어가서 지력의 원인이 되며 때로는 지력에 의하여 파악되는 대상이 되기도 한다. "광선과 시력이 태양과 비슷하기는 하지만 그것들이 태양 그 자체라고 생각해서는 안 되는 것과 마찬가지로, 지식과 진리가 '좋은 것'과 비슷하기는 하지만, 그 중의 어느 것도 '좋은 것' 그 자체라고 생각해서는 안 된다네. 이 '좋은 것'

은 그것들보다 훨씬 더 높은 곳에 있다고 보아야 하네"(509a). 그리고
태양이 비단 시력의 원인이 될뿐만 아니라 만물의 생성화육生成化育의
원인이 되는 것과 마찬가지로, '좋은 것' 또한 비단 지력의 원인이
될 뿐만 아니라 존재하는 모든 것의 존재 그 자체(또는 실재)의 원인이
된다(509b).

　'좋은 것의 형식'에 관하여 그전에 여러 차례 들은 아데이만토스
의 입장은 혹시 다를지 모르지만, 그렇지 않은 우리의 입장에서는 이
태양의 비유에 관하여 몇 가지 근본적인 의문이 불가피하게 대두된
다. 그 중의 두 가지는 이하 선분의 비유와 동굴의 비유에서 각각 해답된
다. 그 하나는 태양을 원인으로 하는 가시계可視界와 좋은 것을 원인으
로 하는 가지계可知界의 관련에 관한 의문이다. 이 양자가 모종의 관련
을 맺고 있으리라는 것은 '새끼'와 '어버이'라는 비유적인 표현, 그리
고 그 두 가지가 서로 빼어 닮았다는 말에 단적으로 시사되어 있다.
문제는 이 친자관계가 정확하게 무엇을 의미하는가에 있다. 이것은
선분의 비유에 의하여 해답된다. 그리고 또 하나는, 좋은 것이 지력과
지식, 그뿐만 아니라 존재하는 모든 것의 존재 그 자체의 원천이 된다
고 할 때의 이 '원천'이라는 용어를 어떻게 해석해야 하는가에 관한
의문이다. 태양이 시력이나 시각의 원인이 된다는 말은 그런대로 납득
될 수 있다. 어떤 것이 어떤 것의 원인이나 원천이 된다고 할 때, 그
원인 또는 원천은 그것을 원인으로 하여 생겨난 것 또는 그 원천에서
흘러나온 것에 비하여 시간상으로 우선한다. 태양의 경우에는 우리가
시력으로 사물을 보기 이전에 그 원인으로서의 태양이 존재한다는 것
을 받아들일 수 있다. 그렇다면 우리가 지력과 지식을 가지기 이전에
좋은 것이 먼저 존재하며, 지력과 지식은 그 좋은 것을 원인으로 하여
생긴다고 보아야 하는가? 아마 지식과 지력의 경우에도 시력에 있어

서의 태양에 해당하는 모종의 원천이 있어야 한다고 볼 수 있을지
모르지만, 이 경우의 '원천'은 특별한 의미를 가진다고 보지 않으면
안 된다. 이 특별한 의미는 동굴의 비유에서 드러난다.

　태양의 비유와 관련하여 대두되는 의문 중에는 그 이후의 두 비유
에서 대답되는 것과는 달리 태양의 비유 그 자체와 관련하여 해결되어
야 할 것도 있다. 그것은 도대체 어째서 태양(그리고 그것을 원인으로
하는 시력)과는 별도로, 그것이 닮았다고는 하지만 그것과는 다른, '좋
은 것'(그리고 그것을 원천으로 하는 지력)이 있다는 것을 가정해야
하는가 하는 것이다. 태양의 비유에 사용된 용어로 고쳐 말하자면 이
의문은, 어째서 태양은 '새끼'이며 그것에 상응하는 '어버이'로서 '좋
은 것'이 별도로 있다고 보아야 하는가 하는 것으로 된다. 위에서 말한
두 가지 의문 ―즉, 가시계와 가지계의 관련에 관한 의문 그리고 지식
과 '좋은 것' 사이의 우선관계에 관한 의문― 은 이 태양의 비유 그
자체에 관한 의문이 해결되고 난 뒤에야 비로소 의미를 가지며, 이
점에서 이 의문은 가장 근본적인 것이라고 말할 수 있다. 나머지 두
가지 비유는 이 태양의 비유에서 파생되는 의문을 해결하기 위하여
필요하며, 그런 만큼 이 태양의 비유에 관한 의문은 어떤 방식으로든
지 반드시 나머지 두 가지 비유에 영향을 미칠 것이다. 그러나 또한
그와 마찬가지로 나머지 두 가지 비유는 그 첫째 의문을 해결하는
데에 중요한 단서를 제공해 줄 것으로 예상된다. 결국 그 세 가지 비유
는 그 각각을 따로따로 설명할 수 없는 것은 물론이요, 심지어 그 중의
어느 것을 먼저 설명하고 어느 것을 나중에 설명할 수도 없을 정도로
서로 면밀하게 관련되어 있다.

　그러나 일단 나머지 두 개의 의문을 뒤로 미루고 말한다면, 어째
서 이 두 '세계'를 별도로 인정해야 하는가 하는 문제는 결국 가시계와

가지계 그리고 특히 가지계의 원천으로 생각되는 '좋은 것의 형식'이 각각 무엇을 지칭하는가 하는 것으로 귀착된다. 그 두 세계를 구분할 이유가 있다면 그것은 그 각각을 규정하는 과정에서 저절로 드러날 것이기 때문이다. 「국가론」의 구성으로 볼 때 가시계와 가지계의 구분은 태양의 비유가 제시되기 이전, 제 5 권의 마지막에서 이상국가의 실현 가능성이 문제되고 나서부터 철학자를 정의하는 동안에 이미 예비적으로 취급된다. 이상국가의 실현 가능성 문제가 대두되자마자 소크라테스는 이 글에서 문제 삼는 세 개의 비유 이외에 그것만큼 두드러지지는 않지만 그것보다 훨씬 더 광범하고 강력한 적용력을 가지는 또 하나의 비유를 든다. 그것은 '원형'原型과 '모사'模寫의 비유이다. 예컨대 화가가 이상적인 미남의 모습을 모든 세부사항에 이르기까지 완벽하게 그려낸다면 그것은 미남의 이상적 원형이다. '그 그림에 나와 있는 사람과 모든 세부사항에 이르기까지 완전히 동일한 인물이 실지로 존재하지 않는다고 하여 우리는 그 화가를 나무랄 수 있는가'라고 소크라테스는 반문한다(472d). 그 그림은 미남의 이상적 원형이며 그것과 다소간 비슷한 실지 인물은 그 원형의 모사이다. 그 앞부분에서 언설로 규정한 이상국가는 화가가 그려낸 이상적인 미남과 마찬가지로 원형이다. 실지로 존재하는 국가가 그 이상적인 원형에 되도록 가까이 접근하는 한, 그것은 원형과 모사가 다르지 않은 것과 마찬가지로 이상국가와 다르지 않으며 따라서 그만큼 그 이상은 실현된 것으로 보아야 한다.

　　이상국가의 실현 가능성과 관련하여 사용된 이 원형과 모사의 비유는 철학자를 정의하는 데에도 그대로 사용된다. 철학자('애지자'愛知者, 즉 지혜를 사랑하는 사람)는, 무엇인가를 진정으로 사랑하는 사람이 누구나 그렇게 하듯이(474c-e), 그의 사랑의 대상인 지혜 또는 지식을 '전체로서', 이런 지혜 저런 지혜의 '구분 없이'(475b) 사랑한다. 지식과 지혜를 사랑하는 사람으로서의 철학자는 '보는 것과 듣는 것'을 사랑하는 사람으로서의 상식인('애견자'愛見者, 즉 감각의 대상을 사랑하는 사람)과는 다르다. 상식인들은 아름다운 소리, 아름다운 색깔과 형체 등, 개별적인 사물로 표현된 아름다움, 즉 '아름다운 것들'을 사랑하며, 이것을 위하여 그들은 '디오뉘소스 축제라면 하나도 빠트리지 않고 도시건 시골이건 할 것 없이 온 사방으로 뛰어다닌다'(475d). 그러나 철학자는 개별적인 '아름다운 것들'이 아닌 아름다움 그 자체, 즉 '아름다움의 형식'을 사랑한다. (아직 태양의 비유나 선분의 비유가 제시되지 않은 「국가론」의 이 대목에서는 '아름다움의 형식' 또는 그 밖의 모든 형식과 '좋은 것의 형식' 사이의 관계는 거론되지 않는다.) 개별적인 '아름다운 것들'은 '아름다움의 형식'의 모사이며, 그것들이 아름다운 것은 '아름다움의 형식'이라는 원형을 본떴기 때문이다(476cd). 아름다움 그 자체와는 달리, 개별적인 아름다움은 상황에 따라 추한 것으로도 될 수 있으며, 이 점에서 상식인들이 사랑하는 것은 '인 것'과 '아닌 것'의 중간에 있는 것(477a)이다. 철학자와 상식인의 능력 또는 정신 상태는 각각 그것이 사랑하는 대상에 상응하는 만큼, 그 각각의 정신 상태는 '아는 것'(지식)과 '여기는 것'(의견), 또는 비유적으로 '깨어 있는 상태'와 '꿈꾸는 상태'로 기술될 수 있다(476cd).

결국 가지계와 가시계로 지칭되는 두 개의 세계(509d)는 각각 철학자와 상식인의 정신 작용에 의하여 파악되는 대상을 가리킨다고 말할 수 있다. 「국가론」 본문의 위와 같은 설명만으로도 귀 여린 사람은 그 두 개의 세계가 '별도로' 존재한다는 것을 받아들이려고 할 것이다. 가령 한때 이 세상의 그 어느 것보다도 아름답고 사랑스러웠던 사람,

그 사람을 창조한 신神에게 모든 감사와 찬양을 다 바치고 싶었던 그런 사람이 거의 한 순간을 경계로 하여 바로 그 신에게 원망과 저주를 퍼붓고 싶을 정도로 가장 추하고 가증스러운 존재로 변하는 것은 살아가는 과정에서 누구나 경험하는 사실이다. 이럴 때 우리는 그런 변화하는 아름다움이 아닌, 항구불변의 아름다움을 동경하게 되고 그러한 불변의 아름다움은 태양의 비유에서 소크라테스가 말하는 바와 같이 개별적 존재로서의 아름다운 사람과는 별도의 세계를 구성한다는 것을 받아들이려고 한다.

그러나 또 한편, 아무 것이나 얼른 믿으려고 하지 않는 '비판적인' 사람은 위의 귀 여린 사람을 비웃는다. 한때 아름답던 사람이 다른 때에 추한 사람으로 여겨진다고 하여 이른바 '항구불변의 아름다움 그 자체' 또는 '아름다움의 형식'이 별도로 존재한다고 볼 이유가 어디에 있는가? 귀 여린 사람이 믿으려고 하는 것과는 달리, 아름답다가 추하게 된 그 사람은 '동일한' 사람이며 그 동일한 사람이 한때는 아름답다가 다른 때에는 추하게 되었다는 것 그것뿐이다. 여기에 무슨 기이한 점이 있으며 무슨 특별한 설명이 필요하단 말인가? 아름다운 것은 아름다움의 형식을 본떴다는 소크라테스의 말은 결국 그 아름다운 것이 아름다운 성질을 띠고 있다는 말 이외의 아무것도 아니며, 그 말 때문에 아름다움의 형식이 별도의 세계를 구성한다고 믿는 것은 언어에 사기당하는 것에 지나지 않는다. 더구나 그 이후 철학자 · 군주의 교육과정을 말하는 대목에서 손가락의 크기를 보기로 하여 소크라테스 자신이 하는 말(523a ff.)에 명백히 시사된 바와 같이, 가시계와 가지계를 '감각'과 '개념'으로 해석한다면, 더욱 그 두 세계가 별도로 존재한다는 것을 받아들이기 어렵다. 감각은 개념을 예시하며, 이 점에서 보면 차라리 가지계라는 것은 가시계와는 다른 별도의 세계를 구성하는 것이 아니라 가시계 속에 들어 있다고 보아야 할 것이다.

이런 종류의 의심은 태양의 비유에서의 소크라테스의 말보다 훨씬 더 강력한 근거를 가지고 있으며, 아마 모르기는 해도 앞의 귀 여린 사람의 믿음을 일축하고도 남음이 있을 것이다. 그러나 분명히 말하여 그 의심은 태양의 비유를 나머지 두 비유와 관련짓지 않은 채 그 자체로서 판정하려고 할 때 힘을 발휘할 수 있다. 만약 가시계와 가지계라는 두 개의 세계를 특히 동굴의 비유와 관련지어 이해한다면, 가지계라는 것은, 비록 가시계를 보기 전에 그것보다 먼저 알 수 있는 것은 아니지만, 가시계를 어떤 방식으로든지 '초월한' 사람에게 파악되는 세계이며, 이 점에서 그것은 가시계와 별도로 존재한다고 볼 가능성이 있다는 것을 인정하게 될 것이다.

Ⅲ 선분 : 지식의 위계

선분의 비유는 태양의 비유가 "채 끝나지 않았다"(509c)는 소크라테스의 말에 뒤이어 제시된다. 소크라테스는 대화의 상대자인 아데이만토스에게, 두 개의 능력 또는 정신 작용을 나타내는 가시계와 가지계를 염두에 두고 그 각각이 '균등하지 않은 비율로[7) 분할된 하나의 선분을 이룬다고 생각해 보라'고 말한다. 이와 같이 분할된 두 개의 선분은 다시 각각 그와 동일한 비율로 분할된다. 그리하여, 만약 맨 아래의 것부터 시작하여 그 각각을 a, b, c, d라고 부른다면 우리는

---

7) 예컨대 1 : 3. 「국가론」의 본문에는 가시계와 가지계 중의 어느 쪽이 선분의 긴 쪽을 나타내는가는 명시되어 있지 않지만 종래의 관례는 가시계가 짧은 쪽을 나타내는 것으로 되어 있다. 그러나 이 두 세계의 성격으로 보면 오히려 그 반대로 생각하는 것이 더 타당할지 모른다.

(a+b) : (c+d)=a : b=c : d의 비례를 나타내는 네 개의 분절을 얻는다. (선의 분할을 도표로 나타내는 경우에 종래의 학자들은 예외 없이 선분을 세로로 세워놓고 가지계를 가시계의 위에 올려놓았다. 분명히 기이하다고 해야 할 이 일반적인 관례는 다음의 동굴의 비유가 다루는 '등정'登程 ―위로 올라가는 길― 과 관련하여 중요한 의미를 품고 있다.) 그 다음에 소크라테스는 그 네 개의 선분을 a에서 시작하여 차례로 명명하고 각각에 해당하는 정신 작용과 그 대상을 아무런 감정의 표현 없이, 마치 일상의 익숙한 사건을 보고하는 듯한 어조로 설명해 나간다. 그 네 분절의 이름은 a) 환각, b) 상식, c) 추론, d) 요해了解로 번역될 수 있다.[8]

가시계와 가지계를 하나의 연속된 선분 위에 올려놓아 보라는, 선분의 비유가 시작되는 첫머리에 소크라테스가 하는 말은 태양의 비유에서 본격적으로 설명되지 않은 채 지나온 두 세계 사이의 관계를 암시하고 있다. 그 관계가 충분히 논의되지 않은 상태에서 그 두 세계는, 비록 친자관계 또는 원형과 모사의 관계가 언급되어 있기는 하지만, 연속적인 것이라기보다는 병렬적인 방식으로 관련된 두 개의 별도의 세계를 나타내는 것으로 이해된다. 그런데 이제 선분의 비유에 와서 그 두 개의 병렬적인 세계는 하나의 선분 위에 아래위로 얹혀 있다. 이와 같이 가시계와 가지계를 동일한 선분 위에 올려놓고 생각할 때에는 양자를 병렬로 놓고 생각할 때에 비하여 그 사이의 연속성 또는 동일성이 두드러지게 드러난다. 그러나 그렇다고 하여 태양의 비유에

---

8) 이 각각에 해당하는 영어 단어(D. Lee와 R. C. Cross and A. D. Woozley 참조)와 희랍어 단어는 a=illusion(*eikasia*), b=belief, common-sense assurance (*pistis*), c=thinking, mathematical reasoning(*dianoia*), d=intelligence, dialectic (*noesis*)이다. 그리고 이하의 논의에서 가시계와 가지계로 지칭되는 두 개의 큰 분절(a+b와 c+d)은 '의견(opinion, *doxa*)'과 '지식(knowledge, *episteme*)'이다.

서 시사되는 것과 같은 양자 사이의 구분 또는 이질성이 반드시 부정되는 것은 아니다. 비록 동일한 선분 위에 있다고는 하지만 선분의 아래위 칸이 다른 만큼 두 세계는 엄연히 구분된다. 결국 선분의 비유는 태양의 비유에서 구분한 가시계와 가지계를 동일한 선분의 아래위에 올려놓음으로써 그 두 세계의 동일성과 이질성을 동시에 주장한다고 말할 수 있다.

사실상, 선분의 비유가 드러내고자 하는 두 세계의 '동일성'은 앞에서 말한 미남도美男圖의 비유에 이미 함의되어 있다. 앞 절에서 말한 바와 같이, 소크라테스는 자신이 언설로 그려낸 이상국가의 실현 가능성 문제가 대두되자마자 실지로 존재하는 인물이 그림 속의 미남과 모든 세부사항에 이르기까지 완전히 동일하지는 않다 하더라도 그것이 그 이상적인 원형의 모사인 한 양자는 다르지 않다는 것을 상기시킨다. 가시계와 가지계도 이와 마찬가지이다. 가시계는 가지계라는 원형을 본뜬 모사이며 원형과 모사가 다르지 않은 것과 마찬가지로 가지계와 다르지 않다. 그러나 물론 두 세계는 새끼와 어버이가 동일하지 않은 만큼, 또한 동일한 선분 위의 두 분절이 동일하지 않은 만큼 동일하지 않다. 그리하여 선분의 비유에서는 가시계와 가지계 ―그리고 그 각각에 상응하는 작은 분절들― 이 동일하지도 않고 상이하지도 않다는 점을 어떻게 해석해야 하는가 하는 문제가 대두된다.

이제 설명의 편의상 가시계(즉, 상식인의 지력에 파악되는 개별적인 사물과 현상)를 하나의 '세계'로 생각해 보자. 그것이 하나의 세계를 이룬다는 것은 곧 그것이 모든 개별적인 사물과 현상을 남김없이 담고 있다는 뜻이며 그것에 속하지 않는 개별적인 사물은 존재하지 않는다는 뜻이다. 가지계(즉, 철학자가 관심을 두는, 개별적인 사물의 형식 또는 '원인') 또한 이와 동일한 의미에서의 '세계'이다. 가지계가 하나의 세계인 한, 거기에는 개별적인 사물의 형식 전체가 남김 없이 들어 있으며 그것에 속하지 않는 형식은 존재하지 않는다. 선분의 비유가 드러내고자 하는 것은 이 두 세계가 아래위로 연결되어 있다는 것이다.(위와 같은 의미에서의 두 세계는 선분의 아래 위보다는 차라리 피라미드형의 아래위로 파악하는 것이 더 적절할 것이다.)

이와 같이 생각한다면 가시계와 가지계가 동일한 선분의 아래위로 '위계'를 이루고 있다는 것은 오직 한 가지 의미로밖에 달리 해석될 수 가 없다. 즉, 위계의 윗부분은 아랫부분이 구현하는 본질 ─아랫부분이 무엇을 의미하는가─ 을 더 분명하게, 더 순수한 형태로 드러내어 주며, 아랫부분은 윗부분이 드러내는 본질을 구현하고 있다. 윗부분이 아랫부분의 본질을 드러낸다는 것은 곧 윗부분에 의하여 규정되지 않는 한 아랫부분의 '의미'가 밝혀지지 않는다는 뜻이며, 이 점에서 아랫부분은 윗부분에 의존한다고 말할 수 있다.(물론, '의미'라는 말을 해석하기에 따라서는 그 반대의 경우도 마찬가지로 성립한다.) 콜링우드의 재치 있는 표현을 빌어 말하자면, 위계의 윗부분은 아랫부분이 하는 '약속'을 '실천'한다. 아랫부분은 그것이 실천할 수 있는 것보다 더 큰 것을 약속하며, 아랫부분이 무엇을 약속하는가 하는 것은 윗부분이 하는 실천에 의하여 비로소 드러난다.[9] (물론, 앞의 '의미'의 경우에 있어서와 마찬가지로, 여기서도 '약속'과 '실천'의 부분이 반대로 될 수도 있다.) 어느 경우에 있어서나 본질과 그것을 구현하는 현상, 또는 실천과 그것이 실천하는 약속이 다를 수 없는 것과 마찬가지로 가지계와 가시계는 다를 수 없다. 그러나 또한 본질이 곧 현상이 아니듯이, 또는 실천이 곧 약속이 아니듯이, 가지계와 가시계는 동일

---

9) R. G. Collingwood, *An Essay on Philosophical Method*, Oxford University Press, 1933, ch. 3. The Scale of Forms, esp. p. 87.

하지 않다. 이 두 세계가 동일하지도 않고 상이하지도 않다는 것을 한꺼번에 말하자면 가지계는 가시계와 동일한 대상을 상이한 방식으로 표현한다고 말할 수 있을 것이다.

가시계와 가지계(또는 의견과 지식)의 관련에 관한 이상의 설명은, 그 각각의 안에 들어 있는 작은 분절들 ―즉, 환각과 상식, 추론과 요해― 이 그 두 세계와 동일한 비율로 분할되어 있다는 사실에 명백히 시사되어 있는 바와 같이, 그 작은 분절들 사이의 관계에도 그대로 적용된다. 각각의 분절에 관한 소크라테스 자신의 설명을 여기서 자세하게 소개하는 것은 불필요할 것이다. 다만, 소크라테스의 설명에서는, 대응하는 분절의 아랫부분은 윗부분을 원형(또는 실물)으로 하는 모사(또는 그림자)로서 양자는 '명료성' ―흐릿한가 또렷한가― 이라는 기준으로 구별된다는 점이 되풀이되어 강조되어 있다. 특히 셋째 분절인 '추론'을 설명하는 대목에서 소크라테스는 아래 위 분절의 관련에 관한 매우 중대한 시사를 주는 발언을 한다. 즉, 추론은 그 아랫부분인 '상식'을 그림자로 삼아 그것을 예시로서 활용하지만, 이 상식은 다시 그 아랫부분인 '환각'에 대해서는 실물에 해당한다는 것이다. 다시 말하면 추론은 맨 아래의 환각이라는 그림자에 대해서는 실물인 상식을 다시 그림자로 삼는다(511a). 추론은 상식보다는 명료하지만, 추론이 다루는 내용은 상식 이외의 것이 될 수 없으며 ―그와 마찬가지로, 한 단계 건너뛰어서는, 환각 이외의 것이 될 수 없으며― 이 점에서 추론은 상식과 다르지 않다.

분명히 말하여, 플라톤은 대응하는 분절 하나하나에 균등하게 관심을 가졌던 것이 아니다. 우리는 선분의 비유가 동굴의 비유와 함께 궁극적으로 철학자·군주의 양성을 위한 교육과정을 도출하기 위한 근거로 사용되고 있다는 점을 염두에 두어야 한다. 이것을 염두에 두고 그 이후 철학자·군주의 교육과정에 관한 소크라테스의 설명을 들어보면, 플라톤의 관심은 오늘날의 용어로 '과학' 또는 '학문'(플라톤의 용어로 '기하학, 그리고 그와 유사한 기술', 511b)에 해당하는 '추론'의 성격에 있음을 알 수 있다. 예컨대 기하나 산술을 공부하는 사람들은 가시적인 물체를 다루고 그것에 관하여 이런저런 설명을 하지만, 사실상 그들이 관심을 두고 있는 것은 그런 가시적인 물체 그 자체가 아니라 그 물체가 모사하고 있는 원형이다. 기하를 공부하는 사람들이 종이 위에 그리는 원이나 삼각형은 원 그 자체, 삼각형 그 자체가 아닌, 그것의 그림자일 뿐이다. 추론이 대상으로 하는 원 그 자체, 삼각형 그 자체는 감각 또는 육안에 파악되는 것이 아니라 이성理性 또는 심안心眼에만 파악되며, 그렇기 때문에 추론은 감각에 의하여 파악되는 그림자를 예시로 활용할 수밖에 없다. 이와 같이 추론은 한편으로 가시계(환각과 상식)에 대해서는 가지계를 대표하지만, 그 위의 요해에 대해서는 가시계의 위치에 머물러 있다. 추론은 감각에 의하여 파악되는 가시계를 주어진 것으로 받아들이고 그것을 출발점으로 삼아 그것으로부터 자신이 찾고자 하는 결론을 이끌어 낸다. 여기에 비하여 요해는 이런 의미에서의 가시계의 의존에서 완전히 벗어나 있다. 요해가 추구하는 것은 일체의 가정에서 벗어난 '만물의 제 1 원리'이다. 요해는 '오로지 형식에서 형식으로 나아가며 형식에서 끝난다'(511c).

앞에서 말한 바와 같이, 태양의 비유에서 시작되는 세 개의 비유는 철학자가 갖추어야 할 최고 수준의 지식으로서의 '좋은 것의 형식에 관한 지식'의 성격과 그 습득 과정을 설명하기 위하여 제시된다. 이 점을 상기할 때 선분의 비유와 관련하여 대두되는 한 가지 의문은 '좋은 것의 형식에 관한 지식'이 선분에서 어떤 위치를 차지하고 있는가 하는 것이다. 앞의 태양의 비유에서는 그것이 가시계의 태양에 상응하는 가지계의 대응물로서 모든 지식과 지력의 원천이 된다는 점이 언급되어 있음에 비하여, 선분의 비유에서는 그것에 대한 직접적인 언급이 없다. 이러한 형편에서 '좋은 것의 형식에 관한 지식'을 선분 위에 위치 짓는 일은 독자인 우리에게 일임되어 있다. 요해는 '오로지 형식에서 형식으로 나아가며 형식에서 끝난다'는 소크라테스의 말을 단서로 하여 생각해 보면, 형식에는 개별적인 사물(예컨대 삼각형, 아름다움 등)에 상응하는 여러 개의 '형식들'이 있고 '좋은 것의 형식'은 그 모든 것을 포괄하는 가장 높은 수준의 유일한 형식을 뜻한다는 생각을 해 볼 수 있다. 그리고 이렇게 생각해 보면 '좋은 것의 형식에 관한 지식은' 요해로 지칭되는 분절의 맨 꼭대기 점을 차지하는 것으로 생각된다. 그러나 또한, 추론은, 비록 그것이 가시계를 출발점으로 삼기는 하지만, 여전히 가지계에 속한다는 뜻에서 그 자체가 '형식들'을 다루며, 이 점에서 보면 요해라는 분절은 추론이 다루는 여러 개의 형식들을 포괄하는 오직 하나의 형식으로서의 '좋은 것의 형식'을 다룬다고 볼 수도 있다.

선분에서의 '좋은 것의 형식'의 위치에 관한 이러한 의문은 선분과 그 분절들이 무엇을 비유적으로 나타내는가, 그것에 의하여 비유되는 것이 무엇인가에 착안할 때 그다지 어렵지 않게 해결된다. 선분은 태양의 비유에서의 가시계와 가지계를 아래 위로 붙여 놓은 것이라고 보면, 선분이 나타내는 것은 가시계와 가지계가 나타내는 것과 다른 것일 수 없다. 즉, 그것은 능력 또는 정신작용과 그 대상을 동시에 나타낸다. 그렇다면 선분은 우리가 무엇인가를 안다고 할 때 우리가 마음속에 가지고 있다고 생각하는 것(즉, 일반적인 의미에서의 '지식')과 그것에 상응하는 우리의 정신 상태를 위계로 체계화한 것이라고 말할 수 있다. 한마디로 말하여 선분이 비유적으로 나타내는 것은 우

리의 '마음'이다. 그리고 이와 같이 선분이 우리의 마음을 나타낸다고
보면, 선분의 비유에서 제시되는 여러 분절들은 마음을 분석적으로
파악하기 위한 방편 이외의 아무 것도 아니다. 우리의 '마음'이라는
것은 심지어 하나의 점으로조차 공간적인 위치를 차지하는 것이 아니
며, 하물며 그것이 긴 선분을 이루고 있다든가 그 선분에서 '환각, 상
식, 추론, 요해'라는 능력 또는 정신작용이 각각 상이한 분절로 분할되
어 있는 것은 더욱 아니다. 우리의 마음속에서는 상식이 곧 추론이며
요해이다. 다만 그것을 이와 같이 상이한 분절로 표시하는 것은 태양
의 비유에서의 상식인과 철학자의 대조에 명백히 시사되어 있는 바와
같은, 마음의 상이한 지향성을 드러내기 위한 것이다. 궁극적으로 이
지향성은 추론('기하학, 그리고 그와 유사한 기술')이 따르는 지향성
이며 상식과 요해는 그 지향성의 두 가지 상반된 방향을 지시한다.

　뿐만 아니라, 선분은 지식과 정신 상태 '전체'를 나타낸다. '상식'
으로 지칭되는 분절은 상식 중의 어느 특정한 항목이나 부분을 나타내
는 것이 아니라 상식 전체(즉, 가시계 전체)를 나타내며 추론이나 요해
또한 그와 마찬가지이다. 추론이 상식을 출발점으로 하여 그 의미를
드러내는 것(즉, 상식의 형식)이라면 추론에는 모든 가시계가 고스란
히 들어 있다고 보지 않으면 안 된다. 그와 마찬가지로 생각하여, '좋
은 것의 형식'은, 그것이 선분 위의 어느 위치를 차지하고 있는가와는
무관하게, 가시계 전체를 담고 있다고 보아야 한다. 만약 누군가가
'좋은 것의 형식에 관한 지식'을 갖추고 있다면 그는 '있는 것 전체를,
그 중에서 가장 하찮은 부분도 빠트림이 없이 모든 것을'(485b) —그
러나 상식인의 눈에 비치는 것과 같은 가변적인 상태로서가 아닌 불변
의 상태로— 알고 있는 셈이 된다. 이런 지식을 갖추고 있는 사람이
'철학자'이다. 소크라테스가 철학자의 특징으로 열거하고 있는 무사위

無詐僞, 자제, 관용, 죽음에 대한 초연한 자세 등등(487a)은 그의 마음이 대상으로 하고 있는 지식의 특징에 연유한다. 철학자가 알고 있는 '불변의 상태로서의 있는 것 전체'는 모든 것의 의미와 본질이며 모든 것이 따라야 할 '신적神的인 표준'(500e)이다. 그리고 철학자가 궁극적으로 떠맡게 되어 있는 군주의 일, 통치자의 일은 그가 알고 있는 신적인 표준에 따라 삶의 규칙을 제정하고 시행하는 일이다.

그러나 육안의 제약에서 완전히 벗어날 수 없는 인간으로서 위와 같은 의미에서의 '좋은 것의 형식에 관한 지식'을 갖추는 일이 도대체 가능한 것인가? 선분의 분절이 표면상 시사하는 것과 같이, 만약 요해가 추론이나 상식으로부터 완전히 단절되어 있다면, '불변의 상태로서의 있는 것 전체'는 인간의 지력으로서는 결코 파악할 수 없는, 문자 그대로 '신적인 표준'일 수밖에 없는 것으로 된다. 앞에서 말한 바와 같이, 소크라테스는 '좋은 것의 형식'에 관한 설명을 시작하는 순간, 자신은 '좋은 것의 형식'이 어떤 것인지 말할 수 없다고 말한다. 이제 와서 우리는 어째서 소크라테스의 그 말이 순전한 농담이라고만은 볼 수 없는지를 알게 된다. 소크라테스의 말 그대로 '좋은 것의 형식'은 그 자체로서는 어떤 것인지 말할 수 없고 오직 그것을 쏙 빼닮은 그 새끼, 즉 가시계의 원천 또는 원인인 태양을 통해서밖에 말할 수 없으며, 어쩌면 그것은, 선분의 비유에 사용된 용어로 말하자면 가시계에 의미를 부여하는, 가시계의 형식으로서의 추론과 다른 것일 수 없는지도 모른다. 그리하여 요해는 추론이 다루는 지식 이외에, 그것과는 상이한 지식을 다루는 것이 아니라 바로 그 지식을 상식과는 반대 방향으로 다룬다고 말할 수 있다. 아마 이것이 가시계와 가지계는 동일한 대상을 상이한 방식으로 표현한다는 말을 의미있게 해석하는 오직 한 가지 방법일 것이다.

선분의 비유가 우리의 마음을 분석적으로 파악하기 위한 방편이기는 하지만, 그것에 의하여 파악되는 우리의 마음은 한 고정된 시점에서 파악되는 '무시간적 차원'에서의 마음이다. 선분의 비유에는 마음이 어느 특정한 상태에서 다른 상태로 나아간다든가 움직인다는 의미가 전연 들어 있지 않으며, 이 점에서 그것은 시간 계열을 초월해 있다. 그러나 교육은 시간 계열에 지배된다. 선분의 비유가 철학자의 교육과정을 위한 근거로 사용되기 위해서는 그것을 시간 계열로 번역하지 않으면 안 된다. 여기에 동굴의 비유가 필요하게 된다.

Ⅳ 동굴 : 지식의 획득

동굴의 비유는 선분의 비유가 끝난 뒤에 '교육을 받았을 때와 무지할 때 인간이 어떤 처지에 있는가를 상상해 보면 아마 다음과 같을 것'이라는 소크라테스의 말로 시작된다. 먼저 땅 속에 동굴과도 같은 큰 방이 있고 동굴 바깥으로 뚫린 긴 입구가 있다. 동굴의 맨 안쪽에는 어릴 때부터 다리와 목이 쇠고랑에 묶인 채 자기 앞의 벽밖에 볼 수 없는 죄수들이 있다. 동굴의 입구 쪽으로 얼마간 떨어져서 불이 타고 있고 그 불과 죄수들 사이에 인형극을 할 때처럼 장막을 친 난간이 올라와 있다. 장막 뒤쪽에서 사람들이 나무나 돌, 그 밖의 여러 가지 재료로 만든 사람과 짐승 모양을 난간 위로 쳐들고 다니면서 이런저런 말을 한다.("이상한 그림이요 이상한 죄수들"이라는 아데이만토스의 말에 대하여 소크라테스는 "그 죄수들은 바로 우리 자신"이라고 말한다, 515a.) 그 죄수들은 고개를 돌릴 수 없기 때문에 난간 위의 가짜 형상이 그 뒤쪽의 불빛을 받아 자기 앞쪽의 벽에 드리우는 그림자밖에 볼 수 없다. 오랫동안 그것에 익숙해진 나머지 그들은 그것이 곧 진짜 사람과 짐승이라고 생각하며 그 이외에 진짜 사람과 짐승이 따로 있다고는 생각하지 않는다.

누군가가 그 죄수 중의 한 명을 묶고 있는 쇠고랑을 풀고 강제로 몸을 일으켜 세워서 그로 하여금 고개를 돌리고 불쪽으로 나아가도록 한다. 몸을 일으키고 고개를 돌리는 동작 그 자체가 힘들고 고통스러울뿐만 아니라 눈을 찌르는 듯한 불빛 또한 고통스럽다. 이때까지 그가 보아 온 것은 허깨비 그림자요 지금 그가 보고 있는 난간 위의 형상들이 더 진짜라는 말을 들을 때, 그 죄수는 정신이 얼떨떨해져서 어느 쪽이 과연 진짜인지 알 수 없게 된다. 그에게는 눈부신 불빛이나 그것을 직접 반사하는 형상들보다는 벽에 비친 그림자가 훨씬 더 선명하며, 그렇기 때문에 이때까지 보아 오던 것이 훨씬 더 진짜라고 생각된다.

이제 또다시 누군가가 그를 울퉁불퉁하고 가파른 입구 쪽으로 강제로 끌어올려 햇빛 비치는 동굴 바깥으로 나오도록 한다. 나오지 않으려고 발버둥치면서 억지로 끌려 나왔을 때 그는 또다시 고통을 겪는다. 밝은 햇빛에 눈앞이 캄캄하여 그는 자기 앞에 있는 진짜 사물을 전혀 분간하지 못한다. 처음에 그는 사물을 직접 보지 못하고 물에 비친 그림자를 보다가 차차 햇빛에 눈이 익숙해지면서 사물 그 자체와 밤하늘의 천체와 달과 별을 보게 된다. 그러다가 마침내 그는 태양 그 자체, 물이나 다른 사물에 비친 태양이 아닌 태양 그 자체를 직접 볼 수 있게 되고, 태양이야말로 사시四時의 운행과 가시계의 모든 사물을 만들어 내고 지배한다는 것, 그리고 '어떤 의미에서는 동굴 속에서 그와 동료 죄수들이 보아 오던 것도 태양으로 말미암아 존재한다는 것'(516c)을 알게 된다.

때로 그는 한때 자신이 갇혀 있었던, 그리고 수많은 그의 동료들이 지금도 여전히 갇혀 있는 동굴 속의 처지와 현재 자신의 처지를 비교해 보면서 현재 자신이 누리고 있는 행운은 어느 것과도 비교할 수 없다고 생각한다. 물론, 동굴 안에도 그 나름으로 명예와 영광이 있고, 예컨대 벽에 나타나는 그림자의 순서를 정확하게 기억한다든가 어느 그림자 다음에 어느 그림자가 나온다는 것을 예언하는 등의 얄팍한 지혜로 상을 받는 경우도 있다. 그러나 그런 상이나 영광은 그에게는 전혀 부러워할 만한 것이 못 된다. 그는 호메로스의 말대로 '한치 땅 없는 주인에게 종살이를 할지언정' 이전의 그 삶으로 되돌아가려고 하지 않을 것이다. 만약 그가 다시 동굴 속으로 들어가서 이전의 그 자리에 앉는다면 그는 처음에 동굴에서 바깥으로 나올 때와 마찬가지로 시력이 마비되어 아무것도 분간할 수 없게 될 것이다. 만약 그가 그 마비된 시력으로 그곳에 있는 죄수들이 하듯이 그림자를 분간해 내는 일을 하려고 한다면 그는 완전히 바보꼴이 되어 도저히 그들의 경쟁 상대가 되지 못한다. 다른 죄수들은 그를 가리켜 '바깥세상에 나가더니 장님이 되어 돌아왔다'고 그를 조롱하며, 그 바깥세상이라는 곳은 도대체 갈만한 데가 아니라고 생각한다. 만약 그가 다른 죄수들의 처지를 가련히 여겨 그들의 쇠고랑을 풀고 그들을 위로 끌어 올리려고 하면, 그들은 기회가 닿는 대로 그를 죽이려고 덤빌 것이다.

소크라테스 자신이 붙이는 약간의 해석을 제외하고 동굴의 비유 그 자체만을 옮기면 대략 이상과 같다. 이 비유가 끝난 뒤에 소크라테스는 그것과 그 이전의 비유의 관계를 다음과 같이 설명한다.

육안에 드러나는 가시계는 동굴 감옥에, 그리고 동굴 속의 불은 태양에 해당한다네. 그리고 동굴 위의 바깥세상으로 올라가

서 거기서 실물을 보는 것은 마음이 가지계로 향상하는 것을 가리
킨다고 보면 될 걸세. 자네는 내 해석을 몹시 알고 싶어하는 모양
인데, 어쨌든 내 해석은 그렇다네. 과연 그런 것이 정말로 있는가
하는 것은 신만이 알고 있겠지만, 내가 가지고 있는 '의견'으로
말하자면, 가지계에서 최종적으로 보아야 할 것, 피나는 노력으로
야 비로소 볼 수 있는 것은 '좋은 것의 형식'이라네. 일단 이것을
보고나면, 올바르고 가치있는 것은 무엇이든지 그 '좋은 것의 형
식'에 말미암는다는 것을 알게 될 걸세. '좋은 것의 형식'은 가시
계에서는 빛뿐만 아니라 빛의 원천을 만들어내며, 가지계에서는
진리와 지성의 방향을 규제한다네. 그리하여 공적인 일에서나 사
적인 일에서나 이성에 맞게 처신하려고 하는 사람이라면 누구든
지 그 '좋은 것의 형식'에 눈길을 돌려야 하네(517bc).

이 말의 첫 부분에서 소크라테스는 동굴의 비유와 그 이전의 두
비유 사이의 대응 관계를 언급하고 있다. 그러나 동굴의 비유와 특히
선분의 비유 사이에 후세의 학자들이 모색한 것과 같은 엄밀한 대응
관계가 성립한다고 보아야 하는가는 의문이다.[10] 소크라테스의 설명
에는 그러한 엄밀한 1대 1의 대응이 시사되어 있지 않다. 동굴의 비유
와 선분의 비유 사이의 대응은 일반적인 것이며 그것으로 충분하다.
두 비유 사이의 대응이 나타내는 가장 중요한 의미는 선분의 비유가
무시간적인 차원에서 요약한 것을 동굴의 비유는 시간 계열로 늘여놓

---

10) 예컨대 Lee는 두 비유의 대응관계를 다음과 같이 설정하고 있다. 1) 동굴 속
   에 묶여 있는 상태(환각), 2) 동굴 속에서 쇠고랑이 풀린 상태(상식), 3) 동굴
   밖으로 나와서 물에 비친 그림자를 보는 상태(추론), 4) 동굴 밖에서 실물을
   보는 상태(요해), 그리고 5) 태양을 보는 상태(좋은 것의 형식을 보는 것). 이
   것으로 보면 그는 '좋은 것의 형식에 관한 지식'은 요해와는 구분되는 그 이
   상의 단계를 가리킨다고 보는 듯하다. D. Lee, *op. cit.*, p. 320n.

고 있다는 것이다.

여기서 우리는 앞의 태양의 비유(2절)에서 미루어 두었던 질문—즉, '좋은 것의 형식'이 '존재하는 모든 것'의 원천이 된다고 할 때의 '원천'이라는 말을 어떻게 해석해야 하는가에 관한 질문— 에 대한 해답의 단서를 얻는다. 앞에서 말한 바와 같이, 어떤 것이 어떤 것의 원천이라든가 원인이라는 말은, 보통의 의미로서는, 그 원천 또는 원인에 해당하는 것이 사물이나 현상에 비하여 시간상 우선한다는 뜻을 나타낸다. 이 보통의 의미를 '좋은 것의 형식'에 그대로 적용하면 '좋은 것의 형식'은 존재하는 모든 것의 존재 그 자체에 시간상 우선하여 존재하며 모든 것은 그것으로 말미암아 존재한다는 뜻이 된다. 그리고 순전히 이 말만 가지고 보면, 그런 의미에서의 원천 또는 원인이 존재한다는 것을 과연 받아들여야 하는가에 관한 의문이 당연히 제기된다. 그러나 동굴의 비유가 보여주는 지식 획득의 시간적 계열에 의하면, 존재하는 모든 것의 원천으로서 '좋은 것의 형식'이 있다는 것은 선분의 아랫부분이 나타내는 모든 지식을 갖추기 전에 알 수 있는 것이 아니라 그것을 갖추고 난 뒤에, 그것도 피나는 노력을 통하여 비로소 알 수 있다. 차라리, 앞에 인용된 소크라테스의 말에 명시되어 있는 바와 같이, '참으로 그런 것이 있는가 하는 것은 오직 신만이 알 수 있다.' 소크라테스의 이 말로 미루어 보면, 결국 '좋은 것의 형식에 관한 지식'을 가진다든가 '좋은 것의 형식'을 안다든가 하는 것은 보통의 의미에서 지식을 가진다든가 보는 것을 뜻하는 것이 아니라 그쪽으로 '몸과 마음을 돌리는 것'(518c)을 뜻한다고 보지 않으면 안 된다. 이런 의미에서의 '좋은 것의 형식에 관한 지식'은 선분의 비유에서 '추론'에 해당하는 '기하학 그리고 그와 유사한 기술'과는 다른 별도의 특별한 지식을 가리키는 것이 아니다. 그것은 그러한 여러 학문의 가정을 그대로 받아들이는 것이 아니라 그 가정을 끝까지 파고 들어가서 일체의 가정에서 벗어난 모든 존재의 '제1 원리'(511b)에 도달하려고 노력하는 상태를 가리킨다.

선분이 인간의 정신 작용과 그 대상 전체를 나타낸다면 동굴은 지식의 획득 과정을 중심으로 한 우리의 삶 전체를 나타낸다. 그렇기 때문에 동굴의 비유에서 말하는 동굴의 안과 밖은 별도의 공간을 지칭하는 것이 아니다. 우리의 삶에는 동굴의 안이라고 할 만한 곳도 없고 그 바깥에 그것과는 다른 별도의 세계가 있는 것도 아니다. 철학자건 상식인이건 간에 모든 사람은 우리의 삶이라는 동일한 세계 안에서 살고 있다. 동굴의 비유 첫머리에서 다리와 목에 쇠고랑을 찬 죄수들의 모습을 그리고 난 뒤에 소크라테스가 '그 죄수들은 바로 우리 자신'이라고 한 것은 결코 과장이나 농담이라고만은 할 수 없다. 모든 사람은 그런 상태에서 출발하며, 모든 사람은 다소간은 여전히 그런 상태에 있다. 또한 대부분의 사람들은 정도의 차이는 있지만 '추론'이라는 용어로 지칭되는 '기하학 그리고 그와 유사한 기술'을 배운다. 다만, 철학자는 그것을 출발로 하여 그 이면에 들어 있는 '좋은 것의 형식'을 동경하고 그 쪽으로 눈을 돌리는 반면에, 상식인은 그것을 '동굴 속의 이익'을 얻는 방향으로 활용한다. (물론, 이 차이는 결코 사소한 것이 아니다.) 그러나 이런 차이가 있음에도 불구하고 상식인들의 눈에 비치는 가시계(상식의 세계)가 '좋은 것의 형식'과 완전히 별개의 것이라고는 할 수 없다. 선분의 아래 윗부분이 그렇듯이, 그 두 개의 세계는 차이뿐만 아니라 동일성도 나타내고 있는 것이다. 그것은 약속의 내용이 실천되는 내용과 다르지 않은 것과 마찬가지이다. 비록 실천되지 않은 것이지만, 가시계에는 장차 실천될 약속이 들어 있으며, 그와 마찬가지로 상식인들은 비록 자신이 무슨 약속을 하는지는 모른다 하더라도 철학자들에 의하여 실천되는 바로 그 약속을 하고 있다.

　「국가론」에서 플라톤이 철학자에게 안겨준 과업 ─신적神的인 표준에 따라 삶의 규칙을 제정하고 시행하는 과업─ 은, 만약 철학자가 상식인들과 동일한 삶을 살지 않는다면, 원칙상 수행될 수 없을 것이다. 사실상, 철학자가 제정하고 시행해야 할 규칙은 철학자 자신의 삶과 무관한 것이 아니라, 어느 누구의 삶보다도 철학자 자신의 삶을 규제하게 될 규칙이다. 이런 의미에서 철학자의 삶은 그 신적인 표준을 출중하게 예시하지 않으면 안 된다. 그러나 또한, 상식인의 삶이라고 하여 그 규칙을 전연 반영하지 않는 것은 아니다. 물론, 상식인들 중에는, 동굴의 비유에 나타나 있는 바와 같이, 「국가론」 제 1 권에 나오는 트라쉬마코스처럼, 철학자들의 삶과 생각을 비웃고, 때로는 소크라테스에 대해서 한 것과 같이, 철학자를 법정에 세우고 사형에 처하는 사람들이 있다. 그러나 대부분의 상식인들은, 다시 제 1 권의 늙은 케팔로스와 같이, 자신이 그 의미를 정확하게 알지 못하는 세상의 도덕(「국가론」의 용어로 '정의')을 준수하면서 살아간다. 이 점에서는 플라톤 당시의 아테나이와 20세기의 대한민국이 다를 바 없다.

V 교육과정 : 옛날과 오늘

　동굴의 비유에 이어, 주로 통치자로서의 철학자의 위치에 관한 약간의 해석을 덧붙이고 난 뒤에 소크라테스는 철학자의 양성을 위한 실제적 방안으로서의 교육과정을 제시한다. 「국가론」의 앞부분(제2-3권, 376c-412a)에서 이미 소크라테스는 어린 시절의 심성 훈련과 체력 단련을 위한 교과로서 '시가'詩歌와 '체육'에 관하여 상세하게 설명한 바 있다. 동굴의 비유에 뒤이은 부분에서 소크라테스는 특히 산술, 평면 기하학, 입체 기하학, 천문학, 화성학(음의 수학), 그리고 이 교과목들이 최종적으로 연결될 '변증법'(철학)이 철학자의 교육에서 어떤 위치를 차지하는가를 설명한다.

이들 각각의 교과목에 관한 「국가론」의 설명은 그 교과목에 관한 플라톤의 견해를 알아보고자 할 때에는 그 자체로서 관심거리가 될 수도 있겠지만, 이 글의 목적에 비추어 그 각각을 자세하게 고찰하는 것은 그다지 중요하지 않다. 앞의 서론에서 말한 바와 같이, 이 글의 목적은 「국가론」에 제시된 철학자·군주를 위한 교육과정이 오늘날의 교육 상황에서도 타당성을 가질 수 있는가를 검토하는 데 있으며, 이 목적을 위해서는 세부적인 교과목이 아닌, 교과목의 전체적 성격 또는 목적이 더 직접적인 관심사가 된다. 플라톤이 제안한 교과목들이 근본적으로는 이때까지 이 글에서 논의한 세 개의 비유 그리고 그것에 나타난 지식의 성격에 기초를 둔 것인 만큼, 이 글에서 관심을 가지는 교과목의 전체적 성격은 그 세 개의 비유를 논의하는 과정에 이미 암시적으로 취급되었다고 생각된다. 이제 이 마지막 절에서는 그 암시를 종합하여 「국가론」의 교육과정과 오늘의 교육과정 사이의 관련에 관하여 간략하게 언급하고자 한다.

플라톤 당시와 오늘날을 비교할 때 오늘날의 지식은 그 다양성과 폭과 깊이에 있어서 도저히 비교가 되지 않을 만큼 달라졌으며, 그에 따라 학교에서 가르치는 교과목에도 천양지차가 있다. 이것은 누구도 부정할 수 없을 것이다. 그러나 또한 그에 못지 않게 분명한 사실은, 오늘날의 학교 교육과정은, 명백히 실용적인 목적을 가진 일부 교과목을 제외하고는, 소크라테스가 들고 있는 산술, 기하학, 천문학, 화성학 등과 마찬가지로, 선분의 비유에서 '추론'에 해당하는 교과목으로 구성되어 있다는 것이다. (혹시 예외가 있다면 그것은 '변증법' 또는 철학이다. 소크라테스는 철학을 어린 나이에 가르치는 당시의 관례를 통렬하게 비판하고, 철학은 18세에서 20세에 이르는 의무적 군사 훈련을 마친 뒤에 20세에서 시작하여 10년 동안 가르쳐야 한다고 주장하고 있다. 그 이외의 다른 교과목은 어린 나이에서 시작하여 지나친 강압 없이 놀이의 형식으로(536de) 가르치게 되어 있다.) 오늘날 학교의 교과목은, 그것이 인간을 다루는 것이건, 자연 현상이나 사회 현실을 다루는 것이건 간에, 모두 상식적으로 자명한 세계의 '의미'를 드러내기 위한 것이며, 그러한 교과목에서 가르쳐지는 개념에 의하지 않고는 이른바 상식의 세계가 올바르게 조명되지 않는다.

오늘날의 교육과정뿐만 아니라 플라톤 이래로 역사상 어느 시대에나 학교 교육과정은 그 근본적인 성격에 있어서는 이와 다름이 없었다. 그러나, 그럼에도 불구하고, 플라톤 이래로 오늘날까지 학교교육과정의 의미는 어느 편인가 하면 플라톤이 말하는 것과는 반대 방향으로 파악되어 왔다. 물론, 역사상 어느 시대에나 학교교육의 의미를 즉각적인 실용성에 두는 데 대한 비판과 반발이 있었기는 하지만, 전반적인 추세로 보면, 학교교육과정은 소크라테스가 말하는 바와 같이, 산술, 기하학, 천문학을 상거래, 전투, 농사일이나 뱃사람의 일에 도움이 되기 때문에 가르쳐야 한다는 사고방식을 따라 왔다. (소크라테스는, 산술은 상거래를 위한 것이 아니요, 전투를 위해서라면 산수나 기하학은 그리 많이 배울 필요가 없다고 말한다, 526b-d.) 「국가론」에서의 플라톤의 견해에 의하면, 학교의 교과목은 그러한 즉각적인 필요를 위하여 가르쳐야 하는 것이 아니라, 그것이 보여주는 '만물의 제1 원리'로 몸과 마음을 돌리도록 하는 데에 목적이 있다. 그리고 이와 같이 교과목의 성격을 선분의 어느 쪽으로 파악하는가는 교과목을 가르치는 방식 그리고 궁극적으로는 교과목의 내용 자체에 미묘한 차이를 가져온다.

「국가론」을 중심으로 하여 생각할 때, 이때까지 교육의 역사가 플라톤의 견해로부터 점점 먼 방향으로 교육과정의 성격을 파악해 온 데에는 '철학자·군주'라는 용어에 부착된 부정적인 의미가 그 한 가지 요인으로 작용하였을 것이다. 그러나, 혹시 플라톤 당시의 관점으로 보아서는 어떨지 모르지만, 오늘날의 관점으로 보면, '군주'는 법적인 의미에서의 절대 권력을 가진 국가 최고 통치자를 뜻한다고 볼 필요가 없으며, 그와 마찬가지로 '철학자' 또한 예컨대 대학의 철학 교수와 같이 한 학문 분야로서의 철학을 전문적으로 공부하는 사람을 가리키는 것이 아니다. 특히 오늘날의 관점으로 보면 플라톤이 말하는 '철학자'는 '교육받은 사람'의 통칭이다. 오늘날의 학교교육과정이 '철학자·군주'의 양성을 위한 교육과정과 그 종류에 있어서 동일한 이상, 만약 오늘날 학교교육을 받는 모든 사람이 참으로 그 교육과정의 성격에 일치하는 교육을 성공적으로 받는다면 모든 사람이 '철학자'이며, 또한 그들이 각계각층에서 사회적 역할을 수행하면서 그 교육에 일관되는 삶을 스스로 구현하고 다른 사람에게도 그것을 구현하도록 도와준다면 모든 사람이 '군주'이다. 이 글의 첫머리에서 시사한 바와 같이, 문제는 그 '철학자·군주'의 삶이 참으로 어떤 것인지 안다면 실지로 그런 삶을 살려고 하는 사람의 수가 교육을 받으려고 하는 사람만큼 많지 않다는 데에 있다. 그러나 또한, 철학자·군주의 삶이 아닌, 그것과 다른 삶을 추구하겠다고 오늘날 학교에 몰려드는 그 수 많은 사람들의 요구에 기꺼이 영합하는 것은 영락없는 교육의 매춘행위이다.

주요 참고문헌

(*표는 교육과정을 연구하는 사람들이 정독해야 한다고 생각되는 문헌들이다.)

*김종서, 「잠재적 교육과정」, 서울 : 익문사, 1976.

 김종서와 김영찬, 「수업형태 분석법」, 서울 : 배영사, 1970.

*김호권, 「완전학습의 원리」, 서울 : 배영사, 1970.

 유안진, 「한국의 전통육아방식」, 서울대학교 출판부, 1986.

*이경섭, 「현대교육과정론」, 대구 : 중앙적성연구소, 1972.

*이만규, 「조선교육사」상, 을유문화사, 1947.

*이영덕, 「교육의 과정」, 서울 : 배영사, 1969.

 이원호, 「태교」, 박영사, 1977.

 이홍우, 「인지학습의 이론」, 서울 : 교육출판사, 1973.

 이홍우, '문자와 교육,' 「교육의 목적과 난점」, 교육과학사, 1984, pp. 87~88.

 이홍우, '이기철학에 나타난 교육이론,' 「사대논총」, 30, 서울대학교 사범대학, 1985, pp. 1~18

이홍우 등, 「한국적 사고의 원리」, 정신문화문고 19, 한국정신문화연구원, 1988.

임인재, 「심리측정의 원리」, 교육출판사, 1973.

*정범모, 「교육과정」, 서울 : 풍국학원, 1956.

정범모, '知', 정범모(편), 「지력의 교육」, 서울 : 배영사, 1969, pp. 13~44.

정범모와 박용헌, 「성취동기」, 서울 : 배영사, 1969.

*정인보, 「양명학 연론」(외), 삼성문화문고, 1972, 原 1930.

황정규, 「학교학습과 교육평가」, 교육과학사, 1984.

Banathy, B. H., *Instructional System*, 번영계(역), 「수업체제」, 서울 : 배영사, 1974.

*Beeby, C. E., *The Quality of Education in Developing Countries*, Harvard University Press, 1966.

Beeby, C. E., 'Educational Aims and Content of Instruction,' George Z. F. Bereday(ed.), *Essays on World Education*, New York : Oxford University Press, 1969, pp. 180~194.

Bellack, A. A. *et al., The Language of the Classroom*, New York : Teachers College Press, Columbia University, 1966.

Biddle, B. J. and R. S. Adams, *An Analysis of Classroom Activities*, University of Missouri, 1967.

*Bloom, Benjamin S. *et al., Taxonomy of Educational Objectives, I. Cognitive Domain*, II. *Affective Domain*, New York : David McKay, 1956, 1964, 임의도 등(공역), 「교육목표 분류학」, I. 지적 영역, II. 정의적 영역, 서울 : 배영사, 1966, 1967.

Bloom, Benjamin S., 'Testing Cognitive Ability and Achievement,' N. L. Gage(ed.), *Handbook of Research on Teaching*, Chicago :

Rand McNally, 1963, pp. 379~397.

*Bloom, Benjamin S., 'Individual Differences in School Achievement,' *Education at Chicago*, University of Chicago, Winter 1971, pp. 4~14, 황정규(역), '학교성적의 개인차 : 그 소멸은 가능한가', 「교육혁신」, 서울 : 배영사, 1972, pp. 79~121.

*Brauner, Charles J. and Hobert W. Burns, *Problems in Education and Philosophy*, Englewood Cliffs, N. J. : Prentice-Hall, 1965.

Broudy, Harry S., *Building a Philosophy of Education*, 1961, 이인기와 서명원(공역), 「교육철학」, 서울 : 을유문화사, 1963.

*Broudy, Harry S., B. O. Smith and Joe R. Burnett, *Democracy and Excellence in American Secondary Education*, Chicago : Rand McNally, 1964.

Brubacher, John S., *A History of the Problems of Education*(2nd Ed.), McGraw-Hill, 1966.

*Bruner, Jerome S., *The Process of Education,* Harvard University Press, 1960, 이홍우(역), 「브루너 교육의 과정」, 서울 : 배영사, 1973.

Bruner, Jerome S., 'Some Theorems on Instruction Illustrated with Reference to Mathematics,' E. R. Hilgard(ed.), *Theories of Learning and Instruction*, NSSE, 1964, pp. 306~335.

*Bruner, Jerome S., *Toward a Theory of Instruction*, Harvard University Press, 1966.

Bruner, Jerome S., 'After John Dewey, What?' *On Knowing*, New York : Atheneum, 1966, pp. 113~126.

Bruner, Jerome S., *The Relevance of Education*, London : George Allen and Unwin, 1971.

Bruner, Jerome S. *et al., Studies in Cognitive Growth*, New York : John

Wiley, 1966.

Coleman, James S., 'The Adolescent Subculture and Academic Achievement,' *Am. J. of Sociology*, 65(1960), pp. 337~347.

*Collingwood, R. G., An Essay on Philosophical Method, Oxford University press, 1933.

Council for Basic Education, *The Case for Basic Education*(James D. Koerner, ed.), Atlantic-Little Brown, 1959.

Counts, George S., *Dare the School Build a New Social Order?* New York, 1932.

Cornford, F. M.(trans.), The Republic of Plato, Oxford University press, 1945.

*Cremin, Lawrence, A., *The Transformation of the School*, New York : Random House, 1961.

Cross, R. C. and A. D. Woozley, Plato's Republic : A Philosophical Commentary, Macmillan, 1964.

Dearden, R. F., 'Needs in Education,' R. F. Dearden, P. H. Hirst and R. S. Peters(eds.), *Education and the Development of Reason*, London : Routledge and Kegan Paul, 1972, pp. 50~64.

Dearden, R. F., 'Instruction and Learning by Discovery,' R. S. Peters(ed.), *The Concept of Education*, pp. 135~155.

*Dearden, R. F., P. H. Hirst and R. S. Peters(eds.), *Education and the Development of Reason*, London : Routledge and Kegan Paul., 1972.

Dewey, John, *The Child and the Curriculum*, University of Chicago Press, 1956, orig. 1902.

*Dewey, John, *Democracy and Education*, New York : Free Press, 1966, orig. 1916, 이홍우(역), 「민주주의와 교육」, 서울 : 교육과학사, 1987.

Dewey, John, *How We Think*(2nd Ed.), Boston : D. C. Heath, 1933.

*Dewey, John, *Experience and Education*, New York : Collier Books, 1963, orig. 1938.

Durkheim, Emile, *Education and Sociology*, New York : Free Press, 1956, orig, 1922, 이종각(역), 「교육과 사회학」, 서울 : 배영사, 1978.

*Entwistle, Harold, *Child-Centered Education*, London : Methuen, 1970.

Evans, James L., *Principles of Programed Learning*(3rd Ed.), New York : Grolier, 1962.

Friedenberg, Edgar Z., 'Curriculum as Educational Process : The Middle Class Against Itself,' Norman V. Overly(ed.), *The Unstudied Curriculum*, ASCD, 1970, pp. 16~26.

*Gagné, Robert M., *The Conditions of Learning*(2nd Ed.), New York : Holt, Rinehart and Winston, 1970.

Gagné, Robert M. and L. J. Briggs, *Principles of Instructional Design*, New York : Holt, Rinehart and Winston, 1974.

Gerth, Hans and C. Wright Mills, *Character and Social Structure*, London : Routledge ad Kegan Paul, 1954.

Gilbert Ryle, 'Teaching and Training,' R. S. Peters(ed.), *The Concept of Education*, pp. 105~119.

Green, Thomas F., 'A Topology of the Teaching Concept,' *Studies in Philosophy and Education*, 3~4(1964~1965), pp. 284~319.

*Green, Thomas F., *The Activities of Teaching*, New York : McGraw-Hill, 1971.

Grube, G. M. A.(trans.), Plato's Republic : Indianapolis : Hackett Publishing Co., 1974.

*Hanson, F. A., *Meaning in Culture*, Routledge and Kegan Paul, 1975.

Hargreaves, D., *Social Relations in a Secondary School*, London : Routledge and Kegan Paul, 1967.

Harvard Committee, *General Education in a Free Society*, Harvard University Press, 1945.

Havighurst, Robert, J., *Human Development and Education*, London : Longmans, Green, 1953, 김재은(역), 「인간발달과 교육」, 서울 : 배영사, 1963.

*Henderson, K. B., 'Uses of "Subject Matter",' B. O. Smith and R. H. Ennis(eds.), *Language and Concepts in Education*, Chicago : Rand McNally, 1961, pp. 43~58.

*Hirst, P. H., 'Liberal Education and the Nature of Knowledge,' R. D. Archambault(ed.), *Philosophical Analysis and Education*, London : Routledge and Kegan Paul, 1965, pp. 113~138.

*Hirst, P. H. and R. S., Peters, *The Logic of Education*, London : Routledge and Kegan Paul, 1970.

Hovland, Carl I., 'Yale Studies of Communication and Persuasion,' W. W. Charters and N. L. Gage(eds.), *Readings in the Social Psychology of Education*, Boston : Allyn and Bacon, 1963, pp. 239~253.

Hutchins, Robert M., *The Conflict of Education in a Democratic Society*, New York : Harper, 1955.

Illich, Ivan, *Deschooling Society*, New York : Harper and Row, 1970.

Jackson, Philip W., 'The Way Teaching Is,' ASCD, *The Way Teaching*

Is, ASCD, 1966, pp. 7~27.

*Jackson, Philip W., *Life in Classrooms*, New York : Holt, Rinehart and Winston, 1968.

Jackson, Philip W., 'The Consequences of Schooling,' Norman V. Overly (ed.), *The Unstudied Curriculum*, ASCD, 1970, pp. 1~15.

Jones, Richard M., *Fantasy and Feeling in Education*, New York : New York University Press, 1968.

*Joyce, Bruce and Marsha Weil, *Models of Teaching*, Englewood Cliffs, N. J. : Prentice-Hall, 1972, 이경섭 등(공역), 「교수학습 모형론」, 대구 : 중앙적성연구소, 1976.

Kierkegaard, S., *Either/Or*, Vol. I, W. Lowrie(trans.), Princeton University Press, 1944, p. 305.

*King, Arthur A. and John A. Brownelle, *The Curriculum and the Disciplines of Knowledge*, New York : John Wiley, 1966.

*Kohlberg, Lawrence, 'From Is to Ought,' T. Mischel(ed.), *Cognitive Development and Epistemlogy*, New York : Academic Press, 1971, pp. 151~235.

Kolesnik, Walter B., *Mental Discipline in Modern Education*, University of Wisconsin Press, 1962.

*Komisar, B. P., '"Need" and the Needs-Curriculum,' B. O. Smith and R. H. Ennis(eds.), *Language and Concepts in Education*, Chicago : Rand McNally, 1961, pp. 24~42.

Lee, Desmond(trans.), Plato : The Republic(2nd Ed.), Penguin, 1974.

Macmillan, C. J. B. and J. E. McClellan, 'Can and Should Means-Ends Reasoning Be Used in Teaching?,' C. J. B. Macmillan and T. W. Nelson(eds.), *Concepts of Teaching : Philosophical Essays*,

Chicago : Rand McNally, 1968, pp. 119~150.

*Mager, Robert F., *Preparing Instructional Objectives*, San Francisco : Fearon, 1962, 정우현(역), 「행동적 교수목표의 설정」, 서울 : 교육 과학사, 1972.

*Marrou, H. I., *A History of Education in Antiquity*, G. Lamb(trans.) Sheed and Ward, 1956, original French, 1948.

Nettleship, R. L., The Theory of Education in Plato's Republic, Oxford University press, 1935, 김안중(역), 「플라톤의 교육론」, 서광사, 1989.

*Niebuhr, Reinhold, *Moral Man and Immoral Society*, New York : Charles Scribner's Sons, 1932, 이병섭(역), 「도덕적 사회와 비도덕적 인 간」, 서울 : 현대사상사, 1972.

*Oakeshott, M., *Experience and Its Modes*, Cambridge University Press, 1933.

*Oakeshott, M., *Rationalism in Politics,* London : Methuen, 1962, p. 308.

Oakeshott, M., 'Learning and Teaching,' R. S. Peters(ed.), *The Concept of Education*, pp. 156~176.

Peters, R. S., *The Concept of Motivation,* Routledge and Kegan Paul, 1958.

Peters, R. S., *Authority, Responsibility and Education*(3rd Ed.), London : George Allen and Unwin, 1972, lst Ed. 1959.

Peters, R. S., '"Mental Health" as Educational Aim,' T. H. B. Hollins (ed.), *Aims in Education*, Manchester University Press, 1964, pp. 71~90.

Peters, R. S., 'Education as Initiation,' R. D. Archambault(ed.), *Philosophical Analysis and Education*, London : Routledge and Kegan Paul,

1965, pp. 87~111.

*Peters, R. S., *Ethics and Education*, London : George Allen and Unwin, 1966, 이홍우(역), 「윤리학과 교육」, 서울 : 교육과학사, 1980.

Peters, R. S., 'In Defence of Bingo : A Rejoinder,' *British J. of Educational Studies*, 15-2(1967), pp. 188~194.

*Peters, R. S.(ed.), *The Concept of Education*, London: Routledge and Kegan Paul, 1967.

Peters, R. S., 'Was Plato Nearly Right about Education?,' *Essays on Educators*, George Allen and Unwin, 1981, pp. 3~14.

*Phenix, Philip H., *Realms of Meaning*, New York : McGraw-Hill, 1964.

Piaget, Jean, *The Moral Judgment of the Child*, London : Routledge and Kegan Paul, 1932.

*Piaget, Jean, *Six Psychological Studies*(David Elkind, ed.), New York : Random House, 1967.

Piaget, J., *The Psychology of Intelligence*, London: Routledge and Kegan Paul, 1950.

Popper, Karl, *The Open Society and Its Enemies*, 2 vols., London : Routledge and Kegan Paul, 1945.

Robinson, Richard, 'Elenchus,' G. Vlastos(ed.), *The Philosophy of Socrates*, New York : Anchor Books, 1971, pp. 78~93.

Rokeach, Milton, *The Open and Closed Mind*, New York : Basic Books, 1960.

*Ryle, Gilbert, *The Concept of Mind*, London : Hutchinson, 1949.

*Scheffler, Israel, *The Language of Education, Springfield*, Ill. : Charles C. Thomas, 1960.

*Schaefer, Robert J., *The School as a Center for Inquiry*, New York :

Harper and Row, 1967.

*Schwab, Joseph J., 'Problems, Topics and Issues,' Elam(ed.), *Education and the Structure of Knowledge*, Chicago : Rand McNally, 1964, pp. 4~42.

Shaffer, J. A., *Philosophy of Mind*, Prentice-Hall, 1968.

Silberman, Charles E., *Crisis in the Classroom*, New York : Random House, 1970.

Skinner, B. F., 'The Science of Learning and the Art of Teaching,' *Harvard Educational Review*, 24(1954), pp. 86~97.

Smith, B. O. and M. O. Meux, *A Study of the Logic of Teaching*, University of Illinois, 1962.

Smith, L. M. and W. Geoffrey, *The Complexities of an Urban Classroom*, New York : Holt, Rinehart and Winston, 1968.

*Snook, I. A., *Indoctrination and Education*, London : Routledge and Kegan Paul, 1971, 윤팔중(역), 「교화와 교육」, 서울 : 배영사, 1977.

*Taba, Hilda, *Curriculum Development : Theory and Practice*, New York : Harcourt, Brace and World, 1962, 이경섭 등(공역), 「교육과 정론」, 경북대학교 출판부, 1976.

*Toulmin, Stephen, *The Philosophy of Science*, London : Hutchinson, 1953.

*Tyler, Ralph W., *Basic Principles of Curriculum and Instruction*, University of Chicago Press, 1949.

Van Doren, Mark, *Liberal Education*, Boston : Beacon Press, 1955, orig. 1943.

*Whitehead, Alfred North, *The Aims of Education*, New York :

Macmillan, 1929.

White, N. P., *A Companion to Plato's Republic*, Basil Blackwell, 1979.

Wilson, P. S., 'In Defence of Bingo,' *British J. of Educational Studies*, 15-1(1967), pp. 5~27.

*Wilson, P. S., *Interest and Discipline in Education*, London : Routledge and Kegan Paul, 1971.

Wynne, John P., *Theories of Education*, New York : Harper and Row, 1963.

색 인

〈인 명〉

〈주 제〉

저자약력

이홍우(1939 ~)
서울대학교 사범대학 교육학과(1961)
서울대학교 대학원 교육학과(1968)
미국 콜럼비아 대학(EdD, 1971)
서울대학교 사범대학 교수(1971)
서울대학교 명예교수(2005)

저 서
인지학습의 이론(1973) ; 교육과정 탐구(1977, 증보판 1992, 2010) ; 지식의 구조와 교과
(1978, 개정 증보판 1997) ; 교육의 목적과 난점(1984, 제16판 1998) ; Living, Knowing
and Education(1985) ; 교육의 개념(1991, 주석 · 증보판 2009) ; 성리학의 교육이론(2000) ; 교
육과정 이론(공저, 2003) ; 대승기신론 통석(2006)

역 서
브루너, 교육의 과정(1973) ; 피터즈, 윤리학과 교육(1980, 수정판 공역 2003) ; 듀이, 민주
주의와 교육(1987, 개정 · 증보판, 2007) ; 함린, 경험과 이해의 성장(1990) ; 마명, 대승기신
론(1991) ; 보이드, 서양교육사(공역, 1994, 개정 · 증보판 2008)

증보(한글판)
교육과정탐구

1977년	2월	20일	초판발행
1992년	2월	29일	증보판발행
2007년	8월	10일	증보18판발행
2010년	3월	10일	증보(한글판)발행
2021년	4월	10일	중판발행

저 자   이 홍 우
발행인   안 종 만 · 안 상 준
발행처   (주) 박영시
　　　　서울특별시 금천구 가산디지털2로 53, 210호
　　　　(가산동, 한라시그마밸리)
　　　　전화 (733)6771 FAX (736)4818
　　　　등록 1959. 3. 11. 제300-1959-1호(倫)
www.pybook.co.kr e-mail: pys@pybook.co.kr

정 가 25,000원   ISBN 978-89-6454-009-1